같은 땅
다른 나라

고려와 조선

공창석 지음

같은 땅
다른 나라

고려와 조선

공창석 지음

박영사

머리말

    한국은 선진국이다. 우리 한국은 제2차 세계대전 이후 독립한 나라 중에서 선진국 반열에 올라선 유일한 나라다. 세계는 이러한 성취를 '한강의 기적'이라 일컫는다. 또한 오늘날 우리는 K팝(Pop), K스포츠, K문화(Culture) 등 이른바 한류(韓流)를 세계에 떨치며, 문화 선진국으로 발돋움하고 있다. 그렇다. 남북 분단의 아픔과 6.25 한국전쟁의 참화를 딛고 이룬 빛나는 역사다.

    우리의 선진국 위상은 견고하지 않다. 우선 지정학적 위험이 여전한 탓이다. 북한이 핵무기를 개발함으로써 남북한의 군사력 경쟁과 긴장이 가열되고 있다. 미국의 힘과 영향력이 둔화하는 가운데 러시아가 우크라이나를 침공하고, 중국이 무력에 의한 대만 통합을 공언하고, 일본이 재무장을 서두르고 있다. 우리를 에워싼 미국, 중국, 러시아, 일본 등 네 나라는 세계를 뒤흔드는 최고 강대국이다. 특히 세계 1위 미국과 2위 중국의 대립과 충돌이 지정학적 위험을 증폭시키고 있다. 자칫 이들 나라의 이전투구(泥田鬪狗)에 휩쓸려 우리는 한순간에 경제가 폭망하고 나락으로 곤두박질칠 수 있다.

    우리 한류의 번영도 장담하기 어렵다. 가장 큰 이유는 한류의 역사가 짧고 뿌리가 약하기 때문이다. 한류의 세계적인 유행은 1990년대 말에 중국, 일본, 동남아시아에서부터 비롯되었다. 불과 30여 년에도 미치지 않는 역사다. 세계의 문화 선호는 언제 어떻게 바뀔지 모른다. 한류가 지속 발전하여 세계를 선도하는 일류로 자리매김할 것인가? 아니면 좋지 않은 방향으로 굴절되고 뒤처진 삼류로 전락할 것인가? 미래는 그 누구도 알 수 없다. 한류의 뿌리가 빈약한 탓에 환경 변화에 대응하는 한류의 건강성과 탄력성이 걱정된다. 우리는 한류의 근원에 무관심하다. 굳이 뿌리를 찾자고 하면 갑론을박일 뿐이고, 막연히 고유의 민족혼과 정신 따위에서 발휘되는 문화 역량으로 치부하려 한다. 고유는 어느 시대로부터의 고유인가? 그것은 분명히 일제강점기도, 조선시대도 아닐 것인데 말이다.

　오늘날 한류를 위시한 한국 문화는 어떤 모습일까? 모든 나라의 문화에는 밝은 모습과 어두운 모습이 동전의 양면처럼 공존한다. 사회를 풍성하게 하고 사람의 삶을 풍요롭게 하는 밝은 모습이 두텁고 광범할수록 선진문화를 영위한다. 한국이 누리는 밝은 모습은 어떨까? 대충 어림잡아 다음의 열 가지를 들 수 있을 것이다. "옷을 잘 입는 나라", "좋은 집에서 사는 나라", "사시사철 축제가 열리는 나라", "공연예술과 스포츠가 성행하는 나라", "외국 여행을 많이 하는 나라", "무역을 많이 하는 나라", "도시가 발달한 나라", "남녀가 평등한 나라", "종교와 사상이 열린 나라", "자주성과 자긍심이 강한 나라" 등이다. 모두 선진의 자부심을 한껏 높여주는 모습들이다.

　그렇다면 우리 문화의 미래를 위해 가장 중요한 게 무엇일까? 그것은 문화의 뿌리 DNA를 찾아 오늘과 연계 짓는 일일 것이다. 무릇 세상의 모든 일은 뿌리에 대한 자각과 자긍심이 없으면 사상누각이 될 수 있음을 알아차려야 한다. 문화의 뿌리 DNA를 찾고 계승하여 우리 문화를 더 높이 찬란하게 꽃피워야 한다. 이렇게 문화의 뿌리와 미래를 연상하다 보면 문득 의문이 생긴다. 역사에서 오늘날의 문화 모습과 가장 닮은 나라는 어떤 나라인가 하는 의문이다. 고조선과 부여 등은 근원을 따지기가 너무 먼 고대다. 삼국 시대의 고구려, 백제, 신라도 기록과 정보 따위가 부족하여 무엇이 어떻게 닮은 지를 그려내기 어렵다. 그렇다면 고려와 조선인가?

　고려는 동시대의 선진국이었다. 백성들은 좋은 옷을 입을 자유, 좋은 집에서 살 수 있는 자유를 누렸다. 신분을 떠나서 누구나 돈이 있으면 임금만이 입는다는 용이나 봉황을 수놓은 화려한 비단옷을 입고, 대궐 같은 집을 짓고 살 수 있었다. 그것은 태조 왕건이 고려 황제국을 세우고 복식과 주거에 대한 규제와 차별을 혁파함으로써 부여된 자유였다. 동시대에 세계 어디에도 이 같은 자유를 누리는 나라가 없었다 해도 과언이 아닐 것이다. 고려는 이런 자유의 바탕에서 대규모 축제를 열고 공연예술을 꽃피우며 격구 등의 스포츠를 즐겼다. 무역이 성행하고 사람들은 해외여행을 많이 다녔다. 특히 남녀평

등과 열린 종교와 사상은 오늘의 본보기가 되고, 이 또한 시대를 앞서는 선진 문화의 모습이라 할 것이다.

조선은 고려와 달랐다. 복식과 주거가 엄히 규제되고 사람들은 신분에 따라 차별받았다. 심지어 임금이 사는 궁궐도 999간 이내로 제한되고, 아무리 돈이 많아도 99간 이상의 집을 지어 살 수 없었다. 축제는 검약 기풍을 훼손한다며 폐지되고, 공연예술과 격구 등은 소수 가진자의 전유물로 졸아들었다. 철저한 쇄국으로 인해 민간 무역이 막히고, 백성들은 해외로 나가지 못했다. 남녀를 차별하고, 성리학 외의 종교와 사상을 탄압했다. 한편 스스로 제후국으로 자리매김하고 중국(명나라)을 큰 나라로 섬김으로써, 자주성과 자긍심이 한 차원 떨어졌다. 그로 인해 고려보다 잘 사는 선진 나라를 만든다는 조선이 도리어 고려에 비해 문화가 풍요롭지 않은 나라가 되었다.

결국 고려와 조선을 대비하면, 고려가 오늘의 한국과 가장 닮은 모습의 나라라는 결론에 이른다. 오늘의 문화 모습이 조선을 뛰어넘어 고려에 닿아 있는 사실을 발견한다. 이제 우리 문화와 한류의 뿌리를 고려와 연계하는 노력을 서둘러야 한다. 공통점을 찾고, 정체성을 공유하고, 단절된 연계성을 이어야 한다. 이를 위해서는 고려와 조선의 비교가 중요하다. 고려를 이은 조선이 고려와 무엇이 같으며 다른지를, 다르다면 왜 달라졌는지를 규명해야 한다. 오늘날 문화의 뿌리 DNA가 어디에 연원을 두고 있는지를 찾아야 한다. 이것이 이 책을 집필하는 동기이자 목적이다.

이 책을 집필하는 동기와 목적이 또 하나 있다. 그것은 중국 북경에서 필자 스스로 한 약속과 다짐이다. 필자는 공직에서 퇴직한 후 북경에 있는 인민대학교(人民大學校)에서 연구 생활을 한 적이 있다. 당시 북경에 머물면서 인민대, 북경대, 칭화대 등에서 석박사 과정을 이수하는 유학생들과 자주 어울렸다. 필자는 필자가 저술한 『한국 상인』에 관해 특강을 하면서 그들과 밥 먹고, 술 마시고, 대화를 많이 나누었다. 그러던 중에 그들 대다수가 조선에 관한 인식과 시각으로 고려를 이야기하는 사실을 알았다. 고려와 조선을 옳게 구별하지 못하는 것이다. 또한 그들의 중국 친구가 '한국은 신라 이래 1,000

년 이상 중국의 속국으로 살았다'라고 하는 말에 주눅이 들어 있음을 알았다. 고려는 그렇지 않았는데 말이다. 이에 필자는 조속한 시일 내에 고려와 조선을 구별하고, 조선과 달리 고려는 중국의 속국이 아니고 대등한 나라였다는 사실을 밝히는 책을 저술하여 그들에게 주기로 다짐했다. 그러나 안타깝게 책의 출간은 이토록 많이 늦어졌다.

고려와 조선을 어떻게 비교하면 좋을까? 역사는 비교가 중요하다. 어떤 나라의 정체성, 자주성, 고유성 따위는 비교를 통해서 진위가 밝혀지고, 발전인가 퇴보인가 등이 올바르게 판별된다. 특히 비교는 역사를 새롭게 해석하고 평가할 수 있게 한다. 그러나 우리는 지금까지 역사의 비교에 소홀했다. 역사에 등장하는 여러 나라들은 정밀하게 비교되지 않았다. 그냥 고조선 이래 시대순으로 각 나라의 문헌 기록 따위를 금과옥조로 삼아 독립적으로 나열하여 해석하고 평가했을 따름이었다. 혹은 비교하더라도 국가체제나 제도 등 큰 덩어리이거나 이야깃거리의 생활사 비교에 머물러있었다. 앞으로 폭넓고 깊이 있는 비교를 통해 그간의 해석과 평가를 창조적으로 바로잡아야 한다.

고려와 조선의 비교는 만만하지 않다. 둘은 약 500년의 시차가 있고 각각 완전한 왕국이었으므로 둘을 망라하여 비교하기는 불가능하다. 물론 학습하고 참고할 만한 전문적이고 체계적인 비교는 아직 세상에 나오지 않았다. 필자는 막상 짜임새 있게 비교하려니 구조기능적인가, 거시적인가, 미시적인가 따위로 비교의 틀조차 세우기가 어려웠다. 비교할 사항을 골라내기도, 비교의 수준과 형평을 갖추기도 쉽지 않았다. 결국 비교는 나라의 골격, 국가경영의 맥락, 사회와 문화의 모습 등에 한정되고 말았다. 다만 구체적인 비교 대상은 가능한 한 학문적인 체계를 이루고 학문의 디딤돌이라도 놓으려는 방향으로 선정했다.

이 책은 모두 17장으로 구성되어 있다. 1장은 고려 태조 왕건과 조선 태조 이성계의 어진을 두고 서로 다른 차이점을 살펴보고, 그들이 나라를 건국하는 과정과 태조로서 인생을 마감하는 모습 등을 비교했다. 이것은 고려와 조선의 시작과 꼭짓점의 비교라 할 것이다.

2장과 3장은 고려 수도 개경과 조선 수도 한성을 비교하고 있다. 먼저 2장은 수도를 둘러싼 성의 비교로 개경은 나성(羅城)이고 한성은 도성(都城)이라 부르는데, 왜 비슷한 성을 두고 이름을 달리 부르는지를 규명한다. 그리고 두 성의 크기, 면적, 형태 등을 비교했다. 다음 3장은 고려 궁궐의 정문과 조선 궁궐의 정문 이름이 광화문으로 발음이 똑같다는 사실을 밝혔다. 그러므로 우리 한국은 궁궐 정문의 이름이 1,100여 년 이전부터 광화문이었다. 우리는 이 사실을 지금까지 관심을 두지 않고 모르고 지내왔다. 고려를 멸망시키고 한성으로 천도한 조선이 새 궁궐의 정문 이름을 왜 고려와 같은 이름으로 지었을까? 한편 광화문 앞의 대로는 고려와 조선 모두 폭 58m 이상으로 넓었다. 특히 고려의 대로에는 격구장과 공연 무대가 설치되고, 격구 경기가 열리고 공연이 펼쳐졌다. 이 대로는 그야말로 동시대의 세계에서 유래를 찾기 어려운 우리의 독창적인 문물이다. 그러나 조선은 격구장과 공연장이 설치되지 않았는데, 조선이 대로의 폭을 그렇게까지 넓힌 까닭을 규명했다.

4장, 5장, 6장은 고려와 조선의 중앙시장을 다루고 있다. 먼저 4장은 고려의 중앙시장(십자거리시전)과 조선의 중앙시장(종로시전)에 관해 건립 시기, 위치, 크기, 형태 등을 비교했다. 그리고 누가 더 명품 시장인가를 밝히고 있다. 다음 5장은 십자거리시전에서 열린 5월 단오 축제와 종로시전에서 지낸 제사와 정월 대보름 지신밟기를 깊이 있게 고찰했다. 그리고 두 시장의 풍물과 활력을 다각도로 비교해 보았다. 다음 6장은 고려 상인과 조선 상인의 사회적 위상과 신분을 구체적으로 살펴보았다. 특히 상인의 관직 진출, 상인에 대한 행정 관리, 상인의 역량과 문화생활 등을 대비하여 조명하고 있다.

7장과 8장은 무역을 주제로 한 비교다. 먼저 7장은 고려는 국제항(예성항)이 있고, 조선은 국제항이 없는 사실을 밝혔다. 구체적으로는 고려 예성항의 번창과 예성항에 관한 시와 노래를 살피고, 이와 대비하여 조선의 대표 항구 마포의 실상과 '마포나루 굿'을 살펴보고 있다. 다음 8장은 임금의 내탕금(비자금) 비교다. 고려 임금은 내탕금을 무역 수익으로 많이 채웠지만, 조선 임금은 무역 수익은 별로이고 토지 수익이 거의 전부였다. 이를 통해 무역의 나라

고려와 농업의 나라 조선의 상황을 알 수 있고, 조선의 임금들이 그토록 영농에 매달린 까닭을 이해할 수 있다.

9장은 경제와 상업의 밑바탕인 화폐를 비교하고 있다. 고려가 화폐 발행에 성공한 화폐 선진국이었고 조선이 화폐 발행에 실패한 화폐 후진국이었던 사실을 구체적으로 서술했다. 그리고 조선의 화폐경제가 발전하지 못한 연유를 고찰했다. 특히 조선의 대표 화폐 상평통보가 국적 없는 화폐임을 최초로 지적하고 왜 그렇게 이름이 지어졌는지를 밝혔다. 이는 우리 화폐에 관한 하나의 학문적 성과라고 할 수 있을 것이다.

10장과 11장은 노비에 관한 비교다. 먼저 10장은 고려 노비와 조선 노비가 같은 노비가 아니고, 전자는 생명권이 부여되고 후자는 생명권이 박탈된 근원적으로 다른 노비임을 밝히고 있다. 다음 11장은 고려 노비는 비록 수가 많지 않았지만 만적처럼 노비해방을 위해 봉기했으나, 조선 노비는 수가 수백만이나 되면서도 그러하지 못한 것을 구체적으로 고찰하고 있다.

12장은 고려 무신정변과 조선 인조반정을 비교하며 반역(反逆)과 반정(反正)의 역사 기록을 다루었다. 반역과 반정의 기록에 대한 그간의 해석과 평가는 달리 볼 여지가 있음을 예를 들어 살펴보았다. 특히 최충헌의 반역과 이성계의 반정을 대비하면서 이성계의 반정 기록이 승자의 기록임을 밝히고 있다.

13장은 고려와 조선의 상무정신과 무력에 대한 비교다. 둘의 차이를 고려는 상비군체제, 조선은 예비군체제라는 틀로 서술했다. 아울러 조선이 임진왜란과 병자호란의 참화를 겪고 청나라에 패배하고서도 그리고 망국에 이르기까지 강력한 상비군을 두지 않은 까닭이 제후국이었기 때문인 것으로 서술했다. 아마 이것은 최초의 학문적인 논증이고 설명일 것이다.

14장은 고려의 최충헌 정권과 조선의 세도 정권을 직접 비교해 보았다. 정권의 탄생, 인재 양성, 상업정책 등의 비교를 통해 두 정권의 정체성과 지향하는 바를 드러내도록 했다. 이 비교는 고려 말과 조선 말의 정황을 대비하여 이해할 수 있게 한다. 15장은 고려말과 조선 초에 도모된 요동정벌을 비교했다. 고려의 요동정벌은 이성계가 위화도회군의 쿠데타를 일으킴으로써 실패했다. 그러나 조선의 요동 정벌은 병력을 동원해 보지도 못하고 실패하는 데, 왜 그러했는지를 다루고 있다. 16장은 종교와 사상의 비교다. 고려의 열린 종교와 사상은 최충헌 정권의 불교 쇄신과 혜심의 유불일치설을 중심으로 하여 살펴보고 있다. 조선의 닫힌 종교와 사상은 조선이 불교, 도교, 무교 등을 어떻게 얼마만큼 탄압했는지 그리고 성리학이 어떻게 종교화되고 종교의 윗자리에 군림했는지를 살펴보았다.

17장은 이 책의 맺음말이기도 하다. 고려와 조선 모두 소중화란 말이 회자했다. 그러나 고려의 소중화는 자주성을 북돋우고 조선의 소중화는 자주성을 상실한 것으로 근원이 다르다. 그러기에 소중화란 말은 고려와 조선의 다름과 차이를 대표하는 말이라고 할 수 있다.

이 책은 미흡한 점이 많다. 필자의 능력이 모자란 탓이 크고, 관심 있는 분들의 많은 지도와 조언을 바란다. 그러나 비록 부족하지만, 처음 시도한 전문적인 비교로서의 가치를 기대하고, 독자들에게 고려와 조선에 대한 안목을 조금이나마 넓혀 줄 수 있을 것으로 생각한다. 아울러 이번의 비교가 연구자들에게 후속 연구의 계기와 새로운 아이디어라도 제공할 수 있기를 소망한다. 이 책을 펴냄에 있어 선학제현(先學諸賢)들의 업적을 주(註) 없이 인용한 사실을 밝힌다. 17개의 독립된 장으로 구성된 책의 특성상 인용하기가 번거로웠고, 독자들이 읽기 쉽도록 인용하지 않으려 한 탓이다. 거듭 고마움을 표하고 양해를 구하는 바이다.

필자는 이 책의 집필에 6여 년의 세월을 쏟았다. 방대한 분야를 학습하고 이것저것 비교할 사항을 찾으며 헤맨 세월이 상당하다. 그러다 보니 이 책에 수록한 내용 외에 고려와 조선에 있어 재평가하고 새로이 조명할 필요가 있는 인물과 사건 사례들을 다수 발견할 수 있었다. 앞으로 이 책을 보완하는 차원에서 이를 따로 엮어서 세상에 내놓으려 한다.

이 책은 독자들이 첫 장부터 차근차근 읽어나가면 좋지만, 생소하다는 느낌이 드는 장은 뛰어넘는 것이 바람직하다. 각 장이 독립된 내용이므로 첫 장부터 읽기보다 흥미를 느끼고 쉬워 보이는 장부터 읽기를 권해드린다. 그러다 보면 역사의 진실을 아는 재미를 맛보고 어느새 친근감을 가지고 다른 장을 읽는 자신을 발견할 수 있을 것이다.

이 책의 출간에는 많은 분의 도움이 있었다. 먼저 경제학이 전공이고 공직에 몸담고 있는 필자에게 역사 연구를 권하고 지도해 주신 이만열 (전)국사편찬위원장님께 감사드린다. 항상 가까이에서 연구를 도와준 창원대 구산우 교수님과 안동대 정영구 교수님 그리고 진실화해위원회 임종금 팀장님께 감사의 말씀을 올린다. 각종 자료의 수집과 정리에 힘쓴 이철규씨와 김지연씨에게 고마운 마음을 전한다. 끝으로 이 책을 출간하도록 허락해 주신 박영사 안종만 회장님께 감사드리고 조성호 이사님과 배근하 차장님을 비롯한 편집부 여러분의 수고에 감사드린다.

차례

고려 황제 왕건, 조선 왕 이성계

왕건과 이성계, 둘의 삶으로 본 고려와 조선의 본질

고려의 태조는 왕건이고 조선의 태조는 이성계다. 그들이 왕위에 올랐을 때 조건은 이성계가 더 나았다.

왕건의 고려는 강력한 경쟁자가 있었고, 후삼국을 통일하지 않으면 아무 것도 할 수 없는 상황이었다. 이성계의 조선은 한반도를 온전히 장악하고 있었고, 고려가 480여 년 동안 갖춰 놓은 중앙집권체제와 관료제도로 어느 정도는 왕의 뜻대로 나라를 통치할 수 있었다.

그러나 시간이 얼마 지나지도 않아서 두 사람의 처지는 완전히 달라진다.

제1장

고려 황제 왕건,
조선 왕 이성계

들어가는 글

우리는 평소 고려 태조 왕건(王建)과 조선 태조 이성계(李成桂)를 잘 안다고 생각한다. 이들에 얽힌 사연과 일화까지 자신 있게 말할 수 있다는 사람도 꽤 있다. 그러나 교과서의 범위를 벗어나는 사람들은 그리 많지 않다. 더군다나 왕건과 이성계를 따로 얘기하지 않고, 둘을 비교하여 차이를 말하라면 대충 얼버무리기가 십상이다. 그것은 지금까지 둘을 깊이 있게 비교한 적도, 비교한 이야기를 들은 적도 거의 없기 때문일 것이다.

왕건과 이성계는 고려와 조선을 대표하는 인물이다. 둘의 행적과 모습은 곧 두 나라의 시작점이 어딘지를 보여준다. 둘의 비교는 고려와 조선의 시작과 정점의 비교라 할 수 있다. 그러기에 둘의 차이는 두 나라의 차이에서 가장 중요한 핵심이 된다.

막상 둘을 비교하라면 어떨까? 대다수 사람은 얼핏 비슷하게 닮은 모습을 상기할지 모른다. 젊은 나이에 장군으로 출세하고, 전쟁 영웅으로 명망을 얻고, 쿠데타를 일으켜 새 왕국을 개창하는 닮은꼴 말이다. 그러나 왕건과 이성계는 서로 많이 다르다. 조금만 관심을 가지고 들여다보면 둘은 인생 역정이 너무나 다르고, 그들이 세운 고려와 조선이 서로 다른 나라인 것을 알 수 있다. 결국 고려와 조선의 궁극적인 차이는 왕건과 이성계의 차이로부터 파생된다고 할 수 있다.

왕건과 이성계는 구체적으로 어떤 차이가 있을까? 우선은 태조로서의 존재감의 차이다. 왕건은 후삼국을 통일하고, 북진정책을 펴고, 불교의 나라를 만드는 등 태조다운 존재감이 살아있다. 그러나 이성계는 위화도회군 쿠데타와 한성 천도 외는 이렇다 할 눈에 띄는 활약상이 없어 왕건에 비해 태조다운 존재감이 떨어진다. 그것은 위상의 차이로 나타난다. 위상 차이를 한눈에 알아차릴 수 있는 비교 대상이 있다. 바로 둘의 겉모습을 그린 어진(御眞, 임금의 초상화)이다. 둘의 어진은 일반인이 쉽게 구별하고 판단할 수 있을 정도로 확연히 다르다.

또 다른 중요한 차이는 나라를 세울 때의 역할이다. 왕건은 건국을 기획하고 주도하지만, 이성계는 건국을 주도하지 못하고 얼굴마담 노릇이었다. 한편 잘 알려지지 않은 흥미로운 이야기가 있다. 둘의 생애 마지막 모습이다. 인생을 마감하는 죽음이 서로 너무 달라서 놀랍고, 시사해 주는 바가 크다.

왕건과 이성계의 어진

왕건과 이성계의 어진은 매우 다르다. 특히 옷차림과 격식에서 큰 차이가 있다. 책에 수록된 둘의 어진에서 눈에 확 뜨이는 차이를 짚어 보면, 최소한 다음의 다섯 가지는 뚜렷이 확인된다.

첫째는 모자다. 왕건이 쓴 모자는 면류관(冕旒冠)이고, 이성계가 쓴 모자는 익선관(翼善冠)이다. 면류관은 황제와 왕(제후)이 즉위식이나 큰 제사를 지낼 때 쓰는 의례용 모자다. 황제와 왕의 모자 중에서 가장 존엄한 것으로 겉은 검고 속은 붉다. 한편 평소 정무를 보거나 조칙을 내릴 때 쓰는 모자가 따로 있는데, 황제는 통천관(通天冠)을 쓰고 왕은 원유관(遠遊冠)을 쓴다.

황제의 면류관과 왕의 면류관은 어떻게 구별할까? 둘은 모자 위의 연(延, 직사각 판)에 매단 구슬 끈의 수로 구별한다. 황제는 최고 12줄이고 왕은 최고 9줄이다. 한국은 고려시대에 국왕의 즉위식과 연등회, 팔관회 등의 국가 의례에서 12줄 면류관을 썼다. 조선의 국왕은 12줄 면류관을 쓰지 않고 9줄 면류관을 썼다. 다만 조선말에 고종이 대한제국의 황제로 즉위하는 즉위식 때

왕건 어진   이성계 어진

12줄 면류관을 썼고, 정무를 볼 때 통천관을 썼다.

　이성계 어진의 익선관은 왕(제후)이 평상시에 쓰는 모자다. 조선 왕이 가장 오랫동안 착용한 복장은 익선관에 곤룡포를 입고, 옥대와 검은 가죽신을 신는 것이다. 이를 '익선관 복'이라 한다. 따라서 이성계의 어진은 '익선관 복'을 입은 모습이다. 왜 면류관을 쓴 초상이 아니고, 익선관을 쓴 초상을 공식 어진으로 삼았을까? 학자들의 설명은 구구하나 왕건의 12줄 면류관, 즉 왕건과의 복장 차이를 언근슬쩍 피하려는 의도라고 할 수 있다.

　둘째는 옷 모양과 색깔이다. 왕건은 황금색 곤룡포(袞龍袍)를 입고 이성계는 청색 곤룡포를 입었다. 일반적으로 황금색 곤룡포는 황제가 입는 옷이고, 청색 곤룡포는 왕(제후)이 입는 옷으로 알려져 있다. 조선 왕이 황금색 곤룡포를 입지 않은 바는 아니나, 대개는 청색 곤룡포를 입고 지냈다.

　셋째는 의자다. 왕건이 앉은 의자가 이성계가 앉은 의자보다 훨씬 크고, 높고, 색상이 다양하다. 언뜻 보기에도 왕건의 의자는 고급스러우며 품격이 있어 보이고, 그에 비해 이성계의 의자는 간소하고 품격이 낮아 보인다.

통천관

원유관

넷째는 손이다. 왕건은 손을 내놓고, 이성계는 손을 감추었다. 혹자는 이성계의 겸손함을 나타내려고 손을 가렸다고도 한다. 그러나 아무래도 보란 듯이 내놓은 왕건의 손이 자신감이 들어 보이고 후덕하며 자연스러워 보인다.

다섯째는 가슴에 부착한 흉배(胸背)와 허리에 둘러댄 요대(腰帶)다. 왕건의 흉배는 의자 윗부분의 색상과 어울려 근엄하고 진중한 느낌이 든다. 또한 요대는 사파이어 색깔로 의자 아래 부문과 어울려 단아하면서 품격이 있어 보인다. 반면 이성계의 용 문양 흉배는 어깨의 용 견장과 매치되어 다소 과장된 듯하며, 위엄을 억지로 드러내려는 듯이 보인다. 요대는 앞 부문만 살짝 드러내어 왕건의 요대에 비해 다소 볼품없어 보인다. 아마 요대가 모자처럼 품격의 차이가 또렷하여 일부러 가렸을 수도 있다.

동서고금을 막론하고 어진은 그냥 대충 그리는 게 아니다. 군주의 공식적인 모습이다. 최대한 당시의 모습이 재현되도록 세심한 고증과 정치적 합의를 거쳐서 그린다. 어떻든 왕건의 어진이 화려하고 품격이 높아 보이며, 이성계의 어진은 상대적으로 굉장히 소박해 보인다. 왜 이런 차이가 날까? 대답은 간단하다. 왕건은 황제이므로 황제 복식을 차려입은 어진을 그렸다. 반면 이성계는 형식상 제후왕이므로 제후의 복식, 그것도 평상시에 입는 '익선관복'을 입은 어진을 그린 탓이다.

왕건은 건국의 기획자, 이성계는 건국의 얼굴마담

　　왕건과 이성계는 둘 다 나라를 세운 태조다. 그러나 쿠데타로 권력을 쟁취하고 새 왕조를 개창하는 겉모습은 닮았지만, 쿠데타를 도모하는 이면의 모습은 딴판이다. 특히 두드러진 차이는 왕건은 쿠데타를 기획한 주모자인데 비해 이성계는 기획한 주모자가 아니라는 사실이다. 혹자는 왕건도 이성계와 다를 바 없이 쿠데타를 기획한 자가 아니라고 한다. 이는 다음의 『고려사』 기록을 곧이곧대로 믿는 탓일 것이다.

> "918년 6월의 어느 날 밤이다. 홍유, 신숭겸, 복지겸, 박술희 등이 왕건을 왕으로 추대하기로 모의하고, 왕건에게 쿠데타를 일으켜 궁예를 축출하자고 권유했다. 그러나 왕건이 그것은 신하의 도리가 아니라며 거절하자, 부인 유씨가 '군사를 일으켜 포악한 임금을 내쫓는 것은 의로운 일이다'라며 손수 갑옷을 입혀주었다. 이에 왕건은 마지못해 거사에 나섰다."(『고려사』)

　　이상의 기록에 의하면 궁예를 축출하는 쿠데타는 어디까지나 왕건의 측근 부하들이 모의하고 기획한 것이 된다. 과연 왕건은 쿠데타 모의와 기획에서 빠졌을까? 그렇지 않다. 진실은 쿠데타의 전개 과정에서 여실히 밝혀진다. 쿠데타는 한밤중에 일어났고, 왕건은 다음날 포정전(布政殿)에서 왕위에 올랐다. 더욱 놀라운 일은 왕건이 즉위하면서 국호를 태봉(泰封)에서 고려로 바꾸고, 또 연호를 천수(天授)로 정하고 선포한 것이다. 그야말로 하룻밤 사이에 전광석화로 궁예의 태봉이 망하고, 새 나라 고려가 황제국을 천명하며 건국되었다. 쿠데타를 결행하고, 나라 이름을 새로 짓고, 황제만이 선포하는 연호를 정하는 것은 실로 중차대한 일이다. 손바닥 뒤집듯이 쉽지 않고, 누구 혼자서 후다닥 해치울 수 있는 일이 아니다. 이 모든 일의 최종결정자는 왕건이다. 따라서 왕건의 부하들이 먼저 쿠데타를 모의하고 왕건에게 권유했다는 『고려사』 기록은 실제의 건국 과정과는 괴리된다. 결국 궁예를 축출하는 쿠데타는 왕건이 처음부터 측근 부하들과 주도면밀히 모의하고, 쿠데타 이후 무슨 일을 어떻게 해야 할지의 시나리오를 미리 짜고, 때가 이르자 실행했다고 할 것이다.

뿐만 아니라 이 기록은 또 다른 문제를 안고 있다. 기록에 의하면 왕건은 능동적이고 카리스마 넘치는 인물이 못 된다. 오히려 부하를 잘 만나 엉겁결에 왕이 된 수동적인 평범한 인물로 여기게끔 한다. 여기서 왕건이 "신하의 도리가 아니다"라며 쿠데타를 거절하는 기록을 유의할 필요가 있다. 이 기록은 왕건을 군신유의의 유교 덕목을 지키고 겸양의 미덕을 갖춘 인물로 미화하기 위해서 나중에 그럴듯하게 꾸며 맞추었다고 할 수 있다.

진실은 무엇일까? 오늘날 학계의 통설은 궁예가 무고한 사람을 많이 죽여서 민심을 잃고, 이에 왕건이 궁예를 쫓아내고 고려를 개창했다고 한다. 그러나 통설은 실상 『고려사』 기록을 그대로 인용한 것일 뿐이다. 앞에서 언급했듯이 한밤중의 쿠데타, 다음날 고려 건국과 왕건의 즉위 그리고 연호의 선포, 송악(개경)으로의 재빠른 천도를 한 묶음으로 엮어서 살펴보면 이야기가 단순하지 않다. 특히 『고려사』에는 "처음 태조의 나이 30세 때 꿈을 꾸었는데, 9층 금탑이 바다 가운데 있어서 그 위에 올라가 보았다"라는 기록이 있다. 왕건이 30살이면 서기 906년이고 9층 금탑은 아홉 개 번국을 거느리는 황제국을 상징한다. 왕건은 건국하기 12년 전부터 '금빛 황제'를 꿈꾸고 새 나라의 창업을 도모했다고 할 것이다.

쿠데타의 참모습은 후백제와 자웅을 다투는 정황과 국호 고려에 초점을 두고 추론하면 의외로 쉽게 드러난다. 당시는 견훤의 후백제가 맹위를 떨치고 있을 때다. 자칫 쿠데타가 실패하면, 궁예의 태봉은 자중지란이 일어나고, 견훤에게 덜미를 잡힐 수 있다. 그러기에 치밀한 계획과 준비 없이, 성공한다는 확신 없이, 우발적으로 쿠데타가 도모될 수 없는 것이다.

국호 고려에는 기막힌 사연이 있다. 일반적으로 고려라는 이름은 고구려를 줄인 말이고 왕건이 지은 것으로 알고 있다. 왕건이 자신이 세운 나라가 고구려처럼 큰 나라가 되기를 소망하고 국명을 고려로 작명한 것으로 말이다. 그러나 사실은 이와 다르다. 고려 국호를 처음 작명한 자는 왕건이 아니고 궁예다.

궁예는 왜 고려로 이름지었을까? 궁예는 894년 강릉을 거점으로 하여 3,500명의 병사를 모아 봉기한다. 이후 궁예는 896년 태백산맥을 넘어 철원에 도읍을 정하고, 898년 도읍을 왕건의 근거지인 송악(松嶽, 개성)으로 옮겼다. 그때까지 궁예의 호칭은 장군일 뿐이고, 왕이 아니었다. 송악으로 옮긴 지 3년 후 901년 궁예는 고려를 건국하고 왕위에 올랐다. 그것은 경쟁하고 있던 견훤이 900년에 후백제를 세우고 왕을 자칭하자, 크게 자극받은 탓이었다. 오늘날 시중의 역사책 등에서는 '궁예가 세운 고려'를 '왕건이 세운 고려'와 구별하여 후고구려라고 일컫는다. 하지만 궁예는 얼마 있지 않아 고려 국호를 버린다. 904년 국호를 마진(摩震)으로 바꾸고 도읍을 다시 철원으로 옮기고, 또 911년 국호를 태봉(泰封)으로 바꾸었다.

궁예가 '고려→ 마진→ 태봉'으로 나라 이름을 거듭 변경한 것은 무심코 넘길 일이 아니다. 국호가 바뀔 때마다 얼마나 많은 야단법석이 있었겠는가? 국호마다 선호하는 세력이 있고, 그들은 선호하는 국호를 지키기 위해 정치 명운을 걸고 권력투쟁을 벌였을 것이다. 고려는 궁예가 송악에서 처음 나라를 세우고 선포한 국호다. 그리고 송악은 왕건의 고향이고 세력의 근거지다. 국호 고려를 버린다는 것은 곧 송악을 근거로 한 자신의 기득권을 버리는 짓이 된다. 그러기에 왕건은 고려 국호를 버리고 마진과 태봉으로의 국호 개칭에 불만을 품었다고 할 수 있다. 그는 후백제의 견훤과 경쟁하는 마당에 마진과 태봉은 정체성이 불명확하여 불리하고, 후삼국통일의 명분에서 뒤진다고 여겼다. 후백제에 뒤지지 않고, 후삼국통일의 명분을 위해서는 국호를 고려로 바꾸는 것이 최선이라고 보았다. 결국 왕건이 고려 국호를 선호하는 무리를 모아 궁예를 축출하는 쿠데타를 일으켰다고 할 수 있다.

왕건은 쿠데타에 성공하고 고려를 다시 세운 후, 즉각 송악으로 천도한다. 이것은 국호 고려가 탄생한 송악을 왕국의 근거지로 삼고자 한 것이다. 따라서 쿠데타를 일으킨 주인공은 어디까지나 왕건이다. 지금처럼 쿠데타가 일어난 원인을 궁예에 귀착시키는 것은 타당하지 못하다. 오히려 왕건이 후삼국통일의 원대한 포부를 가지고 고려 국호를 되찾고자, 은인자중하며 때를 기다리다가 궁예의 실책을 빌미로 하여 거사를 도모했다고 보는 것이 사실에 부합한다.

태조 왕건은 918년 6월 궁예를 축출하고 고려를 건국한다. 그리고 이듬해 정월에 도읍을 철원에서 송악(개경)으로 옮겼다. 천도가 나라를 세운 지 불과 6개월 만에 그야말로 번갯불에 콩 구워 먹듯이 재빨리 감행된 것인데, 오랫동안 치밀한 준비가 있었기에 가능했을 것이다.

이렇듯 왕건의 쿠데타와 고려 건국은 비밀리에 준비된 것이었고, 새로운 세상을 위한 비전과 해법을 미리 만들어 놓은 것이었다. 이 사실은 왕건이 천도하면서 수도 개경에 중앙시장(시전)을 우선하여 건립한 것과 대규모 사찰을 창건한 것으로도 설명할 수 있다.

왕건은 천도하면서 시장을 궁궐, 관청 등과 동시에 건립했다. 그 시장이 개경의 십자거리시전이다. 궁궐과 관청은 새 도읍의 필수시설이지만, 시장은 꼭 구색을 갖춰야 할 필수시설이 아니다. 천도하면서 궁궐, 관청과 함께 시장을 건립한 것은 천도 사업의 최우선 순위에 시장이 포함된 것을 뜻한다. 시장은 대충 뚝딱 지을 수 없다. 그것도 수도의 중앙시장은 막대한 자금과 수많은 인력 동원이 필요하다. 건국 초에 황급히 천도하면서 돈 쓸 일이 많은데도 불구하고 시장을 먼저 지은 것은 예사롭지 않은 획기적인 일이다. 시장 터를 정해 놓고 건물은 궁궐과 관청 등을 건립한 후에 차근차근 단계적으로 지어도 무방한데, 왕건은 그리하지 않았다.

무슨 까닭일까? 혹자는 왕건이 해상 호족의 후손으로 상업과 교역의 중요성을 체득한 탓이라 한다. 하지만 이는 단순한 도식적인 견해다. 이 질문은 시장의 빠른 건립과 더불어 시장의 위치를 살펴보면 쉽게 풀린다. 왕건은 시장을 수도 개경의 최고 요지에 건립했다. 관청이 들어선 곳보다 더 요지다. 즉 최고 요지에 최우선으로 시장을 건립한 것이다. 그러므로 시장 건립은 고려를 상업의 나라로 만들고 개경을 빛나는 상업 도시로 육성하려는 왕건의 원대한 식견과 포부의 구현으로 이해하는 것이 합리적이다. 또한 이것은 한국 역사에서 최초의 사례일뿐더러 동서고금에 있어서 유례를 찾기 어렵다고 해도 과언이 아닐 것이다. 이에 관해서는 이 책의 제4장 '고려 개경의 중앙시장, 조선 한성의 중앙시장'에서 자세히 서술하고 있다.

한편 왕건은 천도하면서 개경에 법왕사, 왕륜사, 자운사 등 대규모 사찰 10개를 동시에 지었다. 이를 개경십사(開京十寺)[1]라 부른다. 천도는 돈이 많이 들고 신경이 많이 쓰이는 굉장히 어려운 일이다. 성곽을 쌓고 궁궐과 관청을 짓는 등 우선순위 과업이 즐비하다. 그러함에도 불구하고 대형 사찰을 한꺼번에 10개나 지은 것은 자신이 세운 고려가 불국토의 나라가 되기를 염원했다고 할 것이다. 왕건은 이후에도 사찰을 계속 지어서 임금으로 재위하는 26년 동안 개경에 총 26개의 큰 사찰을 세웠다. 1년에 1개씩 건립한 셈이다. 지방에도 고려시대에 건립된 사찰의 3분의 2가량을 세웠다. 아마 왕건은 한국 역사상 사찰을 가장 많이 지은 군주일 것이다. 사찰의 대다수는 국가를 보위하는 비보사상(裨補思想)에 의하여 전국의 요지에 비보 사찰로 건립되거나 왕실의 번영을 비는 원당으로 지었다. 물론 기존 사원에도 토지와 노비를 지급하는 등 경제적 지원을 아끼지 않았다.

왕건은 죽음에 이르렀어도 불교를 향한 마음의 끈을 놓지 않았다. 죽기 전에 후손에게 남긴 열 가지 유훈(훈요 10조)에서 첫째와 둘째 그리고 여섯째가 불교에 관한 당부이다. 즉 열 가지 유훈 중에서 세 가지인데, '부처의 도움으로 후삼국을 통일했으니, 불교를 보호하라(제1조)', '모든 사찰은 도선(道詵)의 비기에 의하여 건립했으니, 제멋대로 창건하지 말라(제2조)', '부처를 모시는 연등회를 해마다 개최하라(제6조)' 등이다.

왕건은 애초에 불자인가? 그것은 알 수 없지만, 그의 할아버지 작재건이 서해 용왕의 딸과 혼인하여 왕건의 아버지를 낳았다는 설화는 불교와 거리가 멀다. 고향 송악도 특별히 불교와 인연이 깊은 곳이 아니다. 그러므로 당

---

1) 법왕사(法王寺), 왕륜사(王輪寺), 자운사(慈雲寺), 내제석사(內帝釋寺), 사나사(舍那寺), 천선사(天禪寺), 신흥사(新興寺), 문수사(文殊寺), 원통사(圓通寺), 지장사(地藏寺) 등이다.

시 후삼국으로 분열되고 흐트러진 백성과 민심을 한곳으로 모아 화합할 수 있는 종교와 사상은 불교만 한 것이 없었는데, 왕건이 이를 인지하고 국시(國 是)로 삼은 것으로 보인다. 다시 말하면 왕건이 고려를 불교의 나라로 만든 것은 불교 아래에서 후삼국을 통일하고 태평성세를 이루려는 원대한 포부에 따른 것이라고 할 수 있다. 결국 왕건은 그러한 포부에 의해 쿠데타를 감행하 고 고려를 세웠다고 할 것이다.

다음 이성계의 조선 건국이다. 이성계도 위화도회군 쿠데타를 일으켜 권 력을 차지하고, 끝내 왕이 되었다. 그러나 이성계는 쿠데타와 건국의 기획자 가 아니었다. 위화도회군을 기획하고 조선 건국을 설계한 자는 정도전(鄭道 傳)으로 알려져 있다. 위화도회군으로 권력을 손에 쥔 것, 정변을 일으켜 고 려를 멸망시키고 조선을 세운 것은 정도전의 책략에 의한 결과였다. 정도전 이 우수한 무장이었으나 철학과 비전이 모자란 이성계를 끌어들여 자신이 꿈꾸던 성리학(性理學)의 나라 조선을 건국했다. 이성계는 정도전이 앞장서 규합한 건국 세력 52명의 추대를 받아 왕위에 올랐다. 이들 52명은 이성계에 게 목숨 바쳐 무한 충성하는 자들이 아니고, 성리학의 나라를 만들자고 뭉친 자들이다. 이 때문에 이성계는 정도전의 꼭두각시, 또는 얼굴마담이라는 혹 평을 받는다.

조선 건국에 이성계의 포부와 사상이 어떻게 얼마나 반영되었는지 알 수 없다. 실제로 그가 어떠한 이념과 염원을 가졌는지조차 알기 어렵다. 오히려 정도전을 살펴보는 것이 더 정확할 것이다.

그렇다면 정도전은 왜 고려를 멸망시키고 조선을 세웠을까? 정도전은 세 상에서 가장 이상적인 나라는 군주의 나라가 아니고, 사대부(士大夫)의 나라 라고 생각했다. 그래서 군주의 나라 고려를 멸망시키고 사대부의 나라 조선 을 세우려고 한 것이다. 정도전은 성리학 사상을 신봉하는 사대부가 영구히 집권하는 나라를 목표로 삼았다. 그러기에 사대부의 나라 조선에서 이성계는 비록 태조이지만, 얼굴마담에 불과한 것이었다. 뒤집어 말하면 이성계는 스 스로 왕이 되고 싶은 원대한 포부와 군건한 의지로 조선을 건국하지 않았다.

사대부의 나라를 만들고자 하는 정도전에게 포섭되어 왕으로 옹립되었을 뿐이다. 그로 인해 왕으로서의 위상과 권위가 애초부터 한계에 봉착한다. 또한 후대의 조선 왕은 황제와 같은 절대 권력자로 군림할 수 없었고, 사대부의 우두머리로 행세하는 왕이 되었다.

개국에 있어 왕건과 이성계의 위상은 개국공신을 살펴보면 잘 알 수 있다. 고려의 개국공신은 1등 4명, 2등 7명, 3등 2,000명으로 총 2,011명이다. 1등과 2등은 극소수이고 3등이 매우 많다. 조선의 개국공신은 1등 20명, 2등 13명, 3등 24명으로 총 55명이다. 고려와 달리 1등과 2등 공신의 비율이 60%를 차지한다. 1등과 2등 공신은 왕조차 함부로 대하지 못한다. 이들의 비중이 높은 것은 왕 노릇을 하는 데 걸림돌이 되는 따위로 왕으로서는 크게 부담되는 일이다.

한편 1등 공신의 출신 성향을 비교하면 왕건과 이성계의 위상과 역할이 확실히 드러난다. 고려의 1등 공신 4명은 모두 왕건과 함께 전장을 누비고 쿠데타를 도모한 무인들이다. 즉 왕건과 생사고락을 함께한 최측근 인물이다. 이에 비해 조선의 1등 공신 20명은 과거에 합격한 고위직 사대부가 11명으로 55%를 차지한다. 전체 개국공신 55명 중에서 과반이 넘는 26명이 과거 합격자다. 이 사실은 무엇을 뜻하나? 과거 합격은 이성계와 전혀 무관하다. 또한 1등 공신 중에서 이성계의 최측근이라 할만한 인물은 아들 3명을 포함하여 사위와 친구 등 9명이라 할 수 있다. 결국 이성계는 비록 태조이지만, 개국공신을 보더라도 위상과 역할이 왕건에 비할 바가 못 된다고 할 것이다.

이성계가 꼭두각시라는 사실은 건국하는 과정을 통해서도 확인된다. 조선의 시작은 엉성하기 짝이 없다. 1392년 7월 12일 공양왕이 폐위되고, 5일 후 이성계가 왕위에 올랐다. 하지만 이성계는 나라 이름을 짓지 못하고 고려 왕 이성계로 행세했다. 아니, 정확히 말하면 왕도 아니었다. 고려의 왕대비가 공양왕을 폐위한 다음 이성계에게 내린 '감록국사(監錄國事)'라는 직함을 썼다. 명나라에 사신을 보낼 때 이성계는 왕이 아니라 '권서국사(權署國事) 이성계'로 호칭하고, 외교문서에는 '고려 국왕'의 옥새를 찍어 보냈다. 이는 '고려 국왕의 권한을 임시로 행사하는 저(이성계)가 황제께 이런저런 말씀을 올립니다'라는 정도로 이해될 수 있다. '권서국사'라는 직함은 이후에도 종종 명나라에 이성계를 호칭하는 직함으로 올렸다.

뿐만 아니라 이성계는 스스로 국호를 짓지 않았다. 명나라 황제에게 사신을 보내서 나라 이름을 '화령(和寧)과 조선(朝鮮)' 중에서 선택해 달라고 했다. 그만큼 이성계는 힘이 없었다. 이것은 자주성은커녕 최소한의 자존심마저 포기한 행동이다. 조선은 역사적으로 이미 오래된 이름이니 그렇다 치고 화령은 무슨 뜻인가? 화령은 지금의 함경남도 영흥(永興)으로 이성계가 출생한 지명이다. 아마 이성계는 내심 화령으로의 낙점을 희망했을 수 있다. 왜냐하면 중국은 전통적으로 왕조의 명칭을 건국자의 출신 지명을 따서 짓는 경향이 있으므로, 화령으로의 선택을 희망했다고 볼 수 있는 것이다. 따라서 만약 명나라가 조선을 낙점하지 않고 이성계를 존중한다는 뜻으로 화령을 찍었다면, 이성계의 나라는 '조선'이 아니고 '화령'이 된다. 그나마 명나라의 '센스'로 국명이 조선으로 정해진 것을 천만다행으로 여겨야 할까?

이처럼 이성계는 비록 조선을 개국하지만, 스스로 나라 이름조차 짓지 못했다. 명 황제에게 나라 이름을 지어 달라며 자진하여 요청함으로써 명나라 속국의 제후(왕)로 자리매김해 버렸다. 이는 황제국으로 출범하며 황제의 위상과 권위를 갖추고 국호를 위시하여 중요한 사항을 스스로 결정한 왕건과 비교하기가 무색한 차이다.

황제 왕건과 제후 이성계는 품격이 달랐다

왕건은 고려를 황제국으로 출범시켰다. 국가 의례와 궁궐의 격식을 황제국의 법도에 맞추었다. 그러나 고려가 존속한 475여 년 동안 언제나 황제국으로 군림하지는 못했다. 국력이 강성할 때는 황제국의 위세를 만방에 과시하고, 힘이 달릴 때는 강국 앞에서 신하국으로 몸을 낮추는 이중노선을 취했다. 실리외교를 펼쳐 현실의 애로 국면을 타개해 나갔다. 비록 불가피하여 신하국으로 굴신하는 모습을 보이더라도 내부적으로는 항상 황제국의 위상과 품격을 견지했다.

고려는 제후국으로 강등당하기도 했다. 세계를 정복한 칭기즈 칸의 몽골에 항복한 이후다. 몽골은 정동행성이란 기관을 설치하고 내정을 간섭했다. 특히 왕의 호칭을 바꿨다. 몽골 황제에게 충성한다는 뜻으로 호칭 앞에 충(忠)자를 붙여 충렬왕, 충선왕, 충숙왕, 충혜왕 등으로 부르게 했다. 왕의 즉위식과 연등회, 팔관회 등의 국가행사를 황제의 의례와 격식으로 개최하지 말라고 지시했다. 그러나 고려는 몽골이 모르게 비밀리에 국가 의례를 '만세, 만세, 만만세'의 산호만세(山呼萬歲)를 제창하는 황제의 격식으로 거행했다. 꼬리가 길면 밟힌다고 결국은 들켰고, 몽골로부터 '감히 황제의 의례와 똑같이 하느냐?'는 무거운 질책을 당했다. 그러고도 비밀리에 여는 황제의 의례는 그치질 않았다. 고려는 몽골에 항복하고 제후국으로 추락한 곤혹스러운 시기에도 황제국의 자긍심을 끝내 버리지 않았다.

이성계는 조선을 제후국으로 출범시켰다. 개국을 앞두고 고려처럼 내부적으로 황제국의 의례와 격식을 갖추자는 의견이 있었지만, 명나라에 들키면 곤란하다는 이유로 묵살되었다. 그렇다면 제후국 조선은 황제국 고려와 구체적으로 어떤 차이가 있을까?

첫째, 의례와 격식이다. 이는 고려가 몽골(원나라)의 간섭으로 격식을 낮춘 것을 보면 단번에 알 수 있다. 임금이 자신을 '짐(朕)'이라 하던 것을 '과인(寡人)'으로 낮추고, 임금에게 절하며 외치는 '만세, 만세, 만만세'의 산호만세도 '천세, 천세, 천천세'로 격하했다. 호칭도 '폐하'를 '전하'로, '황후'를 '왕후'로, '태자'를 '세자'로 낮추어 불렀다. 또한 임금을 비롯한 관리의 옷차림과 위세장식도 한 단계 아래로 낮추었다.

둘째, 제후국의 법도다. 조선은 한성 도성과 궁궐은 물론이고 관아와 심지어 민간의 가옥까지도 규모, 크기, 장식 등이 제후국의 법도가 허용하는 일정한 범위 내로 제한했다. 고려는 백성들이 돈을 벌면 궁궐 같은 집을 지을 수 있었으나 조선은 어림없었다. 성곽의 규모도 축소되고, 궁궐의 건축물도 999칸을 넘을 수 없었다. 오늘날 조선시대의 토목건축물이 동시대의 중국의 그것보다 규모가 작고 소박해 보이는 것은 조선이 제후국의 법도를 억매인 탓이라 할 것이다. 격세지감이라 할까? 조선은 고려보다 등급이 낮은 다른 세상으로 변했다.

　셋째, 정체성의 상실이다. 이에는 두 가지 측면이 있다. 하나는 명나라 속국으로 자주성의 상실이고, 또 하나는 고유한 주체성의 상실이다. 조선은 명나라를 상국(上國)으로 섬기고 명의 문물을 표준으로 삼았다. 특히 외교와 국방에 관해서는 시시콜콜한 것까지도 명에 보고하고 명의 지시를 따랐다. 명나라에 대한 숭상은 날이 갈수록 굳어져서 조선을 '작은 중국', 즉 '소중화(小中華)'라 불렸다. 심지어 청나라에 항복하고, 또 명이 청나라에 의해 멸망했음에도 불구하고 명나라 황제의 사당을 짓고 제사를 지냈다. 결국 조선은 나라의 명운이 걸린 외교와 국방에 관해서도 스스로 해결하지 못하는 자주성을 상실한 나라가 되었다.

　조선의 주체성 상실은 심각한 문제다. 한국은 고조선 이래로 삼국시대와 고려시대를 거치며 수천 년을 지켜온 우리식의 법도가 있었다. 그것은 우리는 하늘의 자손이고, 우리가 천하의 중심이라는 정신이 바탕을 이루었다. 비록 고려 말에 몽골에 패배하고 내정간섭을 받았지만, 우리식의 법도를 주체적으로 발전시키고 준수해 나갔다. 그러나 조선은 중국의 속국을 자처함으로써 우리식이 중국식으로 변질해 갔다. 중국이 정해준 범위와 한계 안에 스스로를 가두어서 고유한 자긍심과 정체성을 잃게 되었다.

　넷째, 관제도 격하되었다. 고려는 당나라의 3성 6부제를 변형하여 중서문하성(中書門下省)과 상서성(尚書省) 등 2개 성을 최상위 기관으로 두고 그 아래에 6부, 즉 이부(吏部), 호부(戶部), 예부(禮部), 병부(兵部), 형부(刑部), 공부(工部) 등이 있었다. 이렇듯 고려의 중앙 관제는 황제국의 '성(省)-부(部)' 체제였다. 그러나 몽골에 항복한 이후 성이 부로 격하되고, 반원 정책을 편 공민왕 때 잠시 본래의 성 관제로 복원되지만, 이후 다시 부로 돌아갔다. 조선은 고려와 달랐다. 애초부터 황제국이 아닌 제후국 관제를 채택했다. 의정부(議政府)를 최상위 기관으로 하고 그 아래에 6조(六曹)를 두었다. 6조는 이조(吏曹), 호조(戶曹), 예조(禮曹), 병조(兵曹), 형조(刑曹), 공조(工曹) 등이다. 다시 말하면 조선의 중앙 관제는 황제국의 '성(省)-부(部)' 체제가 아니고, 제후국의 '부(府)-조(曹)' 체제였다.

표 1.1 고려와 조선의 격식 차이

	고려(자주국)	조선(제후국)
군주 호칭	황제, 짐, 폐하	왕, 과인, 전하
부인, 모친 호칭	황후, 황태후	왕비, 왕대비
후계자 호칭	태자, 전하	세자, 저하
군주 하례	만세, 만세, 만만세	천세, 천세, 천천세
군주 복식	금색 용포, 12줄 면류관	자색·청색 용포, 9줄 면류관
중앙 관제	성(省)-부(部)	부(府)-조(曹)
건물 규모	사실상 무제한	제한(궁궐 999칸 이내)

이상을 정리하면 조선은 고려에 비해 궁궐과 도성의 규모가 작아졌다. <표 1.1>에서 보듯이 호칭, 하례, 복식 그리고 중앙 관제가 격하되었다. 이렇게 조선 왕조 500년 내내 제후국으로 행세함으로써 자주국의 정체성과 긍지가 손상되었다. 그리하여 고조선 이래로 유구히 전승되어 온 '하늘이 내린 천손'이라는 자존심, 우리도 천하의 중심이라는 자긍심과 자주 의식이 훼손되고 말았다. 결국 조선은 자주 국가의 꿈을 한 번도 제대로 펼치지 못하고, 중국의 큰 나라를 섬기는 사대주의의 굴레를 쓰고 살았다.

　왕건과 이성계는 둘 다 나라를 세운 태조다. 둘은 똑같이 변방의 시골 출신으로 몸을 일으켜 나라를 세운 영웅이다. 생사를 가르는 수많은 전쟁터를 누비며 살아남아 임금 자리까지 차지했으니, 성공한 삶을 살았다고 할 것이다. 그러나 둘은 인생을 마감하는 죽음이 매우 다르다.

　왕건은 신라의 말단 변두리 송악(개성)에서 태어났다. 왕건에게는 할아버지 작제건(作帝建)이 유명하다. 그는 서해를 주름잡는 무역상이자 해상 호족으로 이름을 떨쳤다. 왕건은 할아버지의 영향을 받으며 자랐고, 무역상의 가문을 이어가기 위한 교육을 받았다. 그러나 신라 말에 혼란이 가중되자, 왕건의 아버지 왕융(王隆)은 왕건을 장사꾼이 아니라 벼슬아치가 되기를 바랐다. 이에 왕융은 궁예 편에 가담하고, 궁예에게 도읍을 철원에서 송악으로 옮기기를 권하고, 아들 왕건의 장래를 부탁했다. 궁예는 왕융의 청을 받아들이고 송악으로 근거지를 옮기면서 왕건을 부하로 맞아들였다. 그리고 왕건에게 도읍으로 삼는 성을 쌓도록 지시했다. 이 성이 이른바 발어참성(拔禦塹城)이다.

　궁예는 성이 완성되자, 왕건을 성주로 임명했다. 상인 출신 왕건이 일약 벼슬아치 성주로 출세한 것이다. 이처럼 왕건을 역사의 무대에 등장시킨 자는 그의 아버지와 궁예다. 이후 왕건은 궁예를 보필하며 견훤의 후백제와 싸워 전공을 세우고, 지위가 점차 높이 올라가고, 쿠데타를 결행할 만큼의 실력을 쌓아갔다.

　이성계는 고려의 변방 함경도 화령에서 태어났다. 화령은 본래 고려 영토였으나, 이성계가 태어날 때는 원나라가 지배하고 있었다. 원이 이곳에 쌍성총관부(雙城摠管府)를 설치하고 직접 통치한 것이다. 이성계의 아버지 이자춘(李子春)은 원나라로부터 천호(千戶) 벼슬을 받은 실력자였다. 그러므로 이성계는 원나라가 통치하는 화령 땅에서 원나라 벼슬아치의 귀공자로 태어났다.

　이성계가 고려의 중앙에 진출한 것은 순전히 아버지 이자춘의 덕이다. 이자춘은 현실 정황에 매우 밝았다. 그는 원나라가 쇠퇴해지는 정세를 미리 간파하고, 공민왕이 원에 빼앗긴 땅을 탈환하려는 낌새를 알아차리고, 비밀리에 공민왕을 만나 귀순했다. 재빨리 배를 옮겨 탄 것이다. 이자춘은 공민왕이 쌍성총관부를 칠 때 내부에서 호응하여 공을 세웠다. 이에 공민왕은 이자춘에게 높은 벼슬을 내리고 식구들이 개경에 옮겨와서 살도록 배려해주었다. 뿐만 아니라 이자춘이 43세의 나이에 병으로 죽자, 그의 벼슬을 아들 이성계에게 승계시켜 주었다. 그리하여 이성계는 20대의 젊은 나이에 아버지 덕분으로 일약 고위 관리로 벼락출세했다.

왕건과 이성계의 재위 기간을 비교하면 흥미롭다. 왕건은 42세에 황제 자리에 오른 뒤, 26년간 재위하고 67세에 죽었다. 이성계는 57세에 왕위에 오른 뒤, 7년간 재위하다가 64세에 퇴위했다. 그리고 10년 뒤 74세에 죽었다. 따라서 즉위한 나이를 비교하면, 왕건은 혈기 왕성한 장년 나이에 임금이 되고, 이성계는 원기가 쇠퇴해지는 초로에 임금이 되었다. 한편 재위 기간 26년과 7년은 비교하기가 무색하다. 20년 이상 임금 노릇을 한 왕건이 이성계보다 자신의 포부와 역량을 쏟아서 임금의 역할을 충실히 수행했다고 할 수 있다. 또 다른 차이가 있다. 왕건은 죽음으로서 재위가 끝나고, 이성계는 재위하는 도중에 아들 이방원에 의해 강제로 퇴위당했다. 그러한 연유인가? 왕건의 죽음은 따뜻하고 이성계의 죽음은 쓸쓸하다.

왕건의 죽음은 예사롭지 않다. 그는 죽음의 순간에 범인의 경지를 뛰어넘는 달관의 모습을 보였다. 왕건이 병석에 누워 오랫동안 일어나지 못하자, 신하들이 이제 죽는가 보다 하며 몰려와 눈물을 흘리며 울었다. 이에 왕건은 신하들에게 "나는 죽음을 집에 돌아가는 것으로 생각한다. 슬퍼하지 말라"라고 말하고 눈을 감았다. 신하들이 왕건이 죽은 줄 알고 다시 울자, 왕건은 눈을 뜨고 깨어나서 "인생의 무상함을 모르느냐?"고 하며 신하들을 다독이며 위무해 주었다. 그리고 숨이 고요히 멎었다.

이 죽음의 모습은 인생무상을 깨친 수행승의 경지라 할 만하다. 왕건은 어릴 적부터 세상의 물정을 살피며 흥정하고 거래하는 상술을 익혔다. 장사하려고 다니며 밑바닥 삶을 체득하고 사람들의 배고픔과 눈물을 알았다. 숱

한 전쟁터에서 죽음의 고비를 수없이 넘겼다. 아마 그러한 와중에서 삶과 죽음을 깊이 깨달았는지 모른다. 여하튼 왕건은 황제의 위엄을 간직한 채 오열하는 신하들을 따뜻이 위무하고, 신하들이 지켜보는 가운데 숨을 거두었다. 왕건의 죽음은 그야말로 천수(天壽)를 누린 죽음이고, 한 폭의 채색화 같은 행복한 죽음이라 할 수 있다.

이성계는 창경궁에서 고독하게 죽었다. 이성계는 무인 가문에서 태어났다. 자라면서 일찍 무예를 익혔다. 기골이 장대하고 힘이 세어서 남들보다 강한 활을 사용하고, 명궁으로 소문이 났다. 무장으로서 총명함도 있어 전장에 나가면 지지 않았다. 그는 곳곳의 전투에서 혁혁한 전공을 세우고 정도전을 위시한 사대부의 추대로 마침내 왕위에 올랐다. 그러나 이성계는 왕으로서의 강력한 리더십과 정치역량을 발휘하지 못했다. 그저 훌륭한 장수 출신의 왕에 불과했다. 이러한 탓에 이성계는 비록 창업한 군주이지만, 왕위에 오른 지 불과 7년 만에 아들 이방원(태종)의 강요로 퇴위당했다. 왕조를 창건한 태조가 살아생전에 왕좌에서 쫓겨난 것이다.

이성계는 왕위에서 물러난 후 권력의 무상함을 씹으며 쓸쓸히 지냈다. 그는 아들들이 왕위 쟁탈전을 벌인 '왕자의 난'으로 아들 두 명이 처형되는 처참한 광경을 무력하게 지켜봐야 했다. 못마땅한 아들 이방원이 왕위에 오르자, 이를 괘씸하게 여기고 고향 함흥으로 돌아가 버렸다. 그리고 아들 이방원(태종)이 보낸 사자들을 모조리 죽임으로서, 그 유명한 함흥차사(咸興差使)라는 일화가 생겨났다. 그의 미움과 분노가 얼마나 컸는지 알 수 있는 대목이다.

급기야 이성계는 아들 이방원과 맞섰다. 이성계는 1402년 이방원을 축출하겠다며 함경도와 평안도 지역에서 1만 군사를 일으켰다. 이에 이방원은 친히 4만 군사를 이끌고 응전했다. 역사적으로 보기 드문 아버지와 아들이 전쟁을 벌이고 맞대결을 한 것이다. 이것은 조선 역사상 처음이자 마지막으로 왕이 직접 전투를 지휘하는 전쟁이었다. 결국 이성계가 중과부적으로 패한다. 하지만 부자지간의 전쟁에서 이방원은 아버지 이성계를 죽일 수 없었다. 어떻게 할 것인가? 이방원은 '이성계와 이방원의 전쟁'을 축소·은폐하기로 하고, 이성계의 군대를 지휘한 조사의(趙思義)에게 모든 걸 뒤집어씌웠다. 다시 말하면 조사의가 반란을 일으킨 걸로 하고 그를 처형했다. 이것이 이른바 실록 등에 기록된 '조사의의 난'이다. 그리고 이성계를 창경궁에 연금시켰다. 이후 이성계는 창경궁에서 6여 년을 갇혀서 살다가 1408년 74세의 나이로 쓸쓸히 죽었다.

왕건은 고려를 세우고, 후삼국을 통일하고, 황제로서 26년간 재위하다가 죽음을 맞았다. 그는 29명의 부인과 수많은 자녀를 두었지만, 생전에 골육상잔하는 참상을 겪지 않았다. 더군다나 죽음의 순간에 달관의 경지를 나타내 보임으로서 영웅의 면모를 더해 주었다. 반면 이성계는 정도전을 위시한 사대부 세력에 얹혀서 제후국 조선의 태조가 되지만, 아들 간의 살육전을 막지 못하고, 평생의 동지 정도전이 무참히 살해되는 것을 지켜봐야 했다. 끝내는 아들 이방원에 의해 왕위에서 쫓겨나고, 아들과 전쟁까지 하여 패했다. 결국 이성계는 마지막에 싸움 잘하는 장수의 이미지마저 망가진 채 창경궁에 연금당해 감옥살이 같이 살다가 쓸쓸히 죽었다. 한 맺힌 고독한 죽음이다.

고려와 조선은 같은 땅 한반도에서 각각 약 500년 동안 존속한 나라다. 평소 우리는 두 나라가 매우 유사한 것으로 알고 있다. 그러나 태조 왕건과 이성계의 삶으로 비쳐 본 고려와 조선은 시작부터 이렇게 달랐다.

제 2 장

고려의 개경 나성(羅城),
조선의 한성 도성(都城)

개경 3겹 성의 나성과 한성 2겹 성의 도성에 얽힌 정체성

보통 어떤 나라를 생각하면 자연스럽게 그 나라의 수도 이름이나 모습을 떠올리게 된다.

수도는 나라의 얼굴이고 브랜드다. 눈썰미가 있는 사람이면 수도만 봐도 그 나라의 수준과 지향점을 짐작할 수 있다. 설령 가난한 나라라도 수도에 빼어난 시설을 설치하고 경관을 아름답게 하려고 애쓰는 이유가 이 때문이다.

고려의 수도 개경과 조선의 수도 한성은 어떤 모습이었을까? 별 차이가 있었겠나 싶지만, 두 도시는 둘러싼 성(城)의 규모와 형태부터 달랐다.

제2장

고려의 개경 나성(羅城),
조선의 한성 도성(都城)

들어가는 글

   고려의 수도는 개경(開京)이고, 조선의 수도는 한성(漢城)[2]이다. 동서고금을 막론하고 모든 나라는 수도를 힘써 가꾼다. 과거 왕조시대는 더욱더 그랬다. 왕조가 새로 개창되면 먼저 수도가 들어설 땅을 정한 다음, 그곳에 도시를 에워싸는 성(城)을 쌓고, 성안에 궁궐과 관청 그리고 각종 도시시설을 건립한다. 이에는 국력을 쏟아서 웅장함과 화려함을 더하고, 위엄과 위세를 더하여 왕조의 위상을 높인다. 고려와 조선도 마찬가지다. 국력을 총동원하여 개경과 한양에 성을 축성하고 궁궐과 각종 도시시설을 건립했다.

   개경과 한성은 얼핏 보면 비슷한 느낌이다. 한반도 중부지역에 서로 멀리 떨어져 있지 않고, 두 도시 모두 시가지를 성으로 둘러싼 성곽도시이고, 동서남북의 출입문에 지금의 남대문과 동대문 같은 화려한 문루가 있다. 그렇지만 두 성은 이름이 다르다. 개경은 나성(羅城), 한성은 도성(都城)이라 부른다. 왜 겉모습이 비슷한데 이름이 다를까? 성의 생김새는 어떤 차이가 있을까? 아마 한국인의 십중팔구는 한성의 도성이 더 화려하고 웅장한 것으로 추측할 것이다. 이 추측은 틀렸다. 개경의 나성이 훨씬 화려하고 웅장했다. 나성은 1029년에 완성되고, 도성은 그보다 367년이 지난 1396년에 완성되었다. 나성보다 수백 년 이후에 쌓은 도성이 웅장하지 않은 것이다. 조선이 고려보다 인구가 많고 영토도 넓은데, 왜 수도의 성을 작게 만들었을까?

---

2) 한성(漢城)은 고려시대에 남경(南京)으로 불렸다. 1308년에 충렬왕이 한양(漢陽)으로 바꾸고, 이성계가 조선의 수도로 삼으면서 한성으로 바뀌었다.

오늘날 한성 도성은 세계적으로 규모가 큰 성으로 인정받는다. 그러나 중국의 북경, 남경, 서안 등지의 성에 비하면 왜소해 보인다. 인구가 적고, 국토가 좁아서 성을 작게 쌓았을까? 아니면 다른 이유가 있었던가? 그렇다면 고려의 나성은 어떠할까?

한국과 중국의 성(城), 무엇이 다를까?

기록상으로 한국에서 가장 오래된 성은 고조선의 도읍 왕검성(王儉城)이다. 중국에서는 기원전 2000년경 황하 유역의 중원에 성으로 둘러싼 성곽도시가 생겨났다고 한다. 이 시기는 초기 고조선시대와 엇비슷하다. 그러므로 고조선이 세워질 무렵 한국과 중국의 여러 곳에 성이 만들어졌다고 할 수 있다. 왕검성이나 중국의 성이나 크기와 형태가 어떠한지는 아직 명확히 밝혀지지 않고 있다.

한국과 중국은 누가 성이 더 많았을까? 중국은 성에 관한 문헌 기록이 풍부하고 한국은 부실하여 기록으로는 한국이 중국에 비해 적다. 그러나 성의 유적은 한국이 중국보다 풍부하므로 양국의 면적을 대비하면 한국이 결코 중국에 비해 적다고 할 수 없다. 한편 누가 성을 더 잘 만들었을까? 현존하는 성의 유적을 통해 추정하면 산이 많은 한국은 산성(山城)을 잘 쌓았고, 평지가 많은 중국은 평지성을 잘 쌓은 것으로 보인다.

고대에 한국은 수도에 시가지를 둘러싸는 큰 성을 쌓지 않았다. 단지 임금이 거주하는 궁궐을 에워싸는 궁성을 쌓았다. 그러나 궁성도 방어력이 강력하게끔 쌓지 않았다. 궁성 인근의 군사요충지에 산성을 쌓아서 외적의 침략에 대비했다. 외적이 침략하면 임금과 백성들이 산성으로 대피하여 전쟁을 치르는 것이다. 이에 관해서는 신라와 고구려를 살펴보면 알 수 있다. 신라의 수도 서라벌은 야트막한 언덕 위에 궁성(반월성)만 있고 시가지를 둘러싼 성곽이 없다. 서라벌 인근의 여러 군사요충지에 남산신성(南山新城)을 비롯한 산성이 축성되어 있다. 고구려의 수도도 마찬가지다. 평지에 세워진 환도성과 국내성은 성곽의 높이가 낮고 볼품이 별로다. 인근 군사요충지에는 오녀산성(五女山城)과 산성자산성(山城子山城)이 버티고 있다. 두 성은 그야말로 난공불락이다. 이들 산성의 축성 재료는 주위에 지천으로 널려있는 바위, 돌, 자갈, 흙 따위다. 가공하지 않고 자연석과 흙을 그대로 사용하여 성을 쌓았다.

중국은 한국과 다르다. 고대 중국의 수도는 대부분 산이 없는 평지에 세워졌다. 외적의 방어와 치안을 위해 수도를 둘러싸는 성이 꼭 필요했다. 그러나 축성 재료가 평지의 흙뿐이어서 처음은 흙벽돌로 성을 쌓고, 후에는 구운 단단한 벽돌로 쌓았다. 이렇게 평지에 흙으로 성을 쌓는 축성법이 발전해 나갔다. 그러다가 주나라 시대에 성 쌓는 축성법이 규격화되었다.

주나라는 무왕(武王)이 기원전 1046년에 상(商)나라를 멸망시키고 세운 나라다. 무왕은 넓은 영토를 효율적으로 다스리기 위해 왕실 일족과 공신들에게 봉토를 주어 '왕→제후'의 지배체제를 구축했다. 봉토를 받은 제후가 왕에게 충성하며 조공을 바치고 군역 의무를 지는 것이다. 이를 봉건제도라 일컫는다. 그러나 문제가 있었다. 제후도 일정한 봉토를 다스리는 군주이므로 왕과 제후를 구별할 필요가 생긴 것이다. 이에 주나라는 관직 제도, 옷차림과 위세 장식, 궁궐의 규모와 건축양식 따위를 차별했다. 왕보다 제후를 한 등급 낮춘 것이다. 물론 왕과 제후가 사는 도읍도 차별했다. 도읍과 궁궐을 둘러싸는 성곽의 규모와 형식, 시가지의 도로 폭, 건물의 높이와 규격에 이르기까지 차등을 두었다. 이와 같은 차별에서 가장 돋보이는 가시적인 것은 단연 도읍을 둘러싼 성이다. 왕이 사는 도읍은 평지에 성곽을 3겹으로 쌓았다. 즉 궁성, 내성, 외성이다. 그러나 제후가 사는 도읍은 한 단계 낮추어 성곽을 궁성과 외성의 2겹만 쌓도록 했다. 이처럼 성의 규모를 차별 지은 것을 이른바 '주례(周禮)의 축성법'이라 한다. 중국은 이 축성법을 최근세까지 엄격히 지켜 왔다.

중국의 '왕→제후'의 봉건제도는 진시황이 중국을 통일하고 황제로 등극하면서 무너진다. 진시황은 통일한 다음 봉건제도를 폐지하고 지방에 군현(郡縣)을 설치하여 직접 통치했다. 이를 중앙집권체제의 확립이라 한다. 한편 '왕→제후'의 지배체제를 '황제→제후'로 하여 나라 밖으로 적용해 나갔다. 이웃 나라를 굴복시켜 제후국으로 삼고, 황제를 섬기고 조공을 바치도록 한 것이다. 이에 따라 제후국으로 자리매김한 나라들은 중국의 눈치를 보며 의례와 격식 따위를 한 단계 낮추었다. 도읍의 성곽도 '주례(周禮)의 축성법'에 의거하여 2겹(궁성과 외성)으로 쌓았다.

그러나 성이 3겹이든 2겹이든 성의 이름이 없었다. 수백 년이 지나도록 3겹 성과 2겹 성을 구별하지 않고 모두 '곽성(郭城)' 또는 '외곽(外郭)' 따위로 불렀다. 그러다가 당나라에 와서 황제의 도읍 3겹 성곽을 나성으로, 제후의 도읍 2겹 성곽을 도성으로 구별하여 부르기 시작하고, 이후 나성과 도성으로 명칭이 굳어졌다. 물론 이 경우 제일 바깥 성곽만을 나성 또는 도성이라 부르기도 한다. 왜 나성이라 했을까? 나성은 '그물처럼 겹으로 두른 성'이란 뜻이다. 그렇다면 성곽이 한 겹뿐이면 뭐라고 하나? 그냥 성으로 호칭한다. 예를 들면 지금의 진주성, 낙안읍성, 해미읍성 등이 한 겹의 성이다. 그러므로 왕조시대에 도시의 성곽은 '성(1겹) →도성(2겹) →나성(3겹)'으로 차별화된다.

한국은 어땠을까? 삼국시대에 와서 축성 방식이 크게 변화한다. 백제와 고구려가 중국처럼 3겹 형태의 나성을 쌓았다. 최초는 백제의 부여나성(扶餘羅城)이다. 백제는 538년에 성왕(聖王)이 웅진에서 사비로 천도하면서 도읍을 에워싸는 나성을 축성했다. 두 번째는 고구려의 장안성(長安城)이다. 고구려는 평양에 장안성을 새로 쌓고, 586년(평원왕 28년)에 이곳으로 도읍을 옮겼다. 평양의 장안성은 3겹의 성곽을 모두 돌로 축성한 것이 특별하다. 그래서인지 공사 기간이 무려 34년이나 걸렸다. 백제와 고구려는 나성을 축성하고

부여 나성(부여군청)

도 전통의 산성 체제를 그대로 유지했다. 도읍 인근의 군사요충지에 산성을 쌓았음에도 불구하고, 왜 굳이 3겹의 나성을 축성했을까? 아마 당시 백제와 고구려는 황제의 나라임을 만방에 천명했으므로, 중국의 황제국과 다름없다는 것을 과시하는 차원에서 나성을 축성한 것으로 추측된다.

　신라는 변함이 없었다. 신라는 삼국을 통일한 후에도 도읍을 둘러싸는 성곽을 축성하지 않았다. 산성 체제의 전통을 고수한 것이다. 특히 통일신라는 서라벌을 '경주 왕경도'에서 보듯이 남북 5.4㎞, 가로 5.3㎞의 바둑판같은 신도시로 조성했다. 당시 수도를 지금의 대구로 천도할 것을 추진하다가 여의치 않자, 서라벌을 통일왕국의 수도로서 완전히 새로 조성한 것이다. 그러나 이때도 시가지를 둘러싸는 성곽을 쌓지 않았다. 백제와 고구려처럼 이왕 신도시를 조성한다면 3겹의 나성을 보란 듯이 축성할 수 있을 터인데 그러지 않았다. 그것은 신라 고유의 자주성과 자긍심, 즉 '중국은 중국'이고 '신라는 신라다'라는 신토불이의 자긍심으로 나성을 쌓지 않았다고 할 것이다.

　다음 고려는 수도에 화려하고 웅장한 3겹의 나성을 쌓았다. 고려가 고구

서라벌 왕경도(경주시)

려와 백제를 이어 황제국의 나성을 축성한 것이다. 그러나 조선은 나성을 축성하지 않고 2겹의 도성을 쌓았다. 그것은 조선이 제후국을 자처하고 성의 규모를 한 단계 낮춘 탓이었다.

개경 나성, 중국 사신 서긍(徐兢)이 찬탄하다

개경은 웅장하고 화려한 도시였다. 특히 나성과 궁궐이 그랬다. 그 화려하고 웅장함은 중국 송나라의 사신 서긍(徐兢)을 통해 실감할 수 있다. 서긍은 산수 인물화를 잘 그리는 화가로 이름났다. 1123년 송나라가 고려 제17대 임금 인종(仁宗)의 즉위를 축하하는 사신을 보냈는데, 서긍이 사신단의 일행으로 개경에 와서 1개월 남짓 체류한다. 그는 귀국 후 보고 들은 고려의 문물과 풍속 따위를 글과 그림으로 찬술하여 송나라 황제 휘종(徽宗)에게 바쳤다. 그것이 유명한 『선화봉사고려도경(宣和奉使高麗圖經)』이다. 보통 줄여서 『고려도경』이라고 한다. 서긍은 이 책에 화가의 눈으로 본 개경의 모습과 느낀 바를 글과 그림으로 담았다. 그러나 아쉽게도 그림은 모두 유실되고 글만 남아 있다. 다음은 서긍이 나성과 궁궐이 웅장하고 화려하다며 찬탄한 글 중에서 가려 뽑은 것이다.

"(개경은) 성곽이 우뚝하고 웅장하여 업신여길 수 없다"
"선의문(宣義門)은 매우 크고 화려하다"
"궁성의 광화문(廣化門)은 선의문과 모양이 같으나, 더 빛나게 꾸몄다"
"궁성의 신봉문(神鳳門)은 굉장히 크고 웅장하다."(『고려도경』)

서긍은 『고려도경』에 선의문, 광화문, 신봉문 외에도 승평문(昇平門), 동덕문(同德門), 전문(殿門) 등 웅대하고 화려한 20여 개의 문을 열거해 두었다. 그리고 개경을 둘러싼 성곽이 마치 뱀이 꿈틀거리는 형상과 같다고 기술했다. 서긍은 송나라 수도 개봉(開封)에서 살았다. 당시 개봉(開封)은 인구 100만을 헤아리는 세계 최고의 도시다. 따라서 개경의 성곽과 문루는 인구 100만의 개봉에서 온 서긍이 찬탄할 만큼 웅장하고 화려했던 것이다.

고려는 나성을 언제 쌓았을까? 고려는 태조 왕건이 개경으로 천도할 때 나성을 축성하지 않았다. 나성은 왕건이 죽은 후 66년이 지난 1009년에 쌓기 시작한다. 제8대 임금 현종(顯宗)이 즉위하면서 착공하고 20년이 지난 1029년에 완공했다. 하필 현종은 즉위하자마자 나성을 쌓았을까? 축성은 막대한 비용과 인력 동원 따위로 백성들의 원성을 살 수 있으므로, 즉위한 후 적절한 시기까지 기다렸다가 착공해도 괜찮은데 말이다. 무슨 까닭이 있는가? 『고려사』에는 강감찬(姜邯贊)이 현종에게 장차 거란의 침략이 우려되므로, 나성을 조속히 축성하자고 건의한 것으로 기록되어 있다.

고려와 거란의 관계는 좀 복잡하다. 거란족은 퉁구스족과 몽골족의 혼혈로 형성된 유목민족이다. 916년 야율아보기(耶律阿保機)가 여러 부족을 통합하여 거란을 건국하고, 926년에 발해를 멸망시킴으로써 신흥 강국이 되었다. 그 후 고려와 거란은 거세게 충돌한다. 최초의 충돌은 태조 왕건의 만부교(萬夫橋) 낙타 사건이다. 942년 10월 거란 사신 30명이 낙타 50마리를 끌고 와서 왕건에게 바치고, 친선 외교를 요청했다. 그것에는 숨은 이유가 있었다. 거란이 중원의 후진(後晉)을 정벌하기에 앞서 배후의 고려를 견제하거나 혹은 거란 편으로 끌어들이려 한 것이다. 왕건은 외교관계의 수립을 거절했다. 거란은 발해를 멸망시킨 무도한 나라라고 질타하고, 사신을 모두 외딴섬으로 귀양 보냈다. 낙타는 개경 시내에 있는 만부교 다리 밑에 매어두어 굶겨 죽였다. 두 번째는 993년 10월에 있었다. 요나라의 장수 소손녕(蕭遜寧)이 자칭 '80만 대군'을 이끌고 침략해 왔다. 이것을 이른바 '거란의 제1차 침략'이라 일컫는다.

거란이 왜 침략했을까? 거란은 중원의 기름진 땅 연운(燕雲) 16주(州)를 획득하고 947년에 국호를 요(遼)로 바꾼다. 그 후 얼마 지나지 않아 960년 송나라가 건국되었다. 그러자 요나라는 송나라와의 전쟁을 준비하면서 배후의 고려가 신경 쓰였고, 배후를 안정시키고자 고려를 침공했다. 소손녕은 침략의 구실로 세 가지 요구 사항을 내걸었다. '항복하고 요나라를 섬겨라', '송나라와 외교를 단절하라', '서경 이북의 땅을 떼어 바치라' 등이다. 고려는 요구를 거절했다. 당시 항복하자는 주화파가 대세였으나, 서희가 막판에 이를 뒤집었다. 서희는 소손녕과의 협상에 나서, 압록강과 청천강 사이의 강동 280리 땅을 고려에 양도하면 송과 외교를 단절하고 요를 상국(上國)으로 섬기겠다고 역으로 제의했다. 협상은 타결되었다. 결과적으로 요는 고려를 자기편으로 삼는 명분을 얻었고, 고려는 강동 6주 280리 땅을 차지하는 실리를 챙겼다.

고려가 나성을 쌓게 된 결정적 계기는 거란의 제2차 침공이었다. 1010년 (현종 1년) 11월 요나라 황제 성종이 직접 40만 대군을 이끌고 침략해 왔다. 이 침략이 나성 축성과 맞물린다. 성종은 고려의 정변을 침략의 구실로 삼았다. 1009년 강조(康兆)가 쿠데타를 일으켜 목종을 시해하고 현종을 즉위시킨 것이 잘못되었다는 것이다. 성종은 현종에게 목종을 죽인 강조를 처형하고, 직접 요나라에 와서 신하의 예를 올리라고 요구했다. 물론 이는 표면적인 이유였고, 본심은 고려를 쳐서 강동 280리 땅을 빼앗고, 고려 정벌에 성공했다는 명성을 얻고, 송나라를 공격하기 전 배후를 안정시키려는 것이었다.

현종은 황급히 전남 나주로 피난 갔다. 견고한 성곽이 없는 개경을 지키기가 어려웠기 때문이다. 요나라는 성곽이 허술한 개경을 쉽게 함락한다. 그러나 곧 곤경에 빠진다. 강동의 요충지인 흥화진, 귀주, 통주 등과 평양의 서경을 함락시키지 못한 채 개경으로 남진했기 때문에 보급로가 막힌 것이다. 이때쯤에 현종이 자신의 친조(親朝)와 송나라와의 단교를 조건으로 하여 화친을 청했다. 보급로가 막힌 성종은 이를 흔쾌히 받아들이고 철군한다. 그러나 돌아가는 길에 고려군의 습격을 받고 피해를 많이 입었다. 결국 전쟁은 무승부였다. 국제적으로는 성종이 친히 나선 침략을 물리친 고려의 승리로 널리 알려졌다.

강감찬이 현종에게 나성의 축성을 건의한 것은 요나라가 내침할 것을 정확히 예견한 것이 된다. 그러나 나성은 완공을 보지 못한 상태에서 또다시 요의 침공을 받는다. 1018년 12월 소배압(蕭排押)이 10만 대군을 이끌고 침략해 왔다. 이를 '거란의 제3차 침입'이라 한다. 이유는 현종이 친조를 하지 않고, 강동 6주를 돌려주지 않고, 송나라와 외교를 재개했다는 것이다. 결과는 고려의 대승리로 끝났다. 소배압이 강감찬의 작전에 걸려들어 귀주에서 처참하게 전멸하다시피 했다. 이것이 이른바 그 유명한 귀주대첩(龜州大捷)으로 요나라 군사 10만 중에서 살아 돌아간 자는 불과 수천뿐이었다. 승리한 고려는 위상이 한껏 높아졌고, 요나라는 고려를 인정할 수밖에 없었다.

현종은 승리의 여세를 몰아서, 또 승리를 자축하면서 나성의 축성을 재개했다. 그 후 완공에 10년이 걸렸다. 결국 나성은 고려가 승전국으로서 위용을 과시하며, 황제국 고려의 위상을 한껏 세우는 차원에서 웅장하고 화려하게 만들어졌다.

오늘날 한성의 도성은 남대문과 동대문이 현존하고 있다. 성곽은 도심을 벗어난 외곽이 대부분 복원되었다. 북한 개성시에 소재한 나성은 성곽과 문루가 유실되어 흔적조차 없어졌고, 아직 복원되지 않고 있다. 따라서 현재 나성과 도성의 가시적인 비교는 불가능하다. 그렇다고 전혀 비교하지 못할 바는 아니다. 관련 기록과 유적, 유물 따위의 정보와 자료 등을 통해 상당한 내용까지 비교할 수 있다. 여기서는 두 성의 차이를 드러내기 위해 다음의 네 가지 사항을 비교하도록 한다. 즉 축성 기간, 동원 인력, 성의 규모, 성의 형태 등이다.

첫째, 축성 기간이다. 먼저 나성은 1009년에 쌓기 시작하고 1029년에 완성하여 착공에서 완공까지 햇수로 21년이 걸렸다. 이 기간에 거란의 침략이 두 차례 있었으므로 전쟁 기간을 참작하면 공사 기간은 10년가량이 된다. 한편 나성이 완공된 1029년은 왕건이 철원에서 개경으로 천도한 때로부터 110년이 지난 시기다. 그러면 개경은 110년 동안 성이 없었단 말인가? 그렇지 않다. 궁예 시절에 왕건이 쌓은 발어참성이 있고, 이곳을 황궁으로 삼았다. 다만 시가지를 둘러싸는 바깥 성곽은 밑그림만 그려 놓고 쌓지 않았는데, 현종 때에 이르러 쌓은 것이다.

한성의 도성은 축성 기간이 매우 짧다. 총 98일이 걸렸다. 1396년 1월부터 9월 말까지 농번기를 피하여 3개월 남짓 공사를 했다. 당시 축성은 성터 주위의 자연석과 흙을 재료로 하여 대충 쌓았다. 공사 기간이 짧은 탓으로 그야말로 허술하기 짝이 없는 날림공사였다. 그러다가 26년이 지나서 1422년에 세종(世宗)이 다시 축성한다. 처음의 성곽이 너무나 부실하고 볼품없어서 흙을 돌로 바꾸어 다시 쌓았다. 그러나 돌은 거의 자연석을 이용하고, 돌을 다듬어서 수직으로 정교하게 쌓아 올리지 못했다. 오늘날의 돌을 벽돌처럼 다듬어서 수직으로 쌓은 멋진 성곽은 1704년 숙종이 축성했다. 축성 기간은 총 8년이 걸렸다.

정리하면 나성은 개경에 천도한 이후 110년 만에 완공되었다. 반면에 도성은 천도를 앞둔 1396년에 축성되었으나, 돌을 다듬어 쌓은 수직 성곽은 무려 308년이 지나서 완성되었다. 그러므로 고려에 비해 조선의 도성 축성이 지나치게 방만했다고 할 것이다.

둘째, 동원 인력이다. 성을 쌓는 데는 두 부류의 인력이 필요하다. 하나는 돌을 깨고 다듬어서 석벽을 쌓는 축성 기술자이고, 둘은 흙과 돌 따위의 자재를 나르고 잡일을 하는 일반 인부다. 나성과 처음 쌓은 도성의 축성 인력을 비교하면 나성이 총 247,388명이고, 도성이 총 118,049명으로 도성이 나성의 48%에 불과하다. 그만큼 허술한 날림공사였다고 할 수 있다. 더 큰 차이는 축성 기술자에 있다. 나성은 축성 기술자 공장(工匠)이 8,450명 동원되었다. 돌을 다듬어 수직의 성곽을 쌓기 위해 고도로 숙련된 축성 기술자가 필요하여 동원한 것이다. 그러나 도성은 축성 기술자가 동원되지 않았다. 아마 도성을 자연석과 흙으로 축성함으로써 축성 기술자를 동원하지 않았거나, 동원했다고 하더라도 인원이 매우 적기 때문에 따로 기록하지 않은 것으로 추측된다.

셋째, 성의 형태다. 이것은 <그림 2.1>과 <그림 2.2>의 평면도를 비교하면 쉽게 알 수 있다. 개경 나성은 성이 3겹이고 한성 도성은 2겹인데, 둘 다 제일 바깥의 성은 성곽으로 조성되었다. 성곽은 위에서 말을 타고 화살을 쏘며 전투를 할 수 있다. 그러나 나성은 안쪽 황성과 내성이 성곽으로 축성되었지만, 도성은 안쪽에 내성이 없고 궁성(경복궁)은 성곽으로 축성되지 않았다. 경복궁을 에워싼 성은 전투용 성곽이 아니고, 그냥 외부의 침입을 막는 큰 담장의 울타리일 뿐이다. 이 같은 성의 형태는 고려 황제국과 조선 제후국의 차이를 여실히 보여주는 또 하나의 가시적인 증거라 할 것이다.

그림 2.1　개경 나성의 3겹성과 성문

그림 2.2　한성 도성의 2겹성과 성문

넷째, 성의 규모다. 두 성의 규모는 <표 2.1>에 정리되어 있다. 먼저 눈에 띄는 차이는 내성이다. 3겹의 나성은 내성이 있고, 2겹의 도성은 내성이 없다. 다음 차이는 바깥 성곽이다. 여기에는 성곽의 길이, 높이, 출입문 등 세 가지가 비교된다. 길이는 나성이 16km, 도성이 18km로 오히려 도성이 2km 더 길다. 성곽의 높이는 나성이 9.5m 내외, 도성이 5-8m로 나성이 약 2-3m 가량 더 높다. 성곽의 길이는 나성과 도성 모두 평지성이 아니고, 산등성이를 꼬불꼬불 이어 축성되었으므로 2㎞ 정도의 차이는 별반 의미가 없다. 그러나 성곽의 높이는 성의 위용과 웅장함을 나타내므로 2-3m 차이는 엄청난 격차라 할 것이다. 바깥 성곽의 출입문은 격차가 더 크다. 둘 다 동서남북에 네 개의 큰 대문을 설치한 것은 똑같다. 하지만 작은 문은 성안의 물이 흘러나가는 수구문(水口門)을 제외하면 나성이 16개이고, 도성은 4개뿐으로 4배나 차이가 난다.

왜 성을 출입하는 작은 문이 나성은 많고 도성은 적을까? 두 가지 까닭을 들 수 있다. 하나는 인구와 도시의 유동성이다. 개경은 전성기에 인구가 50만에 달하고, 상공업의 발달로 인해 도시의 유동성이 활발했다. 작은 문이 많이 설치된 것은 이러한 사실이 반영된 것으로 보인다. 물론 작은 문이 많아 외침의 방어에 취약하다는 지적이 있을 수 있지만, 도시의 효율성을 높였다고 할 것이다. 반면 한성은 전성기에도 인구가 20만 내외에 불과하고, 상공업이 발달하지 않아 도시의 유동성이 비교적 약했다. 그래서 작은 문을 많이 설치하지 않은 것으로 보인다.

또 하나는 '주례의 축성법'이다. 고려는 '주례의 축성법'에 따라 3겹의 성을 쌓되 도시의 출입문은 수요에 맞추어 작은 문을 다수 설치했다. 나름의 변통을 부린 것이다. 조선은 주례의 법도를 준수했다. 주례에는 '제후국의 도성은 대문 4개와 작은 문 4개'로 정해져 있다. 조선은 이를 충실히 지킨 것이다. 그러나 조선은 이 법도를 중기 이후 인구가 증가하고 도시상업이 활성화되는데도 불구하고 고수했다. 또 망국의 즈음까지 지키려고 애를 썼다. 어떻든 이를 두고 수도의 조성과 관리에 고려는 유연하고 조선은 꽉 막혔다고 할 수 있다.

표 2.1 개경 나성과 한성 도성의 규모 비교

	개경 나성		한성 도성	
황성 (궁성)	둘레 4,700m 넓이 125만㎡(약 37만 9천평) ----------------------------- 둘레 2,170m 넓이 25만㎡(약 7만 6천평)		경복궁	둘레 3,000m 넓이 34.4만㎡(약 11만 3천평)
내성	둘레 11.2㎞ 넓이 468만㎡(약 154만 7천평)		(없음)	
외곽성곽 (나성)	둘레 16㎞ 높이 9.5m 출입문 20개(대4, 소16)		외곽성 곽(도성)	둘레 18㎞ 높이 5-8m 출입문 8개(대4, 소4)

다음 황성과 경복궁의 차이다. <표 2.1>에서 보듯이 황성은 면적이 125만㎡ (약 37만 9000평)이고, 내부의 궁성은 25만㎡(약 7만 6000평)이다. 반면에 경복 궁은 34.4만㎡(약 11만 3000평)으로 황성보다는 1/3가량 적고, 내부의 궁성보 다는 훨씬 넓다.

위의 것을 종합하면 한성 도성이 개경 나성보다 성곽의 위용과 화려함이 한참 떨어진다. 반면에 도성은 바깥 성곽의 길이와 경복궁의 면적이 넓다. 왜 이렇게 조성했을까? 그 까닭은 조선이 제후국이 된 탓이다. 제후국은 황제국 에 비해 도읍의 성곽은 물론이고 궁궐의 규모와 위세 장식까지 한 단계 아래 다. 제후국의 규범에 따라 수도 한성을 건설하면 성곽이나 궁궐 따위가 황제 국의 규범에 따른 개경보다 한 수 아래로 작아지게 된다. 그러나 고려보다 좋 은 나라를 건설한다는 명분으로 개국한 조선으로서는 한성이 개경보다 품격 이 떨어지고 모양새가 볼품없이 쪼그라져서는 백성들에게 면모가 서지 않는 다. 그래서 제후국의 규범을 충실히 따르되, 가시적으로 눈에 띄는 궁궐과 성 곽은 개경에 버금간다는 평판이 날 정도로 터를 넓게 잡는 편법을 썼다고 할 것이다.

끝으로 두 성의 닮은 점과 다른 점을 알아둘 필요가 있다. 닮은 점은 성의 형태가 타원형이라는 사실이다. 개경과 한성은 둘 다 산자락을 낀 구릉지여서 평지처럼 사각형의 성곽을 쌓기가 불가능하다. 따라서 두 성이 모두 지형지세를 이용하여 타원형으로 축성되었다. 다른 점은 경복궁과 황성의 위치다. 경복궁은 북쪽 중앙에 자리 잡고 있다. 반면 개경의 황성은 서북쪽에 치우쳐 있어 균형감이 떨어진다. 왜 그럴까? 따로 특별한 이유는 없다. 왕건이 궁예의 부하로 있을 때 쌓은 발어참성(勃禦槧城) 때문이다. 왕건은 개경으로 천도하면서 자신이 거주할 성을 새로 축성하지 않았다. 기존 발어참성을 황성으로 삼고, 그 안에 궁성을 지었다. 그래서 황성과 궁성이 한쪽에 치우친 다소 어정쩡한 형태를 띠고 있다.

이렇게 나성과 도성은 규모와 형태 그리고 출입문에 이르기까지 현격한 차이가 있다. 결국 이것은 황제국 고려와 제후국 조선의 위상을 있는 그대로 나타내는 격차라고 할 것이다.

제3장

고려의 광화문,
조선의 광화문

광화문 1100년 역사와 세종로 '너비 100m'의 비밀

서울의 광화문은 조선 궁궐(경복궁)의 정문이다. 그런데 고려 궁궐의 정문도 이름이 광화문이었다.

우리는 역사상 두 개의 광화문을 가졌고, 광화문은 1100여 년을 이어 온 이름이다. 그러나 우리는 여태껏 이를 모르고 살아왔다. 고려를 멸망시킨 조선은 왜 궁궐 정문의 이름을 고려와 똑같게 지었을까? 두 광화문은 무슨 차이가 있을까?

오늘날 광화문 앞 세종로는 폭이 100m다. 고려와 조선의 광화문 앞 도로도 이처럼 폭이 넓었을까? 두 광화문에 비친 개경과 한성의 모습은 어떠했을까?

제3장

고려의 광화문,
조선의 광화문

서울의 광화문(光化門), 한국을 대표하는 심벌이고 상징이다. 화려하고 웅장한 자태는 드넓은 세종로와 어울려서 한 폭의 그림 같다. 광화문은 태조 이성계가 1395년에 건립한 본궁(경복궁)의 정문이다. 광화문은 우여곡절이 극심하다. 임진왜란 때 불에 타 없어지고 약 270년간이나 폐허로 방치되었다가 1864년 흥선대원군이 경복궁을 재건함으로써 본 모습을 되찾았다. 그러나 일제강점기 때 총독부 청사를 건립하면서 경복궁 동쪽 건춘문(建春門) 쪽으로 이전되었다. 이후 광화문의 불운은 계속된다. 한국전쟁 때 폭격으로 또다시 소실된 것이다. 지금의 광화문은 2010년 8월 목조로 만든 문루가 세워지고, 2023년 10월에 문 앞의 월대와 해태상 그리고 현판까지 옛 모습으로 복원되었다.

한국에는 광화문이 하나 더 있었다. 여태껏 사람들이 모르고 지내왔을 뿐, 지금의 광화문보다 더 화려하고 멋있었다고 할 수 있다. 어떤 광화문인가? 바로 고려 태조 왕건이 세운 광화문(廣化門)이다. 왕건은 919년 철원에서 송악(개경)으로 천도하면서 궁궐을 짓고 그 정문을 광화문으로 이름 지었다. 따라서 한국은 역사상 두 개의 광화문, 즉 고려의 광화문과 조선의 광화문을 건립하고 1100여 년이 넘게 광화문이란 말을 입에 달고 살아왔다. 만약 고려의 광화문이 유실되지 않고 현존한다면, 한국은 두 개의 광화문을 즐기고 세계에 자랑할 것이다.

조선은 고려를 멸망시키고 세워진 나라다. 건국의 명분은 고려보다 더 좋은 나라를 만드는 것이었다. 그러기에 국가의 제도를 비롯하여 풍습에 이르기까지 고려 냄새를 지우기 위해 노심초사했다. 그런데 왜 나라의 얼굴과 같은 본궁(경복궁)의 정문 이름을 고려와 똑같이 광화문으로 지었을까? 지금까지 생각조차 하지 못한 미스터리 의문이다. 아마 이쯤에서 눈치가 빠른 사람은 고려는 廣化門(광화문)이고 조선은 光化門(광화문)으로 한자가 다르다고 지적할 것이다. 물론 고려는 '廣(넓은 광)' 조선은 '光(빛날 광)'으로 한자가 서로 다르다. 그러나 두 글자는 발음이 같고, 뜻도 '임금의 큰 덕(德)이 나라를 비춘다'라는 것으로 사실상 같다. 따라서 의문은 더 깊어진다.

조선의 광화문은 애초에 이름이 없었다. 건물을 완공하고 이름을 짓지 않았다. 완공 후 약 30년이 지난 1425년 세종 때에 이름을 짓는다. 뒤늦은 작명도 의아한데, 하필 고려의 광화문과 한자는 다르나 발음과 뜻이 같도록 작명했을까? 어떤 숨겨진 까닭이 있는가? 그 까닭은 우선 경복궁과 광화문의 어울림이 약간 떨어지는 부조화에서 찾아진다. 다시 말하면 경복궁과 광화문을 크기와 높이, 평면의 폭과 길이, 건축 형태와 장식 등을 종합적으로 살피면 조화로움이 다소 미흡한 사실을 발견하게 된다. 전체적으로 정문(광화문)이 본궁(경복궁)에 비해 웅장하고 화려하여 잘 어울리지 않은 것이다. 특히 광화문과 울타리 담장의 연결이 매끄럽지 않고 엉거주춤하듯이 엉성해 보인다. 왜 이런 부조화가 생긴 것일까?

한편 경복궁과 광화문을 대비하여 살피면 광화문 앞 도로의 본래 모습이 궁금해진다. 지금의 광화문 앞 세종로는 1946년 10월 1일에 명명되었다. 세종대왕의 호칭을 따서 이름을 지었다. 현재 세종로의 폭은 100m이다. 일제 강점기 때는 폭이 약 53m였다. 일제가 1912년에 폭을 30간(약 53m)으로 고시했다. 그러면 고려와 조선에서는 폭이 얼마였을까? 조선이 고려보다 폭이 더 넓었을까? 이 또한 풀어야 할 의문이다.

　　앞에서 살펴본 바처럼 고려와 조선은 궁궐 정문의 이름이 부르기에 광화문으로 똑같다. 물론 앞 글자의 한자가 고려는 '廣(넓은 광)' 조선은 '光(빛날 광)'으로 서로 다르지만, 발음이 전자가 길고 후자가 짧을 뿐이다. 따라서 두 문은 발음이 같고 뜻도 '임금의 큰 덕(德)이 나라를 비춘다'로 같아서 사실상 같다고 할 것이다.

　　조선이 왜 광화문으로 작명했는지를 밝히기 전에 고려 광화문에 관해 알아볼 필요가 있다. 고려 광화문은 위용이 넘치고 화려했다. 그것은 1123년 송나라에서 온 사신 서긍이 쓴 『고려도경』의 기록으로 확인된다.

　　서긍은 광화문이 모양과 구조는 선의문(宣義門)과 비슷하나 더 화려하다고 했다. 선의문이 무슨 문인가? 선의문은 개경 나성의 서쪽 문인데, 나성의 19개 문 중에서 가장 웅장하고 화려하다. 성곽 위에 높은 문루가 있고, 출입문으로 위가 둥그런 무지개 모양인 홍예문이 3개 있고, 전투에 대비한 항아리 형태의 옹성이 설치되어 있다. 현재 한국에서는 수원화성의 팔달문(八達門)이 이와 유사한 형태다. 그러나 팔달문은 출입문이 1개뿐이나 선의문은 3개이므로, 선의문이 팔달문보다 훨씬 크고 웅장하다고 할 것이다. 선의문의 크기는 지금의 숭례문(남대문)과 대비하여 짐작할 수 있다. 숭례문은 한성 도성에서 가장 큰 문인데, 출입문이 하나뿐이다. 숭례문은 제후국의 법도에 의하여 지었으므로, 황제국의 모양새로 지은 출입문 세 개의 선의문보다 크기가 작은 것으로 여겨진다. 고려는 외국 사신을 선의문 앞에서 영접하고 전송했다. 즉 선의문은 외국 사신의 공식 출입문이므로 이들에게 고려의 위용을 과시하기 위해 웅장하고 화려하게 지었다. 다시 말하면 광화문은 선의문에서 전투용 옹성을 없앤 것, 즉 무지개 모양의 아치형 홍예문이 세 개이고 성곽 위에 화려한 문루가 세워져 있는 성문이 된다. 그러면 지금의 광화문과 겉모습이 비슷하다. 크기는 어떨까? 크기는 선의문과 비견되는 고려 광화문이 약간 더 큰 것으로 추측할 수 있다.

수원화성 팔달문

서긍은 광화문을 선의문보다 더 화려하게 꾸몄다고 찬탄했다. 이것은 외국 사신을 맞이하는 선의문도 화려하지만, 광화문보다는 못하다는 뜻이다. 광화문의 화려함은 광화문에 내걸린 주련(柱聯)으로 연상할 수 있다. 다음은 서긍이 『고려도경』에 기록한 주련의 글귀다.

눈 자취 아직 삼운궁의 섬돌에 있는데	雪痕尚在三雲陛
햇살이 비로소 오봉루(五鳳樓)에 오르네.	日脚初升五鳳樓
제후들 잔 올려 축수하니	百辟稱觴千萬壽
곤룡포 자락에 서광이 어렸도다.[3]	袞龍衣上瑞光浮

위의 세 번째 '제후들 잔 올려 축수하니'의 주련은 제후들이 황제에게 술잔을 올리며 만수무강을 기원하는 글귀다. 당시는 제17대 인종(仁宗)이 황제로 즉위한 때이고, 송나라는 고려 황제의 즉위를 축하하기 위해 사절단을 보냈다. 고려는 송의 사절단이 보란 듯이 황제의 즉위를 축하하는 선전홍보용 주

---

3) 『선화봉사고려도경』권4, 문궐, 광화문조.

련을 광화문 기둥에 걸어두었다. 당시 광화문은 황제가 출입하는 황궁의 정문으로서 황제의 위상을 드날릴 수 있게끔 화려하게 꾸며졌다고 할 것이다.

다시 조선의 광화문 작명을 살펴보자. 조선이 본궁(경복궁)의 정문 이름을 광화문으로 한 것은 실로 미스터리다. 멸망시킨 고려를 모방했다는 비웃음과 비난을 살 수 있는데도 그리했으니 말이다. 왜 그랬을까? 어떤 말 못 할 사정이 있는가? 의문은 다음의 네 가지 사항으로 집약된다. 즉 ① 애초에 이름을 짓지 않은 것, ② 고려의 광화문과 같은 이름으로 지은 것, ③ 외양상 본궁(경복궁)과 조화로움이 떨어지는 것, ④ 광화문과 경복궁 담장의 연결이 매끄럽지 않은 것 따위다.

첫째, 왜 애초에 이름을 짓지 않았을까? 광화문은 본궁(경복궁)의 남쪽 출입문으로 궁궐에서 가장 웅장하고 화려한 문이다. 경복궁은 1395년(태조 4) 9월에 완공되고 태조 이성계가 이곳으로 옮겨 살았지만, 성문은 아직 짓지 않았다. 성문은 1398년(태조 7)부터 짓기 시작하여 정종 때에 남문, 동문, 서문이 완성된다. 다만 북문은 목책을 설치해 두었다가 세종 때에 완성된다.

정도전은 수도 한성을 건설하는 총책임자로서 도성을 설계하고, 궁궐을 건축하고, 성곽의 축성을 지휘했다. 뿐만 아니라 정도전은 도성의 지명과 시설물의 이름을 직접 작명했다. 예컨대 숭례문(남대문)과 흥인문(동대문) 등의 성문 이름, 경복궁을 위시한 여러 궁전의 명칭, 나아가 한성 5부 52방의 행정구역 이름까지 일일이 그가 지었다. 한편 경복궁의 출입문은 1398년(태조 7)부터 짓기 시작하는데, 그 해 10월 28일에 정도전이 태종 이방원에 의해 참살당한다. 따라서 비록 정도전이 출입문의 완성을 보지 못하지만, 설계와 건축은 직접 관여했다고 할 것이다. 다시 말하면 정도전은 경복궁의 남문(광화문)을 설계하고 착공은 하지만, 이름은 짓지 않았다. 미처 완성되지 않아서 그랬을까? 임시 가설문일지라도 궁궐의 출입문이므로 이름을 지을 법한데 그러지 않고, 이름 없이 두었다. 어쨌든 당시 사람들은 이름이 없으므로 경복궁 출입문을 그냥 일반 여염집의 문처럼 남문, 동문, 서문 따위로 불렀다. 특히 남문(광화문)은 정문, 오문(午門) 또는 4정문(四正門) 등으로 불렸는데, 4정문은 경복궁의 동서남북 4개 출입문의 정문이란 뜻이다.

왜 이름을 짓지 않았는가? 정도전은 조선을 제후국으로 설계하고 출범시킨 장본인이다. 제후국은 황제국에 비해 도읍의 성곽은 물론이고 궁궐의 규모와 위세 장식에 이르기까지 모두 한 단계 아래다. 그러므로 제후국의 법도에 따라 수도 한성을 조성하면 고려의 수도 개경에 비해 문제가 생긴다. 성곽이나 궁궐 따위가 개경보다 훨씬 작아지는 것이다. 이것은 도성을 설계한 정도전의 입장에서는 심각한 고민일 수밖에 없다. 새 수도 한성이 개경보다 품격이 떨어지고 볼품이 없다면 민심이 분분할 것이기 때문이다. 어쨌거나 고려 백성에서 조선 백성으로 바뀐 사람들, 더군다나 한성으로 이주한 개경 사람들의 지지를 얻기 위해서는 한성이 개경에 뒤지지 않아야 하는 것이 관건이다. 이에 정도전은 크게 두 가지 편법을 강구한다.

하나는 궁궐과 성곽의 면적이다. 정도전은 제후국의 법도를 충실히 따르되, 가시적으로 눈에 띄는 궁궐과 성곽은 개경에 버금간다는 평판이 날 정도로 터를 넓게 잡았다. 그로 인해 오늘날 학자들은 경복궁과 한성 도성의 면적이 제후국의 틀을 능가한다고 평가한다.

또 하나는 경복궁의 정문이다. 경복궁은 조선 왕조의 상징이고, 정문은 얼굴이다. 고려를 멸망시키고 개국한 조선으로서는 결코 고려 궁궐의 정문과 비교하여 꿀릴 수 없다. 그리하여 정도전은 고려의 광화문을 의식하고, 그에 견주어서 경복궁의 정문을 화려하고 웅장하게 설계했다고 할 수 있다. 또한 그러한 연유로 경복궁의 정문이 고려 궁궐의 정문과 유사한 닮은꼴로 건립된 것으로 볼 수 있다.

한편 이름을 짓지 않은 것에는 두 가지 까닭이 있을 수 있다. 하나는 작명을 의도적으로 회피한 것이다. 정도전은 한성의 설계와 작명에 원칙을 두었다. 제후국의 법도에 의거하며 설계하고, 유교 이념과 음양오행에 따라서 작명하는 것이다. 그러나 경복궁의 정문은 예외였다. 고려의 광화문을 의식하고, 제후국의 법도에 얽매이지 않고 크고 화려하게 지었다. 정도전은 개국 초의 신경 쓰이는 시기에 어떤 특정한 이름을 지어 법도를 어겼다는 시시비비를 일으키기보다 작명을 뒤로 미루고, 우선은 본궁(경복궁)의 부속 건물로 취급하도록 하여 시시비비를 덮는 편법을 썼다고 할 수 있다. 둘은 음양오행에 부합하는 명칭을 못 찾은 것이다. 광화문(光化門)은 음양오행에 따른 이름이 아니다. 즉 정도전은 음양오행에 따라 이름을 짓되, 고려의 광화문을 능가하는 좋은 이름을 찾지 못하자, 그냥 남문 또는 정문이라고 하고 대충 넘어간 것이다. 두 가지 까닭 중에 어느 것이 실제에 부합할까? 필자의 생각으로는 첫째의 까닭이 정도전의 꿍꿍이속에 들어맞는 것 같다.

둘째, 왜 하필 고려와 같은 이름을 지었을까? 『조선왕조실록』에는 세종이 1425년 집현전(集賢殿)에 경복궁 출입문의 이름을 짓도록 지시하고, 이에 집현전 학사들이 남문을 광화문(光化門), 동문을 건춘문(建春門), 서문을 영추문(迎秋門)으로 작명한 것으로 기록되어 있다. 다시 말하면 광화문은 건립된 이후 약 30년 동안 고유한 이름 없이 정문, 남문, 오문 따위로 부르다가 집현전 학사들에 의해 광화문으로 작명되었다. 그러나 실록의 기록은 이름을 지은 핑계로는 그럴듯하지만, 이해하기는 난감하다. 당시 집현전 학사들은 고려 말에 관리였거나 청장년의 나이였다. 고려의 광화문을 모를 리가 없다. 또한 당시는 고려의 광화문이 건재하고 있었는데, 뻔히 알면서 발음이 같은 이름으로 작명한 것이다. 그러므로 광화문 이름은 집현전 학사들이 새로 작명했다기보다, 고려 광화문의 명칭을 차용하고 단지 '광'자를 '넓은 광(廣)'에서 '빛날 광(光)'으로 바꾸었다고 하는 것이 사실에 부합한다. 왜 고려 광화문과 발음이 같은 명칭으로 작명했을까?

집현전 학사들의 작명은 추론이 어렵지 않다. 당시 백성들은 경복궁의 정문을 그냥 남문이라 부르기는 싱겁고, 또 오문이나 사정문 등으로 부르기는 말하기도 듣기도 까다로워서 건립 후 어느 정도 시일이 지나자, 고려의 광화문처럼 광화문으로 불렸다고 볼 수 있다. 무릇 유사한 모양이나 성격의 두 물건에서 하나는 이름이 있고 하나는 이름이 없으면 둘 다 같은 이름으로 부르고, 또 두 물건이 같은 이름일 경우 모양과 성격이 유사하다고 여기는 것이 일반의 이치다. 결국 백성들이 광화문으로 불렸다면, 두 문은 겉모습이 닮은

판박이 문인 것으로 추측할 수 있다.

　경복궁의 출입문은 건립 후 약 30년의 세월이 지나 세종 때에 이르러 문제가 제기된다. 도성의 작은 문도 모두 이름이 있는바, 하물며 경복궁의 출입문에 이름이 없는 것이 문제가 되는 것이다. 혹은 세종 때에 이르러 나라의 기틀이 안정되자, 제후국의 굴레를 벗어나 눈치 안 보고 편법으로라도 이름을 지으려 했을 수 있다. 어쨌든 세종의 지시로 집현전 학사들이 작명을 연구하여 동문은 '봄이 시작된다'라는 뜻의 건춘문(建春門)으로, 서문은 '가을을 맞이한다'라는 뜻의 영추문(迎秋門)으로 지었다. 둘 다 음양오행에 따른 이름이다. 당시 북문은 목책이었고, 성종 때에 건립되고 신무문(神武門)으로 이름 지었다.

　문제는 남문의 작명이다. 집현전 학사들은 남문을 고려와 발음이 똑같은 광화문으로 작명했다. 왜 그랬을까? 아마 별다른 뾰족한 이름을 찾지 못하자, 이미 백성들이 부르고 있는 광화문 명칭을 수용한 것으로 추측된다. 물론 새로운 이름을 지으려 했지만, 백성들의 입에 익은 명칭을 바꿀 만큼 썩 좋은 이름이 찾아지지 않고, 그냥 고려와 같은 광화문으로 하기는 싱거운 짓이어서, 한자만 살짝 바꾸어 이름을 지었다고 할 수 있다. 어떻든 집현전 학사들은 당대의 지식인이자 존경받는 지성인이다. 그들의 작명은 권위가 실리고 고려와 이름이 같다는 저잣거리의 숙덕이는 군말을 잠재웠을 것으로 보인다.

　셋째, 경복궁과 광화문이 조화롭지 않다. 광화문은 웅장한 석축 기단에 무지개 모양의 홍예문이 3개 있고, 그 위에 화려한 단청으로 장식한 문루가 세워져 있다. 일반적으로 궁궐의 대문은 어디까지나 출입문에 불가하므로 본궁을 보조하는 기능으로 세워진다. 그래서 규모와 위세 장식 따위가 궁궐에 미치지 못하게 마련이다. 그러나 광화문은 경복궁의 출입문이라기보다 마치 독립된 건물로 느껴질 만큼 웅장하고 화려하다. 그래서 본궁인 경복궁과의 조화가 떨어진다. 이러한 부조화는 애초의 경복궁과 대비하면 더욱 뚜렷이 드러난다. 왜냐하면 애초의 경복궁이 지금의 경복궁보다 규모가 훨씬 작기 때문이다.

지금의 경복궁은 조선 말 1867년에 대원군이 주도하여 건립했다. 건물은 7,225여 간으로 제후국의 궁궐 규모를 능가한다. 그렇다면 애초의 규모는 어땠을까? 1395년 9월 완공된 경복궁의 규모는 총 390여 간이다. 이후 건물이 더 건축되는데, 임진왜란이 일어날 즈음 규모는 600-700여 간이었다. 그러나 이 궁궐은 전란으로 인해 불타서 허물어진다. 지금의 경복궁과 비교하여 애초의 390여 간은 5.4%, 그리고 700여 간은 9.7%에 불과하다. 따라서 애초 또는 불타기 전의 경복궁과 광화문을 대비하면 어울리지 않는 부조화는 더욱 분명해진다. 결국 이것은 경복궁을 제후국의 법도에 의하여 지었지만, 정문은 법도에 얽매이지 않고 고려 광화문을 의식하여 그에 버금가게 지은 탓이라 할 것이다.

경복궁과 광화문

　　넷째, 광화문과 경복궁 담장의 연결이 매끄럽지 않다. 이것은 담장 탓이 결정적이다. 고려는 궁궐의 담장을 성곽으로 쌓았다. 성곽은 위에서 말을 달리고 활 쏘며 전투를 수행한다. 그만큼 폭이 넓다. 고려의 광화문은 성곽과 연결된 문루다. 따라서 광화문과 성곽은 말을 타고 지나다니게끔 폭넓게 연결되어 일체감이 있다. 반면에 경복궁의 담장은 전투용 성곽이 아니다. 그저 높은 울타리에 기와를 덮은 담장일 뿐이다. 광화문과 담장은 말을 달리기는 커녕 사람이 걸어 다닐 수도 없게 연결되어 있다. 물론 담장 위에서는 전투를 수행하기가 거의 불가능하다. 따라서 성곽의 문루로 건립한 광화문과 경복궁의 울타리 담장은 연결 부분이 매끄럽지 못하고 엉성할 수밖에 없다.

이상을 종합하여 정리하면, 한국은 역사상 두 개의 광화문이 존재했다. 하나는 고려 궁궐의 정문이고, 또 하나는 조선 궁궐의 정문이다. 고려 광화문이 919년에 건립되었으니, 광화문이란 이름은 이 땅에서 1100여 년 넘게 이어왔다. 비록 광화문이 개경과 한성에 따로 존재하고, 위난으로 인해 소실되어 오랫동안 방치되기도 했지만, 그 명칭은 천년이 넘는 세월 동안 한국인의 입술에서 떠나지 않았다. 오늘날 조선 광화문은 복원되었으나, 고려 광화문은 아직 복원되지 않고 있다. 앞으로 고려 광화문이 복원되면, 두 광화문은 그야말로 한국을 대표하는 상징이 되고 한국인의 긍지와 자랑이 될 것이다.

세종로 폭 100m의 비밀과 격구

광화문 앞 세종로도 광화문 못지않은 미스터리가 있다. 애초에 세종로는 고유한 이름이 없었다. 1395년 경복궁과 함께 조성되었으나, 경복궁 정문(광화문)의 이름이 작명되지 않은 것처럼 이곳도 이름이 지어지지 않았다. 그래서 구한말까지 수백 년간 '육조거리', '육조 앞', '해태 앞' 따위로 불렸다. '육조거리'와 '육조 앞'은 도로 양편에 이조, 호조, 예조, 병조, 형조, 공조 등 육조(六曹)의 관아가 있어서이다. '해태 앞'은 광화문 양쪽에 안치된 해태 석상의 앞이라는 뜻이다.

사람들은 1902년부터 세종로를 '비각 앞'이라 부르기 시작했다. 그 해에 광화문 사거리 옆에 고종(高宗)의 즉위 40주년을 기념하는 기념비전(紀念碑

殿)이 세워지자, 사람들이 그렇게 부른 것이다. 그러다가 일제강점기에는 '광화문통(光化門通)'으로 불렸다. '광화문통'은 단순히 '광화문 앞의 거리'라는 뜻의 일본식 용어다.

세종로 이름은 앞에서 언급한 바처럼 세종대왕의 호칭을 따서 1946년 10월 1일에 명명되었다. 그러다가 총독부 건물이 철거되고 경복궁을 복원하는 사업이 추진되면서 2009년 8월 세종로에 광장이 조성되었다. 이후부터 사람들은 세종로라 부르기보다 광화문광장으로 통칭하여 불렀다. 어쨌거나 조선은 광화문 앞의 번듯한 대로에 별도의 이름을 짓지 않았다. 그래서 조선 왕조 500여 년간 고유한 명칭이 없이 그저 주변 환경에 견주어서 '육조거리', '육조 앞', '해태 앞', '비각 앞' 따위로 대충 불려 왔다. 그러므로 세종로는 최초의 공식 이름이다. 왜 조선은 이름을 짓지 않았을까?

그렇다면 고려는 어떠했을까? 고려의 광화문 앞 광장과 대로는 조선과 달랐다. 조선은 광화문이 정남향이고 그 앞이 광장이자 대로였다. 도성을 만드는 주례의 법도를 준수하여 대로 좌우에 정부의 관청을 설치했다. 고려는 광화문을 동남향으로 세웠다. 그것은 땅의 생김새와 형세 때문이기도 한데, 결국 주례의 법도를 따르지 않은 것이다. 광화문 앞에는 넓은 광장이 있고 광장과 연이어서 남북으로 뻗은 대로가 개설되었다. 그리고 광화문을 정면으로 하여 광장에서 이어지는 별도의 도로가 조성되고, 그 도로변에 정부 관청이 건립되었다. 이 도로를 관부(官府)의 거리라 한다. 다시 말하면 세종로 격인 가장 큰 대로는 광화문 앞 광장과 비스듬히 연계하여 남북으로 조성되었다. 이 대로를 십자 거리라고 한다. 또는 대로 좌우에 약 500m에 달하는 시전 장랑이 건립되어 있어 십자거리시전이라 불렸다. 즉 광화문 앞 광장과 이어진 십자 거리는 도로 좌우에 약 500m에 달하는 시전 장랑이 가로 벽을 이루며 세워져 있었다. 십자거리시전은 이 책의 제4장 "고려 개경의 중앙시장, 조선 한성의 중앙시장" 편에서 자세히 서술하고 있다.

광화문 앞 광장의 풍경과 분위기는 고려와 조선이 영 딴판이었다. 고려의 광장은 시끌벅적하고 흥이 넘쳤다. 문화 공연이 자주 열린 탓이다. 『고려사』에는 광장을 가득 메운 대규모 공연이 다수 기록되어 있다. 대표적으로는 제18대 의종(毅宗)이 참석하여 관람한 공연이다. 때는 1170년 정월의 어느 날 밤, 광장에 채붕(彩棚)이란 공연 무대가 가설되었다. 무대는 오색 비단 장막을 늘어뜨리고, 금은과 주옥으로 수놓은 화려한 비단으로 장식했다. 아름다운 산호와 진귀한 대모(玳瑁, 바다거북껍질) 따위로 매우 사치하게 꾸몄다. 광화문 좌우에 늘어선 행랑을 비단 장막을 쳐서 가렸다. 공연장 분위기를 띄우고 아무나 들어오지 못하게 막아서 안전과 질서를 유지한 것이다. 비단 장막을 설치하는 비용은 왕의 종친들이 부담했다. 오늘날로 치면 종친들이 협찬한 셈이다.

공연은 왕립 관현방(管絃房)과 국립 대악서(大樂署)가 주관했다. 둘은 모두 음악공연 기관인데, 관현방에는 여자 무용수가 300명 있고, 대악서에는 여자 무용수가 260명 있었다. 그러므로 두 기관의 합동공연은 총 560명의 여자 무용수가 노래와 춤을 공연하는 것이다. 그날 밤은 여자 무용수 560명과 더불어 재주꾼들이 코미디, 만담, 땅재주, 불 토하기 따위의 각종 오락을 펼쳤다. 특히 국자감(國子監)의 학생들이 특별 출연하여 노래와 춤을 선보였다. 공연예술이 다양하게 펼쳐진 것이다.

의종은 처음부터 참석했다. 아마 공연을 축하하는 인사말을 하고 개막을 선언했을 수 있다. 그리고 밤 3경(更)이 되어서야 궁궐로 돌아갔다. 3경이면 밤 11에서 1시 사이다. 임금이 정월달 추운 겨울밤에 자정 무렵까지 공연을 구경했는데, 두말할 것도 없이 공연이 무척 재미있고 신이 났던 모양이다. 어떻든 고려의 광화문 앞 광장은 대규모 야간 공연이 때때로 열리는 문화광장이었다.

조선의 광화문 앞은 시끌벅적하지 않았다. 근엄하고, 엄숙하고, 조용한 분위기를 기본으로 유지했다. 노래하고 춤추는 공연은 언감생심이다. 광화문에 분위기를 띄우는 선전홍보용 주련도 내걸리지 않았다. 그러나 성대한 행사가 전혀 열리지 않은 것은 아니다. 임금이 출입하는 어가 행차와 이곳에서 열리는 군대의 출정식은 볼만했다. 가끔은 밤낮으로 시끄럽기도 했다. 신하와 유생들이 임금에게 상소를 올리고, 엎드려 울며 밤낮을 지새울 때다. 이런 풍경은 조선이 유교를 국정 이념으로 삼고, 광화문 앞을 유교의 면모로 가꾸려 한 필연의 결과일 것이다.

이처럼 광화문 앞 광장의 풍물과 분위기는 고려와 조선이 완전히 달랐다. 국왕도 참석하여 즐긴 화려한 공연은 조선에 와서 열리지 않았다. 결국 광화문 앞의 공연은 두 나라의 공연 문화와 공연예술의 차이를 말해준다고 할 수 있다.

다시 광화문 앞 세종로를 살펴보자. 세종로의 비밀은 도로 폭에 묻어 있다. 광화문이 건립된 이후 지금까지 세상에 드러나지 않은 비밀이다. 애초의 광화문 앞 도로 폭은 얼마였을까? 이것은 일제강점기 때부터 따지는 게 이해하기 쉽다. 일제강점기 때 세종로는 폭이 약 53m였다. 일제가 1912년에 폭을 30간(약 53m)으로 고시했다. 현재 세종로의 폭 100m는 한국전쟁 중인 1952년 3월 25일에 내무부고시로 정했다. 전란으로 광화문 일대가 완전히 박살 나고 폐허가 되자, 복구하면서 도로 폭을 일제강점기 때보다 배로 늘려 잡은 것이다. 그렇다면 누가 도로 폭을 넓혔을까? 당시 외국 도로에 관해 견문이 풍부한 최종 결정권자인 이승만 대통령이 도로 폭을 배로 넓히도록 하여 그리된 것으로 추측된다.

그렇다면 조선시대는 폭이 얼마였을까? 이것이 모호하다. 학자들조차 오락가락한다. 다수 학자는 『태종실록』과 『경국대전』 등에 근거하여 56척(약 17.5m) 정도로 추정한다. 폭이 더 넓었다고 주장하는 학자들도 있다. 어떻든 일제는 세종로의 폭을 약 53m로 고시했다. 폭이 이보다 넓었는데 줄인 것인지, 이보다 좁았는데 늘린 것인지는 모른다. 즉 실제의 폭이 얼마인지 알 수 없다. 조선시대 세종로의 폭에 대해서는 학계조차 아직 통설이 없고, 근거가 애매한 견해가 난무하는 실정이다.

세종로의 폭에 관해서는 문헌자료도 오리무중이다. 조선은 수도 한성의 궁궐과 성곽을 이른바 『주례고공기(周禮考工記)』에 의거하여 제후국의 법도에 따라 조성했다. 도로 폭도 마찬가지였다. 이에 관한 최초의 기록은 『태종실록』에 있다. 실록에는 '황제가 행차하는 길은 폭 72척(수레 9대의 폭), 제후가 행차하는 길은 56척(수레 7대의 폭)'이라고 명시하고, 조선은 제후의 56척을 따른다고 기록되어 있다. 이후 한성의 도로 폭이 법제화된 것은 성종 때다. 『경국대전』에 이를 명확히 규정했다. 즉 대로는 56척(약 17.5m), 중로는 16척(약 5m), 소로는 11척(약 3.4m)이다.[4] 광화문 앞 도로는 대로로서 17.5m에 해당한다. 만약 육조거리를 황제가 행차하는 길로 조성한다고 해도 폭은 약 22.5m를 넘지 않아야 한다. 결국 문헌자료에 의하면 조선시대 세종로의 폭은 최대 22.5m(72척)에서 17.5m(56척)의 범위라고 할 것이다.

세종로의 비밀은 바로 여기에 있다. 조선시대 광화문 앞 육조거리는 『경국대전』에 의하면 제후의 도로로서 폭은 약 17.5m가 되어야 한다. 하지만 일제가 대한제국의 국권을 빼앗은 후 불과 2년 뒤 1912년에 도로 폭을 약 53m로 고시하고, 육조거리를 '광화문통'으로 부르게 했다. 53m는 17.5m보다 3배 이상 넓다. 만약 당시 일제가 기존 도로를 대폭 넓혔다면 도로변의 건축물과 구축물 따위를 보상하고 철거해야 한다. 그러나 이렇게 한 흔적이 전혀 없다. 뿐만 아니라 도로 폭을 왜 53m로 했는지의 근거가 불명확하다.

왜 도로 폭을 이렇게 결정했을까? 이에는 다음의 가정이 있을 수 있다. 도로 폭이 애초 53m 정도이거나 또는 그보다 넓었다는 가정이다. 이에 관해 실제의 도로 폭이 55m였다는 증언이 있다. 1894년부터 3년간 한국을 여행한 영국 작가 '이사벨라 버드 비숍' 여사는 그녀가 지은 『한국과 그 이웃 나라들』에 광화문 앞 육조거리를 다음과 같이 기록했다.

> "서울에는 동대문으로부터 서대문까지 동서로 서울을 가르는 대로와 이 대로로부터 남대문을 향해 뻗어있는 대로가 있다. 그리고 두 대로가 교차하는 지점으로부터 경복궁을 향해 뻗은 폭 55m의 가장 넓은 대로가 있다. 이 폭 55m의 대로는 한국에서 사시사철 언제나 정비되고 깨끗하게 단장되어 있는 유일한 도로이다."[5]

---

4) 당시의 영조척(營造尺)으로 계산했다. 영조척 1척은 31.24cm다.
5) 이사벨라 버드비숍 저, 이인화 역, 『한국과 그 이웃 나라들』, 살림, 1994, p.61.

　사실이 이렇다면 조선은 이중 행위를 한 꼴이다. 『경국대전』에 대로의 폭을 약 17.5m로 규정해 놓고, 육조거리를 53m보다 넓게 조성한 것이다. 이것은 제후국의 법도를 어긴 것이 된다. 어겼다면 무슨 까닭인가?

　의문을 푸는 열쇠는 세종로의 땅 밑에 묻혀 있었다. 그것은 뜻밖이었다. 2008년 광화문광장을 만들기 위한 발굴 조사에서 폭 58m의 도로가 발견된 것이다. 이 도로는 조선 초기에 인공의 흙다짐으로 조성한 토층의 도로로 밝혀졌다. 흙다짐한 도로 폭이 58m이므로 도로 양측의 배수 도랑을 참작하면 전체의 폭은 60m 이상으로 추측된다. 어쨌든 조선의 어떠한 문헌과 사료도 폭 58m의 육조거리에 관한 기록이나 언급이 없다. 그야말로 발굴된 폭 58m 도로는 미스터리다. 2008년 발굴조사 후 세종로의 폭에 관한 관심이 증대되고, 폭 58m를 인정하는 학자들이 나타나고 있다. 비록 『경국대전』에서 대로를 56척(17.5m)으로 규정해 놓았지만, 광화문 앞 육조거리는 경복궁과 광화문을 건립하면서 폭을 58m로 조성했다고 보는 것이다. 그러나 왜 58m로 조성했는지는 근거를 밝히지 못하고 있다.

　그렇다면 근거 기록이 전혀 없을까? 직접은 아니지만 간접적인 기록이 있다. 1426년 세종 재위 때 한성의 도로에 관한 사항을 기록한 도로대장이다. 도로대장에는 대로, 중로, 소로에 이르기까지 모든 도로의 명칭과 폭이 구체적으로 기록되어 있다. 그렇지만 육조거리는 폭이 기록되어 있지 않다. 왜 기록이 누락되었을까? 그것은 육조거리는 제후국의 법도를 어기면서 58m의 폭으로 넓게 조성되었고, 이를 축소하지 않을 바에야 공식기록을 남기지 않는다는 방침을 세우고 쉬쉬하며 덮어두었다고 할 수 있다. 어쩌면 중국 명나라가 의혹을 제기하고 질책했을 수 있지만, 도로가 아닌 광장이고, 고려로부터 이어 온 문물이라는 등의 핑계를 대고 넘어갔을 수도 있다. 그러나 의문은 여전히 남는다. 왜 하필 58m인가다.

필자는 이에 관해 특별한 생각을 하고 있다. 고려의 십자 거리와 관련이 있다는 생각이다. 십자 거리는 고려 광화문에서 개경의 남북대로와 동서대로가 교차하는 십자가까지의 도로이다. 도로 양측에 길이 500m에 달하는 상점의 장랑이 가로 벽을 이루며 세워져 있어 십자거리시전 대로로 부르기도 한다. 고려시대 십자 거리는 폭이 얼마일까? 필자는 약 60m 이상으로 추정하고, 조선이 이를 본떠서 폭 58m의 육조거리를 조성했다고 본다. 그렇다면 또 의문이 따른다. 왜 십자 거리의 폭을 60m 이상으로 조성했느냐다.

그것은 격구(擊毬) 때문이었다. 고려는 격구의 나라였다. 『고려사』에는 격구에 관한 기록이 부지기수다. 최초의 기록은 태조 왕건이 918년에 투항해 온 후백제의 아자개(阿子蓋)를 맞이하는 환영 행사를 격구장에서 연습한 것이다. 고려시대는 남녀불문하고 격구를 즐겼다. 여자들도 말을 타고 격구 놀이를 했다. 격구장도 곳곳에 조성되어 있었다. 심지어 궁궐 안과 십자 거리에도 격구장이 설치되어 있었다. 십자 거리의 격구장은 개방된 장소로서 인기 높은 명소였다. 5월 5일 단오 축제에 3일간 격구 대회가 열렸고, 평시에도 격구 경기가 개최되었다. 또한 단오 축제 때 십자 거리에는 격구장 맞은편에 화려한 무대가 설치되고 노래, 춤, 곡예 등의 공연이 펼쳐졌다. 십자 거리가 격구장과 공연 무대로 꽉 채워지는 것이다.

고려는 격구를 애지중지한 왕도 있었다. 특히 제18대 의종(毅宗)과 제32대

우왕(禑王)이 유별나다. 먼저 의종은 일류 격구 선수였다. 그는 왕위에 오르면 격구를 마음껏 못하게 된다며 아쉬워했다. 의종의 격구 실력은 그의 빼어난 기마술을 통해 가늠할 수 있다. 의종은 종종 말을 타고 개경 인근의 달령(獺嶺) 찻집에 차를 마시려 행차하는데, 너무 빨리 달려서 시종들이 따라가지 못했다. 『고려사』는 의종이 궁궐의 서루(西樓)에서 3-4일 동안 격구 경기를 관람한 것을 특별히 기록하고 있다. 당시 서루의 격구장에서 리그 또는 토너먼트의 격구 대회가 열린 것이다.

다음 우왕은 직접 격구 선수로 뛰었다. 1386년 단오에 십자 거리에 설치된 격구장에서다. 이 경기장은 개방된 열린 곳이어서 시전상인을 비롯한 일반 백성들이 자유롭게 관람하고 즐겼다. 그런 공개된 경기장에서 지엄한 임금이 선수로 뛰었다. 당시 우왕은 22세의 젊은이다. 젊음의 취기나 만용이 그를 경기장에 서게 한 것일까? 아니면 그는 진정한 격구 애호가였을까?

해답의 실마리는 『고려사』의 기록에서 잡힌다. 그것은 격구의 인기다. 고려는 격구를 마상 무술을 연마하는 수련으로 하여 장려했다. 고려 말에 이르러서는 백성들의 오락 놀이로 자리 잡고 유행했다. 요즈음으로 치면 대중스포츠로 발전한 것이다. 따라서 우왕은 격구를 통해 백성들과 소통하고 인기를 얻으려 했을 수 있다. 이 추론은 진실일 확률이 높다. 왜냐하면 우왕이 격구 경기가 열리기 한 달 전에 이곳에서 시종들과 말 달리기 시합을 했다는 『고려사』의 기록이 있기 때문이다. 아마 말 달리기 시합은 격구 경기를 앞둔 연습일 것이고, 또 우왕에게 허용된 특전일 것이다. 어쨌거나 우왕이 시종들과 십자 거리에서 말 달리기 시합을 하고, 격구 선수로 뛰는 광경은 신선하고 흥미진진하다. 구경하는 사람들이 손뼉을 치고 소리 높여 응원했으리라. 이처럼 고려는 임금이 십자 거리의 격구장에서 백성들의 환호를 받으며 선수로 뛰는 격구의 나라였다.

여기서 놀라운 사실은 격구장의 규격이다. 격구장은 가로 200m, 폭 50m 내외다. 이것이 세종로의 비밀을 푸는 실마리다. 고려는 격구의 나라답게 광화문 앞 십자 거리를 조성하면서 그곳에 폭 50m의 격구장을 설치한 것이다.

격구장이 설치된 도로는 양측에 통로와 관람객을 위한 여유 공간 따위를 5m 정도로 잡으면 전체의 도로 폭은 60m 이상이 된다.

격구장의 위치는 어디일까? 십자 거리의 초입으로 흥국사에서 얼마 떨어지지 않는 곳이다. 이것은 1198년 5월에 일어난 노비 만적(萬積)의 반란에서 확인된다. 만적과 그를 따르는 노비들이 흥국사와 십자 거리의 격구장 사이에 모여 봉기했는데, 비밀이 누설되어 실패했다. 여하튼 광화문 앞 십자 거리의 도로에 격구장이 개설되고 경기가 열렸다는 것은 그 폭이 60m 이상인 것을 말해준다. 이처럼 고려는 주례의 법도에 구애받지 않고 자주적인 필요에 따라 궁궐을 비롯한 도시시설을 마음껏 건설했다.

조선은 어떤가? 조선의 광화문 앞 육조거리는 2008년 발굴 조사로 노폭이 약 58m인 것으로 밝혀졌다. 폭 58m는 십자 거리의 폭과 거의 같다. 왜 이런 결과가 도출될까? 이것은 이성계와 정도전이 한성을 설계하고 건설하면서 편법을 쓴 때문일 수 있다. 그들은 고려를 멸망시키고 조선을 개국한 입장에서 개경에 못지 않는 한성의 모양새가 필요했다. 개경에서 한성으로 이주한 백성들에게 개경과 대등한 한성의 위용을 가시적으로 보여줄 필요가 있었다. 한성의 도성을 『주례고공기』에 의거하여 제후국의 법도에 맞추어 건설하면서 궁궐의 정문과 그 앞의 도로에 대해서는 이를 어겼다. 오히려 고려 광화문과 십자 거리를 기준으로 삼았다. 그래서 경복궁의 정문을 고려 광화문에 버금가도록 화려하게 짓고, 그 앞의 도로도 폭 58m로 넓게 조성한 것이다.

한편 조선도 격구와 무관하지 않다. 이성계는 뛰어난 격구 기술을 지녔고 이를 즐겼다. 세종은 격구를 중시하여 무과의 시험과목으로 채택했다. 1790년 정조는 격구의 장비, 기술, 경기 방법 따위를 『무예도보통지』에 자세히 수록하도록 조치했다. 그러나 격구가 육조거리에서 벌어졌는지는 알 수 없다. 2008년 발굴된 바처럼 노폭 58m의 육조거리라면, 조선 초기에 이곳에서 격구 경기가 열렸을 개연성이 높다. 대중의 인기 스포츠를 하루아침에 없앨 수는 없었을 것이다.

이여성의 격구도(마사 박물관)

왕조시대에 도읍의 가장 중요한 도로는 궁궐의 정문에서 시작하는 남북대로다. 특히 남북대로와 동서대로가 만나는 교차로까지의 도로를 주작대로(朱雀大路)라 한다. 지금의 세종로가 바로 주작대로다. 따라서 우리 한국은 고려시대 이래로 천년 넘게 수도에 폭 58m 이상의 주작대로를 만들어 놓고 살았다. 아마 이것은 틀림없이 세계에서 유래를 찾기 힘든 독보적인 문물일 것이다.

종합하여 정리하면, 광화문과 세종로는 역사의 진실을 밝히고 올곧게 재조명해야 한다. 이들은 단순히 조선 왕조의 얼굴에 그치지 않는다. 광화문과 폭 58m 이상의 대로는 1100여 년을 이어 온 독창적이고 독보적인 문물로 새롭게 인식되고 거듭나야 한다. 조선은 비록 제후국으로 몸을 낮추었지만, 광화문과 그 앞의 도로는 고려의 모습을 이어갔다. 이 사실이 중요하다. 이성계와 정도전을 위시한 조선 건국의 주역들은 이를 중국의 법도에 구애되지 않는 민족 자주정신의 구현으로 존중하고, 이것만은 이어가야 할 문물로 여겼을 것으로 보인다. 한편 이에 대해서는 그들 역시 고유 문화를 계승하고자 하는 자주정신을 견지하고 있었고, 독보적인 문물로 자랑스럽게 여겨온 고려 광화문과 십자 거리의 모습을 지켜나가고 싶었던 것으로 이해할 수 있다. 그러기에 도로대장에도 올리지 않고 제후국의 법도를 어긴 채 현상을 유지해 갔다. 이제 광화문과 세종로에는 한국의 자주성과 정체성의 얼이 깊이 담겨 있음을 깨달아야 한다.

세종로는 한갓 보기만 좋게, 특정 인물만 각인되게, 또 사람들이 편리하기만 하게 조성해서는 안 된다. 어떤 정치인, 어떤 학자, 어떤 단체의 취향과 목소리에 휘둘리지 말아야 한다. 모든 사람이 어울리며 소통하고, 천년을 넘게 이어 온 역사를 반추하며 공감하는 문화마당이어야 한다. 공연 문화가 살아있고 격구 경기의 환호성이 울려 퍼지는 감성과 감각이 필요하다. 그렇다면 지금의 근엄한 세종대왕 동상이나 이순신 장군 동상은 어울리지 않는다고 할 것이다.

세종로는 새로이 다듬는 지혜가 필요하다. 고려와 조선을 잇고, 또 앞으로 천년을 이어갈 문화마당의 이미지를 담고 내뿜어야 한다. 오로지 한국의 얼과 위상이 올곧게 뻗어갈 수 있도록 가꾸어나가야 한다.

제4장

고려 개경의 중앙시장, 조선 한성의 중앙시장

비교가 무색한 개경 중앙시장과 한성 중앙시장의 모습

옛 왕조시대는 나라마다 수도에 큰 중앙시장을 지었다. 중앙시장은 나라와 수도의 얼굴일뿐더러 도시민을 먹여 살리는 터전이었다.

고려는 건국한 후 개경으로 천도하면서 수도 개경의 최고 요지에 시장을 지었다. 그러나 조선은 건국 후 20여 년이 지나는 동안 수도 한성에 시장을 짓지 않았다. 눈이 오나 비가 오나 맨땅의 장마당에서 물건을 사고팔았다. 늦게 만들어진 시장마저 최고 요지가 아니었고, 그 모습에 고려 시장과는 뛰어넘을 수 없는 격차가 있었다.

조선은 왜 그렇게 되었을까?

제4장
고려 개경의 중앙시장,
조선 한성의 중앙시장

들어가는 글

시장은 도시의 얼굴이다. 인류 역사에서 도시와 시장은 동전의 양면처럼 불가분의 관계다. 시장은 도시를 살아 숨 쉬게 하고, 도시는 시장을 살찌우며 자란다. 시장은 실물경제가 적나라하게 꿈틀거리는 가운데 사람들의 희로애락이 용틀임치며 펼쳐진다. 어떤 도시의 진짜배기 풍물을 맛보고 민낯의 도시문화를 만나려면 그 도시의 시장을 찾는 것이 좋다.

동서고금을 막론하고 시장은 도시의 필수 기반 시설이다. 특히 왕조시대에 성곽으로 둘러싸인 도읍은 시장의 필요성이 더 강조된다. 왕실과 정부는 시장을 통해 필요한 물품을 조달하고 잉여물품을 처분한다. 도시민의 생활용품도 대부분 이곳에서 유통되고 거래된다. 그러나 나라마다 시장에 대한 인식과 관심이 다른데, 그것은 크게 두 갈래 경향으로 나뉜다.

하나는 상업을 중시하는 국가다. 이 나라는 국가정책에서 시장의 우선순위가 높다. 시장의 기능과 역할을 높이기 위해 신경을 많이 쓰고, 시장을 정부의 관아시설과 대등한 수준으로 관리한다. 도읍을 새로 건설하거나 천도할 때 시장을 조속한 시일 내에, 최고의 요지에, 멋지고 있어 보이게 건립한다. 또 하나는 상업을 천시하는 국가다. 이 나라에서 시장은 국가정책에서 우선순위가 뒤로 밀린다. 시장의 기능과 역할은 관심 밖이고 정부의 관아시설보다 하위시설로 취급된다. 시장은 최고 요지가 아닌 곳에 입지하고, 세월아 네월아 하며 건립이 지체되고, 그럭저럭한 모양새로 지어진다. 따라서 시장의 위치와 구조, 규모와 형태 따위의 모양새를 보면 '상업이 존중되는지 천시되는지', '상업이 번창하는지 쇠락하는지' 등을 가늠할 수 있다. 다시 말하면 상업이 존중되면 될수록 시장은 도시의 최고 요지에 멋지고 화려한 모양새로 건립되는 것이다.

고대 한국은 어땠을까? 고조선, 삼한, 부여 등은 도읍에 시장이 있었다. 이것은 출토된 화폐와 유물 따위를 통해 확인된다. 그러나 문헌 기록과 유물 등의 정보가 부족하여 시장의 위치, 규모, 형태 등의 구체적인 내용은 알 수 없다. 삼국시대에 와서 고구려와 백제도 마찬가지다. 고구려의 평양성과 백제의 고마성(固麻城) 등에 시장이 설치된 것은 분명하지만, 그 내용은 오리무중이다. 신라는 좀 다르다. 『삼국사기』에 수도 서라벌에 상설시장이 있다는 기록이 있다. 서라벌의 상설시장은 480년에 최초로 개설되고 509년에 기존 시장의 서쪽에 추가로 개설되었다. 이것은 중국 당나라가 수도 장안성에 두 개의 시장, 즉 동시(東市)와 서시(西市)를 설치한 것과 유사하다. 이렇게 서라벌에 2개의 상설시장이 존재한 것은 상업이 중시되고 번영한 증거라고 할 수 있다. 그러나 두 시장의 규모와 형태 따위는 알 수 없다.

고려와 조선은 시장에 관한 기록이 비교적 풍부하다. 두 왕조는 신라 서라벌의 2개 시장과 달리 수도에 1개의 큰 중앙시장을 건립했다. 물론 이를 보완하는 작은 시장이 여러 곳에 설치되었다. 고려의 중앙시장은 십자거리시전이고, 조선의 중앙시장은 종로시전이다. 시전(市廛)은 시장의 옛말이다. 개경과 한성은 성으로 둘러싼 성곽도시로 많이 닮았다. 중앙시장도 비슷하게 닮았을까? 그렇지 않다. 건립한 시기, 시장의 위치, 규모와 형태 등이 달라도 너무 달라서 깜짝 놀랄 지경이다.

중앙시장 건립, 고려가 조선보다 20년 빠르다

고려는 중앙시장을 매우 빨리 세웠다. 한국 역사상 가장 빠른 건립일 수 있다. 태조 왕건은 918년 6월 궁예를 축출하고 고려를 건국한다. 그리고 이듬해 정월 철원에서 송악(개경)으로 도읍을 옮겼다. 천도가 나라를 창건한 지불과 6개월 만에 그야말로 번갯불에 콩 구워 먹듯이 재빨리 이루어졌다.

왕건의 조속한 천도가 유별나지만, 더욱 특이한 점은 천도할 때 시장을 지은 것이다. 왕건은 새 도읍에 궁궐과 정부 관청 그리고 시장을 거의 동시에 건립했다. 그 시장이 십자거리시전이다. 궁궐과 관청은 새 도읍의 필수시설이지만, 시장은 꼭 구색을 갖추어야 할 필수시설이 아니다. 따라서 왕건이 천도하면서 나라의 필수시설과 동시에 시장을 지은 것은 천도 사업의 최우선 순위에 시장이 포함된 것을 뜻한다. 아마 이것은 동서고금에 유례를 찾기 어렵다고 해도 과언이 아닐 것이다.

시장의 건립은 막대한 재원이 소요된다. 건국 초에, 더군다나 황급히 천도하는 마당에, 또 시급히 돈 쓸 곳이 많은데도 불구하고 시장을 우선하여 건립한 것은 실로 대단하다. 시장은 입지를 정해 놓고 차후에 건물을 지어도 될 터인데, 왕건은 그러하지 않았다. 혹자는 왕건이 상업의 중요성을 체득한 탓에 시장을 빨리 지었다고 하는데, 너무나 단순하고 도식적인 견해다. 그가 시장을 최우선으로 한 것은 원대한 식견과 포부의 구현으로 이해하는 게 올바르다. 즉 고려를 상업의 나라로 만들고 개경을 굴지의 상업 도시로 키운다는 원대한 식견과 포부의 발로로 볼 것이다. 물론 새 수도로 몰려드는 수많은 사람의 생활수요를 시장에서 해결한다는 정책 의지의 작동으로도 볼 수 있다. 어떻든 왕건이 최우선으로 십자거리시전을 건립한 것은 청사에 빛나는 업적이라 할 것이다

조선은 고려와 달랐다. 어쩌면 조선의 이성계와 고려의 왕건이 달랐다는 말이 정확할 수 있다. 이성계는 1392년 조선을 건국하고 한성을 새 도읍으로 정한다. 궁궐, 종묘, 관청 등 필수시설을 건립하고 2년 후인 1394년 10월에

천도한다. 그러나 시장을 짓지 않았다. 한성의 중앙시장은 건국 이후 20년이 지난 태종 때에 비로소 세워졌다. 건국 초 20년의 허송세월은 고려와 비교하기조차 무색한 긴 세월이다.

이성계는 한성의 새 궁궐에서 5년간 살다가 아들 이방원에 의해 쫓겨난다. 그는 5년 동안 시장을 거들떠보지 않았다. 한성으로 이주한 수많은 백성은 시장 건물이 없어서 비가 오나 눈이 오나 사시사철 맨땅의 장마당에서 생필품을 사고팔았다. 이성계는 백성들의 딱한 형편을 빤히 보고서도 시장건물을 짓지 않았다. 왜 그랬을까? 무인 출신이어서 상업에 대한 이해가 부족하고, 상인을 미워하고 싫어한 탓일까? 상인을 미워하는 이유가 따로 있기는 하다. 그러나 그것은 이성계가 상인을 싫어하기보다 상인들이 이성계를 더 미워했다고 할 수 있다.

상인들이 이성계를 미워한 결정적인 사건이 있다. 바로 우왕(禑王)의 요동정벌이다. 당시 십자거리시전 상인들은 요동정벌을 적극 지지했다. 그들은 요동을 자신들의 상권으로 간주하고, 요동을 차지하기를 기원했다. 그러나 이성계가 위화도회군 쿠데타를 일으킴으로써 물거품이 되었다. 이성계가 우왕을 폐위시키고 최영을 잡아서 처형하자, 시전상인들은 요동정벌이 무산된 것과 최영의 죽음을 슬퍼하며 시전을 철시했다.[6] 이성계에 대한 반감을 노골적으로 표출한 것이다. 어쨌든 이성계가 시장을 짓지 않고 난전으로 방치한 것은 상업과 상인에게 좋지 않은 감정을 가진 탓이라고 할 수 있다. 그렇지만 나라의 태조로서 그리한 것은 상업과 하층민에 대한 이해 부족이나 애민 정신의 결핍 따위로 볼 수 있는 여지가 있다.

한성의 중앙시장은 이성계가 퇴위한 후에 비로소 건립이 시작된다. 이성계를 이은 제2대 정종(正宗)이 즉위한 후 곧 시장 건립에 나섰다. 정종은 종로를 중심으로 하여 혜정교(惠政橋) 다리로부터 창덕궁 입구에 이르는 길 양편에 시전 행랑 800여 간을 짓는 계획을 세웠다. 그러나 정종은 힘이 없었다. 그의 즉위가 스스로 쟁취한 것이 아니라 왕자의 난을 수습하는 과정에서 이방

---

6) 『고려사』 열전, 최영 전.

원(태종)에 의해 추대된 탓이다. 그래서 이방원이 국정의 실권을 쥐고 있었다. 한편 정종은 왕자의 난이 일어나고 왕자들이 서로 죽인 짓은 한성의 지세가 나쁜 탓이라고 하고, 즉위한 이듬해(1399년)에 개경으로 다시 천도해 버렸다. 그로 인해 시장은 건립계획만 세우고 착공조차 하지 못한 채 흐지부지되고 말았다. 정종은 재위 기간이 매우 짧았다. 재위 2년 만에 왕위를 태종 이방원에게 물려준다. 이제 시장 건립은 태종 이방원의 몫이 되었다.

태종은 즉위한 지 5년 후 한성으로 다시 천도한다. 당시 왕권이 안정되고 강력하여 천도는 만반의 준비를 갖추고 추진되었다. 그러나 이때도 시장을 짓지 않았다. 시장이 천도 사업의 목록에서 아예 빠진 것이다. 태종은 아버지 이성계보다 시장에 더 냉담했다. 다시 천도하고 5년이 지날 때까지 시장을 외면했다. 시장 건립은 재위 10년 차, 재천도 5년 차인 1410년 정월에 사헌부(司憲府)의 건의로 비로소 논의가 시작된다. 사헌부가 옛 서울(개경)에는 베, 비단, 가죽제품과 의복, 신발, 그릇 등을 파는 큰 시장이 있었고, 미곡과 가축을 매매하는 시장이 따로 설치되어 있었다며 시장을 세워야 한다고 주장한 것이다.

사헌부는 관리의 잘잘못을 감찰하고 사회의 기강과 풍속을 바로잡는 기관이다. 사헌부가 옛 서울(개경)처럼 큰 시장을 세우자고 태종에게 건의한 것은 당시 맨땅의 장마당에 대해 백성들의 불만이 팽배한 탓일 것이다. 또한 한성이 개경보다 못하다는 따위의 여론을 더는 방치할 수 없었을 것이다. 사헌부의 건의는 채택되었다. 시장은 1412년에 착공되고 2년간의 공사 끝에 1414년 준공된다. 이 시장이 바로 종로시전이다. 장소는 지금의 보신각 종루(鐘樓)와 종로 1-2가 일원이고, 시전의 규모는 총 2,027간이었다.

시장의 방치를 이성계와 이방원의 탓으로만 돌릴 수 없다. 오히려 조선을 설계한 정도전의 탓이 절대적이라고 할 수 있다. 정도전은 농업을 중시하고 상업을 억압하는 중농억상(重農抑商)을 조선의 국정 기조로 삼았다. 특히 그는 상업 세력을 경원시했다. 왜냐하면 상업 세력이 성리학 사대부의 영구 지배에 도전할 수 있다고 여겼기 때문이다. 그리하여 상업 세력의 정치세력화를 근원적으로 차단하는 방안을 강구했다. 그것이 사농공상(士農工商)의 신분 질서다. 뿐만 아니라 상업은 농업을 훼손시키므로 억제해야 한다며 행상을 금지하는 등 갖가지 수단을 획책하며 상업 세력을 말살해 나갔다. 결국 조선이 시장을 건립하지 않고 맨땅의 장마당으로 방치한 것은 상업 세력의 기반을 허물고, 상인의 기상과 힘을 빼고, 천시당하는 신분으로 길들이기 위한 탄압의 일환이라고 할 것이다.

정리하면, 고려 왕건은 개경으로 천도할 때 정부 관서와 동시에 중앙시장을 세웠다. 그러나 조선 이성계는 한성으로 천도할 때 중앙시장을 짓지 않았다. 한성의 종로시전은 천도 후 20년이 지나서야 비로소 건립된다. 이렇게 고려와 조선은 중앙시장의 건립에 있어 시간적으로 비교하기가 무색할 만큼 차이가 있다.

중앙시장의 위치, 고려가 조선보다 훨씬 요지다

시장은 상업과 상인의 요람이다. 시장은 아무 곳에나 위치하지 않는다. 상업이 중시될수록, 상인의 사회적 지위가 높을수록, 시장은 요지에 세워진다. 반면에 상업이 천시되고 상인의 사회적 지위 낮을수록 요지에서 벗어난 곳에 세워진다. 따라서 시장의 위치가 상업과 상인의 사회적 위상을 반영한다고 할 수 있다.

왕조시대에 수도의 최고 요지는 어디일까? 개경과 한양처럼 배산임수(背山臨水)의 지형으로 인해 궁궐이 북쪽에 만들어진 경우, 도읍의 최고 요지는 남북대로와 동서대로가 만나는 십자교차로 주변이다. 남북대로는 궁궐과 남대문을 잇는 도로고, 동서대로는 동대문과 서대문을 잇는 도로다. 십자교차로는 지금 서울의 광화문 네거리를 연상하면 좋다. 수도의 도시 구조는 남북대로와 동서대로를 축으로 하여 형성된다. 즉 두 대로가 만나는 교차로를 중심으로 하여 바둑판 모양의 격자형 도로망을 짜고, 도로를 기준으로 하여 행정

구역을 설정하고, 각종 시설을 구역 단위로 배치하는 것이다.

그렇다면 십자교차로의 어느 곳이 최고 요지인가? 이에 대한 해답은 수도의 가장 중요한 도로를 알면 저절로 풀린다. 수도의 제1순위 도로는 남북대로다. 그 까닭은 임금이 궁궐에 좌정해서 바라보는 도로이고, 임금이 궁궐을 드나들 때 행차하는 도로이기 때문에 그렇다. 남북대로는 두 구간으로 나뉜다. 하나는 궁궐에서 십자교차로(남북대로와 동서대로 교차점)까지의 도로다. 지금의 광화문 앞 세종로인데, 이 도로를 주작대로(朱雀大路)라고 일컫는다. 이곳이 수도의 최고 요지다. 다음 요지는 십자교차로부터 남대문까지의 구간이다. 즉 지금의 광화문 네거리에서 남대문 사이인데, 이곳이 두 번째 요지다. 왕조시대에 수도는 『주례고공기(周禮考工記)』의 법도에 따라 설계하고 건설한다. 그 법도에 의하면 주작대로 좌우에는 정부의 관청시설을 건립한다. 그래서 관부(官府)거리라고 부르기도 한다. 두 번째 요지인 교차로와 남대문 사이는 시장을 건립한다. 다음 셋째와 넷째 요지는 동서대로에 있다. 교차로와 동대문 사이가 셋째 요지이고, 교차로와 서대문 사이가 넷째 요지다. 왜 동대문 쪽이 서대문 쪽보다 앞이냐 하면 궁궐에서 볼 때 좌측인 때문이다. 예컨대 영의정, 좌의정, 우의정의 삼정승(三政丞)에서 좌의정이 우의정보다 서열이 앞서는 것과 같다. 물론 이들은 십자교차로와 가까울수록 비교우위의 요지가 된다.

고려는 최고 요지, 즉 주작대로에 시전을 세웠다. 시전이 <그림 4.1>에서 보듯이 궁궐과 십자교차로 사이에 있다. 그래서 십자거리시전으로 불렸다. 시전은 십자교차로와 맞닿아 있고 시전에서 북쪽을 바라보면 광화문이 보인다. 그러나 광화문은 마주 보는 정면이 아니고, 측면이 엇비스듬히 쳐다보일 뿐이다. 그 이유는 광화문이 동남향으로 세워진 탓이다.

광화문을 왜 정남향으로 세우지 않았을까? 오늘날 학계의 통설은 지형 지세 때문에 어쩔 수 없이 광화문을 동남향으로 틀어서 지었다고 한다. 학자들이 광화문의 방향에 당위성을 부여하는 것이다. 그러나 궁궐과 광화문의 주변을 살펴보면 이와 달리 생각할 여지가 있다. 우선은 시가지의 균형이다. 태조 왕건은 개경으로 천도하면서 황성을 새로 만들지 않았다. 이전에 궁예를 섬기고 있을 적에 쌓은 발어참성을 황성으로 삼았다. 그리고 내부에 궁성을 쌓고 궁성의 정문 승평문(昇平門)을 정남향으로 세웠다. 따라서 궁성의 정문 승평문과 황성의 정문 광화문은 방향이 일치하지 않는다. 한편 황성과 궁성이 서북쪽에 치우쳐 있는 탓에 광화문을 승평문과 일치하게끔 자리를 옮겨서 정남향으로 건립하여 남북대로를 개설하면, 십자교차로는 시가지의 중심에서 많이 벗어난다. 그렇게 하면 도시 구조와 도로망의 짜임새가 매우 불균형해진다.

이에 관해서는 왕건의 건국 의지와 독창성을 생각할 필요가 있다. 왕건은 고려 황제국을 천명했다. 그러므로 황제국의 격식에 맞는 반듯한 궁궐, 반듯한 도읍을 세우는 일이 관건이었다. 만약 황제국의 면모를 위해 궁궐 정문을 정남향으로 꼭 세우고 싶다면, 까다로운 지형 지세는 대규모 토목공사를 통해 얼마든지 조치할 수 있다. 아니면 황성과 궁성을 도읍의 중앙 북쪽에 새로 만들 수도 있다. 그러나 왕건은 이와 같은 방법을 채택하지 않았다. 광화문 앞쪽에 관부거리를 따로 내어 정부 관청을 그곳에 건립하고, 남북대로의 최고 요지에 시전을 지었다. 황제 왕건만이 할 수 있는 독창적인 안목이고 결단이라고 할 수 있다.

시전 건물은 어땠을까? 시전은 290여 년 후 1208년에 재건축된다. 당시 정권을 잡은 최충헌이 큰 기둥 1,008개로 거리 좌우에 약 500m에 달하는 장랑(長廊)의 상가 건물을 지었다. 장랑을 재건축하였으니 본래 상가 건물도 장랑이었을 것으로 추측된다. 다시 말하면 왕건은 그냥 독립된 별채의 상점 건물을 짓지 않고, 대로의 좌우에 장랑의 상점 건물이 가로 벽을 이루는 멋있는 상가 거리를 만들었다. 이 또한 왕건의 빼어난 안목이고 걸작이라 할 것이다.

결국 왕건은 황제국을 지향하되 중국 황제국의 격식 따위에 구애받지 않았다. 수도 개경 건설에 주례의 법도를 준거하되 이에 얽매이지 않았다. 고려의 자주성과 실용성을 더 소중히 챙겼다. 따라서 동남향의 광화문을 두고 지형 지세 때문이라는 기존의 통설은 정답일 수 없다. 오히려 이를 뛰어넘는 왕건의 건국 의지와 독창성에 무게를 두는 게 실제에 부합하고, 지형 지세를 자유롭게 이용한 왕건의 특별함으로 이해하는 것이 정답일 수 있다.

그림 4.1 십자거리시전 위치도

　다음은 조선의 중앙시장이다. 조선은 중앙시장을 최고 요지에 짓지 않았다. 최고 요지에서 비켜난 십자교차로 동쪽의 동서대로에 지었다. 그곳은 <그림 4.2> '종로시전 구역도'에서 보듯이 세 번째 요지에 해당한다. 중앙시장은 종루시전 또는 종로시전이라 부른다. 시장의 상가 건물이 보신각 종루 주변과 청계천을 낀 종로 일대여서 그렇게 부르는 것이다.

　한성의 종로시전과 개경의 십자거리시전은 무슨 차이가 있나? 큰 차이가 두 가지 있다. 하나는 시전에서 광화문이 보이는가다. 십자거리시전에서는 광화문이 엇비스듬히 쳐다보인다. 물론 광화문의 문루에서도 시전이 내려다보인다. 그러나 종로시전에서는 광화문이 보이지 않는다. 거꾸로 광화문에서도 종로시전은 아예 시야 밖이다. 왜 조선은 시전을 보이지 않는 곳에 세웠을까? 가장 큰 이유는 상업을 천시한 탓이다. 임금이 광화문에 오르거나 출입할 때 천시하는 시전이 보이지 않게끔 십자교차로의 동쪽 구역에 지은 것이다. 만약 조선이 고려처럼 상업을 중시했다면, 시전은 광화문에서 보이게끔 두 번째 요지인 교차로와 남대문 사이의 남북대로에 세웠을 것이다. 그것이 주례의 법도에 맞는다.

둘은 시전의 모양이다. 고려는 상점 건물이 연이어진 장랑(長廊)이다. 교차로와 광화문 사이의 대로 양측에 가로 벽을 이루도록 장랑을 건립하여 멋진 상가 거리를 만들었다. 조선은 개개의 독립 건물인 장옥(場屋)이다. 대로 일부 구간에 장옥을 줄지어 세웠으나 장랑의 상가 거리와는 비교할 바가 못 된다. 또한 청계천 쪽으로는 도로 폭이 좁고, 시전 장옥도 곳곳에 띄엄띄엄 흩어져 있어 그야말로 일반 시장터와 흡사한 모양이다. 따라서 조선은 애초부터 멋진 상가 거리는 꿈조차 꾸지 않았다고 할 수 있다.

이처럼 고려와 조선의 중앙시장은 오늘날 세종로와 종로대로만큼의 현격한 격차가 존재한다. 또한 이것은 상업을 중시한 고려와 상업을 천시한 조선의 적나라한 민낯의 차이라고 할 것이다.

그림 4.2 종로시전 구역도

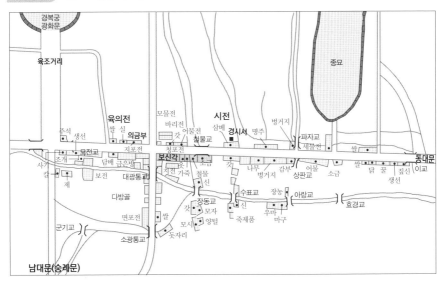

고려와 조선의 중앙시장, 어느 것이 더 크나?

중앙시장의 규모는 대단히 중요하다. 그것은 시장이 번창하고 발전했느냐를 비교하는 잣대가 된다. 만약 조선의 중앙시장(종로시전)이 고려의 중앙시장(십자거리시전)보다 규모가 작거나 엇비슷하다면 시장은 발전하지 않았다고 할 것이다. 고려와 조선은 약 500년의 시차가 있고, 고려에 비해 조선의 인구와 영토가 증가했음에도 불구하고 시장이 정체되었거나 퇴보한 것을 뜻한다.

두 시장의 규모를 어떻게 비교하나? 직접적인 기록과 자료가 부족하여 일목요연하게 비교하기는 어렵다. 그러나 규모의 차이를 비교할 수 있는 두 가지 방안이 있다. 하나는 시장 규모에 관한 기록이다. 즉 십자거리시전은 큰 기둥 1,008개로 지은 장랑이고, 종로시전은 총 2,027간의 장옥(長屋)이라는 기록이다. 이 기록에 근거하여 시전의 바닥 면적을 산정하고 이를 비교함으로써 규모의 차이를 판가름할 수 있다.

먼저 십자거리시전의 장랑이다. 일반적으로 건물의 면적은 간(間)으로 표시한다. 그런데『고려사』는 왜 장랑을 큰 기둥 1,008개로 지었다고 기록했을까? 아마 장랑이 특별히 높고 웅장하다는 사실을 강조하기 위해서일 것이다. 장랑은 통상 긴 행랑을 일컫는데, 행랑은 건물 따위의 회랑이나 복도로서 가로 기둥을 2개로 하여 길게 이어 짓는다. 그러나 시전 행랑은 사람이 다니는 단순한 통로의 회랑이 아니다. 상품을 진열하고 흥정하며 보관하는 상점 건물이다. 그러므로 십자거리시전의 장랑은 <그림 4.3>의 종로시전 장옥처럼 가로 기둥을 3개로 하여 길게 연이어서 지은 건물과 유사할 것이다. 만약 장랑의 모습이 사실적으로 연상이 안 된다면, 지금의 경복궁 근정전(勤政殿)과 창경궁 명정전(明政殿) 등을 에워싼 가로 기둥 3개의 행각(行閣)과 비슷하다고 여기면 적절할 것이다.

그렇다면 가로 기둥 3개의 장랑은 바닥 면적이 얼마일까? 바닥 면적은 장랑의 기둥과 기둥 사이의 간격(쪽)에 의해 좌우되는데, 간격이 넓을수록 면적은 넓어진다. 그러나 기록이 없어 기둥의 간격은 알 수 없다. 오늘날 복원된 종로시전 육의전 장옥의 기둥 간격은 3-4m 정도이고, 경복궁 행각의 기둥 간격은 약 4m에 이른다. 또 목조 주택의 기둥 간격은 대개 3-4m 내외이다. 십자거리시전의 장랑은 큰 기둥으로 지었고, 가로 벽을 이룬 상가인 점을 고려하면 약 3.5m 내외로 보는 것이 적합할 수 있다.

기둥 1,008개로 지은 장랑은 가로 기둥을 3개로 가정하면 세로 기둥은 336(1,008÷3)개가 된다. 이를 양측으로 나누면 한 측 도로에 열 지어선 기둥은 각각 168개이다. 즉 십자거리시전은 가로 기둥 3개(기둥의 간격은 2개), 세로 기둥 168개(기둥의 간격은 167개)의 장랑이 도로 양쪽에 가로 벽을 이루며 세워져 있는 것이다. 여기서 기둥의 간격을 3.5m로 잡으면 한쪽 장랑은 가로 7m(2개 간격×3.5m) 세로 약 585m(167개 간격×3.5m)의 건물이 된다. 이 경우 바닥 면적은 약 4,095㎡(7×585m)이고, 평수로 환산하면 약 1,241평이다. 그리고 양쪽을 합하면 전체 면적은 약 8.190㎡(2,482평)이 된다. 만약 간격을 줄여서 3m로 잡으면 한쪽은 가로 6m(2×3m) 세로 501m(167×3m)인 장랑이 되고, 바닥 면적은 3,006㎡(501×6m)로 약 911평이다. 양쪽을 합하면 전체 면적은 6,012㎡(1,822평)이 된다. 물론 기둥 간격을 4m로 늘려 잡으면 면적은 10,720㎡(3,248평)로 대폭 넓어진다.

다음 종로시전이다. 종로시전의 장옥은 모두 73개이고 바닥 면적은 총 2,027간이다. 혹자는 장옥을 연이어서 지으면 장랑처럼 보인다며 종로시전을 장랑이라고도 한다. 그러나 <그림 4.2>에서 보듯이 장옥은 여러 곳에 흩어져 있고, 밀집된 장옥도 사이사이에 틈새가 상당히 벌어져 있어 장랑이란 표현은 적합하지 않다. 건물 1간의 면적은 약 3.3㎡(1평)이다. 따라서 종로시전 2,027간은 6,689㎡(2,027×3.3=6,689)이고, 평수로는 약 2,027평이 된다. 결국 두 시전의 바닥 면적은 장랑의 기둥 간격에 따라 우위가 달라진다. 간격이 3.5m이면 십자거리시전이 종로시전보다 약 405평(20%)이 넓지만, 3m이면 약 205평(10%)이 작고, 4m이면 1221평(60%)이 넓다. 따라서 둘은 바닥 면적이 거의 비슷하거나 십자거리시전이 약간 크다고 할 수 있다. 그러나 이 비교는 시전에 연접된 부속건물이 포함되지 않았다. 부속건물은 독립 건물인 장옥보다 장랑의 부속건물이 규모가 클 수 있다. 결국 부속건물을 참작하면 십자거리시전의 규모가 종로시전보다 다소 크다고 할 수 있다.

또 하나는 개경과 한양의 인구를 통한 비교다. 인구는 상권의 원천으로서 시장의 규모와 상관관계가 깊다. 인구가 많을수록 시장의 규모가 커지는 법이다. 오늘날 대체로 고려 인구는 350-550만으로, 조선 인구는 550-1,800만으로 추정한다. 따라서 국가 전체의 인구는 조선이 고려보다 2-3배 많다. 그러나 수도 개경과 한성의 인구는 이와 반대다. 전성기 때의 개경 인구는 약 50만으로 추정된다. 반면 한성은 18세기 영조·정조 시대에 비로소 20만에 이르고, 그 이전 300여 년 동안은 10만 내외를 유지했다. 구한말에 인구가 급증할 때도 30만 정도였다. 이처럼 개경 인구가 한성 인구보다 월등히 많으므로, 십자거리시전이 종로시전보다 규모가 클 것으로 추측할 수 있다.

덧붙여서 간과하지 않아야 할 사실이 있다. 시전의 형태와 겉모습이다. 고려의 십자거리시전은 최고 요지인 광화문과 십자교차로 사이에 약 500m에 달하는 상가 거리로 조성되었다. 반면에 조선의 종로시전은 상가 거리라고 내세우기가 별로다. 시전 장옥이 종로의 동서대로와 그 일대 샛길과 청계천 주변에 흩어져 건립된 탓이다. 이것은 오늘날 종로에 빛나는 상가 거리가 형성되지 않는 원인이기도 하다. 결국 개별 장옥으로 조성된 불규칙한 종로시전보다 대로에 가로 벽을 이룬 장랑의 십자거리시전이 훨씬 멋있고 규모 있어 보인다고 할 것이다.

그림 4.3 육의전 장옥의 복원 사진

화려한 십자거리시전, 밋밋한 종로시전

사람들은 어떤 시장을 선호할까? 대개는 위치가 좋고 규모가 큰 시장을 선호한다. 그러나 사람들의 선호는 위치와 규모에만 좌우되지 않는다. 아무리 좋은 곳에 세워진 대규모 시장일지라도 사람의 마음을 사로잡는 매력이 없으면 외면당하기 쉽다. 그것은 시장이 꼭 물품만을 사고파는 곳이 아니기 때문이다. 사람들은 시장에서 물품을 매매하는 한편, 친지를 만나고 풍물을 구경하는 따위의 문화생활을 즐긴다. 그러므로 사람들은 볼거리가 넘치는 시장을 더 좋아한다. 볼거리가 사람을 모여들게 하고, 설레는 마음으로 지갑을 열게 하는 것이다.

시장의 무엇이 볼거리가 될까? 우선은 시장 그 자체다. 멋있는 상가, 질 좋고 풍부한 상품 그리고 세련된 상행위 등이 사람을 매료시킨다. 다음은 시장으로 사람을 끌어들이는 구경거리 풍물이다. 대표적인 풍물로는 랜드마크

(landmark)의 높은 탑이나 건축물 따위를 들 수 있다. 물론 시장을 돋보이게 하는 광장과 공원 그리고 각종 특이한 장식물과 편의시설 따위도 이에 해당한다. 십자거리시전과 종로시전은 어떤가? 십자거리시전이 볼거리 풍물에서 훨씬 빼어난다. 왜냐하면 전자에는 랜드마크의 화려한 누각(樓閣)과 누교(樓橋)가 있고 후자에는 없기 때문이다.

누각은 건물에서 사방을 바라볼 수 있도록 다층 다락으로 지은 집이다. 누교는 다리 위에 다락집을 세운 다리, 즉 다락집 누각이 있는 다리로 사람들이 눈비를 맞지 않고 하천을 건너다닐 수 있게 한다. 누각과 누교는 사람들이 시장과 하천 따위의 풍경을 조망하면서 여가 시간을 누리는 쉼터이기도 하다. 시전에 나들이 온 사람들은 필요품을 사는 한편, 누각과 누교에서 풍경을 구경하며 휴식하고, 때로는 축제와 공연 따위를 구경하며 즐긴다. 따라서 누각과 누교는 비단 랜드마크일 뿐 아니라, 사람들에게 편의를 주는 시설로 시전의 위상과 품격을 높여준다고 할 것이다.

십자거리시전에는 화려한 닮은꼴 누각이 있었다. 이 누각은 1123년 고려에 온 송나라 사신 서긍이 쓴 『고려도경』에 기록되어 있다. 누각은 흥국사 인근의 시전거리 좌우에 있었다. 서긍은 화가였고, 누각을 그렸으나 그림은 유실되어 전해지지 않는다. 흥국사 인근은 시전이 시작되는 초입이므로, 누각은 시전을 홍보하고 돋보이게끔 세웠다고 할 수 있다. 당시 두 누각에는 현판이 버젓이 걸려있었다. 좌측은 박제(博濟), 우측은 익평(益平)이다. 아마 누각의 명칭일 터인데, 무슨 뜻일까? 이에 대해서는 기록이 없고 학자들의 설명도 없다. 시전의 랜드마크인 점과 한자의 의미를 참작하여 추론하면 박제는 '많은 도움', 익평은 '공평한 이로움' 따위의 뜻이 된다. '도움을 많이 주고 이로움을 공평이 나누는 시전'이라는 뜻으로 이해할 수 있다.

누각은 얼마나 높았을까? 개경은 누각이 많은 도시로 이름났다. 서긍은 개경은 시내에 누각이 많아서 놀랍다고 했다. 궁궐과 사찰뿐 아니라 일반 부잣집에도 누각이 있어 시내의 도로변을 따라 수십 집가량에 누각이 하나씩 세워져 있다고 했다. 특히 그중에서 흥국사 앞의 마주 보는 두 누각이 유달리 화려하다고 감탄했다. 이들 누각은 단청이 칠해지고 빛깔 나는 발과 장막으로 꾸며져 있었다. 서긍은 다층 누각이 수없이 많은 인구 100만의 대도시 개봉에서 살았다. 따라서 서긍이 개경 시가지의 수많은 누각에 탄복한 사실을 참작하면 3층 이상인 것으로 추정해도 무리가 없을 것이다.

단청에 따른 의문이 있다. 십자거리시전에 단청을 칠한 건축물이 누각과 누교뿐인가다. 본래 개경은 단청 건물이 많은 도시였다. 『고려사』에는 몽골이 침략해 올 당시 개경 거리는 단청으로 채색한 집들이 연접되어 있다고 기록되어 있다. 이에 의하면 시전 장랑과 배후 건축물 따위의 일정 부분이 단청으로 채색되었을 가능성이 높다. 결국 십자거리시전은 누각과 누교를 위시하여 단청 건물이 즐비한 시전이었다고 할 수 있다.

조선의 종로시전은 개경의 십자거리시전과 다르다. 눈에 띄는 누각과 누교 같은 랜드마크가 없다. 아무리 둘러봐도 주변에 시전 장옥보다 높은 건축물이 보이질 않는다. 단지 보신각의 종루가 2층의 누각 형식으로 장옥보다 높아 랜드마크 역할을 한다고 할 수 있다. 그러나 종루는 시간을 알리는 종을 매단 종각일 뿐이고, 시전을 돋보이게 하는 건축물이 아니다. 십자거리시전의 하천에는 단청을 칠한 아름다운 누교가 놓여 있지만, 종로시전에는 누교가 없다. 시전 주변의 청계천에 놓인 광통교(廣通橋)와 모전교(毛廛橋) 등 어떠한 다리도 누교가 아니었다. 그냥 청계천을 건너는 돌다리에 불과했다. 따라서 종로시전은 랜드마크 풍물이 없는 그럭저럭한 시장이라 할 것이다.

화려한 누각과 누교는 대단한 의의가 있다. 왕조시대에 수도의 중앙시장은 국가가 만든 공설시장이다. 국고로 상점 건물을 짓고 이를 상인에게 빌려준다. 공설시장을 화려하게 짓느냐 대충 짓느냐는 국가의 정책 의지에 의한다. 화려한 누각과 누교는 일반 건축물보다 공사비가 많이 든다. 물론 내부에 식당, 다과점, 기념품점 등을 입주시켜 영업할 수 있지만, 그렇다 하더라도 막대한 공사비에 견주면 수익구조는 별로다. 따라서 랜드마크 누각과 누교는 시장을 멋있게 하고, 사람의 편의를 높이고, 또 시장의 위상과 품격을 제고하려는 정책 의지의 결실이라 할 것이다.

고려는 왜 누각과 누교를 지었을까? 이것은 고려의 정체성과 상업정책 등을 통해 곧바로 이해된다. 고려는 황제국을 천명하고 상업을 중시한 나라다. 수도 개경은 외국 사신과 무역상이 드나들고 체류하는 국제도시다. 그러기에 십자거리시전은 애초부터 황제국의 위상을 갖추고 상업과 무역을 진흥시킬 수 있는 구도로 틀을 짰다. 다시 말하면 고려는 황제국에 부응하는 세계 최고급 시장을 구상하고 만든 것이다. 폭 60m 이상의 대로 양측에 길이 500m에 달하는 장랑과 화려한 누각과 누교 등이 어울려진 십자거리시전은 동시대 세계의 어떠한 시장과 견주어도 일류로 꼽힐 것이다.

그렇다면 조선은 왜 누각과 누교를 짓지 않았을까? 조선은 황제국을 포기하고 상업을 천시한 나라다. 쇄국을 고집하여 한 척의 무역선도 내항하지 않고 체류하는 무역상도 별로 없었다. 국제 수준의 시장은 관심 밖이고, 단지 제후국으로서 도읍의 상업수요를 해결하는 시장이면 그만이었다. 한성으로 천도한 후 20년 동안 시장을 건립하지 않고 맨땅의 장마당으로 방치한 것은 이러한 정황을 반영한다. 이런 판국이니 랜드마크 누각과 누교 따위는 애초부터 논외이고, 이후도 장구한 세월 동안 거들떠보지 않았다고 할 것이다. 결국 종로시전은 내로라할 만한 상가 거리가 형성되지 않았다. 상가가 밀집한 운종가(雲從街)는 길이가 비교적 짧고, 시장의 중심인 육의전의 장옥도 들쑥날쑥하거나 띄엄띄엄 지어져서 가로 벽을 이루지 못했다. 더군다나 보신각 종루를 제외하면 랜드마크 풍물이 없고, 단지 상가의 장옥만이 볼거리일 뿐이다. 이처럼 종로시전의 겉모습은 그저 단조롭고 밋밋한 큰 장마당 시장과 다름없었다.

십자거리시전과 종로시전은 또 다른 차이가 있다. 시전의 활력과 번영에 관한 차이다. 시전의 평판과 명성은 가시적인 겉모습에 꼭 좌우되지 않는다. 종로시전의 겉모습이 십자거리시전보다 별로이지만, 속이 더 활기차고 번창할 수 있다. 그것은 '속 빈 강정'이란 속담처럼 겉이 뻔지르르해도 속이 엉망인 경우, 또 겉모습이 엉성해도 속이 알짜배기인 경우가 허다하기 때문이다. 따라서 속 사정의 비교는 매우 의미가 있다. 이에는 어떤 비교 방안이 있을까? 우선 시전의 활력과 번영에 관련되는 직·간접 요인을 파악하고, 공통 요인을 뽑아 비교하는 방안이 적절할 것이다. 그러나 둘은 약 500년의 시차가 있고, 관련 기록과 자료 등이 부족하여 유의미한 공통 요인을 찾기가 쉽지 않다. 다만 직접적인 요인으로 인구, 상품, 화폐 등의 비교가 어느 정도 가능하다. 인구는 앞에서 이미 언급한 바 있으므로 여기서는 상품과 화폐를 비교한다. 간접적인 요인은 시전의 축제나 연례행사, 상인의 역량과 사회적 지위 따위를 비교할 수 있다. 이에 관해서는 이 책의 제5장 '축제하는 고려 시장, 제사 지내는 조선 시장'에서 깊이 있게 고찰하고 있다.

먼저, 상품의 비교다. 상품은 시전의 활력을 좌우하는 바탕이다. 시전에서 거래되는 상품은 국내산과 외국산으로 구별된다. 산업화 이전에 한반도에서 생산되는 국내산은 거의 대동소이하다. 고려시대와 조선시대에 걸쳐 국내산 상품은 별반 차이가 없다. 그러나 외국산은 고려와 조선이 완전히 다르다. 고려는 무역을 개방한 나라다. 요나라, 송나라, 금나라 그리고 원나라와 일본에 이르기까지 육로와 해로를 통해서 공무역과 사무역이 활발히 전개되었다. 수많은 민간 무역선과 무역상이 내왕했다. 물론 고려 무역선이 해외로 진출하여 수출도 하고 수입도 했다. 수입품은 우선 왕실과 정부의 수요를 채우고, 나머지는 주로 시전에서 거래되었다. 고려는 장기 체류하는 송나라 무역상이 많았다. 고려 여인과 결혼하여 가정을 꾸리고 살면서 꽃을 수입하거나 재배하여 판 무역상도 다수 있었다. 이러한 정황과 수입품의 유통을 미루어보면 외국 무역상이 시전 점포에서 수입품을 홍보하며 판매한 것으로 추측된다. 다시 말하면 고려의 시전은 외국인이 버젓이 장사하고 외국 상품이 자유로이 유통되는 시장이었다.

조선은 쇄국을 고수한 나라다. 공무역이 원칙이었고 사신에 따른 민간의 사행무역이 일부 허용되었다. 외국 무역선은 아예 발을 붙이지 못했다. 물론 해외에 진출한 조선 무역선도 없었다. 조선의 종로시전은 정부가 인정한 외국 상품만 거래되고, 외국 무역상은 거의 보이지 않는 시장이었다. 결국 외국 무역상이 활개치고 수입 상품이 자유로이 유통되는 십자거리시전이 외국 무역상을 찾아볼 수 없는 종로시전보다 더 활력이 넘쳤다고 할 수 있다.

　다음, 화폐의 비교다. 화폐는 시전의 활력과 번영을 반영한다. 상품경제는 화폐경제를 기반으로 한다. 상품거래와 화폐유통은 마치 동전의 앞뒷면처럼 연관된다. 상품경제의 발전은 화폐의 발달을 수반하는 것이므로, 화폐가 발달한 시장이 그렇지 않은 시장보다 더 번영한다고 할 수 있다. 고려는 화폐 선진국이고 조선은 화폐 후진국이었다. 고려를 멸망시키고 개국한 조선이 오히려 고려보다 화폐경제가 퇴보했다. 이에 관해서는 이 책의 제9장 화폐 선진국 고려, 화폐 후진국 조선에서 자세히 서술하고 있다. 결국 조선은 상업과 시장이 쇠락함으로써 화폐경제의 퇴보를 초래했다고 할 것이다.

　이상에서 십자거리시전과 종로시전을 비교하여 차이를 살펴보았다. 그 결과, 첫째로 시전의 위치는 십자거리시전이 종로시전보다 요지였다. 전자는 광화문이 바라보이는 남북대로의 최고 요지에 건립되고, 후자는 광화문이 전혀 보이지 않는 동서대로에 건립되었다. 둘째로 시전의 구조, 규모, 형태 등은 종로시전이 십자거리시전에 미치지 못한다. 십자거리시전은 남북대로 양측에 가로 벽을 이룬 화려하고 웅장한 장랑이고, 종로시전은 동서대로 일원에 불규칙하게 건립된 여러 채의 장옥이다. 특히 랜드마크 풍물에서 큰 차이가 있다. 전자는 화려한 누각과 누교가 있지만, 후자는 이에 비견할 만한 풍물이 없었다. 시전의 활력과 번창함도 종로시전보다 십자거리시전이 양호한 것으로 판단된다. 결국 십자거리시전이 종로시전보다 훨씬 멋있는 명품 시장이라 할 수 있다.

제5장

축제하는 고려 시장,
제사 지내는 조선 시장

왜 조선 시장은 축제는커녕 그토록 제사에 매달렸을까?

시장은 사람과 물자와 돈이 모이고, 온갖 재화가 거래되는 곳이다. 경제가 돌아가고 사람들의 희로애락이 생생히 펼쳐진다.

고려 시장은 화려한 축제를 열고 흥청거리며 즐겼다. 조선 시장은 축제는 언감생심이고 엄숙한 제사를 지냈다.

그러기에 고려 시장은 지금 우리가 방문해도 어색하지 않은 문화 마당의 분위기였다. 오히려 시간상으로 현대와 더 가까운 조선 시장이 더 어색한 분위기였다.

제5장

축제하는 고려 시장,
제사 지내는 조선 시장

고려와 조선은 시장의 풍물과 분위기가 달랐다. 물건을 흥정하며 사고팔고, 먹고 마시며, 흥청거리는 시장의 본모습이야 다를 바가 없었을 것이다. 그러나 고려 시장에서는 신바람나는 축제가 열렸다. 조선 시장에서는 축제가 열리지 않고 근엄하고 엄숙한 제사가 지내졌다. 따라서 고려 시장은 축제하는 시장이고 조선 시장은 제사 지내는 시장이라고 할 수 있다.

시장과 축제는 상관관계가 매우 높다. 신나고 떠들썩한 축제는 시장의 활력을 북돋우는 한편, 시장의 명성을 높이고 홍보하는 볼거리가 된다. 사람들을 시장으로 유인하여 소비를 낳고 시장의 경기를 한바탕 돌아가게 한다. 축제를 즐기는 구경꾼은 신명을 발산시키며 어느새 조금씩 돈 지갑을 열고 다니는 소비자로 변한다. 축제가 크면 클수록 시장의 활력은 커진다. 사람과 물자가 더 많이 동원되고 소비를 일으키기 때문이다. 그러므로 시장은 크고 작은 축제를 수시로 열고, 이름난 축제를 유치하여 한바탕 잔치를 벌인다. 축제는 문화 의식을 일깨우고 상업문화를 함양한다. 사람들이 축제를 통해 멋과 세련됨을 추구하며 즐김으로써 그렇게 되는 것이다.

고려는 축제의 나라였다. 개국한 이래 거의 매년 국가의 공식 의례로 연등회(燃燈會)와 팔관회(八關會) 등의 축제가 개최되었다. 또 세시 풍속에 따른 민중 축제가 전국에서 열렸다. 고려 사람들은 축제를 베풀고 즐길 줄 알았다. 이에는 태조 왕건의 역할이 절대적이라고 할 수 있다. 왕건은 후대 왕에게 해마다 연등회와 팔관회를 열도록 하라는 유훈(遺訓)을 남겼다. 백성들이 축제를 마음껏 즐길 수 있도록 생활의 자유를 대폭 허용했다. 대표적인 예를 들면 복색과 주거의 자유다. 한편 이 자유는 신분을 차별한 신라의 골품제를 혁파하는 일대 정치적 개혁이었다. 어쨌든 왕건이 복색과 주거에 가해진 규제를 철폐함으로써 백성들은 능력에 따라 화려한 옷을 입고 큰 집을 지어 살 수 있었다. 심지어 최하층의 노비도 고관대작의 옷차림으로 나다닐 수 있었다. 그야말로 왕건이 좋은 집에서 잘 입고, 잘 먹고, 멋 부리며 살 수 있는 나라를 만든 것이다.

조선은 축제가 없는 나라였다. 조선은 개국한 이래 축제를 꺼리고 싫어했다. 국가 차원의 거국적인 축제를 아예 열지 않았다. 그 까닭은 성리학에 경도되어 축제를 사회 기강을 해치는 나태와 게으름의 놀이판으로 여기고 혐오한 탓이다. 고려시대에 해마다 열린 연등회와 팔관회를 불교 냄새가 나고 사치와 낭비를 조장한다며 폐지하고, 새로운 국가 차원의 축제를 열지 않았다. 나라와 왕실에 축복받을 기쁜 경사가 생겨도 진연(進宴)과 진찬(進饌) 따위의 잔치를 여는 데 그쳤다.

축제의 놀이판이 금지되니, 도리어 귀신 쫓는 의식(儀式)이 성행했다. 대표적으로는 왕실과 민가에서 음력 섣달그믐날에 묵은해의 귀신을 쫓아내는 나례(儺禮) 의식이다. 나례는 고려시대에 생겨났는데, 아무리 성리학이라지만 귀신을 물리치는 제사 의식을 없애지 못한 것이다. 나라에서 축제를 멀리하니 세시 풍속의 민중 축제도 점차 규모가 작아지고 사라져갔다. 다만 고려시대에 풍미했던 탈을 쓰고 노래하며 춤추는 산대놀이가 공연 형식으로 전승되고, 마을 수호신에게 복을 비는 동제(洞祭)와 별신제(別神祭) 등의 제사 행사가 전국적으로 거행되었다. 시장의 축제도 마찬가지다. 상인과 고객이 함께 어울리고 즐기는 축제는 사라지고, 장사 잘되기를 바라며 복을 비는 제사 행사만 열렸다.

결국 고려와 조선은 축제에 관해 이념과 정책을 달리하는 서로 다른 나라였다. 그리하여 전자는 축제를 신나게 즐기는 나라, 후자는 제사를 엄숙히 지내는 나라라고 할 수 있다.

십자거리시전은 고려 수도 개경의 중앙시장이다. 태조 왕건이 고려를 건국한 후 철원에서 송악(개경)으로 도읍을 옮기면서 궁궐, 관청 등과 동시에 지었다. 특히 시전이 개경의 최고 요지, 즉 황성의 정문(광화문)과 남북대로와 동서대로가 만나는 십자교차로 사이의 폭 약 60m 대로변에 자리 잡았다. 이곳은 이른바 주작대로로서 시장의 우선순위가 그만큼 높았다는 사실을 말해준다. 시전의 상점 건물은 일반 장옥(場屋)이 아니고, 대로 양쪽에 약 500m에 달하는 가로 벽을 이루는 장랑(長廊)이었다. 그리고 시전에는 단청으로 장식한 화려한 누각과 누교 등이 어울려 있어 볼거리 풍광을 더해 주었다.

다시 말하면 십자거리시전은 개경의 최고 요지인 광화문과 십자교차로 사이 폭 약 60m 대로의 좌우에 있었다. 상점 건물은 약 500m에 이르는 장랑이고, 시전에는 랜드마크의 화려한 누각과 누교가 있었다. 그야말로 동시대 세계의 어떠한 시장과 견주어도 일류로 꼽힐 만한 멋진 상가거리의 시장이었다.

축제는 언제 열렸을까? 해마다 5월 5일 단오에 열렸다. 단오는 고려의 세시 풍속에서 가장 큰 명절로 3일간 연휴였다. 전국의 방방곡곡에서 다양한 풍속 행사와 놀이가 펼쳐졌다. 특히 격구, 석전(石戰), 씨름이 성행했다. 그네뛰기와 널뛰기도 인기가 높았고 윷놀이와 화초놀이 등도 유행했다. 십자거리시전의 단오 축제는 어땠을까? 이에 대해서는 축제의 핵심 행사가 무엇인지, 주최자가 누구인가부터 파악할 필요가 있다.

첫째, 축제의 핵심 행사는 격구와 공연이었다. 단오절 3일 동안 격구 경기가 열리고 화려한 공연이 베풀어졌다. 격구장의 규격은 대략 가로 50m 세로 200m이다. 시전대로가 폭 약 60m로 넓게 조성된 것은 이곳에 격구장을 설치한 때문이다. 격구 경기는 단오 때뿐 아니라 평시에도 열렸다. 그렇다면 언제부터 격구 경기가 열렸을까? 십자거리시전이 건립된 고려 초기부터 격구장이 설치되고 경기가 열린 것으로 추측된다.

공연은 단오 축제 때 특별히 베풀어진 행사다. 공연무대가 시전대로의 십자교차로 쪽에 임시로 가설되었다. 오색 비단으로 장식한 채붕(彩棚)이라 일컫는 화려한 무대다. 따라서 단오 때 시전대로는 격구장과 공연장이 서로 마주 보는 모양새를 이루며 꽉 채워졌다. 이곳은 누구나 가까이할 수 있는 개방된 장소여서 시전상인을 비롯한 일반 백성들이 자유롭게 격구와 공연을 구경하고 즐겼다. 격구는 인기가 높아 임금이 특별히 나들이하여 경기를 관람하기도 했다.

공연은 매우 다양하다. 공연의 중심은 여자가무단 300명의 노래와 춤이다. 노래와 춤이 이어지는 가운데 칼춤, 탈춤 그리고 꼭두각시 인형놀음이 펼쳐진다. 장대타기, 줄타기, 공굴리기, 불 토하기와 재주넘기 따위의 온갖 곡예와 만담, 마술 따위의 기예도 연출된다. 공연의 하이라이트(highlight)는 무엇일까? 300명 여자가무단이 함께 노래하며 춤추는 군무(群舞)였을 것으로 추측된다. 화려한 무대에서 여자 무용수 300명과 온갖 재간꾼이 펼치는 다양한 공연은 오늘날의 최고급 공연과 견주어도 전혀 손색이 없다고 해도 과언이 아닐 것이다.

여자가무단 300명은 누구인가? 고려는 음악과 춤 등의 공연예술이 꽃핀 나라였다. 수도 개경에 국가 소속의 3개 가무단에 730명의 여자 무용수가 있었다. 왕실 소속의 대악서(大樂署) 가무단 260명, 정부 소속의 관현방(管絃房) 가무단 170명, 경시서 소속의 가무단 300명 등이 그것이다. 아마 오늘날에도 흔히 볼 수 없는 대규모 여자가무단일 것이다. 지방에 가무단이 있었는지는 기록이 없어 알 수 없다. 대악서 가무단은 궁중 의례와 연회에 전속으로 출연하고, 관현방 가무단은 정부의 각종 행사에 출연하여 공연한다. 대악서와 관현방의 가무단이 합동으로 공연할 때는 여자 무용수 430명(대악서 260 + 관현방 170)이 출연하는 공연이 된다. 특별한 경우 경시서 가무단이 참여하는데, 이때는 730명의 여자 무용수가 연출하는 대규모 공연예술이 펼쳐진다.

조선시대에는 이와 같은 가무단이 존재하지 않았다. 그러므로 고려의 가무단과 공연예술이 조선을 뛰어넘어 한국 공연예술의 원천이라고 할 수 있다. 또한 오늘날 세계적으로 주목받는 한류가 이에 뿌리를 두고 있다고 할 수 있다. 앞으로 고려의 공연예술에 자긍심을 가지고 소중히 복원하여 전승해 나가는 것이 필요하다. 그것이 한류를 한층 더 살찌우고 뻗어나가게 하는 길일 것이다.

경시서 소속의 가무단에 애매한 점이 있다. 경시서가 시전을 관리하는 일선기관에 불과하기 때문이다. 경시서는 기관장이 정5품으로 직급이 비교적 낮고 직원은 8명 내외로 적다. 담당 업무가 물가를 감독하고 세금을 부과 징수하며 시장의 질서를 단속하는 따위여서 공연예술과는 동떨어진다. 그렇다면 왜 경시서에 왕실과 정부의 가무단보다 규모가 큰 가무단이 소속되어 있을까? 만약 경시서 가무단의 운영비를 정부예산으로 부담한다면 국립의 관현방과 통합하면 될 터이고, 굳이 경시서 소속으로 하여 따로 관리할 필요가 없다. 그러면 누가 가무단의 운영비를 부담하는가? 이 물음은 바로 다음의 단오 축제의 주최자가 누구인가라는 질문이기도 하다.

둘째, 누가 단오 축제를 주최하느냐. 축제의 주체가 누군가는 역사적으로 의의가 대단하다. 왜냐하면 십자거리시전의 단오 축제가 근세 이전에 거행된 민속축제 중에서 가장 크고 화려한 축제이고, 일반 백성들이 운집하는 시장에서 열린 개방된 축제이기 때문이다. 그러나 주최자는 기록이 없어 알 수 없다. 학자들도 별반 관심을 가지지 않아서인지 이에 대해 아직 이렇다 할 설명이 나오지 않고 있다.

주최자는 두 방향으로 생각할 수 있다. 정부가 주최하는가와 민간이 주최하는가이다. 정부 주최라면 고려는 나랏돈으로 화려한 민속축제를 열고 임금과 백성들이 함께 어울려서 공연예술과 스포츠를 즐긴 문화국가가 된다. 민간 주최라면 민중의 문화 역량을 뽐내는 자랑스러운 역사가 되고, 그 의의는 정부 주최보다 더 빛난다고 할 수 있다.

정부 주최라면 정부의 어떤 기관일까? 먼저 주목되는 기관은 경시서다. 시전을 관리하고 가무단을 거느리고 있는 탓이다. 단오 축제는 3일간 격구경기가 열리고 수백 명이 출연하는 공연이 베풀어진다. 따라서 직접비용이 막대하고 각종 장식과 소모품 따위에 드는 간접비용도 엄청나다. 뿐만 아니라 축제를 준비하고, 차질 없이 진행하고, 마무리하는 데는 수많은 인력과 물자의 동원이 필요하다. 과연 경시서가 이를 감당할 수 있을까? 아무래도 직급이 낮고 직원이 적은 경시서를 주최자로 보기는 어렵다. 그렇다면 정부인가? 정부가 주최한다면 축제에서 국가의 공식 의례가 거행되는 것이 마땅하다. 그러나 이에 관한 기록이 전혀 없다. 오히려 『고려사』는 단오 축제를 국왕도 구경하고 싶어 하는 순수한 민속축제로 기록하고 있다. 구체적인 사례를 들면 제32대 우왕(禑王)이다. 우왕은 어릴 적에 격구가 너무나 보고 싶어서 시전의 다락방에 올라가서 구경하고, 1386년 22세 때에는 직접 격구 선수로 뛰었다. 지엄한 임금이 와글와글한 축제 마당에서 시전 사람들과 어울려 땀 흘리며 격구 경기를 했다. 흥미진진한 놀라운 구경거리에 사람들은 손뼉을 치고, 소리 높여 응원하고, 기뻐했을 것이다. 결국 정부가 단오 축제를 주최하지 않았다 할 것이다.

그렇다면 주최자는 민간인가? 이 물음의 답은 격구와 공연에 드는 경비로부터 풀 수 있다. 격구는 주최자의 부담이 비교적 적다. 격구장이 이미 설치되어 있으므로 격구장을 정비하고, 참가팀을 관리하고, 경기를 진행하면 그만이다. 그러나 공연은 주최자의 부담이 막대하다. 임시 무대를 가설하고, 공연을 기획하고, 수백 명의 출연자들을 동원하여 준비시키고 공연을 펼쳐야 하기 때문이다. 그중에서 가장 비용이 많이 드는 것은 300명 여자가무단의 공연일 것이다. 평시의 운영비는 차치하고 축제에 드는 의상비와 소품 따위의 비용만 해도 만만하지 않다. 따라서 주최자는 가무단의 운영비를 부담하는 측일 확률이 높다. 한편 가무단은 시전을 관리하는 경시서 소속이고, 가무단의 주요 역할은 시전 축제에서의 공연이다. 이러한 추론의 연결고리를 이으면 자연스럽게 시전상인들이 가무단의 운영비를 대고, 단오 축제를 주최한 것으로 귀결될 수 있다. 다시 말하면 단오 축제는 십자거리시전 상인들이 주최했다고 볼 것이다.

그렇다면 시전상인에게 그만한 재력과 역량이 있었을까? 고려는 상업과 무역으로 큰돈을 번 부호 상인이 많았다. 수많은 상인 출신이 고위 관리로 출세하고, 거꾸로 장사하는 고위 관리도 허다했다. 그래서 상인은 사회적 위상이 상당히 높았고, 축제를 개최할 정도로 재력과 역량이 갖추어져 있었다고 할 수 있다.

고려 상인의 재력을 확인할 수 있는 사례가 있다. 1289년 충렬왕 때 시행한 양곡 10만 석의 과렴(科斂)이다. 당시 요동 지방에 흉년이 들자, 원나라가 지원을 요청하여 과렴으로 양곡을 거두어서 보냈다. 과렴은 나라에 중대한 사태가 발생하는데 국고가 부족하면 비용을 마련하기 위해 임시로 돈을 징수하는 것이다. 과렴은 대체로 관리들을 대상으로 하여 시행되었지만, 비용이 과다할 때는 귀족에서부터 노비까지 차등을 지어 거두었다. 이것은 모든 국민에게 일정액을 거두어들이는 인두세라고 할 수 있다.

1289년의 과렴은 <표 5.1>에서 보듯이 백성을 9개 등급으로 나누어 양곡을 징수했다. 양곡 10만 석이 많아서 모든 백성이 십시일반 부담토록 한 것이다. 표에서 단박에 눈길을 끄는 것은 4~6등급의 부상대호, 부상중호, 부상소호 등이다. 이것은 고려가 부호 상인들을 상·중·하의 세 부류로 구분하여 관리한 사실을 말해준다. 4등급의 부상대호를 보자. 부상대호는 5품 관리와 같은 등급인데 경시서의 기관장이 5품이므로 과렴에서 부상대호는 경시서 기관장과 대등한 지위에 있다고 할 수 있다. 또한 6등급의 부상소호도 7·8급 관리와 같은 등급이므로 과렴에서 경시서의 하위직원과 상응한 지위라고 할 수 있다.

특히 흥미로운 점은 부상소호다. 부상소호는 양곡 1석으로 9품 관리보다 많이 내고, 군관과 백성보다 2~3배 더 많이 낸다. 이에 대해 혹자는 겨우 생계를 이어가는 영세상인에게 농민층보다 지나치게 많이 징수하고 있다며 상인을 차별하고 핍박한 조치로 본다. 모든 백성으로부터 징수하는 과렴은 특정 계층을 터무니없이 차별할 수 없는 법이다. 과세형평을 기하고 조세저항을 줄여야 목표량을 차질 없이 징수할 수 있기 때문이다. 따라서 부상소호는 영세상인으로 볼 수 없다. 영세상인은 일반 백성과 같은 수준으로 부담했을 것이

표 5.1 양곡 10만석 과렴 부과내역

등급	부과 대상	양곡
1	제왕(諸王), 승지(承旨) 이상	7석
2	치사재추(致仕宰樞) 3품 이상	5석
3	치사(致仕)3품, 현임(顯任) 4품	4석
4	**부상대호(富商大戶)**, 산관재추(散官宰樞) 5품	3석
5	**부상중호(富商中戶)**, 산관 3품, 시위장군 6품	2석
6	**부상소호(富商小戶)**, 산관 4품, 7·8품, 참상부사(參上副使), 승록직사(僧錄職事)	1석
7	산관 5품, 9품, 참외부사(參外副使)	8두
8	권무(權務), 대정(隊正), 별사(別賜), 산직(散職)	7두
9	군관, 백성, 공사, 노비	3~5두

다. 어쨌든 부호상인을 상·중·하로 나누고 과렴을 부과한 것은 상인의 재력을 반영한다. 또한 이것은 고려가 상인을 부호상인과 영세상인으로 나누고, 부호상인을 상·중·하의 세 부류로 구분하여 체계적으로 관리한 나라임을 보여준다.

결국 단오 축제는 시전상인이 주최했다고 할 것이다. 아마 축제 추진위원회 따위를 조직하여 개최했을 수 있다. 고려시대에 시전상인들은 상인조합 또는 상인단체 등의 동업자 조직을 결성하고 있었다. 이에 대해 혹자는 구체적인 기록이 없어 인정할 수 없다고 하고, 또 혹자는 십자거리시전은 종로시전이 행사한 금난전권(禁亂廛權)이 없어서 상인조직이 형성되지 않았다고 주장한다. 그러나 『고려사』 등의 사료를 면밀히 살펴보면 상인조직의 존재를 알려주는 사례가 수두룩하다.[7] 시전상인은 상인조직을 결성하여 가무단의 운영비와 축제경비를 마련하고, 상인조직을 주축으로 하는 축제위원회 따위를 결성하여 축제를 준비하고 개최했다고 할 수 있다. 물론 상인조직은 자신들의 권익

---

7) 자세한 사례는 공창석, 『위대한 한국상인』, 박영사, PP.490~492에 수록되어 있다.

을 보호하고 친목을 도모하는 한편, 경시서를 도와 시전의 질서유지와 위생관리를 위해 일정한 역할을 수행하고, 아울러 왕실과 정부의 잉여물품 처분과 필요품의 매집 따위를 대행했을 것이다.

끝으로 정리하면, 십자거리시전의 단오 축제는 한국 역사상 가장 화려한 축제의 하나라고 할 수 있다. 더욱 의의가 깊은 것은 시전상인이 축제를 개최한 사실이다. 오월의 단오 3일간, 시전상인들이 격구장과 공연장을 차리고 축제 마당을 열어 고객서비스를 베풀었다. 축제하는 동안 개경의 도시민들은 격구를 구경하고 공연을 즐길 뿐 아니라, 음식점, 술집, 찻집 등에서 먹고 마시며 놀았다. 이처럼 고려는 시전 상인들이 축제를 열어 고객서비스를 베풀 만큼 상업문화가 발달했다. 축제를 통해 공연예술과 스포츠를 꽃피웠다. 이것은 중세의 왕조시대에 세계적으로 흔하지 않은 사례다. 오늘날 시장경제시대에 있어 십자거리시전의 단오 축제는 필히 재조명되고 역사적 의의가 되새겨져야 할 것이다.

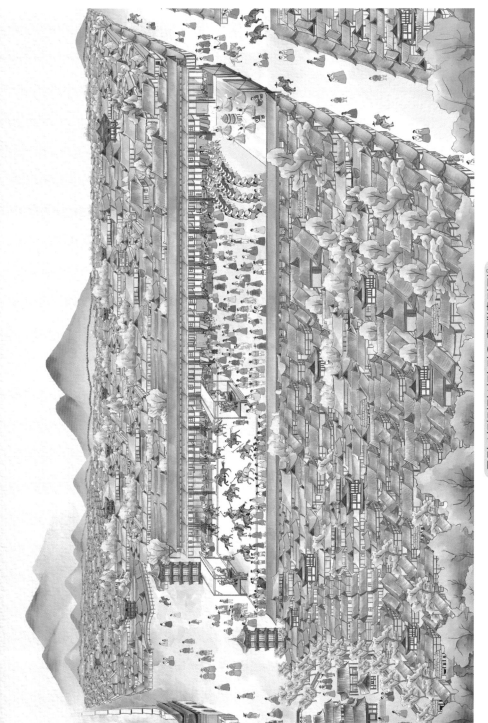

고려 십자거리서전 단오 축제(추정도)[8]

8) 『고려사』와 『고려도경』 등의 기록을 근거로 하여 그렸다.

종로시전의 제사, 지신밟기와 복가지 타기

종로시전은 조선 수도 한성의 중앙시장이다. 조선은 시장을 건립하는 과정이 고려와 달랐다. 고려는 태조 왕건이 개경으로 천도하면서 직접 최고 요지에 지었지만, 조선은 태조 이성계가 직접 짓지 않았다. 건국 후 20년이 지난 태종 때에 비로소 건립된다. 이성계는 상점 건물이 없어 백성들이 비가 오나 눈이 내리나 맨땅의 장마당에서 생필품을 사고파는 것을 빤히 보고서도 시장을 짓지 않았다. 왕건과 이성계는 시장에 관한 인식과 자세가 이토록 달랐다.

종로시전의 입지는 최고 요지가 아니었다. 남북대로와 동서대로가 만나는 십자교차로 좌측의 종로 1-2가 일원이었다. 상점 건물도 고려와 판이하게 달랐다. 고려는 대로 좌우에 가로 벽을 이루는 장랑이나, 조선은 그냥 독립된 시장 건물이고 그나마 군데군데 따로 지어서 가로 벽을 이루지 못했다. 랜드마크 역할을 하는 높고 화려한 건축물은 보신각(普信閣) 종루뿐이었다. 그리하여 일반 큰 장마당 시장과 다를 바 없었다. 고려의 중앙시장(십자거리시전)은 동시대의 세계 일류라 할 수 있지만, 조선의 중앙시장(종로시전)은 그렇지 못한 것이다.

종로시전의 축제는 어땠을까? 시전이 개설된 이래 조선이 망할 때까지 500여 년 동안 축제가 열리지 않았다. 개경의 십자거리시전처럼 화려한 축제의 향연이 펼쳐질 만한데, 그러지 않았다. 그렇다고 영 맹탕은 아니었다. 대표적으로 두 가지 큰 행사가 개최되었다. 하나는 정월 대보름의 지신밟기고, 또 하나는 재신(財神)에게 올리는 제사다. 물론 단오와 한가위 등 세시풍속에 따른 민속놀이는 다른 곳과 마찬가지로 열렸다.

정월 대보름의 지신밟기는 요사한 지신(地神, 땅 귀신)을 짓밟아 물리치고, 풍요와 다복을 축원하는 민속놀이다. 지신밟기는 행사의 내용에 따라 지신풀이, 마당 밟기, 매구치기 따위로 부른다. 지신밟기의 연원과 유래는 알 수 없다. 현재까지 알려진 첫 기록은 조선 중기의 학자이자 예술가인 성현(成俔)이 1504년에 지은 『용재총화(慵齋叢話)』에 실려 있다. 『용재총화』는 풍속과 지

98   같은 땅 다른 나라, -고려와 조선-

리, 역사와 인물 따위를 담은 수필집이다. 이에 의하면 지신밟기는 조선시대 중기 무렵에 이미 세시풍속이 되어 해마다 전국에서 마을 또는 단체와 조합 등을 단위로 하여 열렸다.

종로시전의 지신밟기는 풍물패가 중심이다. 풍물패는 꽹과리, 징, 북, 장구 따위의 민속악기로 구성된다. 오늘날 농악 풍물패를 연상하면 된다. 풍물패는 대보름 이전에 미리 편성되고, 대보름날 지신밟기는 오전 10시경 보신각 종루 앞에서 시작한다. 먼저 풍물패가 한바탕 풍물놀이를 시연하고는 풍악을 울리면서 시전을 한 바퀴 돈다. 그런 다음, 풍물패는 개개의 점포를 방문하여 점포 안팎을 밟고 다니며 풍물놀이를 펼친다. 지신풀이 노래를 부르고 춤을 추며 온갖 재주를 부린다. 점포 주인은 술, 과일, 고기 따위의 제물을 차려두고 풍물패가 오기를 기다리다가 이윽고 풍물패가 당도하면 술과 음식을 대접하고 곡식과 돈을 기부한다. 이때 시끌벅적한 익살이 펼쳐진다. 풍물패는 차려둔 제물과 음식이 시원찮으면 풍악을 줄이고 노래와 춤을 멈춘다. 만약 제물과 음식이 추가되면 풍악이 다시 울리고 노래와 춤사위가 솟구친다. 풍물패와 점포 주인이 제물과 음식을 두고 밀고 당기기를 하는 것이다. 물론 기부금품도 그리한다. 기부금품이 적으면 풍악이 작아지고 춤사위도 시들하다가, 기부금품이 더해질수록 풍악 소리가 높아지고 놀이판이 더 흥청댄다. 이날 거두어들인 제물은 저녁 잔치로 먹고 마신 후, 나머지는 관계자들에게 나누어 준다. 기부금품은 나누지 않고 종로시전의 공동경비로 사용하기 위해 비축한다. 따라서 종로시전의 지신밟기는 공동경비를 각출하는 풍물놀이라고도 할 수 있다.

종로시전의 지신밟기는 외양상 축제의 면모를 가진다. 그러나 공연이나 스포츠처럼 사람들이 마냥 신나게 즐기는 행사라기보다 악귀를 물리치는 제사의 성격이 짙다. 또한 종로시전만의 특별한 축제나 잔치라고 할 수 없다. 왜냐하면 지신밟기가 정월 대보름날 전국 방방곡곡에서 열리는 풍물놀이와 대동소이하기 때문이다.

한편 종로시전은 정월 대보름에 즈음하여 기상천외한 사건이 벌어진다. 이름하여 '종로 흙 파가기'라는 사건이다. 이 또한 연원과 유래를 알 수 없는데,

조선말에 선풍적인 인기를 끌었다. 사건의 내용인즉슨, 정월 대보름의 전날인 음력 14일 밤에 전국 각지의 사람들이 빈 자루를 들고 시전의 가장 번화한 운종가로 몰려와서 삽이나 호미로 흙을 파서 자루에 담아 갔다. 이 행위는 사람들이 운종가는 부호들이 많이 나다니고 부호가 밟은 흙을 자기 집에 뿌리면 재복(財福)이 굴러온다는 유언비어를 믿은 탓이다. 다음날 관리들과 시전상인들이 이른 새벽부터 지신밟기가 시작되기 전까지 망가진 도로를 메우고 복구하느라 진땀을 뺐다. 조선말 거센 상업화의 물결에서 부를 열망하여 생긴 생뚱한 풍속이다.

재신에게 올리는 제사는 어땠을까? 이 제사는 종로시전의 가장 중요한 행사의 하나였다. 그러나 재신은 아이러니하게 중국 촉나라의 이름난 장수 관우(關羽)다. 고려 상인의 후예 개성상인은 요동정벌을 추진한 최영 장군을 재신으로 모셨다. 그렇다면 왜 종로시전 상인은 하필 관우를 재신으로 삼았을까?

중국인들은 오래전부터 관우를 충의와 용맹의 상징으로 여기고, 무신(武神)과 재신(財神)으로 삼아 숭배해 왔다. 오늘날 중국에는 관우 사당만 해도 30여만 개가 넘는다고 한다. 그의 초상(肖像)을 모시고 조석으로 향을 피우며 예를 올리는 식당과 주점 등도 부지기수다. 관우 숭배는 소설 『삼국지연의』의 영향이 크다. 『삼국지연의』에서 관우는 얼굴이 대춧빛으로 붉으며 9척 키에 2척의 아름다운 수염을 기르고, 적토마를 타고 82근의 청룡언월도(青龍偃月刀)를 휘두르는 불세출의 장수로 그려져 있다. 또한 충절과 의리의 표상으로 묘사되고 있다. 소설이 민간에 널리 읽히면서 관우의 이미지가 신격화된 것이다. 중국의 토착 종교인 도교의 영향도 매우 크다. 도교는 관우를 무운(武運)과 재운(財運)을 가져다주는 수호신으로 추앙한다.

한편 관우가 재신이 된 까닭이 있다. 그의 고향 산서성(山西省)의 상인집단인 진상(晉商)이 지역 특산품인 소금을 팔려고 길을 떠날 때 수호신으로 관우를 섬기고, 관우의 의리를 본받아 정직한 신용으로 크게 성공했다. 그로 인해 관우는 점차 재신으로 신격화되고, 이후 중국 전역에서 재신으로 숭앙하게 되었다.

관우가 신격화된 절대적인 요인은 중국의 역대 왕조가 관우를 충의와 무운의 상징으로 추앙하고, 왕이나 황제로 예우한 탓이라고 할 것이다. 예컨대 12세기 북송(北宋)의 황제 휘종은 금나라로부터 침략을 받자, 관우를 관왕(關王)으로 추증하고 무신(武神)으로 숭앙했다. 16세기 명나라 황제 신종(神宗)은 여진족의 누르하치가 후금(後金)을 세우고 위협하자, 한술 더 떠서 관우를 황제, 즉 관제(關帝)로 격상시켰다. 이것은 죽은 관우의 혼령을 수호신으로 삼아 외침에 대응하고 병사들의 사기를 북돋우려는 정치적 노림수가 함의되어 있다. 그로 인해 민중들은 관우를 더 높이 숭배하게 되었다.

한국에 신격화된 관우가 들어온 것은 임진왜란 때다. 조선에 파병된 명나라 장수들이 관우의 혼령이 나타나 명나라 병사들을 도와준다며 사당을 건립하고 제사를 올렸다. 최초의 관우 사당은 1598년(선조 31)에 숭례문(남대문) 밖에 세워진 남관왕묘(南關王廟)다. 당시 명나라 장군 진인(陳寅)이 자신의 처소 뒤뜰에 있는 낡은 집을 수리하고 관우의 초상(肖像)을 안치했다. 이후 장소가 협소하고 초라하다며 다시 짓는데, 조선에 지원을 부탁하고 선조는 건축비 따위를 지원했다. 동년 5월 난감한 문제가 생겼다. 명나라 장수들이 관우의 생일인 5월 13일에 제사를 지낸다며, 선조의 참례와 분향을 요구한 것이다. 아무리 관왕으로 추앙한다지만, 중국의 일개 장수에 불과한 관우에게 조선의 국왕이 분향하고 절하는 것은 타당하지 않다며 고위 관리를 대신 보내자는 반대가 제기되고 논쟁이 벌어졌다. 결국 5월 13일은 비가 많이 와서 행차하지 못하고, 다음 날 14일에 선조가 행차하여 친히 분향하고 술을 세 잔 올렸다. 선조의 이 행위는 오늘날까지 과연 꼭 그리해야만 했느냐의 비판과 논쟁을 남기고 있다.

1602년(선조 35년)에 동대문 밖에 동관왕묘(東關王廟)가 건립되고, 지방에도 강진, 안동, 성주, 남원 등에 관왕묘가 세워졌다. 관왕묘 중에 가장 중요시되는 것은 동관왕묘다. 동관왕묘는 명나라 황제 신종이 건립을 종용하는 조서와 함께 친필 현액과 건립 자금 4,000냥을 보냈다. 신종은 앞에서 언급한 관우를 관제로 격상시킨 그 신종이다. 당시 국가가 외국인을 신으로 모시는 사당을 건립하는 것이 부당하다는 반대 여론이 있었지만, 명나라의 압력을 받는 상황에서 건립은 어쩔 수 없었다. 못마땅하지만, 선조가 남관왕묘에 가서 분향하고, 조선 정부가 동관왕묘를 건립함에 따라 관우를 숭배하는 현상이 전국에 널리 펴져 나갔다.

조선의 관우 사당은 임진왜란 이전에 존재하지 않았다. 물론 종로시전도 관우를 재신으로 삼지 않았다. 관우를 재신으로 삼은 것은 임진왜란 이후부터다. 그러면 어디서, 어떻게 제사를 지냈을까? 동관왕묘나 남관왕묘일까? 그곳은 아니다. 그 사당은 국가 소유이고 관리와 사대부들이 제향을 올리는 곳이어서 천시받는 상인들이 범접할 수 없는 곳이다.

그렇다면 종로시전의 관우 제사는 어떻게 된 것인가? 이 문제는 한국전쟁으로부터 거꾸로 살펴야 실마리가 잡힌다. 종로시전과 보신각은 한국전쟁 때 불타 없어졌다. 당시 보신각에 인접하여 중앙관제묘 또는 중앙관왕묘라 불리는 관우 사당이 있었다. 사당은 높이가 보신각과 엇비슷한데, 보신각과 함께 소실되었다. 전쟁 이후 보신각만 재건되고 사당은 다시 건립되지 않았다. 종로시전의 관우 사당은 한국전쟁 때 불탔으므로 그 이전에 건립된 것이 확실하다. 따라서 제사는 이곳에서 지냈다고 할 것이고, 관건은 한국전쟁 때 불타 소실된 사당이 언제 건립되었느냐를 밝히는 것이다.

조선의 관우 사당은 동관왕묘 건립 이후 오랫동안 새로 만들어지지 않았다. 약 300년이 지나서 고종 때 한성에 북묘와 서묘가 건립되고, 전주와 하동 등지에 관왕묘가 건립되었다. 한편 고종은 대한제국을 선포하고 황제로 등극하자, 관우를 황제로 격상시킨다. 이때부터 관왕묘를 관제묘(關帝廟)로 불렸고, 그래서 보신각 옆의 사당을 중앙관제묘라 일컬었다. 오늘날 혹자는 북묘와 서묘의 건립을 두고 비로소 관우 사당이 동·서·남·북과 중앙의 다섯 곳에 세워져서 음양 오행(五行)의 조화를 이루었다고 한다. 즉 관우 사당의 신규 건립이 잘되었다는 것이다. 그렇지 않다. 중국의 송나라, 명나라와 마찬가지로 관우의 혼령을 빌어 외침을 막아보려는 무속적인 몸부림이었다고 할 것이다. 그러나 혹자는 보신각에 인접한, 한국전쟁 때까지 존속한 중앙관제묘에 대해서는 침묵하고 있다.

종로의 중앙관제묘는 진짜 미스터리다. 『조선왕조실록』에는 관우 사당에 관한 기록이 많이 있다. 최초의 선조 때부터 마지막 순종 때까지 무려 481건이 기록되어 있다. 기록에 나오는 사당의 명칭도 다양하다. 관왕묘, 동묘, 남묘, 관제묘 따위로 12개의 명칭이 등장한다.[9] 이들 사당은 개개별로 건립 경위와 조선 정부가 조치한 일 등이 기록되어 있다. 그러나 중앙관제묘에 관한 기록은 전혀 없다. 한성의 중앙에 위치하여 동관왕묘와 남관왕묘처럼 중묘(中廟) 또는 중관왕묘 등으로 불리어졌을 터인데, 이와 관련된 명칭은 실록에 나오지 않는다. 왜 그럴까? 이 관제묘는 구한말은 물론이고 한국전쟁 때까지 엄연히 존재했는데 말이다.

중앙관제묘 건립에 관한 전설이 있다. 1928년 3월 매일신보에 특집기사로 실려 있는 전설이다.[10] 지금으로부터 약 350년 전의 어느 날이다. 그날 밤 보신각을 지키는 습독관(習讀官, 종 6-9품의 임시 벼슬)이 당번을 서고 교대한 후 잠이 들었다. 그런데 꿈에 관우가 나타나 "내일 이른 아침에 보신각 앞으로 어떤 여인이 나의 화상(畵像)을 팔러올 것이다. 그것을 사서 모시고 제향(祭享)을 올리도록 하라"는 말을 하고 사라졌다. 다음 날 새벽 4시에 습독관이 보신각에 파루(罷漏)를 치려고 나갔다. 파루는 통행금지를 해제하는 조치로 보신각종을 33번 친다. 종을 다 치고 나니, 꿈에서처럼 어떤 여인이 관우의 화상을 팔러 왔고 습독관은 이를 샀다. 그리고 꿈이 하도 기이하여 보신각을 관할하는

---

9) 관우 사당 기록 481건을 12개 명칭으로 정리하면, 1.관묘(關廟) 36건(선조17, 광해군1, 숙종6, 영조4, 정조1, 고종6, 순종1), 2.관성묘(關聖廟) 7건(중종2, 정조1), 3.동묘(東廟) 60건(숙종3, 고종39), 4.관제묘(關帝廟) 4건(성종1, 고종1), 5.관왕묘(關王廟) 219건(선조57, 영조41, 고종39), 6.동관왕묘(東關王廟) 45건(선조3, 숙종2, 영조 16, 고종12), 7.남관왕묘(南關王廟) 58건(선조3, 영조15, 고종21), 8.남묘(南廟) 31건(선조1, 영조2, 고종6), 9.북묘(北廟) 11건(고종 11), 10.북관왕묘(北關王廟) 13건(고종13), 11.서묘(西廟) 1건(영조1), 12.관우묘(關羽廟) 2건(고종2) 등이다. 관왕묘 명칭이 219건으로 최고이고 동묘 60건, 남관왕묘 58건, 동관왕묘 45건의 순서다. 동묘와 동관왕묘는 같은 사당이니 개별 사당으로는 동관왕묘의 기록이 105건으로 가장 많다. 역대 왕들의 기록은 고종이 138건으로 가장 많고 선조 81건, 영조 78건 등의 순서다.

10) 매일신보 1928년 3월 2일 2면. '신화 같은 전설 같은 중앙관제묘(中央關帝廟)의 유래'

병조판서에게 전후 사정을 보고했다. 병조판서는 이 사실을 임금에게 아뢰었다. 그 결과 임금도 기이한 일이라 하며 보신각 옆에 관제묘를 건축하고 봉향(奉香)하도록 지시했다. 또 매년 내탕금을 하사하여 제향을 올리게 했다.

관제묘(매일신보)

전설은 전설일 뿐인가? 약 350년 전은 제18대 현종(顯宗)이 치세한 1660년대다. 현종은 1659년부터 15년간 재위했다. 현종실록에는 관우에 관한 기록이 10건 있지만, 보신각 옆의 관제묘에 관련된 기록은 없다. 한편 매일신보의 기사는 보신각에 인접한 관제묘의 사진을 게재하고 있다. 매일신보는 조선 총독부의 기관지다. 총독부의 기관지가 현존하는 건축물의 건립 시기를 아무렇게 추정할 수 없고, 마땅한 근거와 정보를 종합하여 추정한 것으로 봐야 할 것이다. 결국 관제묘에 대한 전설은 비록 허구성이 농후하다 할지라도 건립된 연대를 추정한 기사는 신뢰할 수 있다고 할 것이다.

종로시전의 관제묘가 1660년대에 세워졌다면, 누가 건립했을까? 왕조실록에 기록이 없으므로 조선 정부가 건립하지 않았다고 할 것이다. 그렇다면 누구인가? 다음 두 가지 정황으로 추정이 가능하다. 하나는 종로시전에 있다는 사실이다. 시장의 한복판에 관우 사당을 짓는 것은 가장 가까운 신봉자가 상인임을 암시한다. 어떤 여인이 관우의 화상을 판 전설은 암시를 더 신뢰하게 한다. 또 하나는 육의전의 조합 결성이다. 종로의 육의전 상인은 임진왜란이 끝난 후, 선조 말부터 인조 때에 걸쳐서 강력한 동업자 단체(조합)를 결성한다. 그 이전은 상인의 집단행위가 금지되고, 조합 따위는 결성되지 않았다. 단순히 친목을 도모하는 행위만 용인되었다. 그러나 임진왜란 이후 조선 정부는 시전의 조속한 복구와 상인들의 민심을 얻기 위해 육의전에 조합을 결성하고 금난전권의 특권을 부여했다. 따라서 관제묘 건립은 조합을 결성하는 과정에서 또는 결성 후에 당면한 숙원사업으로 제기되어 추진된 것으로 볼 수 있다. 아마 결속력이 강화되고 영향력이 확대된 육의전 상인들은 사대부의 관왕묘 제향이 부러웠고, 사대부처럼 관우를 수호신으로 모시고 보란 듯이 제례를 올리고 싶었을 것이다. 그렇다면 앞의 전설은 어찌 된 것인가? 관제묘는 누구나 아무렇게 지을 수 없고 나라의 허가가 있어야 한다. 다시 말하면 전설은 허가받기 위해 꾸민 이야기이고, 허가의 명분이 되었다고 할 것이다. 결국 이러한 정황에 근거하여 추정하면 중앙관제묘는 1660년대 종로시전의 육의전 상인들이 주도하여 만든 것으로 결론지을 수 있다.

관제묘의 제사 내용과 절차는 일반 사당의 제사와 거의 유사하다. 해마다 큰 제사를 7회 지내고, 초하루 날과 보름날에는 삭망제(朔望祭)를 간략하게 지낸다. 7회의 큰 제사 중에서 3개의 제사, 즉 개구리가 잠에서 깨어 나온다는 경칩(驚蟄), 첫서리가 내린다는 상강(霜降) 그리고 관우의 생일인 음력 5월 13일에 지내는 제사가 가장 성대했다.

제사 지내는 날, 흥미로운 볼거리 행사가 펼쳐진다. 이른바 '복가지 타기'라는 놀이다. 제사 당일에 육의전 상인의 자녀들이 느티나무에 올라가 나뭇가지를 붙잡고 노는 놀이다. 일단 나뭇가지를 붙잡으면 점차 가지 끝으로 옮겨가도록 하고 가지 끝에 다다르면 한 손을 놓게 했다. 도중에 가지를 놓쳐 땅에 떨어지면 탈락하고, 마지막까지 붙들고 있는 자녀에게 포상했다. 만약 포상에 욕심이 있다면 바지 끈이 헐거워져서 바지가 흘러내려 벗겨져도, 구경꾼이 박장대소하며 웃어도, 손을 놓지 않는다. 한바탕 웃어 재끼는 재미 만점의 시합 같은 놀이다. 이 '복가지 타기'는 한번 잡은 손님은 단골로 삼아 끝까지 놓지 말라는 교훈을 심어주기 위한 놀이라고 한다.

'복가지 타기' 놀이가 언제부터 어디에서 열렸는지 알 수 없다. 아마 느티나무는 청계천 주변의 조경용 느티나무일 것이다. 놀이의 시작은 조심스레 추측하면, 개항 이후 종로시전에 상업화의 물결이 휩쓸 즈음으로 볼 수 있다. 놀이 시기는 양력 3월 초경의 경칩은 너무 이르고, 양력 10월 말경의 상강은 나무에 수분이 말라 가지를 타고내리기가 쉽지 않다. 따라서 나뭇가지에 물이 오르고 한창 탄력이 생기는 음력 5월 13일 관우의 생일날 제사 때에 열린 것으로 추측된다.

종로시전 관제묘의 제사는 1908년 2월에 폐지되었다. 대한제국의 국권을 빼앗은 일제가 제사를 폐지했다. 그것은 중국에 대한 사대주의의 고리를 끊는 일환이었다. 그 후 관우 제사는 민간 신앙으로 명맥을 이어갔다. 종로시전의 관제묘는 육의전이 혁파되고, 일제의 제사 금지로 인해 상인들에 의한 제사가 끊어졌다. 그리고 한국전쟁의 와중에서 관제묘가 소실됨으로써 존재 자체가 흔적조차 없이 사라졌다.

오늘날 종로 일원에서 육의전을 기리는 축제가 열린다. 축제는 육의전의 재현과 체험을 주제로 내세우지만, 내용은 다른 지역의 시장 축제와 별반 다를 것이 없다. 또한 해마다 행사의 주제와 색깔이 바뀐다. 그러기에 사람들은 조선시대의 복식을 차려입고 돌아다니며 사진 찍거나, 각종 눈요기 전시와 공연 따위의 볼거리를 구경할 뿐이다. 왜냐하면 종로시전은 전통 축제가 없었고, 오로지 재신에게 올리는 제사와 대보름 농악놀이만 전승되었는데, 이를 묵과하고 축제라는 이름으로 포장하려니 앞뒤가 잘 맞지 않는 것이다. 앞으로 육의전 축제는 정월대보름 지신밟기 풍물을 페스티벌로 열고 체험하게 하거나, '복가지 타기' 놀이를 재현하는 따위로 전통을 이어가는 노력이 필요하다. 오히려 존재하지 않은 축제를 전통이랍시고 가면을 씌우기보다는 고려의 상업문화를 잇고 조선의 상업문화를 일깨우는 차원에서 현대에 부응하는 새로운 놀이판 축제로 탈바꿈하는 것이 바람직하다.

제6장

대접받는 고려 상인,
천대받는 조선 상인

고려 멸망과 조선 개국, 상인에게 무슨 일이 있었던 것일까?

인류 문명은 상인의 기여가 크다. 상인은 교역의 길을 개척하고 재화와 정보를 유통하여 문명을 살찌웠다. 문명의 한 축을 늘 담당한 것이다.

보통 고려는 상인을 중시하고 조선은 상인을 천시했다고 한다. 얼마만큼의 중시이고, 천시인가? 선뜻 대답하기 어렵듯이 우리는 상인을 잘 알지 못한다.

우리 역사 속 상인의 이름 한 명조차 떠올리기 힘들다. 우리는 어쩌다 상인에 대해 이렇게까지 깜깜할까?

제6장

대접받는 고려 상인,
천대받는 조선 상인

들어가는 글

인류 역사에서 상인이 이룩한 업적은 실로 위대하다. 상인은 인간의 삶을 풍요롭게 한다. 세상의 교역로를 개척하고 재화와 정보를 소통시켜 인류 문명을 살찌웠다. 우리 한국도 마찬가지다. 고구려, 백제, 신라 등 고대 국가의 건국에 상인이 한 기여와 역할이 매우 컸다.

고구려는 졸본의 대상인 연타발(延陀渤)이 부여에서 내려온 주몽(朱蒙)을 도와 건국했다. 백제는 연타발의 딸 소서노가 아들 온조와 비류를 데리고 한강 유역으로 남하하여 세웠다. 신라는 건국 초기 석탈해(昔脫解)가 해양 교역로를 따라 바다를 건너와서 제4대 임금이 되었다. 삼국을 이은 고려도 서해의 바다를 주름잡은 무역상 작제건(作帝建)의 손자 왕건이 건국했다.

그렇지만 한국의 상인은 이바지한 몫에 비해 올바른 평가를 받지 못하고 있다. 한국의 정사(正史) 『삼국사기』, 『고려사』, 『조선왕조실록』 등에 나라와 민족을 빛낸 수많은 인물이 등장하지만, 『고려사』 외에는 상인 출신을 찾아보기 힘들다. 왜 그럴까? 가장 큰 이유는 역사서를 편찬한 학자와 관리들이 상인을 경시한 탓이라고 할 수 있다. 상인을 하찮게 여기며 무시하고, 공로를 인정하기에 인색한 풍조는 오늘날에도 변함이 없다.

예를 들면 한국의 역사적 인물을 망라한 『한국역사인물사전』이 있다. 사전은 기원전부터 현대까지 총 2,929명의 인물을 수록하고 있다. 그러나 상인은 단지 11명뿐이다. 그것도 1명은 통일신라의 장보고이고, 10명은 조선 후기에 매점매석, 시세조작 따위로 물의를 일으키거나 처벌받은 부도덕한 상인이다. 장보고는 당나라 군대에서 퇴역한 후 무역에 종사했으므로 엄밀히 따지면 상인으로 자리매김하기가 적절하지 않다. 그래서 '장보고 장군'이라 하지 '상인 장보고'라고 부르지 않는다. 따라서 『한국역사인물사전』에 의하면 삼국시대, 고려시대 그리고 조선 중기까지 약 1,700년 동안 거명할 만한 상인이 단 한 명도 없게 된다. 그래서 의문이 생긴다. 수천 년 역사에서 가려 뽑은 2,929명의 인물 중에 상인이 불과 11명뿐인 것을 수긍할 수 있는가 하는 의문이다. 과연 우리 역사에는 이토록 상인이 적었던 것인가?

고려의 역사서 『고려사』에는 수많은 걸출한 상인이 등장한다. 상인의 자긍심과 존재감이 살아 꿈틀거리는 사건과 사례가 넘쳐나고 있다. 그러므로 『한국역사인물사전』이 『고려사』 기록을 무시하고 상인출신을 아예 수록하지 않는 것은 어불성설이 된다. 왜 빼먹었을까? 그것은 한국 사회에 상인을 천시한 조선시대의 관념이 여전히 뿌리 박혀 있고, 학자들 또한 이를 탈피하지 못한 탓일 것이다.

조선은 고려와 정반대라 할 정도로 다르다. 『조선왕조실록』은 『고려사』와 달리 극히 소수의 상인이 기록되어 있다. 조선은 고려보다 잘사는 나라를 만든다며 고려를 멸망시키고 세워진 나라다. 사람들이 누리는 삶의 풍요는 상인의 역량에 기인하는 바가 크다. 그러함에도 불구하고 조선이 상인을 천시함으로써 상인은 항상 뒷전으로 밀려나 실록의 한구석도 채우지 못했다.

고려 상인과 조선 상인의 비교는 쉽지 않다. 상인에 관한 기록과 정보가 고려는 상당히 많으나 조선은 거의 없다시피 하기 때문이다. 그러나 관련 기록과 전해지는 정보를 면밀히 들여다보면 유의미한 비교가 가능한 다섯 가지 사항을 찾을 수 있다. 즉 ① 상인의 사회적 위상, ② 상인의 관직 진출, ③ 상인의 관리, ④ 상인의 역량, ⑤ 상인의 생활문화 등이다. 비록 두루뭉술한 큰 틀의 비교이지만, 고려와 조선에서 상인에 관한 인식이 어떠했는지를 알 수 있고, 두 나라 상인 간에 어떤 차이가 있는지를 가늠할 수 있다. 아울러 조선이 상인을 천시함으로써 생긴 상인을 깔보는 그릇된 인식을 바로 잡을 수 있을 것이다.

상인의 위상, 고려는 높고 조선은 낮다

고려 상인과 조선 상인의 사회적 위상은 천양지차(天壤之差)라고 할 수 있다. 위상 차이는 나라의 건국에서부터 시작한다. 고려는 건국에 상인이 있고 조선은 건국에 상인이 없다. 건국에 상인이 존재하느냐 않느냐는 대단히 중요하다. 그로부터 상인의 사회적 위상이 자리매김하기 때문이다.

먼저, 건국에서 상인의 존재다. 고려의 건국은 상인 이야기로부터 시작한다. 『고려사』에는 건국과 관련하여 상인 이야기가 두 번 나온다. 하나는 태조 왕건의 할아버지 작제건(作帝建)의 설화다. 작제건은 송악(개경)을 근거지로 하여 해상무역을 하는 이름난 무역상이다. 어느 날 작제건이 중국에 무역하려 타고 간 배가 높은 파도를 맞아 침몰한다. 구사일생으로 살아난 작제건은 서해 용왕을 만나고, 용왕의 딸과 혼인하여 왕건의 아버지를 낳았다 한다. 비록 왕건의 탄생 설화지만, 상인과 무역에 대한 경외심을 느끼게 하고 친밀감을 준다. 또 하나는 중국 상인 왕창근(王昌瑾) 이야기다. 왕건이 쿠데타를 일으키기 3개월 전에 왕창근이 시장에서 낯선 노인으로부터 옛 거울을 샀다. 그런데 거울에 왕건이 왕으로 등극한다는 뜻의 글자가 새겨져 있고, 이것이 궁예를 축출하는 쿠데타의 도화선이 되었다고 한다. 어떻든 『고려사』에 실린 두 이야기는 건국의 주축이 상인 세력임을 반영하고 있다고 할 것이다.

이처럼 고려는 건국에서부터 상인의 긍지와 존재감이 살아있는 나라였다. 왕건의 탄생 설화는 고려를 지탱하는 신화(神話)가 되고, 상인을 존중하는 기풍을 조장해 나갔다. 고려는 무역상의 손자 왕건이 임금이 되었듯이 상인 출신이 관리로 진출하여 출세할 수 있었다. 아무도 태조 왕건을 상인 출신이라고 폄훼하지 않았듯이, 상인을 깔보며 천시하지 않는 나라가 되었다. 또한 중국 상인 왕창근의 이야기는 무역 왕국을 지향하는 출발선이 되어 무역을 장려하고 무역상을 우대하는 기틀이 되었다.

조선의 개국은 지방 토호의 이야기로부터 시작한다. 이성계는 왕위에 등극하자, 그의 4대조 고조할아버지 이안사(李安社)를 왕으로 추증한다. 그가 바로 목조(穆祖)다. 목조는 본래 전주 지방의 토호였다. 전주의 산성별감(山城別監)과 관기(官妓, 관아의 기생)를 두고 다투다가 사이가 나빠져서 삼척으로 이주했다. 그러나 얼마 있지 않아 다투었던 별감이 삼척에 지방을 감찰하는 안렴사(按廉使)로 부임하자, 여의치 않아서 또 다시 함경도로 이주하고, 그곳에서 원나라에 충성하여 다루가치 벼슬을 받았다. 그 후 대를 이어 원나라 벼슬을 세습했다. 그러다가 공민왕이 쌍성총관부를 탈환하려 나서자, 아버지 이자춘(李子春)이 원나라가 쇠락해짐을 감지하고 공민왕에게 귀순한다. 그리고 쌍성총관부 탈환에 공을 세워 고위직에 임명된다. 이성계 가문이 지방 토호에서 원나라 벼슬아치를 거쳐 고려의 상류 지배층으로 변신한 것이다. 이와 같이 이성계 가문은 상업과는 관련이 없다. 이성계 또한 상인과 담을 쌓은 무인이다. 활 잘 쏘는 천하 명궁이고, 무용담이 철철 넘치는 명장으로 이름이 났다.

다시 말하면 조선 건국에 상인의 기여와 역할은 없었다. 오히려 상인들은 이성계가 위화도회군 쿠데타를 일으켜 우왕을 폐위하고 최영을 죽이자, 반발하며 시전을 철시했다. 쿠데타로 정권을 잡은 이성계 세력은 상인들이 건국에 방해가 된다며 철저히 감시 감독하며 말 따위의 재산을 빼앗았다. 요동을 오가는 무역상을 체포하여 우두머리 10여 명을 압록강 변에서 즉결 처형하고, 여타는 섬으로 귀양 보내거나 수군(水軍)에 편입시켰다. 고려 무역상의 뿌리를 뽑아버린 것이다. 이토록 상인은 이성계 세력으로부터 모진 탄압을 받았다. 또한 조선은 개국한 후 농본주의를 내세우고 상인을 억압했다. 조선 왕조 500년 내내 상인은 멸시와 천대를 받고 살았다.

다음, 상인의 신분 차이다. 고려는 상인이 양인 신분으로 당당히 행세했다. 조선은 상인이 비록 양인 신분이지만, 천민 취급을 받으며 차별받았다. 상인에 대한 신분 차별은 다음의 두 가지로 설명할 수 있다. 하나는 사농공상(士農工商)의 차별이고, 둘은 사회적 지위의 차별이다.

본래 사농공상의 차별은 고대 중국에서 창안되었다. 당나라 말기에 이르러 상업에 종사하는 선비(士)가 많아지고, 상인 출신이 과거에 응시하는 따위로 사농공상의 차별이 희석되었다. 그 후 중국은 5대 10국을 거쳐 송나라에 와서는 사농공상은 신분 차별이 아니고, 사회분업체제로 전환되었다.

고려는 송나라처럼 사농공상에 의한 차별이 없었다. 혹자는 『고려사』에 상업은 천한 일이고 상인의 관직 등용을 삼가야 한다는 따위의 기록이 있으므로, 고려시대에 상인은 천대받았다고 주장하지만, 그렇지 않다. 이에 대해서는 바로 뒤 '상인의 관직 진출'에서 자세히 살펴본다. 반면 조선은 사농공상의 차별을 국법으로 제도화했다. 발상지 중국에서조차 수백 년 전에 사라진 차별을 되살리고 제도화까지 한 것이다.

고려와 조선은 신분 제도가 달랐다. 상인의 사회적 지위는 고려보다 조선이 낮았다. 고려는 4계층, 즉 '귀족→중인→양민→천민'의 4계층으로 구성된 신분 제도였다. 여기서 양민은 농민, 상인, 수공업자에 향·소·부곡민이 포함된다. 이처럼 상인은 천민보다 한 단계 높은 사회적 지위에 있었다. 조선은 고려와 달리 '양인→천민'의 2계층의 신분 제도다. 겉보기에 귀족과 중인의 2계층이 없어져서 차별이 혁파된 듯이 보인다. 그러나 실상은 그렇지 않다. 양인을 양반, 중인, 상민의 3계층으로 나누어서 실제로는 '양반→중인→상민→천민'의 4계층이었다. 외양상 4계층을 2계층으로 줄였지만, 귀족을 양반으로 명칭을 바꾼 것에 불과했다. 조선은 상민에 대해서도 꼼수를 쓴다. 상민은 농민, 상인, 공인 등 3부류인데, 이를 '농민→상인→공인'으로 계층화하고 차별한 것이다. 뿐만 아니라 상인을 낮추어 천민으로 취급하고 공인(기술자)은 더 낮추어서 아예 노비처럼 천민에 포함했다. 이리하여 조선의 신분제는 실질적으로 '양반→중인→농민→상인→천민(공인)'의 5계층이 되었다. 고려의 4계층보다 확실히 나빠진 것이다.

한편 조선 상인은 예외가 있었다. 종로시전의 육의전 상인이다. 육의전 상인은 신분이 중인이고, 대를 이어 세습했다. 오늘날 육의전 상인은 조선의 대표 상인으로 일컬어지고, 종로에서 육의전을 기리는 '육의전 축제'까지 열린다. 그러나 착각하지 말아야 할 것이 있다. 육의전이 조선 초기부터 존재한 것이 아니고, 임진왜란과 병자호란 이후에 생겨났다는 사실이다. 전란으로 재정이 파탄나고 청나라에 보낼 공물 조달에 어려움이 가중되자, 이를 해결하기 위해 육의전을 설치했다. 다시 말하면 육의전은 정부의 필요에 따라 만든 것이고, 육의전 상인은 정부로부터 각종 특혜를 받는 중인 신분의 어용상인(御用商人)이다. 천대받는 일반 상인이 아니다.

상인의 관직 진출, 고려는 열렸고 조선은 막혔다

상인과 관직은 연원이 깊고 복잡하다. 상인의 관직 진출은 인류 역사에서 상인의 출현으로부터 시작한다. 상인이 사회의 독립된 존재로 자리매김하고서, 관리가 되느냐 마느냐의 갈림길이 생겼다는 말이다. 그렇다면 상인은 언제 생겨났을까? 상인이 독립된 존재로 등장한 시기는 종교와 정치가 함께한 제정일치(祭政一致) 시대가 끝나고, 종교와 정치가 분리되는 시기다. 제정일치의 고대 국가는 하늘(신)에 제사를 올리는 제사장(祭司長)이 성직자인 동시에 최고 권력자였다. 제사장을 도와 제사에 쓰이는 물품을 조달하는 사람은 성직자로 대우받았다. 그는 막강한 권력을 행사하며 제사에 필요한 물품을 징발하거나 구매했다. 이렇게 제사 물품을 조달하는 자를 중국에서 고(賈, 상인)라고 불렀다. 한편 고대 국가가 발전하고 종교와 정치가 분리되면서 제사 의식이 축소되자, 고(賈)는 정부의 필요 물품을 조달하는 관상(官商)으로 바뀌었다. 이들 고와 관상을 통틀어 어용상인이라 일컫는다.

민간 상인은 어용상인보다 후에 생겨났다. 인구가 증가하고 교통이 발달함에 따라 물류 요충지에 도시가 생성되면서부터다. 도시에 시장이 들어서고 시장을 중심으로 하여 민간 상인이 생겨났다. 민간 상인이 성장하자, 어용상인이 민간 상인으로 점차 바뀌어 갔다. 그로 인해 오랫동안 지속되어 온 어용상인 중심의 상업체제가 무너졌다. 그 후 어용상인이든 민간 상인이든 상인들은 그들의 이익을 위하여 결집하고 연대하여 상인 세력을 형성한다. 그러나 권력을 쥔 왕, 귀족, 관리 등을 위시한 정치 세력은 상인 세력을 못마땅하게 여겼다.

　정치 세력은 상인 세력이 권력에 도전할 수 있는 존재로 보았다. 그리고 두 방향으로 탄압을 가했다. 하나는 신분 차별과 규제다. 상인을 권력과 격리하고, 권력자와 차별되게끔 규제했다. 예를 들면 중국 한(漢)나라는 사치금지법을 제정하여 상인이 비단옷을 입지 못하도록 하고 마차를 타지 못하게 했다. 당나라는 상인의 신분을 말단으로 하여 천시하고, 특정한 구역에서만 거주하게 하고, 검은색 옷만 입게 했다. 일반 양인과도 엄격히 차별한 것이다. 둘은 관직 진출의 제한이다. 정치 세력은 상인이 관리로 출세하는 것은 금력을 가진 상인이 권력까지 향유하는 것으로 보았다. 그리하여 관리로 진출하지 못하도록 과거시험의 응시 자격을 박탈했다. 여타의 관직 진출의 길도 통제하고 막았다. 상인의 신분 상승을 차단함으로써, 권력에 꼼짝없이 예속시키려 한 것이다.

　그렇지만 상인 세력이 권력에 무작정 당하지 않았다. '돈은 귀신도 부린다'라고 하듯이 상인 세력은 돈으로 정치권력과 타협하거나 대항했다. 예컨대 새 나라의 건국을 도모하는 정치 세력에게 막대한 자금을 지원하여 건국의 주축이 되었다. 때로는 쿠데타에 거사 자금을 대기도 하고, 뇌물을 써서 권력자를 마음 내키는 대로 조종했다. 물론 권력자는 관직으로 보상하기도 했다. 따라서 상인의 관직 진출은 정치권력이 상인 세력에게 일방적으로 시혜를 베푼 것이 아니다. 오히려 관직 임명권을 쥔 정치권력과 상인 세력과의 대결과 타협의 결과로 이해하는 것이 실제에 부합한다고 할 수 있다.

　왕조시대는 관직이 최상층 신분이다. 관직은 실직(實職)과 산직(散職)의 두 가지가 있다. 실직은 실제로 관아에서 근무하고 봉록을 받는 관직이고, 산직은 봉록이 지급되지 않는 이름뿐인 명예직이다. 산직은 봉록이 없고 공로자 등에게 남발하는 경우가 많아 빛 좋은 개살구 마냥 별로였다. 그래서 실직을 받고 관아에 근무하는 것은 본인뿐 아니라, 가문의 영광이었다. 고려와 조선 역시 마찬가지다. 수많은 사람이 실직을 염원하지만, 아무나 이를 맡을 수 없었다. 정치권력이 관직의 수를 제한하고, 관직 진출을 엄격히 규제한 탓이다.

따라서 관직 진출의 길이 열렸는가 막혔는가는 고려 상인과 조선 상인의 차이를 극명하게 보여주는 명제가 된다.

고려는 상인이 관리로 출세한 사례가 허다하고 흥미로운 일화가 비일비재하다. 조선은 그렇지 않아서 사례와 일화 등을 짝지어서 비교하기가 마땅하지 않다. 따라서 단순히 관직 진출이 많고 적은가를 비교하는 것은 합리적이지 않다. 그것은 고려가 월등히 많은 사실을 확인하는 것에 불과하므로 폭좁은 지식이 된다. 그렇다면 어떻게 할 것인가? 여기서는 과거에 의한 관직 진출을 중점으로 하여 실상과 특수성을 비교하도록 한다.

먼저 고려다. 우선 상인의 '과거에 의한 출사(出仕, 관직 진출)'를 집중하여 다룬 다음, 관직 진출의 대표적인 사례로 문종의 상인 출신 등용과 숙종의 상인 발탁을 살펴본다. 그리고 사농공상의 신분 질서에 따른 상인의 출사를 쟁점으로 고찰한다.

첫째, 과거에 의한 출사다. 오늘날 대다수 학자는 고려시대에 상인 출신은 과거시험을 볼 수 없었으므로, 과거를 통해 관직을 맡을 수 없었다고 한다. 그러나 이것은 고려와 조선은 과거제도가 서로 다르다는 사실을 헤아리지 않은 탓이라고 할 수 있다. 과거에 관한 법령, 과거의 운용 상황, 상인의 사회적 지위 등을 살펴보면 과거를 통한 관직 진출을 부인할 수 없다.

고려는 958년 제4대 임금 광종이 처음으로 과거제도를 도입했다. 양인이면 누구나 과거에 응시할 수 있고, 상인 출신의 응시를 제한하지 않았다. 그러나 처음 시행하는 제도여서 운용이 고르지 못했다. 과거시험이 국가의 형편에 따라 들쭉날쭉 실시되고, 특히 몽골전쟁 이후 원나라 간섭을 받던 시기는 과거가 시행되지 않기도 했다. 과거시험의 일관성이 결여되고 다소 엉성하게 운용된 것이다. 반면 조선은 과거시험이 처음부터 온전한 형태로 시행되었다. 고려와 마찬가지로 양인은 누구나 응시할 수 있었다. 그러나 상인은 비록 양인이지만, 응시 권한을 주지 않았다. 이것이 고려와 결정적으로 다른 점이다. 따라서 고려 상인의 과거 응시를 부인하는 견해는 조선의 실상에 비추어서 추론한 편견일 수 있다.

고려시대에 과거 합격자는 총 6,522명이다. 이 중에서 『고려사』 열전에 수록된 합격자는 불과 288명뿐이다. 주목할 점은 288명도 상당수가 '미천한 가문 출신이다', '가계를 알 수 없다', '세계(世系)가 없어졌다'라는 따위로 합격자의 출신 내력을 모른다는 사실이다. 그러므로 합격자 6,522명 중에 상인 출신이 전혀 없다고 단정할 수 없다. 왜냐하면 과거시험의 응시 자격에 상인을 제외하는 법이 없었고, 또 상인 출신의 과거 응시를 원천 봉쇄할 정도로 강력한 특정 세력이 존재하지 않았기 때문이다. 따라서 고려 상인은 과거에 응시할 수 없었다는 견해는 진실과 거리가 멀다. 고려 상인의 과거에 의한 관직 진출을 부인하는 견해는 조선이 상인을 천시하며 과거를 응시하지 못하게 한 것을 두고 마치 고려도 그러한 것처럼 여긴다고 할 것이다.

둘째, 제11대 임금 문종의 상인 출신 등용이다. 문종은 고려의 최전성기를 구가한 임금이다. 그는 해마다 상인 출신을 관직에 등용했다. 그러자 1073년(문종 27년) 정월, 인사 담당이 문종에게 불만을 토로하며 상인 출신에게 벼슬을 주지 말라고 건의했다. 문종은 건의를 일부 받아들였다. 청요직(淸要職, 학식과 덕망이 높은 벼슬)과 이민직(理民職, 백성을 다스리는 벼슬)에는 상인 출신을 등용하지 말고, 여타는 종전대로 시행하라고 지시했다. 문종의 지시는 종전에는 상인 출신을 제한 없이 등용했는데, 앞으로 청요직과 이민직은 제외하고 여타 관직은 종전처럼 등용하라는 것이다. 즉 문종은 즉위 후 당시까지 모든 관직에 상인 출신을 두루 임용했다.

셋째, 제15대 임금 숙종의 상인 출신 발탁이다. 숙종은 은병과 해동통보를 주조하여 이른바 '화폐의 왕'으로 이름났다. 숙종은 순탄하게 왕위에 오르지 않았다. 쿠데타를 일으켜 나이 어린 조카 헌종을 축출하고 왕좌를 차지했다. 숙종은 즉위하자, 곧 상인 출신을 과감히 발탁하여 고위직에 임용했다. 왜 상인 출신을 발탁했을까? 그들로부터 쿠데타 자금 따위를 지원받고, 그에 대한 보답으로 관직을 준 것으로 보인다.

넷째, 사농공상과 상인의 출사다. 고려와 조선의 사농공상은 다르다. 조선의 사농공상은 엄격한 신분 질서다. 사농(士農)과 공상(工商) 사이에 넘지 못

할 장벽이 있다. 사(士)와 농(農) 간은 전업이 가능하나, 사(士)가 공(工) 또는 상(商)으로의 전업은 거의 불가하다. 상업은 극히 천시되어서 선비가 장사에 나서는 것은 패가망신하는 짓으로 여겼다. 오늘날 세간에 회자하고 있는 '농사나 짓지'라는 말은 이에 연유한 속언이다. 반면 고려의 사농공상은 일종의 사회분업이었다. 사농공상 간의 전업이 언제나 쉽게 이루어졌다. 형편에 따라서 사(士)가 농공상(農工商)으로, 농공상이 사로 전업을 할 수 있었다. 물론 사농공상의 겸업도 허용되었다. 『고려사』에 이에 관한 기록이 여럿 있다.

고려 개국 후 220여 년이 지난 1108년 2월이다. 제16대 예종이 특별한 명령을 내렸다. 삼한공신(三韓功臣)의 자손으로 고조할아버지 이래의 조상 중에서 상공업과 음악 분야에 종사했다 하여 벼슬 임명이 보류된 자는 결제받아 임명하라는 명령이다. 이와 유사한 명령은 또 있었다. 1298년 제26대 충선왕이 즉위하면서 내린, '삼한공신을 비롯한 공신의 자손이 상인, 수공업자, 악공으로 굴러떨어졌다면, 부모에게 결점이나 죄과가 없는 경우 관직을 허용하라'는 명령이다. 삼한공신은 얼마나 될까? 삼한공신은 후삼국 통일에 공을 세운 공신으로 1등이 4명, 2등이 7명, 3등이 2,000여 명이다. 이들은 건국의 공로자로서 1등과 2등은 작위를 받고 고위직에 임명되었으며, 3등은 군관으로 봉직하게 되었다. 한편 당시 삼한공신 중에는 호족 출신으로 상공업을 영위한 자가 상당수 있었다. 이들은 공신이 된 이후에도 경제력을 유지하기 위해 상공업을 계속 영위해 나갔다. 이렇게 고려는 애초부터 관직과 상공업의 겸업이 허용되었다.

그렇다면 왜 상업에 종사하는 삼한공신의 자손에게 관직 진출을 못 하도록 막았을까? 그것은 과거 합격자가 대폭 증가한 탓으로 추측된다. 다시 말하면 지방 호족들이 과거를 통해 중앙관리로 진출하고, 과거 합격자가 점차 늘어나서 세력화되자, 상인 출신을 경쟁자로 여기고, 상인 출신은 삼한공신의 후손이든 누구든지 간에 등용을 방해하고 제동을 걸었다. 앞에서 언급한 상인 출신에게 벼슬을 주지 말라는 인사담당의 건의는 과거 합격자들이 결속하여 문종의 인사권을 견제하고, 아울러 상인 출신의 관리 등용을 저지하려 한 것이다.

다음 조선이다. 조선은 상인 출신이 과거시험을 아예 보지 못하게 했다. 고려와 달리 과거의 응시 자격을 원천적으로 박탈해 버렸다. 따라서 상인 출신은 과거를 통한 문무관으로의 진출이 불가했다. 다만 하위 무관으로의 진출은 다소간 숨구멍이 트였다. 국경을 방비하는 병마절도사(兵馬節度使)와 바다를 지키는 수군절도사(水軍節度使)가 필요한 경우 상인 출신을 하위직 군관(軍官)으로 임용할 수 있었기 때문이다.

『조선왕조실록』에서 상인 출신의 관직 임용에 관한 기록은 고작 5개뿐이다. 더구나 관직 임용의 실명이 기록된 자는 불과 3명이다. 그야말로 500년 역사의 방대한 기록에 비하면 '모래사장에서 바늘 찾기' 같다고 할 것이다. 다음은 5개 기록을 연대순으로 간략히 정리한 것이다. 이 기록이 전부다. 읽어보면 조선이 얼마나 상인을 천시하고 관직 진출을 철저히 막았는지를 단박에 이해할 수 있다.

① 1492년 3월 2일, 사헌부가 성종에게 "수군절도사가 상당수 장사꾼(상인)을 군관(軍官)으로 삼았습니다"라고 보고했다. 당시 상인 출신이 수군의 군관으로 상당수 임용된 것이다.(『성종실록』)

② 1504년 1월 24일, "최수여산(崔壽如山)은 장사꾼인데 특별히 군직을 제수받았다"라고 기록되어 있다. 최수여산이 어떤 인물인지는 알 수 없다. 다만 기록된 까닭은 최수여산이 장사꾼임에도 불구하고 무관직을 받았다는 것이다.(『연산군 일기』)

③ 1536년 5월 21일, 중종이 수사(水使) 조세간(趙世幹)을 절도사(節度使, 종2품)로 임명할 것인가를 두고 신하들과 의논했다. 수사는 수군절도사를 보좌하는 정3품 무관이다. 그러나 사헌부에서 조세간은 천한 장사꾼 출신으로 당상관에 오르긴 했으나, 인물이 용렬하여 절도사 직을 맡길 수 없다고 주장하여 무산되었다.(『중종실록』)

④ 1740년 7월, "두문동의 후손에 장사꾼이 많다고 하니, 등용해야 하겠다." 영조가 개성 인근의 두문동을 지나면서 두문동 후손에게 벼슬을 주겠다며 한 말이다. 두문동은 황해북도 광덕산 서쪽에 있는 골짜기이다. 조선 건국

을 반대한 고려 충신들이 이곳에 들어와서 외부와 연락을 끊고 살았다. 영조가 장사꾼 후손을 등용하라고 지시했지만, 누가 벼슬을 받았는지는 알 수 없다. (『영조실록』)

⑤ 1835년 6월 26일, "비국(備局)에서 귀성부사(龜城府使)로 제배(除拜)된 임상옥(林尚沃)을 다시 바꿀 것을 아뢰다." 비국은 비변사(備邊司)를 말한다. 비변사는 임진왜란 이후 의정부를 대신하여 군국의 사무를 총괄하는 기관이다. 당시 임상옥은 정4품 곽산군수(郭山郡守)에서 정3품 귀성부사로 승진 임명되었다. 그러나 비국에서 승진 임명이 잘못되었으므로 바꾸어야 한다고 왕(현종)에게 보고했다. 이에 임상옥은 사표를 쓰고 관직에서 물러났다.(『현종실록』)

이상의 다섯 기록에서 상인 출신은 조세간, 최수여산, 임상옥 등 3명이다. 조세간과 임상옥은 정3품 당상관이고, 최수여산은 하위직 군관이다. 당상관은 국왕이 참석한 대청에 올라가 국정을 논의할 자격을 지닌 고위 품계. 어떻든 공교롭게도 단 2명뿐인 당상관인데, 한 명은 문관 당상관이고, 또 한 명은 무관 당상관이다. 오늘날 조세관은 잘 알려지지 않은 인물이다. 그러나 임상옥은 출세한 양반 관리이기보다 한국의 최고 상인으로 일컬어지며 불세출의 인물로 회자하고 있다.

조선에서 상인이 고위 관직, 그것도 곽산군수라는 지방 수령에 임용된 것은 임상옥이 유일하다. 임상옥은 2000년에 마치 동화 속의 신데렐라처럼 세간에 등장한다. 작가 최인호가 쓴 소설 『상도(商道)』가 선풍적인 인기를 끌며 베스트셀러가 된 덕분이다. 그러나 소설 속의 임상옥과 세간에 회자되는 임상옥의 행적은 참인지 거짓인지가 모호한 점이 많아 진실을 찾아 밝힐 필요가 있다.

임상옥이 활약한 시기는 순조 때다. 당시는 1791년에 시행한 신해통공(辛亥通共)으로 영업의 자유가 부여된 이래, 상업이 활성화되고 자본을 축적한 부호 상인들이 대거 등장하고 있었다. 그들은 권력에 밀착하고 신분 상승을 위해 무진 애를 썼다. 임상옥은 1810년 이조판서 박종경(朴宗慶)에게 백지어음을 뇌물로 바치고, 국경지대의 인삼 무역을 독점한다. 임상옥이 1821년 북경에서 인삼을 헐값에 사려는 청나라 상인의 불매동맹을 와해시키고, 오히려 인삼을 수십 배의 이문을 남기고 팔아 국제적인 부호가 된 것은 너무나 유명하다. 이후 1832년 임상옥은 의주에 큰 홍수가 났을 때 곡식을 기부하여 수재민을 구한 공로를 인정받아 곽산군수로 임명되고, 1835년에 귀성부사로 승진한다. 그러나 귀성부사로 승진한 뒤, 비변사에서 승진 심사에 제출된 인사고과가 잘못 작성되었다고 탄핵을 제기하자 퇴직했다.

임상옥은 관직을 스스로 원했을까? 조선은 전통적으로 구휼미를 낸 공로자에게 명예직의 산직을 하사하지, 실직을 주지 않았다. 사농공상에 의한 상인을 천시하는 국정 기조를 혁파하지 못한 탓이다. 임상옥이 유일하게 고위 관리로, 더구나 백성을 다스리는 실직의 지방관(군수)에 파격적으로 임용되었다. 당시 사헌부는 임상옥이 제배(除拜)되었다고 했다. 제배는 관직을 추천하는 절차를 밟지 않고 임금이 직접 발탁하여 벼슬을 내리는 것을 말한다.

따라서 곽산군수는 임상옥이 소망하고, 순조로 하여금 임상옥을 발탁하게 한 물밑 작업이 있었다고 할 것이다. 발탁된 내막이 어떠하든지 차치하고, 천대받는 상인이 백성을 다스리는 정4품의 지방 수령에 임용된 것은 경천동지할 대단한 일이다. 그러나 상인이 큰돈을 벌었다 해서 뇌물을 바치고 실직의 관직에 임용되거나, 재물을 기부하고 그 보상으로 벼슬살이를 하는 것은 순수 상인의 길을 포기한 것이 된다. 뿐만 아니라 임상옥은 퇴임 후에 상업을 손놓았다. 벼슬하고 낙향한 양반의 삶을 살았다. 결국 임상옥은 상인의 길을 버리고 벼슬살이를 택함으로써 순수한 상인의 삶은 산 진정한 상인과는 거리가 있다.

고려는 상인에게 벼슬길이 열린 나라였다. 마음먹고 준비만 잘하면 과거를 통하든 다른 방법을 강구 하든 관리로 진출할 수 있었다. 『고려사』에는 상인 출신이 관리로 출세한 기록이 수두룩하다. 물론 언제든지 농부로, 기술자로, 학자로 변신할 수 있었다. 진실로 고려는 상인이 살맛나는 나라였다. 반면에 조선은 상인에게 꽉 막힌 나라였다. 왕조실록에 조선 500여 년 동안 상인 출신이 관직에 임용된 기록은 앞에서 살펴본 바처럼 단지 5개뿐이고 임용된 자는 조세간, 최수여산, 임상옥 등 3명이다. 조선에서 한번 상인으로 전락하면 깊은 수렁에 빠진 것처럼 헤어날 길이 없었다. 사농공상의 신분 질서에 묶여 농부와 기술자로의 변신도 쉽지 않았고, 학자로의 변신은 거의 불가능했다. 조선은 그야말로 상인이 살맛은커녕 죽지 못해 사는 나라였다고 할 수 있다.

상인의 행정관리, 고려가 조선보다 나았다

상인은 문명의 토대를 일구며 상업문화를 꽃피우는 첨병 역할을 한다. 그러기에 동서고금을 막론하고 국가는 상인을 관리한다. 상인의 기능과 역할을 높여 경제를 살찌우고 발전시켜 나간다. 한국은 조선시대에 상인의 기능과 역할이 쇠잔해짐으로써 상업문화의 침체를 맛보았다. 그것은 상인을 천시하고 효율적으로 관리하지 못한 탓이라고 할 수 있다.

고려와 조선은 상인을 어떻게 관리했을까? 관련 기록과 자료가 부족하여 세밀히 비교하기는 어렵다. 여기서는 기록과 자료가 얼마간 있는 다음의 세가지 사항을 비교한다. 즉 행상 관리, 부상(富商) 관리, 상인조직 관리 등이다.

첫째, 행상 관리다. 행상은 이리저리 돌아다니며 장사하는 사람을 말한다. 행상에 대한 관리는 고려와 조선이 서로 반대 방향이라고 할 정도로 다르다. 고려는 행상을 보호하고, 조선은 탄압했다. 고려가 행상을 우대하며 관리한 것은 1014년 6월 현종이 내린 교서(敎書)에서 확인된다. 교서의 요지는 "객사한 행상의 성명과 본적을 알 수 없으면 당해 관청에서 임시로 장사 지내라", "나이, 용모, 특징을 기록하여 두어 섞이지 않게 하라"는 것이다. 객사한 행상의 나이와 용모 따위를 기록하여 보관하라는 지시는 후에 연고자가 나타났을 때, 당해 시신을 쉽게 찾을 수 있게끔 여타 행려 사망자와 별도로 구분하여 관리하라는 것이다.

현종은 왜 행상에게 특별한 장례 서비스를 베풀었을까? 행정력과 재력이 많이 드는 번거로운 일인데 말이다. 대답은 두 가지다. 하나는 행상이 내

행상(보부상)

는 세금이 막대한 탓이다. 당시 상인에 대한 세금은 시전상인이 내는 상세와 행상이 내는 관진상세(關津商稅)가 있었다. 관진상세는 행상이 통과하는 물목에서 징수하는 것으로 행상이 다니는 도로에 설치한 방관(防關)이나, 강과 바닷가의 나루터와 선창에 설치한 진두(津頭) 등에서 과세했는데, 징수액이 많았다. 또 하나는 행상을 보호하는 세력의 존재다. 교서는 왕이라고 해서 마음 내키는 대로 아무렇게 내릴 수 없다. 신하의 건의나 측근의 보고가 계기가 되고 신하들의 논의가 따른다. 따라서 행상을 보호하는 세력이 물밑으로 권력자나 고위 관리를 앞세워서 현종을 움직였을 수 있다. 다시 말하면 행상 조직 또는 집단이 존재하고, 이들의 입김이 교서를 내리게끔 작용한 것으로 볼 수 있다.

조선은 고려와 달랐다. 개국하자마자, 행상을 가혹하게 탄압했다. 조선은 행상을 경기도, 황해도, 강원도, 평안도, 함경도 등 5개 도는 전면 금지하고, 중부 이남의 3개 도(충청·전라·경상도)만 허용했다. 행상이 금지된 5개 도는 봇짐을 지거나 보따리를 이고 마을을 도는 행상이 자취를 감추었다. 왜 행상을 금지했을까? 그것은 상인 세력을 와해시킴과 동시에 고려를 되찾으려는 고려 유민의 준동을 봉쇄하려 한 의도가 컸다. 어떻든 조선은 행상이 금지됨으로써 상업이 급속도로 쇠락하고, 상인 세력이 몰락했다. 행상 금지는 50여 년이 지난 1440년에 세종이 비로소 풀었다. 세종이 행상 금지를 푼 것은 조선의 기반이 탄탄해지고, 고려 유민의 준동 우려가 불식되고, 상인 세력의 힘이 붕괴했다고 판단한 결과일 것이다.

조선은 행상에 대한 세금도 차별했다. 종로시전에서 점포를 내고 장사하는 좌상(坐商)이 매달 저화(楮貨) 4장을 세금으로 납부했다. 그러나 행상은 매달 저화 8장을 세금으로 납부했다. 행상이 종로시전의 좌상보다 세금을 두 배나 더 낸 것이다. 행상은 세금 외에 넘어야 할 장애물이 또 있었다. 행상을 하려면 노인(路引)이라는 허가를 받아야 했다. 만약 허가 없이 장사하면 상품을 몰수당했다. 노인 허가를 받기는 매우 어려웠다. 행상의 수를 일정한 범위 내로 묶어두려고, 심사를 까다롭게 한 탓이다. 왜 행상을 허용하면서도 가혹하게 탄압할까? 조선은 사농공상의 신분 질서에서 상인이 행상으로 큰돈을 벌고 세력화되는 것을 두려워하고 싫어했다. 또한 농민이 상업 이윤에 현혹되어 행상으로 전업할 것을 걱정했다. 이러한 두려움과 걱정이 행상을 가혹하게 억압하고, 세금을 많이 물린 것이다. 여하튼 조선의 행상은 천대받을 뿐 아니라 세금을 무겁게 납부함으로써, 그럭저럭 연명해 가는 영세 상인을 벗어날 수 없었다.

둘째, 부상(富商) 관리다. 부상은 돈이 많은 부자 상인을 일컫는다. 고려는 부상을 일반 백성과 구분하여 따로 관리했다. 한국은 언제부터 부자 상인을 따로 관리했을까? 고려 이전의 고구려, 백제, 신라가 부상을 관리했는지는 알 수 없다. 고려를 이은 조선은 부상을 별도로 관리하지 않았다. 그러므로 한국 역사상 부상을 관리한 나라는 고려가 유일하다고 할 수 있다. 이 또한 조선과 다른 고려의 특별함이라 할 것이다.

고려는 부자 상인을 3등급으로 구분하여 관리했다. 즉 부상대호(富商大戶), 부상중호(富商中戶), 부상소호(富商小戶)의 3등급이다. 이의 구체적인 내용은 앞서 제5장에서 살펴본 바처럼 부상에게 징수한 과렴(科斂) 사례를 통해 확인할 수 있다. 과렴에서 부상대호는 5품 관리, 부상중호는 6품 관리, 부상소호는 7-8품 관리와 상응한 위상이었다. 아마 고려는 부상의 명단과 등급을 적시한 관리대장을 작성하고 계획적으로 관리했을 것이다.

조선은 어떤가? 조선은 부자 상인이 별 볼 일이 없는 나라였다. 아무리 돈 많은 상인이라 할지라도 천민 취급을 받았다. 단지 종로시전의 육의전 상인만 중인 신분으로 천시되지 않았다. 따라서 부자라 한들 천시되는 상인이므로 명단을 파악하고, 상·중·하의 기준을 세워서 구분하고, 별도로 명부를 작성하여 관리할 턱이 없다. 물론 고려처럼 부상을 따로 구분하여 관리하고 상응한 세금을 물리지도 않았다. 조선은 현실로는 부상이 당연히 존재하지만, 법적으로 또는 행정적으로 작성한 명부로는 존재하지 않았다.

이상을 정리하면, 고려는 부자 상인을 파악하여 별도 명부를 작성하고 상당한 위상으로 대우하며 관리했다. 반면 조선은 그리하지 않았다. 조선이 부상을 관리하지 않은 것은 관리할 만한 부상이 많지 않고, 상인이 천대받은 탓이 클 것이다. 여하튼 국가의 상인 관리가 조선에 와서 퇴보했다고 할 것이다.

셋째, 상인조직 관리다. 동서양을 막론하고 상인은 이익과 친목을 위한다는 명분으로 결집하고 연대하여 상인조합, 동업자단체 따위의 상인조직을 만들어 왔다. 상인조직은 국가가 조직의 결성과 관리에 개입하느냐에 따라 어용상인 조직과 민간상인 조직으로 나뉜다. 그러나 최근세 이전까지는 국가 단위 또는 지역 단위의 포괄적인 상인조직은 존재하지 않았다. 다만 시장 단위, 물종 단위 따위의 상인조직이 산재했는데, 기록과 정보가 온전히 전해지는 사례는 극히 드물다.

고려와 조선도 마찬가지다. 고려는 상인조직에 대한 직접 기록은 없다. 다만 십자거리시전 등과 관련된 기록이 일부 있을 뿐이다. 조선은 육의전의 상인조직에 대한 기록과 자료가 남아 있다. 이 책에서는 우선 십자거리시전의 상인조직에 대해 학계의 학설을 중심으로 하여 고찰한다. 그리고 육의전의 상인조직을 이와 비교하여 살펴보도록 한다.

먼저, 고려 십자거리시전이다. 오늘날 학계의 통설은 십자거리시전의 상인조직 등에 대해 부정적이다. 이유는 두 가지다. 하나는 상인조직에 관한 기록이 없어 상인조합이나 상인단체의 존재를 인정할 수 없다고 한다. 둘은 십자거리시전은 육의전의 금난전권(禁亂廛權) 같은 독점권이 없어서 동업자조직이 형성되지 않았다고 한다. 그러나 직접적인 기록과 자료가 없어서 상인조직을 인정할 수 없다는 견해는 하나마나한 무책임한 태도이고, 수준 낮은 학문성과라는 지적을 피할 수 없다. 금난전권의 독점권이 없어 동업자조직이 결성되지 않았다는 견해는 독점권이 동업자조직의 필요조건이라는 것으로 사리(事理)에 어긋난다. 시장에 대한 자유로운 진입을 막고 독점이익을 보장하는 금난전권이 상인조직의 존재 여부와 직결될 수 없다. 만약 국가로부터 독점권이 부여된 시장에 상인조직이 있다면 그것은 독점권의 유지와 독점권에 따른 부담 등을 처리하기 위한 어용조직일 것이다.

십자거리시전은 상인조직이 있었다고 할 것이다. 『고려사』의 다음 세 가지 기록을 종합하여 추론하면 결속력이 대단한 상인조직이 존재했다는 결론에 이르게 된다. 즉 300여 명 여자가무단, 단오 축제, 시전 철시(撤市) 등의 기록이다. 여자가무단과 단오 축제는 이 책의 제5장 '축제하는 고려 시장, 제사 지내는 조선 시장'에서 자세히 서술하고 있다.

시전 철시가 중요하다. 때는 1283년(충렬왕9) 7월이다. 십자거리시전의 감찰사가 고액 화폐인 은병의 기준값을 쌀 20석에서 10석으로 100% 인하했다. 은병의 화폐가치를 대폭 절하시킨 것이다. 시전 상인들이 부당하다며 환원을 요구했으나 감찰사가 듣지 않았다. 그로부터 2개월이 지난 동년 9월, 시전 상인들이 은병 값을 종전대로 환원할 때까지 영업 중단을 선언하고 시전의 문을 닫았다. 그로 인해 물가가 뛰고 시중 여론이 분분해지자, 감찰사가 은병 값을 종전대로 환원했다.[11] 이 사건은 공권력에 대항하여 철시까지 하는 집단시위에 주목해야 한다. 만약 시전 상인이 어용상인이고, 결성된 조직이 어용단체라면 극단적인 철시는 불가능하다. 따라서 시전 철시는 시전 상인이 어용상인이 아니며, 시전 상인의 여론을 결집하고 공권력에 대항하여 철시를 단행하게 하는 조직이나 단체가 존재한 사실을 반영한다. 또한 이것은 고려가 상인조직의 자율적인 결성과 운용을 폭넓게 허용한 것으로 볼 수 있다.

다음, 조선 종로시전이다. 종로시전은 육의전(六矣廛)이 유명하다. 오늘날 종로시전과 육의전에 대해 오인하거나 착각하는 사람이 많다. 오인과 착각은 두 가지다. 하나는 육의전과 종로시전이 동일한 시전이라고 여기는 것이다. 육의전은 말 그대로 '6개의 시전'을 지칭한다. 시전 명칭과 취급하는 품목은

---

11) 『고려사』권79, 지33, 식화 2, 시고, 충렬왕조.

선전(비단), 면포전(무명), 면주전(명주), 지전(종이), 저포전(모시·삼베), 내외어물전(생선) 등이다. 이처럼 육의전의 취급 품목은 옷감, 종이, 생선 등이다. 수공업품이나 곡류, 육류 따위는 취급하지 않는다. 다시 말하면 종로시전은 육의전을 비롯하여 수공업품과 곡류, 육류 따위를 모두 포괄하는 시전이고, 육의전은 종로시전 내에서 6개 품목을 별도로 구분한 시전이다. 둘은 육의전이 애초부터 종로시전에 존재한다고 여기는 것이다. 그렇지 않다. 육의전은 임진왜란이 끝난 후 만들어졌다. 그 이전에는 육의전이 없었다.

조선은 왜 육의전을 만들었을까? 심각한 재정난 탓이다. 당시 조선은 임진왜란으로 국토가 황폐화하고, 조세수입이 급감하고, 정부는 만성적인 재정난에 시달렸다. 이에 종로시전을 이용하자는 대책이 나왔고 채택되었다. 누가 대책을 냈는지는 모른다. 대책 내용은 종로시전의 특정 점포에 독점권을 주고, 그 대가로 국가가 필요한 물품을 납부하게 한다는 것이다. 이리하여 앞에서 언급한 6개 품목을 취급하는 점포가 선정되고, 이들에게 세금 외에 따로 국역(國役)을 부담하는 대가로 금난전권이란 독점권이 부여되었다. 이것이 육의전의 시초다. 금난전권은 말 그대로 보따리 장사의 난전을 단속하고 금지하는 권한이다. 따라서 육의전은 정부와 육의전 상인 간에 국역과 독점권을 주고받는 특별계약에 의한 시전이라고 할 것이다. 육의전이 조성됨으로써 정부는 육의전으로부터 상당한 세외수입을 안정적으로 올렸고, 육의전은 정부의 보호 아래 난전을 단속하며 독점이윤을 획득했다. 이후 육의전은 다소간의 변천을 거치다가 1895년 갑오개혁으로 해체되었다.

육의전에 상인조합이 있었다. 혹자는 육의전에 하나의 상인조합이 존재한 것처럼 말하나, 그것은 또 착각이다. 육의전의 '6개의 시전'마다 각각 조합이 결성되었다. 조합의 명칭은 도중(都中)이다. 예컨대 선전(비단)은 '선전도중', 지전(종이)은 '지전 도중'이라 불렀다. 도중의 대표는 대행수(大行首), 조합원은 도원(都員), 관리사무소는 도가(都家)로 호칭한다. 도중의 대행수와 임원은 도원의 선거로 선출되었다. 도중의 운영은 도원이 납부하는 조합비로 충당하고, 조합비는 도원으로부터 매출액에 비례하여 거두었다. 누구나 조합원이 되는 것은 아니었다. 까다로운 심사를 거치고 상당한 액수의 가입비를 납부해야 했다. 연고가 있는 자는 가입이 비교적 수월하나, 연고가 없는 자는 총회에서 만장일치의 의결로 가입이 결정되어 하늘의 별 따기만큼이나 어려웠다.

육의전이 국역(國役)을 부담하는 절차는 대충 이렇다. 정부가 국역을 결정하면, 육의전의 감독기관인 경시서(京市署)가 이를 '6개의 시전'으로 분배하여 각 도중에 납부해야 할 품목과 수량을 통보한다. 그러면 각 도중은 도중 회의를 거쳐 징수하고 경시서에 납부했다. 살림 형편이 나은 조합은 미리 일정량을 거두어 보관해 두었다가 경시서의 요구가 있으면 즉시 상납하기도 했다.

육의전 상인조합에는 의문점이 두 가지 있다. 첫째는 6개 시전을 묶는 연합단체가 없다는 점이다.[12] 왜 연합단체가 결성되지 않았을까? 이것은 매우 중요하다. 만약 6개 상인조합이 자율에 의한 조직이라면, 연합단체가 결성되지 않을 이유가 없다. 다시 말하면 육의전의 상인조합은 민간 결사가 아니고, 국역을 효율적으로 조치하기 위해 조직된 어용조합이다. 그리고 활동 범위가 국역부담, 난전의 단속, 친목 도모 따위로 극히 제한되었다. 결국 조선은 육의전 상인조합에 자율을 주지 않았던 것이다. 둘째는 육의전이 생기기 이전, 즉 임진왜란 이전에 상인조직이 존재했느냐다. 종로시전은 육의전 상인조합이 만들어진 후 그 밖에는 별도의 조직이 만들어지지 않았다. 이러한 사실로 미뤄보면 육의전이 생기기 이전에는 상인조직이 없었다고 할 것이다. 그러나 특별한 행사, 예컨대 정월대보름 농악놀이 따위를 주관하는 임시 조직이 해마다 만들어진 것으로 볼 수 있다. 물론 경시서가 주도하거나 묵인 아래 시전의 질서, 청결 그리고 경비와 안전 등을 도모하기 위한 비공식적 어용조직이 만들어져 활동한 것으로 추측할 수 있다.

---

12) 육의전은 조선말 개항 후에 연합하여 총상회(總商會)를 결성한다. 개항으로 외국 상품과 자본이 밀려들어오자, 이에 대응하여 상권을 지키기 위해서였다. 1894년 갑오개혁에서 육의전이 폐지되자 해산되었다.

상인의 역량, 고려가 조선보다 우월하다

고려 상인과 조선 상인의 역량을 객관적으로 비교하기는 불가능하다. 이에 관한 학자들의 연구가 아직 나오지 않고 있다. 그렇다면 어떤 비교 방안이 있을까? 현재 전해지는 기록과 정보 따위로 어느 정도 비교가 가능한 사항은 외국어 능력과 재정 역량 등 두 가지다.

먼저, 외국어 능력이다. 대외교역하는 무역상은 외국어가 필수다. 교역 상대국의 상인과 대화가 자유롭고 원활할수록 좋은 거래를 할 확률이 높다. 고려와 조선의 상인은 누가 외국어 능력이 우수할까? 어림잡아 일단 고려 상인이 조선 상인보다 우수하다고 할 수 있다. 고려는 요나라, 금나라, 송나라, 원나라, 일본 등 외국과 교역이 활발했고, 반면 조선은 대외교역이 활발하지 않았기 때문이다.

고려 상인의 외국어 능력은 중국어 회화책을 통해 가늠할 수 있다. 고려는 『박통사(朴通事)』와 『노걸대(老乞大)』라는 중국어 회화책이 있었다. 이들 책은 시중의 서점에서 판매하여 누구나 사서 볼 수 있었다. 『박통사』는 어떤 책인가? '박통사'는 '박씨 성의 통역관'이라는 뜻이다. 내용은 사신을 따라간 통역관이 통역할 때 필요한 사항, 즉 관혼상제, 종교와 풍속, 취미와 오락 따위에 관해서 묻고 답하는 형식으로 꾸며졌다. 이 책은 전문 통역관을 위한 것인데, 누가 언제 저술했는지는 알 수 없다.

노걸대

박통사

무역상에게는 『노걸대(老乞大)』가 더 요긴한 책이었다. 무역 비즈니스를 위한 실용 회화서였기 때문이다. 무역상이 중국에서 교역할 때 필요한 흥정, 거래, 계약 따위와 숙박, 음식, 의학 등에 대해 『박통사』처럼 문답 형식으로 편집되어 있다. '노걸대(老乞大)'가 무슨 뜻인가? '노(老)'는 남을 높여 부르는 존칭의 접두사다. '걸대(乞大)'는 본래 요나라를 건국한 거란(契丹, Khitan)을 지칭하는 말이었는데, 요나라 멸망 후 '중국과 중국인'을 지칭하는 말이 되었다. 따라서 '노걸대'는 '이름 모르는 중국인'을 부르는 호칭이라 할 것이다.

『노걸대』는 언제 만들어졌는가? 오늘날 학계 통설은 고려 말에 만들어진 것으로 본다. 그러나 시기를 더 올려 원나라 간섭기에 편찬된 것으로 보는 것이 사실에 가깝다고 할 수 있다. 왜냐하면 『노걸대』에 등장하는 상인의 모습과 다니는 노정이 원나라 간섭기에 성행한 것과 유사하기 때문이다. 한편 '걸대(乞大)'의 어원으로 추정하면 편찬 시기가 더 올라간다. '걸대'가 거란을 지칭하는 말이므로 고려와 거란 간에 무역이 성행한 11-12세기에 만들어지고, 그 후 보완되어 내려오다가 원나라 간섭기에 완성된 것으로 볼 수 있다.

『노걸대』에 등장하는 고려 상인은 4~5명의 소규모 상단이다. 이들은 말 10여 마리에 모시 130여 필, 인삼 100여 근을 싣고 정월달에 개경에서 출발한다. 걸어서 압록강을 건너고 요동을 거쳐 북경에 도착하면 가지고 간 상품은 물론이고 말까지 모두 팔았다. 귀국할 때는 압록강으로 되돌아오지 않는다. 북경 인근의 통주에서 운하를 이용하거나 걸어서 산동성 고당(高唐) 등지로 간다. 그곳에서 견직물, 화장품, 일상용품(바늘·칼·가위·빗 등) 그리고 각종 잡화(장식품·구슬·갓끈·놀이기구 등) 따위를 매입한 다음, 배를 타고 예성항으로 귀국했다. 결국 고려 상인들은 북경에 가서 수출품을 팔아 큰 이윤을 얻고, 또 수출품을 판 돈으로 수입품을 구입하여 귀국함으로써 막대한 무역 수익을 챙겼다.

한편 『박통사』와 『노걸대』는 내용이 우수하여 국제적으로 호평을 받았다. 몽골어, 일본어, 만주어 등으로 번역되었다. 조선시대에도 책의 가치가 인정되었다. 1423년(세종 5년)에 인쇄되어 통역관의 학습서로 사용되었고, 그

후에도 여러 차례 인쇄되었다.

고려 상인의 외국어 능력을 알려주는 또 다른 사례가 있다. 명나라를 건국한 주원장(朱元璋)의 사례다. 주원장은 1371년 요동 지역을 손에 넣자, 고려를 굴복시키기 위해 고려를 압박했다. 고려 공민왕은 주원장과 잘 지내려고 강인유(姜仁裕), 정몽주(鄭夢周) 등을 사신으로 보냈으나, 주원장은 도리어 이들 사신 편으로 공민왕을 강압하는 선유문(宣諭文)을 보내왔다. 이 선유문에 외국어 실력을 확인시켜 주는 다음의 글이 있다.

"금년의 신년 축하 사절은 4개월 전에 도착하여 본격적으로 정탐을 했다. 이(李)씨 성을 가진 자는 2~3차례 와서 달달(達達)과 회회(回回) 등 여러 지역의 사람들과 함께 장사하는 척하면서 정탐했다. 달달 사람을 보면 달달 말을 하고, 회회 사람을 보면 회회 말을 하고, 중국 사람을 보면 중국말을 했다."(『고려사』)

주원장이 정탐했다고 지목한 사람은 누구일까? 축하 사절의 일원이고 장사하는 척하면서 정탐했다고 하니, 사신을 따라간 무역상이 분명하다. 사절단에 무역상이 동행하는 것을 뻔히 알면서도 정탐꾼으로 뒤집어씌우고 시비를 건 것이다. 그러나 주원장의 선유문으로 인해 당시 중국에 장사하려고 다닌 고려 무역상이 상당히 많았고, 또 중국말은 물론이고 달달과 회회 말까지 능숙하게 구사한 사실을 알 수 있다.

조선 상인의 외국어 능력은 좋지 않았다. 조선이 국경과 바닷길을 막고 민간 무역을 철저히 금지한 탓이다. 국경 넘어 중국과 장사하는 무역상은 사신을 따라가는 어용상인과 몰래 밀무역하는 상인뿐이었다. 따라서 어용상인과 밀무역 상인들이 암암리에 중국어를 익혔을 것이다. 비록 조선이 사역원(司譯院)을 설치하고 중국어, 몽골어, 만주어, 일본어 등을 통역하는 전문 통역관을 양성했지만, 상인에게는 해당하지 않았다. 고려 상인이 즐겨 휴대하고 다닌 『노걸대』는 단지 사역원에서 중국어 학습 교재로 쓸 뿐이었다.

정리하면, 상인의 외국어 능력은 고려가 조선보다 수준이 훨씬 높았다고 할 것이다. 결정적인 증거는 『노걸대』다. 이 책은 중국에 장사하러 다닌 고려 상인이 많았고, 아울러 고려 상인은 문맹이 아니며 회화책을 사서 학습할 정도의 유식자인 사실을 말해준다. 조선은 그렇지 못하다. 대외통상이 금지된 현실에서 상인은 외국어를 익힐 필요가 없었다. 그로 인해 조선은 외국어에 능통한 상인이 극히 드물었고, 대부분 외국어 문맹이었다.

다음, 상인의 재정 역량이다. 우선 일반적으로 고려는 무역이 성행하고 조선은 무역이 미약했으니, 재정 역량은 대외무역에 투자되는 만큼의 차이가 있다고 할 수 있다. 그러나 기록과 정보가 부족하여 구체적인 차이는 알 수 없다. 다만 다음의 네 가지 사례를 통해 차이를 가늠할 수 있다.

첫째, 앞에서 살펴본 『노걸대』의 사례다. 『고려사』에는 『노걸대』에 등장하는 4~5명으로 구성된 소규모 상단이 개경에 500여 개가 있고, 거의 매일 몇 개의 상단이 중국에 무역하러 간 것으로 기록되어 있다. 1개 상단은 말 10여 마리에 모시 130여 필, 인삼 100여 근을 싣고 무역하러 갔다. 이 무역품은 오늘날 화폐가치로 수억 원을 상회한다. 따라서 500여 개 상단이 있었으니 이를 합하면 수천억 원에 달한다. 이처럼 고려 상인의 재정 역량은 대단했다. 기록이 없어 단정할 수 없지만, 4-5명보다 많은 대규모 상단이 존재했을 것이다. 이 경우 재정 역량은 더욱 커진다.

조선은 민간의 대외교역을 금지했다. 민간 무역은 중국 사신을 수행하면서 하는 교역과 숨어서 몰래 하는 밀무역이 있었다. 고려시대 500여 상단의 무역에 비하면 보따리 무역에 불과하다. 고려 상인과 조선 상인의 재정 역량은 500여 상단의 무역과 보따리 무역만큼의 격차가 있다고 할 것이다.

둘째, 고려 상인이 외국 자금을 대출한 사례다. 때는 1295년 윤 4월, 원나라가 충렬왕에게 조서를 보냈다. 조서의 요지는 '와활태(窩闊台, 오고타이) 황제 때부터 지금까지 몽골관청에서 돈을 빌리고 이자를 갚지 않는 상인이 많다', '이들로부터 이자를 받아 천부사(泉府司)에 납부하라. 만약 잠적한 상인을 찾아서 고발하면 포상한다'라는 것이다.

와활태 황제는 칭기즈칸의 셋째 아들로 원나라 태종이다. 그는 1229년부터 1241년까지 12년간 재위했다. 한편 몽골이 1231년 고려를 침공하자, 고려는 이듬해에 강화도로 천도한다. 따라서 와활태 황제 때는 몽골이 고려를 침공하기 전부터 강화도로 천도한 후 격전을 벌이고 있을 시기다. 그렇다면 전쟁하는 와중에 적국 몽골관청에서 돈을 대출한 고려 상인은 도대체 누구인가? 특별히 조서를 보낸 것은 돈을 빌리고 이자를 갚지 않는 상인이 상당히 많기 때문일 것이다. 고발하면 포상한다고 했으니, 조서에 돈을 갚지 않은 상인 명단이 첨부되어 있었을 것이다. 이자를 못 갚는 것은 사업이 망하거나, 자금 사정이 어렵거나, 고의로 연체한 경우가 있을 터이지만, 이자를 납부한 상인이 더 많았을 것으로 추측할 수 있다.

어떻든 상당수 고려 상인이 몽골전쟁이 발발하기 전부터 몽골관청에서 돈을 빌려 썼다. 대출은 강화도에 천도한 시기와 전쟁이 끝난 뒤 1295년에 이르기까지 약 70년간이나 지속한 것으로 보인다. 다시 말하면 고려 상인은 몽골전쟁 중에도 대륙으로 진출하여 적국 몽골과 거래를 트고 심지어 몽골관청으로부터 자금을 대출하여 사업을 했다. 이 사례는 고려 상인이 국제금융을 이용하며 대륙에서 활약한 사실을 증거하고 있다.

조선 상인은 대외교역이 금지되어 국제금융을 이용할 수 없었다. 어쩌면 이용할 길이 없었고, 이용할 줄도 몰랐다고 할 수 있다. 단지 사신을 수행하면서 하는 무역 범위에서 중국 상인과의 담보와 신용 따위에 의한 대출 정도가 이루어진 것으로 추측할 수 있다.

셋째, 부호 상인의 관리다. 고려는 앞에서 살펴본 바처럼 부자 상인을 상·중·하의 3등급으로 구분하여 관리하고, 그에 상응하게 대우하며 세금 따위를 부담시켰다. 조선은 부상을 고려처럼 등급을 나누고 별도로 관리하지 않았다. 이것은 조선보다 고려에 부자 상인이 많이 존재하고, 고려 상인의 재정 역량이 조선 상인보다 풍부한 것을 반영한다고 할 것이다.

넷째, 시장의 축제와 제사다. 고려의 십자거리시전 상인은 5월 단오에 화려한 축제를 개최했다. 격구 경기를 열고, 여자 무용수 360여 명이 출연하는 대규모 공연을 베풀었다. 그러나 조선의 종로시전 상인은 축제를 열지 않고 사당에서 재신(財神)에게 제사를 지냈다. 이에 관해서는 제5장 '축제하는 고려 시장, 제사 지내는 조선 시장'에서 상세히 서술하고 있다. 축제는 제사보다 인력과 돈이 훨씬 많이 든다. 따라서 고려 상인과 조선 상인의 재정 역량은 축제와 제사만큼의 차이가 있다고 할 수 있다.

상인의 생활문화, 고려가 조선보다 풍요롭다

삶의 풍요는 인류가 이룩한 문화를 향유하는 생활에서 얻어진다. 이것을 문화생활 또는 생활문화의 풍요라 한다. 고려 상인과 조선 상인은 누가 더 풍요로운 문화생활을 누렸을까? 이 물음은 고려와 조선의 전체 백성에 대한 물음이기도 하다. 문화생활의 차이를 판별할 수 있는 지표가 무엇일까? 현재 전해지는 기록과 정보로는 다음 세 가지를 들 수 있다. 즉 옷과 주거, 축제, 완상품 등이다.

첫째, 옷과 주거의 풍요다. 흔히 고려시대는 옷을 잘 입었다고 한다. 잘 살아서, 멋 내기를 좋아해서 잘 입고 다녔을까? 이것은 태조 왕건이 허용한 복장의 자유 때문이었다. 왕건은 후삼국통일 후 백성들에게 옷 입을 자유를 허용했다.[13] 그리하여 고려 사람들은 귀천을 불문하고 누구나 황제와 왕을 상징하는 용봉(龍鳳) 문양을 수놓은 값비싼 비단옷을 마음대로 입고 다녔다. 최하층의 노비가 신라시대에 고위 관리가 입던 자주색 비단옷을 버젓이 입고 다녀도 문제가 없고, 심지어 승려들도 세속과 다름없이 색깔 있는 화려한 옷을 입었다. 옛 왕조시대는 신분에 따라 의복에 차등을 두는 것이 원칙이었다. 아무리 부자라 해도 신분이 낮으면 값비싼 옷을 입을 수 없었다. 왕건은 한국 역사상 최초로 누구나 좋은 옷을 입을 수 있는 옷 입을 자유를 허용했다. 어떠한 옷이라도 입을 수 있는 복색의 자유는 외양상 신분의 차별이 없음을 뜻한다. 따라서 왕건의 옷 입을 자유는 동시대에 동서양을 막론하고 유래가 없

---

13) 공창석, 『위대한 한국상인』, 박영사, 2015, PP.314~315.

는 획기적인 개혁이라 할 것이다.

　태조 왕건이 죽자, 세상의 분위기가 바뀌었다. 귀족과 관리를 위시한 지배층은 신분에 따른 복색의 차별을 줄기차게 획책했다. 왕건을 이은 후대 왕들은 이들의 요구를 막아내지 못했다. 결국 제6대 성종에 이르러 복색의 자유는 폐기되고, 관리의 의복과 백성의 의복을 달리하는 복제규범이 제정되었다. 이로부터 백성들은 화려한 문양을 수놓은 값비싼 비단옷을 입을 수 없게 되었다. 복색에 대한 검열과 단속이 지속되었다. 그러나 복제규범은 잘 지켜지지 않았다.

　복제규범으로 인한 재미있는 일화가 있다. 1178년(명종8) 무신정권 시대다. 당시 집권자 정중부(鄭仲夫)의 노비가 착용이 금지된 자주색 비단옷을 입고 거리를 돌아다녔다. 풍속을 감찰하는 관리가 이를 목격하고 노비를 체포하여 옷을 벗기려 했다. 소식을 들은 정중부가 나섰다. 정중부는 복제규범을 어긴 노비를 두둔하고, 오히려 노비를 체포한 관리를 문책하고 죽이려 했다. 이처럼 노비가 화려한 비단옷을 버젓이 입고 다니는데, 하물며 돈 많은 상인이야 어렵할까? 또 다른 일화가 있다. 고려 말의 이름난 학자 이제현(李齊賢)이 쓴 『익재난고(益齋亂藁)』에 실린 글이다. 이제현은 상인의 부인이 화려한 비단옷을 입고 사치를 즐기며, 부잣집은 금과 옥으로 만든 그릇을 사용한다며, 당시의 사치 세태를 술회했다. 이와 같이 고려는 태조 왕건 이래 상인이 돈을 벌어 좋은 옷을 입고 좋은 집에서 살며 풍요를 즐길 수 있었다. 이러한 생활문화와 풍속은 고려가 멸망할 때까지 지속되었다.

　조선은 옷의 풍요와는 거리가 먼 나라다. 조선의 사대부들은 옷의 사치를 윤리도덕을 훼손하는 사회악으로 보았다. 오로지 검소만을 지선(至善)으로 삼고 추구했다. 그들의 검소 기풍은 너무나 강렬하여 줄곧 남보다 더 검소해보이려는 선명성 경쟁으로 치달았다. 사대부의 옷에 대한 인식이 어느 정도였을까? 그것은 조선의 개국공신 방사량(房士良)이 공양왕에게 올린 상소에잘 드러나 있다. 다음은 상인과 천민의 복색을 차별하자는 상소의 요지다.

"오늘날 길가에는 제왕의 옷차림을 한 남자 종이 흔하고, 항간에는 왕후의 옷차림을 한 여자 종이 허다합니다. 이제부터 장사꾼과 천민이 비단옷과 금, 은, 주옥으로 꾸미는 것을 금지하여 사치 풍습을 고치고, 귀천을 엄격히 가리십시오."(『고려사』)

그야말로 옷의 풍요를 철저히 배격하자는 주장이다. 신분이 미천한 자는 비단옷을 입으면 안 되고, 금과 은 따위의 장식도 금지해야 한다는 것이다. 백성 모두가 한 차원 높게 잘살자는 것이 아니라, 신분상의 위계질서를 꼭 지키고, 상인과 천민은 재력이 있더라도 화려하고 멋진 옷을 입게 하지 말라는 것이다. 방사량이 주장한 사치 금지는 자신이 신봉하는 성리학에 입각한 것이고, 조선이 개국한 이후 사대부의 검소 이념으로 굳어졌다. 성리학은 도덕의 수양을 다진 후에 사람을 다스린다는 수기치인(修己治人)의 학문이다. 그러므로 도덕을 닦는 수양의 궁극에 검소를 둔다면 사치는 사회악의 근원이 되고 설 자리를 잃는 법이다.

일평생 옷의 검소를 실천한 사례가 있다. 조선 중기 시조 시인으로 이름난 윤선도(尹善道)다. 그는 어느 날 아들이 명주 내의를 입고 있는 것을 보고 화를 내며 꾸짖었다. 자신은 나이 오십이 넘어서야 비로소 명주 바지와 모시 적삼을 입기 시작했다고 말했다. 평생을 검소한 옷차림으로 일관한 것이다. 윤선도의 예에 비추어 보면 조선 상인에게 의복의 풍요는 언감생심이고, 오로지 검소한 옷차림을 지향할 뿐이라는 결론에 이른다. 한편 지나친 검소가 나라를 망친다고 탄식한 학자가 있다. 『북학의(北學議)』를 저술한 실학자 박제가(朴齊家)다. 그는 사람들이 비단옷을 입지 않으니 비단 짜는 기술자가 없어지고, 비뚤어진 그릇에 만

박제가 초상(과천문화원)

족하니 질 높은 도자기가 생산되지 않는다고 설파했다. 잘 입고 잘 꾸미는 것을 사치라 하여 배격하면, 끝내 생산방법까지 잊어버리고, 백성들이 궁핍해질 수밖에 없다는 주장이다. 그러나 당시 사대부들은 박제가의 외침을 소귀에 경읽기 식으로 흘려듣고, 냉담했다.

태조 왕건은 옷의 자유와 더불어 주거의 자유를 폭넓게 허용했다. 신분과 지위가 미천하더라도 돈을 많이 벌면 큰 집을 짓고 살 수 있게 했다. 반면 조선은 제후국의 건축 규범을 준수하도록 했다. 그래서 궁궐은 999간을 넘게 지을 수 없고, 백성은 아무리 돈이 많아도 99간까지만 지을 수 있었다. 따라서 건축 규범이 없는 고려 상인이 규범을 엄격히 지켜야 하는 조선 상인보다 주거의 풍요를 더 많이 누렸다고 할 수 있다.

이처럼 고려는 비록 신분이 미천하더라도 돈이 있으면 화려한 옷을 입고, 좋은 말을 타고, 큰 집에서 떵떵거리며 살 수 있었다. 신분이 높은 귀족과 고위 관리일지라도 돈이 없으면 행세하는 데 지장을 받았다. 왕건은 왜 옷과 주거의 자유를 폭넓게 허용했을까? 이에는 다음의 가정과 추론이 성립한다. 왕건은 자신이 세운 고려가 신라를 뛰어넘고, 중국의 황제국을 능가하는 황제국이 되기를 바랐다. 고려가 신라 골품제를 위시한 고래로부터 이어온 신분차별이 혁파되고, 백성의 능력이 한껏 발휘되는 나라로 발전하기를 바랐다. 이를 위해 옷과 주거를 비롯한 생활의 자유를 담대하게 펼친 것이다. 어떻든 이것이 왕건이 지향하고 꿈꾼 고려 황제국의 참모습이라 할 수 있다.

둘째, 축제의 풍요다. 축제는 사람들의 열정을 응집하고 발산시킨다. 축제의 화려한 장식, 흥청거리는 놀이판과 먹자판은 생활문화의 속살이다. 상인들은 축제를 좋아하고 신바람을 낸다. 축제도 즐기고, 돈도 벌기 때문이다. 이에 상인들은 축제를 상업의 보자기로 싸서 사회의 풍속과 문화로 승화시킨다.

고려는 축제를 즐긴 나라다. 국가 차원의 3대 축제, 즉 팔관회, 연등회, 단오 축제가 거의 해마다 열렸다. 특히 십자거리시전에서 열리는 3일간의 단오 축제는 상인의 축제라 해도 과언이 아니다. 그만큼 상인의 역할과 기여가 컸다. 조선은 열정을 내뿜는 축제가 없었다. 국가 차원은커녕 지방 단위의 축제도 열리지 않았다. 단지 동네 단위로 열리는 잔치와 놀이 그리고 굿 따위가 마을 축제로 열릴 뿐이었다. 그로 인해 축제가 생활문화나 상업문화의 발전으로 이어지지 못했다. 예를 들면 앞에서 서술한 종로시전이다. 종로시전은 축제를 열지 않고 제사만 지냈다. 흥청거리는 축제와 엄숙한 제사는 풍요로움에 차이가 있다. 이에 관해서는 제5장 '축제하는 고려 시장, 제사 지내는 조선 시장'에서 자세히 설명하고 있다.

셋째, 완상품의 풍요다. 도자기와 서화 등 완상품은 생활문화의 꽃이다. 완상할 줄 아는 사람이 많고, 완상 물품이 수두룩한 곳은 문화 수준이 높고 살맛 나는 세상이라 할 수 있다. 고려는 도자기, 서화, 진귀한 기물 따위를 완상하는 생활문화가 성숙했다. 이와 같은 생활문화는 고려 상인이 일정 부문을 선도했다고 할 수 있다. 예컨대 고려의 대표적인 완상품인 고려청자를 보자. 고려청자는 지배층의 수요 충족과 수출만을 위해 만들어지지 않았다. 청자 수요는 부유한 상인을 비롯하여 돈 많은 노비에게 이르기까지 광범위했다.[14] 고려는 부자 상인을 상·중·하의 3등급으로 구분하고 명부를 작성하여 특별히 관리한 나라다. 상업과 무역으로 큰돈을 번 부상들은 옷맵시를 꾸미고, 좋은 말을 타고, 지배층에 버금가는 큰 주택을 지어 살았다. 값비싼 도자기와 서화 따위의 완상품으로 주거를 장식하고 감상하는 삶을 영위했다. 고려청자는 고려 사회의 성숙한 생활문화와 고려 상인의 완상 수준을 반영한다고 할 수 있다.

조선은 완상품을 금기시했다. 박제가의 '비뚤어진 그릇에 만족하니 질 높은 도자기가 생산되지 않는다'라는 토로는 당시의 세태를 잘 말해준다. 조선 상인은 완상품과 거리가 멀었다. 대외무역이 없는 그럭저럭한 지역 단위의 장사 수입으로는 비싼 완상 물건을 살 여력조차 되지 못했다. 간혹 큰돈을 벌었다고 한들 내놓고 자랑하지 못하고, 설혹 비싼 완상품을 사더라도 쉬쉬하며 숨겼다. 천대받는 신분에 고가 완상품의 소유는 밉상 받기 십상이고, 자칫

---

14) 공창석, 『위대한 한국상인』, 박영사, 2015, PP.552-553.

올가미에 걸려 재산을 빼앗기는 빌미가 될 수 있었기 때문이다. 조선 상인의 생활문화 수준은 양반의 시선이 허용하는 한계 내에서의 질박한 수준일 수밖에 없었다. 검소의 실천자로서 남의 눈치를 보는 최소한의 수준에 그쳤다. 이처럼 조선에 와서 도자기와 서화 등을 완상하는 생활문화는 검소를 지향하는 기풍에 눌려 오그라지고, 상인의 완상 의식과 수준 또한 밑바닥으로 굴러떨어졌다.

종합하여 정리하면, 고려 상인이 조선 상인보다 사회적 위상이 높았다. 고려는 건국에 상인 세력의 참여가 있었고, 조선은 상인 세력을 탄압하면서 건국되었다. 고려는 상인이 양인 신분으로 비교적 수월하게 관직에 진출하고, 고위직을 역임한 상인 출신이 많았다. 거꾸로 상업을 영위한 고위 관리도 많았다. 그러나 조선 상인은 신분이 양인이나 천민 취급을 받았다. 관직에 진출하기는 하늘의 별 따기였고, 조선 500여 년 동안 고위직을 역임한 상인 출신은 앞에서 살펴본 바처럼 고작 3명뿐이었다.

고려는 행상에게 장례 서비스를 베풀고, 부자 상인을 상·중·하의 3등급으로 구분하고 그에 상응한 대우를 하는 등 특별히 관리했다. 하지만 조선은 행상을 가혹하게 탄압하고 부자 상인도 가차 없이 천시했다. 한편 상인의 역량은 조선보다 고려가 우월했다. 고려는 외국어를 구사하는 상인이 허다한 데 비해 조선은 극소수였다. 상인의 생활문화도 고려는 옷, 주택, 완상품 등에 대해 규제가 적어서 지배층과 대등한 풍요를 누릴 수 있었으나, 조선은 엄격한 규제로 인해 생활문화의 풍요를 누릴 수 없었다.

이처럼 고려 상인과 조선 상인의 다름과 차이는 상업과 무역을 장려한 고려와 이를 억압한 조선으로부터 생기는 당연한 귀결이라 할 수 있다. 결국 고려 상인은 대접받았고, 조선 상인은 천대받았다고 할 것이다.

제7장

고려는 국제 항구,
조선은 국내 항구

우리 한국의 호칭이 'Korea(고려)'로 자리매김한 사연

한국은 해양 강국으로 손꼽히고 있다. 그것은 1960년대부터 시작된 원양어업과 조선업 등 해양 진출의 성공으로 비롯되었다.

그러나 한국은 조선시대 500여 년 동안 무역선이 내항할 수 있는 변변한 항구조차 없었다. 조선이 쇄국하며 바다를 막고 산 탓이다.

그렇다면 오늘날 해양 강국의 눈부신 성취는 무엇으로부터 연유한 것일까? 조선 이전의 고려에 그 무엇이 바탕하고 있었을까?

제7장

고려는 국제 항구,
조선은 국내 항구

들어가는 말

　오늘날 바다에 박식한 한국인은 의외로 적다. 삼면이 바다로 둘러싸인 반도 국가에 살면서도 일상생활은 바다와 거리를 두고 있다. 대다수 사람이 기마민족의 후예임을 자부하며 바다보다 산을 좋아하고 뱃놀이보다 등산을 즐긴다.

　현대 한국인은 빛나는 해양 역사를 이룩하고 있다. 짧은 시일 내에 세계최고에 오른 조선업이 그렇고, 원양어업을 위시하여 해양을 통한 수출 한국이 그렇다. 바다에 어두우면서 이토록 눈부신 변신이 어찌 가능할까? 깊이 잠재해 있던 우수한 해양 DNA가 터져 나와 구현되는 것일까? 그렇다면 이 놀라운 변화와 성취는 어디에서 연유하고, 그 뿌리는 무엇일까? 그 해답은 바다에 관해 고려와 조선을 비교함으로써 구할 수 있다.

　고려와 조선은 바다의 역사가 다르다. 고려는 바다를 가까이한 나라고, 조선은 바다를 멀리한 나라다. 『고려사』에는 해양을 누비는 무역선과 무역상에 얽힌 기록이 무수히 실려 있지만, 『조선왕조실록』에서 무역선과 무역상에 관한 기록은 눈을 씻고 찾아야 할 판이다. 따라서 한국인의 우수한 해양 DNA는 바다를 가까이한 고려시대에 형성되었다고 할 수 있다.

　해양에 관해 고려와 조선의 차이를 가시적으로 확인시켜 주는 사례가 있다. 바로 배가 드나드는 항구다. 고려와 조선의 항구를 비교하면 해양 DNA 뿌리의 형성을 이해할 수 있고, 바다에 관한 두 나라의 다름과 차이를 여실히 알 수 있다.

고려는 국제 항구가 있었고, 조선은 없었다. 이것은 바다에 관한 고려와 조선의 근원적인 다름이고 차이다. 고려의 국제항은 예성항(禮成港)이다. 고려 사람들은 무시로 무역선을 구경하고 외국 상인을 만날 수 있었다. 외국 상인과 밥 먹고, 술 마시고, 바둑을 두는 등 어울려 노는 일이 다반사였다. 그리하여 예성항을 찬미하는 시가 지어지고, 사랑의 노래가 생겨나서 유행했다. 해양 문학과 문화가 꽃을 피운 것이다. 그러나 국제항이 없는 조선은 외국에 대해 무지했다. 수도 한양에 사는 사람들조차 무역선과 외국 상인을 구경하지 못하는 세월이 무려 500여 년이나 지속되었다. 이토록 오랫동안 나라의 문을 닫고 살았으니, 조선 사람들은 바깥세상의 물정과 정보에 깜깜한 밀림의 원시인과 다를 바 없이 되어갔다. 그로 인해 조선은 고려시대에 꽃핀 해양 문화와 문학이 수면 아래로 내려앉아 자취를 감추었다. 고려와 달리 항구에 대한 변변한 시 한 편, 노래 한 곡조 생겨나지 않았다. 기껏해야 마포나루 같은 포구나 나루에서 선박의 무사 항해를 비는 굿판이 벌어질 뿐이었다.

　본론에 앞서 항구에 관한 용어부터 알아보자. 한국의 해안과 강에는 곳곳에 '나루'라는 지명이 있다. 또 '항(港), 포(浦), 진(津)'자가 붙은 지명이 수두룩하다. '나루'는 순수 우리말이고 마포나루, 강화나루처럼 강이나 바닷목에서 나룻배가 건너다니는 곳을 일컫는다. 오늘날 '나루'는 교량이 놓이면서 기능을 잃고 이름과 흔적만 남아있거나 관광지로 명맥을 잇고 있다. '항', '포', '진'은 비록 명칭이 다르나 겉보기는 엇비슷하다. 어떻게 구별하나? 먼저 '항'은 부산항, 인천항처럼 큰 항구를 말한다. 일반적으로 국제항이 이에 해당한다. '포'는 목포, 삼천포, 서귀포 따위로 '항'보다 적은 국내 항구인데, 포구라고도 하며 그 수가 가장 많다. 끝으로 '진'은 의미가 다르다. 수군(水軍)이 주둔한 포구의 지명이다. 즉 노량진, 삼랑진, 주문진 등은 옛날에 뱃길을 지키는 수군의 주둔지였다.

　고려는 '항' 자가 붙은 국제항이 있었다. 바로 예성항이다. 반면에 조선은 '항' 자가 붙은 항구가 없었다. 국제항이 존재하지 않은 것이다. 조선의 국제항은 조선 말에 비로소 생겨난다. 1876년 일본과 강화도조약(江華島條約)을 맺고 3개 항구, 즉 인천항, 원산항, 부산항을 개항한 것이 시작이다. 본래 이들 항구는 제물포, 원산진, 부산포 등으로 불렸는데, 국제항으로 개항하면서 항구를 대대적으로 정비하고 명칭을 바꾸었다. 그러므로 한국은 조선이 건국된 1392년부터 1876년 개항하기까지 약 500년간 국제항이 없었다. 한반도는 바다와 대륙 모두와 연결된 땅이지만, 조선은 바다를 외면하고, 그렇다고 대륙으로도 뻗어나가지 않았다. 삼면이 바다이면서도 바다를 통한 교류와 교역을 포기하고, 바다를 쇄국의 장벽으로 삼고, 스스로 바다의 올가미에 갇혀서 살았다.

국제 항구, 고려는 있고 조선은 없다

고려는 무역 국가로 출범한다. 무역 국가로의 출범은 원대한 기획과 치밀한 설계에 의한 것이라기보다, 태조 왕건의 태생 설화에서 비롯된 필연의 결과라고 할 수 있다. 왕건은 해상호족 작제건(作帝建)의 손자다. 작제건은 서해 용왕의 딸과 결혼하여 아들을 낳았고, 그가 왕건의 할아버지이므로 왕건은 서해 용왕의 외손자가 된다. 그래서 고려 왕씨를 용족(龍族)이라 부르고, 고려는 용족이 다스리는 용족의 나라라 일컬었다. 결국 고려 사람들이 바다와 친근하고 바다를 가까이하며 두려워하지 않는 것은 용족이라는 긍지와 자부심에 뿌리를 둔 자연스러운 현상이라 할 것이다.

태조 왕건은 철원에서 개경으로 천도하면서 해양에 신경을 많이 쓴다. 처음부터 3개의 항구, 즉 3포터(port) 체제의 항구를 건설한다. 3포터(port)는 예성항, 동강(東江), 서강(西江)이 그것이다. 예성항은 대외무역을 위한 국제 항구이자 수도 개경의 생활품을 위한 민수용 항구였다. 동강과 서강은 세곡을 운반하는 조운선(漕運船)을 위한 항구다. 달리 말하면 왕건은 무역을 위한 국제 항구와 조운을 위한 국내 항구를 별도로 분리하여 건설했다. 애초부터 항구를 3포트 체제로 만드는 일은 누구나 쉽게 할 수 있는 일이 아니다. 무역을 알고, 뱃길을 알고, 물류의 흐름을 훤히 꿰뚫는 식견이 풍부해야 비로소 가능한 일이다. 따라서 왕건이 국제항을 비롯하여 세 개의 항구를 건설한 것은 해양에 관한 식견과 탁월함을 유감없이 보여준다고 할 수 있다.

예성항은 위치가 어디일까? 조선시대에 편찬된 지리책 『신증동국여지승람』에는 예성항이 예성강 하류의 벽란도(碧瀾渡) 아래쪽에 있었다고 기록되어 있다. 벽란도는 예로부터 황해도와 경기도를 잇는 나루다. 개경까지의 거리가 12km로 비교적 멀다. 왜 왕건은 이곳에 무역항을 만들었을까? 가장 큰 이유는 수심이다. 당시 고려에 내항하는 중국 송나라 무역선은 배 밑바닥이 뾰족한 첨저선(尖底船)이었다. 첨저선은 밑바닥이 평평한 평저선(平底船)과 달리 수심이 깊어야 계류하고 정박할 수 있다. 이러한 사실을 잘 알고 있는 왕건이 개경으로 천도하면서 벽란도 아래쪽 수심이 깊은 물목에 대형 무역선이 내항하여 정박할 수 있는 항구를 특별히 만들었다.

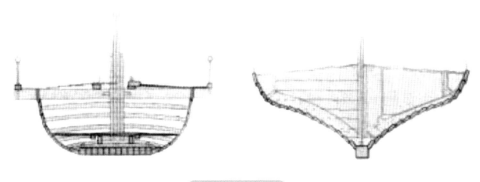

평저선과 첨저선

예성항은 얼마나 컸을까? 그것은 정확히 알 수 없다. 문헌 기록과 발굴 조사 따위의 정보가 부족한 탓이다. 그러나 내항한 송나라 외교사절과 무역상에 관한 기록을 통해 규모를 추정할 수 있다. 먼저 대표적인 송나라 사절단은 1123년에 온 사절단이다. 당시 사절단은 대선 신주(神舟) 2척, 중선 객주(客舟) 6척 등 총 8척의 배에 사신 156명이 타고 왔다. 배 1척에 평균 20명이 승선한 셈이다. 선원, 호위 병사, 노역꾼 등이 약 720여 명이었으므로 총 인원은 약 876명이었다. 신주는 송나라가 아라비아와 교역하기 위해 특별히 건조한 대선으로 길이 약 43m, 높이 약 13m, 넓이 약 11m로 양곡 5,000석을 실을 수 있다. 중선은 길이 약 30m, 높이 약 9m, 넓이 약 7.5m로 양곡 2,000석을 싣는다.

다음 송나라 무역상은 거의 모두 중선을 타고 왔다. 무역상이 가장 많이 내항한 해는 1162년(의종 16년)이다. 그해에 4개 상단에 무역상 364명이 왔다. 1개 상단의 무역상은 평균 91명이다. 그러나 무역선이 몇 척인지는 알 수 없다. 만약 1123년 사절단처럼 1척당 무역상 20명이 승선한다고 보면 약 18척이 된다. 승선 인원을 늘려 30명으로 잡으면 약 12척이 된다. 따라서 예성항은 송나라 중선 12-18척이 넉넉히 정박할 수 있는 규모인 것으로 추정할 수 있다. 한편 고려 무역선과 민수용 선박도 이곳에 정박했고, 외국 무역선이 내항하면 고려의 민수용 선박이 몰려와서 교역하는 등 장사판을 펼쳤다. 이처럼 고려 선박의 내항과 정박을 감안하면 예성항의 규모는 더 커진다.

한편 동강과 서강의 위치는 어디일까? 동강은 개경에서 흘러내리는 하천이 임진강과 합류하는 곳에 조성되고, 서강은 예성항에서 아래로 내려간 예성강 하구에 조성되었다. 둘 다 모래톱이 매우 발달한 강어귀다. 왜 모래톱인가? 조운선 때문이다. 조운선은 세금으로 받은 곡식 등을 운송하는 배다. 한국은 고대로부터 조운선을 밑바닥이 평평한 평저선으로 만들었다. 왜냐하면 한반도의 해안은 조수간만의 차가 심하고, 해안가와 강변에 모래톱이 발달해 있어 평저선이 화물운송에 훨씬 유리하기 때문이다. 평저선은 밀물 때에 모래톱으로 운항해 들어오고, 썰물 때에 선박이 모래톱에 얹히면 화물을 하역하고, 밀물이 들어오면 운항해 나간다.

동강과 서강은 분명히 항구이지만, 조운선의 정박지가 정확히 어느 지점인지를 콕 찍어서 말할 수 없다. 홍수가 나고 물길이 바뀌면 모래톱의 형상이 변하는데, 그때마다 조운선의 정박 지점이 바뀌어서 그렇다. 항구의 명칭을 별도로 '○○포' 따위의 이름으로 짓지 않고, 마치 강 이름처럼 동강(東江), 서강(西江)으로 지칭한 것은 이런 연유에서다.

예성항, 서강, 동강 위치도

조선은 고려와 달리 농업국가로 출범했다. 태조 이성계의 탄생에는 왕건 같은 해양 설화가 없다. 전주 지역의 토호로 알려진 이성계의 고조부 이안사 (李安社)가 앞의 제6장에서 살펴본 바처럼 예쁜 기생을 두고 산성 별감과 다투다가 상황이 불리해지자, 식솔을 이끌고 강원도 삼척으로 이주하고, 그곳에서도 여의치 않자 함경도로 이주했다. 당시 함경도는 원나라가 통치하고 있었고, 이안사는 원나라에 투항하여 원으로부터 다루가치 벼슬을 받고 살았다. 이처럼 이성계 가문은 토호와 벼슬아치 이력만 있다. 이성계는 원나라 벼슬아치의 아들로 태어났고 바다와 무역에 관해서는 식견을 쌓지 못했다.

조선은 국제항과 국내 항구가 따로 없었다. 단지 조운을 위한 항구뿐이었다. 애초부터 국제항과 민수용 국내 항구는 조성하지 않았다. 조운선을 위한 항구만을 기획하고, 한강의 2곳에 조운선 항구를 조성했다. 그것이 서강(西江)과 용산강(龍山江)이다.

다시 말하면 조선은 조운을 위해 2포트(port) 체제의 항구를 건설했다. 서강은 마포나루와 양화진 사이에 조성되었다. 충청도, 전라도, 황해도에서 세금으로 거둔 곡식을 싣고 한강 하류로부터 올라오는 조운선이 이용했다. 용산

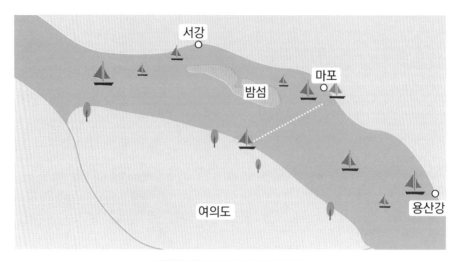

마포, 서강, 용산강의 위치도

강은 지금의 원효 대교가 놓여있는 주변이다. 경상도, 강원도, 충북도에서 거
둔 세곡을 싣고 한강 상류로부터 내려오는 조운선이 이용했다. 그러나 서강과
용산강 모두 조운선이 어느 지점에 정박했는지는 정확히 알 수 없다. 정박하
는 지점이 고려의 동강, 서강과 마찬가지로 모래톱의 변화에 따라 바뀌는 탓
이다.

　서강과 용산강은 조운선만 이용했다. 여타 선박은 이곳을 이용할 수 없었
다. 그러면 수도 한성에 필요한 곡식, 땔감, 일상용품 따위를 운송하는 선박
은 어느 곳을 이용하는가? 이에 대해 조선은 무책임하다는 질책을 들어도 싸
다. 왜냐하면 민수용 선박이 이용하는 항구를 한 곳도 만들지 않았기 때문이
다. 그냥 편리한 곳, 아무 곳이나 배를 대고 하역할 수 있게 방치했다. 결국
예부터 있어 온 나루가 미어터졌고, 수요가 공급을 낳듯이 한성의 인구가 증
가할수록 새로운 나루가 우후죽순처럼 생겨났다. 오늘날 한강에 나루터 지명
이 무수히 많은 것은 조선이 민수용 항구를 별도로 만들지 않은 탓이 크다.

　서강과 용산강의 2포트 항구는 조선 후기에 와서 서강 1포트로 바뀐다.
한강의 수위가 낮아짐으로써 서해의 조수가 용산강까지 들어오지 않아 조운
선의 운항이 어려워졌다. 용산강의 항구 기능이 쇠퇴하자, 조운선이 서강으

로 몰렸고, 서강이 대폭 커졌다. 그리하여 서강과 마포나루가 손에 닿을 듯이 가까워졌다.

예성항의 시와 노래 그리고 벽란정

예성항은 한국 역사상 최고 무역항이었다. 경제가 있고, 문학과 예술이 있고, 사람 냄새가 물씬나는 멋진 항구였다. 풍광이 빼어나서 외국에까지 명 승지로 이름났고, 마치 오늘날의 부산항처럼 시와 노래가 풍미했다. 고려 사 람들이 생전에 꼭 한번은 구경하고 싶어 한, 세계의 뱃사람들이 찬탄한 매력 넘치는 항구였다.

예성항이 얼마나 멋있었을까? 직접적인 기록과 그림 등이 없어 면모를 가 늠하기 어렵다. 그러나 번영에 관련된 기록이 있고 예성항을 찬미한 시와 사 랑의 노래가 전해지고 있어 멋진 모습을 연상하고 맛볼 수 있다. 먼저 예성항 의 번영에 관해 알아본 다음, 시와 노래를 감상하고, 화려한 풍광을 살펴본다.

첫째, 예성항의 번영이다. 예성항의 번창함은 예성강과 개경 사이에 놓인 도로를 통해 확인할 수 있다. 예성항은 개경으로부터 12km(30리) 거리에 있 다. 둘 사이는 도로가 개설되었다. 예성항이 전성기 시기에 도로는 사람과 수 레로 붐볐다. 도로변에는 민가가 처마를 맞대고 연이어 있어 처마 밑을 따라 걸으면 비 한 방울을 맞지 않았다고 한다. 과연 그럴까? 도로가 사람과 수레 따위로 붐빌 수야 있지만, 12km나 되는 긴 도로변에 민간 집들이 연접되어 있어 처마를 따라 걸으면 비를 맞지 않는다는 것은 믿기 어렵다. 지나친 과장 인가? 황당한 거짓인가? 이 질문은 경제 상식으로 해답을 찾으면 의외로 쉽 게 풀린다.

먼저 도로변의 민가는 단순한 농가가 아니다. 옛 중세시대에 민가는 거의 농사짓는 농가(農家)다. 농가는 농토 가까이에 짓지 도로에 나앉게 짓지 않는 다. 따라서 '예성항-개경' 간의 도로변에 세워진 민가는 농가가 아니고, 상공업 또는 서비스업의 용도로 사용하는 민가일 확률이 높다. 도로를 오가는 여행객들을 위한 음식점과 찻집, 휴게소와 주점, 여관 등을 영위하는 건물일 수 있고, 일상품과 수공업품 따위를 파는 가게일 수 있다.

다음 붐비는 사람과 수레다. 이것은 예성항의 경제권에 대한 이해가 필요하다. 예성강에는 벽란나루, 예성항, 서강 등 세 곳의 항구가 경제권을 이루고 있다. '예성항-개경' 도로는 이 경제권과 개경을 연결하는 가도로서 경제의 대동맥이다. 따라서 고려의 전성기 '예성항-개경' 도로는 당연히 인마와 수레로 북적거렸을 것이다. 특히 수레는 서강에 하역된 세곡(稅穀)을 개경으로 운송하는 수레의 비중이 높았을 것이다.

다음 예성항을 오가는 여행객이다. 예성항은 요샛말로 대박이 터진 곳이다. 한낱 시골 벽지의 강변이 국제 무역항으로 개발되었으니, 그야말로 상전벽해(桑田碧海)를 이룬 셈이다. 부둣가는 음식점, 술집, 여관 따위가 즐비하고, 개중에는 송나라의 창기(娼妓)들이 영업하는 주점도 있었다. 예성항은 여태껏 보지 못한 다른 세상이었다. 외국 상인과 선원, 오색 깃발을 휘날리는 무역선, 부둣가의 흥청거림은 진짜배기 볼거리였다. 그로 인해 예성항은 행세깨나 하는 사람은 한 번은 나들이해야 하는 곳, 글줄 깨나 쓰는 문객은 들러서 시라도 한 수 지어야 하는 곳, 외국 풍물을 구경하고 맛보려면 꼭 가봐야 하는 유람의 명소로 이름이 났다. 이와 같은 각양각색의 여행객들이 인산인해를 이루고, '예성항-개경' 도로를 오가며 붐볐다.

이상을 정리하면 '예성항-개경' 도로에 민가가 처마를 맞대었다는 기록은 다소 과장된 표현이나, 터무니없는 거짓은 아니다. 도로 12km는 상당히 긴 거리다. 쉬어가기에 적당한 곳이나 풍광이 멋진 곳에 서비스업과 상공업 따위를 영위하는 마을이 형성되고도 남을 만하다. 만약 진위가 여전히 의심스러우면, "아니 땐 굴뚝에 연기가 나랴?"라는 속담을 떠올리는 것이 제격일 수 있다.

둘째, 예성항에 관한 시다. 두 편이 전해지고 있다. 하나는 고려의 대문호 이규보(李奎報, 1168~1241)가 지었다. 제목은 "예성강 누상(樓上)에서 조수를 본다"이고 『동국이상국집』에 실려 있다. 또 하나는 『동국여지승람』에 실려 있는데, 제목이 없고 누가 언제 지었는지도 모른다. 먼저 이규보의 시부터 감상해 보자.

> <예성강 누상에서 조수를 본다>   이규보
>
> 조수는 밀려왔다 다시 밀려가고
> 오가는 뱃머리 서로 잇대었도다.
> 아침에 이 누(樓) 밑을 떠나면
> 한낮이 못되어 남만(南蠻) 하늘에 이르네.

바닷물이 들고나고, 수많은 배들이 떠다니는 풍경이 정겨이 다가오는 시다. 이규보는 시를 어떤 누각에서 지었을까? 그가 유숙한 여각의 누각일까, 아니면 항구를 조망하도록 특별히 세운 누각일까?

이규보는 오가는 배가 뱃머리를 잇댈 정도로 많고, 그 배들이 남만으로 가는 무역선임을 은유적으로 읊었다. '아침에 누각 밑을 떠난 배가 한낮이 못되어 남만 하늘에 이른다' 하여 남만을 무척 가깝고 친근한 곳으로 느끼게 한다. 이 시구와 상통하는 유명한 속담이 있다. '친구 따라 강남 간다'라는 속담이다. 강남은 서울의 강남이 아니다. 장강(長江) 이남의 남중국을 일컫는다. 그러므로 이 속담은 고려인들이 남중국은 친구가 함께 가자고 권하면 그냥 덩달아 따라갈 만한 곳, 평소에 언제든지 갈 수 있는 곳으로 여긴 사실을 말해준다.

한편 남만(南蠻)은 남중국보다 넓은 지역 개념이다. 본래 남만은 중국의 역대 왕조가 베트남, 태국 등 남방 민족을 오랑캐라고 멸시하여 일컫던 용어다. 한국은 고려 말과 조선 초에 오키나와, 태국, 자바(瓜哇) 등지를 남만이라 불렸다.

이규보 영정

따라서 시의 마지막 '한낮이 못되어 남만 하늘에 이른다'라는 구절은 남중국은 물론 그 이남까지도 마음만 먹으면 언제든지 갈 수 있다는 뜻을 담고 있다고 할 수 있다. 고려 사람들은 장사하려고, 공부하려고, 여행하려고 강남(남중국)을 무시로 왕래했다. 그로 인해 이 속담이 생겨나 유행하고, 오늘날까지 회자하고 있다 할 것이다.

이규보 시에 대한 왜곡과 진실

오늘날 혹자는 이규보가 지은 "예성강 누상에서 조수를 본다"의 시를 왜곡하고 나쁘게 평가하고 있다. 고려는 해상무역이 발달하지 않았고 예성항도 번창하지 않았는데, 이규보가 시를 과장하여 지었다는 것이다. 예를 들면 『내일을 여는 역사』에 실린 '(교과서 바로보기)고려시대 예성항 무역의 실상'이란 글이다. 이 글은 시의 자구를 트집 잡으며 혹평하고 있다.[15] 그것은 다음의 네 가지다.

첫째, 배의 빠름을 시비한다. 시의 "아침에 이 누(樓) 밑을 떠나면, 한낮이 못되어 남만 하늘에 이르네"를 두고, 그렇게 빠른 배가 있느냐며 논박한다. 도대체 시를 이해하고 감상할 줄 아는 사람인가? 이에 대해서는 '시작이 반이다'라는 속담을 쏘아주고 싶다. 또 한낮 무렵에 배가 망망대해에 들어서면, 승객은 이미 남만의 기분에 도취 될 터이므로, 시는 이를 맛깔스레 표현한다고 보태어 말하고 싶다.

둘째, 고려는 해상무역이 발달하지 않았다고 한다. 이규보가 시를 지은 당시 예성항은 200~300명이 탈 수 있는 송나라 무역선이 일 년에 두 차례 정기적으로 왕복할 뿐인데, 어찌 남만에 가는 배가 꼬리를 잇댈 정도로 많다고 할 수 있느냐다. 이 트집은 두 가지 흠이 있다. 하나는 중세에 200~300명이 탑승하는 무역선의 정기운항은 세계적으로 손꼽히는 사례라는 사실이다. 뿐만 아니라 고려 무역선도 예성항을 모항으로 하여 남중국에 많이 왕래했다. 또 예성항은 고려의 각종 민수용 선박이 내항했으므로 항구를 오가는 배가 꼭 남만으로 가는 배뿐만이 아니다. 글쓴이는 이런 사실을 간과하고 있다.

---

15) 『내일을 여는 역사』 권 22, 2005. PP.305-319. 이 책에 실린 '(교과서 바로보기) 고려시대 예성항 무역의 실상'이라는 글은 이규보의 시를 정밀하게 해석하면 예성항은 번창하지 않았다는 결론에 도달한다고 주장한다. 『내일을 여는 역사』는 문화체육관광부 소관의 재단법인 '내일을 여는 역사재단'에서 발간하는 계간지다.

셋째, 남만은 중국 남쪽의 먼 나라가 아니고 탐라국이라고 한다. 이것은 사실을 오도하는 잘못이다. 탐라국은 고려의 번국(蕃國)이었다가 1105년(숙종10)에 1개 군(郡)으로 개편함으로써 사라진다. 따라서 탐라는 1105년 이전과 이후가 다르다.

넷째, 시의 배를 조운선이라고 주장한다. 당시 이규보가 조운선을 감독하는 직책을 맡았으므로 조운선과 멀리 해외로 나가는 무역선을 구별하지 못했을 리 없었다고 한다. 이 주장은 두 가지 점에서 진실을 호도한다. 먼저 고려는 대외무역을 위한 예성항과 조운을 위한 항구(서강과 동강)를 별도로 만들었다. 조운선은 예성항에 입항하지 않고 서강과 동강에 입항했다. 한편 이 주장은 대문호 이규보를 무역선과 조운선을 구별하지 못하는 몰상식한 인물로 매도한다. 이규보는 서강에 조운선이 정박하고 있는 광경을 그린 "예성강(禮成江)에서"[16]라는 시를 지었다. 다시 말하면 "예성강 누상(樓上)에서 조수를 본다"라는 시와 "예성강(禮成江)에서"라는 시를 따로 지었다. 그러므로 '남만으로 가는 배'를 무역선이 아니고 조운선이라고 하는 주장은 터무니없는 왜곡이고 무지한 탓이라 할 것이다.

예성항은 세계에 이름을 떨친 항구다. 물론 장구한 세월에 전성기도 있고 쇠락기도 있었다. 이규보가 시를 지은 당시의 예성항은 최전성기는 아닐지라도 번영을 누리고 있었다. 이것이 진실이다.

다음 『동국여지승람』에 실려 있는 시다. 예성항의 풍요를 사실적으로 그리고 있는데, 제목이 없고 누가 언제 지었는지 알 수 없다.

<제목 없음>　작가 미상

"남쪽 배, 북쪽 배
멀리서 모여들어 교역하누나.
뱃사공들 등불 돋우고
북 울려 흥겨워하기에 알아보니
동쪽, 남쪽의 장삿배더라."[17]

북소리 울리고 흥청거리는 예성항의 풍광을 실감나게 묘사하고 있다. 때

---

16) 『동국이상국집』13권, 고율시.
17) 『동국여지승람』 권4, 개성 산천조.

는 등불을 돋우는 야밤이어서 한낮에는 더 북적댔을 것임을 연상하게 한다. 이 시는 제목도 작자도 모른다. 그러나 다행히 시가 지어진 시기는 추측할 수 있다. 시는 스스로 지어진 시기를 암시하고 있는데, 그 암시는 배다. 시에는 2부류의 배가 있다. 즉 '남쪽 배, 북쪽 배'와 '동쪽 남쪽의 장사배' 등이다. 이들 배가 어디서 왔고, 국적이 어디인지를 밝히면 시가 언제 지어졌는지를 추측할 수 있다.

예성항은 국제항이면서, 또한 국내 항구다. 외국 무역선이 내항하면 고려 선박이 모여들어 상호 교역하지만, 무역선이 내항하지 않을 때도 각지에서 온 배가 화물을 싣고 내리거나 부둣가와 선상 등에서 장사판을 벌렸다. 따라서 시의 첫 구절 "남쪽 배, 북쪽 배 멀리서 모여들어 교역하누나"는 고려 선박을 묘사하고, 마지막 구절의 "동쪽, 남쪽의 장삿배더라"는 외국 무역선을 묘사한 것으로 보인다. 예성항에는 문헌 기록상 총 4개국의 무역선, 즉 송나라, 아라비아, 탐라, 일본의 무역선이 왔다. 이 중에서 남쪽의 장삿배는 송나라, 아라비아, 탐라의 무역선이고 동쪽의 장삿배는 일본 무역선이 된다. 그러므로 시가 지어진 시기는 동쪽 장삿배인 일본 무역선이 입항하고, 덩달아 남쪽 장삿배인 송나라와 탐라 등의 무역선이 입항하여 함께 정박한 시기라고 할 수 있다.

일본 무역선의 예성항 입항은 1073년 7월부터 1080년까지 단 7년 동안뿐이다. 이 기간에 일본 무역선은 총 5회 내항했다. 또 이 기간에 송나라 무역선은 6회 내항하고, 탐라 무역선은 2회 내항한 기록이 있다. 외국 무역선이 예성항에 입항하면 대개 5-6개월 정도 체류한다. 특히 송나라 무역선은 7-8월의 서남 계절풍을 타고 왔고, 이듬해 2-3월에 북풍을 이용하여 돌아갔다.

일본 무역선과 송나라 무역선이 가장 많이 정박한 시기는 언제일까? 기록을 살펴보면 1075년이 된다. 이 해에 일본 무역선은 2회, 즉 윤4월 3일(18명)과 7월 10일(59명)에 내항했다. 송나라 무역선도 2회로 5월 25일(39명)과 6월 26일(35명)에 내항했다. 그러므로 양국의 무역선이 예성항에 함께 정박한 시기는 송나라 무역선이 처음 입항한 5월 25일 이후부터가 된다. 한편 1회 내항한 무역선을 2척으로 가정하면, 일본이 2회 4척이고 송이 2회 4척으로,

예성항과 벽란정(추정도)[18]

18) 『고려사』와 『고려도경』 등의 기록을 근거로 하여 그렸다.

총 8척의 무역선이 예성항에 수개월간 잇대어 정박하게 된다. 물론 1회에 1척이면 총 4척이고, 3척이면 12척이 된다.

따라서 위의 작자 미상의 시는 일본과 송나라의 무역선이 예성항에 입항하여 함께 정박해 있던 1075년 5월 25일 이후부터 이들 무역선이 돌아가기 전의 어느 날에 지어졌을 것으로 여겨진다. 송나라 무역선이 2차로 입항한 6월 26일 이후 밤하늘이 쾌청한 어느 날로 꼽으면 무리가 없을 것이다. 아마 시를 지은이는 예성항이 송나라와 일본 무역선이 내항하고, 이들과 교역하기 위해 몰려든 고려 배들로 장관(壯觀)이라는 소문을 듣고 구경하려고 온 꽤 이름난 시인일 수 있다.

셋째, 애달픈 사랑 노래 '예성강(禮成江)'이다. 항구가 멋있어서 노래가 생겨났을 터이고, 단지 한 곡만 불리었을 리 없겠지만, 전하는 노래는 이뿐이다. '예성강'은 시대를 풍미한 유행가였다. 제25대 충렬왕의 애창곡이었고, 고려시대뿐 아니라 조선시대에도 크게 유행했다. 노래는 전편과 후편이 있는데, 가사와 곡조는 유실되어 모른다. 다만 『고려사』에 노래의 사연이 기록되어 있다. 내용은 송나라 상인이 고려 여인을 탐하여 사달을 일으키는 것이다.

예성강 노래 사연

하두강(賀頭鋼)이란 송상이 예성강에서 아름다운 부인을 만났다. 그는 부인을 차지하고 싶어서 꾀를 냈다. 하두강은 바둑 고수다. 그는 부인의 남편이 바둑을 좋아하는 줄 알고, 남편과 내기바둑을 두자고 꾀었다. 남편이 응하자, 일부러 몇 판을 져주고는 화난 체하며 거금을 걸자고 했다. 돈이 모자란 남편은 (돈 욕심에) 자기 처를 걸었다. 하두강은 단숨에 이기고, 부인을 배에 태워 떠나갔다. 남편이 후회하며 노래를 지었는바, 그것이 전편이다.

배가 출항하자, 하두강이 부인의 옷을 벗기려 했다. 그러나 옷매무새가 야무지고 부인이 저항하여 뜻을 이루지 못했다. 배가 바다에 들어섰을 무렵에 뱃머리가 돌며 나아가지 않았다. 뱃사공이 점을 치니 부인이 하선하지 않으면 파선한다는 점괘가 나왔다. 하두강이 어쩔 수 없어 부인을 돌려보냈다. 부인이 돌아오며 노래를 지었는바, 그것이 후편이다.

송나라 무역선은 주로 남중국의 명주항(明州港, 지금의 영파)과 예성항을 왕래했다. 명주에서 출항하여 처음 기착하는 곳이 흑산도다. 명주에서 흑산도까지는 약 7일이 걸렸다. 흑산도에서는 환영식을 열고, 밤에 봉화를 올렸다. 무역선이 도착한 것을 개경과 예성항에 알리는 것이다.

흑산도에서 예성항까지는 고려 군선(軍船)이 무역선을 호위했다. 군선의 호위는 만약의 사태, 즉 해난사고나 해적 따위의 습격을 막기 위해서다. 드디어 무역선이 예성항 부두에 도착하면 환영식이 성대히 열렸다. 번쩍이는 창칼로 무장한 의장대가 정렬하여 차림새를 뽐내고, 구경꾼이 구름처럼 몰려와 행사장을 둘러쌌다. 풍물패가 징과 북을 치고 풍악을 울려 행사장의 분위기를 북돋웠다. 어쩌면 환영의 노래로 '예성강'을 불렀을 수 있다. 동서고금을 막론하고 항구는 희로애락이 넘쳐난다. 특유의 바다 경제가 돌아가고, 뱃사람의 삶이 질펀하게 펼쳐진다. 항구는 들락거리는 배가 많으면 많을수록 술과 노래 따위로 흥청거리고, 문학과 예술이 꽃핀다. 예성항이 그런 항구였다.

넷째, 예성항의 영빈관 벽란정(碧瀾亭)이다. 벽란정은 예성강의 언덕 위에 세워진 건물이다. 벽란정은 정(亭)자가 붙었다고 하여 경치 좋은 곳에 세운 팔각정 모양의 정자(亭子)를 연상하면 헛다리 짚는 꼴이 된다.

벽란정은 예성항에 내항한 외국 사신을 영접하는 관사(官舍)다. 오늘날 외국 귀빈을 모시는 영빈관 호텔과 다름없다. 외국 사신이 예성항에 내항하면 고려의 관리와 호위 병사들이 징과 북을 치며 환영하고, 사신을 안내하여 벽란정으로 들어간다. 벽란정 안에는 서쪽 편에 건물이 한 채 있고, 동쪽 편에는 여러 채가 있었다. 서편 건물은 우벽란정(右碧瀾亭)이라 하는데, 외교 조서를 봉안하는 곳이고 사람은 숙박하지 않는다. 동편 건물은 좌벽란정(左碧瀾亭)이라 하는데, 사신과 수행원이 숙박하는 곳이고 인원이 많을 때는 수백 명이었으므로 건물 규모가 상당했다. 벽란정의 전체 건물은 외부에서 볼 수 없다. 다만 서편 언덕에 세워진 우벽란정이 한 폭의 그림처럼 보일 뿐이다. 또한 이 건물은 벽란나루 쪽에서도 조망되어 빼어난 풍광을 이루었다.

다시 말하면 벽란정은 여러 채의 건물로 이루어진 관사이지 팔각정과 비슷한 단독의 정자가 아니다. 그럼에도 왜 정(亭)자일까? 그것은 예성항의 뒤편 벽란도 언덕에 세운 우벽란정이 마치 정자처럼 보여서 그런 것이다. 우벽란 정은 전망이 좋아서 벽란도와 예성항이 내려다보였고, 예성항과 벽란도에서도 멋진 풍광의 정자로 보였다. 뿐만 아니라 예성항을 내항하는 무역선에서 바라 보는 우벽란정은 자태가 빼어나서 외국에 이름이 났고, 예성항의 상징으로 자 리매김되었다.

조선의 대표 항구 마포와 '마포나루 굿'

조선시대 한강에는 강을 건너는 나루가 9개 있었다. 그중에서 포(浦)자가 붙은 항구는 마포(麻浦)와 두모포(豆毛浦) 두 곳이다. 진(津)자가 붙은 노량진 과 양화진은 수군이 주둔한 나루다. 나머지 5개는 일반 나루로 서강나루, 광 진나루, 송파나루, 삼전도, 한강도 등으로 불린다. 따라서 한강에는 총 4개의 항구가 있었다. 조운을 위한 2개 항구(서강과 용산강)와 민수용 2개 항구(마포 와 두모포) 등이다.

두모포(豆毛浦)는 지금의 동호대교 북단에 있다. 한강의 본류와 중랑천이 합류하는 곳이다. 한강 상류로부터 내려오는 선박이 이곳에 집결했다. 두모포 는 경치가 좋아 강변에 정자가 많이 들어섰고, 뱃놀이와 유람하는 곳으로도 이름이 났다. 그러나 두모포는 마포만큼은 성시(盛市)를 이루지 못했다.

한강의 나루 중에서 가장 크고 번창한 나루는 마포다. 마포는 포구이면서 나루였다. 포구는 한강 하류로부터 올라오는 배들이 집결하는 장소이고, 나 루는 맞은편의 여의도를 거쳐 시흥과 수원으로 가는 길목이었다. 마포나루는 예부터 있었는데, 조선이 한성으로 천도함으로써 급성장한다. 다른 나루보다 지리적 강점이 컸다. 마포에서 남대문과의 거리가 4km로 비교적 가까워 배 로 실어 온 화물을 한성으로 빨리 운송할 수 있었다. 그로 인해 서해의 장삿 배와 어선들이 마포를 선호하고 모여들었다.

마포는 조선 정부가 계획적으로 만든 항구가 아니다. 조선은 앞에서 서술한 바처럼 예성항과 같은 항구를 만들지 않았다. 단지 조운선의 정박지로 서강과 용산강을 조성했다. 그러므로 마포는 민간 수요에 의해 성장을 거듭하여 나루가 포구로 발전했다. 발전의 시발은 경강상인(京江商人)을 비롯한 생선과 소금을 파는 상인들로부터다. 그들이 새우젓을 위시하여 생선과 소금을 실은 배를 남대문과 가까운 마포에 정박시키고 장사를 벌였다. 한성에서 마포의 새우와 새우젓은 최고 인기였다. 그리하여 마포는 조선 후기에 이르러 새우젓과 소금의 독점 항구가 되고 한강의 대표 항구로 명성을 얻었다.

　마포의 성장은 세월이 갈수록 눈부셨다. 생선, 젓갈, 소금 따위를 전문으로 취급하는 객주(客主)가 들어서고, 주점과 여관이 우후죽순처럼 생겨났다. 상품을 보관하기 위한 물류 창고도 세워졌다. 젓갈을 담는 옹기 수요가 증가함에 따라 인근 용강동 일대에 젓갈용 옹기를 굽는 마을이 형성되었다. 한편 마포 건너편의 밤섬에 큰 변화가 일어났다. 배를 만들고 수리하는 조선소가 여럿 들어서서 성황을 이루었다. 밤섬에 조선업이 성장한 것은 동강과 서강의 2포트 항구가 서강으로 합쳐지고, 그로 인해 조운선의 정박지가 마포 쪽으로 확장된 영향이 컸다고 할 수 있다. 여하튼 마포는 생선, 젓갈, 소금으로 특화된 생산거점 또는 유통거점으로 발전해 나갔고, 전국으로 이름난 항구가 되었다.

　모름지기 시장이 성장하면 상인의 힘이 세지는 법이다. 마포나루도 마찬가지로 항구가 번창함에 따라 상인 세력의 역량이 커졌다. 부유해진 마포 상인들이 힘을 모아 세시 명절에 풍속 놀이를 크게 베풀었다. 정월 대보름, 사월 초파일, 단오, 백중, 추석 등의 세시 명절에 풍물 놀이판을 벌이고 흥청거리며 즐긴 것이다. 특히 5월 5일 단오에 선박의 무사 항해와 마포의 번영을 비는 굿이 유명했다. 그것이 바로 '마포나루 굿'이다.

　마포나루 굿은 두 마당으로 나누어 진행되었다. 하나는 용신굿(배 굿)이라 하여 마포나루를 오가는 선박의 안전 항해를 비는 굿이다. 마포 앞 한강에 황포돛배를 띄우고 배 위에서 무녀와 악사들이 춤추고 노래 부르며 용왕님께 한바탕 굿을 올린다. 또 하나는 도당 굿(육지 굿)이라 하여 마포나루의 안녕과

번영을 기원하는 굿이다. 특별히 마련한 제단에 마포나루의 수호신 초상과 신령님 화상을 모신 후 제물을 올리고 용신굿과 마찬가지로 무녀와 악사들이 굿거리를 베풀었다.

'마포나루 굿'은 선풍적인 인기를 끌었다. 각처에서 사람들이 몰려와 굿거리를 구경하며 먹고 마시고 즐겼다. 굿은 축제 분위기를 자아내며 다른 나루와 차별 짓는 행사가 되었다. '마포나루 굿'은 마포나루 상인들이 마포의 특산물인 새우젓, 소금, 생선 따위를 홍보하는 동시에 고객들에게 볼거리 서비스를 베푸는 특별행사라고 할 수 있다.

마포에는 '마포나루 굿'이란 볼거리 풍물이 생겨났으나, 시와 노래는 생겨나지 않았다. 마포가 한강의 가장 큰 항구이지만, 이에 관한 시와 노래 따위는 하나도 없다. 이 점은 한강나루 9개 전체가 똑같다. 예를 들어 『동국여지승람(東國輿地勝覽)』에 한강의 경치와 뱃놀이를 읊은 시와 글이 다수 수록되어 있다. 그러나 한강나루와 뱃사람 따위를 주제로 삼은 시와 글은 한편도 없다. 왜 그럴까? 아마 다음의 두 가지 이유 때문일 것이다.

하나는 이유가 단순하다. 한강에 멋진 항구가 존재하지 않고, 외국 무역선이 내항하지 않은 탓이다. 외국 상인과 무역선이 없는 한강의 포구는 전국에 산재한 일반 포구와 하등의 차이가 없다. 다시 말하면 고려의 예성항처럼

살아생전에 한 번쯤 구경하
고 싶은 항구가 없었다. 색
다른 볼거리가 없는 흔하디
흔한 포구에서 특별한 시와
노래가 생겨날 수 있을까?
또 하나는 조선의 상업 천시
풍토다. 조선의 양반 지배층
은 상업과 상인을 멸시했다.
체통이 깎인다며 시장을 뒷

마포나루 굿(마포문화원)

간 피하듯이 피해 다녔다. 심지어 돈이 더럽다고 손으로 집지 않고 젓가락으
로 집어 줄 정도였다. 그들에게는 아무리 한강 포구와 나루가 인산인해로 붐
벼도, 온갖 장삿배가 포구를 가득 메워도, 그것은 하찮은 존재로서 시제나 글
제의 대상이 아니었다.

'마포나루 굿'은 한국전쟁 이후 서울이 대도시로 발전하면서 점차 시들
해지고 사라져갔다. 마포가 도심지로 개발되고 마포대교가 놓이면서 포구와
나루가 기능을 잃었다. 그러다가 1991년부터 무속인의 주도 아래 '마포나루
굿'이 재현되었다. 지금은 마포문화원이 주관하여 매년 5월 5일 단오 즈음에
성산대교 아래의 빈터에서 굿을 열고 있다. 비록 옛 마포의 전통을 보존하기
위한 차원으로 굿이 열리지만, 그 모습은 대외무역을 포기한 조선의 외진 얼
굴이고 외국 무역선이 한 척도 내항하지 않은 한강의 뒷모습일 수 있다.

조선이 국제항을 만들지 않고 포구와 나루 따위의 작은 항구에 머무는 사
이 동아시아 한반도에 대한 정보는 세계에 '업데이트'되지 않았다. 고려를 멸
망시키고 건국된 조선이지만, 국제 상인들은 'Joseon(조선)'이라는 이름을 거
의 들어보지 못했다. 쇄국하며 바다를 막아서 무역선의 오고 감이 없었던 탓
이다. 그리하여 조선이 최근세까지 무려 500여 년을 존속했지만, 'Korea(고
려)'가 한반도를 지칭하는 이름으로 남았다. 우리 한국이 'Joseon(조선)'이 아
니고, '코리아(Korea)'로 불리는 사연이다.

제8장

무역하는 고려 왕,
농사짓는 조선 왕

고려 충혜왕과 조선 소현세자의 비자금은 공통점이 있다.

절대 군주라도 모든 걸 마음대로 할 수 없다는 것을 우리는 알고 있다. 고려와 조선의 임금들도 그러했다.

공적인 일이 아닌 사적인 뭔가를 하기 위해서는 좋게 말해서 '통치 자금', 그러니까 비자금이 필요했다.

고려와 조선의 임금들은 비자금 사정이 어떠하고, 이를 만들기 위해 어떤 수단을 강구하고, 이를 어떻게 썼을까?

제8장

무역하는 고려 왕, 농사짓는 조선 왕

고려와 조선의 임금은 총 61명이다. 고려가 34명이고, 조선이 27명이다. 예나 지금이나 권력이 '통치' 혹은 '정치'를 하기 위해서는 돈이 있어야 한다. 그것도 남의 눈치를 보지 않고 사사로이 쓸 수 있는 쌈짓돈, 즉 비자금이 풍족해야 한다. 그러나 모든 임금이 돈으로부터 자유롭지는 않다. 어떤 임금은 풍족하고, 어떤 임금은 궁색하다. 그러면 이들 61명의 임금 중에서 비자금을 최고로 풍성하게 쓴 임금은 누구일까? 반대로 쌈짓돈이 메말라서 허덕거린 임금은 누구일까? 또 임금들은 비자금 쌈지를 어떻게 채웠을까? 이제 이런 물음과 대답이 역사의 상식으로 자리매김할 필요가 있다.

동서양을 막론하고 왕조시대는 '주머닛돈이 쌈짓돈'이라 하듯이 왕의 돈과 나랏돈이 구분되지 않았다. 왕권이 강한 왕은 나랏돈을 많이 챙겨 풍성하게 쓸 수 있고, 왕권이 약한 왕은 신하들로부터 씀씀이를 간섭받고 견제당했다. 왕마다 제각기 처지가 다른 것이다.

한국은 고려시대에 와서 임금의 돈과 나랏돈이 구분되기 시작한다. 1170년 무신정변 이후부터다. 쿠데타로 권력을 잡은 무신들이 왕실 재정과 정부 재정을 따로 구분하여 관리하도록 조치하고, 임금이 나랏돈을 마음대로 쓰지 못하게 했다. 순전히 임금의 힘을 빼기 위한 목적이었다. 그러다가 몽골전쟁 이후 원나라의 내정 간섭을 받으며 왕실 재정을 따로 관리하는 것이 관행화되었다. 이 또한 원나라가 고려 임금의 힘을 깎아내리고 무력화하기 위해 자금줄을 막은 조치였다. 조선은 어땠을까? 조선은 애초부터 왕실 재산을 구분했다. 제3대 태종 이방원이 아버지 이성계의 개인 재산과 고려 왕실의 재산을 합쳐서 왕실 재산으로 삼았다. 그리고 왕실에 내수사(內需司)란 기관을 설치하고, 왕실 소속의 내시들이 재산을 관리하도록 했다. 이것은 무신정변 이후 시행된 왕실 재정을 구분하는 관행을 따랐다고 할 수 있다.

그렇지만 고려와 조선은 왕실 재정을 관리하는 방식이 완전히 달랐다. 고려는 정부의 재정회계 방식을 따랐고, 정부가 관리를 맡았다. 마치 오늘날 특별회계나 특별기금처럼 관리한 것이다. 반면 조선은 정부의 재정회계 방식을 따르지 않고, 왕실에 설치한 내수사가 관리를 담당했다. 그로 인해 왕실 재정은 정부의 감독을 전혀 받지 않았다. 왕실 재산의 규모가 얼마인지, 수입과 지출이 어떠한지, 왕이 어디에 얼마나 쓰는지 따위는 극비 사항이다. 그야말로 왕실 재산은 개인의 사유재산으로 취급되었고, 고위 관리도 수입과 지출 따위의 내막을 전혀 알 수 없었다.

막상 고려 왕과 조선 왕의 비자금을 비교하려면 두 가지 의문에 부닥친다. 하나는 비자금 수입에 어떤 차이가 있느냐는 것이고, 또 하나는 누가 비자금 형편이 좋으냐이다. 비자금 수입은 공통 수입과 기타 수입으로 구분된다. 공통 수입은 나랏돈의 전용, 왕실 소유의 토지와 노비로부터의 수입, 재산의 대부 수익 따위로 비슷하다. 기타 수입은 대외무역에 의한 수입, 선물과 뇌물 등에 따른 수입이 있다. 고려 왕과 조선 왕은 대외무역에 의한 수입에 뚜렷한 차이가 있다. 고려 왕은 무역으로 막대한 수입을 올렸지만, 조선 왕은 무역에 의한 수입이 보잘 것 없었다. 그렇다면 비자금 형편은 누가 더 좋았을까?

고려는 무신정권 이전과 이후를 구분해야 한다. 무신정권 이전의 고려 왕은 나랏돈을 쌈짓돈처럼 썼으니, 왕실 재정을 제한받은 무신정권 이후의 왕보다 넉넉했을 것으로 보인다. 조선 왕과 비교하면 어떨까? 무신정권 이전의 고려 왕은 아무래도 개인 재산에 묶인 조선 왕보다 씀씀이가 자유롭고 여유가 있던 것으로 볼 수 있고, 무신정권 이후의 고려 왕은 왕권이 취약하여 조선 왕에 비하면 비자금이 상당히 쪼들린 것으로 볼 수 있다. 다만 전체적으로는 조선이 고려보다 인구가 많으며 영토가 넓고, 후술하듯이 왕실 재정이 막강하므로 어지간한 고려 왕보다 조선 왕의 비자금 형편이 훨씬 나은 것으로 추측할 수 있다.

이 책에서는 고려와 조선의 왕 중에서 각각 4명씩을 뽑아 비자금에 관련된 사연을 살펴본다. 비록 짝 지워서 대비하는 상대적인 비교가 아니지만, 비자금의 실상과 형편을 충분히 이해할 수 있다. 아울러 이를 통해서 고려와 조선은 국정 기조, 경제이념과 정책 등이 서로 다르고, 특히 대외무역에 있어서 완전히 다른 나라라 할 정도로 차이가 있음을 알아차릴 수 있다.

고려 왕은 무역으로 비자금을 벌었다

고려는 무역의 나라다. 고려 왕은 무역으로 수익을 많이 올렸다. 『고려사』에는 오늘날의 본보기가 되고 시사점을 던져 주는 고려 왕의 무역 사례가 무수히 실려 있다. 이들 사례를 발췌하면 실한 책 한 권쯤은 넉넉히 엮을 수 있을 것이다. 여기서는 비자금의 특성과 형편을 잘 파악할 수 있는 4명의 왕을 뽑아 살펴본다. 즉 성종, 문종, 명종, 충혜왕 등이다.

첫째, 성종이다. 제6대 성종은 국가 제도를 유교식으로 정비한 임금으로 이름이 났다. 성종은 982년 왕위에 오르자, 신하들에게 앞으로 자신이 추진할 국가정책을 짜서 올리라는 명령을 내렸다. 이때 최승로가 28가지 정책을 '시무 28조(時務二十八條)'란 이름으로 제출하고, 채택되었다. 최승로는 요즈음으로 치면 국가가 실시한 정책공모에 당선된 셈이다. '시무 28조'의 제5조에 무역을 위한 사신을 없애자는 내용이 있다. 최승로는 중국에 보내는 사신에 무역을 목적으로 하는 사신이 많다고 지적하고, 이것은 유교 이념에 어긋나는 이익을 탐하는 행위이므로 근절해야 한다고 주장했다. 다음은 제5조를 간추린 요지다.

> "다섯째, (중략) 몇 해에 한 번씩 (중국에) 예방 사신을 보냅니다. 지금은 예방 사신뿐 아니라, 무역을 위한 사신이 매우 많아 천하게 여길까 염려됩니다. 또한 왕래하는 중에 파선으로 죽는 자가 많습니다. 지금부터는 예방 사신이 무역을 겸하게 하고, 기타는 일체 근절합시다."『고려사』

여기서 예방사신을 보내는 나라는 송나라다. '시무 28조'를 낸 982년 무렵 고려와 송나라 간의 사신 왕래는 어땠을까? 10년을 거슬러 올라가서부터 살피면, 972년 이후 10년간『고려사』에 기록된 사신 왕래는 총 5회. 고려가 송에 보낸 사신이 2회이고, 송이 고려에 보낸 사신이 3회다. 고려는 평균 5년에 1회꼴로 사신을 보냈다. 최승로는 무역을 위한 사신이 매우 많아 문제라고 했다. 그러나 평균 5년에 1회의 사신을 매우 많다고 할 수 없다. 따라서 기록된 2회의 사신은 공식 사신이고, 무역을 위한 사신은 기록되지 않았다고 할 것이다.

'무역을 위한 사신'은 뿌리가 깊다. 태조 왕건까지 올라간다. 왕건은 무역상 작제건의 손자로 무역에 밝았다. 예를 들어 후백제의 견훤과 전쟁을 벌이는 와중에도 남중국의 오월(吳越), 민(閩), 남한(南漢) 등의 왕국과 무역을 했다. 무역으로 획득한 수익을 전쟁 비용에 보탰다. 왕건을 이은 후대의 왕들도 왕건처럼 무역으로 돈을 벌어 비자금 쌈지를 채웠다. 이런 판국에 성종은 과연 '무역을 위한 사신'을 근절했을까? 비록 성종이 최승로의 '시무 28조'를 채택하고 국정 혁신의 기틀로 삼았지만, 무역만큼은 어쩌지 못한 것으로 보인다. 성종 역시 무역으로 비자금 쌈지를 채운 것이다. 왜냐하면 다음 제11대 문종(文宗)의 사례에서 보듯이 무역을 목적으로 하는 사신은 전혀 줄어들지 않고 지속되었기 때문이다.

둘째, 문종은 무역 군주였다. 문종은 28세에 즉위하여 65세까지 37년간 재위한다. 그는 몸소 자신의 침소(寢所)를 청소할 정도로 검소하고 부지런했다. 적게 먹고 검약하며 절제하는 삶을 살았다. 마치 수행하는 승려처럼 심신을 갈고닦는 왕이라고 할 수 있다. 문종은 재위 시에 탁월한 식견으로 정치를 안정시키며 경제는 물론이고 문화, 예술, 종교 등 여러 방면에서 큰 발전을 이루었다. 그래서 문종을 '고려의 황금기' 혹은 '고려의 전성기'를 구가한 왕으로 높이 평가한다.

문종은 대외교역에 일대 혁신을 일으켰다. 문종이 즉위할 당시, 고려는 요나라하고만 교역하고 있었다. 바다 건너 송나라와의 교역은 단절되어 있었다. 그것은 고려와 요(거란)가 3차례의 전쟁을 한 끝에 종전협약을 맺는데, 요가 송나라와 단교할 것을 고려에 요구하고 고려가 이를 받아들인 탓이다. 그렇지만 문종은 요나라의 눈치를 보지 않았다. 즉위하자, 마치 때를 기다렸다는 듯이 송나라와 외교를 과감하게 재개하고 교역을 시작했다. 일본 무역선의 예성항 내항을 허용했다. 뿐만 아니라 함경도 이북의 동여진을 번국(藩國)으로 삼고, 말과 토산물 따위를 조공 받으며 교역했다. 그리하여 고려를 중심으로 하는 국제교역 시스템을 구축하고, 동서남북의 모든 나라와 부족들과 교역함으로써 무역 왕국의 위상을 세웠다. 따라서 문종은 고려와 조선을 통틀어서 무역으로 비자금을 가장 많이 챙긴 왕이라고 할 수 있다. 문종이 이룩한 무역 왕국의 실상을 옳게 이해하기 위해서는 문종 치세 때의 요나라, 송나라, 일본 등과의 교역을 살펴볼 필요가 있다.

먼저 요나라다. 고려와 요의 교역은 사행무역(使行貿易)과 각장무역(権場貿易)으로 이루어졌다. 사행무역은 사신 왕래에 따른 교역이고, 각장무역은 압록강 변의 보주(지금의 신의주)에 설치된 각장(権場)이라 부르는 국경시장에서 민간 무역상들이 교역하는 것을 말한다.

각장무역은 요나라가 강력히 요구했다. 고려는 각장 설치가 달갑지 않아서 갖가지 사유를 둘러대며 반대했다. 그리하여 각장무역은 활성화되지 못하고 흐지부지 끝났다. 고려가 반대한 이유는 크게 두 가지다. 하나는 국방상의 이유다. 각장이 설치되면 이의 보호와 치안유지의 명목으로 요나라 병사의 주둔이 필연적이므로, 고려가 요나라 군대가 국경 가까이로 진출하는 것을 싫어하여 반대한 것이다. 또 하나는 교역의 주도권을 누가 쥐느냐의 문제, 즉 무역수익이 누구에게 더 많이 귀속되느냐의 문제다. 요나라가 각장무역을 요구할 즈음 고려와 송나라는 교역이 단절되었지만, 요나라는 송나라와 활발히 교역하고 있었다. 따라서 각장을 설치하면 요나라의 무역품은 물론이고 송나라와 서역의 무역품까지 취급하는 요나라가 무역의 주도권을 쥐고 무역수익을 더 많이 챙길 수 있었다.

사행무역은 양국이 모두 적극적이었다. 고려는 외교사절에 의한 사행무역은 교역의 주도권 따위로 신경 쓸 일이 없고, 교역 수익의 대부분이 민간상인들보다 정부와 권세가에게 귀속되므로 사행무역을 희망했다. 반면 요나라는 고려가 각장무역을 한사코 반대함에 따라 어쩔 수 없이 사행무역에 치중하게 되었다.

고려와 요의 사행무역은 순수 민간 사무역과 다름없었다. 요나라에 가는 사절단은 한국 역사상 가장 노골적인 장사판 사절단이었다고 할 수 있다. 사절단에 무역상이 따라가는 것은 당연하고, 말단 수행원과 호위 병사까지 제각기 무역품을 휴대하여 가지고 가서 장사했다. 특히 호위 병사에게 보따리 무역을 허용한 것이 특이하다. 그것은 호위 병사의 대다수가 변방에서 차출된 군사이고, 그들의 살림살이가 그럭저럭하여 다소나마 보상해 주려는 목적이 있었다.

문종 재위 때는 사행무역이 더욱 성행했다. 재위한 37년간 양국의 사신 횟수는 총 115회다. 고려가 요에 보낸 사신이 37회로 연 1회꼴이고, 요가 고려에 보낸 사신이 78회로 연 2회 이상이다. 고려의 연 1회는 다른 시기보다 두 배나 많다. 특히 중요한 점은 사신 37회 중에서 무역을 목적으로 하는 진방물(進方物) 사신이 13회로 35.1%를 차지했다. 그야말로 평균 3회 중 1회 이상을 무역할 목적으로 사신을 보낸 것이다.

문종이 송나라와 교역을 재개하자, 오히려 요나라가 교역에 더 극성이었다. 송나라와 교역을 튼 문종을 미워하지 않고, 이를 상쇄하려는 듯이 적극적으로 교역에 나섰다. 사행무역의 횟수를 늘리는 한편, 그것도 욕심에 차지 않는지 1062년(문종16) 선의문 남쪽에 매매원(買賣院)이란 숙박 건물을 짓고, 그곳에서 교역하도록 했다. 매매원은 글자 그대로 물건을 사고파는 장소를 뜻한다. 따라서 매매원은 요나라 상인의 전용 숙소이면서, 각종 무역품을 거래하는 장마당이었다.

　다음 송나라다. 고려는 960년 송나라가 건국되자, 서둘러 국교를 맺고 교역을 시작했다. 북쪽의 거란을 견제해야 할 필요성이 컸던 탓이다. 그러나 앞에서 살펴본 바처럼 요(거란)가 고려와 종전협약을 맺으며 송과의 국교 단절을 요구함으로써 교역이 끊어졌다. 문종이 왕위에 오른 때는 이로부터 32년이 지나서이다. 어떻든 문종이 외교를 복원하고 교역을 재개하자, '고려-송'의 해상무역이 급속히 성장했다. 특이한 일은 송나라와의 교역이 재개된 이후, 요나라와의 교역이 전혀 위축되지 않았다는 사실이다. 오히려 요와의 교역은 그 이전 시기보다 더 활발히 전개되었다.

　문종의 외교로 교역은 새로운 시대를 맞는다. 고려, 요, 송의 3국 간에 삼각무역이 이루어졌다. 그로 인해 문종은 막대한 무역수익을 올렸다. 특히 해상무역의 수익이 쏠쏠한 탓인지, 문종은 직접 해상무역을 경영하려고 나섰다. 당시 고려에 내항한 송나라 무역선은 대선(大船)과 중선(中船)의 두 종류였다. 대선은 길이 약 43m에 양곡 5,000석을 싣는 큰 선박이고, 중선은 길이 약 30m에 양곡 2,000석을 싣는 선박이다. 송나라는 대선은 주로 아라비아 지역에 취항하고, 고려에는 중선을 보냈으나 특별한 경우에 대선을 보냈다.

　문종은 대형 무역선이 탐이 났다. 송나라처럼 대선을 가지고 아라비아까지 취항하여 무역수익을 더 챙기고 싶었던 모양이다. 급기야 문종은 제주도와 영암지역의 소나무로 대선을 건조하라는 지시를 내렸다. 그러나 신하들이 극구 반대하여 뜻을 이루지 못했다. 왜 신하들이 반대했을까? 표면적으로는 요나라가 트집을 잡고 소란을 피울 것이라는 핑계를 댔다. 그러나 진짜 이유는 국왕의 명령으로 만든 대형 무역선을 신하들이 싫어한 탓으로 보인다. 신하들이 개입하는 기존의 사무역을 위축시키므로 그들이 찬성할 리가 없는 것이다. 결국 대형 무역선의 건조는 흐지부지되었다. 이것은 무역수익을 놓고 임금 문종이 신하들에게 판정패했다고 할 수 있다. 만약 당시 대선을 건조하여 취항했다면 한국의 해양 역사는 크게 달라졌을 것이다.

　고려와 송나라의 교역은 어느 정도였을까?『고려사』에는 문종이 재위한

문종이 건조하려 한 대형 무역선(추정도)[19]

37년 동안 송의 무역선은 총 37회 내항한 것으로 기록되어 있다. 1년에 1회꼴인 셈이다. 그러나 기록이 누락 되어 더 많이 내항한 것으로 봐야 한다. 누락은 문종이 송나라 무역상에게 베푼 음식 대접을 통해 확인할 수 있다. 1055년 한식(寒食)날, 문종은 송나라 무역상 240명에게 특별히 음식을 대접한다. 그러나 이들 중에서 48명만 『고려사』에 내항한 기록이 있고, 192명은 기록이 없다. 그들 192명은 기록에서 누락되었다고 할 것이다.

다음 일본이다. 고려와 일본은 별로 친하지 않았다. 그 원인은 일본이 고려를 경원시한 탓이 크다. 태조 왕건은 건국 초에 개국한 사실을 일본에 알리고 우호 교류를 희망했다. 그러나 일본이 쇄국하며 고려의 손길을 외면했다. 일본이 쇄국한 이유는 크게 두 가지다. 하나는 후삼국을 통일한 고려가 혹시 일본을 침략해 오지 않을까? 하여 겁을 먹었기 때문이다. 둘은 신라 해적에 대한 두려움이다. 신라 해적은 장보고가 죽은 후 신라의 해상통제력이 무너지자, 장보고 휘하의 해상 세력을 위시한 여러 해상 세력이 독자적으로 활동하며 일본의 관선과 상선을 탈취하거나 연안 지방을 침공한 것을 말한다. 당

---

19) 『고려도경』의 기록과 문경호의 추정도 등을 참고하여 그렸다(『1123년 코리아 리포트, 서긍의 고려도경』, 푸른역사, 2023, 문경호).

시 규모가 큰 신라 해적단은 선박 100여 척에 무리가 2,500여 명에 달한다는 기록도 있다. 여하튼 일본 지배층은 고려에 바닷길을 열어준다면, 또다시 신라 해적 같은 사태가 야기될 수 있다고 여기고, 바다를 봉쇄하여 이를 방지하려 했다.

고려는 일본이 쇄국하자, 상응하게 조치했다. 일본 무역선의 예성항 내항을 금지하고, 금주(金州, 지금의 김해)와 대마도를 잇는 민간 무역만 일부 허용했다. 대마도와의 교역을 터 준 것은 대마도 도주(島主)의 간곡한 요청이 있었고, 만약 교역을 완전히 막아버리면 왜구의 발발이 우려되어서였다. 한편 일본 무역선의 입항 금지는 고려가 일본과의 교역을 하찮게 여긴 이유가 컸다. 일본의 무역품이 변변찮았고, 일본 특산품도 송나라로부터 얼마든지 구할 수 있어서 고려로서는 아쉬울 게 없었다.

문종은 일본에 대한 무역규제를 풀었다. 일본 선박의 예성항 내항을 허용한 것이다. 1073년 7월 일본 선박이 예성항에 최초로 입항했다. 일본 상인 왕측(王則) 등 42명과 등정안국(藤井安國) 등 33명이 예성항에 입항하고, 문종에게 나전(螺鈿), 말안장, 수은 따위의 토산물을 바친 다음 교역했다. 이후 1080년까지 7년간 일본 상인의 내항이 계속 이어졌다. 그러나 1080년 일본 선박의 예성항 내항이 다시 금지되었다. 후술하는 '성지(聖旨)' 사건으로 인해 문종이 내항 허가를 취소해 버렸다. 결과적으로 일본 상인의 예성항 내항은 문종이 재위한 7년 동안에만 이루어졌다.

'성지(聖旨)' 사건은 1080년에 일어났다. 당시 62세의 문종이 팔다리가 마비되는 중풍에 걸려 고생하고 있었다. 문종은 송나라와 일본에 의사와 약재를 보내달라고 요청했다. 이에 송나라는 즉각 의사와 100여 가지 약재를 보내주지만, 일본은 묵묵부답이었다. 일본이 왜 그랬을까? 고려가 공문에 황제가 사용하는 '성지(聖旨)'라는 도장을 찍어 보냈기 때문이다. 일본은 만약 고려의 요청대로 의사와 약제를 보낸다면, 문종을 황제로 인정하는 것이 된다며 깔아뭉갰다. 다시 말하면 고려가 일본을 제후국으로 취급하여 외교문서에 '성지(聖旨)'라는 도장을 찍어 보냈고, 일본은 이를 인정할 수 없다며 모르

쇠로 침묵한 것이다.

이상을 정리하면, 문종은 요나라가 극구 반대한 송나라와의 외교를 다시 열고 해상무역을 일으켰다. 요와의 교역도 이전보다 확대했다. 일본 무역선의 예성항 내항을 허용하고, 함경도 이북의 동여진과도 교역을 전개했다. 심지어 대형 무역선을 건조하여 남중국을 넘어 아라비아까지 진출하려고 했다. 그리하여 문종 치세에서 고려를 중심으로 하는 국제교역의 새 틀이 짜졌다. 문종은 무역 왕국의 길을 개척하고, 그 위상을 우뚝 세웠다. 물론 문종은 무역수익을 왕창 챙겨서 비자금 쌈지가 넉넉했을 것이다.

셋째, 명종(明宗)이다. 제19대 명종은 1185년 정월 어느 날, 신하 이지명(李知命)에게 밀무역을 지시한다. 얼마나 돈이 쪼들렸으면 임금이 신하에게 법으로 금지된 밀무역을 지시했을까? 다음은 이에 관한 『고려사』의 기록이다.

"서북면 병마사 이지명이 거란사(契丹絲) 500속(束)을 왕에게 바쳤다. 이것은 이지명이 임지로 떠날 때 왕이 그를 내전으로 불러들여, '의주(義州)에서는 금나라와의 교역이 금지되어 있지만, 용주(龍州) 창고에 있는 저포(紵布, 모시)를 거란사와 교역하여 바쳐라'고 지시함으로써 바친 것이다."(『고려사』)

금나라는 여진족이 1115년에 요나라를 멸망시키고 세운 나라다. 고려와 금나라의 교역은 요나라 때와 마찬가지로 사행무역과 각장무역으로 이루어졌다. 고려는 금나라가 들어서자, 각장무역에 대해 태도를 바꾼다. 요나라 때는 갖가지 이유를 대며 반대하고 회피했으나, 금나라와는 태도를 바꾸어 각장무역을 환영하고 많이 활용했다.

고려가 왜 환영했을까? 이유는 간단하다. 요나라는 세 차례나 침략을 받고 전쟁을 치른 싫어하는 나라이기 때문이고, 금나라는 고려가 조공을 받던 여진족이 세운 나라였기 때문이다. 특히 여진족과는 종래부터 국경무역이 성행했으므로 각장무역은 형식만 바꾼 이전의 국경무역을 이어가는 셈이었다. 고려와 금나라는 각장무역에 관해 협약을 맺었다. 그 요지는 국경 지역의 무역은 각장에서의 국경무역만 허용하고, 기타 밀무역을 금지한다. 만약 밀무역하다가 적발되면 엄히 처벌한다는 것이다. 따라서 명종이 이지명에게 내린 명령은 각장을 이용하지 않고, 비밀리에 밀무역을 하라는 것이었다.

거란사(契丹絲)가 무엇인가? 거란사는 거란이 양털로 짠 털실 혹은 털옷감을 말한다. 품질이 우수하여 국제적으로 인기가 높았고, 거란이 멸망한 이후에도 무역 시장에서 상품의 이름이 그대로 사용되었다. 그렇다면 거란사 500속은 얼마쯤일까? 옷감의 길이에서 1속(束)은 5필(匹)이다. 그리고 1필은 40척으로 한 사람이 입는 옷을 만들 수 있는 길이를 말한다. 따라서 거란사 500속은 2,500필(500×5)이므로 무려 2,500명의 옷을 만들 수 있는 옷감이다.

명종은 왜 밀무역을 지시했을까? 이유는 단지 거란사가 급히 필요한 탓이었다. 당시 고려는 무신정권 시기다. 무신정권은 정부 재정과 왕실 재정을 분리하고 임금이 정부 돈을 마음대로 쓰지 못하게 했다. 임금의 힘을 약화시킨 것이다. 그래서 외국으로부터 받은 선물은 50%는 정부의 몫으로 하고, 50%는 임금의 몫으로 하여 나누었다. 명종은 금나라로부터 선물 받은 거란사를 상당히 많이 가지고 있었는데, 그만 사달을 내고 말았다. 총애하는 궁녀들에게 흥청망청 나눠주고 모자라자, 정부 창고에 보관하고 있는 거란사를 임의로 출고하여 써버렸다. 그러나 곧 들통이 나고 거란사 탕진에 대해 뒷말이 무성하게 돌았다. 그로 인해 명종은 남몰래 거란사를 구하여 출고한 만큼 창고를 채우려 했다. 어떻든 이 사건은 명종의 궁핍한 돈주머니를 생생히 보여준다. 당시 왕실 재정이 얼마나 부실하면, 기껏 궁녀에게 인심 좀 쓴다고 거덜 날까? 명종이 얼마나 힘이 없으면 임기응변의 변통조차 부리지 못하고, 임지로 떠나는 신하에게 밀무역하라고 지시했을까?

명종은 1170년 무신정변으로 인해 즉위한다. 정중부, 이의방, 이고 등이 의종(毅宗)을 축출하고 명종을 옹립했다. 그야말로 '아닌 밤중에 홍두깨'처럼 느닷없이 왕좌에 올랐다. 이후 명종은 1197년 최충헌이 폐위시킬 때까지 27년간 '이의방→정중부→경대승→이의민→최충헌'으로 이어지는 무신정권에서 임금 노릇을 했다. 한편 앞에서 언급한 바처럼 무신정권은 왕실 재정을 분리하고, 명종이 쓸 자금을 일정한 범위 내로 제한시켰다. 이로서 왕실 재정은 궁핍할 수밖에 없었고, 명종은 비자금 돈줄마저 옥죄어져서 속 빈 허수아비 임금으로 살았다.

명종은 무역수익도 별로 챙기지 못했다. 당시 고려와 금나라는 조공무역보다 사행무역이 성행했다. 공식 조공품보다 사신단이 휴대한 무역품이 더 많았다. 휴대품의 한도를 정하자는 논의가 잇달아 제기되지만, 무신들의 반대로 무산되었다. 사행무역에 따른 수익 대부분을 무신들이 챙겼으므로 이를 반대한 것이다. 또한 송나라와는 해상교역이 거의 단절되다시피 뜸해졌다. 명종 재위 15년 동안 송나라 무역선은 단 2회 내항했을 뿐이다.

명종은 뇌물을 좋아한 왕으로 이름났다. 혹자는 천성이 여자와 뇌물을 좋아하고, 돈을 헤프게 쓰는 낭비벽이 심해서 뇌물을 많이 받았다고 한다. 그렇게만 볼 수 없고 근원적으로 자금이 부족했다. 명종은 자신에게 할당된 왕실 자금 외에 정부 자금을 쓸 수 없었다. 딱히 무역수익을 챙길 수도 없었다. 돈 쓸 곳은 많은데, 궁하면 양잿물이라도 마신다던가? 명종은 특별한 돈벌이 수단으로 뇌물수수에 집착했다. 뇌물로 바싹 마른 비자금 쌈지를 채웠다. 명종의 뇌물수수는 수법이 모질지만, 한편 재미있다. 예컨대 인사 청탁에 따른 뇌물을 보자. 측근 신하들이 벼슬자리를 청탁하면, 명종은 뇌물을 얼마나 받았냐고 솔직히 물었다. 만약 뇌물을 많이 받았으면 청탁을 들어 주고, 뇌물이 적으면 임명장에 서명하지 않고 시일을 끌었다. 뇌물을 더 받아내도록 채근하고, 뇌물을 더 받아내면 비로소 임명장에 서명했다. 명종이 인사 서명권을 이용하여 뇌물을 공공연히 수수한 것이다. 이쯤 되면 '뇌물의 왕'이라고 부를 만한가? 그러나 인사에 따른 뇌물은 부정기적이었고, 씀씀이에 충분하지 않았다.

이상을 정리하면, 명종은 무신정권의 꼭두각시 왕으로 힘이 없었다. 그런 차제에 명종은 거란사가 후에 보충되겠거니 여기고 정부 창고에 보관된 거란사를 출고하여 탕진해 버렸다. 그러나 이를 채워 넣어야 하는 상황이 닥쳤지만, 마침 뇌물 따위의 변통수가 생기지 않았다. 결국 궁지에 몰린 명종은 임지로 떠나는 서북면병마사 이지명을 몰래 불려서 거란사를 구해 바치라고 지시했다. 아니면 거란사는 이지명의 인사 뇌물의 일환으로 미리 요구한 것일 수도 있다. 그래서인가? 『고려사』의 기록은 지시라기보다 체면 무릅쓰고 간곡히 부탁하는 느낌이 있다.

고려와 금나라, 뒤바뀐 명암

금나라는 1115년 여진족이 세운 나라다. 본래 여진족은 숙신(肅愼), 읍루(挹婁), 말갈(靺鞨) 등으로 불리던 북방의 유목 족속이다. 씨족 혹은 부족 단위로 초원을 따라 이동하면서 소와 말을 방목하고 수렵하며 살았다. 거란족이 득세하여 요나라를 세울 즈음, 여진족은 백두산을 기점으로 하여 두 갈래로 갈린다. 하나는 백두산 서쪽에서 압록강 북쪽 일원에 사는 여진으로 서여진(西女眞)이라 불렸다. 서여진은 거란의 지배를 받았다. 또 하나는 백두산 동북쪽의 두만강, 송화강 그리고 함경도 일원에 사는 여진으로 동여진(東女眞) 또는 생여진(生女眞)이라 불렸다. 동여진은 고려와 거란의 어느 쪽으로부터도 일방적인 지배를 받지 않았다.

1107년 윤관이 여진을 치고 9성을 축성한 것은 동여진을 정벌한 것이다. 당시 동여진의 부족장 오아속(烏雅束)이 고려에 청원을 올렸다. 부디 9성을 돌려준다면 고려를 부모의 나라로 섬기고, 영원히 조공하겠다고 맹세하는 청원이었다. 고려 조정은 갑론을박하다가 청원을 들어주기로 한다. 점령한 지 불과 1년 5개월 만에 9성을 돌려주고 철군했다. 이후 동여진은 부족을 통합하고 성장을 거듭한다. 그리고 불과 8년이 지난 1115년에 요나라를 멸망시키고 금나라를 세웠다. 이때 고려는 기막힌 형국에 빠진다. 금나라가 고려에 조공을 바치고 섬기기를 요구한 탓이다. 조공을 받았던 여진에게 조공을 바쳐야 하는 곤혹스러운 처지로 굴러떨어졌다.

고려는 '굴욕을 감수하고 조공을 바칠 것인가?', '전쟁을 각오하고 대적할 것인가?'의 갈림길에 섰다. 태조 왕건과 역대 왕들의 위패를 모신 태묘(太廟)에서 '신이여! 해결책을 알려주소서!' 하며 점을 치기도 했다. 조공을 바치자는 주화파와 싸우자는 주전파가 치열한 논쟁을 벌이다가 결국 조공을 바치기로 결론을 내렸다. 전쟁보다 평화를 택한 것이지만, 힘의 논리가 작동하는 국제관계에서 고려의 절박한 상황과 이를 타개해 가는 긴박함을 실감하게 한다.

넷째 충혜왕이다. 제28대 충혜왕은 '상업의 왕'이라 일컫는다. 그는 파란만장한 삶을 살았다. 충숙왕의 장자로 태어나서 1330년 17세에 왕위를 물려받았으나, 불과 2년 후 아버지 충숙왕에게 왕위를 넘겨주었다. 당시 고려 왕은 원나라 황제가 임명하는 자리여서 황제가 제멋대로 왕위를 주고 뺏고 하며 농간을 부렸다. 이후 8년이 지난 1339년 충숙왕이 죽자, 원 황제가 그를 다시 고려 왕으로 임명한다. 그러나 불과 4년 후 1343년 또다시 폐위시키고 귀양을 보냈다. 충혜왕은 1344년 1월, 귀양길에서 독살당해 죽는다. 왕위에 올랐다가 폐위되고, 또다시 왕위에 올랐다가 폐위되어 죽음에 이르는 운명이 기구하다.

충혜왕 때 고려는 궁핍했다. 몽골전쟁에 패배하여 평안도, 함경도, 제주도를 빼앗기고 영토가 대폭 축소되었다. 인구도 많이 줄었다. 전쟁으로 인해 수많은 사람이 죽고, 무려 206,800명이 포로로 잡혀갔다. 또한 고려는 해마다 막대한 공물을 원나라에 바쳐야 함으로써, 왕이나 백성이나 모두 궁핍할 수밖에 없었다.

충혜왕은 경제 자립을 위해 애를 많이 썼다. 스스로 돈을 벌어서 비자금을 마련하고, 왕실의 가난을 극복해 나갔다. 그는 몸소 상업과 무역에 뛰어들었다. 왕실 재산을 대부하여 이자를 받기도 했다. 심지어 왕궁에 수공업 공장을 차리고 수공업품을 생산하여 판매했다. 요즈음으로 치면 충혜왕은 손수 생산, 판매, 무역하는 사업을 창업하고 경영한 국왕이다. 이는 아무나 할 수 있는 일이 아니다. 경제 메커니즘에 정통하고 밑바닥 경제를 훤히 꿰뚫는 지력을 갖추어야 그나마 가능한 일이다. 충혜왕이 펼친 대표적인 상업과 무역 사례를 꼽으면 다음의 네 가지를 들 수 있다.

하나, 시장에 점포를 차리고 장사를 했다. 때는 충혜왕이 다시 왕위에 오른 후다. 점포를 차리는 데 든 비용은 포목 48,000필이다. 당시 포목 48,000필은 개경 시내의 주택 50여 채를 살 수 있는 거액이다. 시장은 살얼음판 같은 예측불허의 난장판이다. 순식간에 밑천을 날리고 쫄딱 망할 수 있는 곳이다. 시장에서 점포를 열고 장사하는 것은 실물 메커니즘에 해박하며, 시장 정보에 밝고, 장사 수완이 풍부해야 그나마 성공을 바라볼 수 있다. 어떻든 충혜왕은 직접 거액을 투자하여 시장에 점포를 열고 장사를 했다. 한국 역사상 전무후무한 일로서 재평가되고 귀중한 역사로 되새겨야 할 것이다.

둘, 충혜왕의 대외무역이다. 대외무역에 관한 기록은 3건이 있다. 최초는 시장에 점포를 차린 1개월 후다. 충혜왕이 남궁신(南宮信)에게 포목 2만 필, 금·은, 초화(원나라 화폐)를 주고, 북경 인근의 유(幽)·연(燕) 지방에 가서 무역하라고 지시했다. 다음은 1년 뒤 3월에 임회(林檜)와 윤장(尹莊) 등 10여 명에게 왕실 창고에서 보물을 꺼내어 주고, 원나라에 가서 팔도록 했다. 세 번째는 동년 9월에 보물을 상인들에게 주고, 원나라에 가서 팔도록 했다.

무역은 시장에 점포를 차린 지 1개월 후부터 시작되었다. 충혜왕이 포목, 보물, 원나라 화폐 등을 주고 원나라에 가서 무역하라고 지시한 것은 그곳에서 물품을 수입해 오라는 뜻이 함축되어 있다. 아마 수입품은 개설한 점포에서 판매할 요량일 것이다. 특히 무역할 대상지로 유·연 지방을 꼭 집어 지정한 것은 대단히 중요하다. 무역은 혼자서 못한다. 무역은 상대방 무역상이 존재해야만 성립된다. 아무리 뛰어난 무역상일지라도 상대방 무역상과 연계하지 않으면 교역할 수 없다. 따라서 충혜왕이 가장 번창한 북경이 아니고, 그보다 못한 유·연 지방을 지목한 것은 그곳에 무역 루트가 구축되어 있고, 그곳의 무역상과 긴밀히 연계되어 있음을 뜻한다. 따라서 당시 충혜왕은 북경뿐 아니라, 유·연 지방의 무역상까지 꿰뚫어 알고 있었다고 할 것이다.

셋, 포목을 대부하고 이자를 받았다. 충혜왕은 회회가(回回家)에 포목을 빌려주고 이자 수익을 챙겼다. 이에 대해 혹자는 국왕이 체통 없이 외국인에게 돈놀이한다고 비난하고, 사치와 향락 비용을 마련하기 위해서라며 힐난한다. 그러나 회회가(回回家)가 무엇이냐를 알면 얘기가 달라진다. 회회는 오늘날 위구르를 지칭하고, 회회인은 눈 색깔이 다르다고 하여 색목인(色目人)이라고도 일컫는다. 가(家)는 집단, 조합, 회사 따위를 일컫는 용어다. 따라서 회회가는 회회인이 경영하는 사업체가 된다.

원나라 시대에 회회인은 몽골인 다음 지배계급으로 고려인보다 신분이 높았다. 그들은 주로 재정 분야의 관직을 맡았고, 알탈(ortag)이라는 상인조합을 결성하여 금융업과 무역업을 경영했다. 충혜왕이 회회가에서 이자를 받았다는 것은 회회가의 알탈을 이용한 것으로 보인다. 알탈은 원나라 황실, 귀족, 고위관리의 영리사업을 맡아서 관리했다. 자산을 위탁받아서 일반인에게 대부하고, 대부 수익금 중 일정액을 위탁자에게 이자로 주었다. 따라서 충혜왕이 회회가에 포목을 빌려주고 이자를 받은 것을 부정적인 색안경을 끼고 볼 일이 아니다. 회회의 알탈을 이용하여 자산을 증식시킨 것으로 원나라에서 유행한 금융 행위였다. 어떻든 충혜왕은 자산(포목)을 창고에 마냥 두어 썩히지 않고 조금이라도 증식하기 위해 금융을 이용했다. 뛰어난 경제 행위였고 본받을 만한 모습이었다고 할 것이다.

넷, 은천옹주(銀川翁主)의 수공업이다. 은천옹주는 상인 임신(林信)의 딸이다. 시장에서 오지그릇을 팔았다. 그런 그녀를 충혜왕이 눈여겨보고 후비로 책봉했다. 시장에서 그릇 파는 여인이 마치 동화 속의 신데렐라처럼 일약 왕비가 되었다. 한국의 수많은 왕비 중에서 유일한 사례. 은천옹주는 빼어난 미인도 아니었다. 그렇다면 충혜왕은 왜 그녀를 왕비로 삼았을까? 해답은 충혜왕이 온 힘을 쏟아 지은 새 궁궐, 즉 신궁(新宮)에 있다.

충혜왕은 다시 왕위에 오른 후 돈벌이와 신궁 건축에 몰두했다. 어쩌면 돈을 벌어서 신궁 건축에 쏟아부었다고 할 것이다. 그런데 신궁이 두 가지 측면에서 특이했다. 하나는 모든 문을 놋쇠와 구리를 장식하여 위용이 넘치고 화려했다. 그것은 마치 여몽전쟁 등으로 불타 없어진 고려 궁궐의 위상을 되살리는 듯 했다. 또 하나는 궁전에 수공업 공장이 설치되었다. 방아와 맷돌이 다수 설치되고, 창고가 100간이나 되고, 비단 짜는 여공을 두었다. 이것은 영락없이 수공업 공장이 설치된 궁궐이다. 충혜왕이 장사하는 여인을 왕비로 삼은 것과 시장에 점포를 열고, 무역하고, 궁궐에 수공업 공장을 설치한 것은 맥락이 닿는다. 신궁은 충혜왕이 퇴위당하고 죽자, 파괴되어 흔적조차 없어졌다.

이처럼 충혜왕은 한국 역사상 상업과 무역을 손수 경영한 유일무이한 임금이었다. 심지어 왕실의 궁핍을 극복하고 경제를 살리려고 왕비마저 장사와 수공업을 잘 아는 여인을 택했다. 충혜왕이 상업, 무역, 수공업 등을 직접 경영한 것은 본받아서 길이 선양할 사례라 할 것이다. 물론 충혜왕은 이를 통해서 비자금을 많이 챙겼을 것이다.

종합하여 정리하면, 고려 왕의 쌈짓돈(비자금)은 대외무역에서 많이 획득되었다. 정부 재정에서 교부되는 돈이 비자금의 바탕이기는 하나 무역에서 얻는 수익이 쏠쏠하고 많았다. 고려의 역대 왕들이 대외무역을 육성하고 장려할 뿐 아니라, 무역을 목적으로 하는 사신을 많이 파견한 것은 이 때문이라고 할 수 있다. 그러나 모든 왕의 비자금 형편이 같지 않았다. 대외무역이 활발한 시기는 풍부하고 침체한 시기는 빈약했다. 특히 무신정변 이전과 이후가 달랐다. 정권을 잡은 무신들이 왕의 비자금을 줄이고 감시하고 틀어막았다.

몽골전쟁 이후 원나라 간섭기는 형편이 더 어려워졌다. 영토와 인구가 줄어들고 막대한 공물을 바쳐야 함으로써 나라가 궁핍해진 탓이다. 더구나 고려 왕은 원나라 황제가 임명하는 자리로 전락하여 군주로서의 힘이 제한되었다. 나라의 궁핍과 권력의 제한은 그만큼 비자금 주머니를 오그라들게 했다. 이 시기 고려 왕은 쌈짓돈 주머니를 채우고 뭔가를 하려면 무역이든 장사든 뇌물을 받든 돈벌이 되는 일을 적극 강구해야 했다. 그러므로 본래 고려 왕은 대외무역으로 얻는 수익이 있어 비자금 형편이 넉넉하고 씀씀이가 자유로웠으나, 무신정변 이후부터는 형편이 나빠지고 씀씀이를 견제받아 자유롭지 않았다고 할 것이다.

조선 왕은 땅에서 비자금을 벌었다

조선은 농업을 중시한 나라다. 고려와 달리 대외교역을 멀리하고 상공업을 천시했다. 그러한 탓에 국가 재정의 대부분이 땅에서 거두는 수익으로 채워지고, 왕의 비자금도 땅으로부터의 수익에 의존했다. 역대 조선 왕들은 한 뼘의 땅이라도 더 소유하기 위해 애를 썼고, 그로부터 수익을 최대한으로 올리기 위해 노심초사했다. 조선시대는 왕의 개인 재산을 보관하는 창고를 내탕고(內帑庫)라 불렸다. 내탕고에서 꺼내 쓰는 금은, 돈, 보물, 비단, 포목 따위를 내탕금(內帑金)이라 일컬었다. 내탕금은 왕이 사사로이 쓸 수 있는 자금으로 곧 비자금이었다.

조선 왕 27명 중에서 괜찮은 비자금 스토리를 가진 왕은 누구일까? 막상 꼽으려면 쉽지 않다. 여기서는 앞서 살펴본 '비자금의 고려 왕 4명'과 대비되는 '내탕금의 조선 왕 4명'을 뽑았다. 그들은 태종, 소현세자, 정조, 고종 등이다. 소현세자는 비록 국왕이 아니지만, 청나라에 인질로 잡혀가 8년간 살면서 체득한 상업과 귀국하여 독살당하는 죽음의 의미가 색다르고 시사점이 커서 선정했다.

첫째, 태종이다. 태종 이방원은 조선의 내탕금을 만든 장본인이다. 그래서 내탕금의 원조라고 할 수 있다. 조선은 애초에 국왕이 개인의 사유재산으로 토지를 소유하지 않는다는 원칙을 세웠다. 그것은 정도전을 위시하여 건국을 주도한 사대부들이 조선을 성리학의 나라로 기획한 탓이다. 성리학은 왕토사상(王土思想)을 신봉한다. 왕토사상은 국토는 나라의 소유이고, 왕이 나라의 주인이므로 나라의 모든 토지는 왕의 소유라는 사상이다. 따라서 개인이 토지를 소유하고 경작하더라도 불가침의 사유재산으로 인정하지 않는다. 단지 국가 소유의 토지인 공전(公田)을 이용할 뿐이라고 한다. 또한 국왕도 백성과 마찬가지로 사사로이 토지를 소유해서는 안 된다. 그것은 성리학의 왕토사상을 정면으로 어기는 짓이 된다.

이성계가 왕위에 등극하자, 그가 소유한 막대한 재산이 문제가 되었다. 이성계는 함경도 토지의 3분의 1가량을 소유한 엄청난 땅 부자였다. 그것은 아버지 이자춘(李子春)이 물려준 땅과 이성계가 왜구와 황건적 등을 물리친 공로로 받은 토지를 불린 것이었다. 정도전과 개국공신들이 왕위에 오른 이성계에게 토지와 노비 따위의 사유재산을 나라에 헌납하고 나라에서 지급하는 국록(國祿)으로 살아갈 것을 요청했다. 물론 이성계는 이에 동의했다. 재산 헌납은 정도전과 이성계가 조선 개국을 모의할 때 이미 묵계되었을 수 있다.

이성계는 재산 헌납의 약속을 이행하지 않고 차일피일 미루었다. 재산이 아깝고 내놓기 싫었던가? 세월이 흐르고 왕자의 난이 일어났다. 왕자의 난에서 승리한 이방원이 왕위에 올랐다. 왕좌를 차지한 태종 이방원은 막무가내로 땃청을 부렸다. 아버지 이성계의 재산을 헌납하기는커녕, 고려 왕실의 토지와 노비도 왕의 개인 재산으로 삼으려 했다. 신하들은 이성계의 재산을 헌납하고, 고려 왕실의 재산도 국고로 환수해야 한다는 주장을 굽히질 않았다. 태종은 물러서지 않았다. 국왕도 사대부처럼 개인 재산이 있어야 한다고 고집했다.

그러다가 태종은 신하들의 주장을 딱 잘라서 거부했다. 이성계의 재산과 고려 왕실의 재산을 묶어서 모두 자기(왕)의 재산이라고 선포해 버렸다. 이것은 왕실 재정과 정부 재정을 완전히 분리하는 조치였다. 신하들은 태종의 위세에 눌려 불만을 속으로 삼키고 눈치만 살폈다. 뿐만 아니라 태종은 자기 재산을 관리하기 위해 왕실에 내수사(內需司)란 별도 기구를 설치하고, 내시(內侍)가 이를 담당하도록 조치했다. 내수사는 독립기구로 정부의 감독과 감시를 받지 않았다. 내수사의 직원은 책임자 전수(典需, 정5품) 1명을 포함하여 약 30명이었다. 이후 왕실 재산은 갈수록 베일에 싸여졌다. 그 많은 재산을 어디에, 어떻게, 얼마나 쓰는지 국왕 이외는 누구도 알 수 없었다. 그리하여 조선의 건국자들이 그토록 희구한 성리학의 왕토사상은 태종이 스스로 훼손해 버렸다. 이후 조선은 멸망할 즈음까지 정부 재정과 왕실 재정이 일원화되지 않았다.

태종을 이은 세종은 한술 더 떴다. 세종은 내수사의 조직을 강화하고 힘을 더 실어주었다. 내수사는 활동 범위를 전국으로 넓히며 토지, 노비, 염분(鹽盆) 따위의 재산을 확충해 나갔다. 이리하여 세종의 내탕금 쌈지는 날로 두둑해졌다. 어떻든 성군이라 일컫는 세종이 성리학의 왕토사상을 구현하려 하지 않고, 내탕금에 안주하는 모습이 아이러니하다. 내수사가 확실히 자리를 잡자, 내시들의 과잉 충성이 문제가 되었다. 내시는 나이가 들어 퇴직하면 내수사로부터 퇴직금을 받는다. 그러므로 내수사가 왕실 재산을 증식하는 행위는 그들의 노후 복지를 위한 것이기도 했다. 그들은 왕의 권력을 빙자하여 백성의 토지와 노비를 침탈해 나갔다. 왕실 재산이 불어났고, 그에 비례하여 내수사가 비대해지고, 내수사의 횡포로 인해 백성의 불만이 쌓여갔다.

한편 왕실 재산을 국고로 환수하자는 주장이 다시 대두했다. 세종 이후 40여 년이 지난 제11대 중종 때에 집권한 사림파의 중심인물 조광조(趙光祖)가 주장했다. 그는 정부 재정과 왕실 재정의 일원화와 내수사의 혁파를 시도했다. 그러나 조광조가 훈구파와의 정쟁에서 패배하고 귀양 가서 사약을 마시고 죽음으로써 내탕금 개혁은 실패하고 말았다.

조선 왕은 조선의 최대 지주였다. 광대한 토지를 소유하고, 자기 토지를 자기가 소유한 노비로 경작했다. 일반 백성과 달리 토지 수익에 대한 세금을 내지 않고, 정부의 간섭을 받지 않았다. 오히려 정부 위에 군림하며 특혜를 누렸다. 조선 왕의 내탕금(비자금)은 대부분 토지를 경작한 수익으로부터 나왔다. 역대 왕들은 비자금을 조금이라도 늘리기 위해 영농에 최대의 관심을 쏟았다. 그리하여 조선 왕은 '농사짓는 조선 왕'이라고 부를 만하게 되었다.

둘째, 소현세자(昭顯世子)다. 소현세자는 내탕금과 중요하게 관련된다. 그는 조선의 왕족 중에서 밑바닥 장사판을 손수 체험한 유일한 인물이었다. 그는 장사로 번 돈을 비자금으로 하여 청나라의 권력 실세와 사귀고 고관들과 교유했다. 조선의 세자이면서 왜 손수 장사를 했을까?

소현세자는 비운의 왕자였다. 그는 제16대 인조(仁祖)의 맏아들로 태어나서 14세에 세자가 된다. 하지만 타고난 팔자가 사나운지, 왕위에 오르지 못하고 세자로 20년을 살다가 34세에 병들어 죽는다. 소현세자의 불운은 병자호란이라 일컫는 조청전쟁(朝淸戰爭)에서 시작되었다. 1637년 1월 30일, 조선은 청나라의 침공을 막아내지 못하고, 인조가 삼전도(三田渡)에서 청나라 태종에게 무릎을 꿇고 항복했다. 청 태종은 귀국하면서 소현세자를 인질로 붙잡아 갔고, 조선인 20여만 명을 포로로 끌고 갔다.

소현세자는 1637년 4월 당시 청나라 수도 심양(瀋陽)에 도착한다. 세자는 비록 인질이지만, 그를 따르는 식솔은 가족을 포함하여 200여 명이 넘었다. 행정관리, 호위무사, 통역관 등과 노무자들이었다. 세자 일행은 숙소를 제공받았는데, 이를 심관(瀋館)이라 불렸다. 청나라는 처음에 생필품과 생활비를 지원해 주었다. 그러나 얼마 지나지 않아 지원을 대폭 줄이고, 대신 심양 인근의 황무지를 주면서 개간하여 살아가기를 종용했다.

인질 생활이 언제 끝날지 기약조차 할 수 없고, 생활비 지원이 줄어들어서 살림살이가 날이 갈수록 쪼들렸다. 청나라의 행위가 무례하고 불쾌하지만, 달리 어찌할 도리가 없었다. 결국 소현세자는 청나라가 제공한 황무지를 받고, 그 땅을 개간하고 농사를 지었다. 식솔들이 영농에 온 힘을 쏟았고, 농사는 잘되었다. 몇 해 지나지 않아 먹고 남은 농작물을 시장에 내다 팔 수 있었다. 솜씨 있는 식솔이 갖가지 수공업품을 만들고, 그것도 팔았다. 소현세자는 그 수입으로 식솔들을 위한 옷과 의약품 따위의 생활용품을 샀다. 노예시장에 포로로 끌려와서 노예로 팔리는 조선인을 사서 귀국시키기도 했다. 귀국이 여의찮은 자는 심관에서 함께 살도록 해주었다. 그리하여 식솔이 약 300명으로 불어났고, 불어난 만큼 농장이 더 커졌다. 농장이 확장되고 수확물이 많아지자, 심관 안에 물건을 매매하는 장마당이 들어서고, 온갖 상인들이 몰려와서 장사판을 폈다. 소현세자는 농작물과 수공업품을 팔고, 필요한 물품을 구매했다. 흥정하고 거래하며 상술을 익혔다. 아마 소현세자는 500년 조선 왕조에서 외국의 상업문물을 경험하고, 몸소 장사를 해본 단 한 명의 왕자일 것이다. 그가 청나라에서 쌓은 상업의 경륜은 복(福)이었을까? 불운을 초래하는 화근(禍根)이었을까?

소현세자는 1645년 봄에 귀국한다. 청나라가 1644년 명나라를 멸망시킨 후, 조선의 인질을 붙잡아 둘 필요가 없다며 풀어주었다. 그러나 그는 귀국한지 불과 2개월 뒤, 병이 들고 4일 만에 급사한다. 병명은 학질(말라리아)이다. 그야말로 돌연한 사망에 독살되었다는 의혹이 세간에 팽배하고, 민심이 술렁댔다.

소현세자는 독살되었는가? 『인조실록』의 애매한 기록이 헷갈리게 한다. 『인조실록』에는 소현세자가 학질에 걸려 침을 맞고 사망한 것으로 기록되어 있다. 그러나 독살을 암시하는 기록을 따로 덧붙여 놓았다. 예를 들면 "시신이 온통 검은 빛이었다", "눈, 코, 입, 귀의 일곱 구멍에서 피가 흘러나와서 마치 약물에 중독되어 죽은 사람과 같았다"라는 따위의 기록이다. 이 기록은

소현세자 무덤 소경원(昭慶園)

읽는 사람이 알아서 판단하라는 것처럼 여겨질 수 있다. 왜 그랬을까? 그로 인해 학자들도 '독살이다' 혹은 '독살 아니다' 따위로 견해를 달리하며 논쟁을 벌인다.

　소현세자의 죽음은 아버지 인조와의 갈등과 당시 정권을 잡은 서인 세력의 암약 때문이라는 유력한 견해가 있다. 먼저 인조와의 갈등은 인조가 세자를 미워하고 두려워한 사실에 방점을 둔다. 인조는 소현세자가 청나라에 인질로 살면서, 조선을 침공하고 자기에게 모욕을 준 청나라 장수 용골대(龍骨大)와 가까이 지내는 것을 알고, 복수할 생각은 하지 않는다며 괘씸하게 여겼다. 세자가 귀국한 후에 자신을 축출하고 왕위를 뺏을까 봐 내심 두려워했다. 세자의 귀국을 반기기는커녕 마치 오랜 정적(政敵)을 대하듯이 냉대하고, 기회를 엿보다가 병이 들자, 이를 기회로 하여 죽게 했다는 것이다.

　다음 쿠데타를 일으켜 광해군을 축출하고 인조를 왕으로 옹립한 서인 세력의 암약이다. 당시 쿠데타의 명분은 광해군이 청나라의 눈치를 보며, 명나라에 사대하지 않으므로 폐위해야 한다는 것이었다. 따라서 그들은 만약 청나라와 친밀한 소현세자가 장차 왕이 되면 명나라에 사대하는 쿠데타 명분이 훼손될 뿐 아니라, 그들의 권력까지 잃을 수 있는 위험천만한 일로 보고, 소현세자가 죽도록 암약했다는 것이다. 소현세자가 죽은 후 조선이 노골적으로 반청(反淸)하고 멸망한 명나라를 숭상(崇尙)한 것은 서인 세력의 암약에 신빙성을 더한다. 특히 인조를 이은 효종이 청나라를 치는 북벌을 주창한 것은 소현세자의 죽음과 무관하지 않다. 효종은 소현세자의 동생이다. 청에 패배하고서도 멸망한 명을 사대하는 풍조가 더욱 고질화한 것은 소현세자 죽음의 반작용일 수도 있다.

　어쨌든 인조가 소현세자를 죽도록 했다. 혹은 서인 세력이 죽음으로 몰고 갔다는 분명한 기록은 없다. 그의 죽음은 앞에서 언급한 정치적 측면보다 오히려 경제적 측면을 관조하면 진실에 더 가까이 다가갈 수 있다. 오늘날 만약 소현세자가 왕이 되었다면, '조선이 개혁되고 일본보다 발전하여, 일본에 잡아먹히지 않았을 거다'라는 말이 회자하고 있다. 이 말은 경제적 측면을 직시한 말이다. 실제로 소현세자는 자신이 왕이 되면, 청나라 문물을 도입하고 대외무역을 전개하여 나라를 부강하게 하겠다는 뜻을 주변에 자주 피력한 바 있다.

　쿠데타로 광해군을 축출하고 인조를 옹립한 서인 세력은 소현세자가 청나라와 친숙한 것을 싫어하고, 두려워하고, 경원시했다. 오랑캐 물이 깊이 들었다고 비난하고 소현세자의 귀국을 반대했다. 심지어 인조는 소현세자가 귀국하면서 바친 선물, 즉 채단(彩段) 4백 필과 황금(黃金) 19냥을 받지 않았다. 이유는 장사해서 번 더러운 돈으로 산 물품이므로 쳐다보아도 만져도 안 된다는 것이었다. 결국 선물은 나라에 헌납되었다. 또한 인조는 소현세자가 아담 샬(Adam Schall)로부터 받은 선물과 북경에서 구매한 천문서, 과학서, 천구의(天球儀) 따위도 관심을 보이기는커녕 시큰둥하게 여겼다. 결국 인조가 소현세자의 상업행위를 트집 잡고, 죽음으로 내몰았다고 할 수 있다. 소현세자의 상업에 관한 이러한 부정적인 인식은 당시 사농공상에 찌든 조선 사대부의 공통된 인식이었다. 따라서 정반대의 추론이 가능하다. 소현세자가 상업을 천시하는 사농공상을 여전히 고수하고, 인조와 서인 세력에 영합하여 명에 사대하고 청에 복수하는 길을 좇았다면, 죽지 않고 왕위에 올랐을 것이라는 추론이다.

　소현세자가 죽은 후 명에 대한 사대와 사농공상의 신분 차별은 더욱 공고화되었다. 조선은 멸망한 명나라를 대신한다며 소중화(小中華)를 외치고, 이미 세계 최강국으로 부상한 청나라를 외면하고 무시했다. 청의 앞선 문물을 수용하고 통상을 전개하자는 박지원, 박제가 등의 북학파의 등장은 소현세자의 사망으로부터 무려 130여 년이 지나서이다. 그러나 북학파의 주장은 냉대받았으며 대외통상은 열리지 않았다.

셋째, 정조다. 제22대 정조는 조선을 중흥시킨 개혁 군주로 일컫는다. 사람들은 탕평책을 펼쳐 정치를 안정시키고, 차별받는 서얼 출신의 인재를 등용하여 학문을 진흥시키고, 신도시 수원화성을 건설하는 등 업적이 대단하다고 칭송한다. 또한 정조는 내탕금을 멋있게 잘 쓴 왕으로 손꼽힌다. 신해통공(辛亥通共)으로 상업을 혁신시키고, 상인에게 영업의 자유를 부여한 왕으로 평가받는다.

정조의 내탕금과 신해통공은 자세히 들여다보면 여러 문제점이 발견된다. 우선 내탕금은 무작정 좋게 평가해도 괜찮은가 하는 의문이 있다. 쓰인 용처에 부정적인 평가가 따를 수 있기 때문이다. 신해통공도 비록 영업 자유의 물꼬를 열었으나, 사농공상의 신분 차별은 여전히 고수되었고, 대외통상은 꽉 막혔으며, 상인을 천시하는 폐단은 혁파되지 않았다. 신해통공은 당시 문란해진 상업 질서를 현실에 부응하여 일부 정비한 것일 뿐이라고 할 수 있다. 물론 대외통상이 열리지 않아 무역을 통한 내탕금 수입도 별반 이루어지지 않았다.

정조의 대표적인 내탕금 사용 사례는 두 가지다. 아버지 사도세자의 묘를 이장할 때와 수원화성을 축성할 때 사용한 내탕금이다. 먼저 사도세자의 묘를 이장한 경위를 간략히 살펴보고, 내탕금에 얽힌 이야기를 풀어간다.

정조는 할아버지 영조(英祖)가 죽자, 엿새 뒤에 경희궁에서 즉위한다. 그는 즉위식에서 아무도 예상하지 못한 돌발행동을 한다. "나는 사도세자의 아들이다"라고 선언한 것이다. 정조는 사도세자의 친아들이지만, 법상으로는 친아들이 아니다. 영조가 사도세자를 뒤주에 갇혀 죽인 뒤, 당시 11살의 정조를 죄인의 자식은 왕이 될 수 없다며, 요절한 맏아들 효장세자의 양자로 삼은 때문이다. 정조는 왜 그리 말했을까? 즉위식에 참석한 사람 중에서 사도세자의 죽음에 관여된 자들은 청천벽력 같은 말이었을 것이다. 그 후 정조는 사도세자 묘의 명칭을 수은묘(垂恩墓)에서 영우원(永祐園)으로 격식을 높여 바꾸고,

이장을 준비했다. 그리고 13년이 지난 1789년, 경기도 양주 배봉산(지금의 동대문구 휘경동)에 있는 묘를 수원의 화산(지금의 화성)으로 옮겼다. 묘의 이름을 현륭원(顯隆園)으로 바꾸었다. 현륭원을 조성하는 비용은 돈(상평통보) 184,644냥, 쌀 6,326석 등이 들었고, 중앙과 지방의 여러 기관이 분담하여 냈다.

현륭원 조성에 정조가 쓴 내탕금은 1,000냥이다. 현륭원 진입로에 가로수를 심는 비용인데, 전체 조성 비용의 0.5%에 불과하다. 현륭원이 완공된 후 정조가 이곳을 행차할 때, 진입로에 가로수가 없었다. 정조는 가로수가 없어 햇볕이 따갑고 밋밋하다며 가로수를 심도록 지시하고, 그 비용을 자신의 내탕금으로 조치했다. 당시 가로수는 소나무 500그루와 능수버들 40그루가 식재되었다. 현재 소나무 38그루가 남아있다.

정조가 내탕금으로 가로수를 심은 것을 두고 사람들은 지극한 효심의 발로라고 한다. 과연 효심이 솟아 내탕금 1,000냥으로 가로수를 심게 했을까? 꼭 그렇게만 볼 수 없다. 현륭원을 조성하는 비용은 모두 국고에서 충당되었다. 미리 예산을 세워 공사를 한 것이다. 그러나 가로수 식재는 공사계획에 포함되지 않은 추가 공사이므로, 비용이 추가로 필요하다. 추가 비용을 어떻게 조달할 것인가? 대책 회의를 열고, 예산을 세우고, 비용을 염출해야 하지만, 번거롭고 자칫하면 부지하세월일 수 있다. 또한 가로수가 없는 다른 왕릉과 비교되어 괜한 시비를 낳을 수도 있다. 어쩔 것인가?

정조는 추가 비용을 자신이 부담하기로 단안을 내렸다. 이것은 불필요한 시비를 잠재우고, 가로수를 조속히 심으려 한 불가피한 선택일 것이다. 만약 정조의 효심을 운운한다면, 현륭원 전체가 효심의 결정체다. 한갓 진입로의 가로수에 효

정조 영정

심을 묶어둘 것이 아니다. 또
한 아버지 묘의 이장에 쓴 개
인 비자금 얼마를 두고, 호들갑
떨며 극구 칭송할 것까지는 아
닐 것이다. 어쨌거나 정조가 내
탕금으로 가로수를 심는다는
데, 누가 시비를 걸 것인가? 오
히려 지극한 효심이라며 입이
마르게 칭송할 것이다. 그렇다.
당시의 칭송이 지금까지 전해
져서 현륭원 가로수는 정조의
효심을 기리는 상징이 되고, 뭇
사람의 사랑을 받아왔다.

현륭원 진입로 가로수

　다음 수원화성을 쌓을 때 쓴 내탕금이다. 수원화성은 조선 최대의 걸작이
라 해도 과언이 아니다. 수원화성에는 유네스코 문화유산이 두 개 있다. 하나
는 수원화성 자체이고, 또 하나는 성곽 축성에 따른 인력, 경비, 장비 따위의
공사 내역을 기록한 『화성성역의궤(華城城役儀軌)』이다. 따라서 만약 정조가
수원화성을 만들지 않았다면, 조선은 수도 한성의 궁궐과 도성 이외는 볼만
한 토목건축물 하나 없는 변변찮은 나라로 낙인찍힐 뻔했다고 할 수 있다.

　정조는 내탕금으로 솜옷, 모자, 귀마개 따위의 방한용품을 사서 축성에
동원된 인부들에게 나눠주었다. 이를 두고 사람들은 정조가 효심이 깊어 내
탕금으로 방한용품을 사서 지급했고, 그로 인해 공사 기간이 단축되었다고
칭송한다. 방한용품을 받은 인부는 얼마일까? 『화성성역의궤』에 의하면 축
성 공사는 1794년 1월에 착공하고 1796년 9월에 완공하여 2년 9개월이 소
요되었다. 동원된 인부는 축성 기술자가 1,800명(석수 642명, 목수 335명 등)이
고, 일반 노역자가 연인원 70여만 명이다. 일반 노역자는 농번기를 제외하고
매년 6개월간 축성에 동원된다고 가정하면, 매일 약 1,372명이 동원된 셈이

다. 또 겨울철이 세 차례 있었으므로 방한용품을 세 번 지급한다고 보면, 약 4,116명에게 지급한 것이 된다. 물론 축성 기술자에게도 준다면 대상자는 더 늘어날 것이다. 물론 한 차례 혹은 두 차례 지급했다면 대상자가 줄어들 것이다. 당시 방한용품의 가격은 알 수 없다. 그러나 대략 4,000여 명에게 지급한다고 해도 비용은 상당한 액수일 것이다.

혹자는 정조가 개인 내탕금으로 방한용품을 사서 하사하니, 일꾼들의 사기가 올라 공사 기간이 많이 앞당겨졌다고 한다. 다소 일리 있고 수긍이 가는 말이다. 또 혹자는 방한용품 지급은 정조의 지극한 효심에 의한 것이라고 말한다. 이 말은 그럴듯해 보이나, 진실과 다르다는 지적을 받을 수 있다. 정조가 내탕금을 쓴 까닭은 방한용품을 살 예산이 없었기 때문이다. 당시 조선은 노역에 동원된 자, 또는 노임을 받는 노역자의 방한용품을 국고로 지급하지 않았다. 예산이 책정되어 있다면 내탕금을 쓸 이유가 없지 않은가? 방한용품 지급은 정조가 필요성을 인식하고 지급할 것을 지시했으나, 예산이 없어 당장 어찌할 수 없으므로 내탕금으로 조치했을 가능성이 높다. 따라서 이 사례는 정조의 리더십, 또는 애민 정신의 일환으로 평가되어야 할 사안이지, 효심으로 치장할 사안이 아니다. 번지수가 다른 과도한 칭송은 자칫 본말이 전도되어 본의 아닌 결과를 낳을 수 있으므로 유의해야 한다.

한편 정조의 효심을 잘못 칭송하는 사례가 하나 더 있다. 그것은 이주 보상비다. 정조는 현륭원을 조성하면서 보상비를 시세보다 2-4배 많이 지급했다. 이를 두고 정조가 지극한 효심으로, 또 백성을 어여삐 여겨서 통 크게 보상했다고 칭송한다. 과연 시세보다 과다한 땅값 보상이 효심의 증거이고, 칭송받을 일인가? 이것은 보상비가 국고임을 고려하면 평가가 달라진다. 우선 시세보다 많이 주었다고 함은, 당시 조선이 주민을 이주하고 토지를 수용할 때 보상비를 시세로 지급했음을 뜻한다. 만약 보상비를 시세보다 많이 지급하려면 합당한 사유가 있어야 한다. 오늘날 이주대책비와 정신적 피해보상 따위의 간접 보상비를 별도로 산정하여 주듯이 말이다. 하지만 18세기 조선에서 간접 보상비를 참작하더라도 시세의 2-4배에 달하는 보상비는 적정하다고 할 수 없다.

정조는 보상액을 최종 결정짓는 국왕이다. 국가의 보상은 다른 보상과의 형평과 물가에 미치는 영향 따위를 고려하여 산정되는 법이다. 그러므로 과다한 보상비는 정조가 다른 보상과의 형평을 무시한다거나, 물가에 무지하다는 혹평이 불가피하게 제기된다. 정조는 탕평책을 펴는 정치 균형감이 뛰어났고, 신해통공의 혁신을 도모할 만큼 현실에 밝았다. 따라서 국고로 지불한 과다한 보상비는 지극한 효심 또는 애민 정신 따위로 치장하여 얼렁뚱땅 넘길 일이 아니었다. 그러함에도 불구하고 효심과 애민을 들먹이며 칭송한다면, 정조를 무조건 성군(聖君)으로 숭상하려는 의도가 있다고 할 수 있다. 어떻든 시세보다 2-4배나 많은 보상비는 개혁 군주 정조의 이미지와 어울리지 않는다. 효심을 내세워 칭송하면 할수록 정조의 개혁 이미지를 구기는 결과를 초래할 수 있다.

그렇다면 보상비를 많이 준 진짜 이유가 있는가? 그것은 현륭원을 조속히 완성하려고 내린 특별 조치였다. 당시 현륭원 터에는 주민 244가구가 살고 있었다. 이들은 수원화성으로 이주시킬 계획이지만, 주민 244가구의 이주는 여간 어려운 일이 아니다. 또한 현륭원은 수원화성과 연계되어 추진됨으로써, 현륭원 조성 공사의 시작은 수원화성을 포함한 전체 사업의 첫 삽을 뜨는 것과 같았다. 따라서 현륭원 조성은 차질이 나지 않는 시행, 민원이 없는 매끄러운 추진이 중요했다. 이에 정조가 주민들로부터 적극적인 협조를 끌어낼 수 있을 만큼 충분한 보상비를 주기로 단안을 내렸다고 할 수 있다. 다시 말하면, 보상비는 결코 효심에 의해 많이 책정된 것이 아니고, 정조가 현륭원과 수원화성의 순조로운 추진을 위해 내린 결과였다. 충분한 보상비 책정으로 인해 보상비가 건물, 토지 따위의 현황 조사가 끝난 후 5일 만에 지급되고, 주민 이주가 아무 잡음 없이 마무리되었다.

어떻든 정조가 내탕금으로 가로수를 식재하고 방한용품을 사서 지급한 것은 훈훈한 미담이다. 역대 왕들의 내탕금에서 이만한 미담을 찾기 어렵다. 조선 왕의 내탕금은 주로 국왕의 사치, 왕실의 잔치, 신하들에게 주는 하사품 등에 쓰였다. 때로는 절을 짓거나 불사(佛事) 따위에 사용되기도 했다. 현륭원과 수원화성에 쓴 정조의 내탕금은 조선 왕조의 내탕금 사용 우수 사례로 꼽아도 좋을 것이다.

넷째, 고종이다. 고종은 돈을 매우 밝혔다. 그는 뇌물 수수에 도가 텄다. 벼슬자리를 두고 뇌물을 수수할 뿐 아니라, 관직을 돈으로 흥정하고 팔았다. 뇌물 수수는 앞에서 서술한 고려 명종보다 한 수 위라 해도 과언이 아닐 것이다.

고종은 1876년 개항한 후 새로운 이권에 눈뜨고 탐닉했다. 철도부설, 광산개발, 삼림벌채 따위의 이권 사업을 청탁받고 인가하면서 뒷돈을 받았다. 이권 사업의 인가, 국유지 사용 허가 등에 따른 공식 납부금도 정부 재정에 넣지 않고, 왕실 내탕고에 넣기가 비일비재했다. 국고가 텅텅 비고 나라가 망해가도 아랑곳하지 않고, 자신의 곳간 채우기에 혈안이었다. 그리하여 고종의 재산은 엄청나게 불어났다.

갑오개혁 때 내탕금이 혁파될 뻔했다. 갑오개혁 공포문에 앞으로 왕실 재산을 정부에서 관할 한다는 내용이 포함되어 있었다. 그것은 태종이 왕실 재산의 사유화를 선포한 이래 정부 재정과 왕실 재정을 일원화하는 최초의 선포였다. 그러나 일장춘몽으로 끝났다. 고종이 자기가 잘 모르고 개혁안에 도장을 찍었다며 발뺌하고, 종전처럼 왕실 재산을 사유재산으로 관리토록 조치했다. 몰랐다는 핑계를 대며 갑오개혁의 재정일원화를 와해시켜 버렸다.

고종의 내탕금은 1897년 대한제국을 선포하고 고종이 황제로 등극한 이후부터 더 방만하게 사용되었다. 황제의 격식과 의례는 왕의 그것에 비해 비용이 어마어마하게 많이 든다. 고종은 내탕금 수익을 더 올리기 위해 내수사를 국가기관인 내장원(內藏院)으로 개편시켰다. 그리고 인삼전매 수입, 화폐발행 수입 따위를 내장원으로 귀속시키고, 목장 용지를 비롯한 상당수 공용토지의 관리를 내장원으로 이관시켰다. 그로 인해 내장원의 수입이 대폭 증가하여 1904년에는 약 3,000만 냥으로 정부의 전체 예산과 맞먹을 정도의 규모가 되었다.

고종의 내탕금은 일본에 나라를 빼앗긴 것과 무관하지 않다. 혹자는 고종이 내탕금을 헤이그 특사 파견, 해외유학생 파견, 은행설립 등 공공의 용도에 많이 사용했다고 주장하나, 내탕금의 대다수는 황제의 권위와 위상을 과시하기 위한 궁궐 개·보수와 황제의 행사비 따위에 사용되었다. 결국 고종은 정부 세입으로 하여 조선의 근대화에 쓸 자금을 자신의 내탕금으로 돌려 낭비함으로써 나라를 망치는 데 일조했다고 할 수 있다.

한편 고종은 망국의 순간에도 자기 재산에 집착했다. 혹자는

군복 차림의 고종 황제(서울역사박물관)

1910년 고종은 이완용이 비밀리에 한일 합병을 추진하고, 한일합병조약(韓日合拼條約)의 최종 서명을 건의하자, 일본 정부가 왕실 재산을 보전해 준다고 약속하는 문서를 받아오라고 요구했다고 비난한다. 어떻든 고종은 조선이 망하든 말든, 자기의 사유재산 내탕금을 끝까지 지켰다. 조선이 망할 때, '조선 최고의 갑부는 고종이다'라는 말이 시중에 널리 나돌았다. 고종은 망한 조선에서 일본으로부터 왕 대접을 받으며, 최고 부자로 살았다.

정리하면, 조선 왕의 내탕금(비자금)은 원천이 땅이고 땅의 수익에서 나왔다. 조선의 역대 왕들이 농업에 매료되고 농사를 애지중지한 것은 이의 영향이 컸다고 할 수 있다. 조선 왕에게 상업과 무역은 안중에 없었다. 땅 부자 조선 왕은 상업을 천시하는 사농공상의 질서가 견고히 유지되길 희망했다. 상업을 육성하자는 주장은 농업을 해치는 것으로 여기고, 귓전으로 듣고 받아들이지 않았다. 결국 조선은 태조 이성계부터 순종까지 27명의 왕이 내탕금을 부여안고 산 꼴이다. 그들은 고종에서 보듯이 나라가 망해도 왕의 재산을 지키려 애썼다. 그것은 왕의 재산이 국유가 아니고 사유인 탓이다. 이처럼 조

선 왕의 내탕금에는 애달픈 망국의 한이 서려 있다. 개국 초 태종의 '내탕금 선언'이 곧 망국의 첫머리가 되었다고 할 수 있다.

제9장

화폐 선진국 고려, 화폐 후진국 조선

조선에 상평통보가 있다면, 고려에는 무슨 화폐가 있었을까

고려는 상업과 무역이 성행한 나라였다. 상업과 무역의 발전은 화폐의 뒷받침이 있어야 한다.

고려의 화폐에 대해서는 잘 알려진 바가 없다. 우리 역사에서 화폐라 하면 조선의 상평통보만 떠올리게 된다. 어쩌다 고려 화폐는 모르고, 상평통보만 알게 되었을까?

화폐를 둘러싼 고려와 조선의 1000년 역사를 살펴보면, 우리가 몰랐던 새로운 진실을 마주할 수 있다.

제9장

화폐 선진국 고려,
화폐 후진국 조선

한국은 유구한 전통과 문화를 자랑한다. 그러나 화폐 문화는 자랑스럽지 않고 오히려 낙후했다는 게 오늘날 학계의 통설이다. 백과사전과 시중의 서책 등에서 화폐에 관한 서술은 신통찮다. 고조선은 물론이고 근세의 조선에 이르기까지 화폐가 발달하지 않았다는 낙인을 찍는 것 같은 느낌이 들 정도다.

왜 학자들은 화폐가 낙후했다고 할까? 그들이 꼽는 주요 이유는 경제가 취약하다, 백성들이 화폐를 싫어한다, 화폐를 만드는 재료가 부족하다 등이다. 이것은 일반인의 경우 이해에 앞서 수긍이 잘 안된다. 왜냐하면 모두 우리(한국)를 비하하는 설명이기 때문이다. 학자들이 잘못 평가하는 것인가? 꼭 그렇지는 않다. 우선 화폐에 관한 기록과 정보가 빈약한 탓이 크다. 그러나 더 큰 탓은 평가 기준이다. 평가 기준을 화폐가 발달한 이웃 중국에 둠으로써, 상대적으로 한국은 언제나 낙후되었다는 평가를 벗어날 수 없다. 비록 기록과 정보가 부족하지만, 좀 더 세밀히 들여다보고, 중국과 다른 한국의 특수성을 참작하면 평가가 달라질 수 있다.

고조선은 동시대의 화폐 선진국이었다. 화폐를 만들었다는 문헌 기록이 전해지지 않지만, 고조선 영역에서 일화전(一化錢)과 명화전(明化錢), 명도전(明刀錢) 등 금속화폐가 출토되어 화폐가 존재한 사실을 알 수 있다. 고조선은 최첨단 청동기문화를 꽃피운 나라다. 당시 중국의 어떠한 나라보다 청동기문화와 문물이 뒤떨어지지 않았다. 한반도와 요동 등지에서 발굴되고 있는 청동으로 만든 비파형동검, 세형동검, 다뉴세문경(잔줄 무늬 거울) 등이 이를 증거하고 있다. 빼어난 청동 칼과 거울은 청동으로 만든 화폐와 관련이 분명히 있을 것이다. 그러함에도 불구하고 학계는 고조선 화폐에 관해 냉담하다. 고조선은 내부경제가 빈약하여 화폐는 극히 일부에서 사용될 뿐이고, 대부분 장신구와 부장품 등으로 사용된 것으로 본다. 또한 고조선은 구리가 부족하여 청동으로 만든 동전은 시중에 통용되기보다 권력자의 위세 장식용품이었다고 한다. 왜 실물 화폐가 엄연히 존재하는데, 굳이 고조선의 화폐를 비하하는가? 청동 칼과 거울이 중국에 뒤떨어지지 않았듯이 청동 화폐 또한 낙후되지 않았다고 보는 것이 실제에 부합한다고 할 것이다.

고조선 이후 삼국시대는 고조선과 다르다. 고구려, 백제, 신라의 삼국은 1,000여 년의 장구한 세월 동안 화폐를 만들지 않았다. 문헌 기록도 없고 출토된 화폐도 없다. 신라의 경우 글씨와 무늬가 없는 무문 동전이 통용되었다는 견해가 있으나, 유물은 아직 출토되지 않았다. 삼국은 법정화폐가 없고, 상거래는 곡식, 베, 금은 따위의 현물화폐로 이루어졌다. 그렇다면 삼국은 화폐 후진국인가? 당시 화폐가 발달한 중국과 비교하면 한참 후진국이 된다. 그러나 삼국시대의 화폐는 중국의 잣대로 평가해서는 안 된다. 삼국시대는 국가체제와 제도가 정치적으로나 경제적으로나 중국과 달랐다. 삼국의 화폐를 중국의 잣대로 평가한다면, 그것은 중국에는 유사한 사례조차 없는 골품

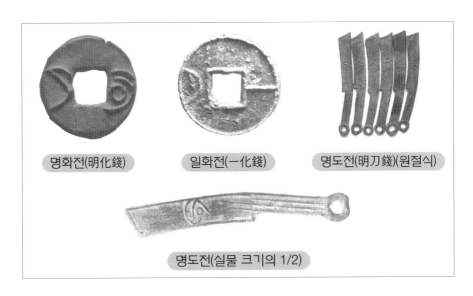

명화전(明化錢)　　일화전(一化錢)　　명도전(明刀錢)(원절식)

명도전(실물 크기의 1/2)

제의 신라를 중국의 잣대로 평가하는 것과 마찬가지라고 할 수 있다. 고구려는 화폐경제를 꽃피운 수나라, 당나라와 싸워 이겼다. 신라도 당나라와의 전쟁에서 승리했다. 따라서 삼국이 화폐를 만들지 않은 것은 정치경제가 발전하지 않아서가 아니라, 국가체제와 제도가 화폐의 필요성이 적은 탓이 크다고 할 것이다. 결국 이것은 삼국시대의 특별함으로 이해해야 한다. 자칫 그렇지 않으면 삼국이 화폐를 만들어 통용한 기원전 춘추전국시대 중국의 여러 나라보다 정치경제가 낙후된 미개한 나라임을 자인하는, 스스로 우리 역사를 비하하는 꼴을 초래하게 된다.

고려는 제6대 임금 성종이 996년에 최초로 화폐를 발행한다. 성종이 화폐를 만든 것은 국가체제와 제도에 획기적인 개혁이었다. 무슨 말인가 하면, 고려는 삼국시대와 다른, 특히 골품제의 신라와 다른 나라로 출범했다. 개국 초기에 국가체제와 제도는 삼국시대와도 다르고 중국과도 다른 어정쩡한 것이었다. 고려의 정체성을 갖춘 새로운 체제와 제도의 개혁이 필요했다. 그리하여 고려는 제4대 광종이 중국의 황제국 체제와 제도를 도입하고, 성종 때에 본격적으로 개혁해 나갔다. 황제국 체제와 제도에 필수불가결한 것의 하나가 화폐제도다. 따라서 성종의 화폐 발행은 경제의 비약적인 발전에 따른 것이라기보다 중국과의 경쟁 차원에서 이루어졌다고 할 것이다. 이에 관해서는 뒤에 따로 자세히 고찰한다. 한편 고려는 제15대 숙종이 소액 화폐 동전과 고액 화폐 은병(銀瓶)을 만들었다. 이것은 당시 화폐경제가 상당히 발달했음을 반영한다. 고려는 숙종 때부터 소액 화폐와 고액 화폐가 함께 통용되는 동시대의 화폐 선진국이 되었다.

조선은 1392년에 개국한다. 이때는 동서양을 막론하고 화폐경제가 발전하고 있었다. 조선은 고려보다 화폐경제의 여건이 좋았다. 왜냐하면 고려는 삼국시대부터 이어온 현물화폐의 상황에서 개국하지만, 조선은 화폐경제의 기반이 어느 정도 닦여진 상황에서 개국했다. 조선은 개국 초기 태종과 세종이 의욕적으로 화폐를 만들지만, 모두 실패했다. 제19대 숙종이 1678년 상평통보(常平通寶)를 발행하기까지 무려 약 230년 동안 마치 삼국시대처럼 화폐 없는 나라로 살았다. 그야말로 화폐 후진국이 되었다. 상평통보는 소액 화폐 동전이다. 숙종은 고액 화폐를 만들지 않았다. 조선의 고액 화폐는 1866년 고종이 상평통보의 100배에 해당하는 당백전(當百錢)을 발행하지만, 실패했다. 그 후 화폐개혁이 몇 차례 시도되었으나 모두 실패함으로써, 조선은 화폐 후진국을 끝내 벗어나지 못하고 망했다.

오늘날 선진국을 판가름하는 핵심은 금융이고, 금융의 바탕은 화폐다. 특히 옛 왕조시대에 금융은 화폐 그 자체라고 할 수 있다. 금융(화폐)은 나라의 흥망을 좌우한다. 예컨대 조선이 꼭 그랬다. 조선은 총칼로 망하지 않았다. 일본의 화폐경제에 예속되고, 화폐 주권을 빼앗겨서 망했다. 당시 조선의 화폐경제는 중국과 일본보다 낙후되었다. 왜 조선이 화폐 후진국으로 전락했는가? 이에 관해 학자들은 아직 알기 쉽게 이해할 수 있는 설명을 하지 않고 있다.

이상을 정리하면, 한국의 화폐 역사는 두 가지 의문이 있다. 첫째는 삼국시대 이래 고려 초기까지 약 1,000년 동안 법정화폐가 없었다. 왜 화폐를 만들지 않았을까? 둘째는 조선이 화폐 후진국이라는 사실이다. 고려는 화폐경제의 기틀을 다지며 화폐 선진국으로 도약했지만, 조선에 와서 화폐경제가 고려보다 퇴보했다. 그렇게 된 까닭이 무엇인가?

화폐 문제를 좀 더 파고들면 또 다른 의문에 봉착한다. 고려가 최초로 만든 화폐가 무엇이냐다. 오늘날 학계의 통설은 이를 건원중보(乾元重寶) 철전이라고 한다. 그리고 건원중보는 중국 당나라가 만든 화폐이고, 고려가 이를 모방했다고 한다. 모방이라 할 만한 기록과 근거가 전혀 없는데도 말이다. 그래서 일반인은 통설을 받아들이기에 앞서 씁쓸함과 의아함을 느끼기 마련이다. 자주성과 자긍심이 강한 고려가 중국을 모방했다고 하니까 그렇다.

고려는 화폐 선진국이었다

고려에서 화폐를 만든 임금은 4명이다. 최초는 제6대 성종이 건원중보와 동국통보 등을 주조했다. 다음 제15대 숙종이 해동통보와 은병 등을 만들고, 제28대 충혜왕이 소은병을 만들었다. 고려 말 제34대 공양왕이 종이 화폐인 저화(楮貨)를 만들었으나, 통용되지 못하고 폐기되었다.

충혜왕과 공양왕의 화폐 발행은 화폐개혁의 의미가 적다. 왜냐하면 충혜왕의 소은병은 문란해진 은병 제도를 보완하기 위해 크기를 반으로 줄인 작은 은병을 만든 것이어서 새 화폐로서의 의미가 별로다. 물론 은병을 보완하는 작은 개혁이라고는 할 수 있다. 공양왕의 저화는 통용하지 못하고 폐기되었으니 미완성 개혁이 된다. 결국 화폐를 제대로 만든 임금은 성종과 숙종 2명뿐이다.

성종, '화폐 있는 세상'을 만들다

성종은 996년 4월에 화폐를 만든다. 이때는 개국한 지 78년이 지나서다. 고려는 개국 이후 78년 동안 삼국시대와 통일신라시대처럼 화폐 없이 살았다. 따라서 성종의 화폐 발행은 '화폐 없는 세상'을 '화폐 있는 세상'으로 바꾼, 역사의 획을 긋는 개혁이다. 또한 이것은 문헌 기록상 최초의 화폐 발행이므로 역사적 의의가 대단하다. 그러함에도 불구하고 오늘날 교과서와 백과사전 그리고 시중의 서적 등에서 비중 있게 다루지 않고 있다. 성종의 화폐 발행에 대해 다각적인 분석과 설명이 따르지 않는 것이다. 아마 그 이유는 문헌 기록이 너무 간단하기 때문일 수 있다. 『고려사』에는 단지 두 개의 기록, 즉 "성종이 철전(鐵錢, 쇠돈)을 주조했다"와 "처음으로 철전을 사용했다"라는 기록뿐이다. 화폐를 만든 경위와 목적은 물론이고 화폐의 명칭도 기록되어 있지 않다. 왜 기록이 이토록 간단할까? 기록이 너무 간략하여 조선의 『고려사』 편찬자들이 조선의 관점에서 뭔가 꾸민 것이 있으므로, 관련 기록을 의도적으로 누락시켰을 수 있다는 의혹이 생길만하다.

어떻든 성종의 화폐 발행은 역사적 의의에 비해 기록이 너무 간략하여 여러 의문이 생기게 마련이다. 의문은 다음의 네 가지로 집약된다. ① 왜 화폐를 만들었는가? ② 왜 화폐의 이름을 기록하지 않았는가? ③ 어떻게 화폐개혁에 성공했는가? ④ 오늘날의 평가는 올바른가? 등이다.

첫째, 왜 화폐를 만들었느냐. 이 질문은 화폐를 만든 목적을 묻는 것인데, 해답은 다소 복잡하다. 먼저 학계의 견해를 살펴보자. 대다수 학자는 화폐를 만든 목적이 유교에 의한 왕권 강화, 통치 자금의 조달, 화폐경제의 발전 따위에 있다고 본다. 다시 말하면 성종이 국가체제와 제도를 유교 사상에 의하여 정비함으로써 왕권을 강화하고, 강화된 왕권으로 화폐를 만들어 통치 자금을 조달하고, 아울러 화폐경제의 발전을 도모했다고 설명한다. 그러나 이 견해는 선후의 맥락을 소홀히 하고 화폐 발행에만 초점을 맞춘 결과론적인 설명이라 할 수 있다. 왜냐하면 유교에 의한 제도와 통치가 왕권 강화에 직결되느냐는 문제가 있고, 성종이 과연 통치 자금을 조달하기 위해 화폐를 만든 것인가라는 의문이 제기되기 때문이다.

유교와 왕권

유교가 왕권을 강화하는가? 학계 통설은 유교에 의한 국가 제도와 통치가 왕권을 강화한다고 한다. 그러나 유교의 궁극적인 목적은 국정의 효율과 안정이지 왕권의 강화가 아니다. 유교는 왕이 신하에게 유교 덕목의 충(忠)을 요구함으로써 왕권이 강화되는 측면이 있지만, 반면 신하는 왕에게 유교 윤리의 준수와 덕치를 요구함으로써 신권이 공고히 되는 측면도 있다. 결국 유교는 왕권과 신권의 조화와 균형을 추구한다고 할 것이다.

중국에서 왕권은 유교보다 법가(法家)와 관련이 깊다. 중국의 진나라와 한나라 등 통일왕조는 법가의 법에 따른 지배사상을 토대로 하고 있다. 한편 중국은 유교를 통치의 기본사상으로 삼았음에도 불구하고 왕권의 취약으로 인해 왕조의 수명이 짧고 흥망이 거듭되었다. 왕권을 유교와 강하게 결부 짓는 기존의 견해는 지양되어야 한다.

한국과 중국은 왕권의 근원과 발전이 다르다. 중국의 왕권은 고대 하나라를 세운 우(禹)왕의 치수(治水)에 바탕을 두고 있다. 고대 중국의 영역은 황하가 흐르는 중원의 평원지대를 토대로 하고 있는데, 중원은 통치에 치수가 매우 중요하다. 홍수로 황하가 범람하면 중원이 물바다가 되는 탓이다. 치수는 인력과 자원의 총력 동원이 필요하므로,

이를 위해 왕권이 절대군주의 왕권으로 발전했다. 한국은 황하의 범람 같은 큰 재앙이 없고, 영역도 상당 부분이 산간 지역이다. 외국의 침략 이외는 인력과 자원의 총력 동원이 거의 필요하지 않다. 그로 인해 한국은 절대군주의 왕권보다 조화와 균형을 중시하는 왕권으로 발전해 왔다.

성종은 무슨 목적으로 화폐를 만들었을까? 이 질문은 해답의 실마리가 될 만한 기록이 전혀 없다. 다만 성종이 화폐를 만들었다는 기록이 있을 뿐이다. 그러면 해답을 어떻게 구할까? 성종은 재위하는 동안 역사적인 개혁을 많이 이루었고, 화폐 발행은 그 일환이었다. 그러므로 해답은 성종이 이룩한 개혁을 통해서 찾을 수 있다.

성종은 '개혁의 왕'이라고 부를 만하다. 고려의 역대 왕 중에서 개혁을 가장 많이 해서 그렇다. 성종에 관한 『고려사』의 기록은 '최초로 ○○을 했다'라는 기록으로 점철되어 있다시피 하다. 재위한 14년 동안 해마다 '최초' 수식어가 붙은 개혁 기록을 남겼다고 보면 된다. 예를 들면 '최초로 중앙 관제(官制)를 정하다', '최초로 지방에 12목(牧)을 설치하다', '최초로 주점 6개소를 설립하다', '최초로 군인의 복색을 제정하다', '최초로 상평창(常平倉)을 설치하다', '최초로 철전을 주조하다' 등이다. 성종은 22세에 즉위하여 36세의 창창한 나이에 죽었다. 아마 더 오래 살았더라면 개혁한 기록은 더 많을 것이다.

앞에서 살펴본 바처럼 고려는 건국 초에 신라의 골품제를 혁파한 상황에서 국가체제와 제도를 삼국시대와 중국도 아닌 어정쩡한 형태로 운용하고 있었다. 따라서 고려의 자주성을 갖춘 새로운 국가체제와 제도의 개혁이 필요했고, 개혁은 제4대 광종에 이르러 시작되었다. 광종은 949년에 즉위하면서 스스로 '나는 황제다'라고 선언하고, '광덕(光德)'이란 연호를 선포하고, 황제의 격식과 의례를 갖추었다. 그리고 중국처럼 과거제도를 시행했다. 고려를 중국의 황제국과 대등한 나라로 만들려 한 것이다.

성종은 광종을 계승하여 중국식 문물을 본격 도입하고 정착시켜 나갔다. 중국식 문물에 필수적인 것의 하나가 화폐제도다. 중국의 역대 왕조는 화폐 발행을 통해 강력한 중앙집권체제를 구축하고 경제발전을 도모했다. 성종의 마지막 개혁이 철전의 주조, 즉 화폐 발행이었다. 성종 역시 화폐 발행을 통해 중앙집권체제를 구축하며 경제발전을 이룩하려 했다고 할 것이다. 결국 중국식 문물을 본보기로 한 개혁이 곧 화폐 발행의 목적이었다. 다시 말하면 성종의 화폐 발행은 왕권 강화를 위해서라기보다, 중국식 문물을 도입하는 일환으로써 화폐를 발행했다. 또한 그것은 중국의 황제국과 대등한 제도를 갖추려는 의지, 곧 중국과의 경쟁의식의 발로에서 이루어졌다고 할 수 있다.

둘째, 왜 화폐의 명칭을 기록하지 않았느냐다. 성종이 만든 화폐는 의문투성이다. 『고려사』에는 화폐 이름이 기록되어 있지 않지만, 철전(鐵錢, 쇠돈)에 대해서 성종이 미리 수년 동안 화폐를 만들어서 창고에 쌓아두었다가 좋은 날을 택하여 통용시켰다는 기록이 있다. 앞에서 언급한 "성종이 철전을 주조했다"와 "처음으로 철전을 사용했다"라는 기록은 미리 만들어 비축한 화폐를 통용한 기록으로 봐야 할 것이다. 다시 말하면 기록만으로는 최초로 만든 화폐가 무엇인지를 알 수 없다. 오히려 언제부터 화폐를 만들어 창고에 비축하기 시작했는가? 비축한 화폐는 무엇인가? 비축한 화폐가 여러 종류인가? 따위의 풀기 어려운 수수께끼가 제기된다.

오늘날 학계 통설은 최초의 화폐를 건원중보(乾元重寶) 철전으로 본다. 건원중보 철전은 1912년~1920년경 개성 인근에 있는 고려시대 무덤에서 처음 출토되었다. 발굴한 사람은 일본의 고고학자들이다. 당시 출토된 건원중보는 3종류였다. 하나는 쇠로 만든 철전이고, 뒷면에 동국(東國)이란 글자가 있다. 둘은 구리로 만든 동전이고, 뒷면에 동국이란 글자가 있다. 셋은 구리로 만든 동전이고, 뒷면에 글자가 없다. 3종류 중에서 최초가 어떤 것인가? 헷갈릴 수밖에 없다. 지금의 통설은 뒷면에 동국이란 글자가 있는 철전을 『고려사』에 기록된 철전으로 본다. 그러나 철전과 동전이 함께 출토되었는데, 왜 철전을 동전보다 앞서 만들었다고 하나? 왜 하필 중국 화폐의 모방이라 하는가? 등의 의문이 따른다.

『고려사』의 철전 기록은 달리 생각할 필요가 있다. 당시는 구리와 납 따위도 쇠로 불렸으므로 철전(쇠돈)은 특정 화폐를 일컫는 고유명사가 아니고, 쇠로 만든 화폐를 총칭하여 부르는 보통명사로 보는 게 합리적이다. 단순히 '철전'이란 글자에 매달려서 최초의 화폐를 건원중보 철전으로 정의하는 것은 진실이 아닐 수 있다. 이에 관해서는 새로운 시각에서의 접근과 추론이 필요하다. 그러면 최초의 화폐는 건원중보 철전이 아니고 다른 화폐일 수 있다.

셋째, 어떻게 화폐개혁에 성공했느냐다. 동서고금을 막론하고 화폐 발행은 국가의 흥망과 정권의 명운이 걸리는 중차대한 일이다. 더구나 곡식과 베 따위의 현물을 화폐로 사용하던 시대에 금속화폐를 주조하고 강제로 통용시키는 일은 실로 어려운 일이다. 귀족과 관리들의 반대와 저항을 물리쳐야 하고, 막대한 재원을 조달해야 한다. 화폐를 만들고 통용시키는 실행 과정에서 일사불란한 추진 체제를 갖추어야 하고, 백성의 불평불만을 해소하면서 협력과 동참을 이루어내야 한다.

모름지기 화폐 발행의 성공은 반대와 저항 따위를 극복하는 것이 관건이다. 그렇다면 성종은 법정화폐 없이도 잘살아왔다고 자부하는 귀족과 신하 그리고 백성들을 어떻게 설득하고 협력을 끌어냈을까? 앞에서 언급한 중국식 문물의 도입이라는 명분이 이를 해결했다고는 보기 어렵다. 강화된 왕권으로 화폐를 만들었다는 기존의 통설과 논리로도 설명이 잘 안된다. 따라서 최초의 화폐 발행이란 개혁은 귀족과 관리 그리고 백성들이 기꺼이 수긍하고 동참한 명분이 따로 있었다고 할 것이다. 그것이 무엇인가? 기록이 없어 알 수 없지만, 추정 가능한 방법이 있다. 고려시대 무덤에서 출토된 화폐의 명칭을 통한 추정인데, 그것은 바로 중국과의 경쟁이었다.

무덤에서 출토된 화폐는 건원중보, 동국통보, 동국중보 등이고, 이를 정리한 것이 <표 9.1>이다. 이 표는 일본 학자가 편집한 화폐 서적『동아전지』[20]에서 골자를 발췌하고,『한국민족문화대백과』와『두산백과』등의 내용을 참고하여 정리했다. 고려 화폐에 관한 해석과 평가는『동아전지』로부터 시작한다

---

20)『동아전지(東亞錢志)』는 1938년 일본 화폐학자 오쿠히라마사히로(奧平昌洪, 오평창홍)가 한국, 중국, 일본, 베트남 등 동아시아의 화폐를 편집한 책이다.

고 해도 과언이 아닐 것이다. 『동아전지』가 세상에 나온 이후 학자들이 『동아전지』의 견해를 수용하거나 그와 다른 견해를 제시하여 오늘에 이르고 있다.

무덤에서 출토된 화폐는 표에서 보듯이 명칭이 있는 화폐는 건원중보, 동국통보 등 5종이다. 이들 화폐에서 중심되는 명칭은 동국(東國)이다. 왜냐하면 건원중보 3종류에서 2종류에 동국이 새겨져 있고, 동국통보와 동국중보가 있으며, 해동원보의 해동도 동국과 같은 뜻이어서 그렇다. 특히 동국통보

표 9.1 1910년대 고려 무덤에서 출토된 화폐 내역

구분	명칭	형태	주조 시기, 특징 등
1	무문전(2종류)	1) 철전 무문전 2) 동전 무문전	성종 초년에 주조된 것으로 추정
2	건원중보(3종류)	1) 철전(앞면 건원중보, 뒷면 동북)	996년(성종15) 4월에 주조된 것으로 봄
		2) 동전(앞면 건원중보, 뒷면 동북)	목종 때 주조된 것으로 추정
		3) 동전(앞면 건원중보, 뒷면 무문)	목종 때 주조된 것으로 추정
3	개원통보(동전)	앞면 개원통보, 뒷면 무문	목종 때 주조된 것으로 추정
4	동국통보(동전)	앞면 동국통보, 뒷면 무문	『한국민족문화대백과』는 성종, 목종 무렵 또는 숙종 때 주조된 것으로 추정 『두산백과』는 목종 이후 1097년(숙종2) 이전에 주조된 것으로 추정
5	동국중보(동전)	앞면 동국중보, 뒷면 무문	성종, 목종 무렵 또는 숙종 때 주조된 것으로 추정
6	해동통보(동전)	앞면 해동통보, 뒷면 무문	1102년 12월
7	해동원보(동전)	앞면 해동원보, 뒷면 무문	해동통보와 같은 시기에 주조된 것으로 추정

참고 : 『동아전지』, 『한국민족문화대백과』, 『두산백과』.

는 고려 화폐 중에서 가장 많이 출토된 동전이다. 그러나 이 또한 누가 언제 만들었는지는 기록이 없어 모른다.

동국이 무엇인가? 동국은 고려를 달리 부르는 별칭이다. 고려 사람들은 바다 건너 서쪽의 중국 송나라를 서국(西國), 북쪽 만주의 요나라를 북국(北國)이라 불렀다. 그렇다면 이들과 대응하여 공식 국명인 고려로 작명하면 될 터인데, 왜 별칭인 동국으로 했을까? 아마 고려로 이름을 짓는다면, 고려가 송과 요에 비해 변방이고 작은 나라라는 의미가 있을 수 있으므로, 이를 피한 것으로 추측된다. 다시 말하면 동국은 서쪽 송나라와 북쪽 요나라에 대응한 동쪽 나라 고려란 뜻이므로, 이들과 대등함을 나타내기 위해 동국으로 작명한 것이다. 이처럼 동국 명칭에는 서북 두 나라(송과 요)와 동등하다는 자긍심과 경쟁의식이 담겨있다.

성종이 화폐를 만들 당시 요나라와 송나라는 화폐경제가 발전하고 있었다. 먼저 916년에 건국된 요나라는 927년에 천현통보(天顯通寶)를 만든다. 건국을 기념하는 화폐를 발행한 것이다. 이후 969년 제5대 경종(景宗)이 동전을 대량 주조하여 화폐경제의 수준을 높였다. 다음 960년에 건국된 송나라는 태조 조광윤이 송원통보(宋元通寶)를 만들고, 당시 유통되던 당나라 화폐의 사용을 금지했다. 새 왕조의 개창과 함께 화폐개혁을 단행한 것이다. 그리고 976년 태종 조광의가 태평통보(太平通寶)와 순화원보(淳化元寶) 등의 동전과 철전을 연이어 만들었다. 이들 화폐는 발행량이 대단히 많았고, 고려와 일본 등지에 대량 유출되어 통용되었다.

성종은 화폐를 만들면서 무슨 명분을 내걸었을까? 당시 고려는 서국(송나라), 북국(요나라)과 국가의 흥망을 놓고 치열하게 경쟁하고 있었다. 심지어 요나라는 고려를 세 차례나 침략하고, 고려는 나라의 명운을 걸고 싸웠다. 따라서 최고의 명분은 이들과의 경쟁에서 지지 않는 것이라고 할 수 있다. 성종은 고려가 이들과 대등한 황제국이므로 이들처럼 자국의 화폐를 가져야 한다는 명분을 내세웠다. 감히 이 명분에 거역할 사람이 누가 있을까? 다시 말하면 성종은 송나라, 요나라와의 경쟁의식을 고취함으로써 화폐개혁을 성공시켰다고 할 수 있다. 물론 앞에서 살펴본 국가체제와 제도의 개혁도 경쟁의식의 발로에 따른 것이라 할 것이다. 결국 화폐 발행에 대한 기존의 통설인 왕권 강화, 통치 자금의 조달, 상업경제의 뒷받침 따위는 부수적인 목적이 된다.

성종의 경쟁의식은 두 방향에서 확인된다. 하나는 요나라와의 전쟁을 통해서이고, 또 하나는 제15대 숙종을 통해서이다. 먼저 요와의 전쟁이다. 성종이 화폐를 만든 996년은 요의 제1차 침략으로부터 3년 후다. 이 3년을 유념하면, 성종이 요의 화폐에 자극받아 화폐를 발행했다는 추정이 성립할 수 있다. 요나라는 본래 거란족의 나라다. 고려는 태조 왕건이 발해를 멸망시킨 무도한 나라라며 멸시함으로써, 후대 왕들도 가까이 하지 않고 거리를 두었다. 그러한 거란이 국력이 강성해지자, 나라 이름을 요(遼)로 바꾸고 고려를 침략해 왔다. 침략한 이유는 청천강 이북의 땅을 내놓고, 송나라와 외교를 끊고, 요나라를 상국으로 섬기라는 것이다. 당시 고려는 서희(徐熙)의 활약으로 요를 물리치고, 오히려 강동 6주의 땅을 획득했다. 어떻든 당시 성종은 문물제도를 개혁하기 위해 온 힘을 쏟았고 많은 성과를 거두지만, 요의 침략을 받고 보니 문물제도가 멸시하던 요나라보다 뒤처져있음을 깨달았다. 특히 화폐경제는 비교할 바가 아니었다. 결국 성종은 화폐경제를 따라잡기 위해 화폐 발행을 추진한 것으로 볼 수 있다.

다음 제15대 숙종이다. 숙종은 즉위한 이듬해 1096년에 화폐를 만드는 주전도감(鑄錢都監)을 설치하고, 1101년 은병을 주조하고, 1102년 해동통보(海東通寶)를 주조했다. 연이어서 고액 화폐 은병과 소액 화폐 동전을 만든 것이다. 해동통보에서 해동(海東)은 바다 동쪽이라는 뜻으로 동국과 같은 고려의 별칭이다. 숙종은 해동통보 주조를 명령하면서, 송나라와 요나라와의 경쟁 때문임을 명확히 밝혔다. 다음은『고려사』에 기록된 숙종의 명령이다.

"백성을 부유하게 하고 나라에 이익을 주는 것으로 화폐보다 중요한 것은 없다. 서북의 두 나라(송나라, 요나라)는 이미 오래전에 화폐를 만들었다. 우리 고려만 아직 만들지 않고 있다. 금속을 녹여서 돈을 만들고 관리와 군인에게 나누어주어 통용하게 하라"(『고려사』)

이 명령은 분명히 고려가 서북 두 나라(송과 요)를 경쟁국으로 삼고 있다. 고려는 겉으로 송과 요를 상국으로 떠받드는 척하지만, 내심으로는 어디까지나 경쟁 상대국으로 여겼다. '우리만 아직 돈을 만들지 않고 있다'는 말이 이들에게 뒤질 수 없다는 경쟁의식을 확연히 드러내고 있다. 숙종은 화폐 이름을 동국과 뜻이 같은 해동으로 지었다. 해동 명칭에 숙종의 경쟁의식이 담겨있듯이 동국 명칭에 성종의 경쟁의식이 내재해 있다고 할 것이다. 다시 말하면 성종과 숙종은 송나라와 요나라에 대한 경쟁의식으로 독자적인 화폐를 만들었고, 이에 화폐 이름을 동국과 해동으로 지었다고 할 것이다.

오늘날 학계는 성종의 화폐 주조에 대해 호의적이지 않아 보인다. 학계의 통설은 성종의 화폐개혁을 실패로 평가하고 있다. 평가의 주요 근거는 발행된 화폐가 전국에 통용되지 않았고, 뒤를 이은 목종이 신하들의 건의를 받아들여서 화폐의 통용 범위를 주점과 음식점 등으로 좁혔다는 것이다. 하지만 통설은 평가 기준이 모호하다. 역사상 처음 만든 화폐가 당장 전국에 통용되어야 성공한 것이고, 통용 범위가 제한되면 실패한 것인가라는 반문에 부닥친다. 이것은 화폐가 발달한 중국을 평가 기준으로 삼은 탓일 것이다.

고려는 동시대의 중국과 상황이 달랐다. 성종의 화폐 발행은 앞에서 언급한 바처럼 삼국시대 이래 약 1000년을 지속해 온 '화폐 없는 세상'을 '화폐 있는 세상'으로 바꾼 대개혁이다. 전국적인 통용에 이르지 못했다고 낮추어 평가할 사안이 아니다. 목종은 비록 신하들의 반대로 인해 통용 범위를 축소하지만, 주점 등에는 화폐만을 사용하도록 강제했다. 이 또한 결코 만만한 일이 아니다. 목종의 강제 통용은 점차 화폐경제의 토대를 쌓아 나갔다. '첫술에 배부르랴'라는 속담이 있다. 전국에 통용되지 않았다고 하여 실패로 평가하는 것은 지나친 트집이다. 최초는 최초답게 평가하는 것이 타당하다. 성종의 화폐 발행은 '화폐 있는 세상', 즉 화폐경제의 시대를 활짝 연 대성공으로 평가하는 것이 올바르다.

그렇다면 고려 최초의 화폐는 무엇인가? 앞에서 살펴본 바처럼 성종과 숙종은 송나라와 요나라와의 경쟁 차원에서 화폐를 만들었다. 그들이 만든 동국, 해동, 삼한 등의 화폐 명칭은 모두 고려를 지칭하는 별칭이다. 이들 명칭은 내부적인 요인에 의해 작명된 것이 아니고, 외부적인 서북 두 나라(송과 요)와의 경쟁에서 작명된 사실을 반영한다.

중국과의 경쟁과 화폐 이름을 주목하면, 동국 글자가 새겨진 건원중보는 앞뒤를 뒤집어 생각할 수 있다. 지금의 통설처럼 '앞면 건원중보, 뒷면 동국'으로 보지 않고, 뒤집어서 '앞면 동국, 뒷면 건원중보'로 보는 것이다. 다시 말하면 건원중보가 새겨진 면을 꼭 앞면으로 할 이유가 없고, 동국이 새겨진 면을 앞면으로 하지 않을 이유도 없다. 이것은 고려(동국)의 관점에서 또 화폐를 만든 성종의 경쟁의식에서 보면 당연한 생각일 수 있다. 이렇게 하면 최초의 화폐는 동국통보이고, 동국이 새겨진 건원중보는 동국통보를 만들기 전에 시험 주조한 것으로 추측할 수 있다.

동국통보를 최초의 화폐로 추정하는 데는 두 가지 근거가 더해진다. 하나는 성종이 화폐를 만들어 비축한 뒤 통용한 것이다. 성종은 미리 수년 동안 화폐를 만들어 창고에 쌓아두었다가 길일을 택하여 통용시켰다. 따라서 창고에 쌓아둔 화폐 중에서 어느 화폐가 먼저 주조된 것인지를 따질 수 없다. 그러므로 가장 많이 주조된 동국통보를 최초의 화폐로 추정함은 무리가 없고 설득력이 있다고 할 것이다. 둘은 동국통보의 대량 출토다. 동국통보는 고려 화폐 중에서 가장 많은 종류가 출토되었다. 글씨체가 해서체·예서체·전서체·팔분서체·행서체 등으로 다양하고, 오늘날 약 20종류가 화폐 수집시장에서 매매되고 있다. 서북 두 나라(송과 요)와의 경쟁이라는 명분과 대량 주조된 화폐라는 사실을 주목하면 최초의 화폐는 동국통보일 확률이 가장 높다.

위와 같이 동국통보를 최초의 화폐로 추정하는 것은 상당한 근거가 뒷받침되고 있다. 앞으로 학계 통설이 고려 최초의 화폐가 건원중보 철전에서 동국통보로 바뀌길 기대한다. 그러면 최초의 화폐가 중국 화폐의 모방이라는 구차한 말 또한 사라질 것이다.

고려 화폐는 중국 화폐의 모방이 아니다

　　오늘날 학계의 통설은 성종(成宗)이 만든 건원중보(乾元重寶) 철전을 한국 최초의 화폐 또는 고려 최초의 화폐라고 한다. 그리고 중국 당나라 화폐 건원중보를 모방했다고 한다. 이것은 실로 유감(遺憾)이다. 왜냐하면 이에 관한 기록이나 근거가 전혀 없기 때문이다.

　　고려 화폐는 1912년~1920년경 개성 부근에 있는 고려시대 무덤에서 처음 출토되었다. 무덤은 일본 고고학자들이 발굴하고, 이후 1938년 『동아전지(東亞錢志)』가 발간됨으로써 고려 화폐가 세상에 알려졌다. 무덤에서는 <표 9.1>에서 보듯이 무문의 철전과 동전, 건원중보 철전과 동전, 동국통보와 동국중보 등이 함께 출토되었다. 이들 화폐는 모두 누가 언제 만든 것인지의 기록이 없다. 그러나 『동아전지』는 성종이 즉위한 초기에 먼저 무문전(철전과 동전)을 만들고, 996년 4월에 건원중보 철전을 만들고, 여타 건원중보 동전 따위는 성종 이후에 만든 것으로 본다. 다시 말하면 『동아전지』는 일본학자의 관점에서 무덤에서 출토된 건원중보 철전을 『고려사』에 기록된 철전으로 규정하고, 나머지 출토 화폐의 주조 시기를 성종 이후로 하여 체계화했다. 즉 『동아전지』는 '무문전 → 건원중보 철전 → 건원중보 동전(여타 동전)'의 순서로 만들어진 것으로 추정한다. 기록과 근거가 없는 화폐를 두고 이처럼 순서를 매기는 것은 무리한 짓이다. 성종이 건원중보 철전만을 만들고 건원중보 동전은 만들지 않았다는 것은 이치상 수긍하기 어렵다. 결국 『동아전지』의 무리한 추정은 고려의 화폐 후진성을 부각하려는 저의가 있다고 할 수 있다. 화폐에 있어 수식어 최초라는 용어는 유의하여 사용해야 한다. '고려 최초의 화폐', '문헌상 최초의 화폐', '최초의 법정화폐', '최초로 대량 주조된 화폐' 따위로 구분할 필요가 있다. 이것은 화폐 역사를 보다 과학화하고 이해의 폭을 넓히는 길이기도 하다.

　　『동아전지』에는 최초의 화폐 또는 모방이라는 말이 없다. 그러나 학계 통설이 모방했다고 하니 찜찜하고, 왜 그런가 하는 의구심이 든다. 모방은 다른 것을 본뜨거나 본받음을 의미하므로, 모방하는 측의 능력과 기술이 모자란다는 것을 뜻한다. 따라서 고려가 당나라 화폐를 모방했다는 것은 고려의 화폐 주조 능력과 기술이 수백 년 전의 당나라보다 낙후되었다고 자인하는 꼴이 된다. 혹자는 조선시대에 만든 조선통보(朝鮮通寶)도 중국 화폐의 모방이라고 주장해서 문제다.

　　모방이라 주장하는 자들은 근거를 『조선왕조실록』에 두고 있을 수 있다. 1423년 5월 세종이 신하들과 조선통보의 주조를 논의할 때, 호조에서 당나라 개원전을 표준(開元錢爲準)으로 하여 동전을 만들자고 건의했다. 개원전은 당나라가 621년에 만든 개원통보 동전이다. 표준으로 하자는 것은 동전의 재료, 무게와 크기, 모양 따위를 기준으로 삼자는 것이다. 즉 조선통보는 개원통보를 기준으로 하자는 것일 뿐 모방하자는 것이 아니다. 고려도 마찬가지다. 더군다나 고려의 건원중보는 동국(東國) 글자가 새겨져 있어 모방이라는 주장은 더욱 합당하지 않다. 조선통보처럼 표준으로 삼았다고 할 것이다.

숙종, '화폐의 왕'으로 불려도 좋다

숙종은 고려 제11대 임금 문종의 셋째 아들이다. 1095년 쿠데타를 일으켜 친조카 헌종(獻宗)을 축출하고 왕위에 올랐다. 쿠데타를 일으킨 이유는 헌종이 11살의 어린 나이여서 국정을 이끌기 어렵고, 송나라와 요나라에 대응하기 힘들다는 것이었다. 그러나 사실은 어린 조카 헌종이 왕위에 오른 것을 못마땅히 여겼기 때문일 것이다. 마치 조선의 제7대 세조가 어린 조카 단종을 폐위시키고 왕위를 차지했듯이 말이다.

숙종이 쿠데타로 왕위를 차지한 때문인가? 그의 화폐에 대한 평가가 좋지 않다. 혹자는 숙종이 화폐를 만든 것은 쿠데타에 든 돈을 갚기 위한 자금을 마련하기 위해서라고 한다. 물론 그런 의도가 있을 수 있지만,『고려사』의 기록을 조금만 더 세밀히 살펴보면 숙종의 화폐 발행은 자금 마련을 뛰어넘는 대단한 개혁임을 알 수 있다.

숙종의 화폐 정책은 볼만하다. 특히 주목되는 것은 화폐유통을 위한 두 가지 정책이다. 하나는 고액 화폐와 소액 화폐를 함께 만들었다. 또 하나는 나랏돈으로 주식점(酒食店)을 개설하고, 관리들에게 시내 도로변에 점포를 열고 장사를 하라고 지시했다. 고액 화폐는 1101년에 만든 은병(銀瓶)이다. 은병은 은 1근으로 고려의 강역을 본떠 만들었다. 모양이 마치 병처럼 생겼다고 하여 은병이라 불렸고, 은병 주둥이의 구멍이 일반 병보다 넓다고 하여 활구(闊口)라고도 일컬었다.

처음 은병 1개는 쌀 10석(石)의 교환가치로 통용되었다. 매우 큰 액수의 고액 화폐다. 그러나 몽골전쟁 이후 은이 귀해져서 교환가치가 15-20석으로 50% 이상 올랐고, 은병의

고려 숙종 영릉(英陵)

은병(한국은행 화폐박물관)

가치 상승으로 인해 은에 구리를 섞어 만드는 부조리가 만연해졌다. 그리하여 제28대 충혜왕(忠惠王)이 1331년 기존 은병의 사용을 금지하고, 크기와 교환가치를 반으로 줄인 소은병을 만들어 통용시켰다.

은병은 수수께끼다. 왜냐하면 은병이 동아시아 최초의 고액 금속화폐이어서 더 그렇다. 대체로 사람들은 왕조시대의 고액 화폐로 역사소설이나 TV 드라마 등에 등장하는 말발굽 형태의 마제은(馬蹄銀)을 연상한다. 마제은은 원나라 말기에 출현하고, 명나라와 청나라 시대에 성행했다. 그 이전은 고액동전 또는 고액 지폐를 발행하여 사용한 적이 있으나, 은병처럼 특정한 형태를 갖춘 고액의 금속화폐는 만들어지지 않았다. 따라서 은병은 동아시아 최초의 고액 금속화폐이므로 과소평가하지 않아야 한다. 고려의 독창적인 화폐로 높게 평가되어야 한다.

한편 숙종은 은병을 소액 화폐 해동통보보다 먼저 만들었다. 그 까닭이 무엇일까? 이에 대해 학계는 아직 이렇다 할 설명을 내놓지 않고 있다. 여기서는 까닭을 두 가지로 추정한다. 하나는 당시 경제가 고액 화폐가 필요한 정도로 발전하여 은병을 만들었다고 본다. 또 하나는 앞에서 서술한 바처럼 중국에 대한 경쟁이다. 숙종은 경쟁 차원에서 화폐를 만드는 마당에 이왕지사 경쟁이라면 송나라와 요나라에 없는 고액 화폐를 만들기로 작정하고, 먼저 은병을 만들었다고 본다. 어느 추정이 합당할까? 아무래도 두가지 추정 모두가 연관된 것으로 보인다.

숙종은 1102년 소액 화폐를 만든다. 이것이 해동통보다. 해동통보는 첫 주조에 동전 15,000꿰미가 만들어졌다. 1꿰미는 동전 1,000개이므로 한꺼번에 동전 1,500만 개를 만든 것이다. 이후 숙종은 시중에 동전이 부족하지 않도록 해동원보(海東元寶), 삼한통보(三韓通寶), 삼한중보(三韓重寶) 등을 잇달아 주조하여 통용시켰다.

여기서 화폐 이름, 즉 해동통보, 해동원보, 삼한통보 등에 의문이 있다. 왜냐하면 화폐 이름은 아무렇게 작명하는 법이 아니기 때문이다. 화폐 이름의 작명은 고대 중국에서부터 관행화되었다. 새 왕조가 개국한 후 최초로 만든 화폐는 '○○통보(通寶)' 또는 '○○원보(元寶)'로 작명하고, 후에 만든 화폐는 '○○중보(重寶)' 따위로 작명한다. 그런데 숙종은 이미 성종이 동국통보를 주조했음에도 불구하고 자신이 주조한 화폐가 마치 최초인 것처럼 해동통보, 해동원보, 삼한통보 등으로 작명했다. 왜 그랬을까? 딱히 들어맞는 이유는 찾을 수 없다. 하지만 통상의 상식으로는 두 가지 추론이 가능하다. 하나는 비록 동국통보가 앞서 주조되었으나 그것은 약 100년 전의 주조이므로, 새로 만드는 화폐의 위상을 높이기 위해 통보로 작명했다고 할 수 있다. 또 하나는 고액 화폐와 소액 화폐로 구성된 화폐제도를 최초로 완비한 것을 나타내기 위해 작명한 것으로 볼 수 있다. 물론 숙종의 권위를 높이고, 고려 화폐를 대내외에 과시하기 위해서 작명한 것일 수도 있다.

숙종의 화폐 발행은 대각국사 의천의 건의가 주효했다. 의천은 숙종의 친동생으로 11세에 왕자의 몸으로 출가했다. 30세 때인 1085년 송나라에 밀항하여 2년간 불법을 연구하고, 송나라의 상업과 화폐경제의 실상을 견문하고 귀국했다. 의천은 귀국한 후 화폐의 이익을 설파한 주전론(鑄錢論)을 작성하여 숙종에게 바쳤다. 이후 숙종이 해동통보의 주전을 본격 추진함으로써, 해동통보는 숙종과 의천의 합작품이라고 해도 과언이 아닐 것이다.

숙종은 화폐유통을 촉진하기 위해 세 가지 특별한 정책을 폈다. 하나는 나랏돈으로 수도 개경과 지방 주(州)·현(縣)의 소재지에 주식점(酒食店)을 개설했다. 정부가 직접 서울과 지방 도시에 술집과 음식점을 열고 영업을 한 것이다. 둘은 주식점의 술값과 음식값은 곡식과 옷감 따위의 현물화폐를 일절 사용하지 못하게 하고, 동전과 은병만 사용하도록 강제했다. 셋은 정부의 고위 관리들에게 개경 거리에 점포를 열고 장사를 하라는 명령을 내렸다. 이들 모두는 화폐유통을 위한 정책이지만, 상업을 육성하기 위한 정책이기도 했다.

그렇다면 고위 관리가 장사를 했다는 말인가? 고위 관리가 장사를 한 사례가 있다. 명종 때 낭중 이유의(李惟誼)가 찻집을 경영했다. 이유의는 딸 셋을 문종의 왕비로 시집보낸 이자연의 동생 이자상의 증손자다. 그야말로 최고의 명문 출신이다. 낭중(郎中)은 정 5품으로 상당한 고위직이다. 고려의 명문 출신이고, 정 5품의 고위 관리가 찻집을 열고 장사를 했다. 이유의의 찻집은 인기가 높고 유명해서 저명인사와 문인들이 즐겨 찾았다고 한다.

끝으로 마지막 공양왕의 저화(楮貨)다. 저화는 말 그대로 종이 화폐이고, 닥나무껍질로 만들었다. 고려는 몽골과의 전쟁에 패배한 이후 원나라 속국이 되고, 원의 화폐 경제권에 편입되었다. 그로 인해 고려의 은병과 동전은 가치가 하락하고 기능을 많이 잃었다. 그 대신 원나라 화폐가 널리 통용되었다. 이후 원나라의 지배를 벗어나자, 원의 화폐는 무용지물이 되고 고려는 화폐가 부족하여 현물화폐가 만연해졌다. 새로운 화폐가 필요하지만, 화폐 발행이 쉽지 않아 차일피일 늦어지고 있었다. 그런 차제에 공양왕이 고액의 저화를 만들려고 나섰다.

공양왕은 1391년 7월 저화를 만들기 위한 자섬저화고(資贍楮貨庫)를 설치한다. 저화의 명칭은 고려통행저화(高麗通行楮貨)로 지었다. 이 저화는 유통되지 못하고 폐기된다. 1392년 4월 인판(印版)과 만들어 놓은 저화가 모두 불타 소실되었다. 이때는 이성계가 왕위에 오르기 3개월 전이다. 조선 개국을 준비하던 이성계 세력이 개국에 지장을 준다며 저화를 불태웠다. 그러나 관련 기록과 정황을 조금만 더 깊이 살펴보면, '저화 발행과 폐기'는 이성계 세력이 꾸민 계략임을 알아차릴 수 있다. 왜냐하면 저화 발행을 착수할 당시는 이성계가 정권을 잡고 있었고 공양왕은 허수아비에 불과하기 때문이다. 저화 발행의 계획수립, 자섬저화고의 설치, 저화의 작명 등은 모두 이성계의 승인 아래 이루어질 수밖에 없다. 결국 저화 발행은 새 나라 개국을 반대하는 세력을 안심시키는 한편, 고려의 국력과 공양왕의 힘을 고갈시키기 위한 계략이라 할 수 있다.

이상을 종합하여 정리하면, 고려는 은병과 해동통보가 통용된 때부터 화

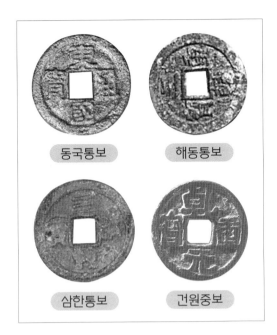

동국통보

해동통보

삼한통보

건원중보

폐 선진국 반열에 올라섰다고 할 수 있다. 동시대에 법정화폐로 고액 화폐와 소액 화폐를 함께 통용시킨 나라는 세계적으로 드물다. 동아시아에서는 중국과 고려뿐일 것이다. 특히 은병은 중국보다 앞섰다. 소액 화폐도 종류가 다양하다. 고려는 성종 이후 숙종 때까지 건원중보, 동국통보와 동국중보, 해동통보와 해동중보, 삼한통보와 삼한중보 등 7종의 금속화폐를 주조했다. 이 중에서 건원중보 외에는 모두 '통보와 중보'로 짝이 맞는다. 이것은 고려가 우수한 화폐제도를 구현하기 위해 노력한 사실을 반영한다고 할 것이다.

고려가 화폐 선진국인 것은 화폐의 수입과 수출로도 설명할 수 있다. 고려가 수입한 화폐는 중국 송나라 동전이다. 이에 관한 고려 측의 기록은 없다. 그러나 송나라 역사서 『송사(宋史)』에는 무역상들이 송의 동전을 고려로 많이 가져가므로 이를 금지하고, 이후 송전의 반출이 단절되었다는 기록이 있다. 고려가 화폐를 수출한 나라는 일본이다. 일본은 고려시대에 해당하는 시기에 화폐를 만들지 않았다. 중국과 한국에서 수입한 화폐가 통용되었다. 고려 화폐의 수출은 일본에서 출토된 고려 동전을 통해 확인된다. 지금까지 출토된 고려 동전은 중국 동전보다는 양이 다소 적지만, 북해도에서부터 남쪽 규슈지역까지 일본 전역에서 출토되고 있다. 동전의 종류도 동국통보와 동국중보, 해동통보와 해동중보, 삼한통보와 삼한중보 등 6종류로 성종과 숙종 때에 주조된 화폐를 거의 망라하고 있다. 이처럼 고려가 화폐를 일본에 다량 수출하는 한편, 중국 화폐를 다량 수입하여 사용한 것은 고려의 성숙한 화폐경제를 반영하고, 고려가 화폐 선진국임을 말해준다고 할 것이다.

성종과 숙종의 화폐개혁은 실로 위대하다. 성종은 삼국시대 이래 1,000년 이상 지속해 온 '화폐 없는 세상'을 '화폐 있는 세상'으로 바꾸었다. 특히 숙종은 동아시아 역사상 최초로 고액 화폐 은병을 창안하고 만들었다. 고액권과 소액권이 완비된 화폐 체제를 구축하고, 다양한 화폐를 주조하여 통용했다. 뿐만 아니라 화폐유통을 활성화하기 위해 나랏돈으로 전국에 주식점을 열었다. 심지어 관리들에게 점포를 개설하고 장사를 하도록 명령까지 내렸다. 그리하여 고려는 명실공히 화폐 선진국으로 우뚝 올라섰다. 어떤가? 숙종은 가히 '화폐의 왕'으로 불려도 좋을 것이다.

조선은 화폐 후진국이었다

조선은 고려와 출발이 다르다. 고려는 삼국시대 이래 장구한 세월 동안 이어온 현물화폐의 상황에서 개국하지만, 조선은 어느 정도 법정화폐의 기반이 닦여진 상황에서 건국되었다. 그러나 고려 말의 문란해진 화폐경제에서 출발한 탓에, 그것도 공양왕이 추진한 저화의 발행이 무산되고 개국함으로써, 화폐경제가 더욱 혼란해지는 실정이었다. 따라서 새 왕조의 입장에서는 화폐경제의 혼란을 바로 잡는 화폐개혁이 시급한 과제였다.

태조 이성계는 새 나라를 세운 군주이지만, 화폐에 관해서는 그야말로 있으나 마나 하는 왕이었다. 개국 3년 차인 1394년에 비로소 건국을 기념하는 동전을 만들자고 논의했으나, 시도조차 하지 못하고 흐지부지 끝났다. 이것은 이성계의 왕권이 새 화폐를 발행할 만큼 강력하지 않았고, 화폐경제를 발전시키고자 하는 의지가 박약한 것을 말해준다고 할 수 있다.

조선에서 화폐를 만든 왕은 앞에서 언급한 바처럼 모두 4명이다. 최초는 태종이 저화(楮貨)를 발행하고, 다음은 세종이 조선통보(朝鮮通寶)를 만들었다. 그러나 두 화폐는 우여곡절을 겪으며 실패한다. 그로부터 약 250년 후 숙종이 상평통보(常平通寶)를 만드는 데, 실패하지 않고 망국에 이르기까지 통용되었다. 조선 말에 고종이 고액 화폐 당백전(當百錢), 당오전(當五錢) 등을 발행하지만, 모두 처참하게 실패했다. 오로지 상평통보만 성공한 셈이다. 그리하여 조선은 500여 년 동안 고액 화폐와 소액 화폐가 완비된 화폐제도를 제대로 갖추지 못하고 화폐 후진국으로 살았다.

태종과 세종, 화폐 발행에 실패하다

먼저 태종의 저화(楮貨)다. 태종은 즉위 이듬해인 1401년 4월 6일, 저화를 만들기 위해 사섬서(司贍署)를 설치하고 저화를 만들기 시작한다. 만든 저화를 비축하고는 이듬해 1월 관리들에게 녹봉을 주면서 저화를 병용하여 지급했다. 이것은 개국한 지 10년 만에 화폐를 개혁한 셈이다. 어쨌든 태종의 저화는 착수부터 통용에 이르기까지 채 1년이 걸리지 않았으니, 얼핏 보기에 매우 순탄하게 추진되어 성공한 것으로 보인다. 그러나 내막을 들여다보면 기막힌 이야기가 있다. 즉 저화를 만든 사연, 저화에 대한 반대, 저화의 명칭, 조선통보 주조의 무산 등에 얽힌 이야기다. 이들 이야기는 얼핏 대수롭지 않은 듯하지만 실로 중요하다. 조선의 국격(國格)과 정체성, 조선 왕의 위상과 권력 등을 적나라하게 보여주는 사례가 된다.

첫째, 저화를 만든 사연이다. 태종의 저화 발행에는 비아냥거릴 사연이 있다. 본래 저화는 앞에서 서술한 바처럼 고려 말에 공양왕이 당시 문란해진 화폐경제를 개혁하기 위해 추진했다. 그러나 고려의 멸망을 재촉하던 태종을 위시한 이성계 세력이 저화를 제작하는 인판과 그동안 만들어 창고에 비축해 둔 저화를 소각해 버렸다. 따라서 태종의 저화 발행은 저화가 필요하지 않다며 폐기해 버리고는 다시금 필요하다고 저화를 만든 꼴이다. 저화가 쓸모없다며 불태워 버리고는 자기가 왕위에 올라서는 쓸모 있다며 저화를 다시 만든 것은 모순이고, 얼굴 두꺼운 남사스러운 처사라 할 것이다.

둘째, 저화에 대한 반대다. 태종이 저화를 만들려고 하자, 사헌부(司憲府)에서 두 번에 걸쳐 노골적으로 반대하고 나섰다. 사헌부는 국정의 옳고 그름을 판별하고 관리의 불법과 비행을 감찰하고 탄핵하는 기관이다. 당연히 저화 발행에 대해 옳고 그름을 따져 찬성 또는 반대 의견을 낼 수 있다.

처음 반대하는 상소를 올린 자는 사헌부의 우두머리 대사헌(大司憲) 유관(柳觀)이다. 요지는 "저화가 나라에 유익하고 편리하지만, 상국(上國, 명나라)의 승인을 받지 않고 시행하는 것은 불가하다"였다. 명나라 핑계를 대며 태종의 화폐 발행권을 인정하지 않는 것이다. 또한 이 상소는 조선의 왕권이 신하들조차 명나라의 눈치를 보는 제한된 왕권임을 말해준다. 두 번째는 동년 10월 21일 사헌부 전체의 명의로 상소를 올렸다. 요지는 백성들이 저화를 싫어하고 저화 발행을 명나라가 알고 문제 삼을 수 있어 걱정되므로, 저화를 폐지하고 담당 기관인 사섬서를 없애자는 것이다. 이 상소에는 태종을 겁박하는 예리한 비수가 숨겨져 있다. 조선 왕은 명나라의 제후이므로 화폐 발행권이 없고, 화폐를 만들려면 명의 승인을 받아야 한다는 것이다. 또 백성들이 저화를 좋아하지 않으니 만약 문제가 야기되면 태종이 책임지라는 것이다. 이에 대해 태종은 저화가 편리하므로 오래 사용하면 괜찮을 거라고 하면서, "저화는 우리나라(조선)에서만 사용하는 것이니, 명나라가 안다고 해도 무슨 죄가 되겠는가?", "만일 저화를 시행하여 백성들에게 폐해가 생긴다면, 내가 (사헌부의) 말을 기다리지 않고 고치겠다"라고 말했다. 결국 태종의 저화는 시험대에 올랐고, 신하들과 아슬아슬한 줄다리기 끝에 비로소 발행되었다.

태종은 저화 통용을 위해 애를 많이 썼다. 이를 위한 법을 제정하여 반포하고 강제로 통용시켜 나갔다. 공물을 저화로 받고, 관리의 녹봉을 저화로 지급하고, 시중의 상거래에서 저화를 사용하도록 강압했다. 저화를 발행한 1402년 5월 정부와 민간이 포목 화폐인 오승포(五升布)를 사용하지 말라는 매우 강력한 대책을 폈다. 그러나 저화는 오래가지 않았다. 또 사헌부에서 딴죽을 부리고 나섰기 때문이다.

사헌부가 오승포의 사용금지에 대해 민심의 동요가 극심하다는 상소를 올렸다. 태종은 이를 수용하여 1402년 9월 저화와 오승포의 겸용을 허용했다. 이것은 또 다른 문제를 일으켰다. 저화와 오승포가 함께 통용되자, 저화의 교환가치가 급락한 것이다. 사람들이 저화보다 오승포를 선호한 탓이다. 결국 이듬해 1403년 9월 태종은 저화를 폐지한다. 『태종실록』에는 이에 관한 태종의 술회가 기록되어 있다. 즉 "처음에 저화를 만든 것은 나의 허물이다. 누구를 탓하랴?", "백성들의 원망을 듣는다면 무슨 소용이 있는가?", "오늘의 민심으로 보면 저화의 통용은 불가하다" 등이다. 결국 저화는 발행된 지 불과 2년 6개월 만에 완전히 폐지되었다.

저화는 7년 후 1410년 7월 다시 살아난다. 태종이 저화를 다시 사용하자는 의정부(議政府)의 건의를 받고 복원시켰다. 이 또한 『태종실록』에 "저화는 예전의 아름다운 법인데, 중간에 폐지하고 실행하지 않은 것은 나의 허물이다"라는 태종의 술회가 기록되어 있다. 저화는 이렇게 폐지되었다가 다시 살아나는 등 오락가락 변덕을 부렸다.

저화의 가치는 얼마일까? 발행 당시 저화 1장은 오승포(五升布) 한 필로 책정되었다. 쌀로 치면 두말 값으로 꽤 비싼 고액 화폐다. 그러나 오승포와 겸용을 허용한 이후 저화의 교환가치는 지속 하락하다가 태종이 죽자마자 급락한다. 왕위를 이은 세종이 저화의 가치를 유지하기 위해 1420년(세종 4) 나라에서 쓰는 모든 물건은 저화로 사고팔도록 하라는 명령을 내리지만, 저화는 1422년(세종5) 2,000%나 급락하여 거의 무용지물이 되었다.[21] 이후 저화는 가치가 형편없이 하락한 채로 성종 때까지 유통되었다.

셋째, 저화의 명칭이다. 태종이 만든 저화는 정식 명칭이 없다. 고려 말 공양왕이 만든 저화의 명칭은 '고려통행저화(高麗通行楮貨)'다. 국호 고려를 호칭으로 삼아 작명했다. 그러나 태종의 저화는 국호 조선을 호칭으로 삼지 않았다. 단지 '삼사신판저화(三司申判楮貨)'와 '건문연간소조저화(建文年間所造楮貨)'라는 도장이 찍혀있을 뿐이다. 이것은 '삼사(三司)가 임금의 지시를 받들어서 건문(建文) 연호를 사용하는 시기에 만든 저화'라는 뜻이다. 여기서 삼사는 고려 전기부터 조선 왕조 건국 직후까지 부세(賦稅)의 출납과 회계를 관장하는 중앙 관청이다. 건문은 명나라 제2대 황제의 연호다.

---

21) 1402년 저화 1장은 쌀 2 말인데, 1423년(세종 5년)에 쌀 1되로 떨어졌다.

저화는 도장이 한 차례 바뀌었다. 명나라에서 제3대 황제가 등극하고 연호를 영락(永樂)으로 바꾸자, 도장을 '호조신판저화(戶曹申判楮貨)'와 '영락연간소조저화(永樂年間所造楮貨)'로 변경했다. 이것은 '호조(戶曹)가 임금의 지시를 받들어서 영락(永樂) 연호를 사용하는 시기에 만든 저화'라는 뜻이다. 당시 삼사는 폐지되었고, 호조는 재정과 세금을 관장하는 중앙 관청이었다.

이처럼 저화는 이름이 이상하다. 저화에 직접 조선을 지칭하는 용어가 없다. 단지 관청의 명칭인 삼사(三司)와 호조(戶曹)가 있을 뿐이다. 한편 삼사와 호조라는 관청은 고려와 중국에도 존재한 바 있고, 또 건문과 영락은 명나라 황제의 연호다. 따라서 태종이 만든 저화는 그 자체로는 조선의 저화인지, 명나라 저화인지 구별하기 힘들다. 왜 태종은 조선을 직접 나타내는 용어를 사용하지 않았을까? 어쩌면 신하들이 명나라의 승인을 받지 않고 저화에 조선 국호를 표기할 수 없다며 반대한 탓일 수 있다.

넷째, 조선통보 주조의 무산이다. 애초 태종은 고액 화폐인 저화와 소액 화폐인 동전을 함께 만들 것을 기획하고, 동전의 명칭을 조선통보(朝鮮通寶)로 작명까지 했다. 그러나 동전은 주조가 여의치 않아 뒤로 미루었다. 태종은 1415년 6월 뒤로 미룬 조선통보의 주조에 나섰다. 신하들에게 조선통보를 만들어서 저화와 함께 통용시킬 것을 명령했다. 이때는 저화를 발행한 지 무려 13년이 지나서이다. 통상적으로 화폐는 소액 화폐를 먼저 만든 후에, 또는 소액 화폐가 시중에 유통되는 상황에서 고액 화폐를 만드는 것이 순리다. 아니면 고려의 숙종처럼 고액 화폐 은병을 만들고 연이어서 소액 화폐 동전(해동통보)을 만들 수도 있다. 그러나 태종은 저화를 만든 뒤 13년이 지나서야 겨우 동전 주조에 착수했다.

조선통보의 발행은 작심(作心) 4일 만에 끝난다. 왜 4일인가? 태종이 명령을 내린 4일 뒤에 명령을 철회해서 그렇다. 당시 사간원에서 명령을 철회해 달라는 상소를 올렸는데, 태종이 이를 받아들였다. 사간원의 상소 요지는 동전은 저화에 비해 위조하기가 쉬워 범법자가 많아질 것이고, 가뭄으로 인해 민심이 동요하고 있어 폐단이 우려된다는 것이었다. 하지만 『태종실록』의 이 기록은 수긍하기가 어렵다. 노심초사 13년을 기다려서 내린 주조 명령을 단지 '위조와 가뭄'이 염려된다는 신하들의 말에 철회하는 모양새가 태종의 이미지와 어울리지 않는다. 태종은 조선에서 왕권이 최고로 강력한 왕이니까 말이다.

그렇다면 다른 숨은 이유가 있는가? 있다. 다름 아닌 조선통보의 명칭이다. 앞에서 살펴본 바처럼 신하들은 저화를 발행하려면 명나라의 승인을 받아야 한다고 주장했다. 마찬가지로 조선통보 역시 신하들이 명의 승인 없이 만들 수 없다고 반대하고, 태종이 물러섰다고 볼 것이다. 따라서 『태종실록』의 기록은 사관(史官)과 편찬자들이 조선통보의 명칭을 두고 임금과 신하들이 왈가왈부하며 다툰 사실을 기록하기가 마땅찮아서 '위조와 가뭄'의 우려로 윤색하여 기록했을 확률이 높다.

이상을 정리하면, 태종은 신하들과 밀고 당기며 타협함으로써 겨우 저화를 발행할 수 있었다. 조선통보는 불과 4일 만에 신하들의 반대로 인해 주조 명령을 철회하는 촌극을 빚었다. 이것은 태종이 행사하는 화폐 권력의 한계를 말해준다. 태종의 화폐개혁은 저화(고액 화폐)만 만들고 동전(소액 화폐)은 만들지 않은 절름발이 개혁이 되었다. 저화도 태종 당대에 폐지와 복구를 오락가락하며 교환가치가 폭락하고 기능을 거의 잃었다. 결국 태종의 화폐개혁은 모두 실패했다고 할 것이다.

다음 세종의 조선통보다. 세종이 만든 조선통보는 앞면에 朝鮮通寶(조선통보) 글자가 새겨져 있고, 뒷면에는 글자가 없는 동전이다. 세종은 화폐에 관심을 많이 가지지 않은 듯이 보인다. 왜냐하면 조선통보는 저화를 보완하는 소액 화폐이고, 아버지 태종의 못다 한 과업인데도 불구하고 오랫동안 내버려두니까 그렇게 보이는 것이다. 어쩌면 그때까지 명나라의 승인을 받지 못하여 그렇게 되었을 수도 있다. 세종은 즉위한 지 4년 후 화폐에 관한 중대한 결정을 내려야 했다. 당시 저화의 가치가 너무 하락하여 유통이 사실상 중단되다시피 함으로써 특단의 대책이 필요했다. 그러나 저화는 아버지 태종이 만든 것이라 폐기하기 어렵고, 새 화폐의 발행도 쉬운 일이 아니다. 어떻게 할 것인가?

세종은 영의정, 좌의정, 우의정 등 삼정승이 대책을 논의하도록 의정부에 지시했다. 그러나 대책이 나오지 않았다. 삼정승의 의견이 각각 달랐기 때문이다. 영의정 유정현(柳廷顯)은 저화를 계속 사용하자고 하고, 좌의정 이원(李原)은 동전을 만들어 사용하자고 하고, 우의정 정탁(鄭琢)은 저화를 폐지하고 포(布, 베) 화폐를 만들어 사용하자고 했다. 세종이 임명한 삼정승이 왜 제각각일까? 당시는 세종이 저화의 가치를 되살리기 위해 갖가지로 노력하던 때다. 그러함에도 불구하고 조정의 최고 의결 기관인 의정부의 삼정승은 의견을 완전히 달리했다. 이것은 세종의 화폐 권력에 한계가 있음을 적나라하게 보여준다. 삼정승이 태종의 저화 발행을 두고 사헌부가 시비를 걸었듯이 세종의 화폐 발행권을 순순히 인정하지 않았다고 할 것이다. 한편 세종이 조선통보의 발행에 나선 것은 당시 명나라로부터 조선통보의 명칭에 대해 명시적이든 묵시적이든 승인이 있었다고 할 수 있다.

조선통보(한국은행 화폐 박물관)

의정부에서 삼정승의 의견이 갈리니, 세종은 어쩔 수 없어 편법을 강구했다. 1423년 9월 의정부와 육조(六曹)의 합동 회의를 열어 조선통보의 주조를 논의한 후 결정했다. 오늘날로 치면 정부합동회의를 개최하여 조선통보 주조를 의결한 것이다. 이후 2년여의 준비를 거쳐 1425년 2월 18일 조선통보를 통용시켰다. 여하튼 우여곡절을 겪은 끝에 국호를 명칭으로 하는 조선통보가 만들어졌다.

조선통보의 가치는 얼마일까? 세종은 조선통보 1문(文, 푼)의 가치를 쌀 한 되로 정했다. 태종이 발행한 저화는 사용을 금지하고, 저화 1장을 조선통보 1문과 교환해 주었다. 그러나 조선통보는 명칭답지 않게 권위도 위력도 발휘하지 못한다. 유통되자마자, 쌀 한 되에 3문으로 가치가 300%나 하락해 버렸다. 왜 이렇게 되었을까? 우선 조선통보를 많이 만들지 않았다. 한양, 경상도, 전라도 등지에 주전소를 설치하여 동전을 만들었는데, 1427년까지 4년간 주조한 것이 겨우 40만 냥뿐이었다. 그마저도 시중에 유통된 것은 10만 냥에 불과했다. 동전 주조가 이토록 적은 이유는 원료의 조달과 주조 기술자의 동원이 어렵고, 주조 시설과 기술이 부족한 탓이라 한다.

한편 세종은 각종 세금을 조선통보 동전으로 납부하게 하고, 동전을 사용하지 않으면 처벌하는 등 여러 유통정책을 펼쳤다. 그러함에도 불구하고 조선통보의 명목가치가 계속 하락함으로써, 심지어 이를 녹여서 놋그릇 따위를 만드는 일까지 일어났다. 그리하여 불과 4년 뒤, 1429년 화폐 기능을 거의 상실했다. 세종은 무척 안타까웠던가? 조선통보를 되살리려 했다. 1438년 동전이 아닌 철전을 만들어서 통용하는 대책을 검토한 것이다. 그러나 철전은 주조되지 않았다. 조선통보는 세종이 죽은 뒤 화폐의 기능을 완전히 상실하고 사장(死藏)되고 말았다. 결국 세종의 화폐개혁은 자기 당대에 실패로 끝났다.

조선통보는 다시금 부활한다. 첫 주조로부터 무려 230년이 지난 1633년이다. 제16대 인조(仁祖)가 조선통보를 만들어 통용시켰다. 그러나 이 또한 원료 조달의 어려움을 겪는 가운데, 1636년 병자호란이 발발함으로서 불과 3년 만에 중단되고 말았다.

태종과 세종의 실패는 그냥 넘길 일이 아니다. 조선 왕조에서 태종은 왕권이 가장 센 왕이다. 왕자의 난을 일으켜 승리하고, 아버지 태조 이성계를 강제로 퇴위시키고 왕위를 차지한 무소불위의 왕이다. 그래서 왕의 명칭에 왕조를 개국한 시조에게만 붙이는 태(太)자가 붙었다. 세종도 태종에 버금갈 정도로 왕권이 셌고, 32년간이나 재위했다. 그러나 태종과 세종의 화폐개혁은 모두 실패로 끝났다. 성군으로 칭송받는 세종이 만든 조선통보도 수명이 불과 4년뿐이었다. 무슨 까닭일까? 갖가지 그럴싸한 이유가 있겠지만, 앞에서 살펴본 바처럼 사헌부의 반대와 삼정승의 의견이 제각각인 것에 비춰보면, 신하들이 조선 왕의 화폐 권력을 인정하지 않은 탓이 가장 크다고 할 수 있다. 조선의 신하와 사대부들은 화폐의 성공으로 왕이 비자금을 벌고 권력이 강화되는 것을 싫어하고, 상대적으로 신권이 약화하지 않기를 바랐다. 물론 조선이 화폐수요를 크게 유발하는 상공업을 육성하지 않고 천시한 영향 또한 컸을 것이다.

어떻든 화폐개혁의 실패로 인한 폐해가 극심했다. 태종과 세종이 재위한 시기에 저화와 동전이 일부 유통되었지만, 현실은 법정화폐가 없는 칭량화폐 또는 현물화폐의 시대와 마찬가지였다. 특히 세종이 죽은 이후는 마치 삼국 시대와 유사한 '화폐 없는 세상'이 되었다. 이 '화폐 없는 세상'은 1678년 숙종이 상평통보(常平通寶)를 만들기까지 228년간이나 지속된다. 그야말로 개국 후 200여 년이 넘도록 영락없이 화폐 후진국으로 살았다.

숙종의 상평통보, 조선의 대표 화폐가 되다

상평통보는 숙종이 1678년에 만든 동전이다. 그동안 저화의 발행과 조선통보 동전이 주조되었지만, 활발히 유통되지 못하고 실패했다. 상평통보는 조선 개국 후 처음으로 성공한 화폐였다. 그래서 처음 만드는 화폐에 붙이는 통보라는 명칭이 자연스럽게 느껴지는지 모른다. 이처럼 조선은 개국한 지 무려 280여 년이 지나도록 '화폐 없는 세상'이었다. 상평통보는 1894년 갑오개혁 때까지 계속 만들어지고 유통되었다. 1895년 고종이 신식 화폐로 은화와 백동화를 발행하면서 주조가 중단되고, 러일전쟁에서 승리한 일본에 의해 1905년에 폐기 처분되었다. 상평통보는 1905년 폐기될 때까지 227여 년간 조선의 대표 화폐로 통용된 것이다.

상평통보는 수수께끼가 많다. 우선 조선의 대표 화폐인 것에 비해 관련 기록이 너무나 간략하다. 『조선왕조실록』에서 저화와 조선통보를 검

조선 명릉(明陵), 숙종과 인현왕후의 쌍릉

색하면 기록이 상당히 많고 미주알고주알 읽을거리가 꽤 있다. 그러나 상평통보를 검색하면 총 7건이다. 그나마 읽을거리는 단 1건뿐이다. 숙종이 어전회의에서 신하들과 상평통보를 만들기로 논의하는 내용인데, 대신 허적(許積)과 권대운(權大運) 등이 숙종에게 화폐의 사용을 건의하고, 숙종이 신하들에게 어떠냐고 물어보니 모두 좋다고 하여 상평통보를 만들기로 했다는 것이다. 다시 말하면, 왜 화폐가 필요한지? 어떻게 만들 것인지? 왜 이름을 상평통보로 지었는지? 등에 관한 기록이 전혀 없다. 그로 인해 여태까지 상평통보를 만든 경위, 목적, 작명 등에 대해 통일된 견해가 모아지지 않고 있다.

왜 하필 상평통보로 이름 지었을까? 진짜 수수께끼다. 우선 상평(常平)의 뜻을 알아보자. 본래 상평은 '상시평준(常時平準)'을 줄인 용어다. 이 용어는 기원전 중국의 전한(前漢) 시대부터 사용되었는데, 현실적으로 두 가지 뜻을 가진다. 하나는 흉년이 들면 백성을 구제하는 진휼이다. 예컨대 봄철 춘궁기에 곡식을 백성에게 빌려주고, 가을 수확기에 갚도록 하는 것이다. 물론 빈궁한 자들은 무상으로 구휼한다. 또 하나는 물가조절이다. 곡식이 흔하면 비싼 값으로 사들이고, 곡식이 귀하면 싼값에 팔아서 시세를 조절하는 것이다. 역사책에 등장하는 상평청(常平廳) 또는 상평창(常平倉) 등은 곡식을 비축해 두었다가 백성을 구휼하고 물가를 조절하는 일을 담당하는 기구다. 흉년이 들어 구휼이 시급할 때는 상평청을 진휼청(賑恤廳)으로 이름을 바꾸기도 했다.

한국은 993년 고려 성종이 최초로 상평창을 설치했다. 이때는 성종이 화폐를 만들기 3년 전이다. 한편 상평청은 화폐와 곡식을 교환해 주거나 화폐로 곡식을 매입하는, 즉 화폐의 공신력을 담보하는 필수 기관이다. 그러기에 고려 성종이 화폐를 발행하기 전에 이를 설치한 것이다. 조선은 이름을 상평청으로 바꾸었는데, 인조가 1633년 이를 설치하고 조선통보를 주조했다. 고려의 성종처럼 화폐를 발행하기 전에 상평청을 설치한 것이다.

이처럼 상평(常平)은 나라를 지칭하는 용어가 아니고, 국왕의 권위를 나타내는 연호 따위의 용어도 아니다. 물론 고려의 동국이나 해동처럼 나라의 별칭도 아니다. 다만 화폐의 공신력을 담보하는 기관(상평청)의 명칭을 땄을 뿐이다. 따라서 상평통보는 겉보기에 어느 나라의 화폐인지 알 수 없으므로, 국적 없는 화폐라고 할 수 있다. 그로 인해 상평통보는 명칭상으로 조선통보에 비해 위상이 낮은 느낌이 들게 마련이다. 차라리 조선통보를 다시 만들어 성공시켰으면 좋았을 터인데 하는 생각이 들게 한다. 이에 관해 학자들은 아직 아무런 설명을 하지 않고 있다.

상평통보 명칭에는 다음의 가설이 성립될 수 있다. 숙종은 조선통보를 다시 주조하길 원했지만, 청나라가 허용하지 않았다는 가설이다. 조선통보는 개국 초에 태종이 작명하고, 세종과 인조가 주조했지만 실패했다. 이것은 조선 왕조를 상징하는 화폐가 실패한 것과 다름없다. 따라서 이의 성공은 역대 왕들의 숙원이었다고 할 수 있다. 그렇다면 숙종은 왜 조선통보가 아닌 국적을 알 수 없는 상평통보로 작명했을까? 이유는 단 하나 청나라의 간섭 때문일 수 있다. 왜냐하면 조선은 명나라가 결정해 준 국호다. 즉 조선은 명나라의 냄새가 나는 국호이므로, 청나라가 이를 싫어하여 조선이란 용어를 사용하지 못하도록 간섭한 것이다. 당시 청나라가 의도한 명칭은 무엇일까? 그것은 알 수 없다. 설혹 의도하는 명칭이 있다손 할지라도 멸망한 명나라를 여전히 섬기는 조선은 그 명칭을 따르고 싶지 않았을 것이 분명하다. 그래서 명나라도 청나라도 아니고, 조선도 아닌, 단지 화폐의 공신력과 결부되는 상평이란 용어로 작명했다고 할 수 있다. 그래서 '왜 이름을 상평통보로 지었는지?' 등에 관한 기록이 전혀 없는 것이다.

상평통보는 조선의 유일한 성공 화폐다. 어떻게 성공한 것일까? 학자들은 성공 요인을 주로 두 가지 관점에서 설명한다. 하나는 왕권이다. 숙종이 강력한 왕권으로 상평통보를 만들어 통용시켰다는 것이다. 과연 숙종은 왕권이 강력했는가? 조선 후기 중에서는 왕권이 상당히 강했다고 볼 수 있다. 정실 왕비의 적장자로 정통성이 완벽하여 그 누구도 이의를 걸 수 없었다. 그러나 그는 더 강력한 왕권을 원했고, 여러 차례 정치 국명을 뒤바꾸는 한국정치(換局政治)를 통해 수많은 신하들을 죽이면서 왕권을 강화하려 한 것은 분명하다. 그렇지만 상평통보를 만들고 유통시키는 것은 별개의 사안이다. 특히 왕권과 관련지어 착각하지 않아야 할 논거가 있다. 바로 상평통보 이름이다. 상평통보에 국가나 왕의 냄새가 전혀 나지 않는 것이 곧 숙종의 왕권과 상관성이 적다는 사실을 말해주고 있다.

또 하나는 화폐수요다. 당시 조선은 병자호란의 전란을 극복하고 나라가 안정되고 있었다. 인구가 늘어나고, 지방에 5일장이 성행하고, 대동법(大同法)을 시행하는 따위로 화폐수요가 대폭 증가했다. 경제가 화폐의 뒷받침이 필요할 정도로 크게 발전하고 있었다. 따라서 상평통보는 통화수요를 해소하는 차원에서 만들어진 화폐이고, 그래서 생명력을 갖게 되었다고 할 수 있다. 한편 상평통보는 화폐 수요층이 수긍하고 반기게끔 교환가치가 책정되었다. 상평통보 400문(文, 푼)이 은 1냥(兩) 값, 즉 동전 400개로 은 1냥을 매입할 수 있게 했다. 당시 동전 400개를 주조하는데 드는 구리의 값이 은 1냥보다 싸지만, 큰 차이가 없었다. 이처럼 상평통보는 실질가치와 명목가치의 차이가 매우 작았다.

상평통보는 교환가치가 적정하게 책정됨으로써, 백성으로부터 환영받고 수명이 길어졌다고 할 것이다. 적정한 교환가치는 숙종이 화폐 발행에 따른 이익을 많이 얻기 위해 상평통보를 만들지 않은 것을 뜻한다. 이를 왕권과 신권과의 관계에서 보면, 상평통보의 성공으로 왕권이 강화되지도 않고 신권이 약화되지도 않았다. 달리 말하면 상평통보는 저화와 조선통보와 달리 신하, 관리, 양반 등 지배층이 그 발행을 반대하지 않고 수용함으로써 성공했다고 할 수 있다.

고종의 당백전과 당오전, 망국을 초래하다

당백전(當百錢)은 조선이 네 번째 만든 화폐다. 고종 즉위 초인 1866년 11월에 1,600만 량을 주조했다. 왜 이름이 당백전일까? 교환가치의 기준을 상평통보에 두고 상평통보보다 100배의 가치를 가진 돈이라는 뜻이다. 즉 상평통보보다 100배 비싼 고액 화폐다. 당백전은 표면상으로는 고종이 만든 것이지만, 실제는 당시 고종을 섭정한 아버지 흥선대원군이 주도하여 발행했다. 대원군이 당백전 발행으로 엄청난 수익을 일거에 획득하고, 수익금으로 경복궁을 중건한 것은 너무나 유명한 이야기다.

경복궁은 조선의 본궁이다. 태조 이성계가 1395년 한성으로 천도하면서 지었다. 애초의 경복궁은 지금처럼 웅장하지 않았다. 지금보다 훨씬 작은 390간의 규모였다. 조선이 제후국을 표방함으로써 제후국의 궁궐 규범인 999간을 넘지 않게 지은 것이다. 그 후 증축을 거듭하여 700여 간이 되었는데, 1592년 임진왜란 때에 완전히 불타 없어졌다. 소실된 후 재건축이 몇 차례 논의되었지만, 재원 조달이 여의치 않아 무산되었다. 그러다가 270여 년이 지난 1867년에 대원군이 애초의 390간보다 약 18.5배나 큰, 여느 제후국의 궁궐 규모를 훨씬 능가하는 7,225간으로 재건했다.

당백전은 발행할 당시 고액 화폐로 인기가 있었지만, 곧 외면당했다. 불과 8개월가량 유통되다가 폐기되었다. 왜 그리되었을까? 당백전의 실질가치가 상평통보의 4-5배에 불과한데, 명목가치를 턱없이 100배로 높인 때문이다. 그로 인해 악화(惡貨)가 양화(良貨)를 구축하듯이 화폐가치가 폭락하고 물가가 폭등하는 극심한 부작용을 초래했다. 어떻든 당백전은 대원군이 크게 한탕 해 먹은 화폐라고 할 것이다. 그러나 예상 밖의 결과를 낳은 역사의 아이러니가 있다. 발행한 지 불과 8개월 만에 폐기된 악화 당백전이 오늘날 조선 왕조의 상징이며 서울의 얼굴인 경복궁을 남겼으니 말이다.

조선의 화폐 상황은 1876년 개항 이후 크게 변한다. 고종이 1883년 조선의 다섯 번째 화폐로 당오전(當五錢)을 주조했다. 당오전이란 명칭은 명목가치가 상평통보의 5배이므로 그렇게 작명했다. 당오전을 만든 목적은 개항에 따른 국제항구의 개설, 신식 군대의 창설 등 급증하는 재정수요의 해결이었

| 상평통보 | 당백전 | 당오전 |

다. 그러나 내막을 들여다보면 고종의 왕비 중전 민씨가 주도하여 만들었고, 민씨는 당오전을 무원칙하게 남발했다. 그리하여 얼마 지나지 않아 상평통보의 2배 가치로 폭락하여 악화로 전락했다. 이 또한 중전 민씨가 대원군처럼 크게 한탕해 먹었다고 할 수 있다.

고종은 1895년 근대식 화폐를 만드는 전환국(典圜局)을 설치하고 화폐개혁을 시도한다. 그리고 은화와 백동화를 발행했다. 백동화는 고종이 은본위제를 채택하고 만든 신식 화폐인데, 1904년에 주조가 금지된다. 당시 위조 백동화가 많이 나돌고 화폐 인플레가 심각한 상황이어서 그렇게 했다지만, 실상은 러일전쟁에서 승리한 일본이 주조를 금지한 것이다. 일본은 이듬해 1905년 조선 정부를 강압하여 일본 화폐를 조선에 통용시켰다. 상평통보, 당오전, 백동화 등 조선의 화폐를 모두 회수하여 폐기 처분했다. 결국 조선은 화폐 후진국을 극복하지 못한 채 일본의 화폐경제에 침식되고, 화폐 주권을 침탈당하여 나라마저 빼앗기게 되었다.

조선은 왜 화폐 후진국이 되었는가?

조선시대에 화폐가 낙후된 이유가 무엇일까? 학자들의 견해는 '왕권이 약해서', '농업 발달이 미진해서', '상업 발달이 부진해서', '화폐수요가 적어서', '주화를 적게 발행해서' 따위로 구구하다. 혹자는 중국과의 조공무역이 성행한 탓으로 돌리기도 한다. 이들 견해는 각각 나름의 당위성이 있지만, 조선말에 이르기까지 화폐가 발달하지 못한 의문은 여전히 남는다.

그렇다면 무슨 까닭인가? 해답은 화폐 발전을 가로막은 요인에서 찾는 것이 지름길이다. 중요한 요인은 다음의 다섯 가지를 들 수 있다. 첫째, 국왕의 화폐 발행권과 화폐 발행에 대한 의지가 미약했다. 태종과 세종이 화폐개혁에 실패했듯이 화폐를 강제 통용시킬 만큼 왕권과 왕의 의지가 강력하지 못한 것이다. 둘째, 재정의 현물 수입과 지출이다. 조선은 세금을 현물(곡식, 포목 등)로 징수하고 세출을 현물로 지급하는 현물의 세입세출이 대동법이 시행되기 전 17세기까지 고수되었다. 이와 같이 현물의 세입세출에서는 화폐경제가 발전할 수 없는 것이다. 셋째, 관수관급(官收官給)의 시행이 지체되었다. 조선은 16세기까지 관리의 녹봉을 정부가 거둔 세금으로 지급하지 않고 이른바 과전법(科田法)을 시행하여 관리가 지정받은 과전(토지)에서 농민으로부터 직접 녹봉만큼의 경작물(곡식)을 징수하도록 했다. 이러한 상황에서 화폐경제의 발전은 제한될 수밖에 없다. 넷째, 노비제도의 존속이다. 노비제도를 혁파하지 못한 것을 간과하지 않아야 한다. 노비를 부리고 노임을 주지 않거나, 현물로 노임을 지급하면 화폐 수요가 일어나지 않는다. 그러나 돈(화폐)으로 노임을 지급하면 화폐수요를 유발하고 화폐의 유통을 촉진시킨다.

　이처럼 조선은 과전법을 시행하여 관리가 직접 자신의 녹봉을 농민으로부터 징수하도록 하고, 현물재정을 고수하며, 관수관급을 일찍 시행하지 않았다. 왜 그랬을까? 이에는 노비제도가 뿌리하고 있다고 할 수 있다. 양반 지배층이 오로지 농업을 부여잡고, 노비 노동으로 농업을 유지하고, 현물거래로 자신들의 이익을 극대화하려 했다. 그로 인해 재정의 현물 수입과 지출이 일찍 개선되지 않고, 관수관급의 시행이 지체되고, 노비제도가 혁파되지 않는 따위로 화폐경제의 낙후를 초래했다. 그리하여 끝내 화폐 후진국을 벗어나지 못하고 망했다.

고려와 조선의 화폐 종합 비교

　화폐에 관해 고려와 조선을 종합하여 비교하면, 왜 조선이 화폐 후진국인지를 여실히 이해할 수 있다. 핵심 비교 사항은 다음의 네 가지를 들 수 있다.

　첫째, 화폐를 발행한 목적이다. 고려가 화폐를 만든 동기와 목적은 중국과의 경쟁이었다. 성종과 숙종은 중국과의 경쟁의식을 가지고 '화폐 없는 세상'을 '화폐 있는 세상'으로 바꾸었다. 반면 조선은 고려와 달리 이웃 나라에 대한 경쟁의식이 없었다. 오히려 조선은 명나라의 제후국이라며 신하들이 국왕의 화폐 발행권을 부인하고, 화폐 발행을 명의 승인을 받아야 한다며 거부했다. 나아가 임금과 신하들이 중국과 일본에 비해 화폐 후진국으로 전락하는 꼴을 부끄러워하지 않았다. 조선 말기에 와서 흥선대원군과 중전 민씨가 화폐를 혁신하기는커녕, 화폐 발행에 따른 수익에 눈이 멀어 악화를 연달아 주조하여 경제를 망가뜨렸다. 그 결과 조선은 일제에 병합당하기 이전에 이미 자국의 화폐가 기능을 상실하고, 일본 화폐가 유입되어 통용되었다. 스스로 화폐개혁을 이루지 못함으로써 화폐경제가 일본에 종속되고, 결국 나라마저 망하고 말았다.

둘째, 화폐 체계다. 고려와 조선의 화폐 체계는 비교가 무색할 정도다. 고려는 고액 화폐로 독창적인 은병을 만들고, 말기에는 공양왕이 고액의 저화를 발행하려 했다. 고려의 고액 화폐는 은병에서 소은병 따위로 우여곡절을 겪지만, 최초의 발행 이래 멸망할 때까지 290년여 동안 유지되었다. 그러나 조선은 은병 같은 독창적인 고액 화폐는 시도조차 하지 않았다. 개국 초에 태종이 발행한 저화도 태종 당대에 폐지와 복구로 오락가락하다가 세종 때에 사라졌다. 조선 말기에 상평통보보다 100배의 명목가치를 가진 당백전이 발행되지만, 유통한 지 8개월 만에 폐기되었다. 조선은 고액 화폐에 실패했고, 그것은 아예 만들지 않은 것과 마찬가지라고 할 수 있다.

소액 화폐도 조선은 고려에 비할 바가 못 된다. 고려는 앞에서 살펴보았듯이 소액 화폐로 금속화폐를 7종이나 주조했다. 그중에서 '통보와 중보'로 짝이 맞는 동전이 '동국통보, 동국중보', '해동통보, 해동중보', '삼한통보, 삼한중보' 등 3종류다. 반면 조선은 짝은커녕 달랑 조선통보와 상평통보 두 종류뿐이다. 물론 조선 말기에 당백전, 당오전, 백동화 등이 주조되지만, 곧 악화로 전락됨으로써 비교할 바가 못 된다. 결국 조선은 500여 년의 장구한 세월 동안 고액 화폐와 소액 화폐가 완비된 화폐 체제를 한 번도 경험하지 못했다.

셋째, 화폐 통용을 위한 정책이다. 고려는 화폐를 통용시키기 위한 정책을 적극 추진했다. 성종은 철전을 만들기 전에 이미 상평창을 설치하고 나랏돈으로 개경에 주점 6개소를 개설했다. 화폐의 공신력을 확보하고 유통을 활성화하기 위해 사전 조치를 취한 것이다. 숙종도 개경에 주식점을 개설하고, 지방의 주와 현 소재지에도 주식점을 열었다. 주식점의 술값과 음식값은 현물화폐의 사용을 일절 금지하고, 동전과 은병으로만 지불하도록 했다. 뿐만 아니라 숙종은 고위 관리들에게 개경 거리에 점포를 열고 장사를 하라고 명령했다. 이처럼 화폐를 통용시키기 위해 특별한 정책을 펼쳤다. 그러나 조선은 화폐 통용을 활성화하기 위한 정책 추진에 소홀했다.

넷째, 화폐를 만든 왕이다. 고려에서 화폐를 만든 왕은 총 3명이다. 최초로 화폐를 만든 성종, 은병과 해동통보를 만든 숙종, 소은병을 만든 충혜왕 등이다. 공양왕이 저화(楮貨)를 만들었으나, 통용되지 못하고 폐기되었다. 따라서 사실상 온전한 화폐를 만든 왕은 성종과 숙종 2명이고, 그들은 모두 화폐개혁에 성공했다.

조선에서 화폐를 발행한 왕은 5명이다. 저화를 발행한 태종, 조선통보를 주조한 세종과 인조, 상평통보를 만든 숙종 그리고 당백전과 당오전 등을 만든 고종이다. 그러나 저화와 조선통보는 발행한 당대에 기능을 거의 상실하고, 당백전과 당오전도 주조한 지 얼마 안 되어 악화로 전락했다. 따라서 사실상 화폐를 만든 왕은 숙종뿐이며, 화폐개혁은 단 한 번 성공했다고 할 수 있다. 고려가 조선보다 화폐개혁을 더 성공시킨 것이다.

한편 흥미로운 비교도 발견된다. 고려와 조선에서 화폐개혁을 성공한 왕이 공교롭게도 똑같이 숙종이라는 사실이다. 둘 다 화폐 친화적인 왕이라는 평가에는 다른 의견이 있을 수 없다. 앞에서 고려 숙종을 '한국의 화폐 왕'으로 불러도 좋다고 했다. 조선의 숙종은 어떤가? 고려 숙종에 비해 한 단계 아래로 '조선의 화폐 왕'으로 부를 수 있을 것이다.

제10장

인권 있는 고려 노비,
인권 없는 조선 노비

고려와 조선, 노비는 어디가 더 살기 좋은 나라일까?

어떤 나라를 올바르게 알고 싶다면 하류층을 살펴보라는 말은 사회학에서 통용되는 명제다. 상류층의 삶과 문화만 봐서는 그 나라의 참모습을 알기 어렵다.

옛 왕조시대에 대표적인 하류층은 노비였고, 고려에 노비가 다수 있었다. 조선은 노비가 더 많아서 '노비 국가'라고 일컫기도 한다.

왜 조선에 와서 노비가 많아졌을까? 최하류층 노비의 시선을 통해 본 고려와 조선은 어떤 나라였을까?

제10장

인권 있는 고려 노비,
인권 없는 조선 노비

들어가는 말

노비는 어떤 존재인가? 노비는 노(奴, 남자 종)와 비(婢, 여자 종)를 말한다. 이들은 분명히 사람이지만, 법으로는 사람이 아니다. 법률상 인간이 아니므로 호적에 등록되지 않고, 땅문서와 집문서처럼 노비문서로 존재한다. 노비문서는 노비 주인의 재산목록 1호다. 노비 주인은 자식들에게 재산을 상속할 때 제일 먼저 노비를 나누어 준다. 토지, 건물, 가축 따위는 다음이다.

노비는 언제 생겨났는가? 노비는 보통 다섯 가지 유형, 즉 포로 노비, 형벌 노비, 채무 노비, 매매 노비, 세습 노비 등으로 분류한다. 인류 역사에서 어떤 유형의 노비가 언제 생겨났는지는 정확히 알 수 없다. 일반적으로는 원시 공동체 씨족사회가 부족사회로 발전하면서 계급이 생겨나고, 그에 따른 지배자와 피지배자의 분화에서 최하층 계급의 노비(노예)가 생겨났다고 본다. 그리고 부족사회와 부족 국가 등으로 발전하면서 다른 씨족이나 부족을 포로로 붙잡아서 노예로 부린 포로 노비와 또 부족에 해를 끼친 반역자 따위를 처벌하여 노예로 삼은 형벌 노비 등이 먼저 생겨났다. 이후 돈을 빌리고 갚지 않는 채무자를 노비로 삼고, 노비를 사고팔고, 노비의 자식을 노비로 삼는 것이 관행화되면서 채무 노비, 매매 노비, 세습 노비 등이 생겨났다. 한편 노비는 누가 소유하느냐에 따라 국가가 소유하는 관노비(官奴婢)와 개인이 소유하는 사노비(私奴婢)로 구분한다. 물론 공노비가 사노비보다 먼저 생겨났다고 한다.

한국의 경우, 문헌 기록상 최초의 노비는 고조선의 형벌 노비와 마한(馬韓)의 포로 노비다. 고조선의 8조법금(八條法禁)에는 "남의 물건을 훔친 자는 노비로 삼는다"라는 조항이 있다. 도둑놈은 처벌하여 노비로 삼는다는 것이다. 『삼국지(三國志)』<마한전>에는 마한이 벌목하는 중국인 1,500명을 포로로 붙잡아서 노예로 부렸다는 기록이 있다. 이들 기록을 미루어 보면 채무 노비와 매매 노비도 고조선과 마한에 이미 존재한 것으로 볼 수 있다. 그렇다면 세습 노비는 언제 생겨났을까? 학자들은 신라가 삼국을 통일한 후에 생겨난 것으로 추정한다. 고구려, 백제, 신라 간의 전쟁이 종료됨으로써 포로 노비의 공급이 중단되자, 같은 공동체의 구성원을 노비로 하는 사회구조가 형성되고 점차 세습노비제가 고착되었다고 보는 것이다. 그러나 세습 노비를 법으로 정한 것은 고려시대에 들어서다. 1039년 제10대 임금 정종(靖宗)이 노비 자식을 노비로 삼는 것을 법제화했다.

한국은 고조선 이래 근세의 조선에 이르기까지 노비가 존재했다. 그러기에 사람들은 통상적으로 고대의 노비와 근세의 노비를 똑같은 존재로 여긴다. 그렇지 않다. 고조선부터 고려 이전의 노비는 거의 유사하나, 조선의 노비는 질적으로 크게 다르다. 고려 노비와 조선 노비의 차이는 곧 조선 노비와 그 이전 노비와의 차이이기도 하다. 조선은 고려보다 잘 사는 나라를 만든다며 고려를 멸망시키고 개국한 나라다. 그러나 노비에 관해서는 좋아지지 않고 오히려 나빠졌다. 조선은 왜 그랬을까?

황제 광종, 노비를 해방하다

광종은 고려 제4대 임금이다. 태조 왕건의 셋째 아들이고 25세에 왕위에 올랐다. 그는 즉위식에서 스스로 '나는 황제다'라고 선언한다. 수도 개경을 황제가 사는 도읍이라 하여 황도(皇都)로 부르게 하고, 광덕(光德)이란 연호를 선포했다. 다시 말하면 광종은 왕위에 오르면서 자기가 황제임을 선언하고 황제만이 누릴 수 있는 연호를 선포한 것이다.

통천관을 쓴 광종(추정도)[22]

고려는 광종까지 왕건의 친아들이 차례로 왕위에 올랐다. 맏아들이 제2대 혜종(惠宗)이고, 둘째 아들이 제3대 정종(定宗)이다. 그러나 혜종은 병약하여 왕위에 오른 지 2년 만에 죽고 정종도 재위한 기간이 5년뿐이다. 정종은 948년 9월 동여진이 바친 공물(말 700필과 토산물)을 직접 검열하던 중에 벼락치는 천둥소리에 경기를 일으켜 병이 들고 이듬해 3월에 죽었다. 그러므로 광종은 비록 제4대 임금이지만, 실상은 왕건이 죽은 후 불과 7년 뒤에 즉위했다.

태조 왕건은 천수(天授)라는 연호를 선포했다. 혜종과 정종은 연호를 정하지 못하고, 천수 연호를 그대로 사용했다. 따라서 광종의 연호 선포는 왕건 이후 새로운 시대의 개막을 알리는 선언이었다. 연호 선포는 즉위식에 참석한 호족, 귀족, 고위 관리 등에게 새 시대를 여는 자신에게 복종하라는 명령이 내포되어 있다고 할 것이다.

광종은 정작 왕위에 오르자, 늘 잠잠히 지냈다. 정사에는 도통 관심을 두지 않고, 일상으로 정관정요(貞觀政要)를 읽는 것 외에는 하는 일 없이 빈둥빈둥 세월을 보냈다. 그리하여 즉위식에서 떨친 기상과 호기는 찾아볼 수 없는 무색무취한 임금으로 비추어졌다. 여러 귀족과 신하들은 처음에 광종을 두려워했으나, 점차 깔보았다. 광종은 재위 7년째인 956년에 돌변한다. 전격적으로 노비를 조사하여 양인으로 환원하는 노비안검법(奴婢按檢法)을 시행했다. 그리고 958년 처음으로 과거제도를 실시하고, 관리의 복색을 새로 제정하는 등의 개혁을 단행한다. 더불어 왕권에 위협을 주고 개혁에 저항하는 세력을

---

22) 복장, 의자, 요대 등 격식을 태조 왕건 어진에 의거하여 그렸다.

무자비하게 숙청한다. 이러한 개혁과 피의 숙청으로 인해 광종은 '고려의 기틀을 세운 임금' 또는 '피의 임금'이라는 두 얼굴의 평가를 받는다.

노비안검법(奴婢按檢法)은 어떤 법인가? 안검(按檢)은 자세히 조사하여 밝힌다는 뜻이다. 노비안검법은 노비를 조사하여 불법 부당하게 노비가 된 자를 본래의 양인으로 환원해 주는 법이다. 고려는 개국 초에 세 부류의 노비가 있었다. 하나는 후삼국통일 이전부터 이어온 노비이고, 둘은 후삼국 통일전쟁에서 사로잡은 포로를 노비로 삼은 포로 노비이고, 셋은 사회의 혼란으로 인해 양인이 노비로 전락한 노비다. 광종은 이들 노비를 안검(조사)하여 억울하게 또는 불법 부당하게 노비가 된 자를 양인으로 환원시켰다. 이것은 고려 이전부터 내려온 노비를 제외하고 거의 모든 노비를 해방하는 대단한 개혁이었다.

노비안검법은 극심한 반발에 봉착한다. 노비를 많이 소유한 호족과 귀족들이 거세게 반대했다. 심지어 광종의 왕비 대목왕후(大穆王后)까지 반대편에 섰다. 특히 호족의 반발과 저항이 격렬했다. 당시 호족은 왕건과 결혼동맹을 맺거나, 후삼국통일에 공을 세운 지방의 실력자였다. 호족은 후삼국통일 후에도 막강한 사병(私兵)을 거느리고 있었고, 자기가 관할 하는 지방의 관리를 직접 임명하고 세금을 거두었다. 자기 관할 지방을 마치 소왕국처럼 다스린 것이다. 호족의 힘은 노비가 중요한 바탕이다. 왜냐하면 노비는 평시에는 농사를 짓고, 유사시에는 사병으로 동원되기 때문이다. 광종은 물러서지 않고 노비안검법을 기어이 관철했다. 이 법의 시행으로 인해 호족은 사병이 줄어들어 경제력과 군사력이 현저히 약화되었다. 반면 고려는 양인이 대폭 증가하여 재정이 튼튼해지고, 군사력도 한층 증강되었다. 결과적으로 호족의 힘이 빠지고, 국가의 힘이 강화된 것이다.

오늘날 노비안검법에 대해 학계의 통설은 호족 세력을 와해시키고 왕권을 신장하려고 의도한 광종의 책략이라고 평가한다. 피의 숙청과 노비 해방이 단순히 이 정도의 목적을 위한 책략일까? 노비안검법은 황제국 고려를 위한 개혁이라는 관점에서 폭넓게 조감(鳥瞰)할 필요가 있다. 그러면 단지 호족을 꺾고 왕권을 다지는 책략에 그치지 않고, 황제국 고려의 기틀을 확고히 다져나가는 원대한 정책임을 알 수 있다.

광종이 지향한 목적은 무엇일까? 다음의 두 가지로 집약할 수 있다. 하나는 고려를 황제국의 나라로 만드는 것이고, 또 하나는 고려를 불교의 나라로 만드는 것이다. 광종은 즉위 후 7년간 정관정요를 탐독하며 용의주도하게 개혁을 준비한다. 정관정요는 당나라 태종 이세민의 정치철학과 치세를 광범위하게 편집한 책이다. 광종이 정관정요에 심취한 것은 이세민을 깊이 연구하고, 이세민이 당나라의 기틀을 닦은 것처럼 고려의 기틀을 닦으려 했다고 할 수 있다. 다시 말하면 광종의 노비 해방은 기껏 호족 세력의 약화를 겨냥한 책략이 아니라, 고려를 황제의 나라로 확고히 만들기 위한 고차원의 정책이라 할 것이다.

광종이 노비 해방을 추구한 이유는 달리 설명이 된다. 황제국의 면모를 갖추기 위해서는 강력한 국력이 필요한데, 국력의 바탕은 양인 백성이다. 그러나 노비는 소유주의 재산이지, 국가와 왕의 백성이 아니다. 당시는 인구 증가가 미미하고 이민족을 포로로 잡아 노예로 부릴 상황도 아니었다. 호족과 귀족이 소유한 수많은 노비를 양인으로 바꾸는 것이 가장 확실하고 유일한 방책이었다. 광종은 호족과 귀족으로부터 노비를 해방하여 고려에 충성하고, 세금을 내고, 군역을 부담하는 양인 백성을 확보한 것이다.

여기서 의문이 하나 더 있다. 광종이 세습하는 사노비까지 없애려 했을까 하는 의문이다. 왜냐하면 광종이 정관정요를 통해 당나라는 공노비만 있고 세습 사노비가 존재하지 않는다는 사실을 인지했을 것이기 때문이다. 이에 관해서는 관련 기록이 없어 무엇이라 말할 수 없다. 다만 광종이 노비안검법을 준비하는 과정에서 세습 사노비의 해방을 검토했으나, 현실의 어려움으로 인해 제외한 것으로 추측할 따름이다. 이런 의문과 추측은 유용하고, 역사 해석의 지평은 넓히는 안목일 수 있다.

광종은 불교를 국교로 세운다. 968년 처음으로 국사(國師)와 왕사(王師)를 두는 제도를 만들었다. 승려 혜거(惠居)를 국사로, 승려 탄문(坦文)을 왕사로 책봉했다. 그리고 승려의 과거제도인 승과(僧科)를 도입하여 시행했다. 국사와 왕사를 두고 승과를 시행함으로써, 불교는 국교로서의 위상을 갖추었다. 그렇다면 광종은 불심이 깊었던가? 불심이 매우 깊었다고 할 수 있다. 보시를 널리 행하고 자비를 베풀며 생명을 소중히 아꼈다. 심지어 궁궐 내에서 음식으로 쓸 동물의 도살을 금지하고, 필요한 고기를 모두 시장에서 매입하도록 조치했다. 이에 대해 조선의 사대부들은 '광종은 무자비한 숙청의 죄책감을 씻기 위해 불교에 심취했다'라고 좋지 않게 평가한다. 그렇지 않다. 한국 역사에서 피의 숙청을 감행한 임금은 허다하지만, 광종처럼 생명을 아끼고 자비심을 펼친 임금은 찾아보기 어렵다. 죄책감 운운하는 평가는 불교를 핍박하고 오로지 유교만을 숭상한 조선 사대부의 이그러진 편견에 의한 왜곡된 평가라 할 수 있다.

불교가 노비 해방에 무슨 관련성이 있나? 두 가지 관련성이 있다. 하나는 불교 종지(宗旨), 즉 불교 이념과 사상의 실천이다. 둘은 호족을 설득하는 명분이다. 불교는 평등의 종교다. 불교의 근본 종지와 교리는 '만물은 불성을 가진 평등한 존재'라는 것이다. 불교에서는 만물이 평등하듯이 인간 역시 평등하며 귀천이 따로 없다. 따라서 광종이 불교를 국교로 삼으면서, 평등 종지를 구현하기 위해 노비 해방을 추진한 것으로 볼 수 있다. 불교는 노비안검법에 반발하는 호족을 설득하는 데에 상당히 도움을 준 것으로 여겨진다. 왜냐하면 당시 광종이나 호족이나 모두 불교에 귀의한 불자들이기 때문이다.

불교는 노비 인권에도 영향을 크게 미쳤다. 조선은 노비의 인권을 인정하지 않고, 노비 주인에게 노비의 생사여탈 권한을 부여했다. 고려는 그렇지 않았다. 노비의 인권을 인정하고 노비가 주인의 불법 부당한 처벌에 대해 고소, 고발할 수 있게 함으로써 자신의 생명을 지킬 수 있게끔 했다. 이와 같은 노비의 주인에 대한 대항권은 불교의 평등 이념이 노비 인권에 일정 부분 영향을 미쳤다고 할 것이다.

고려의 노비제도는 몽골과의 전쟁 이후 문란해진다. 국권이 몽골에 종속됨으로써 왕권이 약화된 탓이 크다. 심지어 고려는 국왕이 법을 어긴 권문세족과 고위 관리를 처벌할 경우, 원나라 황제의 승인을 받아야 했다. 당시 권문세족은 원나라 황제에게 충성하고, 고려 왕을 깔보았다. 권문세족이 법을 어기고 난장판을 쳐도 단속과 처벌은 솜방망이에 그칠 수밖에 없었다. 국가의 통제력이 극도로 취약해져서 노비 관리도 구멍이 났다. 법으로 금지한 양천교혼(良賤交婚), 즉 양인과 노비의 혼인이 버젓이 성행했다. 급기야 노비의 자식을 모두 노비로 삼는 일천즉천(一賤則賤)이 자행되고, 노비를 죽여도 가탈이 없는 것이 관행화되어 갔다. 뿐만 아니고 사회 혼란으로 인해, 혹은 가난 때문에, 혹은 권세가의 부당한 수단에 의해 수많은 양인이 노비로 떨어졌다. 결국 세금을 내고 군역을 지는 양인 백성이 줄고 노비가 증가했다.

고려 말 제31대 공민왕이 불법 부당하게 노비로 전락한 자를 양인으로 환원시키기 위해 애를 많이 썼다. 원나라에 빼앗긴 영토를 수복하고 자주성을 되찾는 한편, 양인을 확보하기 위해서였다. 이를 위해 설치한 기관이 이른바 노비변정도감(奴婢辨正都監)이다. 공민왕의 뒤를 이은 우왕과 공양왕도 노비를 양인으로 환원하는 정책을 의욕적으로 추진했다. 그러나 권문세족과 관리들의 반대와 저항으로 인해 성과 있는 해결을 보지 못하고 고려는 멸망했다.

왕(제후) 세종, 노비에게 멍에를 씌우다

세종은 조선 노비제도의 근간이다

오늘날 세종은 한국인이 가장 존경하는 왕이고, 닮고 싶어 하는 인물이다. 사람들이 '세종'이란 명칭을 좋아하고, 나라 곳곳에 세종의 상징물이 늘려져 있다. 예컨대 서울을 상징하는 도로가 세종로이고, 만 원권 지폐의 인물이 세종이다. 새로 만든 행정수도의 명칭도 세종의 이름을 딴 '세종특별자치시'이며, 바다에도 한국 최초의 이지스 군함 '세종대왕함'이 있다. 그야말로 마치 세종의 그늘에서 산다는 기분이 들 정도라고 할 수 있다.

그러나 동전에 앞뒤 양면이 있듯이 세종에게도 밝은 면과 어두운 면이 있다. 사람들은 한글 창제와 측우기 발명 등 밝은 면은 잘 알고 있으나 어두운 면은 잘 모른다. 대표적인 어두운 면은 세종의 노비정책이다. 또한 사람들은 세종은 오로지 백성을 위해 치세한 임금이라고 칭송하나, 노비는 노비 주인의 재산일 뿐이고 임금(세종)의 백성이 아니라는 사실과 세종은 노비에게 가혹한 임금이었다는 사실은 잘 모른다.

조선은 개국 초에 노비 문제가 골치 아픈 숙제였다. 노비들은 새 나라 조선에 기대가 컸다. 수많은 노비가 억울하게 노비로 전락 되었다며 양인으로 면천해 달라는 민원을 내고 소송을 제기했다. 조선도 개국에 따른 재정수요가 막대하여 세금을 납부하고 군역을 질 양인의 증대가 절실했다. 그렇지만 순조롭게 해결할 수 있는 뾰족한 방법이 없었다. 개국한 지 3년 후 1395년 태조 이성계가 고려 말에 공양왕이 시행한 것처럼 노비변정도감을 설치하고, 노비를 심사하여 양인으로 환원시켜 나갔다. 그러나 노비 주인의 반발과 극심한 저항으로 인해 지지부진해지고, 노비의 양인 환원은 답보상태에 빠졌다. 그러다가 태종 이방원이 1414년에 다시 노비변정도감을 설치하고, 동시에 노비종부법(奴婢從父法)을 시행함으로써 비로소 약간의 성과를 얻었다. 이후 노비 문제의 해결은 세종으로 넘어갔다.

노비종부법이 무엇인가? 노비종부법은 양인과 노비 사이에 생긴 자식은 아비의 신분을 따르게 하는 것이다. 즉 아비가 양인이면 자식은 양인, 아비가 노비면 자식은 노비가 되는 법이다. 그러므로 종부법은 고려 말에 사회 혼란으로 인해 야기된 일

세종 영정

천즉천(一賤則賤), 즉 아비든 어미든 한쪽이 노비면 그 자식은 모두 노비가 되는 관행을 일부 혁파했다고 할 수 있다. 당시 양인 남자가 여자 종을 처첩으로 들이고 그 자식을 노비로 삼는 풍조가 만연했는데, 태종이 이를 막았다.

종부법은 일천즉천에 비해 노비 주인에게는 좋지 않은 법률이다. 양반을 위시한 노비 주인들이 노비재산의 손실이 극심하다며 종부법을 한사코 반대했지만, 태종은 꿈적하지 않고 관철해 나갔다. 하지만 태종의 종부법은 고려에 비해 노비제도가 후퇴한 꼴이 되었다. 왜냐하면 고려는 양인과 노비와의 양천교혼을 법으로 금지했는데, 태종이 이를 법으로 허용해서 그렇다. 결과적으로 태종이 노비 주인의 편에 섰다 할 것이다.

세종은 아버지 태종보다 노비제도를 더 퇴보시켰다. 세종이 시행한 노비제도의 핵심은 세 가지다. 노비종부법을 노비종모법(奴婢從母法)으로 바꾸고, 양천교혼(良賤交婚)을 법으로 인정하고, 노비의 인권을 박탈한 것이다. 그 후 세종의 노비제도는 규범이 되고, 1894년 갑오개혁으로 노비제도가 폐지될 때까지 유지되었다. 결국 세종은 조선 노비제도의 원조라고 할 수 있다.

조선의 노비제도는 무엇이 잘못되었을까? 그것은 개국할 당시의 중국과 비교하면 금방 알 수 있다. 개국할 즈음 중국은 노비제를 폐지한 지 이미 수백 년이 지났다. 조선은 새 나라를 건국하는 참에, 중국처럼 노비제를 혁파하든지 또는 중국을 닮아가는 쪽으로 노비 정책을 바꾸든지 하는 혁신할 기회를 가졌었다. 그러나 조선은 오히려 고려에 비해 노비에게 나쁜 제도와 정책을 추진했다. 유교를 국교로 삼고, 중국을 상국으로 사대하고, 중국의 문물을 본받는다면서도 정작 중국이 노비제를 폐지한 사실은 거들떠보지 않았다. 이것은 예상 밖의 엄청난 모순이다. 고려의 멸망과 조선의 건국은 노비에게 불행이었다. 노비의 관점에서는 조선은 태어나지 말아야 할 나라였다고 할 수 있다.

한국은 노비제도를 없앨 절호의 기회가 한 번 있었다. 고려가 몽골에 항복하고 원나라의 간섭을 받던 1300년경이다. 당시 고려에 감독관으로 온 활리길사(闊里吉思)가 고려의 노비제도를 폐지하려고 나섰다. 활리길사는 이민족을 포로로 잡아 와서 노예로 삼는 것이 아니고, 같은 종족을 노비로 삼아 가축처럼 부리는 고려의 노비제도는 문제가 있다고 보았다. 몽골에 정복당한 중국도 노비제도가 이미 폐지되었으므로 고려도 중국처럼 노비제도를 폐지해야 한다고 주장했다. 그리고 원나라 황제에게 이를 건의했다. 이에 대해 고려는 충렬왕을 필두로 하여 권문세족들이 똘똘 뭉쳐서 결사반대했다. 원나라 황제에게 노비제도가 태조 왕건의 유훈임을 강조하고 폐지해서는 안 된다는 상소문을 올렸다. 무슨 왕건의 유훈인가? 반대 논리를 꾸미기 위한 궁색한 핑계일 뿐이지, 왕건의 '훈요 10조'에 이런 유훈은 없다. 어떻든 노비제도는 폐지되지 않았다. 고려의 지배층이 한사코 반대하고 저항하여 지켜낸 것이다.

오늘날 노비제도를 두둔하는 사람들이 꽤 있다. 그들은 그럴싸한 말로, 근세 이전은 세계 어느 나라나 노비 따위의 천민이 존재하고, 특히 농업경제였던 한국은 노비 노동력이 절실해서 노비제도가 존속되었다고 한다. 그러나 이 말은 이웃 중국과 비교하면 구차한 변명이 된다. 아마 노비제를 두둔하는 자들은 중국의 노비에 대해 잘 모르거나, 잘못 이해했기 때문일 수 있다. 중국은 공노비보다 사노비가 일찍 없어졌다. 사노비는 한나라와 위·촉·오 삼국시대에 사라진 것으로 추정된다. 이 시기는 고구려, 백제, 신라가 정립된 초기 삼국시대에 해당한다. 한편 중국의 공노비는 송나라에 와서 모두 품삯을 받고 일하는 양인으로 전환되었다. 다시 말하면 중국은 2-3세기에 사노비가 해방되고, 12세기에 공노비가 해방되었다. 따라서 13세기 이래로 중국 역사에 등장하는 노비는 종살이 노비가 아니고, 일정 기간 품삯 계약을 맺고 노역하는 양인이었다.[23]

노비제도는 조선이 더 문제였다. 조선은 명나라를 상국으로 섬기며 명의 문물을 준거로 하여 제도와 법령 등을 만들었다. 그러나 노비제도는 명을 따르지 않았다. 예를 들면 명나라는 세습 노비가 없는데, 조선에는 존재하는 것이다. 한편 조선의 사대부는 인간의 심성을 궁구하는 성리학(性理學)을 신봉하면서도 노비를 사람으로 여기지 않았다. 본래 성리학은 노비를 해방한 송나라에서 태동했다. 송나라의 사대부들은 노비도 인간이라는 인성적(人性的) 측면을 인식하고 노비제도의 혁파에 앞장섰다. 그러나 조선의 사대부들은 노비의 인성에 대해서는 귀를 막고 눈을 감았다.

---

23) 이에 대해 중국의 노비제가 근세까지 존속되었다는 견해가 있다. 중국 청나라에 가생자(家生子)라는 세습 노비가 있었고, 사천과 섬서 지역 등에 노비와 다를 바 없는 소작농 따위의

성리학을 최고로 발전시켰다는 성리학 대가들조차 노비의 인권을 도외시했다. 심지어 '실학의 대부'로 존경받고 있는 다산 정약용도 노비의 면천에 대해 반대했다. 그도 노비에 관해서는 별 수 없이 노비를 부리는 기득권의 굴레에 얽어있던 사람이었다. 조선에도 노비 문제의 심각성을 이해하고 노비 해방과 면천을 주장한 사람들이 있었다. 조선 후기 실학자인 유형원과 이익 등이다. 그러나 그들은 극히 소수였고, 아무런 영향을 일으키지 못했다. 정조가 노비제도를 폐지하려 했으나 성리학 사대부의 반대로 뜻을 이루지 못했다. 결국 조선의 성리학은 노비 해방을 외면하고, 가혹하게 착취하는 데 이바지했다고 할 것이다.

세종의 노비종모법(奴婢從母法)은 어떤가? 세종은 1432년 노비종부법을 폐기하고, 노비종모법을 시행한다.[24] 종모법은 여자 종이 낳은 자식은 모두 어미를 따라 노비가 되는 법이다. 그러므로 노비 자식의 신분을 가리는데 편리하다. 만약 양인 남자와 혼인한 여자 종이 자식을 낳으면 종부법에서는 양인이 되지만, 종모법에서는 노비가 된다. 한편 종모법은 여자 종이 혼전 출산으로 자식을 낳거나, 또는 아비가 누구인 줄 모를 경우에도 어미를 따라 모조리 노비로 삼으므로 시비가 생기지 않는다.

세종은 종모법에 예외를 두었다. 관리, 과거급제자, 생원(生員) 등 양반에게 종부법을 허용한 것이다. 양반과 여자 종 사이에 생긴 자식은 노비가 아니고, 양인이 되었다. 차마 양반의 자식을 노비로 삼을 수 없다고 하여 예외를 둔 것이다. 이 자식이 이른바 얼자(孽子)다.[25] 얼자는 양인이지만, 과거에 응시하지 못하는 등의 차별을 받았다. 여하튼 종모법의 예외는 조선의 노비제도가 오직 양반과 관리 등 지배층을 위한 것임을 말해 준다.

대를 이은 천민 집단이 존재했다는 것이다. 그러나 가생자는 청나라를 세운 만주족의 유습일 뿐이고, 또 소작농은 천민 취급을 받는 것이지 노비가 아니다.

24) 종모법은 1039년에 고려 제10대 임금 정종(靖宗)이 처음 제정했다. 혹자는 고려의 종모법이 조선으로 이어지고, 고려와 조선의 종모법을 같은 것으로 이해한다. 그렇지 않다. 고려는 양천교혼을 금지하므로 종모법은 노비끼리의 혼인에서 낳은 자식의 주인을 가리는 법이다. 조선의 종모법은 양천교혼에서 낳은 자식에 대해 주인과 신분을 정하는 법이다.

25) 얼자와 서자(庶子)는 다르다. 서자는 양반이 양인 첩에서 낳은 자식이다.

세종의 종모법은 세종이 죽자, 우여곡절을 겪으며 변천한다. 세종이 죽은 후 양반들이 종모법도 양이 차지 않는다며 한쪽이 노비면 그 자식은 모두 노비가 되는 일천즉천을 집요하게 요구했다. 결국 세조가 이를 들어준다. 세조는 종모법을 폐기하고 노비 주인에게 절대적으로 유리한 일천즉천으로 바꾸었다. 뿐만 아니라 세조는 아비든 어미든 한쪽이 노비면 자식은 모두 노비가 되는 일천즉천의 원칙을 『경국대전』에 법으로 정해 버렸다. 세조가 왜 이렇게 후퇴했을까? 쿠데타로 어린 조카 단종을 내쫓고 왕권을 찬탈한 까닭에 지배층인 노비 주인들로부터 지지를 얻기 위해 선심을 쓴 것으로 보인다.

표 10.1 일천즉천, 종부법, 종모법에 따른 노비 자녀의 신분

구분		양천교혼			
	혼인 유형	부(양인)	모(여자 종)	부(남자 종)	모(양인)
자녀	일천즉천법	노비		노비	
	노비종부법(태종)	양인		노비	
	노비종모법(세종)	노비		양인	

잠시 정리하면, 조선의 노비제도는 조선 초의 일천즉천에서 '종부법(태종) → 종모법(세종) → 일천즉천(세조)'으로 엎치락뒤치락 변천했다. 그러다가 1731년에 제21대 영조(英祖)가 종모법을 확정하고, 이후 1894년 노비제도가 폐지될 때까지 종모법이 유지되었다.[26] 결국 세종의 종모법이 노비제도의 근간이 되었다 할 것이다.

노비제도는 양천교혼의 허용 여부가 매우 중요하다. 양천교혼은 양인과

---

26) 병자호란 이후, 정권을 잡은 서인(西人)이 일천즉천을 종모법으로 바꾸었다. 당시 법으로 금지한 양인 여자와 남자 종의 양천교혼이 성행했는데, 종모법에 따라 자식을 양인으로 삼으면 양인이 증가하는 것이다. 반대파 남인(南人)은 종모법은 주인과 노비 간의 분쟁을 심하게 일으킨다며 비판하고, 그들이 집권하는 숙종 때 다시 일천즉천으로 바꾸었다. 따라서 조선의 노비제도는, '일천즉천법 → 종부법 → 종모법 → 일천즉천법 → 종모법'으로 변천하고, 세종의 종모법이 그 중심이라 할 것이다.

노비의 결혼을 말하는데, 이를 허용하면 노비가 대폭 증가하게 된다. 고려와 조선은 양천교혼에서 정반대다. 고려는 양천교혼을 법으로 금지하고, 노비는 노비끼리만 혼인하게 했다. 만약 양인과 노비가 혼인하면 강제로 이혼시키고, 그 자식을 양인으로 삼았다. 노비끼리의 혼인을 노비상혼(奴婢相婚)이라 한다. 반면 조선은 양천교혼을 법으로 허용하고, 그 자식을 노비로 삼았다. 그로 인해 노비 주인은 노비 간의 결혼을 허락하지 않고, 양인과의 결혼을 조장했다. 노비 혼인을 노비재산을 불리는 기회로 이용한 것이다.

그렇다면 일천즉천은 노비를 얼마만큼 증가시킬까? 노비끼리의 노비상혼에 비해 노비 재산을 100%를 증가시킬 수 있다. 예컨대 어떤 노비 주인이 노비 10명(남자종 5, 여자종 5)을 소유하고 있는데, 양천교혼이 금지되어 노비끼리 혼인시키면 노비 부부 5쌍이 생기고, 1쌍이 자녀 2명을 출산하면 총 10명이 불어난다. 그런데 양천교혼과 일천즉천이 허용되어 노비 주인이 노비 10명을 모두 양인과 혼인시키면 노비 부부 10쌍이 생기고, 1쌍이 자녀 2명을 출산하면 총 20명이 불어난다. 따라서 노비상혼 10명에 비해 100% 증가하는 것이다.

조선의 양천교혼은 태종과 세종 간에 차이가 있다. 양천교혼은 두 가지 유형이 있다. '양인 남자와 여자 종의 혼인'과 '양인 여자와 남자 종의 혼인'이다. 태종은 두 유형의 혼인을 모두 인정하면서 노비종부법으로 전자에서 생긴 자식은 양인이 되고 후자에서 생긴 자식은 노비가 되게 했다. 따라서 종부법은 양천교혼을 허용해도 노비의 증가를 다소 억제하는 효과가 있다. 왜냐하면 종부법에서는 노비 주인이 여자 종과 양인 사이에

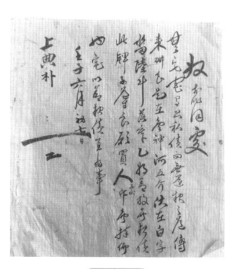

노비 문서

서 낳은 자식을 노비로 삼을 수 없으므로, 여자 종과 양인과의 혼인을 금지하고 노비끼리의 혼인만 허락하기 때문이다.

세종은 약간 달랐다. 양천교혼 중에서 '여자 종과 양인 남자의 혼인'만 허용하고, '남자 종과 양인 여자'의 혼인을 금지했다. 왜 후자를 금지했을까? 세종의 노비종모법에 따르면 전자의 경우는 자식이 노비가 되나 후자의 경우는 자식이 양인이 되므로 이를 막은 것이다. 따라서 세종의 종모법을 시행하면 노비 주인은 태종의 종부법에서와 달리 노비끼리의 혼인을 금지하고, 여자 종을 양인과 혼인하도록 조장한다. 그 사이에서 태어난 자식은 모조리 자기 소유의 노비가 되기 때문이다. 결국 세종의 종모법은 노비의 수를 대폭 증가시키는 결과를 초래할 수 있다.

잠시 정리하면, 세종의 종모법은 노비 주인을 부자로 만들고 신바람 나게 한다. 노비 주인은 합법적으로 여자 종을 첩으로 들이고 낳은 자식을 노비로 삼고, 또 여자 종을 양인 남자와 혼인시키고 낳은 자식을 노비로 삼을 수 있다. 반반한 여자 종을 첩으로 들여 향락을 즐길 수 있을 뿐 아니라, 노비재산까지 불어나니 신바람이 나는 것이다. 한편 노비 주인은 노비끼리의 혼인을 엄금하고, 불가피한 경우에도 자신에게 유리한 조건을 걸어서 허락했다. 세종의 종모법이 노비 주인이 노비의 혼인을 좌지우지하며 노비를 손아귀에 넣고 지배하게 한 것이다.

세종, 노비의 인권을 박탈하다

노비는 법적으로 인간이 아니다. 법률상 가축과 유사한 존재이므로 노비의 인권은 보장되지 않는다. 그러나 노비는 하나의 생명체로서 가축과 다르고 인간과 똑같다. 사람들과 함께 살면서 말하고, 밥 먹고, 옷을 입는다. 기쁨과 노여움, 슬픔과 즐거움 등의 감성을 가지고 누린다. 그래서 고래로부터 노비에게 생명이 불법 부당하게 침해당하지 아니할 권리가 부여되었다. 달리 말하면 주인이 가축을 임의로 죽이듯이 노비를 마음대로 죽이지 못하게 하고, 주인의 불법 부당한 생명 침해에 대해 고소, 고발할 수 있는 대항권이 주어졌다. 이것을 노비의 인권이라 일컫는다.

고려와 조선의 노비 인권은 어땠을까? 하늘과 땅만큼이나 차이가 난다고 할 수 있다. 고려가 노비의 생명권을 인정한 데 비해 조선이 이를 인정하지 않고 박탈해서 그렇다. 그것은 놀랍게도 제4대 세종으로부터 시작한다.

세종은 1444년 형조(刑曹)에 노비의 인권을 박탈하는 명령을 내렸다. 노비종모법을 시행한 지 12년 후다. 명령의 요지는 노비 주인이 노비를 죽여도 문제 삼지 말라는 것으로 사실상 노비 주인에게 형사특권을 주었다. 왜 성군(聖君)으로 추앙받는 세종이 이런 가혹한 명령을 내렸을까? 이에 대한 해답을 구하기 위해서는 먼저 노비를 죽이는 것에 대한 세종의 생각이 어떠했는지를 알아볼 필요가 있다. 다음은 세종이 노비 살해에 대해 명령을 내리면서 한 머리말이다. 이에 그의 생각이 뚜렷이 드러나 있다.

> "우리나라 노비법은 위아래를 엄격히 구분하기 위한 것이다. 강상(綱常, 삼강오륜)이 노비법으로 말미암아 단단해지는 까닭에 주인이 죄지은 노비를 죽였을 경우 주인 편을 들어왔다."
>
> "노비는 비록 미천한 신분이지만 하늘이 낸 백성이다. 신하로서 하늘이 낸 백성을 부리는 것만도 만족해야 할 것인데, 어찌 제멋대로 처벌하여 죄 없는 노비를 함부로 죽이는가? 나는 임금이 죄 없는 노비를 죽이는 주인을 편드는 것은 옳지 않다고 생각한다."(『세종실록』)

세종은 조선의 노비제도가 유교의 삼강오륜을 위한 것이라 했다. 주인이 노비를 죽이는 것은 삼강오륜을 구현하는 행위로 간주하여 법으로 허용되지만, 앞으로 죄 없는 노비의 살해를 금지하겠다고 했다. 그러나 이것은 큰 문제다. 왜냐하면 이 말에는 '죄 있는 노비는 죽여도 문제가 없다'라는 뜻이 함축되어 있기 때문이다. 그 후 세종의 이 명령은 종모법과 더불어 노비제도의 근간이 되었다. 성군 세종이 내린 명령이므로 바꿀 수 없다고 하여 노비제도 혁파에 최대의 걸림돌이 되었다.

그렇다면 세종의 명령은 구체적으로 무슨 내용인가? 다섯 가지로 간략히 정리한 것이 <표 10.2>이다. 다소 까다로운 명령이지만, 노비 인권의 박탈을 명확히 이해하려면 하나하나의 내용을 깊이 살펴볼 필요가 있다.

① 노비 주인의 형사특권이다. 주인의 지시를 어긴 노비는 처벌하다가 과실치사해도 죄를 묻지 않는다. 이것은 주인의 지시가 노비의 생사여탈을 좌우한다는 것이고, 노비는 주인의 어떠한 지시든지 따라야 죽임을 당하지 않는다는 것이다.

② 죄 없는 노비를 죽인 자의 처벌이다. 죄 없는 노비를 죽이면 볼기 60대를 치고, 1년간 노역시키고, 죽은 노비의 처자를 빼앗아 관아의 공노비로 삼도록 했다. 이를 뒤집어 보면 죄 없는 노비를 죽여도 이 정도의 처벌만 받으면 그만이라는 것이다.

③ 죄 있는 노비를 관아에 신고하지 않고 살해한 자의 처벌이다. 죄를 지은 노비를 처벌하려면 관아에 신고하도록 했다. 만약 신고한 경우는 처벌 도중에 노비가 죽어도 문제가 없다. 신고하지 않고 처벌하다가 죽으면 볼기 100대를 맞아야 한다. 조선에서 볼기를 치거나 노역을 가하는 육체적인 형벌은 돈 많은 양반에게는 의미가 없다. 왜냐하면 양반은 다른 사람에게 볼기를 대신 맞게 하거나 노역시킬 수 있으므로, 사실상 처벌당하지 않는 셈이 된다.

④ 참혹한 방법으로 노비를 죽인 자의 처벌이다. 죽은 노비의 처와 자식을 빼앗아 관아의 공노비로 삼도록 했다. 당시 참혹하게 죽인 예를 들면 몸을 인두로 지지고, 얼굴에 낙인을 찍고, 코와 귀를 베고, 발꿈치를 도려내고, 쇠·칼·몽둥이로 찌르고 때려서 죽인 것 등이다. 이것은 노비를 참혹하게 죽인 경우 별도로 가중 처벌하라는 것인데, 형사처벌은 없고 노비재산을 빼앗을 뿐이다. 그야말로 솜방망이 처벌이라 할 것이다.

⑤ 노비 주인의 2-3촌 친척과 외조부모의 형사특권이다. 2-3촌 친척은 조부모, 형제자매, 삼촌, 고모, 자녀 등이다. 즉 노비 주인의 2-3촌 친척과 외조부모가 노비를 폭행하여 죽여도 형사처벌을 받지 않게 했다. 다만 죽은 노비의 처와 자식이 상속과 증여 따위로 죽인 사람의 노비가 되어 있으면 관아에 바치도록 했다. 따라서 앞의 명령 ④와 마찬가지로 노비재산의 손실이 있을 뿐이다.

표 10.2 세종의 노비 살해에 관한 명령 내용

명령	내용
① (형사특권) 주인의 지시를 어긴 노비를 죽인 자의 처벌	법에 따라 처벌하다가 우연히 죽거나 과실로 죽으면 죄를 묻지 않는다.
② 죄 없는 노비를 죽인 자의 처벌	장(杖) 60대에 도(徒) 1년의 형에 처하고, 당해 노비의 처자는 빼앗아 관아에 소속시킨다.
③ 죄 있는 노비를 관아에 신고하지 않고 살해한 자의 처벌	장(杖) 100대의 형에 처한다.
④ 참혹한 방법으로 노비를 죽인 자의 처벌	죽은 노비의 처자를 빼앗아 관아에 소속시킨다.
⑤ 2-3촌 친척과 외조부모가 노비 살해한 경우의 처벌	죽은 노비의 처자가 살인에 관계된 자의 노비이면 빼앗아 관아에 소속시킨다.

세종의 명령이 수긍되는가? 이에 대해서는 실학자 정약용(丁若鏞)이 내린 평가를 참고하는 것이 좋다. 정약용은 세종의 명령을 긍정적으로 평가했다. 세종이 관아에 신고하지 않고 노비를 죽이던 풍속을 관아에 신고하도록 바꾸었다. 신고하지 않거나 노비를 참혹하게 죽이면 곤장을 치고, 중노동을 시키고, 노비를 몰수하는 따위로 처벌하게 했다는 것이다.[27] 결국 정약용은 세종이 노비 주인에 대한 처벌을 발전적으로 혁신했다고 평가했다.

그러나 현실에서는 문제가 더 심각해졌다. 왜냐하면 세종이 명령하기 이전은 주인의 노비 살해가 풍속일 뿐이었으나, 세종이 명령을 내림으로써 주인의 노비 살해가 합법화되었기 때문이다. 또한 신고하지 않고 벌주다가 죽여도 곤장 60대를 맞고, 1년간 노역하고, 당해 노비의 처자를 관아에 공노비로 바치면 그뿐이 되었다. 더욱 심각한 것은 주인의 가까운 친인척까지 노비를 때려죽여도 형사처벌을 받지 않게 되었다. 그러함에도 불구하고 정약용은 세종의 명령을 긍정적으로 평가했다. 조선 최고의 지성으로 칭송받는 정약용

---

27) 정약용, 『여유당전서(與猶堂全書)』 제5집 제30권, 『흠흠신서』 권1 경사요의 3, 사살노비(私殺奴婢).

조차 가혹한 노비제도의 질곡에서 벗어나지 못했다.

결국 세종은 주인이 노비를 죽이는 나쁜 풍속을 혁신하지 않았다. 오히려 주인에게 노비를 죽일 수 있는 생사여탈 권한을 부여하고, 주인의 친인척에게까지 형사특권을 줌으로써 노비의 인권을 원천적으로 말살해 버렸다. 그 후 조선의 노비는 최소한의 생명권마저 박탈되고, 한평생 죽음의 멍에를 쓰고 살아야만 했다.

그렇다면 노비는 억울한 죽임을 당해도 전혀 대항할 수 없었는가? 고려는 노비 주인의 불법부당한 행위에 대한 고소, 고발할 수 있는 권리, 즉 대항권을 허용하여 최소한 자신의 생명을 지킬 수 있었다. 그러나 조선은 이를 허용하지 않았다. 억울하게 얻어맞고 살해될 위험에 처해도 주인을 고소, 고발할 수 없었다. 이것은 세종이 노비 주인에게 형사특권을 부여한 후부터 관행화되고, 세조 때에 『경국대전』에 명문으로 법제화되었다. 『경국대전』〈형전〉의 "노비가 주인을 고발하면 교수형에 처한다"라는 규정이 그것이다. 다만 예외가 있었다. 주인이 반역과 역모를 꾀한 경우는 고발 또는 신고할 수 있도록 했다. 그 외는 아무리 부당하고 참혹한 짓을 당하더라도, 노비는 절대로 주인을 고소, 고발할 수 없었다. 만약 고발하면 무고죄로 다스리고 목매달아 죽였다. 이처럼 조선은 최소한의 생명권조차 여지없이 박탈해 버린 노비에게 가혹한 나라였다.

노비에게 더욱 가혹한 것은, 억울하게 죽임을 당한 노비의 가족도 주인을 고발할 수 없었다. 만약 죽은 노비의 배우자와 자식이 관아에 호소하고 신고할 경우, 오히려 곤장 100대를 맞고 유배형을 당했다. 뿐만 아니고 노비가 매매되어 주인이 바뀔 경우도 노비는 전 주인을 고소, 고발할 수 없었다. 만약 고소, 고발하면 역시 교수형에 처해 죽든지, 아니면 곤장을 맞고 귀양을 가야 했다. 왜 고소, 고발하지 못하게 했을까? 삼강오륜을 훼손하는 행위로 간주하기 때문이다. 주인과 노비 사이를 부모와 자식 사이처럼 여기고, 자식이 부모를 고소, 고발할 수 없듯이 노비가 주인을 고소, 고발하면 안 된다는 것이다. 그러나 이 논리는 참으로 궁색하다. 노비는 주인을 어버이처럼 섬겨야 하나, 주인은 노비를 짐승처럼 죽여도 괜찮으니 말이다.

조선에서 얼마나 많은 노비가 애꿎게 살해되었을까? 기록과 정보가 부족하여 알 수 없다. 그러나 다음의 사건을 통해 실상을 짐작할 수 있다. 역사책에 나오는 유명한 인물 오희문(吳希文)과 이서구(李書九)가 노비를 사사로이 살해한 사건이다.

오희문 초상(해주오씨 추탄공파 종중 소장)

쇄미록(진주국립박물관)

먼저 오희문이 젊은 남자 종을 죽인 사건이다. 오희문은 조선 중기의 이름난 학자다. 임진왜란 때에 10년간 피난살이를 하며 일기를 써서 유명하다. 그 일기가 보물 1096호 쇄미록(瑣尾錄)이다. 쇄미록에 남자 종을 살해한 사건이 자세히 기록되어 있다. 사건의 요지는 이렇다. 어느 날 젊은 남자 종이 여자 종을 데리고 한밤중에 도망을 갔다. 노비끼리의 혼인이 금지되어 멀리 도주하여 함께 살고자 한 것이다. 하지만 그들은 3일 만에 붙잡혔다. 남자 종은 발바닥을 심하게 얻어맞고, 밤새워 끙끙 앓다가 죽었다. 관아에서 사건을 조사하며 오희문에게 왜 죽였냐고 물었다. 오희문은 남자 종을 매질로 처벌했지만, 죽일 생각은 없었다고 말했다. 그뿐이었다. 그는 아무런 처벌을 받지 않았다.

다음 이서구가 늙은 남자 종을 죽인 사건이다. 어느 날 늙은 남자 종이 술에 취해서 주인 이서구의 이름을 부르며 욕지거리하고 험담을 퍼부었다. 술을 마시고 만취하자, 평소에 품었던 불만을 터뜨린 모양이다. 이서구는 우두머리 종에게 그 종을 죽이라고 지시하고, 우두머리 종은 그를 시구문(屍口門) 밖에서 때려죽이고, 시체를 그곳에 방치해 버렸다. 유기된 시체가 있다는 신고를 받은 포도청이 현장에 출두하여 시체를 조사한 결과 이서구의 종의 시체임을 알았다. 그리고 이서

이서구 초상(국립중앙박물관)

구를 찾아가 경위를 따지자, 이서구는 그 종이 주인을 모독하는 삼강오륜의 죄를 범해서 때려죽였다고 말했다.

이 사건은 이서구가 누구인지를 알면 더 놀랍다. 이서구는 정조의 총애를 받는 고위 관리이고 실학사대가(實學四大家) 또는 사가시인(四家詩人)으로 칭송받는 실학자이자 문인이다.[28] 특히 이서구의 시는 온화하고 부드러우며 인정이 두텁고, 고귀한 내면을 깊이 그려낸다는 평가를 받는다. 벼슬은 만인지상이라는 영의정을 역임했다. 그렇다. 저명한 실학자이고, 인정이 두텁고 온화한 시를 쓰는 이름난 문인이며, 정조가 총애하는 고위 관리가 노비를 사사로이 죽이고, 시체를 묻어주지도 않고 사람들이 보는 곳에 아무렇게 방치해도 그만이었다.

이상을 정리하면, 조선은 고려보다 노비에 가혹했다. 고려 노비는 주인을 고소, 고발할 수 있는 대항권이 있어 자신의 생명을 지킬 수 있었다. 그러나 조선 노비는 아무런 대항권이 없어 한평생 죽음의 굴레를 쓰고 살았다. 이런 차이는 결국 고려 광종과 조선 세종이 도모한 노비제도에 기인한다고 할 수

---

28) 실학사대가와 사가시인은 이서구, 이덕무, 박제가, 유득공을 일컫는다.

있다.

광종과 세종은 둘 다 제4대 왕으로 겉보기가 비슷하다.[29] 그러나 실상은 크게 다르다. 가장 큰 차이점은 황제와 제후다. 광종은 '고려는 황제국, 자신은 황제'라고 선언하고 황제로 살았다. 노비안검법을 시행하여 노비를 해방하고 황제국의 기틀을 닦았다. 하지만 옥에 묻은 티끌이랄까? 반대 세력을 숙청하며 손에 피를 많이 묻혔다. 반면에 세종은 중국 명나라를 사대하며 왕(제후)에 만족했다. 그는 나라의 기틀을 다지기 위해 숙청 따위를 감행할 필요가 없었다. 아버지 태종이 피를 보며 기틀을 확고히 다져둔 탓이다. 따라서 세종의 노비제도는 안정된 왕권의 기반에서 세워진 것이다.

오늘날 세종은 만고의 성군으로 칭송받으나, 광종은 그렇지 못하다. 조선의 사대부들은 세종을 극찬하고 광종을 깎아내렸다. 그들은 광종에 대해 업적은 대단하지만, 피의 숙청이 참혹하다며 인색하게 평가했다. 무릇 역사는 강자와 귀한 자의 편에서 기록되지만, 약자와 천한 자의 편에서 읽고 해석할 필요가 있다. 만약 노비에게 광종과 세종을 평가하라면 어떤 결과가 나올까? 아마 광종은 노비 해방에 앞장선 하늘이 내린 고마운 임금이고, 세종은 노비에게 멍에를 씌운 천하에 몹쓸 임금일 것이다.

고려 노비와 조선 노비의 종합 비교

고려와 조선의 노비제도는 앞에서 살펴본 바처럼 여러모로 큰 차이가 있다. 우선 전반적인 차이는 노비제도의 기조로서 '고려는 노비의 증가를 억제하고, 조선은 방임했다'라고 할 수 있다. 그리고 구체적으로는 다음의 다섯 가지 차이를 들 수 있다. 즉 ① 양천교혼, ② 노비 인권, ③ 노비 관리, ④ 노

---

29) 광종은 956년 24세의 나이로 왕위에 올라 26년간 재위하고 50세에 죽었다. 세종은 1432년 21세의 나이로 왕위에 올라 32년간 재위하고 53세에 죽었다. 즉위, 재위, 사망이 480여 년의 시차를 두고 비슷하다.

표 10.3 고려 노비와 조선 노비의 차이 비교

구분	고려	조선	비고
① 양천 교혼	금지(자식은 양인이 됨)	허용(자식은 노비가 됨)	
② 노비 인권	생명권 인정, 불법 부당한 처벌의 대항권 있음	생명권 박탈, 불법 부당한 처벌의 대항권 없음	
③ 노비 관리	사노비 증가를 억제 (사노비 추쇄 지원 불가)	사노비 증가를 방임 (사노비 추쇄 지원 가능)	
④ 노비 수	인구의 4~5% (고려말 10%)	인구의 30~40%(조선말 15%)	
⑤ 노비 가격	120일 품삯 (스스로 면천이 가능한 가격)	666일 품삯 (스스로 면천이 불가한 가격)	

비의 수, ⑤ 노비 가격 등이다. 이들 차이를 비교하여 정리한 것이 <표 10.3>이다. ① 양천교혼과 ② 노비 인권은 앞에서 서술한 바 있으므로, 여기서는 나머지 세 가지에 대해 살펴본다.

먼저 ③ 노비 관리다. 국가가 소유하는 공노비 관리는 고려와 조선 간에 별반 차이가 없다. 개인이 소유하는 사노비 관리는 서로 다르다. 고려는 사노비 증가를 억제하는 방향으로 관리했다. 고려 초에 광종이 추진한 노비안검법과 고려 말에 공민왕이 시행한 노비변정도감(奴婢辨定都監)이 이를 말해준다. 반면 조선은 사노비 증가를 방임 내지 조장했다. 다만 개국 초에 태종이 노비종부법을 시행하여 노비의 증가를 일부 막았고, 사찰이 소유한 노비 10여만 명을 양인으로 해방했다. 물론 사원 노비의 해방은 불교 탄압의 일환이지만, 노비 해방임은 틀림없다. 그러나 태종의 뒤를 이은 세종은 노비종부법을 폐지하고 노비종모법을 시행하여 사노비 증가를 초래했다.

특히 사노비 관리와 관련하여 주목할 점이 있다. 도망친 노비를 잡아서 주인에게 돌려주는 노비추쇄(奴婢推刷)다. 고려는 관아에서 사노비를 추쇄하지 않았다. 도망친 노비를 찾든지 잡든지 모두 주인의 책임이다. 조선은 관아에서 사노비 추쇄를 지원해 주었다. 노비 주인과 친분이 있는 관리가 추쇄를 적극적으로 도와주어도 공권력 남용 따위의 문제가 되지 않았다. 이것은 권

력자의 노비가 많이 도망갔고, 관아의 힘을 빌려 추쇄하는 것이 관행화 되었다고 할 것이다. 관아의 추쇄 지원은 18세기 말에 정조가 비로소 폐지한다.

다음 ④ 노비 수다. 노비 수는 총인구에서 노비가 차지하는 비중의 문제다. 고려 이전 삼국시대에 노비가 얼마나 있었는지, 총인구에서 노비의 비중이 어떠한지 등은 기록이 없어 알 수 없다. 다만 추정하는 데 근거로 삼는 기록이 하나 있다. 이른바 '신라촌락문서(新羅村落文書)'다. 이 문서는 1933년 일본의 유명한 사찰 동대사(東大寺)의 유물을 보관하는 정창원(正倉院)이란 창고에서 발견되었다. 내용은 755년 통일신라가 지금의 청주시 인근에 소재한 4개 촌락의 인구, 토지, 가축 따위의 상황을 기록한 것이다. 문서에서 노비는 4개 촌락의 총인구 462명 중 25명으로 5.4%다. 학자들은 이를 주된 근거로 하여 삼국시대 말경에 노비가 총인구의 4% 정도이며, 통일신라에 와서 5% 내외로 늘어난 것으로 추정한다.

고려시대도 유효한 기록이 없기는 마찬가지다. 학자들은 노비 비중을 통일신라에 견주어서 대체로 4-5% 내외로 보는데, 다만 몽골전쟁에 패한 이후 노비 관리가 허술해져서 고려 말에 이르러 10% 수준으로 증가한 것으로 추정한다. 조선시대는 고려와 달리 노비에 관한 기록이 상당히 많다. 총인구에서 노비가 차지하는 비중이 15-17세기에 30-40%에 달하고, 지역에 따라서는 50%를 상회하는 지역도 허다했다. 구체적인 예를 들면 1606년 경남 단성은 노비가 무려 64%이고, 1609년 울산은 노비가 47%였다. 1720년 경북 예천군 저곡면은 주민 889명 중에서 노비가 346명으로 38.9%를 차지한다. 인구의 노비 비중은 임진왜란과 병자호란 이후 점차 줄어들었다. 그리하여 조선 말에는 15% 내외로 추정된다. 어쨌든 한국은 조선에 와서 노비 비중이 급격히 늘어났다. 고려의 4-10%와 조선의 30-40%는 비교하기가 무색한 차이다.

끝으로 ⑤ 노비 가격이다. 고려와 조선 모두 노비를 가축처럼 사고팔았다. 노비 값은 고려가 120일 품삯이고, 조선은 666일 품삯으로 추정된다. 조선의 노비 값이 고려보다 다섯 배가량 비싸다. 노비 가격은 노비의 면천(免賤)

과 직결되므로 대단히 중요하다. 학자들은 노비 값이 120일 품삯이면, 이자율 등을 참작하더라도 노비가 스스로 노력하여 돈을 모아 몸값을 치르고 양인으로 면천할 수 있다고 본다. 그러나 노비 값이 666일의 품삯이면 스스로 몸값을 벌어서 면천하기가 불가능하다고 본다.

조선은 인구의 노비 비중이 30-40%에 달해서 그야말로 노비 천지라 할 정도로 노비가 많았다. 그러함에도 불구하고 왜 노비 값이 고려보다 조선이 비쌀까? 그것은 고려 노비보다 조선 노비의 재산 가치가 높았기 때문이다. 조선은 노비의 생명권과 대항권을 인정하지 않아 주인이 노비의 생사여탈을 좌지우지했다. 뿐만 아니고 조선은 고려에 비해 노비 면천이 어렵고 노비종모법으로 인해 노비 수를 늘리기가 쉽다. 특히 노비 면천은 조선 후기에 와서 다소 수월해지지만, 조선 초기에는 그야말로 하늘의 별 따기만큼 어려웠다. 결국 조선의 노비 값이 비싼 것은, 노비 주인이 생사여탈 권한을 가지고 노비를 지배하며, 종모법으로 노비재산을 많이 증식할 수 있고, 면천이 어려운 탓이라 할 것이다.

노비 면천은 하늘의 별 따기

조선 초에 노비 면천은 하늘의 별 따기만큼 어려웠다. 이를 실감하는 사례가 있다. 사노비 임복(林福)과 가동(家同)의 면천이다.

1485년 조선은 극심한 가뭄으로 흉년이 들고, 곳곳에서 사람들이 굶어 죽어갔다. 그러던 중, 진천에 거주하는 사노비 임복이 쌀 2천 석을 백성의 구휼미로 사용하라며 나라에 바쳤다. 당시 임금 성종은 임복이 고맙고 기특하여 포상으로 면천해주고자, 그해 7월 24일 어전회의에서 이를 거론한다.

성종이 먼저, "진천에 사는 사노(私奴) 임복이 백성의 진휼미로 곡식 2천 석을 바쳤으니, 그 마음이 가상하다. 학식이 있는 자도 바치려 하지 않는데, 천한 종의 몸으로 곡식을 바쳤으니, 상으로 면천해주면 어떻겠는가?"라고 말을 꺼냈다. 그러자 승지(承旨)와 신하들이 "임복의 본래 의도가 면천하여 양민(良民)이 되려 한 것입니다. 비록 국가에 공이 있지만, 그 주인에게는 사리(私利)를 어긴 종입니다. 또 종량(從良, 면천)은 중대한 일이니, 쉽게 그 길을 열면 안 됩니다."라며 반대했다.

갑론을박 끝에, 면천시키기로 결론이 났다. 이에 성종은 "임복의 네 아들을 모두 면천시키고, 본 주인에게는 공노비로 보상토록 하라."라고 지시했다. 임복의 면천으로 노비재산이 줄어든 노비 주인에게 대신 공노비를 준 것이다. 그러나 문제가 생겼다. 대사헌 이경동(李瓊仝) 등이 "노비의 수입(재산)은 마땅히 주인의 소유이므로, 노비가 구휼미를 바쳤다고 하여 면천하는 것은 옳지 못하다."라며 성종의 지시에 승복하지 않고 계속 반대했다.

어찌하나? 지시를 거두어들일 수 없고, 결국 성종은 "앞으로는 구휼미 진상에 의한 면천은 하지 않겠다."라고 말했다. 임금이 신하들의 끈질긴 요구에 이번만은 봐달라는 식으로 타협한 것이다. 한편 임복은 쌀 천 석을 더 내놓았다. 아마 임복이 쌀을 추가로 바친 것은 조정의 반대 분위기가 가라앉지 않았기 때문일 것이다.

그로부터 얼마 뒤, 전라도 남평에 사는 가동이란 사노비가 쌀 2천 석을 나라에 바칠 것이니 면천해달라고 나섰다. 임복이 면천한 소문을 듣고 나섰을 것이다. 그러나 조정은 면천을 조건으로 한 쌀의 납부는 안 된다며, 가동의 제의를 받아들이지 않았다.

임복과 가동의 사례는 노비의 면천이 얼마나 어려운지를 여실히 보여준다. 임복의 주인이 누구인지는 모른다. 다만 임복은 외거노비여서 재산을 가질 수 있었고, 수완이 좋아 황무지 개간과 장사로 쌀 팔천 석의 재산을 모았다고 한다. 이 사례는 부자가 된 임복이 주인에게 대가를 바치고 면천을 요망했으나, 주인이 면천을 용인하지 않으므로 나라에 구휼미를 내고 면천을 시도하여 성공한 것으로 보인다. 결과적으로 임복은 쌀 3천 석을 바치고 네 아들을 면천시켰으니, 한 사람당 쌀 750석을 바친 셈이다. 많은가, 적은가?

조선시대의 노비 가격은 1485년부터 시행된 『경국대전』의 규정, 즉 노비 1구당 저화(楮貨) 4,000장(쌀 20석, 면포 40필)이 기준이다. 이 가격은 당시 말 한 마리 가격과 비슷했다. 그러나 점차 노비 가격이 싸져서 1746년 영조 때에 제정된 『속대전』은 사노비의 몸값을 쌀 13석으로 규정했다. 하지만 『경국대전』과 『속대전』의 가격은 법정가격이고 실제는 이보다 훨씬 싸게 거래되었다. 학자들은 실제 매매된 노비 151구의 가격을 분석한 결과, 노비 값을 쌀 6-27석 정도로 추정한다. 그러므로 임복이 바친 아들 한 명에 750석은 『경국대전』의 쌀 20석으로 계산하더라도 노비 38구의 몸값이 된다. 결론으로 정리하면, 조선 초기는 노비의 면천이 엄격히 금지되었고, 아무리 노비가 재산이 많아도 노비 신분을 벗어날 수 없었다고 할 것이다.

세종의 노비 출산휴가에 대한 오해와 진실

세종이 시행한 특별한 노비 복지정책이 있다. 노비에게 산전휴가와 출산휴가, 즉 여자 종이 임신하면 산전휴가 30일을 주고, 아이를 낳으면 산모에게 출산휴가 100일을 주고, 남편 노비에게 출산휴가 30일을 주었다.

오늘날 학자와 사람들은 노비에게 출산휴가를 준 세종을 높이 칭송한다. 세종이 노비를 위한 복지정책을 적극적으로 펼쳤다는 것이다. 물론 세종이 조치한 출산휴가는 산모와 갓난아이의 건강을 보살피는 획기적인 복지정책이 분명하다. 그러나 이에 대한 일방적인 칭송은 오해와 착각의 소지가 있다. 왜냐하면 세종의 출산휴가 조치가 전체 노비에 미치지 않는 맹점이 있기 때문이다. 세종이 출산휴가를 준 산모는 공노비에 한정된다. 개인 소유의 사노비는 해당하지 않는다. 사노비는 어디까지나 개인의 재산이고 세종의 권한 밖이다. 따라서 세종이 출산휴가를 주라말라고 지시할 수 없다. 세종은 공노비의 주인일 뿐이기 때문이다.

한편 세종은 왕실에 소속된 노비를 소유하고 있었다. 왕실 노비는 성격상 개인의 사노비와 똑같다. 따라서 세종이 산전휴가와 출산휴가를 주어 산모와 갓난아이를 돌보게 한 조치를 나라 전체의 노비를 위한 것으로 이해하면 곤란하다. 그것은 공노비와 왕실이 소유한 노비의 복지를 증진함으로써, 국가와 왕실의 노비재산을 늘리고 생산성을 향상하기 위한 경영정책일 따름이다. 만약 세종이 진실로 전체 노비의 복지를 증진하려 한다면, 노비제도를 혁파하거나 노비의 인권을 보호하고 생명권을 돌보아야 마땅하다. 이처럼 세종이 노비에게 출산휴가를 준 것은 공노비와 왕실 노비의 복지 증진에 그친다.

제11장

혁명을 꿈꾼 고려 노비,
주인을 암살한 조선 노비

왜 조선에는 노비 봉기(반란)가 일어나지 않았을까?

노비의 삶은 고려나 조선이나 힘들고 고단했다.

고려의 노비는 고달픔을 떨쳐내고 노비 없는 세상을 만들기 위해 봉기 (반란)를 일으켰고, 조선의 노비는 그러하지 못했다. 왜 조선의 노비는 봉기(반란)를 일으키지 않았을까?

그것은 조선이 고려보다 인권 친화적이고 신분 차별이 적은 나라여서 그러한 것은 아니었다. 두 나라의 노비가 완전히 다른 차원의 존재였던 탓이다.

제 11 장

혁명을 꿈꾼 고려 노비, 주인을 암살한 조선 노비

들어가는 말

고려와 조선의 노비는 몇 명이나 될까? 고려는 총인구에서 노비가 차지하는 비중이 4-10%로 비교적 낮아 노비는 수십만 명 정도였다. 예컨대 고려 말의 경우 총인구를 약 500만으로 추정하는데, 노비 10%는 약 50만에 이른다. 그러나 조선은 총인구에서 노비가 차지하는 비중이 높아 수백만 명에 달했다. 심지어 15-17세기는 인구의 30-40%가 노비였다. 예컨대 17세기 말의 경우 총인구를 약 1,500만으로 추정하는데, 노비 40%는 약 600만에 달한다. 노비가 이토록 많았음에도 불구하고 조선은 노비의 반란이나 집단 저항이 단 한 차례도 일어나지 않았다. 실로 불가사의한 일이라 할 만하다.

먼저 고려의 '노비 반란'을 살펴보자. 역사책에 등장하는 굵직굵직한 '노비 반란'은 4건이 있다. 죽동(竹同)의 난, 만적(萬積)의 난, 밀성관노(密城官奴)의 난, 진주민란(晉州民亂) 등이 그것인데, 그 내용을 정리한 것이 <표 11.1>이다. 표를 보면 반란의 목적이 정권 쟁취와 노비해방이 1건, 악덕 관리의 타도가 2건, 다른 반란 세력에의 가담이 1건이다. 특히 정권 쟁취와 노비해방을 목적으로 한 '만적의 난'이 경이롭고, 악덕 관리를 타도하려 한 '죽동의 난'과 '진주 민란'이 흥미롭다. 이처럼 고려 노비들은 노비 없는 세상을 꿈꿨으며, 스스로 봉기하여 노비해방을 이루고 악덕 관리를 직접 징치(懲治)하려 했었다.

표 11.1 고려의 '노비 반란' 내용

반란 명칭	발생	주모자(주동자)	목적	결과
죽동의 난	1182년	죽동 (전주 관노)	악덕 관리 타도	실패, 주모자와 40여 명 처형
만적의 난	1198년	만적 (개경 사노)	정권 쟁취 노비해방	실패, 주모자와 100여 명 처형
밀성 관노의 난	1200년	주모자 불명 (밀성 관노)	운문지역의 반란에 가담	실패, 처형 불명 (관노 50여 명)
진주 민란	1200년	주모자 불명 (진주 관노,사노)	악덕 관리 타도	실패, 처형 불명

다음 조선은 '노비 반란'이 전혀 일어나지 않았다. 노비가 반란을 일으키지 않았다고 하여 여타 반란과 봉기 따위에 가담하지 않은 것은 아니다. 노비가 주모자이거나 주동 세력이 된 반란과 봉기가 없었다는 것이다. 조선은 노비의 반란이 일어나지 않았지만, 노비가 주인을 살해하는 사건이 종종 일어났다. 특히 17세기 후반에 노비들이 살주계(殺主契)란 비밀결사체를 조직하고 주인을 암살하는 사건이 발생함으로써, 사회가 뒤숭숭하고 불안에 떨었다. 왜 고려는 '노비 반란'이 일어나고, 조선은 일어나지 않았을까? 이를 규명하는 것은 대단히 중요하다. 이것이 고려와 조선의 다름과 차이를 극명하게 보여주고, 오늘날에 시사하는 바가 크기 때문이다.

여기서는 먼저 '만적의 난'의 실상과 의의를 살펴본다. 다음 조선에서 왜 '노비 반란'이 일어나지 않았는지를 고찰하고 노비가 주인을 죽인 '살주 사건'의 사례를 살펴본다. 이러한 살핌은 고려와 조선의 차이뿐 아니라 노비에 얽힌 역사의 연원을 찾는 일환이기도 하다. 또한 노비를 소유한 지배층을 중심으로 하여 기록되고 전해진 역사를 지배받는 노비의 눈으로 재조명하고 이해하는 것이기도 하다.

노비 만적, 노비해방을 위해 봉기하다

만적은 최충헌의 가노(家奴)다. 가노는 주인집에서 주인과 함께 사는 솔거노비로 집안일과 심부름 따위를 수행한다. 만적은 주인 최충헌이 쿠데타를 일으켜 성공하고 정권을 쟁취한 일련의 사건들을 생생히 지켜보았다. 1196년 4월 이의민을 처단하여 정권을 잡고, 이듬해 9월 임금을 명종(明宗)에서 신종(神宗)으로 바꾸고, 뒤이어 동생 최충수를 비롯한 정적들을 숙청하고 권력을 독차지하는 것을 직접 목격한 것이다. 어쩌면 피비린내 나는 정변의 한가운데서 최충헌의 지시에 따라 모종의 중요한 역할을 담당했을 수도 있다. 국가의 실권을 쥐고 있는 최충헌의 노비였던 만큼 다른 집안 노비들과 비교하여 상대적으로 위상이 높았고, 어지간한 양민보다 입김이 더 강했을 수도 있었을 것이다.

만적은 최충헌으로부터 쿠데타의 비법을 깨닫고 터득한 것일까? 최충헌이 정권을 잡은 이후의 어느 시점에서 자신도 최충헌처럼 정변을 일으켜 정권을 잡을 수 있다는 꿈을 꾸고, 야심을 키웠던 것인가? 어떻든 만적은 생사를 같이할 동지를 규합하고 반란을 일으킬 거사를 준비한다. 그리하여 1198년 5월 어느 날, 드디어 봉기할 때가 이르렀다고 판단하고 동지 6명과 함께 개경 북쪽에 소재한 북산(北山)에 올랐다. 북산은 개경의 노비들이 땔나무를 하는 곳이고, 그날 수백 명의 노비가 북산에 올라 땔나무를 장만하고 있었다.

> "장상(將相, 장군과 재상)의 씨가 따로 있나?"
> "때가 오면 누구나 할 수 있다"(『고려사』)

만적이 노비를 모아놓고 열변을 토하며 외친 말이다. 아마 이 말은 한국 역사상 가장 많이 회자하는, 가장 심금을 울려주는 말이라 해도 과언이 아닐 것이다. 만적은 1170년 무신정변 이후 노비 출신이 대거 출세한 정황을 조목조목 설명하면서, "수많은 고관대작이 천한 노비에서 나왔다", "왜 우리가 채

찍을 맞으며, 뼈 빠지게 일만 하겠는가!"라고 선동했다. 모두 함께 봉기하여 "주인을 죽이고, 노비문서를 불사르고 노비를 해방하자. 정권을 잡아서 재상과 장군이 되자"고 외쳤다.

그곳에 모인 노비들은 찬성하고, 거사 동지의 표식으로 '丁'자를 새긴 황색종이 수천 장을 나누어 가졌다. 그리고 다음의 세 가지를 약속하고 헤어졌다. 하나, 5월 17일 밤에 흥국사와 격구장 사이에 모여 북치고 고함치며 쿠데타를 일으킨다. 둘, 궁궐의 관노들이 내응하여 궁궐의 문을 연다. 셋, 최충헌을 비롯한 노비 주인들을 처단하고 노비문서를 불태운다는 약속이다.

만적의 봉기(상상도)

북산의 약속은 지켜지지 않았다. 약속한 5월 17일 밤, 흥국사에 모인 노비는 불과 수백 명뿐이었다. 봉기가 성공하려면 수천 명이 모여야 하는데, 언약을 맺은 노비들이 오지 않았다. 궁궐을 점거하고 최충헌을 위시한 노비 주인들을 치기에는 동참한 노비가 너무 적었다. 어찌할까? 만적은 성공하기 어렵다고 판단하고 거사를 나흘 뒤인 21일로 연기했다. 장소를 궁궐에 가까운 보제사(普濟寺)로 바꾸고, 노비들에게 비밀 유지를 당부했다.

그러나 문제가 생겼다. 만적과 함께 거사를 꾀한 노비 순정(順貞)이 배반한 것이다. 순정은 노비가 많이 모이지 않고, 거사가 연기된 것에 겁을 먹고는 주인 한충유(韓忠愈)에게 만적의 계획을 밀고해 버렸다. 한충유는 즉시 최충헌에게 순정의 밀고를 알렸다. 최충헌은 즉각 만적을 비롯한 주동자 100여 명을 체포하고, 꽁꽁 묶어서 산채로 강물에 던져 죽였다. 재판 없이 즉결 처형한 것이다. 순정의 배반으로 만적의 봉기는 실패하고 말았다. 최충헌은 봉기에 가담한 노비를 추가로 체포하려 나섰으나, 가담한 노비가 너무 많고 민심이 흉흉하여 체포를 중지하고 불문에 부쳤다. 한편 한충유는 높은 벼슬 자리로 승진하고, 밀고한 순정은 양인으로 면천되고 포상으로 은 80냥을 받았다.

만적의 실패는 냉정하게 보면 자신도 권력자가 되고 싶은 단순 하극상(下剋上)으로 보일 수 있다. 만적이 1170년 무신정변 이래 천민 출신 이의민이 정권을 잡고, 최충헌이 이의민을 제거하고 정권을 차지하는 것을 지켜보고는 자신도 출세할 수 있다는 야망을 품고 반란을 도모했다고 보는 것이다. 그러나 무신정변이 꼭 반란 또는 하극상으로 평가할 것이 아니듯이 만적의 봉기 역시 개인의 출세욕에 의한 반란으로 평가할 것은 아니다. 특히 만적의 봉기는 다음의 두 가지 역사적인 의의가 있다.

첫째, 만적이 당시 집권자 최충헌의 집에서 사는 종이라는 사실이다. 만적은 최충헌 가까이에서 그가 꾸미는 쿠데타의 모의, 이의민의 제거, 국왕의 교체, 정적의 숙청 따위를 낱낱이 지켜보았다. 그런 가운데 권력에 대한 욕망이 생기자, 동지를 규합하여 주인 최충헌을 처단하고 정권을 오로지 차지하려 했다. 따라서 만적의 반란은 쿠데타의 중심에서 싹튼 쿠데타라고 할 것이다.

그렇다면 만적은 능력이 특출한 야심가인가? 물론 생사를 같이 할 동지를 규합하고 봉기를 시도한 것을 보면, 자질이 뛰어난 것은 분명하다. 하지만 만적의 봉기는 만적의 자질과 능력으로만 재단할 것이 못 된다. 그것은 더 큰 시각에서 고려의 열린 사회의식과 역동성으로 인해 분출된 하나의 현상으로 인식하는 것이 필요하다. 다시 말하면 당시 고려는 최하층의 노비가 세상을 뒤엎어 보자고 할 만큼 열린 사회였고, 그런 봉기가 일어날 수 있는 사회의식이 형성되어 있었다는 것이다.

둘째, 한국 역사상 천민이 일으킨 유일무이한 '혁명적 봉기'이다. 한국은 고조선 이래 농민과 천민 등 사회 하층의 반란과 봉기가 무수히 일어났다. 그러나 그 목적이 대체로 세금과 부역의 감면, 처우개선, 탐관오리의 척결 따위였다. 만적처럼 정권을 차지하고 노비를 해방하자는 봉기는 없었다. 따라서 만적의 봉기는 한국뿐 아니라 세계사적 의의가 있다. 만약 만적의 봉기가 성공했다면 최하층 노비가 자체 역량으로 정권을 잡고 노비를 해방한 인류 역사의 빛나는 사례로 찬양받을 것이다.

만적의 봉기는 또 다른 중대한 의의가 있다. 그것은 흥국사에 운집한 수백 명의 노비와 체포되어 밧줄에 묶인 채 수장(水葬)된 약 100명의 노비에게 함축되어 있다. 그들은 주인을 처단하고, 정권을 차지하고, 노비를 해방하기 위해 일어선 죽음을 불사한 노비 전사들이다. 노비 봉기를 만적의 개인 야욕으로 인해 촉발된 반란으로 한정하면 안 되는 이유가 여기에 있다. 만적의 봉기는 단순한 '노비 반란'이 아니라, 노비 혁명의 개념으로 인식하고, 노비 혁명이 성공했을 수 있다는 무게감으로 만적과 노비 전사의 죽음을 위무하는 것이 바람직하다.

만적은 죽고, 그의 꿈은 좌절되었다. 그러나 꿈이 물거품으로 마냥 사라지지는 않았다. 만적과 유사한 노비 전사들이 다시 나타난 것이다. 때는 1203년, 만적이 죽은 지 5년 후다. 개경의 노비들이 노비 혁명을 꾀하며, 군대조직을 편성하고, 개경 동쪽의 교외에 모여 전투 연습을 했다. 이 사실이 최충헌의 정보망에 잡혔고, 최충헌이 즉각 군사를 보내 체포에 나섰는데, 대다수가 도망치고 50여 명이 붙잡혔다. 최충헌은 그들을 고문하고 만적처럼 묶어서 산채로 강물에 던져 죽였다. 그러나 사건은 아이러니한 구석이 있다. 주모자가 없는 것이다. 최충헌이 이들을 처참하게 고문했는데도 불구하고 주모자를 찾아내지 못했다. 모두가 자신이 주모자라고 나섰기 때문이다. 만적의 꿈은 노비들의 꿈으로 이어갔고, 50여 명이 고문을 당하고 죽는 순간까지 모두가 자신이 주모자라고 외칠 만큼 강렬했다.

끝으로 놀랍고 희한한 일이 하나 더 있다. 만적과 최충헌의 인과(因果)다.

만적은 주인 최충헌을 죽이려 했으나 실패하고 도리어 죽임을 당했다. 그러나 최충헌의 후손은 결국 노비 출신 김준(金俊)에 의해서 죽임을 당한다. 주인과 노비의 물고 물리는 인과의 파장인가?

김준의 어릴 적 이름은 김인준(金仁俊)이고, 최충헌의 사노비 김윤성(金允成)의 아들이다. 김준은 무예가 뛰어났고, 특히 활을 잘 쏘고 말을 잘 탔다. 최충헌이 죽자, 뒤를 이은 아들 최우(崔瑀)가 김준을 발탁하여 벼슬을 내리고 측근에 두었다. 아마 최우가 김준을 발탁한 것은 만적 이후 최충헌이 노비들이 만적을 모방하지 않도록 미리 똘똘한 노비를 뽑아서 가까이 둔 관례일 수 있다. 어떻든 최우를 이은 최항(崔沆)도 김준의 충성심을 인정하여 측근으로 삼고 별장으로 벼슬을 더 올려주었다. 그러나 최항이 죽은 후 문제가 생겼다. 최항의 뒤를 이어 아들 최의가 권좌에 올랐는데, 김준을 아버지 최항의 심복이라 하여 뒷전으로 내친 것이다. 김준은 불만을 품었다. 몰래 동지를 규합하고, 1258년 쿠데타를 일으켜 최의를 죽였다. 결과적으로 노비 출신 김준이 62년간 이어온 '최충헌 정권'을 끝냈다. 이후 김준은 약 10년간 정권을 쥐었으나 임연(林衍)에 의해 죽임을 당했다.

그렇다면 김준이 평소 만적을 의식했을까? 만적을 의식해서 쿠데타를 일으켰는지는 알 수 없지만, 최소한 만적의 봉기는 잘 알고 있었을 것이다. 그것은 최충헌 집안에서 불과 수십 년 전에 일어난 일이다. 더군다나 세상을 뒤흔들어 놓은 만적의 봉기는 시중에서 공공연히 얘깃거리로 사람들의 입에 오르내렸을 것이다. 어떻든 '최충헌 정권'의 기반이 만적의 봉기를 잔혹하게 진압함으로써 더욱 공고해졌지만, 노비 출신에 의해 '최충헌 정권'이 몰락한 것은 단순한 우연이 아닐 수 있다.

이상을 정리하면, 만적과 김준은 둘 다 최충헌 가문의 노비 출신이다. 둘은 우연인지 필연인지 주인을 죽이고 정권을 잡으려는 꿈을 가졌고, 만적은 실패하고 김준은 성공했다. 그러나 성공한 김준은 노비해방에는 관심이 없었다. 만적에 비하면 김준의 성취는 한갓 일신의 영달만을 희구한 것일 뿐이라 할 것이다.

조선의 노비, 주인을 살해하다

조선은 노비가 참으로 많았다. 그래서 '노비(노예) 국가' 혹은 노비 천국이라고들 한다. 앞에서 살펴본 바처럼 노비가 많을 때는 인구의 약 40% 정도, 600여만 명을 헤아렸다. 인구의 40%라면 일반 양인이 한 사람당 평균 약 0.7명의 노비를 소유한다는 것이다. 물론 모든 양인이 노비를 가지지 않았으므로 많이 가진 자는 수백, 수천을 소유했다.

조선에서 노비를 가장 많이 가진 자는 누구일까? 천여 명이 넘는 노비를 가진 자가 수두룩했고, 말단 관리도 100명 이상의 노비를 소유한 자가 허다한 것으로 추측된다. 기록상으로는 왕실(국왕)을 제외하면 세종의 아들 광평대군과 영응대군이 가장 많이 소유했을 것이다. 그들은 무려 1만 명 이상의 노비를 소유했다. 한편 지금까지 밝혀진 노비 상속문서에 의하면 최고 소유자는 홍문관 부제학을 역임한 이맹현(李孟賢)이다. 그는 1494년에 노비 757명을 자손에게 상속했다. 아이러니한 것은 노비를 이토록 많이 소유한 이맹현이 당대의 청백리로 뽑혔다는 사실이다. 뿐만 아니라 한국인이 존경하는 퇴계 이황도 1586년에 367명의 노비를 5명의 자녀에게 상속했다. 16세기 안동의 명문 양반 권벌은 노비 317명을 상속하고, 18세기 해남의 이름난 양반 윤두수(尹斗壽)는 노비 584명을 상속했다. 이와 같이 제법 행세깨나 하는 양반들은 수백 명의 노비를 소유하고 떵떵거리며 살았다.

조선은 개국 초에 태종이 노비 소유의 제한을 시도했다. 노비를 줄이는 만큼 세금을 내고 병역을 지는 양인이 늘어나므로 국력을 키우려 한 것이다. 태종은 남자 종을 기준으로 하여 왕실의 종친과 부마는 150명까지, 문무관은 130명까지 소유할 수 있도록 정했다. 노비 주인들은 똘똘 뭉쳐서 소유 제한을 반대했다. 태종이 정한 남자 종의 기준에다가 여자 종과 상속받은 노비 따위를 포함하면 실제로는 한 사람이 500-600명을 소유할 수 있지만, 적다고 반대한 것이다. 결국 반대가 극심하여 태종이 물러섰다. 조선에서 가장 왕권이 강력한 태종이 물러섰으니, 그 후로는 역대 어떤 왕도 노비 소유의 기준을 정하려 나서지 않았다. 그로 인해 노비를 많이 가질수록 부자가 되었고, 노비를 아무리 많이 가져도 문제가 되지 않았다.

조선시대에 노비는 반란이나 봉기를 일으키지 않았다. 무려 수백만 명에 달하는 노비들이 수백 년 동안 단 한 번도 불만과 불평을 표출하는 집단행동을 벌이지 않았다. 나라가 노비들이 꼼짝달싹하지 못하게끔 잘 다스린 탓인가? 아니면 노비에게 어떤 숨은 곡절이 있었는가? 개인의 사노비도 마찬가지로 주인에 대한 집단 저항이 없었다. 한 사람이 수백, 수천 명의 노비를 소유하고 상속, 증여하며 사고팔았다. 특히 남에게 증여하거나 파는 것은 노비 가족의 생이별이 된다. 그럼에도 주인에 대한 집단 반발이나 항거가 발생하지 않았다. 그렇다면 노비는 주인의 명령에 오로지 복종하며 그야말로 쥐 죽은 듯이 살았는가? 그렇지는 않다. 주인 몰래 게으름을 피우거나, 술을 마시고 불평을 터뜨리거나, 주인의 눈을 피해 멀리 도망가는 따위로 저항했다. 간혹 주인을 살해하는 사건을 일으켰다. 도대체 집단 반발과 저항을 일으키지 않은 이유가 무엇인가? 그것은 다음의 세 가지로 집약할 수 있다. 즉 광범위한 천민 구조, 노비의 무지, 노비의 생명권 박탈 등이다.

첫째, 광범위한 천민 구조다. 고려와 조선은 사회 하층을 이루는 천민 구조가 달랐다. 고려는 천민층이 얇고 차지하는 비중이 작다. 반면 조선은 천민층이 두껍고 비중이 매우 크다.

먼저 고려는 4계층의 신분사회였다. 지배층인 귀족과 중인, 피지배층인 양인과 천민으로 구성된다. 즉 '귀족→ 중인→ 양인→ 천민'의 4계층이다. 귀족은 왕족과 5품 이상의 문무 고위 관료다. 다음 중인은 6품 이하의 하급 관리와 하급 장교 등이다. 양인은 농민, 상인, 공인에 향·소·부곡의 백성이 포함된다. 마지막 천민은 화척(禾尺), 재인(才人), 노비 등 3부류가 포함된다. 화척은 소를 잡는 백정(白丁)이고 재인은 광대인데 극히 소수였고, 노비도 인구의 4-10% 정도로 많지 않았다.

혹자는 향, 소, 부곡의 백성을 노비와 같은 천민으로 취급하여 천민이 많았다고 주장하나, 그렇지 않다. 그들은 엄연한 양인이다. 다만 일반 군·현에 비해 향·소·부곡의 백성은 차별을 받았다. 과거를 볼 수 없고, 세금을 많이 물고, 특정한 생산물을 지정받아 생산하고, 거주이전이 제한되었다. 본래 향, 소, 부곡은 행정구역이다. 언제 어떻게 생겨났는지는 아직 모른다. 고려가 후삼국을 통일하고 행정구역을 정할 때 이를 혁파하지 않고, 협력하지 않은 지역을 향·소·부곡으로 하여 차별했다.[30] 이들은 다시 충성을 인정받으면 일반 군·현으로 승격되었다. 따라서 향·소·부곡의 백성은 차별받는 특수한 양인으로 보아야지 천민으로 간주하면 안 된다. 한편 화척과 재인은 비록 천민 취급을 받았지만, 신분이 양인이므로 법적으로 사람이 아닌 노비와 신분의 우위를 따질 일은 못 된다.

고려의 피지배층은 양인이 많고 천민이 적었다. 천민층이 매우 얕아서 노비는 사실상 외톨이와 마찬가지였다. 따라서 노비가 양인으로 면천하여 외톨이를 벗어나려는 갈망이 매우 강렬했다고 할 수 있다. 한편 고려는 열린사회로 사회의 유동성이 높았다. 노비의 면천이 비교적 쉬웠고 신분 상승의 기회가 많았다. 그래서 고려시대에 일어난 노비의 봉기와 반란은 신분 상승을 위한 욕망이 분출되어 나오는 자연스러운 사회현상으로 이해할 수 있다.

다음 조선은 크게 보아 2계층의 신분사회였다. 양인과 천민의 2계층으로 구성되었다. 그러나 실제로는 양인을 양반, 중인, 상민의 3계층으로 나누어서 '양반→ 중인→ 상민→ 천민'의 4계층이 되었다. 최고 계층은 양반이다. 각종 세금이 면제되고 군역을 지지 않는 특권을 누린다. 중인은 하급 관리와 군 장교를 비롯하여 의학, 법률, 천문학, 통역 등을 담당하는 기술관과 지방의 향리(鄕吏) 따위다. 중인은 신분과 직업이 대를 이어 세습되었다. 양반과 중인의 차이는 정치권력을 쥔 양반이 실무 권한을 중인에게 주어서 상민과 천민을 다스렸다고 이해하면 적절하다. 상민은 농민, 상인, 공인 등이다. 조선은 사농공상(士農工商)의 신분 질서를 세우고, 농업을 중시하며 상업과 수공업은 천시했다. 상인과 수공업자는 천민과 다를 바 없었다. 특히 수공업자

---

30)향과 부곡은 농사가 주업이었고, 소는 국가가 지정한 특정물품 금·은·철·묵·도자기·종이·소금 따위를 생산했다.

는 더 천시하여 아예 천민에 포함되었다.

천민의 구조와 노비 봉기와 무슨 관계가 있는가? 두 가지 관련성이 있다. 하나는 천민의 범위가 넓은 것이고, 또 하나는 공노비와 사노비의 차별이다. 우선 조선은 천민 구조가 고려보다 나빠졌다. 앞에서 살펴본 바처럼 고려의 천민은 노비, 화척, 재인의 3개 부류뿐이다. 조선은 천민을 8개 부류로 넓혔다. 이를 8천민 또는 팔천(八賤)이라 부른다. 팔천은 ① 사노비, ② 백정(白丁), ③ 광대, ④ 승려, ⑤ 공장(工匠), ⑥ 무당, ⑦ 상여꾼, ⑧ 기생 등이다. 여기서 백정과 광대는 고려시대의 화척과 재인이다. 따라서 조선은 고려에 비해 승려, 공장, 무당, 상여꾼, 기생 등의 다섯 부류가 천민으로 격하되었다. 천민 사회가 광범위해진 것이다. 팔천의 주축은 노비였다. 특히 권세 있는 대갓집 노비는 위세가 대단했다. 대갓집 노비는 마치 우물 안 개구리처럼 광범한 천민 사회에서 우두머리로 자족하는 삶을 영위했다고 할 수 있다.

다음 공노비와 사노비의 차별이다. 조선의 공노비는 특이한 존재다. 법으로 분명히 양민이 아닌 노비지만, 팔천보다 상위의 신분으로 우대받았다. 관아의 공노비는 천민 위에 군림하며 위세를 부렸다. 공노비가 사노비를 소유하고 부리는 경우도 허다했다. 사노비를 소유한 공노비는 재력을 과시하며 어쭙잖은 양반과 중인을 깔보고 살았다. 공노비가 얼마나 많았을까? 통계자료가 없어 정확히 알 수 없지만, 현재 전해지는 기록은 1417년에 11만 9,602명(남자 종 59,585, 여자 종 60,017), 1439년에 21만여 명, 1484년에 35만 2,565명이다. 1801년에 약 66,000명의 공노비가 해방되었다. 그러므로 공노비의 수는 대략 12만에서 35만으로 증가하다가 66,000명 수준으로 점차 줄어들었다고 할 것이다.

조선은 왜 공노비를 우대했을까? 그것은 조선 건국의 숨은 비밀이다. 조선의 설계자들은 양반의 영구집권을 기획하면서 '양반 → 중인 → 공노비'로 이어지는 지배체제를 구축했다. 공노비를 사노비와 구분하고, 팔천의 천민보다 우대하고, 양반 지배의 말단 하수인으로 삼은 것이다. 또한 공노비를 사노비와 차별한 것은 이들이 서로 호응하고 연계하지 못하도록 막은 고도의 계책이었다. 다시 말하면 고려에서 만적이 공노비와 사노비를 규합하여 봉기한 것을 염두에 두고, 이를 미리 차단하려 한 의도였다고 할 수 있다.

조선의 사노비는 고려와 달리 외톨이가 아니었다. 천민의 범위가 넓어진 탓이다. 고려에서 우대받던 승려, 공장, 무당, 기생 등이 똑같은 천민 신세로 추락했다. 뿐만 아니라 상인도 극도로 천시되어 노비와 진배없는 처지로 떨어졌다. 그로 인해 양반 사대부집 솔거노비는 이들 모두를 우습게 여겼고, 심지어 승려는 말조차 하대하며 땡추중이라고 비웃었다. 이 판에 외거노비는 더 우쭐댔다. 재산을 제법 축적한 외거노비는 지역의 천민 위에 군림하며 양인과 다름없는 생활을 즐겼다.

혹자는 조선 노비가 봉기와 반란을 일으키지 못한 것은 저항심과 도전정신이 부족한 탓이라고 한다. 그렇게 단정하면 안 된다. 조선은 양반의 영구집권을 꾀하며 노비제도를 교묘히 비틀어 공노비와 사노비를 분리했다. 팔천의 광범한 천민 사회를 구축하고 노비가 상대적 우위에 서도록 획책했다. 노비가 상당한 자존을 유지하면서 살아가는 사회에서 반란의 씨앗은 쉽사리 싹 트지 않는다. 다시 말하면 권세가의 노비는 폭넓은 천민 사회에서 오히려 군림하고 위세를 부리며 살았다. 노비가 외톨이가 아니고 살만하니, 주인에 대한 저항심이 줄고, 봉기나 반란의 내력이 허약해지고 말았다고 할 것이다.

둘째, 노비의 무지다. 반란이나 집단 봉기는 주모자나 주동자의 높은 지력이 요구된다. 뜻을 세우고, 동지를 규합하여 역량을 결집하고, 치밀한 계획을 짜고, 장애물을 격파하며 실행하는 자체가 곧 뛰어난 지력과 용기의 작용이다. 무지해서는 용기조차 낼 수 없을뿐더러, 용기를 내어본들 용두사미에 그치고 마는 게 다반사다. 반란과 집단 봉기는 상당한 지력의 바탕이 있어야 도모가 가능한 것이다.

반란과 집단 봉기를 일으킨 고려 노비의 지력이 반란과 봉기를 일으키지 못한 조선 노비보다 우월하다고 할 수 있다. 그러나 고려 노비가 얼마나 우월한지 이에 비해 조선 노비가 얼마나 무지한지는 비교할 수 없다. 그에 관련 기록이나 정보가 부족한 탓이다. 그렇지만 다음의 세 가지 사항의 비교를 통해 어느 정도는 가늠할 수 있다. 즉 노비 이름, 노비 면천과 신분 상승, 사회의 기본 예절 등의 비교다.

하나, 노비 이름이다. 고려의 노비 이름은 만적(萬積), 순정(順貞)처럼 한자로 쓴 불교식 이름이 많다. 이는 최소한 이름에 쓰인 한자 정도는 읽고 쓸 수 있음을 뜻하고, 그만큼의 지력을 인정할 수 있다. 반면 조선은 한자로 쓴 이름이 거의 없다. 마당쇠, 개똥이 따위의 천한 용어로 이름을 지어 불렀다. 조선은 왜 그랬을까? 노비 주인이 자기 노비가 무지하기를 바라고, 괜찮은 한자 용어의 이름을 지어주지 않고 까막눈으로 내쳤다고 할 것이다. 그리하여 조선 노비는 자기 이름조차 쓸 줄 모르는 문맹이 되었다. 혹자는 글을 깨친 노비나 시부(詩賦)를 짓고 읊조린 노비가 있었다고 주장하나, 이는 양반 또는 양인이 노비로 전락하거나 머리 좋은 노비가 어깨 너머로 글을 깨치는 정도의 예외적인 사례일 뿐이다.

둘, 노비 면천과 신분 상승이다. 고려는 노비 면천이 비교적 쉬웠고 조선은 꽉 막혔다. 고려 노비는 양인으로 면천할 뿐만 아니라 더 이상의 신분 상승이 가능했다. 예를 들면 개경에 소재한 사찰 제석원(帝釋院)의 노비 전영보(全英甫)가 있다. 전영보는 금박(金箔)을 입히는 수공업 기술이 뛰어나서 면천되고 관리가 되었다. 그리고 벼슬이 점차 올라 충숙왕 때 정3품 삼사사(三司使)가 되고 이후 종2품 대사헌을 역임했다. 조선은 노비 출신이 고위 관리로 출세한 사례가 거의 없다. 세종 때 뛰어난 과학기술로 물시계와 혼천의 등을 발명하여 종3품 벼슬에 오른 공노비 출신의 장영실(蔣英實)이 유일한데, 사대부 관리들의 시샘을 받아 파직되어 사라졌다. 사노비가 면천되고 벼슬아치가 된 사례는 찾아볼 수 없다. 다만 임진왜란 때 공을 세우거나 나라에 곡식을 바치거나 하여 면천되고 허울뿐인 산직(散職)에 이름을 올린 자는 다수 있었다.

노비에게 면천은 일생일대의 꿈이요 희망이다. 꿈과 희망이 있는 노비는 언젠가의 기회를 잡기 위해 머리를 굴리며 지력을 키운다. 반면 꿈과 희망이 없는 노비는 그럴 필요가 없으므로 자포자기의 삶을 살기 마련이다. 면천과 신분 상승이 가능한 고려의 노비가 그렇지 못한 조선의 노비보다 지력의 수준이 높을 개연성이 있는 것으로 추정함은 당연하다고 할 수 있다.

셋, 사회의 기본 예절이다. 이 또한 직접적인 비교가 쉽지 않지만, 의복과 종교 생활 등을 통해 어느 정도 가늠할 수 있다. 일반적으로 입는 의복이 멋있고 좋으면 일단 예의를 갖추기 마련이고, 허름하고 볼품없으면 그렇지 않는 법이다. 고려는 태조 왕건이 귀천을 불문하고 좋은 옷을 입고 다닐 수 있도록 복장의 자유를 대폭 허용했다. 노비가 고위 관리가 입는 자주색 비단옷을 입고 다녀도 문제가 없었다. 승려들도 세속과 다름없이 색깔 있는 화려한 옷을 입고 다니며 사치를 뽐냈다. 조선은 복장의 자유가 없었다. 조선의 성리학은 검약을 지향하고 사대부도 사치를 꺼리며 검소한 옷 입기를 자랑삼았다. 주인이 그러할진대, 노비는 더 허름한 의복을 강요당해야만 했다. 결국 복식의 예절은 고려 노비가 조선 노비보다 수준이 한결 높았다고 할 것이다.

사회의 기본 예절에서는 종교의 역할이 중요하다. 고려는 불교가 국교다. 임금으로부터 노비에 이르기까지 누구나 사찰에 다니고 법회에 참여할 수 있었다. 이것은 불교 예법, 법회 의식, 다중집회의 예절 등을 함양하도록 한다. 반면 조선은 유교가 국교다. 그러나 유교 사당인 향교는 양반과 일부 양인만이 출입이 허용될 뿐이다. 노비를 포함한 천민은 심부름하는 노역 이외는 참여할 수 없었다. 조선은 불교를 탄압하며 노비가 사찰을 마음대로 출입하지 못하게 했다. 이로 인해 조선 노비는 고려 노비와 달리 종교를 통한 소양과 예절을 함양할 수 없었다.

조선의 성리학도 문제다. 조선의 성리학은 노비에게 예(禮)를 묻지 않았다. 주인에게 충성하고 주인을 부모처럼 섬기라는 삼강오륜의 예법만을 강구하고, 사회의 기본질서를 이루는 예의를 요구하지 않았다. 양반과 주인에게 순종한다면 노비끼리 떠들고, 욕하고, 싸우고, 아무 곳이나 방뇨하는 따위의 무절제한 행위는 불문에 부쳤다. '사람 아닌 것이 사람의 도리를 하지 않는다고 꾸짖을 일인가?'라는 식이다. 조선의 노비는 참고 인내하고 절제하는 정신력이 제대로 함양되지 않았다. 아무리 저항심과 도전 의식이 생긴다고 한들 정신력과 지력이 미약하면 행동으로 표출되기 어려운 법이다. 결국 조선 노비의 무지와 스스로 절제하며 기본 예절을 지키지 못하는 허약한 정신력이 반란과 봉기를 일으키는 데 걸림돌이 되었다고 할 것이다. 또한 그것은 노비를 부리는 지배층이 의도한 결과였다고 할 수 있다.

셋째, 노비의 생명권 박탈이다. 조선은 노비 주인에게 형사특권을 부여했다. 고려와 달리 자기가 소유한 노비를 즉결 처형 할 수 있는 권한을 주었다. 노비 주인은 자기 노비를 언제든지, 어떤 명목이든지, 마음 내키는 대로 처벌할 수 있었다. 처벌할 핑계는 그야말로 입맛 내키는 대로 무궁무진하다. 물론 노비 소유주는 노비를 죽이거나 참혹한 형벌을 집행하기 전에 관청에 신고해야 한다는 원칙은 있었다. 하지만 노비는 주인의 처벌이 부당 불법하다고 해도 관아에 고소, 고발할 수 없었기에 하나 마나 한 원칙이었다. 심지어 주인의 2-3촌 친척에게도 노비를 죽일 수 있는 형사특권이 부여되었다.

조선의 노비는 매일매일 생명의 위협을 안고 살았다. 생명이 위태로운 처지에서 저항은커녕, 발 뻗고 잠이나마 편히 자겠는가? 노비는 그저 시키는 일을 하고, 죽을 시늉하며, 목숨을 부지해 나갈 수밖에 달리 도리가 없었다. 노비의 생명권 박탈과 주인의 즉결 처형이 봉기와 반란 따위의 집단 행위를 원천적으로 봉쇄하는 직접적인 요인이 되었다고 할 수 있다.

그렇지만 노비의 사사로운 불평불만과 응어리진 저항은 언제나 있었다. 어쩌면 그것은 생명을 지키려는 반작용의 본능적인 행위이지만, 그 수단은 너무나 제한되고 뻔했다. 만약 주인에게 덤비거나 욕지거리를 뱉으면 참형을 당할 수 있었으므로 별다른 방법이 없었다. 기껏해야 눈치 보며 농땡이 부리는 게 고작이고, 때로는 멀리 도망가서 숨어 살기도 하나, 도망 노비를 잡는 추쇄에 걸리면 죽은 목숨이었다. 다만 최후의 수단이 따로 하나 있었다. 차라리 주인을 죽이는 것이다. 노비가 주인을 살해하는 살주(殺主)는 생명권이 말살되는 처지에서 살고자 하는

연려실기술(서울대학교)

몸부림이고 죽음을 불사한 막다른 골목길의 저항이었다.

문헌 기록상 살주 사건은 15세기 후반 성종 때에 나타났다. 17세기 숙종 때에는 수도 한양에 살주계(殺主契)가 등장한다. 살주계는 노비들이 악덕 주인을 암살하기 위해 규합한 비밀 결사체다. 포도청에서 살주계를 검거하려고 나서자, 살주계는 남대문과 고위 관리의 집 대문 따위에 '우리는 모두 죽지 않는다', '끝까지 너희들 배에 칼을 꽂겠다'라고 협박하는 방문을 붙이기도 했다. 살주계는 18세기에도 나타났다. 이긍익(李肯翊)이 지은 『연려실기술』에는 한양의 청파(靑坡)와 경기도 광주에서 암약한 살주계가 자세히 기록되어 있다.

살주 사건의 기록은 흔하지 않다. 양반에게 좋지 않은 사건이라서 기록하기를 회피한 탓이 클 것이다. 지금까지 밝혀진 가장 구체적인 기록은 『명종실록』에 수록된 노비 부부, 즉 남편 복수(福守)와 아내 충개(蟲介)가 주인 원영사(元永思)를 살해한 사건일 것이다.

원영사는 강원도 원주에 사는 양반이다. 그는 외거노비를 다수 소유하고 있었고, 충개라는 여자 종을 첩으로 삼아 여러 해 동안 동거했다. 충개가 얼굴이 반반한 미색이었던 모양이다. 그러다가 새로 후처를 들이고는 충개를 내보냈다. 충개는 홀로 살다가 원영사의 외거노비인 남자 종 복수에게 시집을 갔다. 원영사는 이를 질투하며 미워하고 이들 부부에게 해마다 바치는 신공(身貢, 몸값)을 과다하게 징수했다. 이에 분노한 복수가 원한을 품고 주인 원영사를 살해할 마음을 먹었다.

복수 부부는 치밀하게 살해 계획을 준비했다. 충개는 잘 아는 여인을 원영사 집의 살림 도우미로 소개했다. 이 도우미는 노비가 아닌 양인이었다. 복수 부부가 도우미에게 부탁한 것은 집안에서의 협조였다. 마치 적군의 성문을 열기 위해 특수 병사를 성안에 잠입시켜 몰래 성문을 열게 하는 것과 같았다. 복수는 결정적인 순간을 대비해 동지 몇 명을 구했다. 복수는 비록 신분이 노비였지만, 지역의 인맥이 단단했던 모양이다. 좋은 일도 아니고 주인을 죽이는 궂은 일에 여러 사람의 도움을 끌어내었으니 말이다. 어느 날, 도우미에게서 원영사가 술에 취해 있다는 연락이 왔다. '이때다' 싶었던 복수는 동지 몇 명과 함께 원영사의 집으로 쳐들어갔다. 그리고 원영사와 임신한 처 등 일가족 5명을 살해했다. 노비 복수가 복수를 한 것이다. 참혹한 인명 살해에 눈살이 찌푸려지지만, 얼마나 원한이 쌓였으면 그렇게까지 하는가 하는 동정심이 솟는 사건이다.

종합하여 정리하면, 노비의 반란과 봉기는 노비의 저항이고 도전이다. 다만 지배층이 반란으로 규정하고 매도할 뿐이다. 매사에 저항과 도전은 주동자의 의지와 지력 그리고 환경 여건의 성숙이 필요하다. 고려는 노비의 반란과 봉기가 있었고, 조선은 전혀 없었다. 이것은 고려가 노비의 저항 의식이 깨어있고, 노비들이 정보를 나누고 결사할 수 있는 열린사회임을 뜻한다. 반면 조선은 노비의 저항 의식이 낮고, 노비들이 정보를 공유하고 결사할 수 없는 폐쇄사회였다고 할 것이다. 한편 조선에서 노비의 반란과 봉기가 일어나지 않은 것은 천민의 범위를 넓히고, 노비의 지력을 떨어뜨리고, 노비의 생명권을 박탈한 결과라 할 수 있다. 노비에게 조선은 고려보다 가혹한 나라였다.

제12장

고려의 반역,
조선의 반정

고려의 쿠데타와 조선의 쿠데타는 무엇이 달랐을까?

고려와 조선은 쿠데타로 정권이 여러 차례 바뀌었다. 그럴 때마다 수많은 사람이 참혹하게 죽었다.

그러나 역사는 어떤 쿠데타는 반역(反逆)으로 매도하고, 어떤 쿠데타는 반정(反正)으로 정당성을 부여하고 있다. 왜 그럴까?

역사는 '승자의 기록이다'라는 말이 있다. 그렇다. 지금까지 고정관념으로 굳어진 반역과 반정의 역사는 이 말을 되새기며, 진실을 찾고 바로잡을 필요가 있다.

제12장
고려의 반역,
조선의 반정

들어가는 말

"역사는 반복된다", "역사는 승자의 기록이다"라는 속담 같은 말이 있다. 그리고 역사의 해석은 현재에서 시작된다는 말도 있다. 고려와 조선을 비교하다가 보면 이 말을 실감하는 기록을 발견하게 된다. 바로 반역(反逆)과 반정(反正)의 기록이다.

무엇이 반역이고, 무엇이 반정인가? 국어사전은 반역을 '통치자에게서 나라를 다스리는 권한을 빼앗으려고 함'으로, 반정을 '옳지 못한 임금을 폐위하고 새 임금을 세워 나라를 바로잡음'으로 정의한다. 그러나 이 정의를 쉽게 이해하려면 부연 설명이 필요하다. 왜냐하면 통치자(임금)의 권한을 빼앗거나 임금을 폐위하는 것은 성격이 서로 다르지 않고 같은 정치 행위이기 때문이다.

그렇다면 둘은 무엇이 다른가? 반역은 '권한을 빼앗으려고 함'이므로, 성공과 실패는 차치하고 물리적이든 정신적이든 빼앗으려는 짓 자체를 의미한다. 그래서 반역에는 마치 이현령비현령처럼 여러 유형이 있다. 성공한 반역과 실패한 반역이 있고, 또 행위조차 시도하지 못하고 미수(未遂)에 그친 반역과 터무니없이 죄를 뒤집어씌운 반역 따위가 있다. 반정이란 용어도 따져보면 흥미롭다. 반정은 '옳지 못한 임금을 폐위'한 것이므로, 만약 옳은 임금을 폐위한다면 반정이 아니고 통치자의 권한을 빼앗은 반역이 되는 것이다. 옳고 옳지 않음은 누가 판단하는가? 그것은 반역과 반정의 기록을 대하는 사람이 그 시점(현재)에 판단하는 것이다. 따라서 반역과 반정의 기록은 대하는 사람과 그가 처한 상황에 의해 해석과 판단이 달라질 수 있다.

　『고려사』와 『조선왕조실록』을 살펴보면 유사한 정변(쿠데타)을 어떤 것은 반역으로, 또 어떤 것은 반정으로 기록된 사실을 발견하게 된다. 예를 들면 『고려사』는 1170년 의종을 폐위시킨 정변을 반역으로 기록하고 있다. 반면 『조선왕조실록』은 1506년 연산군을 폐위시킨 정변과 1623년 광해군을 폐위시킨 정변을 반정으로 기록하고 있다. 이들 정변은 비록 왕조를 달리하고 수백 년의 시차가 있지만, 사건은 왕을 갈아치운 쿠데타로서 진짜 비슷하다. 그러함에도 불구하고 역사는 고려의 정변을 무신들이 일으킨 반역의 쿠데타(무신정변)로 기록하고, 조선의 두 정변을 문신들이 나라의 안위를 걱정하여 도모한 인조반정과 중종반정으로 기록하고 있다. 왜 똑같이 왕을 바꾼 쿠데타를 반역과 반정으로 구별할까? 고려는 무신이 일으킨 쿠데타여서 반역이고, 조선은 문신이 일으킨 쿠데타여서 반정이라 하는가?

　고려에는 또 흥미로운 비교 사례가 있다. 최충헌(崔忠獻)의 반역과 이성계 (李成桂)의 반정이다. 최충헌이 누구인가? 그는 한국 역사상 최악의 반역자로 일컬어지고 있다. 『고려사』 열전에는 49명의 반역자가 수록되어 있는데, 이들에 관한 총기록의 약 12.7%가 최충헌의 기록으로 단연 최고 비중을 차지한다. 반역자 중의 으뜸인 셈이다. 최충헌은 쿠데타를 일으켜 무신정권의 집권자 이의민을 처단하고 정권을 잡았다. 그리고 명종과 희종을 폐위시키고 신종, 강종, 고종을 임금으로 옹립했다. 무려 다섯 임금을 손아귀에 쥐고 흔들면서 권력을 행사한 것이다. 그러나 폐위시킨 명종과 희종을 죽이지 않았다.

　이성계는 위화도회군의 쿠데타를 일으켜 우왕을 폐위시키고 죽였다. 우왕의 어린 아들을 창왕으로 옹립한 후, 창왕마저 폐위시키고 죽였다. 쿠데타를 일으켜 두 왕을 폐위하고 죽인 것이다. 그러나 『고려사』에는 최충헌과 달리 반역이 아니라 반정으로 기록되어 있다. 이성계도 무신이므로 그의 쿠데타는 고려의 무신 쿠데타와 성격상 다르지 않다. 오히려 요동정벌을 포기하고 위화도에서 회군했으니, 질적으로 더 나쁘다고 할 것이다. 또한 최충헌은 명종과 희종을 폐위시키고 죽이지 않았지만, 이성계는 두 왕은 폐위시키고 죽였다. 그런데도 최충헌은 반역이고 이성계는 반정이다. 사리에 어긋나는 요상한 기록이라 할 만하다. 이성계의 쿠데타가 반역이 아니고 반정으로 기록된 것은 승자가 기록한 탓인가?

고려 무신정변과 조선 인조반정의 비교

고려의 무신정변 쿠데타는 반란인가? 『고려사』는 단호히 반란으로 정의하고 주모자 이의방과 정중부 등을 반역자로 규정하고 있다. 그러나 정변을 초래한 경위와 정변의 진행 과정 따위가 자세히 기록되어 있어 과연 그들이 반역자인가 하는 의구심을 가지게 한다. 왜 그렇게 기록해 두었을까?

다시 말하면 『고려사』는 제18대 임금 의종(毅宗)이 문신에 둘러싸여 향락을 일삼고, 문신이 무신을 지나치게 업신여기고 횡포를 부림으로써 초래된 반란으로 기록하고 있다. 문신 김부식의 아들 김돈중이 무신 정중부의 수염을 태운 사건, 나이 젊은 문신 한뢰가 나이 많은 대장군 이소응의 뺨을 때린 사건 등이 반란의 도화선이 된 것으로 기록되어 있다. 그러나 한편으로는 쿠데타를 일으키기에 앞서 이의방과 이고가 정중부를 포섭하고, 이들이 거사를 모의하고, 거사 날을 변경하는 따위를 세세히 기록함으로써 우발적으로 일어난 쿠데타가 아님을 밝히고 있다.

쿠데타는 3일 만에 끝났다. 첫날은 1170년 8월 말일이다. 쿠데타의 주역 이의방, 이고, 정중부 등이 어둠이 내리는 즈음에 의종의 호화 별장 보현원을 장악하고, 시종 10여 명을 찾아 죽였다. 그 후 정중부는 의종을 연금하고, 이의방과 이고가 군사를 이끌고 대궐과 태자궁을 습격하여 휩쓸어버렸다. 이날 밤에 쿠데타군은 "문신의 모자를 쓴 자는 죽여서 씨를 말려라"라고 외치며, 대궐과 태자궁에서 숙직하는 관리와 호위병을 위시하여 60여 명을 살해했다. 둘째 날은 의종과 태자를 감금하고 쿠데타에 저항하는 환관과 내시 20여 명을 처단했다. 셋째 날 1170년 9월 2일, 의종을 폐위하고 의종의 둘째 동생을 새 왕으로 옹립했다. 그가 제19대 명종(明宗)이다. 폐위된 의종은 거제도로, 태자는 진도로 유배를 보냈다.

이렇게 쿠데타는 일사천리로 성공하고 무신이 국정을 이끌어가는 무신정권이 세워졌다. 그리고 무신정권은 집권자가 '이의방 → 정중부 → 경대승 → 이의민 → 최충헌' 등으로 이어지며 1270년까지 100년간 존속했다.

조선의 인조반정은 1623년 4월 11일에 일어났다. 그날 광해군(光海君)이 쫓겨나고 인조가 왕위에 올랐다. 이서, 이귀, 김유 등 서인(西人) 세력이 쿠데타를 일으켜 광해군을 폐위시키고 능양군(綾陽君)을 새 왕으로 옹립했다. 쿠데타에 공을 세운 서인 33명은 정사공신(靖社功臣)의 훈작을 받고, 높은 벼슬에 올랐다. 광해군 때 정권은 쥐었던 대북(大北) 세력은 패배하여, 이이첨, 정인홍, 이위경 등 수십 명이 참형되고 200여 명이 귀양을 갔다.

인조반정이 내건 명분은 두 가지다. 하나는 광해군이 패륜을 저질렀다는 것이다. 패륜은 어떤 사연인가? 그것은 임진왜란 시기로 올라간다. 광해군은 1592년 일본이 침략해 오자 17세의 나이로 세자에 책봉되고, 군수품과 의병을 모집하고 군량미를 모으는 따위로 눈부시게 활약하며, 백성들로부터 신망을 얻었다. 임금 선조(先祖)는 세자를 견제하며 논공행상에서 인색했다. 임진왜란이 끝난 후 선조의 왕비 인목왕후(仁穆王后)가 아들 영창대군(永昌大君)을 낳자, 광해군이 후비의 아들이라는 핑계를 대어 세자를 나이 어린 영창대군으로 바꾸고 왕위를 물려주려고 했다. 그러나 1608년 선조는 뜻을 이루지 못한 채 죽고, 광해군이 대북 세력의 지원을 얻어 즉위했다. 왕위에 오른 광해군은 영창대군이 앞으로 왕권을 위협할 수 있다고 여기고, 1613년에 계축옥사(癸丑獄事)을 일으켜 죽이고, 4년 후 인목대비(인목왕후)를 폐비시키고 가택연금했다. 이를 두고 인조반정 세력은 어머니 격인 인목대비를 폐비하고 연금한 짓은 인륜을 저버린 행위로 폐위가 마땅하다고 주장했다. 광해군이 성리학의 효(孝) 윤리를 준수하지 않았다는 것이다. 이처럼 광해군의 패륜 행위는 여자와 술을 밝히는 호색이나 강간·간음 같은 패륜이 아니었다.

둘은 광해군의 중립 외교다. 1616년 만주에 큰 사건이 생긴다. 여진족의 족장 누르하치가 여진족을 통일하여 금(金)나라를 건국하고 스스로 황제의 자리에 올랐다. 이 금나라를 12세기의 금나라와 구별하여 후금(後金)이라 하고, 후금은 1636년 청(淸)나라로 국호를 바꾼다. 어떻든 후금이 명나라를 침략하자, 명이 조선에 원군을 요청하고, 광해군이 강홍립(姜弘立)을 사령관으로 하여 1만의 군사를 파견한다. 그러나 광해군은 강홍립에게 먼저 후금을 공격하지 말고 승리하는 쪽을 택하라는 비밀 명령을 내렸다. 이에 강홍립은 명나라 군대가 패퇴를 거듭하자, 후금과 싸우지 않고 투항해 버렸다. 명에게는 원군 파병의 명분을 얻고, 후금으로부터는 감사의 인사를 받으며 1만의 병사를 살렸다. 그야말로 명과 후금 사이에서 중립의 실리외교를 펼쳤다. 그러나 이것이 인조반정 쿠데타의 화근이 되었다. 광해군이 임진왜란 때 도와준 명나라에 대한 사대의 의리를 저버리고 오랑캐 후금(청나라)을 섬기므로 축출해야 한다는 것이다.

인조반정의 쿠데타는 성공하고, 집권 세력이 대북에서 서인으로 바뀌고, 수많은 사람이 참살당하거나 귀양을 갔다. 왕위에 오른 인조는 중립 외교를 팽개치고 망해 가는 명나라 편에 서서 후금에 대적했다. 그러나 오래가지 못한다. 후금은 조선이 명나라 편을 들자, 배후를 위협하는 조선의 버릇을 고친다며 1627년에 조선을 침공했다. 3만의 후금군은 개성까지 진격하고 인조는 강화도로 피난을 갔다. 당시 후금도 전쟁을 오래 끌 형편이 아니었다. 그래서 조선과 후금은 ① 양국은 형제국으로 한다. ② 조선은 명의 연호를 쓰지 않는다. ③ 왕자를 인질로 한다. ④ 후금군은 압록강 이북으로 즉시 철군한다 등의 조건으로 화의 협약을 맺었다. 이것이 정묘호란이다. 이후 후금은 더욱 강성해져서 국호를 청(淸)나라로 개칭하는데, 조선이 명나라를 여전히 섬기므로 조선을 굴복시키기 위해 또다시 침공했다. 이것이 1636년 병자호란이다. 인조는 급히 남한산성으로 피난하여 항전했으나 처참하게 패배했다. 인조가 삼전도에서 머리를 땅바닥에 아홉 번이나 찧으며 항복하고, 20여만 명이 넘는 사람들이 포로로 끌려갔다. 인조반정의 참혹한 결과였다. 그러나 쿠데타를 일으켜 광해군을 폐위하고 인조를 옹립한 주동자들은 오늘날까지 반역자란

소리를 듣지 않고, 반정공신으로 대접받는다. 역사의 아이러니라 할 것이다.

그렇다면 고려의 무신정변과 조선의 인조반정은 무슨 차이가 있는가? 구체적으로 어떤 차이가 반역과 반정으로 구별짓는가? 여기서는 무신정변과 인조반정에 대해 다음 네 가지의 비교를 통해서 이를 밝혀나간다. 즉 쿠데타의 명분, 왕통의 승계, 인명의 살상, 쿠데타의 결과 등의 비교다.

첫째, 쿠데타의 명분이다. 쿠데타의 명분은 크게 두 가지로 똑같다. 무신정변의 명분은 사치 향락을 일삼는 군주를 축출한다는 것과 무신을 욕보이고 횡포를 부리는 문신들을 징치(懲治)한다는 것이다. 인조반정의 명분은 인륜을 어긴 패륜의 광해군을 축출한다는 것과 청나라를 멀리하고 명나라를 섬긴다는 것이다. 따라서 군주의 향락과 패륜 행위를 바로잡으려는 명분은 유사하다. 다만 무신이 문신을 제압하여 정권을 잡겠다는 명분과 오로지 명나라에 사대한다는 명분이 서로 다르다. 결국 쿠데타의 명분으로는 왜 반역이고, 왜 반정인지를 딱히 구분하기 어렵다고 할 것이다.

둘째, 왕통의 승계다. 기존 왕을 폐위시키고 새 왕을 세우는 왕통의 승계가 인조반정은 무신정변에 미치지 못한다. 인조반정은 광해군의 조카 능양군을 새 왕(인조)으로 옹립한 데 비하여, 무신정변은 의종의 친동생을 새 왕(명종)으로 옹립했다. 동생과 조카는 동생이 더 가깝다고 할 것이므로, 왕위의 승계는 오히려 무신정변이 왕통을 더 존중했다고 할 것이다.

셋째, 인명의 살상이다. 쿠데타로 인한 인명 피해는 현실의 결과이므로 비교할 가치가 크다. 혹자는 고려는 칼로 먹고사는 무신들이 정변을 일으켰고 집권하면서 사람들을 많이 살상했다고 주장한다. 이 주장에는 붓으로 먹고사는 조선의 문신들이 일으킨 정변과 집권에서는 인명 살상이 많지 않다는 의미를 함축하고 있다. 과연 조선보다 고려에서 인명 살상이 많았는가? 그렇지 않다. 그 실상은 무신정변과 조선의 여러 정변을 비교하면 여실히 드러난다.

고려 무신정변의 쿠데타는 3일간 벌어졌다. 이때 살해된 인명은 『고려사』의 기록으로 추정하면 대략 140-150명을 헤아린다. 이 중에 이름이 밝혀진 자는 40여 명이다. 쿠데타로 무신정권이 세워진 이후 정중부가 이의방을 제거하고, 경대승이 정중부를 제거할 때는 사상자가 많지 않았다. 다만 최충헌이 이의민을 제거할 때 수백 명이 살해되었다. 이의민 세력이 최충헌의 쿠데타에 대항하여 내전의 양상으로 싸웠기 때문이다.

반면에 인조반정의 인명 피해는 200명이 넘는다. 광해군 때 집권한 대북파의 이이첨(李爾瞻), 정인홍(鄭仁弘) 등 수십 명이 처형되고 200여 명이 유배되었다. 이 외에도 조선의 정변에는 예상외로 인명 피해가 컸다. 가장 큰 것은 1504년에 일어난 갑자사화(甲子士禍)로 239명이 살상되었다. 한편 연산군은 재위하는 동안 무오사화, 갑자사화, 기묘사화 등 4대 사화를 일으켜 300여 명을 죽였다. 조선은 숙종 때에도 정변으로 많은 사람이 살상되었다. 숙종은 40여 년 재위하면서 집권 세력을 남인에서 서인으로, 또 노론으로 바꾸는 4대 환국(換局)의 정변을 야기하고, 매번 평균 100여 명을 처형하거나 처벌했다. 뿐만 아니라 조선은 갈수록 당파 싸움이 가열되어 1721년에는 소론이 집권하며 170여 명의 노론을 제거하고, 1755년에는 노론이 소론을 축출하고 정권을 독점한다. 이때 소론은 대거 죽임을 당해서 재기불능이 되었다.

또 다른 비교 사례가 있다. 고려는 1174년에 조위총(趙位寵)이 무신정권을 타도한다며 일으킨 반란에서 수백 명이 죽었다. 조선은 1578년(선조22)에 서인이 동인을 축출하기 위해 야기한 '기축옥사(정여립 모반사건)'에서 1,000여 명이 처형되어 "호남 선비가 씨가 말랐다"는 말이 나올 정도로 엄청난 인명 피해를 봤다. 이처럼 정변으로 인한 인명 살상은 고려보다 조선이 더 빈번하고 극심하다. 따라서 인명 피해를 문제 삼아 고려의 무신정변을 반역으로 정의하는 것은 사리에 어긋난다.

넷째 정변의 결과다. 인조반정은 비록 성공했지만, 국정의 혁신을 도모하지 못했다. 외교 노선을 청나라에서 명나라로 바꾸고 국제정세를 잘 못 판단하여 청의 침략을 받고 항복했다. 임금 인조가 머리를 땅에 찧으며 절하고 무려 20여만 명이 포로로 잡혀가는 굴욕을 당했다. 그러나 무신정변으로 세워진 무신정권은 특별한 정치형태로 100년을 존속했다. 무신정권은 태조 왕건 때부터 고려사회를 지배한 문벌귀족을 혁파함으로서 새로운 세상을 열었다.

세계를 정복한 몽골의 침략에 30년여 동안 대적하고, 비록 항복했으나 고려의 이름을 지켜냈다. 반면에 인조반정은 그 나물에 그 밥인 셈이었다. 국정을 주도하는 인물이 사대부 문신, 즉 대북 세력에서 서인 세력으로 바뀌었을 뿐, 특별한 혁신이 없었다. 무신정변은 다르다. 국정의 주도권이 문신에서 무신으로 넘어가고, 최충헌 정권에 이르러서는 문무 겸직의 전통을 되살리는 등으로 특별한 정치형태를 구현해 냈다. 이처럼 무신정변과 인조반정은 결과가 전혀 다르다. 대외관계는 자주성을 지키며 외침을 막아낸 무신정변의 결과가 더 의롭다고 할 수 있다. 변화와 혁신의 관점에서도 인조반정은 무신정변에 미치지 못한다.

이상을 정리하면, 이상의 네 가지 비교에서 보듯이 무신정변에 반역과 반역자라는 굴레를 씌울 하등의 구실이 없다. 그것은 조선의 『고려사』 편찬자들이 무신이 일으킨 쿠데타를 깎아내리고 흠집을 내기 위해 반역으로 윤색하고 왜곡하여 기록한 탓이라 할 것이다.

최충헌은 반역자인가? 혁명가인가?

최충헌은 본래 무인 출신이다. 아버지는 상장군(上將軍)을 역임한 최원호(崔元祜)다. 할아버지와 증조할아버지도 상장군을 지낸 것으로 추정된다.[31] 상장군은 정3품으로 무관의 최고 계급이다. 오늘날로 치면 별 세 개인 중장쯤 된다. 따라서 최충헌은 이름난 무인 가문에서 태어나 어릴 적부터 무예를 익히고, 무관으로서의 자질을 함양하며 순탄하게 자랐다고 할 수 있다.

최충헌은 출세하고 싶은 욕망이 남달랐던 모양이다. 그는 상장군의 아들이므로 나이가 차면 세습으로 하급 무관직에 임용될 수 있었다. 당시는 의종

---

31) 일제 강점기에 최충헌의 묘지명이 발견되었다. 묘지명에는 최충헌의 증조부 최주행(崔周幸)과 조부 최정현(崔貞現)이 중서령 상장군에 추증된 것으로 기록되어 있다. 실제로 상장군을 역임했는지는 알 수 없다.

이 문관을 총애하고 문관이 권력을 전횡하고 있는 시기였다. 최충헌은 무관은 출세하기 어렵다고 여기고 문관을 희망하고, 추천으로 하급 문관에 임용되었다. 처음 임용된 보직은 양온서(良醞署)의 정8품이다. 양온서는 왕실에 술을 만들어서 공급하는 기관으로, 그곳의 말단 관리로 채용된 것이다.

1170년 무신정변이 일어났을 때, 최충헌은 22세였다. 만약 무관이었다면 정변에 가담하여 나름의 공로를 세울 수 있었을 터이지만, 그는 하급 문관으로서 무관들의 눈초리를 피해야 했다. 무신정변이 성공하고 무신정권이 세워지자, 최충헌은 또다시 출세욕을 드러냈다. 무관이 출세할 수 있는 세상이 왔다며 재빨리 직급이 같은 정8품 하급 군관으로 전직했다. 물론 전직은 아버지의 후광 덕분일 것이다.

최충헌은 무신정권에서 두각을 나타내지 못한다. 집권자가 이의방, 정중부, 경대승으로 바뀔 때까지 수도 개경을 지키는 경군(京軍)에서 그럭저럭한 무관으로 지냈다. 쿠데타가 감행될 때 문관이었고 자그마한 공이라도 세우지 못한 탓이 클 것이다. 그러다가 경대승이 죽고 이의민이 정권을 잡자, 기회가 왔다. 1187년 경상, 상주, 진주 지역의 안찰사로 임명된 것이다. 안찰사는 지방관을 감찰하는 직책으로 본래 문관이 맡는 중요한 요직이나, 무신정변 이후 무관이 맡았다. 그러나 이의민에게 밉보였는지 불과 1년을 넘기지 못하고 해임되어 경군으로 복귀한다. 최충헌은 이후 8년 동안 존재감 없이 보내다가 1195년 47세에 정4품 섭장군(攝將軍)으로 승진했다. 나이 47세에 비로소 장군 소리를 듣게 되었다.

섭장군이 무엇인가? '섭(攝)'은 임시 또는 대리를 의미한다. 섭장군은 경군의 단위 부대에서 상장군(지휘관)과 대장군(부지휘관)의 아래로 서열 3위의 참모다. 주요 임무는 지휘관을 보좌하며 병력을 통솔하고 훈련한다. 당시 최충헌이 경군의 어떤 부대에 소속되었는지는 알 수 없다. 경군은 2군 6위라 하여 8개의 단위 부대로 편성되고 총병력은 45,000명이다. 아마 최충헌은 국왕의 친위부대가 아닌 6위에 소속되었을 것으로 추측된다. <표 12.1>에서 보듯이 6위에서 병력이 가장 많은 부대는 좌우위(左右衛)로 13,000명이고,

적은 부대는 1,000명의 감문위다. 따라서 최충헌은 섭장군이 됨으로써 비상 시에 최소한 1,000명 이상의 병력을 출동시킬 수 있는 자리를 차지했다.

표 12.1 경군 2군 6위와 병력

구분	부대 명칭	병력(명)	기능과 임무
2군	응양군	1,000	국왕 친위
	용호군	2,000	국왕 호위
6위	좌우위	13,000	순수 전투
	신호위	7,000	순수 전투
	흥위위	12,000	순수 전투
	금오위	7,000	치안 경찰
	천우위	2,000	왕의 시종과 의장
	감문위	1,000	개경 성문 경비

최충헌은 조용히 때를 기다렸던가? 섭장군으로 승진한 이듬해 1196년 4월에 쿠데타를 결행한다. 결사대 30명을 이끌고 미타산에 있는 이의민의 별장에 가서 이의민을 습격하여 죽였다. 쿠데타는 목숨을 건 동지의 규합 등 치밀한 준비가 선결 조건이다. 그러기에 최충헌은 안찰사에서 해임되어 경군에 복귀한 후 이의민 치하에서 8년 동안 군말 없이 지내며 허허실실로 내력을 다지고, 쿠데타를 준비했다고 할 수 있다.

최충헌의 쿠데타는 이전의 쿠데타와 달랐다. 최충헌은 명종을 폐위하지 않고 오히려 충성을 서약하며 '봉사(奉仕) 10조'라는 국정 쇄신책을 건의하고 승인을 받았다. '봉사 10조'는 ① 함부로 설치된 관직을 정리한다, ② 토지탈점을 시정한다, ③ 조세를 공평히 한다, ④ 사치 풍조를 금하고 검소한 기풍을 진작시킨다 등의 열 가지 쇄신 대책이다. 이로 인해 최충헌의 쿠데타는 임금으로부터 사후 승인을 받은 정당한 쿠데타가 되었다. 다시 말하면 반역이 아니고, 국정을 쇄신하기 위해서라는 대의명분을 가진 정변이 된 것이다.

최충헌은 명종을 즉각 폐위시키지 않았다. 정권을 잡은 지 1년 5개월 후에 폐위하고 그의 동생을 제20대 신종(神宗)으로 옹립했다. 당시 명종은 65세로 연로하여 퇴위하는 형식의 황위 교체였다. 명종은 창락궁에서 살다가 5년 후 70세에 사망한다. 비록 폐위되는 수모를 겪었지만, 상황의 대접을 받으며 천수를 누렸다고 할 것이다. 잘 알려지지 않은 놀라운 일이 있다. 최충헌이 1210년에 희종(熙宗)을 폐위하고 명종의 맏아들을 제22대 임금 강종(康宗)으로 옹립한 것이다. 그러므로 명종의 폐위와 맏아들 강종의 옹립을 연계하면 최충헌의 쿠데타를 반역이라고 단정할 수 없다.

희종의 폐위도 반역이라 말하기 어렵다. 1204년 희종은 아버지 신종이 60세의 나이로 병(등창)이 극심하여 퇴위하고 황위를 물려받았다. 당시 국정의 실권은 최충헌이 장악하고 있어 신종이나 희종은 허수아비 왕이었다. 희종은 황위에 오른 뒤 최충헌을 진강후(晉康侯)로 책봉하고 은문상국(恩門相國, 은혜로운 재상)이라며 존대하여 불렀다. 그러나 희종은 6여 년의 세월이 흐르자, 최충헌을 죽이기로 마음먹고 암암리에 비수를 갈았다. 1211년 12월 어느 날, 최충헌을 궁궐로 유인하여 죽이려 했으나 실패했다. 다음은 『고려사』에 기록된 사건의 요지다.

"희종이 측근들과 최충헌을 죽이기로 모의하고, 최충헌을 궁궐의 내전으로 유인하여 급습했다. 최충헌을 시종하는 사람들이 칼을 맞아 죽었다. 최충헌이 희종에게 달려가서 살려달라고 애걸했으나, 희종은 문을 열어주지 않았다. 최충헌은 급히 도망가서 지주사(知奏事,승지) 방의 문틈에 숨었는데, 측근 김약진이 구출하여 궁궐 밖으로 나왔다. 최충헌을 살린 김약진이 '궁궐로 쳐들어가서 궁중에 있는 자를 모조리 죽이고, 임금도 처단 하겠다'라고 하니, 최충헌은 '그렇게 하면 나라는 장차 어찌 되느냐? 후세에 말거리가 될까 두렵다. 경거망동하지 말라'라고 말했다. 이후 궁궐을 장악하고 주모자를 여러 명 색출한 뒤, 한 명도 죽이지 않고 귀양을 보냈다. 그리고 희종을 폐위시키고 강종을 옹립했다."(『고려사』)

최충헌은 이처럼 신중했다. 김약진의 궁궐 진입을 가로막고, 후세에 비난거리가 될 수 있다며 경거망동하지 말라고 했다. 다만 자신을 죽이려 한 주모자를 찾아낸 뒤, 그들도 죽이지 않고 귀양 보내는 것으로 마무리했다. 희종도 폐위시켜 강화도로 유배를 보내고 목숨을 살려주었다. 최충헌은 자신을 죽이려 한 살인 미수사건을 처리하면서, 단 한 사람도 죽이지 않았다. 뿐만 아니고 최충헌은 희종을 1215년 강화도에서 개경으로 옮겨와 살도록 조치하고, 그의 아들 최성(崔珹)을 희종의 딸 덕창궁주(德昌宮主)와 결혼시켰다. 자기를 암살하려고 한 희종과 사돈을 맺은 것이다. 과연 이를 두고 최충헌이 희종을 폐위시킨 것이 반역이고, 그를 반역자라고 비난할 수 있는가?

　　최충헌이 반역자가 아니라면 혁명가인가? 고래로부터 혁명가는 빼어난 지혜와 천부적인 자질을 타고난다고 한다. 예컨대 원대한 포부와 식견, 상황을 꿰뚫는 통찰력과 냉철한 결단력, 사람을 끌어당기는 매력의 카리스마, 동지와 사람들을 포용하는 리더십 따위의 자질이다. 최충헌은 우선 집권자가 되고자 하는 큰 포부를 가졌다. 목숨을 같이하는 동지를 규합하여 쿠데타를 일으켜 이의민을 처단한 다음, 명종으로부터 '봉사 10조'라는 일종의 혁명공약을 승인받음으로써 쿠데타를 합법화했다. 이것은 아무나 할 수 있는 일이 아니고, 혁명가의 자질이 필요한 일이라 할 것이다. 한편 최충헌은 권력에 도전하는 자는 추호도 용납하지 않았다. 혁명동지이자 친동생인 최충수를 죽이고, 조카 박진재도 가차 없이 처단했다. 냉혈한 혁명가의 모습이다. 그러나 권력이 공고해진 이후 명종의 폐위를 동생에게 순조로이 양위하는 형식을 갖추도록 하고, 자기를 죽이려 한 희종도 폐위에 그치고 암살을 시도한 자들도 죽이지 않았다. 최고 집권자로서 너그러운 포용의 리더십이며 생명을 아끼는 자세라고 할 수 있다.

　　이상에서 살펴본 바처럼 최충헌은 혁명가로 보는 것이 올바르다. 그러나 오늘날까지 그는 혁명가로 일컬어지지 않는다. 그의 목숨을 건 쿠데타는 우발적으로 일어났고, 쉽게 성공한 것으로 전해진다. 최충헌이 최고 집권자가 되고, 권력을 아들에게 세습한 것도 경쟁자를 무자비하게 타도함으로써 얻어진 결과로 평가한다. 최충헌의 원대한 포부와 지혜 그리고 영웅다운 리더십과 카리스마 따위를 전혀 고려하지 않는 것이다. 왜 그럴까? 그것은 최충헌을 반역자로 낙인찍은 『고려사』의 기록 때문이고, 또 학자들이 이에 고스란히 얽매여 있기 때문일 것이다. 어디 반역자의 기록이 좋을 리 있을까? 일반적으로 반역자의 기록은 영웅다운 일화는 빼버리고, 비인간적인 면모를 부각시키거나 사소한 실수도 부풀려 기록하는 것이 보통이다. 그렇다. 최충헌은 혁명가와는 거리가 먼 그저 평범한 사람이 때를 잘 만나 성공한 것처럼 묘사되고, 이미지화 되어있다. 오히려 의지가 애매모호하고 수동적이며, 대세에 편승하는 허술한 모습을 부각하는 기록 따위로 점철되어 있다고 해도 과언이 아니다.

그렇지만 최충헌이 이룩한 업적을 살펴보면 혁명가의 참모습을 알 수 있다. 괄목할 만한 업적으로는 '관료 구조의 혁신', '개경 중앙시장의 재건축', '양반의 특권 폐지' 등을 들 수 있다. 또한 최충헌이 집권한 이후부터 앞에서 살펴본 바처럼 고려를 지배한 문벌귀족이 혁파되고 지역의 각종 봉기와 소요가 중단되었다. 새로운 세상이 열린 것이다. 이에 관해서는 이 책의 제14장 '고려의 최충헌 정권, 조선의 세도 정권' 편에서 상세히 서술하고 있다.

동서고금을 막론하고 평범한 사람이 쿠데타를 일으켜 정권을 잡고, 큰 업적을 이룰 수는 없다. 최충헌은 비록 쿠데타로 정권을 쟁취했지만, 역사에 남는 빛나는 업적을 이루었다. 한국 역사상 전무후무한 왕이 아니면서 왕을 능가하는 권력을 행사하고, 대를 이어 권력을 세습했다. 그야말로 위대한 혁명가로 부르기에 손색이 없는 큰 인물이라 할 것이다.

이성계의 반정, 승자의 기록이다

이성계는 1335년 10월 11일 함경도 화령(和寧)에서 태어났다. 이성계의 아버지 이자춘(李子春)은 원나라로부터 천호(千戸) 직위를 받은 벼슬아치였다.

천호는 1,000호의 민가를 관할 하거나 1,000명의 병력을 지휘하는 상당히 높은 벼슬이다. 화령은 본래 고려 영토였으나, 몽골전쟁에서 승리한 원나라가 이 지역을 빼앗고 쌍성총관부(雙城摠管府)를 설치하여 통치했다. 따라서 이성계가 태어날 당시 화령은 원나라가 직접 다스리는 원나라 영토였고, 아버지 이자춘은 쌍성총관부에 소속된 원나라 관리였다.

이자춘은 공민왕이 원나라에 빼앗긴 영토를 탈환하려고 쌍성총관부를 공격할 때, 비밀리에 귀순하여 공민왕을 돕고 공을 세웠다. 공민왕은 영토 탈환 후 이자춘에게 높은 벼슬을 내리고 개경에서 살도록 해주었다. 이자춘이 43세의 나이에 병으로 죽자, 아들 이성계에게 벼슬을 승계시켜 주었다. 그리하여 이성계는 20대의 젊은 나이에 일약 고위 관리로 벼락출세하고, 이후 빼어난 무예를 바탕으로 하여 승승장구함으로써 정치적 입지를 다졌다.

이성계는 1388년 5월 7일 요동정벌군을 이끌고 압록강 하류의 위화도(威化島)에 도착한다. 그러나 압록강을 건너 진군하지 않고 5월 22일 말머리를 개경으로 돌려 회군한다. 이것이 위화도회군 쿠데타다. 이성계는 우왕(禑王)을 폐위시키고 아들을 창왕(昌王)으로 옹립했다. 위화도회군 쿠데타에 관해서는 이 책의 제15장 '고려의 요동정벌, 조선의 요동정벌' 편에서 자세히 서술하고 있다.

어쨌든 이성계는 위화도회군 쿠데타를 일으켜 우왕을 폐위시키고 죽였다. 우왕의 아들을 창왕으로 옹립했다가 1년 만에 폐위시키고 공양왕을 세웠다. 그리고 창왕 또한 죽였다. 두 명의 왕을 축출하고 죽인 것이다. 더군다나 창왕은 죽을 때 불과 10살의 어린아이다. 그렇다면 이성계의 행위는 분명히 반역이 아닌가?

이성계의 행위가 반역임은 당시 명나라 황제 홍무제가 확인한 바 있다. 고려에서 우왕을 폐위하고 창왕을 옹립한 것을 명나라에 알리자, 명나라 예부(禮部)에서 고려에 자문(咨文)을 보냈다. 자문은 조선과 명나라 사이의 공식 외교 문서다. 이 자문에서 황제 홍무제는 이성계가 우왕을 폐위한 것은 반역이라 하며 꾸짖고 힐책했다. 이성계가 우왕과 창왕을 폐위시킨 것은 고려의 무신정변에서 의종을 폐위시킨 것과 성격상 하등의 차이가 없다. 그러나 폐위시킨 왕을 처리함은 본질적으로 다르다. 이성계는 우왕과 창왕을 유배 보냈다가 1년 이내에 죽였다. 반면 무신정변의 주동자 이의방과 정중부는 의종을 거제도로 유배하고 그곳에서 여생을 보내며 살게 했다. 다만 김보당 등이 복위 운동을 일으키고 의종이 이에 호응하여 거제를 떠나 경주로 오자, 이의민을 보내 김보당을 타도하면서 죽였다. 따라서 이의방과 정중부가 반역자라면 이성계는 반역자의 할아버지뻘이 되고도 남는다고 할 수 있다. 그럼에도 불구하고 『고려사』에는 이성계가 반역한 것이 아니고 반정한 것으로 기록되어 있다.

왜 이성계의 쿠데타는 반역이 아닌 반정인가? 그것은 쿠데타에 성공하고 정권을 완전히 장악한 이성계가 창왕을 폐위시키며 혈통에 문제가 있어서 그리한다고 주장한 때문이다. 우왕이 공민왕의 아들이 아니라, 승려 신돈(辛旽)의 아들이므로 그 아들 창왕을 폐위시켜 마땅하다는 것이다. 이러한 주장은 조선 건국 후 『고려사』 편찬자들에 의해 역사의 사실로 기록되었다. 우왕과 창왕의 성을 '왕(王)씨가 아닌 신(辛)씨'로 바꾸고, 두 왕의 행적을 본기에 수록하지 않고 열전에 수록했다. 공민왕이 생전에 자식으로 인정하고 왕위를 물려주었으면 그만이고, 혈통이야 양자로도 이어가는 법인데, 어찌 후대의 편찬자가 공민왕의 자식이 아니라며 성을 바꾸는가? 그것은 단지 위화도회군 쿠데타를 반역이 아니고, 옳지 못한 왕을 갈아치우는 반정으로 바꾸기 위해서였다고 할 수 있다.

한편 『고려사』 편찬자들은 위화도회군을 정당화하고 이성계의 반역을 반정으로 윤색하기 위해 우왕의 이미지를 왜곡하고 폄훼해 놓았다. 우왕에 관한 기록은 철딱서니 없고, 여색을 밝히고, 사람 잘 죽이고, 어리석으며 무능하고, 주책바가지 따위의 부정적인 것이 하도 많아서 곧이곧대로 믿어지지 않는다. 과유불급이라던가? 우왕의 부정적인 기록을 거꾸로 되새기면 어리석지도 무능하지도 않은 긍정적인 참모습을 발견하게 된다. 그리고 이성계의 쿠데타를 반정으로 정의한 『고려사』의 기록에 의구심을 가지게 된다.

다시 말하면『고려사』편찬자들은 무신정변을 반역으로, 무신정권의 집권자 이의방, 정중부, 이의민, 최충헌 등을 반역자로 기록했다. 그러나 이성계는 왕(王)씨의 가면을 쓴 우왕을 신(辛)씨로 바로잡고 폐위시켰으니, 반역한 것이 아니고 반정(反正)한 것이라고 기록했다. 결국 이성계의 반역을 반정으로 바꾸려는 의도에서 우왕의 성을 왕씨에서 신씨로 둔갑시켰다고 할 것이다. 조선의 사대부와 학자들은 어떠한 이의도 제기하지 않고 시종여일『고려사』의 기록을 받아들이고 고수해 왔다.

　오늘날 우왕이 공민왕의 친아들임을 인정하는 학자들이 많아졌다. 우왕의 성을 바꾼 것은『고려사』편찬자들이 위화도회군 쿠데타와 조선 건국의 정당성을 확보하려는 방편에서 왜곡한 것으로 설명한다. 이 설명은 반역이란 용어가 없어 아리송하다. 이제 이에 관한『고려사』의 기록은 위화도회군 쿠데타를 반역으로 보지 않고 이성계를 반역자로 기록하지 않으려 한 목적에서 역사를 왜곡한 것이라고 꼭 집어서 설명해야 한다. 그래야 역사 해석의 형평성을 이루게 된다.

　『고려사』에는 무신정변을 반역으로 몰기 위해 트집거리가 잔뜩 기술되어 있는 것을 알아차려야 한다. 그것은 편찬자의 고의적인 속임수 또는 음모라고 할 수 있다. 예컨대 무신정변은 애꿎은 인명을 많이 살상하고, 무신정권의 집권자는 인륜을 해치며 향락을 즐기고, 화려한 저택을 짓고, 뇌물을 밝힌다는 따위의 기록이다. 그러나 문제는 학자를 비롯하여 이를 곧이곧대로 믿는 사람이 많다는 사실이다. 앞에서 살펴보았듯이 인명의 살상은 고려의 반역보다 조선의 반정이 더 많았다.

　결국『고려사』가 무신정권을 반역으로 기록했다 해서 반역으로 매도하면 안 된다.『고려사』편찬자들은 무신정변을 깎아내릴 의도로, 조선에서는 무신정권이 수립되지 않기를 바라면서, 무신정권에 반역의 굴레를 씌웠다고 할 것이다. 지금까지의 고정관념을 버리고 무신정변과 무신정권은 재평가되어야 한다. 이성계의 쿠데타와 우왕의 폐위, 서인 세력의 쿠데타와 광해군의 폐위가 반역이 아니고 반정이라면, 무신정변 역시 반역일 수 없다. 오히려 무신정변은 반정의 혁명으로 정의해야 합당하다. 무신정변 이후 고려는 문벌귀족이란 말이 사라졌다. 고려가 개국한 이래 견고하게 구축된 문벌귀족체제가 혁파된 것이다. 따라서 무신정변은 시대를 변혁시킨 혁명이라고 해도 결코 과언이 아니다. 그 혁명은 최충헌에 의하여 완성되고, 왕이 아니면서 권력이 세습되는 특별한 정치형태를 수립하여 역사의 이정표를 남겼다. 무신정변과 무신정권을 무작정 반역으로 비난하고 폄훼하는 것은 부당하므로 지양되어야 한다.

끝으로 반역과 반정에서 실학자 이익(李瀷)의 '독사료성패(讀史料成敗)'라는 논설이 반추된다. 이 논설은 『성호사설』에 실려 있다. '독사료성패'는 '역사를 읽고 성패를 헤아린다'라는 뜻이다. 이익은 역사책은 이미 (일의) 성패가 결정된 후에 기록된다. 성패에 따라 곱게 꾸미기도 하고 나쁘게 깎아내리기도 하여 마치 당연히 그렇게 된 것처럼 여기게끔 한다고 했다. 그리고 "천년이 지난 뒤에 어떻게 옳고 그름을 정확히 알 수 있겠는가?"라는 물음을 던졌다. 결국 역사책의 반역과 반정에 대한 기록은 곧이곧대로 믿기보다 앞에서 살펴본 바처럼 역사의 인과를 캐고 부단히 통찰하여 진실을 찾아야 한다.

제13장

상비군의 나라 고려, 예비군의 나라 조선

고려와 조선, 누가 군사력이 더 강했을까?

근대 이전에 군사력의 척도는 영토, 인구 그리고 이를 바탕으로 한 경제력이었다. 조선은 개국 초에 영토와 인구 등이 고려와 같았으나, 세월이 지날수록 영토가 넓어지고 인구가 많아지고 경제력이 커졌다.

조선 말에는 인구가 1,700만 명을 넘어 고려보다 3배 이상 많았다. 당시 조선은 세계에서 인구 순위 14번째의 나라라 한다. 그러나 군사력이 약해 싸워보지도 못하고 망했다.

군사력은 초기든지 말기든지 고려가 강하고 조선이 약했다. 그 까닭이 무엇일까?

제13장
상비군의 나라 고려,
예비군의 나라 조선

들어가는 말

'칼이 강한가?', '붓이 강한가?' 인류 역사에서 오랫동안 논의되어 온 질문의 하나이고 오늘날도 회자하고 있는 명제다. 그러나 이 명제에는 무엇이 옳으냐의 일률적인 당위성이 있을 수 없다. 왜냐하면 국내외의 상황에 따라 칼과 붓에 대한 선호와 우열이 달라지기 때문이다. 지구상의 모든 민족과 나라는 '칼이 강한 역사' 또는 '붓이 강한 역사'를 두루 거쳐서 지금에 이르렀다. 그러기에 붓과 칼을 대립 관계로 인식하거나 한쪽으로 치우쳐 재단하면 안 된다. 처하여진 상황과 여건에 적응하며 상호 보완하는 지혜가 필요하다.

한국은 고조선 이래 고구려, 백제, 신라의 삼국시대를 거치며 문무(文武)가 어우러진 역사를 이어왔다. 다만 고려와 조선에 와서 양상이 크게 달라진다. 고려가 비교적 무(武)를 중시했으나 조선은 무를 경시하고 오로지 문(文)만을 중시했다. 조선은 문무(文武)의 위상이 고려와 다르고, 또 고려 이전과도 다른 나라라고 할 수 있다.

무를 중시하는 정신을 '상무정신(尚武精神)' 또는 '칼의 정신'이라 하고, 문을 중시하는 정신을 '숭문정신(崇文精神)' 또는 '붓의 정신'이라 한다. 고려는 '칼의 정신'을 앞세운 무신정변이 일어나고, 무신정권이 탄생하여 100년 동안 존속했다. 이에 대한 반작용일까? 고려를 이은 조선은 '붓의 정신'을 지향하는 숭문의 외길로 치달았다. 조선 500여 년 동안 한 번도 무가 문을 앞선 적이 없다. 이리하여 한국은 중세 이후 상무의 나라 고려와 숭문의 나라 조선을 연이어서 민낯으로 경험했다.

오늘날 고려도 조선처럼 문을 중시하고 무를 경시한 나라라고 주장하는 사람들이 꽤 있다. 그들은 고려의 무신정권을 폄훼하고 비난한다. 무신정권을 무신들이 반란을 일으켜 숭문정신을 깨부순 정치 문란으로 정의한다. 무지한 무신들이 칼바람을 일으켜 문신을 죽이고, 왕을 갈아치우고, 백성의 고혈을 착취함으로써 나라와 백성이 가난해지고 문화가 퇴보되었다고 한다. 과연 그럴까? 100년 동안이나 국정을 책임진 무신정권이 일시적인 돌연변이란 말인가? 무신정권은 어쩌다 생겨난 정치형태가 아니다. 고려 사회의 저변에 깔린 상무정신이 그럴만한 계기가 오니까 무신정권으로 태동했다고 여겨야 할 것이다.

고려는 상무정신이 충만한 나라였다. 고려의 상무정신은 태조 왕건이 무력으로 나라를 건국하고 후삼국을 통일하는 여정에서 형성되고 뿌리내렸다. 그리고 강력한 중앙상비군을 유지하고, 나라가 위난에 처할 때 광군(光軍) 30만을 일거에 동원할 수 있는 상비군의 나라로 구현되었다. 고려의 상무정신은 외침을 맞아 더욱 빛난다. 신흥 강국 거란의 세 차례에 걸친 침략을 승리로 장식하며 격퇴하고 영토를 넓혔다. 세계를 정복한 몽골의 침략을 무력으로 맞서 항쟁하고, 끝내 고려의 이름을 지켜냈다.

조선은 상무정신이 바닥에 떨어진 나라였다. 태조 이성계는 무력으로 조선을 건국하지 않았다. 조선은 문서로 고려의 국권을 넘겨받음으로써 세워졌다. 문(文)을 숭상하는 사대부 문신들이 앞장서 그렇게 했고, 개국에 무력은 필요 없었다. 강력한 중앙상비군은 애초부터 논외였고, 북방의 국경을 지키는 일부 상비군이 있을 뿐이었다. 나라의 위난은 고려처럼 일거에 수십만의 병력을 동원하여 조직적으로 싸우는 방식이 아니고, 지역단위로 예비군을 동원하는 방식으로 대처했다. 그리하여 조선은 언제나 무력이 강력하지 못했다. 일본과 청나라의 침략에 연이어 패배했다. 무력이 약한 조선은 망국의 모습도 초라하다. 한번 싸워보지도 않고, 고려의 국권을 문서로 받았듯이 조선의 국권을 문서로 일본에 넘겨주고 식민지로 전락했다. 그러나 문서에 도장을 찍은 왕(고종)과 문신들은 일제의 식민지 치하에서 호의호식하며 온갖 영화를 누렸다. 그것은 몽골에 결코 항복할 수 없다며 진도와 제주도로 퇴각하여 끝까지 항쟁하다가 굶주린 배를 움켜잡고 자결한 삼별초 무사들과 대비된다.

오늘날 대다수 학자들은 왕조시대의 모범국가는 왕도정치(王道政治)를 펴는 나라로 본다. 왕도정치는 중국의 유교 사상에 의하여 발전된 정치형태로 왕이 하늘의 천명(天命)을 받아서 통치한다는 것이다. 왕도정치를 실현하려면 어진 임금이 유교 학식을 닦은 사대부 문신의 보좌를 받아서 나라를 다스려야 한다고 한다. 한국의 왕도정치는 고려시대에 성종이 본격 도입하고, 조선시대에 활짝 만개했다. 따라서 왕도정치의 측면에서 보면 조선은 모범국가이고 고려는 엉성하고 뒤떨어진 나라가 된다.

고려와 조선의 상무정신은 태조 왕건과 태조 이성계로부터 시작한다. 둘의 상무정신은, 강력한 중앙상비군을 보유한 '상비군의 나라 고려'와 중앙상비군이 없는 '예비군의 나라 조선'으로 구현되었다고 할 수 있다. 그러나 고려의 상무정신과 상비군 체제는 나라를 지킬 수 있었고, 조선의 숭문정신과 예비군 체제는 나라를 지키지 못했다. 여기에 덧붙일 의문이 있다. 고려와 조선의 군대가 싸우면 누가 이길까? 영토가 넓고 인구가 많은 조선이 승리할까? 선뜻 대답이 나오지 않는 흥미로운 질문이다.

고려와 조선의 개국과 상무정신

동서고금을 막론하고 모름지기 국가는 무력으로 세워지고, 지탱하고, 멸망한다. 아무리 족속이 많고 땅이 넓어도 무력이 약하면 나라를 세울 수 없다. 아무리 백성이 많고, 영토가 넓고, 경제가 발전하고, 문명이 높아도 무력이 약하면 나라는 멸망한다. 국가는 무력의 정신, 곧 상무정신의 결정체라 할 수 있다. 상무정신은 군인과 특정한 정치인, 언론인, 지식인 등에 국한하지 않는다. 국가를 수호하려는 국민의 의지가 결집한 총량 개념으로 인식된다. 상무정신이 박약한 부자 나라가 상무정신이 드센 가난뱅이 나라에 멸망 당하는 것은 인류 역사의 진리다. 오늘날도 그 진리는 변함이 없다. 경제력을 쏟아서 신무기를 어마어마하게 장만해도 군대의 전투력과 사기가 바닥이고, 국민의 상무정신이 허약하면 나라를 지켜낼 수 없다. 이 또한 인류 역사를 관통하는 자명한 진리이다.

한국은 어떤가? 한국은 고조선 이래 수천 년간 나라의 부침과 흥망이 이어져 왔다. 고구려, 백제, 신라는 통일되기 전까지 하루가 멀다며 수백 년간 서로 싸웠다. 고구려는 중국을 통일한 수나라 당나라와 싸워 이겼다. 신라도 나당전쟁에서 당나라와 싸워 승리했다. 이런 와중에서 상무정신의 사표(師表)가 되는 역사의 인물이 나왔다. 즉 고구려의 을지문덕과 연개소문, 신라의 김유신, 백제의 계백 등이다.

고려는 상무정신의 결정체로 출범했다고 할 수 있다. 궁예를 축출하고 고려를 세운 왕건의 쿠데타가 그렇고, 무력에 의한 후삼국통일이 그렇다. 특히 고려는 강력한 상비군과 상무정신으로 거란과의 전쟁에서 승리하고, 여진족을 번국(藩國)으로 거느리며 영토를 넓혔다. 세계를 정복한 칭기즈칸의 몽골과도 당당히 맞서 30여 년을 싸웠고, 비록 항복했을망정 몽골이 정복한 나라 중에 유일하게 나라(고려)의 이름과 자주성을 지켜냈다. 당시 송나라가 멸망한 후 중국의 한(漢)족은 최말단 계급으로 개돼지 취급을 받았지만, 고려는 국호를 유지하고 고유의 풍습을 보전했다. 중국의 한족과 비교할 바가 아니다.

고려를 이은 조선은 출발부터 문제였다. 고려의 국권을 문서로 받는 '붓에 의한 개국'으로 무력과 상무정신은 건국의 토대에서 밀려났다. 개국 초에 정도전이 주도하여 요동을 정벌한다고 요란을 떨었지만, 왕자의 난이 일어나서 제대로 된 군대조차 만들어 보지 못하고 물거품이 되었다. 조선 초 세종 때 대마도를 정벌하기 위해서 그리고 4군 6진(四郡六鎭)을 개척하기 위해서 군대가 출전했는데, 병력이 2만 명을 넘지 않았다. 즉 1419년 대마도 정벌에 17,000여 명이 출전하고, 1433년 4군 개척에 15,000여 명이 출전했다. 그것이 끝이었다. 군대는 북방 국경을 지키는 병력만 남기고 나머지는 철수하여 해산되었다. 고려의 중앙상비군처럼 조직하여 2만 명 정도의 상비군을 유지할 수 있을 터인데 그리하지 않았다.

중앙상비군이 없는 조선은 극심한 굴욕을 연이어 당하고 결국 망한다. 1592년 일본에 짓밟히는 임진왜란의 참화를 겪었다. 그러고도 무력을 키우지 않아 1636년 청나라에 패배하여 임금이 머리를 땅에 아홉 번 찧으며 항복하고, 20여만 명이 포로로 잡혀가는 참상을 입었다. 뿐만 아니라 한번 싸워보지도 못하고 일본에 국권을 빼앗기고 식민지가 되었다. 왜 고려와 조선이 이토록 차이가 날까? 진짜 원인이 무엇일까? 해답은 고려를 건국한 왕건과 조선을 건국한 이성계를 비교하면 금방 알 수 있다.

먼저, 고려 태조 왕건이다. 왕건은 무력으로 후삼국을 통일한 후 북진정책을 추진하여 영토를 청천강과 영흥만 지역까지 넓혔다. 이것은 탄탄한 무력과 상무정신을 바탕으로 한다. 왕건의 상무정신을 여실히 보여주는 세 가지 사례가 있다. 즉 낙타 50마리를 굶겨 죽인 만부교(萬夫橋) 낙타 사건, 후손에게 남긴 훈요 10조(訓要十條)의 유훈, 개국공신의 책정 등이다.

첫째, 만부교 낙타 사건이다. 942년(태조 25) 10월 거란이 고려에 우호친선을 바라며 사신 30명과 낙타 50마리를 보냈다. 왕건은 '거란은 일찍이 발해와 동맹을 맺고 있다가 맹약을 깨고 발해를 멸망시킨 무도한 나라다. 친선 외교를 맺을 만하지 못하다'라며 사신을 모두 섬으로 귀양을 보냈다. 낙타 50마리는 개경 시내에 있는 만부교 다리 아래 매어두어 굶겨 죽였다. 그야말로 전쟁을 불사할 단호한 외교 조치다. 당시 거란은 중원의 기름진 땅 연운 16주(燕雲十六州)를 차지하고 발해를 멸망시킨 동아시아의 패자였다. 비록 고려가 후삼국을 통일하여 국력이 커졌지만, 거란을 만만히 보고 비위를 그슬릴 처지가 아니었다.

왜 왕건은 초강경 조치를 했을까? 거란 사절을 받아들이기 싫으면 국경의 관문에서 입국을 거절하면 그만이다. 수도 개경까지 불러들여 극단의 조치를 보란 듯이 단행한 것은 예사로운 일이 아니다. 이에 관해서는 학자들 간에 견해가 통일되지 않고 있다. 혹자는 망한 발해 유민을 선무하고 발해를 구실로 하여 옛 고구려 영토를 되찾으려는 의도에서, 혹자는 중원의 후진(後晉)을 편들며 거란에게 고려의 단호함을 확실히 보여주려는 것이라고 한다. 그러나 이 사건은 상무정신의 관점에서 생각하면 불을 보듯이 뻔하다. 왕건이 거란을 무서워하지 않고, 언제든지 싸울 수 있고, 싸우면 이긴다는 고려의 무력과 상무정신을 만방에 과시한 것이다.

둘째, 훈요 10조의 유훈이다. 왕건은 재위하는 동안 상무정신의 고삐를 놓지 않았다. 죽음을 앞두고도 후손들에게 상무정신을 소중히 하라는 유훈을 내렸다. 그것이 훈요십조의 5조와 9조다. 제5조는 북진하여 영토를 넓힐 것을 당부하는 유훈인데, 후대 왕들이 평균 3년에 한 번씩 서경(西京, 평양)을 돌아보고 100일 동안 머무르라는 지시다. 제9조는 '병사를 사랑하고 부역을 면제하라', '매년 가을에 군대를 검열하고 용맹한 병사를 포상하라'는 구체적인 당부의 말씀이다. 이렇게 왕건의 상무정신은 죽음의 순간까지 시퍼런 칼날처럼 살아있었다.

셋째, 개국공신이다. 고려의 개국공신은 궁예를 내쫓고 고려를 건국하는 데 공을 세운 사람들이다. 가장 높은 1등 공신이 4명이고, 모두 무인이다. 다음 2등 공신이 7명이고, 무인이거나 문무를 겸전한 인물이다. 3등 공신은 약 2,000명인데, 기록이 없어 출신 성향을 알 수 없지만, 아직 후삼국통일 전이어서 무인이 많았을 것으로 추측된다. 이처럼 고려는 1-2등 공신이 거의 무인들이다.

조선은 어떤가? 건국 후 논공행상에서 개국공신 44명이 선정되었다. 44명 중에서 1등 공신이 17명, 2등 공신이 11명, 3등 공신이 16명이다. 그런데 1등 17명에서 무인은 불과 3명 정도다. 2등 11명도 무인은 과반이 안되는 5명이고, 3등 공신 16명도 무인은 4명으로 보인다. 반면 개국공신 44명에서 과거급제자가 22명으로 무려 50%를 차지한다. 특히 1등 공신 17명은 과거급제자가 10명으로 과반이 훨씬 넘는다. 결국 조선의 개국공신은 숭문정신이 충만한 사대부가 주류여서 상대적으로 상무정신이 빈약하다고 할 것이다.

다음 조선 태조 이성계다. 이성계는 무예가 출중한 무인이다. 그러나 이성계의 상무정신은 오리무중이어서 갈피를 잡기 어렵다. 그의 상무정신은 위화도회군 쿠데타 이후로는 신통하지 않다. 이성계는 '붓의 정신'을 숭상하는 정도전을 위시한 사대부 문신들에 둘러싸였고, 그들에 얹혀서 왕으로 추대되었다. 심지어 즉위 초에는 '고려 국왕 이성계'로 행세했다. 다시 말하면 이성계는 비록 뛰어난 무인이지만, 고려를 무력으로 멸망시키고 조선을 개국하지 못했다. 그는 살아생전에 천하제일의 명궁이라는 찬사를 받았고 백전백승의 무용담을 남겼다. 인품이 후덕하여 병사들이 많이 따랐다고 한다. 그러나 개인의 무예이고 성품일 뿐이지, 상무정신이 살아 있었는지는 의문이 있다. 무인 출신 왕이었음에도 후손들에게 남긴 상무정신을 일깨우는 교훈 하나조차 찾을 수 없다. 나라를 창업한 태조이면서도 아들이 서로 죽이는 왕자의 난을 막지 못하고, 아들 이방원에 의해 강제로 왕좌에서 쫓겨났다. 무인으로서는 그야말로 치욕이다.

조선의 건국 이념과 목표는 상무정신과 거리가 한참 멀다. 그저 고려보다 잘 사는 나라를 세운다는 정도다. 이를 위해 명나라를 섬기고, 이웃 일본과는 교린하고, 농업으로 자급자족한다는 것이다. 그 어디에도 고려처럼 북진하여 영토를 넓힌다든지 하는 상무정신을 강조하고 함양하는 이념과 목표가 없다. 또한 건국을 주도한 개국공신의 다수가 과거 합격자인 사대부이고 무인의 비중이 낮아서 상무정신을 함양하고 군사력을 강화하는 정책은 뒷전으로 밀릴 수밖에 없었다고 할 수 있다.

고려는 상비군 체제, 조선은 예비군 체제

고려와 조선은 군사제도에서 다른 나라라고 할 수 있다. 가장 뚜렷이 다른 점은 현역 상비군이 있느냐이다. 고려는 45,000명의 현역 병사로 조직된 중앙상비군이 있었다. 조선은 중앙에 별도의 상비군이 없었다. 다만 수도 한성에 수도방위와 경찰 임무를 수행하는 약 10,500명의 병력을 두었다. 그나마 10,500명 중에서 정원은 5,500명이고 5,000명은 보충대였다. 따라서 상비군인지 아닌지를 가리지 않더라도, 고려의 45,000명과 조선의 10,500명은 하늘과 땅만큼이나 차이가 난다고 할 것이다.

현역 상비군은 국가의 흥망에 직결된다. 외침을 당한 비상사태에서 즉시 대적하여 전투를 벌이며 물리칠 수 있기 때문이다. 국가의 안위를 위해서는 상비군은 많으면 많을수록 좋다. 그러나 상비군은 무작정 많이 둘 수 없다. 병사를 먹이고 입히고, 군마와 병장기를 갖추고, 훈련에 엄청난 돈이 든다. 그래서 상비군은 마치 돈 먹는 하마와 같다. 백성들의 부담도 굉장하다. 병사로 뽑혀 복무해야 하고, 상비군을 유지하는 경비를 부담해야 한다.

동서고금을 막론하고 상비군의 규모는 인구, 영토, 경제력 그리고 백성들의 부담 의지 따위에 비례하여 결정된다. 고려는 인구와 영토에 비해 상비군의 규모가 컸고 강력했다. 조선은 고려보다 인구가 많고 영토가 넓었으나 중앙상비군을 두지 않았다. 그리하여 앞에서 언급한 바처럼 임진왜란의 참화를 겪고, 청나라에 항복하여 20여만 명이 포로로 잡혀가는 참상을 당하고, 끝내는 한번 싸워보지도 않고 일본에 나라를 빼앗겼다. 왜 조선은 일본과 청나라의 침략을 연이어 받고 패배하면서도 상비군을 두지 않았을까? 그것도 개국 이래 망할 때까지 500여 년의 장구한 세월 동안 말이다. 이에 관한 해답을 구하기 위해서는 고려와 조선의 군대조직과 군사력, 군인의 처우, 지휘관 임명 따위를 구체적으로 비교할 필요가 있다.

첫째, 군대조직과 군사력이다. 먼저 고려다. 고려의 군대조직과 군사력은 평시와 전시가 다르다. 평시의 군대조직은 <표 13.1>에서 보듯이 중앙의 경군(京軍)과 지방의 주·현군, 주·진군으로 편성된다. 군사력은 경군이 45,000명이고 지방군이 약 18만 8천 명(주·현군 48,238명, 주·진군 약 14만 명)으로 총 약 23만 3천 명이다. 즉 고려는 평시에 약 23만 3천에 달하는 상비군을 보유한 것이다. 전시 때는 전쟁의 상황에 따라 경군, 주·현군, 주·진군이 5군 체제(중군·전군·후군·좌군·우군) 또는 3군 체제(중군·전군·후군)로 재편성된다. 전시의 총 군사력은 『고려사』 기록에 의하면 약 30만에 달한다.

중앙의 경군 45,000명은 8개 군부대로 편성된다. 요즈음으로 치면 8개 사단인 셈인데, 이를 2군 6위(二軍六衛)라 일컫는다. 여기서 2군은 국왕의 친위부대로 응양군(鷹揚軍) 1,000명과 용호군(龍虎軍) 2,000명 등 총 3,000명이다. 그리고 6위는 전투부대 3위와 특수부대 3위로 나뉜다. 전투부대 3위는 <표 13.1>에서 보듯이 총 32,000명으로 좌우위 13,000명, 신호위 7,000명, 흥위위 12,000명 등이다. 이들 전투부대의 주력은 기마병이다. 고려는 평시 32,000에 달하는 기마병을 상비군으로 유지했다. 이들 전투부대는 평시와 전시에 따라 조직 운영이 달라진다. 평시는 1년에 반반(50%)씩 개경과 북방의 국경 지역에 교대로 순환 배치된다. 즉 개경 인근에 16,000명이 주둔하여 개경을 수호하고, 국경 지역의 진지와 요새 등에 16,000명이 배치되어 국경을 지킨다. 만약 전쟁이 일어나면 이들 3개 부대는 5군 또는 3군으로 재편되어 전투의 중심축으로 활약한다. 다음 특수부대 3위는 총 10,000명으로 치안과 의전 그리고 궁성의 수비를 담당한다. 상비군 2군 6위에서 최고는 친위부대인 응양군이다. 응양군의 지휘관(상장군)이 2군 6위의 지휘관(상장군)과 부지휘관(대장군)으로 구성되는 지휘관 회의를 주재하고 대표한다.

경군 2군 6위에서 어떤 부대가 가장 강할까? 아무래도 순수 전투부대가 다른 부대보다 셀 것이고, 전투부대 중에서는 병력이 13,000명으로 가장 많은 좌우위(左右衛)가 가장 강한 부대라고 할 수 있다.

고려 초·중기(10-11세기) 갑옷(추정도, 우용곡 그림)

표 13.1 고려의 군대 조직과 군사력

구분	조직	부대 명칭	병력(명)	기능과 임무
경군 (45,000)	2군	응양군	1,000	국왕 친위
		용호군	2,000	국왕 호위
	6위	좌우위	13,000	순수 전투
		신호위	7,000	순수 전투
		흥위위	12,000	순수 전투
		금오위	7,000	치안 경찰
		천우위	2,000	국왕의 시종과 의장
		감문위	1,000	개경 성문 경비
지방군 (약 188,000)	주현군		48,238	주·현의 치안과 외적 방비
	주진군		약 14만	북방 양계(북계, 동계)의 국경방어
합계			약 23만 3천	

고려는 왜 중앙 경군을 45,000명으로 조직했을까? 인구와 국력에 따른 군사력인가? 이에 관해 학계는 아직 수긍이 가는 설명을 내놓지 않고 있다. 필자는 고려가 후삼국 통일전쟁에 동원한 군사력을 기반으로 하여 경군을 조직한 탓으로 추정한다. 고려와 후백제의 마지막 결전은 936년(태조 19) 9월 경북 선산 일원에서 벌어졌다. 고려 군대는 총 86,800명으로 중앙군 63,000명, 여진 기병 9,500명, 기타 각 성에서 모집된 병력 14,300명으로 구성되었다. 중앙군 63,000명은 기병이 40,000명이고 보병이 23,000명으로 기병이 주력이었다. 후삼국통일 후 기병 40,000명은 어찌 되었을까? 경군 전투부대 32,000명의 주력이 기병임을 참작하면, 통일전쟁을 수행한 기병 40,000명 중에서 다수가 경군의 전투부대로 재편되고, 나머지는 왕의 친위부대와 지방의 주·현군 따위에 편입된 것으로 추정할 수 있다. 물론 최정예 기병은 국왕의 친위부대에 편입되었을 수 있다.

다음 조선이다. 조선의 군대 조직은 고려처럼 중앙군과 지방군으로 편성되었다. 그러나 여러 번 변천하여 내용이 일목요연하지 않다. 특히 중앙군의 조직이 임진왜란 이후 달라졌다. 조선 전기는 5위 체제로 5개의 군부대를 한성의 중앙과 동서남북 그리고 지방의 요충지에 배치했다. 부대 명칭은 의흥위(義興衛, 중앙과 경기도), 용양위(龍驤衛, 동부와 경상도), 호분위(虎賁衛, 서부와 평안도), 충좌위(忠佐衛, 남부와 전라도), 충무위(忠武衛, 북부와 함경도) 등이다. 5위의 병력은 정원 5,500명[32], 보충대 5,000명으로 총 10,500명 정도다. 각 부대의 병력은 <표 13.2>에서 보듯이 일정하지 않고 의흥위의 병력이 약 3,000명으로 가장 많다. 5위 체제는 임진왜란 와중에 유명무실해지고, 왜란이 끝난 후 5군영 체제로 바뀌었다. 5군영은 훈련도감, 어영청, 총융청, 수어청, 금위영 등의 다섯 부대다. 5군영의 총병력은 대체로 1만 명을 약간 상회했다.

조선의 지방군은 고려와 완전히 다르다. 평시는 지방의 주·현 등에 배속

표 13.2 조선(전기)의 군대 조직과 군사력

구분	부대 명칭	병력(명)	기능과 임무
중앙군 5위 (약 10,500) 정원 5,500, 보충대 약 5,000	의흥위	3,000 이상 (갑사 2,960, 보충대)	국왕 친위, 국왕의 시종과 의장 치안 경찰 한성 성문 경비
	용양위	900 (별시위 300, 대졸 600)	
	호분위	1,020 (친군위 20, 팽배 1,000)	
	충좌위	500 이상 (파적위 500, 보충대)	
	충무위	120 이상 (장용위 120, 보충대)	
지방군	주·현군	약 37,500	주·현의 치안과 외적 방비
합계		약 58,000	

32) 정원 5,500명은 갑사(甲士) 2,960명, 별시위(別侍衛) 300명, 친군위(親軍衛) 20명, 파적위(破敵衛) 500명, 장용위(壯勇衛) 120명, 팽배(彭排) 1,000명, 대졸(隊卒) 600명 등이다.

된 37,500명이 전부다. 이것은 고려의 주·현군 48,238명보다 약간 모자란다. 한편 조선은 북방에서 국경을 지키는 군대 외에 별도의 상비군이 조직되어 있지 않았다. 그렇다면 외적이 침략해 오는 유사시는 어찌하나? 별도의 상비군이 없어서 즉각 대응하지 못하고 예비군을 동원하여 막았다. 다시 말하면 조선은 유사시에 예비군을 동원하여 외적을 방어하는 군사 체제였다. 그러기에 병력을 동원하는 시일만큼 대적이 느렸고, 동원 범위가 전국적이 아니고 지역적이어서 자칫 동원이 원활하지 못하면 외적 방어에 실패할 수밖에 없었다.

예비군을 동원하는 지역방어는 처음 진관체제(鎭管體制)에서 제승방락체제(制勝方略體制)로 바뀌었다. 진관체제가 무엇인가? 이는 제7대 세조가 수립한 방어 체제다. 군사요충지에 '○○진(鎭)'이란 명칭의 장소를 지정하고, 외적이 침략해 오면 인근 지역의 예비 병력을 그곳으로 집결하게 하여 대적하는 것이다. 요즈음으로 치면 시·군 단위로 향토예비군을 동원하여 지역을 방어하는 것과 유사하다. 그러나 치명적인 약점이 있다. 상비군이 아니고 불시에 동원된 예비군이므로 만약 침략한 외적이 정예군이면 백전백패하기 마련이다. 실제로 일본 왜구와 싸워 참패한 사건이 있다. 1510년 삼포왜란(三浦倭亂)과 1555년 을묘왜변(乙卯倭變)[33]에서 조선의 진관체제는 무참히 깨지고, 이름만 그럴싸하다는 사실이 드러났다.

제승방락체제는 제13대 명종이 진관체제를 보완한 것이다. 보완이라야 별것은 아니고, 진관체제보다 큰 광역 단위로 병력을 동원하는 체제다. 다만 비상사태가 발발하면 중앙에서 내려간 지휘관이 동원된 병력을 지휘하여 군사작전을 펼친다. 예를 들면 임진왜란 때 신립(申砬) 장군이 충주 탄금대에서 배수진을 치고 싸운 군사가 제승방락체제에 의해 동원된 병력이다. 결국 제승방락체제 역시 진관체제처럼 지역단위로 예비군을 동원하여 방어하는 방

---

33) 삼포왜란은 1510년(중종 5) 부산포(釜山浦), 내이포(乃而浦, 웅천), 염포(鹽浦, 울산) 등 삼포(三浦)에 거주하고 있던 왜인들이 대마도의 지원을 받아 일으킨 난이다. 을묘왜변은 1555년 5월 왜구가 선박 70여 척으로 전라남도 남해안의 달량포(達梁浦)를 침입하고 장흥, 영암, 강진 일대를 노략질한 사건이다.

식이므로 오합지졸에 의한 방어일 뿐이라는 지적을 피할 수 없다.

끝으로 고려와 조선의 전체적인 군대 체제와 군사력을 비교해 보자. 군대 체제의 차이를 한마디로 말하면 앞에서 서술한 바처럼 '고려는 상비군 체제'이고 '조선은 예비군 체제'라고 할 것이다. 평시의 군사력은 고려가 약 23만 3천 명, 조선이 약 58,000명으로 고려가 조선보다 약 5배나 많다. 조선의 중앙군 10,500명은 고려의 중앙군 45,000명의 약 1/5에 불과하고, 기병이 주력인 전투부대 3위의 32,000명에 비하여도 1/3 수준일 뿐이다. 달리 말하면 조선의 중앙군 10,500명은 고려 전투부대 3위의 1/3에도 미치지 않는다. 지방의 상비군도 조선의 37,500명은 고려의 18만 8천 명에 비해 약 1/5에 불가하다. 결국 고려와 조선의 군사력은 비교하기가 민망할 정도로 격차가 심하다고 할 것이다.

둘째, 군인의 처우와 지휘관 임명이다. 고려의 중앙 경군은 거의 모두 직업군인이고, 세습되었다. 이들은 군반씨족(軍班氏族)이라는 별칭으로 불리고 녹봉을 수취하는 군인전이 지급되었다. 그만큼 대우가 좋았다. 그러나 조선은 장교만 직업군인으로 세습되고 녹봉이 지급되었다. 일반 병사는 군역을 지는 의무 복무였다. 고려에 비해 대우가 좋지 못한 것이다.

군부대의 지휘관 임명은 생각할 점이 많다. 고려는 중앙 경군 2군 6위의 지휘관인 상장군 8명은 모두 무관이 임명된다. 그러나 조선은 중앙군 5위와 5군영의 지휘관은 모두 문관이 임명되었다. 무관은 아무리 뛰어나고 빛나는 군공을 세워도 지휘관이 되지 못한다. 부지휘관이 승진할 수 있는 최고의 자리였다. 만약 무관이 지휘하는 군대와 문관이 지휘하는 군대가 맞싸우면 누가 이길까? 조건이 같다면 무관이 지휘하는 군대가 백전백승할 것이다. 결국 조선은 고려에 비해 군사력뿐 아니라 군인의 처우와 지휘관의 임명도 수준이 한참 뒤떨어진다.

고려와 조선의 군대와 군사력을 비교하면 자연스레 다음의 의문이 생긴다. 양국의 최정예군은 어떤 부대인가? 이들이 싸우면 누가 이길까? 양국을 통틀어서 가장 센 군대는 어떤 부대인가? 등의 의문이다. 이런 비교는 대단히 의미 있다. 그것은 군사력의 격차를 보여주고, 상무정신의 수준을 말해주고, 종합적으로 안보 역량의 우열을 판가름해 준다.

그러나 막상 비교하려면 쉽지 않다. 비교에 딱 들어맞는 서로 대칭되는 군부대가 없기 때문이다. 앞에서 살펴본 바처럼 고려의 최정예 부대는 전투부대 3위이고, 그중에서도 병력이 13,000명으로 가장 많은 좌우위(左右衛)일 것이다. 전투부대 3위는 몽골의 침략을 막으면서 재편되고 이후 유명무실해졌다. 그 후 고려는 새로 삼별초라 일컫는 특수부대가 창설되었다. 삼별초는 좌별초, 우별초, 신의군(신의별초)의 3개 부대를 말하는데, 왕조시대는 좌가 우보다 높았으므로 좌별초가 가장 강력했다고 할 수 있다. 따라서 고려의 최정예 부대 2개를 꼽으면 좌우위와 좌별초가 될 것이다.

조선의 최정예군은 어떤 부대일까? 조선의 최정예 부대는 훈련도감(訓鍊都監)이다. 훈련도감은 임진왜란이 일어난 이듬해 1593년(선조 26) 8월에 창설되었고, 조선말 1881년 신식 군대인 별기군(別技軍)이 설치되기까지 조선을 대표하는 부대로 명성을 떨쳤다. 그렇다면 훈련도감 이전에는 어떤 부대가 최정예군일까? 임진왜란 이전의 군대조직은 앞에서 언급한 것처럼 5위 또는 5군영 체제이고 총병력은 약 1만이었다. 더군다나 이들 부대는 전투부대가 아니어서 정예군이라 부르기는 적절하지 않다. 다만 조선 전기에 특별한 전투 병력이 있었다. 바로 갑사(甲士) 2,960명이 배속된 의흥위(義興衛)다. 갑사는 기마병으로 선발과 임용 등에 특별한 처우를 받았다. 결국 고려와 조선에서 최정예 군부대를 각각 2개씩 뽑으면, 고려는 좌우위와 좌별초이고, 조선은 훈련도감과 의흥위다. 이들을 어떻게 비교하면 좋을까? 여기서는 가시적인 병력의 규모를 비롯하여 군대의 성격, 기능과 역할, 병사의 무장 등을 대비하고 그 차이를 밝히도록 한다.

첫째, 고려의 좌우위다. <표 13.3>에서 보듯이 좌우위는 신호위, 흥위위와 함께 경군 3위에 소속된다. 이들 세 부대는 모두 기마병이 주력이다. 병사는 이른바 군반씨족(軍班氏族)이라 불리는 직업군인으로 대를 이어 세습되었다. 또한 녹봉을 수취하는 군인전(軍人田)이 지급되어 생계가 보장되었다. 좌우위는 고려 초기부터 200년여 동안 최강의 전투부대였다. 거란과의 전쟁에서 혁혁한 전공을 세웠다. 그러나 1170년 무신정권의 등장으로 국왕의 권위가 실추됨과 함께 힘을 잃어갔고, '최충헌 정권'이 삼별초를 조직하고 육성함으로써 그리고 몽골과의 전쟁에서 군대를 재편하면서 유명무실하게 되었다.

둘째, 고려의 삼별초다. 삼별초(三別抄)의 한자 뜻은 삼(三, 3개), 별(別, 별도), 초(抄, 뽑다)인데, '병사를 별도로 뽑아서 조직한 3개의 군대'라는 뜻이다. 3개 군대의 명칭은 좌별초, 우별초, 신의군(신의별초)이다. 삼별초는 최충헌의 아들 최우(崔瑀)가 1219년에 설치한 야별초(夜別抄)로부터 시작한다. 야별초는 도적을 잡고, 치안을 강화하기 위한 방범대 또는 경찰부대였다. 처음에 작은 조직으로 출발한 야별초는 최우의 사병과 같았으나, 점차 병력이 증가하면서 좌별초와 우별초로 분리되고, 특수군대로서의 조직과 위상을 갖추었다. 신의군(神義軍)은 특이하다. 몽골과의 전쟁에서 잡혀 포로가 되었다가 탈출한 군인들을 따로 모아서 조직한 부대다. 삼별초의 병력은 얼마일까? 문헌과 출토유물 따위를 근거로 하여 좌별초와 우별초를 각각 약 3,000명으로 추정한다. 신의군의 병력은 어떨까? 근거 정보가 부족하여 추정이 어렵지만, 삼별초가 3개의 별초군으로 편성한 부대인 것을 주목하면 신의군의 병력은 좌별초와 우별초에 준해서 약 3,000명으로 추정해도 무리가 없을 것이다. 따라서 삼별초의 총병력은 <표 13.3>에서 보듯이 약 9,000명이다. 이들 중에 가장 강력한 군대는 앞에서 언급한 바처럼 좌별초일 것이다.

혹자는 삼별초를 '최충헌 정권'을 지탱하는 사병이라고 주장한다. 이 주장은 '최충헌 정권'의 사병인 도방(都房)과 삼별초를 구별하지 못한 탓일 수 있다. 삼별초는 운영 경비를 국가재정이 부담하고, 병사는 나라의 녹봉을 받앉다. 또한 대몽항쟁의 주력군이었다. 삼별초는 '최충헌 정권'이 조직하고 육성했지만, '최충헌 정권'이 망한 이후에도 건재했다. 한편 삼별초는 100년 무신정권을 종식하는 쿠데타에 앞장섰다. 무신정권의 마지막 집권자 임유무(林惟茂)를 제거하는 데 삼별초가 가담한 것이다. 뿐만 아니라 고려 정부가 개경으로 환도하자, 삼별초는 개경 귀환을 거부하고 진도로 가서 새로운 고려 정부를 세우고 대몽항쟁을 전개하다가 제주도에서 최후를 맞았다. 다시 말하면 삼별초는 '최충헌 정권'의 사병이 아니고 고려의 최정예 정규군이었다. 다만 개경 귀환을 거부하고 몽골에 항거함으로써 반란군으로 낙인찍혀 토벌당했다. 이제 삼별초를 '최충헌 정권'의 사병이라 단정하고, 삼별초의 대몽항쟁과 상무정신을 폄훼하지 않아야 할 것이다.

표 13.3 고려와 조선의 정예군 비교

구분		병력(명)	성격	기능 역할	무장(주력)
고려	좌우위	13,000	전투(공격)	개경 수호 국경 방비	기마
	삼별초	9,000	전투(공격) 치안	대몽항쟁	기마, 보병
조선	의흥위	3,000	국왕 시위 전투(방어)	한성 수호 지역 방비	기마, 보병
	훈련도감	4,500	치안 전투(방어)	한양 수호 궁궐 수비	보병

셋째, 조선의 의흥위다. 의흥위의 주력은 갑사다. 따라서 먼저 갑사의 뜻을 명확히 알아둘 필요가 있다. 역사책이나 드라마 따위에 갑사(甲士)와 갑마(甲馬)라는 용어가 자주 등장한다. 이 경우 갑사는 '갑옷 입은 병사'를, 갑마는 '갑옷 입힌 말'을 뜻한다. 총과 대포가 발명되기 이전에 최고의 병사는 '갑마를 탄 갑사'였다. '갑마 탄 갑사'의 모습은 고구려의 기마병을 연상하면 제격이다. 갑사라는 명칭은 삼국시대와 고려시대에도 사용된 군사 용어다. 다만

조선 무관의 갑옷차림(조선향토대백과)

조선에 와서 특수한 병사로 일컬어지고 제도화된 것이 다르다.

조선의 갑사는 1401년 태종이 즉위한 후 사병(私兵)을 혁파하는 와중에 생겨났다. 태종이 사병을 해산하면서 용모가 준수하고 무예가 뛰어난 병사들을 선발하여, 특수한 병과로 조직했다. 당시 갑사 중에서 말을 소유한 자는 기갑사(騎甲士)라 하여 대우가 좋았다. 갑사는 왕이 행차할 때 의장대로서 시위(侍衛)하고, 궁궐과 한양도성을 지키는 임무를 맡았다. 갑사의 수는 처음 2,000명에서 출발한다. 이후 갑사는 북쪽 변방을 수비하는 양계갑사(兩界甲士)와 호랑이를 잡는 착호갑사(捉虎甲士)의 등장으로 종류가 늘어나서 1448년(세종30)에는 7,500명으로 증가했다. 그러다가 1475년(성종6)에 갑사가 대폭 증가하여 14,800명에 달하고, 『경국대전』에 그대로 기록되었다. 갑사 14,800명은 상당히 큰 병력이다. 그러나 착각하지 말 것은 갑사 14,800명이 하나의 단위 부대로 조직되지 않았다는 사실이다.

갑사는 병사 개개인에게 주어진 칭호다. 그들은 주로 중앙 5위의 의흥위에 소속되었다. 다만 모두가 상비군으로 근무하는 것이 아니고, 각자의 순서에 따라 돌아가면서 일정한 시일 동안 의흥위의 다섯 부대에 분산 배치되어 복무했다. 이들 의흥위에서 복무하는 병사를 따로 상번갑사(上番甲士)라고 불렀다. 상번갑사는 평시 1,000명에서 2,000명 사이를 유지했다. 그렇다면 왜 갑사를 14,800명으로 증가시키고는 상번갑사를 2,000명 이내로 제한했을까? 그것은 태종의 실책을 바로잡는 데에서 비롯한다. 태종은 1410년 갑사를 3,000명으로 늘리고, 이들 전원에게 직급을 주고, 과전과 녹봉을 지급했다.

복지와 후생을 보장하는 직업군인으로 삼은 것이다.

당시 갑사는 위세가 대단했다. 공을 세우고 실력이 있으면 지방의 만호나 수령으로 진출할 수 있고, 일정 기간 복무한 뒤에 정규군의 장교로 편입되었다. 이리하여 갑사는 양반과 부유층 자제들이 희망하는 인기 직종으로 부상했다. 그러나 갑사의 조건은 매우 까다로웠다. 무예 시험은 물론이고, 갖추어야 할 무구(武具)와 장비가 엄청 비싸서 재력이 뒷받침되지 않으면 엄두를 낼 수 없었다. 예를 들어 기갑사에 지원하려면 말 2필과 개인 병장기 그리고 노비 5-6명을 소유해야 가능했다. 말 2필은 자기가 타는 말 1필과 짐 싣는 말 1필이다. 노비는 갑사를 수발하고, 말을 돌보고, 심부름 따위의 일을 한다.

태종이 갑사를 1,000명 더 늘린 것은 무력을 증강하기 위해서였다. 그러나 곧 문제가 생겼다. 갑사 3,000명에게 지급하는 녹봉이 전체 중앙관리 녹봉의 63%를 차지할 정도로 증가하여 당시의 재정 형편으로는 이를 유지하기 어려웠다. 그런 차제에 갑사가 우대받으므로 지원자가 날로 폭증했다. 결국 조선 정부는 두 마리 토끼를 쫓았다. 갑사 자격증을 늘려서 지원 수요를 충족시키는 한편, 녹봉을 지급하는 상번갑사의 수를 2,000명 이내로 제한하고, 전국의 갑사들이 번갈아 상번갑사로 복무하게 했다.

혹자는 갑사를 조선 최고의 정예병으로 친다. 그러나 이 견해는 최소한 두 가지 그릇된 점이 있다. 하나는 갑사를 별개의 군부대로 여기는 점이다. 갑사는 어떤 특정한 병사에게 붙여진 호칭이다. 오늘날로 치면 갑사는 특수 병과의 자격을 가진 현역 또는 예비군이다. 그들은 의흥위의 한성, 경기도, 강원도, 충청도 등에 주둔한 오부(五部, 다섯 부대)에 분산 배치되었다. 즉 의흥위에서 복무하는 상번갑사는 단위 부대로 조직되지 않았다. 그러므로 갑사가 아무리 중무장하고 무예가 뛰어날지라도 단위 전투부대의 정예병이 아니다. 다시 말하면 갑사 개개인은 최고 수준의 정예병이지만, 이들을 별도의 단위 부대로 조직하고 훈련하지 않는 한, 전투력은 신뢰할 수 없는 것이다. 북방의 요새에 배치되는 양계갑사와 호랑이 잡는 착호갑사를 작은 단위 부대로 여길 수 있으나, 전투 역량을 갖춘 부대라 하기는 턱없이 부족하다. 따라서 갑사는 비록 조선 전기의 정예병으로서 군사력의 원천이고, 갑사를 주력으로 하는 의흥위는 막강한 부대이지만, 그 자체가 외침에 대응한 전투력을 보장하지 않는다는 점을 인식해야 한다.

또 하나 그릇된 점은 갑사가 흐지부지 사라진 사실을 간과하는 것이다. 갑사는 빼어난 성과를 거두지 못하고 자취를 감추었다. 태종이 죽은 후 갑사는 수가 증가하고, 현역이 아닌 임시직으로 변했다. 이를 체아직(遞兒職)이라 하는데, 복무할 때만 녹봉을 지급하고 복무가 끝나면 지급을 중지했다. 이렇게 처우가 나빠짐에 따라 갑사의 인기는 날이 갈수록 떨어졌다. 더군다나 양반의 군역 의무가 없어지고, 무신을 천대하는 풍조가 만연하면서 갑사는 하층민으로 채워졌다. 임진왜란이 발발할 즈음에는 정원조차 채우지 못했다. 그러다가 임진왜란의 와중에서 유명무실해지고, 17세기 이후 소멸되었다. 갑사를 최고 정예병으로 추켜세우기는 그 결말이 매끄럽지 못하고 신통찮다.

넷째, 훈련도감이다. 훈련도감은 이름 자체가 얼핏 듣기에 뭔가 있어 보이지만, 실상은 그렇지 못하다. 임진왜란이 터지자, 조선의 군사제도는 완전히 붕괴된다. 전쟁에 이기려면 새로운 군대가 필요했다. 그래서 임진왜란이 일어난 이듬해 1593년에 급히 만든 부대가 훈련도감이다. 왜 새로 창설한 정규 부대의 명칭에 '훈련'이란 용어가 붙었을까? 그것은 명나라의 군사기술을 훈련받을 목적으로 만들었기 때문이다. 처음 모집된 병사는 약 500명이고, 실제로 명나라 장수 낙상지(駱尙志)가 조총 사격술과 창술, 검술, 진법 따위를 훈련했다. 이후 병력이 증가하고, 1882년 폐지될 때까지 약 4,500명의 병력이 유지되었다.

훈련도감은 세 가지 특이점이 있다. 하나는 한국 역사상 처음 창설된 조총으로 무장한 특수부대라는 점이다. 둘은 훈련도감의 운영비를 조달하기 위해 특별한 목적세를 징수한 점이다. 조세의 명칭은 삼수량(三手糧) 또는 삼수미(三手米)이고, 처음에 쌀을 거두다가 나중에는 화폐나 무명으로도 납부하게 했다. 왜 명칭이 삼수미냐 하면, 훈련도감은 군대를 삼수병(三手兵)으로 편성했기 때문이다. 삼수병은 조총을 중심으로 하여 포수(砲手), 사수(射手), 살수(殺

手) 등이다. 셋은 '훈국등록(訓局謄錄)'이
란 기록이다. 훈련도감은 창설 이후 폐
지될 때까지 300년간 수발한 문서를 하
루도 빠짐없이 '훈국등록'이란 이름으
로 필사하여 기록해 두었다. 아마 세계
적으로도 귀중한 군사 기록물일 것이다.

『훈국등록』(한국민족문화대백과)

훈련도감이 조선의 최정예 부대라는
점에는 학자들의 견해가 대체로 일치한
다. 조선은 훈련도감을 창설한 이후 4개
부대를 추가로 창설하여 5군영 체제를
정립했다.[34] 5군영은 훈련도감을 필두로
하여 어영청, 총융청, 수어청, 금위영 등
이다. 어떻든 훈련도감이 5군영의 중심

이고 최고였지만, 허점이 많았다. 특히 병사의 충성심이 높지 않고, 사기가 별
로였으며, 변고가 발생하면 도망병이 속출했다. 예를 들면 1593년 창설된 이
후 20년이 지난 1613년까지 탈영병이 1,644명에 달했다. 한꺼번에 900여 명
이 탈영한 사건이 있다. 1624년 인조반정의 논공행상에 불만을 품은 이괄(李
适)이 반란을 일으키자, 인조가 공주로 피난을 갔는데, 당시 인조를 수행한 훈
련도감 병사 900여 명이 자기 식솔을 살린다며 탈영했다. 또한 병자호란 때
남한산성을 지키던 훈련도감 병사들이 전황이 불리해지고 물자가 부족해지
자, 산성을 포기하고 항복하자며 시위를 벌이기도 했다. 병사의 처우도 문제
였다. 봉급만으로는 생계가 어려운 병사들이 한강나루에서 품팔이 노역을 하
거나 한강 변에 채소를 재배하여 시중에 내다 팔았다. 이렇게 훈련도감이 최
고의 정예부대라 하나, 그 실상은 매우 열악했다. 병사가 하층민으로 구성되
고, 직업군인으로서의 복지와 후생이 보장되지 않았다. 이에 비례하여 충성

---

34) 1623년 어영청(御營廳), 1624년에 총융청(摠戎廳), 1626년에 수어청(守禦廳), 1682년에 금위
영(禁衛營)이 창설되었다.

심과 사기 또한 낮았다.

　이상으로 고려와 조선의 정예군을 살펴보았다. 조선의 정예군은 고려에 비해 여러모로 수준이 한참 뒤떨어진다. 조선은 고려보다 영토가 넓고, 인구가 배 이상으로 많고, 근세에 이르러 문물이 발전했다. 그러함에도 불구하고 정예군의 병력과 역량이 왜 고려에 뒤떨어질까? 아마 가장 큰 이유는 조선이 명나라를 섬기는 제후국을 자처하고, 명의 안보 보호망 속에 안주하며, 그런 가운데 무(武)를 업신여기고 오로지 문(文)을 숭상한 까닭일 것이다.

제후국 조선, 상비군은 없다

　고려와 조선이 한판 붙는다면 누가 이길까? 막강한 상비군을 보유한 고려의 승리가 눈에 뻔하다. 왜 조선은 중앙상비군이 없을까? 임진왜란의 참화를 당하고, 병자호란의 치욕을 당하고도 강력한 상비군을 만들지 않았다. 비록 임진왜란의 와중에 훈련도감을 창설하지만, 상비군 체제로의 혁신은 없었다. 이에 관해 학자들은 '개혁 의지가 부족하다', '양반이 군역을 지지 않아 천민 군대가 되었다', '병무 행정이 부패했다'라는 따위 탓이라고 설명한다. 그러나 이것은 각종 국가사회의 병리를 이유로 댄 것이고, 드러난 결과에 대해 팔이 안으로 굽는다는 식으로 사후 합리화하는 설명일 뿐이다.

　상비군을 두지 않은 진짜 이유가 무엇인가? 문제의 본질은 의외로 단순하다. 고려와 조선의 국격(國格)을 생각하고, 조선이 전쟁에 연이어 참패하고서도 군사제도를 개혁하지 못한 사실을 직시하면 해답은 쉽게 풀린다.

　고려는 자주독립국이자 황제국의 국격으로 출범했다. 왕조시대에 독립국은 왕, 영토, 백성의 3요소를 갖추어야 한다. 이 중에서 왕이 핵심이다. 왕이 외침을 당해 죽거나 혈통을 잇지 못하면 나라가 멸망한다. 또한 영토를 잃거나 백성이 흩어지고 없으면 역시 멸망한다. 그러므로 자주독립국의 왕은 외침을 막아내고, 영토를 넓히고, 백성을 많이 거느리려는 욕망을 가지기 마련이다. 이러한 일을 위해서는 강력한 상비군이 필요하다. 특히 외침의 위협이 클수록, 영토와 백성에 대한 욕망이 클수록, 상비군에 대한 필요성은 더욱 커진다. 결국 고려는 자주독립국으로서 막강한 상비군으로 외침을 막고, 영토를 넓히고, 백성을 보호했다.

조선은 고려와 달랐다. 자주독립국이 아닌 명나라의 제후국으로 출범했다. 스스로 '제후국 조선'이라는 이름표를 달았다. 그러므로 조선은 일정한 자치권이 부여된 반쪽의 독립국이라고 할 것이다. 제후국은 국방을 위한 상비군의 보유가 원칙상 불가하다. 다만 제후(왕)의 신변 보호를 위한 친위군과 치안 목적의 경찰력을 보유할 수 있다. 제후는 황제를 섬기고 동렬의 제후와 사이좋게 지내야 한다. 제후국은 섬기는 상국을 칠 수 없고, 동렬의 제후국을 침략해서도 안 된다. 황제와 제후 간, 제후와 제후 간은 불가침이다. 따라서 제후국은 적국이 없는 셈이므로 침략을 막거나 침공할 목적의 상비군을 보유할 필요가 없다. 그럼에도 불구하고 만약 제후가 비밀리에 강력한 상비군을 양성하면 황제가 의심하고 질책한다. 다시 말하면 조선이 명나라의 제후국인 한, 명나라가 조선의 상비군 보유를 용납하지 않고, 조선이 명의 눈을 피해 상비군을 양성할 수 없다. 임진왜란 때 명나라가 군대를 파병하여 조선을 구한 것은 자기 제후국을 구한 것이다. 조선이 전쟁이 끝난 후에 상비군 체제로 개혁하지 못한 것은 명을 의식하고, 제후국의 처신에 충실한 것이다. 결론은 자명하다. '제후국 조선'은 외교권과 군사권을 명나라에 의탁하고 내부의 자치권을 가진 나라였다. 따라서 외적과의 전쟁을 주목적으로 하는 상비군을 공공연히 둘 수 없었다.

한편 '제후국 조선'은 갑사의 의문점도 깨끗이 해명된다. 앞에서 살펴본 바처럼 태종은 2,000명의 갑사를 선발하고도 고려의 경군 3위처럼 전투를 위한 상비군의 독립부대를 조직하지 않고 의흥위에 소속시켰다. 또한 의흥위도 하나의 단위 부대가 아니고 다섯 부대로 나누어 지방에 분산 배치했다. 왜냐하면 조선은 제후국으로서 강력한 전투력을 갖춘 단위 부대의 상비군을 보유하기가 어렵기 때문이다. 조선이 명나라의 제후국임을 선언한 것은 고려와 같은 상비군을 두지 않겠다고 천명한 것과 다름없다. 그러나 국가의 안위가 걸린 비상사태를 대비한 군사력을 깡그리 없앨 수 있나? 어떻게 하나? 태종이 고민한 끝에 창안한 제도가 갑사였다. 태종이 갑사 2,000명을 선발한 뒤, 독립부대를 설치하지 않고 의흥위에 소속시킨 것은 명나라의 감시를 회피하면서 얼마간이나마 정예 군사력을 양성하고 보전하려는 방편이었다.

훈련도감도 마찬가지다. 훈련도감은 임진왜란이 끝난 뒤에 이름을 바꾸지 않았다. 1882년 폐지될 때까지 300여 년간 훈련도감이란 명칭을 그대로 썼다. 다만 줄여서 훈국(訓局)으로도 불렸다. 훈련도감은 '훈련'이 접두어로 붙어서 마치 병사를 훈련만 시키는 부대 또는 훈련하기 위한 임시부대로 여기게 한다. 왜 '훈련' 자를 빼고 근사한 용어로 바꾸지 않았을까? 이 역시 제후국 조선이 명나라의 감시를 피하면서 약 4,500명의 군대를 유지하려는 방편이었다. '훈련'이란 글자가 상비군의 냄새를 감추고, 언제든지 해산할 수 있는 부대 또는 전투력이 별로인 임시 군대처럼 보이게 하는 것이다.

이처럼 '제후국 조선'은 무력과 상무정신을 근원적으로 훼손시켰다. 한편 무력과 상무정신을 약하게 한 결정적인 까닭이 세 개 있다. 유교의 충효 사상, 사대교린 정책, 소중화(小中華) 사상 등이 그것이다.

첫째, 유교의 충효 사상이다. 공자는 논어에서 좋은 정치는 '가족의 효제(孝悌, 효도와 우애) 원리로 나라를 다스리는 것'이라고 했다. 가정의 효가 사회의 효가 되고, 사회의 효가 나라의 충성으로 승화하면, 좋은 나라가 된다는 뜻이다. 중국에서 충효 사상이 유교의 기본 덕목으로 굳어진 시기는 한(漢)나라에 와서다. 한나라는 자식이 부모에 효도하듯이 신하가 임금에게 충성할 것을 바랐다. 충성은 상무정신과 관련이 깊다. 나라와 임금에 대한 충성은 임전무퇴의 상무정신을 바탕으로 한다. 반면에 효는 가정을 근간으로 하는 사랑과 우애이고 상무정신과는 거리가 있다.

오늘날 한국인은 선조들의 충효 사상을 흠모하며 자랑한다. 그러나 중국과 한국의 충효는 그 뉘앙스가 다소 다르다는 사실을 잘 모른다. 중국은 비교적 충이 앞서는 충효(忠孝)를 중시한다. 한국은 이 사상이 도입되면서 중국과 유사한 양상이었으나, 조선에 와서 앞뒤가 바뀌어 비교적 효가 먼저인 효충(孝忠)을 중시하게 되었다. 충효가 먼저인가 효충이 먼저인가의 순서는 매우 중요하다. 만약 효충이 먼저일 경우 충과 효가 충돌할 때는 효가 우선한다. 이것은 임진왜란이 발발하자, 여실히 드러났다.

임진왜란은 1592년 4월에 일어났다. 부산에 상륙한 일본군이 파죽지세로 한성으로 치고 올라오자, 임금 선조가 한성을 버리고 의주로 피란을 갔다. 한성을 떠날 때 수많은 신하가 왕을 시종하고 갔는데, 의주에 도착하니 불과 50여 명만 남았다. 그것도 문·무관 17명, 환관 수십 명, 어의 허준 그리고 왕을 수종하는 액정원(掖庭員) 4~5명과 말을 관리하는 사복원 3명뿐이었다. 판서, 승지, 대사성 등의 쟁쟁한 신하들이 '노모가 병이 나서' 따위의 핑계를 대고 도망갔다. 나라야 망하든 말든, 임금이야 죽든 말든, 가족을 챙기려고 도망친 것이다. 의주에 도착한 선조가 환관들에게 "너희가 사대부보다 낫다"라고 말했다. 효를 충보다 앞세우고 충을 뒷전으로 한 결과이며, 상무정신을 깡그리 상실한 조선의 민낯이었다.

이와 유사한 사례는 조선이 멸망할 때도 나타난다. 1908년 1월 일본군이 수도 한성을 점령하고 있었다. 일본군을 쫓아내고 한성을 탈환하기 위해 전국에서 의병이 일어나고, 13도의 의병을 모은 연합부대가 결성되었다. 의병 총대장은 유학자로 존경받는 이인영(李寅榮)이 추대되었다. 그는 전국에서 모인 1만여 명의 의병을 이끌고 동대문 밖 12km 지점까지 진격한다. 그러나 돌발 사건이 발생했다. 이인영의 부친이 사망한 것이다. 동년 1월 28일 부친의 사망 소식을 들은 이인영은 장례를 치러야 한다며 총대장을 사임하고 그날로 군영을 떠나 문경 고향집으로 갔다. 그는 장례 후 복귀하여 의병을 지휘해 달라는 권유를 여러 차례 받았으나, 3년상을 치르고 나서 다시 의병을 일으키겠다며 권유를 뿌리쳤다. 결국 의병의 한성 탈환은 무산되고 이인영도 3년상 도중에 일본 경찰에 체포되어 처형되었다. 이인영의 사례를 보듯이 조선 유학자의 규범은 효가 충에 앞섰다. 나라를 위해 자신을 희생하는 상무정신은 뒷전이었다고 할 수 있다.

그렇다면 중국은 왜 비교적 충이 앞서는 '충효'인가? 이것은 황제국의 왕도정치에 기인한다. 황제국에서 황제는 하늘의 아들 천자(天子)다. 그의 명령은 하늘이 내리는 천명(天命)이고, 천명은 반드시 복종해야 하는 지상 명령이된다. 천자에 대한 충성은 천명에 순응하는 것으로서 효에 앞설 수 있다. 그러나 제후국(조선)의 왕은 비록 왕도정치로 나라를 다스리나, 신분이 천자의신하일 뿐이므로 천자처럼 충성을 강요하는 천명을 내릴 수 없다. 그래서 신하들에게 충을 요구하기보다 어버이 섬기듯이 임금을 섬기라는 효를 요구하는 것이다. 학자들이 조선의 왕을 '사대부의 우두머리'라고 하는 것은 조선의왕은 사대부에게 충성을 명령하는 절대 군주가 아니라는 사실을 우회적으로말하는 것이라고 할 것이다. 조선이 효를 앞세운 것은 조선에 편리한 점도 있었다. 황제의 부당한 명령을 교묘히 피해 가는 구실이 되었다. 예컨대 황제의명령이 온당하지 않고 따르기에 부담이 너무 클 경우, '선왕의 유지', '조선의고유풍습'이라는 따위의 효를 앞세운 변명으로 황제의 명령을 회피해 가는것이다.

　　둘째, 사대교린(事大交隣) 정책이다. 사대교린은 조선이 명나라를 섬기고이웃의 일본, 여진족 등과 사이좋게 지낸다는 외교정책이다. 조선의 무력과상무정신은 사대교린으로 인해 심각하게 망가졌다. 오늘날 학계 통설은 조선이 주체적으로 사대교린 정책을 기획하고 주도해 나간 것으로 설명한다. 그렇지 않다. 조선이 스스로 명나라의 제후국이 됨으로써 사대교린 정책이 시행된 것이지, 먼저 사대교린 정책을 기획하고 이를 구현하기 위해 제후국이된 것이 아니다. 다시 말하면 명에 대한 사대는 조선이 명의 제후국이 된 이상 당연한 귀결이다. 그리고 교린은 이웃의 일본, 여진족 등과 다투지 않고잘 지낸다는 뜻인데, 이 역시 제후국이 취할 외교 노선일 뿐이다.

　　조선이 명나라의 제후국이 된 것은 국가 안보를 명에 의존하는 것으로 명의 안보 보호망에 편입된 것을 뜻한다. 조선은 명나라의 승인 없이 일본과 여진족 등을 칠 수 없을 뿐 아니라, 이들과 전쟁을 일으켜 명의 안보 보호망을훼손해도 안 된다. 조선이 제후국으로 명나라를 섬기는 한, 교린은 마땅한 외교정책이다. 다시 말하면 조선은 사대교린을 꾀함으로써 명의 제후국이 된 것이 아니라, 제후국을 선택함으로써 사대교린의 틀에 스스로 자기를 가두었다. 사대교린은 제후국의 본분을 따르는 불가피한 방편이다. 따라서 사대교린에 대한 학계의 통설은 선후가 뒤바뀌었다는 지적을 피할 수 없다.

이와 같이 사대교린은 대적할 주적(主敵)이 없으므로 만약을 대비한 최소한의 무력조차 갖추길 회피하게 한다. 또한 사대교린은 대외 경쟁의식을 떨어뜨리고 외적에 대응한 상무정신을 약화시킨다. 조선은 개국 이후 사대교린을 일관함으로써 안보의 바탕인 무력과 상무정신이 손상되고 해이해졌다. 결국 고려와 조선의 군사력 격차는 독립국과 제후국의 차이, 또는 주적이 있는 독립국과 주적이 없는 제후국과의 차이라고 할 수 있다.

셋째, 소중화(小中華) 사상이다. 소중화는 '작은 중국'이란 뜻이다. 1644년 청나라가 명나라를 멸망시키자, 조선의 사대부들은 승리한 청나라를 오랑캐라며 증오하고, 패배하여 멸망한 명나라를 추모하며 숭상했다. 그리고 명의 멸망으로 중화 문화의 맥이 끊겼고, 조선이 이를 계승하는 '작은 중국'이라고 천명했다. 소중화에 관해서는 이 책의 마지막 제17장 '고려의 소중화, 조선의 소중화'에서 자세히 서술하고 있다. 중국을 숭상하는 소중화 사상에서는 중국과 싸우기 위한 무력의 양성은 무례한 짓이 되고, 상무정신의 함양은 제한될 수밖에 없다. 결국 조선은 제후국의 굴레와 중화 문화의 맥을 잇는다는 소중화 사상으로 인해 무력과 상무정신이 한 차원 낮아지게 되었다고 할 것이다.

제14장

고려의 최충헌 정권, 조선의 세도 정권

비난받는 최충헌 정권 시기에 왜 고려는 약해지지 않았을까

고려와 조선은 후기에 특별한 정치형태가 등장한다. 고려는 '최충헌 정권', 조선은 '세도 정권'이라 일컫는 정치형태다. 둘 다 60여 년간 왕을 허수아비로 만들고 권력을 독차지하여 나라를 쥐락펴락했다.

이것은 분명히 비정상적이다. 그러나 '최충헌 정권'은 문벌귀족을 혁파한 새로운 고려를 창출하지만, '세도 정권'은 조선을 망국으로 이끄는 주요인으로 작용했다.

두 정권의 참모습은 어떠하고, 실제로 어떤 차이가 있었을까?

제14장

고려의 최충헌 정권, 조선의 세도 정권

들어가는 말

고려와 조선은 후기에 각각 특이한 정권이 생겨난다. 고려는 '최씨 정권'이라 일컫는 최충헌 정권이고, 조선은 안동김씨 세도정치 따위로 부르는 특정 혈족이 권력을 전횡한 세도 정권이다. 둘 다 통상의 정치 궤도를 이탈한 정권으로 갖가지 비난을 받고 있다.

오늘날까지 두 정권을 직접 비교한 연구는 없다. 물론 중세의 최충헌 정권과 근세의 세도 정권은 400여 년의 시차가 있으므로, 군이 비교할 필요가 있느냐는 물음과 거부감이 생길 수 있다. 그러나 둘의 비교는 실익이 매우 크다. 우선 개별로 파악할 때보다 정권의 참모습이 명확히 드러나므로, 각 정권에 대한 그간의 평가와 비난이 적정하고 올바른지를 판별할 수 있다. 비교를 통해 고려 무신정권과 조선 문신정권의 다름과 차이를 알 수 있고, 앞으로의 시사점도 얻을 수 있다. 한편 처음 시도하는 색다른 비교로서 역사의 지평을 한 차원 넓히는 의의가 있다.

오늘날 학계의 통설은 최충헌은 반역자로 최충헌 정권은 반역 정권으로 정의하고 있다. 그 까닭은 『고려사』의 기록이 절대적이다. 『고려사』는 조선의 사대부들이 편찬했다. 그들은 최충헌 같은 무신 집권자가 나타나지 않기를 바라며, 중국의 왕도정치를 잣대로 하여 최충헌과 그의 정권을 매도하고 단죄했다. 왕도정치가 무엇인가? 왕도정치는 맹자(孟子)가 처음 일컫은 정치형태로 덕치(德治)라고도 한다. 맹자는 국가의 정치형태를 두 가지로 구분했다. 하나는 덕으로 백성을 다스리는 왕도정치로 본받아야 할 이상적인 정치라고 했다. 또 하나는 무력으로 백성을 다스리는 패도(覇道)정치로 기피하고 타도해야 할 나쁜 정치라고 했다. 그 후 왕도정치는 유교에서 모범으로 삼는 정치형태가 되고, 중국은 왕도정치를 구현하는 나라를 최고로 쳤다. 왕도정치의 관점에서는 무력을 기반으로 하는 최충헌 정권은 무식한 칼잡이가 설치는 패도정치가 된다.

왕도정치가 모범이고 최고라면, 고대의 한국은 심각한 모순에 빠진다. 왜냐하면 왕도정치와 다른 정치형태를 구가한 고조선은 물론이고 고구려, 백제, 신라까지 정치 후진국으로 자리매김하기 때문이다. 뿐만 아니라 골품제의 신라가 삼국을 통일하고 찬란한 문화를 꽃피운 것은 '소 뒷발로 쥐 잡기'의 행운 따위로 평가 절하된다. 후삼국을 통일하고 신흥 강국 거란과의 전쟁에서 승리한 고려도 중국보다 정치 수준이 한참 뒤떨어진 엉성한 나라로 전락하고 만다. 결국 왕도정치의 잣대로 조선 이전의 한국을 평가하면 진실을 오도할 수 있다. 이제 왕도정치를 최고의 정치형태로 인식하는 것은 지양되어야 한다.

그렇다면 왕도정치를 펼친 조선은 훌륭한가? 고려를 압도하는 빼어난 정치가 구현되었는가? 조선은 붕당정치가 만연하여 문신들이 서로 죽이고, 왕을 갈아치우고, 백성의 고혈을 착취하는 것이 다반사였다. 조선 후기에 등장한 세도정치 혹은 세도 정권은 안동김씨를 비롯한 특정 혈족이 국권을 쥐락펴락하며, 나라를 망국으로 이끌어갔다. 세도 정권은 왕을 허수아비로 만들고 권력을 전횡한 점에 있어서 고려의 최충헌 정권과 진배없다. 두 정권을 비교하면 누구의 폐해가 더 클까? 이제 이런 물음이 필요하고 대답할 줄 알아야 한다.

최충헌 정권과 세도 정권의 비교는 생각보다 훨씬 유익하고 흥미롭다. 유사점 있는 반면에 뚜렷한 차이점이 있어서 그렇다. 두 정권의 유사점은 겉모습으로 쉽게 알 수 있다. 집권 기간이 약 60년으로 같고, 특정 혈족이 왕을 허수아비로 만들고 정권을 오로지 차지한 것 따위다. 두 정권의 차이는 무엇일까? 둘은 수백 년 세월의 시차가 있고, 정권의 주체와 정체성 그리고 정치 이념과 목표 등이 서로 판이하다. 그렇지만 관련 기록과 정보가 부족하여 자칫하면 비교는 미궁을 헤매기 십상이다. 따라서 비교는 '무엇을 어떻게 하느냐?'의 시작을 위한 질문부터 풀어야 한다. 물론 정권의 구조와 기능, 국가사회에 끼친 영향 따위를 망라하여 비교할 수 있겠으나, 그리하려면 한 권의 책으로도 부족하다. 너무 세밀한 비교는 의미를 부여하기가 별로일 수 있다.

여기서는 두 정권의 정체성의 비교에 집중한다. 구체적으로는 정권의 탄생, 국정을 위한 인재 양성, 상업정책 등 세 항목을 비교하도록 한다. 비록 한정된 범위에서 단순화한 거친 비교이지만, 최초의 비교로서 상당한 실익이 있다고 할 것이다. 또한 이것은 고려와 조선의 다른 점과 차이를 종합적으로 살펴보는 의의가 있다.

혁명으로 탄생한 최충헌 정권

최충헌, 특별한 정치형태를 창출하다

최충헌 정권은 1196년 4월 무오일, 미타산에서 개막한다. 미타산에는 당시 집권자 이의민의 별장이 있었다. 그날 아침, 별장의 대문 앞에서 이의민이 말을 타려는 순간, 최충헌의 동생 최충수가 급습하여 이의민에게 칼을 찔렀으나 빗나갔다. 그러자 최충헌이 달려들어 칼로 베어 죽였다.

동서고금을 막론하고 쿠데타는 목숨을 건 도전이지만, 성공할 확률은 높지 않다. 쿠데타의 성공은 첫 출발이 관건이다. 예컨대 최충헌이 이의민을 습격하여 죽일 수도 있고, 반대로 이의민이 최충헌의 목을 날릴 수도 있기 때문이다. 그렇다고 처음의 승리가 성공을 장담하지는 못한다. 얼마든지 되치기 당해 실패할 수 있다. 따라서 쿠데타의 승패는 끝판의 마무리에 좌우된다고 할 것이다.

최충헌은 쿠데타의 마무리를 잘했다. 이전에 쿠데타로 정권을 잡은 이의방, 정중부, 경대승, 이의민 등과 달랐다. 그들을 반면교사로 삼아 쿠데타를 기획하고 추진한 탓일 터이지만, 최충헌이 무엇을 어떻게 해야 하는가를 잘 알았다고 할 것이다. 그는 자신이 목표한 바를 실현하는 밑그림을 그리며 쿠데타를 마무리해 나갔다. 그 대표적인 증거가 '봉사(奉仕) 10조'다. 이것은 최충헌이 이의민의 아들을 위시한 저항 세력을 진압하는 와중에 명종에게 비밀리에 올린 건의서다. 내용인즉슨 명종을 임금으로 모시고 '함부로 설치된 관직을 정리한다', '토지 탈점을 시정한다', '조세를 공평히 한다', '사치 풍조를 금하고 검소한 기풍을 진작한다' 따위의 열 가지 시정쇄신 대책을 추진하겠다는 것이다.

'봉사10조'는 두 가지 성격을 가진다. 하나는 충성 서약이고, 또 하나는 협박이다. 당시 명종은 자신을 왕으로 옹립해 준 이의민에게 의지하고 있었다. 그런 판에 최충헌이 이의민을 죽이자, 이를 괘씸하게 여겼지만 어쩌지 못했다. 오히려 폐위되는 수모를 당할까 염려하며 안절부절 불안했다. 이참에 최충헌이 충성을 약속하는 '봉사10조'를 올리자, 안심하고 쿠데타를 묵인했다. 그러나 '봉사10조'를 남모르게 은밀히 올린 것은 명종을 협박하는 의도가 담겨있다. 건의를 수용하든지 말든지 선택을 강요하고, 만약 수용하지 않으면 쿠데타를 용인하지 않는 것으로 알고 조치하겠으며, 귀책 사유는 명종에게 있다고 협박한 것이다.

어쨌든 최충헌은 명종이 '봉사10조'를 수용함으로써 대의명분을 얻었다. 이후 왕명을 앞세워 어수선한 정국을 수습하고, 자신의 정권을 창출해 나갔다. 혹자는 '봉사10조'는 정권을 잡으려는 얄팍한 술책이고, 최충헌 자신도 지키지 않았다고 비난한다. '봉사10조'는 그런 논조로 비난할 사안이 아니다. 당시의 국정 폐단을 정확히 지적하고 해결 방안을 제시한 현책(賢策)이다. 이것은 하루아침에 얼렁뚱땅 작성할 수 있는 문건이 아니어서, 최충헌이 쿠데타를 얼마나 치밀하게 기획하고 준비했는지를 짐작하게 한다. 한편 '봉사10조'에 착각하지 말아야 할 점이 있다. '봉사10조'는 영원하지 않다. 최충헌은 정권을 잡은 1년 5개월 후 명종을 폐위하고 제20대 신종(神宗)을 옹립한다. 신종의 즉위는 '새 술은 새 부대에 담는다' 하듯이 국정이 새로 열리고, 명종에게 올린 '봉사10조'는 폐기된다고 봐야 한다. 다만 '봉사10조'에 담긴 개혁 정신과 시정쇄신 대책은 최충헌 정권의 정책 기조로 녹아들었다고 할 것이다.

최충헌은 정권을 장악한 뒤 권력의 기반을 단단히 구축한다. 예를 들면 도방(都房)의 설치, 중방(重房)의 권한 약화, 교정도감(敎定都監)의 설치 등이다. 그는 이를 통해 전례가 없는 특별한 정권을 만들어 나갔다.

도방은 1179년(명종9)에 집권한 경대승(慶大升)이 처음 만들었다. 경대승은 약 100명의 사병으로 결사대를 조직하고, 자신의 집을 경호하며 출타할 때 호위하도록 했다. 당시 결사대가 숙식하는 집을 도방이라 불렸는데, 시일이 지나며 결사대를 지칭하는 호칭이 되었다. 도방은 1183년 경대승이 죽자, 해체되었다. 그러다가 최충헌이 신종을 옹립한 후 1200년에 다시 설치했다. 최충헌은 문무관, 한량, 군졸 따위에서 힘이 세고 무술이 뛰어난 자를 선발하여 도방을 채웠다. 도방의 사병이 몇 명인지는 기록이 없어 알 수 없다. 도방은 6개 번(番)으로 조직되고, 날마다 교대로 숙직했다. 최충헌이 출입할 때는 6번의 병사가 함께 호위하는데, 그 위세가 마치 출정하는 군대를 방불했다고 한다. 이를 미루어서 도방의 병력은 수백 명이 넘는 것으로 추측된다.

다음 중방(重房)의 권한 약화다. 본래 중방은 군사 정책을 심의하고 의결하는 합좌 기구인데, 구성원은 총 16명이다(경군 2군 6위의 지휘관 상장군 8명, 부지휘관 대장군 8명). 중방의 권한은 1170년 무신정변 이후 막강해진다. 정권을 잡은 이의방이 인사권과 조세권 등의 권한을 중방에 귀속시키고, 그에 관련된 문관을 참여토록 하고, 자신이 중방 회의를 주재했다. 중방을 문무관이 합좌하는 체제로 바꾼 것이다. 그 후 뒤를 이은 정중부와 이의민도 이를 따랐다. 그러나 중방의 문무관 합좌 체제는 효율이 떨어지고 정치 불안이 상존했다. 만장일치로 의결을 모으기가 힘이 들지만, 본래 중방의 구성원이었던 상장군과 대장군의 위세가 녹녹하지 않고, 이들이 언제 거병하여 쿠데타를 일으킬지 모르기 때문이었다.

최충헌은 정권이 안정되자, 중방의 무력화를 도모한다. 여기에도 최충헌의 탁월함과 치밀함이 돋보인다. 최충헌은 중방의 상장군과 대장군 16명을 일일이 설득하여 자신을 따르게 하고, 불복하는 자는 힘으로 굴복시켰다. 그러고는 어느 날, 중방 회의에 참석하여 '나는 중방의 의견을 존중하나, 꼭 따르지는 않겠다'라고 말했다. 이것은 중방의 의결권을 제한하는 것으로, 권한과 책임을 중방과 나누지 않고 모두 자신이 행사한다는 선언이다. 그로서 문무관 합좌의 중방은 사실상 무용지물이 되고, 최충헌의 일인 지배체제가 구축되었다. 최충헌은 중방의 힘을 뺀 후, 명종을 폐위하고 명종의 친동생을 새임금 신종으로 옹립했다. 신종의 즉위는 최충헌의 쿠데타가 완전히 마무리되고, 최충헌의 시대가 열린 것을 뜻한다.

다음 교정도감의 설치다. 이를 설치한 목적은 단순하다. 1209년(희종 5년) 4월 최충헌이 자기를 암살하려는 음모가 있다는 보고를 받았다. 이에 최충헌은 범인을 잡기 위해 즉시 교정도감을 설치하고, 관련자들을 체포하여 죽이거나 섬으로 귀양 보냈다. 다음은 암살 사건의 요지다.

> "1209년(희종 5년) 4월, 개경 인근에 있는 청교역(靑郊驛)의 역리(驛吏) 3명이 최충헌을 살해하려는 음모를 꾸몄다. 그들은 승려를 동지로 규합하기 위해 승려를 소집하는 공문서를 위조하여 여러 사찰에 돌렸다. 마침 귀법사의 승려가 공문서를 의심하고, 이를 가지고 온 자를 잡아서 최충헌에게 고발했다. 이에 최충헌이 즉시 교정도감을 설치하여 대대적인 수색을 하고 관련자들을 체포했다. 그리고 죽이거나 섬으로 귀양 보냈다."(『고려사』)

최충헌은 사건이 종결된 뒤에 교정도감을 폐지하지 않았다. 암살 따위의 불순한 행위가 계속 일어날 수 있으므로, 이를 규찰할 필요가 있다는 명분을 내세우고 오히려 권한을 대폭 강화했다. 교정도감의 책임자를 교정별감(教定別監)으로 위상을 높이고, 자신이 그 직책을 맡았다. 이후 교정도감은 권한이 점차 더 커져서 국정 감찰, 세정(稅政), 인사행정 등까지 담당했다. 특히 인사권을 교정도감에 소속시킨 것은 혁명적인 조치였다. 본래 인사권은 문무관을 구분하여 문관은 이부(吏部)가 관장하고 무관은 병부(兵部)가 관장했다. 따라서 문무관의 인사권을 모두 교정도감에 소속시킨 것은 최충헌의 막강한 권력을 말해준다. 이로서 최충헌은 문무백관에 대한 임용, 승진, 전보, 파면 등의 인사권을 행사하며 1인 지배체제를 완벽히 구축해 나갔다.

한편 청교역 사건은 너무나 허술하여 의심이 간다. 청교역은 듣기에 뭔가 있는 굉장한 기관 같지만, 공문서 따위를 수발하는 일선의 역참이다. 청교역에 속한 역리는 지방 향리의 구실아치보다 신분이 낮은 그야말로 최하위 말단이다. 그런 역리가 최충헌을 죽이겠다며, 그것도 동지를 비밀리에 규합하지 않고 공문서를 위조하여 공공연히 사찰에 돌린 것은 어불성설이라 할 수 있다.

따라서 다음의 가정이 있을 수 있다. 최충헌은 교정도감 같은 무소불위의 권력기관을 설치하고 싶었지만, 정치적 마찰과 저항의 우려가 있어 손을 쓰지 못하고 있었다. 그러나 정권이 안정되고 자신감이 생기자, 암살 사건의 비상사태를 조장하고 이를 구실로 하여 특별감찰기구로 교정도감을 설치했다는 가정이다. 물론 합리적인 의심에 의한 추론이지만, 개연성을 무시할 수 없다고 할 것이다. 또한 이 가정에 의하면, 교정도감은 최충헌의 원대한 집권 구상 아래 이루어진 미리 기획한 사건이 된다. 다시 말하면 최충헌은 자신의 정권을 지속시키기 위한 특별한 권력기관을 구상하고, 힘을 기르고 때를 기다렸다. 자신감이 생기자, 빌미를 만들어 교정도감을 설치함으로써, 일인 지배체제의 특별한 정치형태를 창출했다.

최우, 최충헌 정권을 완성하다

최우는 최충헌의 아들이다. 이름을 최이(崔怡)로 개명하여 최이라고도 부른다. 1219년 최충헌은 죽으면서 최우에게 교정별감 자리를 물려준다. 그로서 최우는 최고 권력자가 되어 정권을 이끌어갔다. 최우는 6년 후 1225년(고종12)에 교정도감을 다소 변화시킨다. 자기가 사는 저택에 정방(政房)이라는 인사 전문기관을 설치하고, 교정도감의 인사권을 이곳에 소속시켰다.

교정도감이나 정방이나 최우가 인사를 단행하기는 마찬가지인데, 무슨 차이가 있나? 엄청난 차이가 있다. 최우가 자신의 저택에 정방을 설치한 것은 인사권을 완전히 독점하여 단독으로 행사하는 것을 뜻한다. 최우는 이름난 문사(文士)를 정방의 직원으로 채용하고, 일정한 성과를 내면 관직에 등용했다. 인사권을 독점한 정방은 비판받아야 하는가? 당시 문인들은 비판하지 않고 환영한 것으로 보인다. 왜냐하면 정방이 무인이 아닌 문인에게 관직 등용의 새로운 길이 되었기 때문이다. 그리하여 정방은 최충헌 정권에 대한 문인들의 반발과 저항을 무마시키는 한편, 적극적인 지지를 끌어내어 정권을 지탱하는 보루가 되었다.

최우는 정방을 설치한 2년 뒤, 서방(書房)이라는 특별 기관을 설치한다. 서방이 무엇인가? 최우가 문객(門客) 가운데 뛰어난 자를 뽑아서 3번 교대로 자기 저택에서 숙식하며 보좌하게 했는데, 그 숙식하는 집을 서방이라 불렸다. 서방은 특별한 정치적 함의가 있다. 서방은 앞에서 살펴본 도방과 마찬가지로 최우의 저택에서 먹고 자며 숙위하는 기관이다. 따라서 최우는 무인으로 구성된 도방과 문인으로 구성된 서방을 자기 저택에 설치하여 문무의 숙위 기관을 갖추었다. 이것은 궁궐에서 문무관이 왕을 숙위하는 것과 다름없다. 서방이 설치됨으로써 최우의 저택에는 도방, 정방, 서방 등 세 개의 특별한 기관이 있게 되었다.

세 개의 방 중에서 도방은 최우를 호위하는 사병으로 조직된 기관이어서 별도였고, 문인으로 구성된 정방과 서방은 연계하여 운영되었다. 서방에서 우수한 성적으로 일정 기간 근무한 자를 뽑아 정방의 직원으로 채용했다. 또 정방에서 우수한 성과를 올린 자는 정규 관리로 임용했다. 이것은 과거시험 또는 음서의 추천에 의하지 않는 관직 진출의 새로운 통로가 됨으로써 문인들이 환영하고 지지했다. 다시 말하면 과거시험을 거치지 않고, 또는 권력자에게 빌붙어 추천 따위를 받지 않고, 실력으로 관리가 될 수 있는 길을 터준 것이다. 결국 최충헌 정권은 정방과 서방을 통해 무신정변 이래 소외된 문인들을 포용하는 한편, 그들을 정권이 필요로 하는 인재로 양성하고 관리로 등용함으로써 정권을 지속시켜 나갔다고 할 것이다.

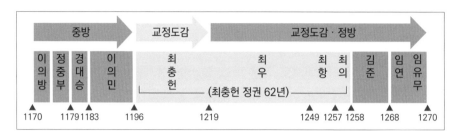

무신정권 100년의 권력 기구

최충헌 정권은 아들 최우 대에 이르러 특별한 정치형태로 완성된다. 그것은 역사상 처음으로 등장한 공적 구조와 사적 구조의 이중으로 이루어진 정치형태다. 공적 구조는 왕을 중심으로 하는 기존의 정부 조직이고, 사적 구조는 최충헌 정권이 필요에 따라 설치한 권력 조직이다. 이에는 교정도감, 도방, 정방, 서방 그리고 야별초(夜別抄) 등이 포함된다. 다시 말하면 최충헌 정권은 공적 기구와 사적 기구로 조직된 한국 역사상 유일무이한 정치형태였다. 이것은 이웃 나라 일본의 막부(幕府)와 유사한 정치형태다. 일본 막부는 국왕의 권능을 일정한 범위로 제한시키고 막부의 우두머리 쇼군이 나라를 통치했다. 중국식의 왕도정치만 좋고, 일본식의 막부정치는 나쁜가? 왕에 의한 통치, 특히 유교의 왕도정치가 언제나 최선이며 옳다는 생각은 지양해야 한다. 예컨대 삼국시대 고구려, 백제, 신라는 중국식의 왕도정치가 아니고, 국왕의 권한이 제한되는 합좌 기구에 의한 정치가 펼쳐졌다. 이처럼 시대의 상황에 따라 왕도정치와 다른 정치형태가 얼마든지 있을 수 있는 법이다.

최충헌은 정권을 아들에게 물려주었다. 그의 정권은 '최충헌 → 아들 최우 → 손자 최항 → 증손자 최의'로 세습되어 4대 62년간 존속했다.[35] 어떻게 왕이 아니면서 권력의 세습이 가능할까? 이에 관해 학자들의 견해가 분분한데, 거의 모두 최충헌의 권력욕과 냉혹함을 지적하고 비꼬는 투다. 즉 '친동생을 죽이는 등 정적의 무자비한 숙청이 주효했다', '정국을 요리하는 술수가 뛰어났다'라는 따위로 말이다. 그러나 왕이 아닌 자의 권력 세습이 역사상 최

---

35) 최충헌이 1196년부터 1219년까지 23년간, 아들 최우(崔瑀)가 1249년까지 30년간, 손자 최항(崔沆)이 1257년까지 8년간, 증손자 최의(崔竩)가 1년간 집권했다.

초이고 유일한 만큼, 특별한 무엇이 있다는 생각은 당연하다. 그것이 무엇일까? 이상을 종합하면 정권의 세습은 최충헌의 남다른 식견과 탁월한 역량에 의했다고 할 것이다.

끝으로 덧붙일 질문이 두 개 있다. 하나는 최충헌 정권이 일본의 막부 정권보다 못한가이다. 최충헌 정권이 4대에 막을 내리지 않고 일본 막부처럼 100년 이상 존속했다면, 막부와 마찬가지의 정치형태로 평가받을 수 있었을 것이다. 최충헌 정권을 지금처럼 태어나서는 안 될 반역의 정권으로 매도하는 짓은 그만두어야 한다. 한국 역사를 당당히 장식하는 특별한 정치형태로 인정하는 것이 올바르다. 또 하나는 최충헌이 반역자인가다. 오늘날 반역자가 아니라는 견해가 제기되고 있으나, 아직은 반역자라는 평가가 압도적이다. 그러나 이제 최충헌은 새 시대를 열고 새로운 정치형태를 구현한 혁명가로 재평가되어야 한다. 최충헌 정권은 4대 집권자 최의가 김준(金俊)에게 살해됨으로써 끝났다. 최충헌 정권은 탄생과 종말이 왕조시대의 왕국처럼 집권자의 목숨과 함께했다.

수렴청정으로 탄생한 세도정권

정치보복으로 점철된 수렴청정

조선의 명운이 다한 탓일까? 조선은 제23대 순조 이래 무려 4명의 왕이 즉위 후 직접 나라를 다스리지 못하고, 3명의 왕후가 수렴청정(垂簾聽政)했다. 그들은 순조, 헌종, 철종, 고종 등이다. 순조·헌종·고종은 나이가 어려서 그랬고, 철종은 비록 19세에 왕위에 올랐으나 무식하여 그랬다. 수렴청정은 정순왕후가 3년간 순조를 섭정하고, 순원왕후가 10년간(헌종 7년, 철종 3년) 섭정했다. 그리고 신정왕후가 고종을 5년간 섭정했다. 따라서 조선은 세 왕후가 마치 여왕처럼 18년 동안 나라를 다스린 셈이다.

정순왕후 생가

이처럼 수렴청정과 왕의 친정(親政)이 네 차례나 반복하는데, 이것은 정상적인 왕정이라 할 수 없다. 특히 순조·헌종·철종이 재위한 63년간은 왕실의 외척 안동김씨와 풍양조씨가 정권을 좌지우지했다. 오늘날 이를 두고 '세도 정치' 또는 '세도 정권'[36]이라고 일컫는다.

정순왕후의 삶은 순탄하지 않았다. 그녀는 15세에 51살이나 많은 66세의 영조와 결혼한다. 영조의 첫 왕비 정성왕후(貞聖王后)가 죽자, 둘째 왕비로 책봉되었다. 66세의 신랑과 15세의 신부, 결혼생활은 원만할 수 없었고 슬하에 자식을 두지 못했다. 이후 영조가 83세에 사망하자, 그녀는 불과 32세의 젊은 나이에 청상과부가 되고 왕실의 최고 어른이 되었다.

조선의 세도 정권은 정순왕후의 수렴청정으로부터 시작한다고 할 수 있다. 1800년 6월 29일 정조(正祖)가 죽고, 아들 순조(純祖)가 7월 4일에 즉위했다. 순조는 11세로 나이가 어려서 즉위하는 당일에 증조할머니 정순왕후가 대왕대비가 되고, 순조가 15세가 될 때까지 3년간 수렴청정하기로 결정되었다. 당시 왕실에는 정순왕후 외에 순조의 친할머니 혜경궁 홍씨, 법적 어머니

---

36) 세도는 '世道(세도)'와 '勢道(세도)'의 뜻이 있다. 본래 세도(世道)란 '세상 가운데의 도리'란 뜻이고, 세도정치는 '세상을 올바르게 다스려 나가는 정치'라는 뜻이다. 따라서 세도(世道)의 책무는 국왕에게 있지만, 사림 출신 조광조(趙光祖)가 집권한 이래 사림 출신 정치가의 책무로 강조되었다. 세도(勢道)는 『매천야록』을 쓴 황현(黃炫)이 순조·헌종·철종이 재위한 때에 외척이 권세를 잡고 국정을 전횡한 것을 비판하면서, 세도(世道)를 세도(勢道)로 바꾸어 부름으로써 학문적인 용어가 되었다.

인 정조의 정비 효의왕후(孝懿王后), 생모 가순궁 수빈(綏嬪) 박씨 등 세 명이 생존해 있었다. 그러나 정순왕후가 영조의 계비(繼妃, 둘째 왕비)로서 서열이 가장 높아 대왕대비가 되고 수렴청정을 맡았다. 정순왕후는 그야말로 '아닌 밤중에 홍두깨' 식으로 얼떨결에 대권을 차지했다.

정순왕후는 수렴청정이 결정되자, 마치 권력에 굶주린 사람처럼 돌변한다. 정조의 장례를 준비하는 어수선한 마당인데도 불구하고 대신들을 불러서 스스로 여군(女君, 여자 국왕)이라고 공언했다. 개인별로 충성 서약을 받았다. 왜 그랬을까? 섭정에 임하는 단단한 각오인가? 그렇지 않다. 피비린내 나는 정치보복의 준비였다. 정순왕후는 정조의 장례식이 끝나자마자, 정치보복을 노골적으로 감행한다. 정조가 총애한 인물들을 대거 숙청하고, 친위부대인 장용영(壯勇營)을 없애버렸다. 이듬해 1801년에는 대대적인 유혈사태를 벌인다. 이른바 신유박해(辛酉迫害)라 일컫는 천주교 탄압이다. 천주교 탄압의 발단은 사도세자(思悼世子)의 죽음으로 거슬러 올라간다.

사도세자는 영조의 친아들이다. 1762년 영조가 뒤주에 가두어 죽였다. 당시 조정의 신하들은 두 갈래, 즉 사도세자를 '죽여야 한다'와 '살려야 한다'로 갈렸다. 정순왕후는 '죽여야 한다'는 편에 섰다. 그녀의 아버지 김한구(金漢耉)와 오빠 김구주(金龜柱)가 죽여야 한다고 주장해서 친정 편에 선 것이다. 이후 영조가 죽고 정조가 즉위하자, 정국은 급변한다. 조선의 조정은 사도세자의 죽음을 두고 또다시 두 갈래, 즉 '억울한 죽음'이라고 주장하는 시파(時派)와 '당연한 죽음'이라고 주장하는 벽파(僻派)로 갈렸다. 정조는 벽파를 가차 없이 처단했다. 정순왕후의 아버지 김한구는 죽고 없어서 화를 면하고, 오빠 김구주는 벽파의 우두머리여서 처형되었다. 정순왕후는 비록 왕실의 가장 높은 어른이지만, 친오빠의 처형을 막지 못했다.

신유박해는 겉모양은 천주교 탄압이지만, 주목적은 정순왕후의 반대 편인 시파의 처단이었다. 시파의 인물 중에 천주교도가 많았다. 결과는 천주교도 100여 명이 처형되고 400여 명이 유배되는 피바람이 불었다. 이때 정약용(丁若鏞)이 유배당하고, 그의 형 정약종(丁若鍾)이 참수되었다. 당시 정조의 생모 혜경궁 홍씨는 참담한 꼴에 처한다. 정순왕후가 그녀의 남동생 홍낙임 (洪樂任)을 천주교도라는 죄명을 씌워 죽이고, 자손들을 모두 귀양 보냈기 때문이다. 이것은 정조가 정순왕후의 오빠 김구주를 죽인 것에 대한 보복의 성격이 짙다. 혜경궁 홍씨는 임금 순조의 친할머니지만, 남동생 홍낙임의 처형을 막지 못했다.

정순왕후의 섭정은 순조가 15세가 되는 1803년 12월 말에 끝났다. 그러나 대권이 순조에게 넘어갔지만, 1805년 1월에 정순왕후가 사망하기까지 순조는 국정을 정순왕후와 논의하여 처리했다. 섭정으로 다져진 위세가 만만하지 않았기 때문이다. 정순왕후가 죽고 순조의 친정이 본격적으로 개막되자, 또다시 조선의 정치는 요동치고 파탄이 일어났다. 그동안 찍소리 못하고 있던 혜경궁 홍씨를 비롯한 외척들이 떨쳐 일어난 탓이다. 보복은 언제나 보복을 낳는가?

보복은 혜경궁 홍씨가 앞장섰다. 그녀는 정순왕후를 철천지원수로 여겼다. 남편 사도세자를 죽이는 편에 가담하고, 남동생 홍낙임을 죽여서 그렇다. 혜경궁 홍씨는 순조의 생모 가순궁(반남박씨)과 왕비 순원왕후(안동김씨)를 자기편으로 삼고, 정순왕후의 친정(경주김씨)을 비롯한 벽파를 공격했다. 이유는 그들이 사도세자의 죽음과 무관하지 않고, 정순왕후가 섭정할 때 정조의 업적을 망가뜨리고, 순원왕후의 왕비 간택을 방해했다는 따위였다. 당시 처형된 주요 사례를 들면 정순왕후의 당숙(堂叔) 김한록을 무덤에서 시체를 꺼내 목을 베고, 그의 아들 김관주를 유배 보내는 도중에 죽이고, 친척 김일주도 사약을 내려 죽였다. 그리고 그들의 자식들을 모두 귀양 보냈다. 뿐만 아니라 정순왕후가 섭정할 때 영의정을 지낸 벽파의 우두머리 심환지(沈煥之)도 무덤에서 시체를 꺼내어 목을 베었다. 이로 인해 정순왕후의 친정 집안은 거의 몰살되고, 벽파는 재기불능으로 완전히 몰락했다.

정순왕후의 죽음으로 경주김씨가 몰락하자, 외척은 풍산홍씨(혜경궁)와 반남박씨(가순궁) 그리고 안동김씨(순원왕후) 등이 남았다. 이제 순조의 친할머니 혜경궁 홍씨가 왕실의 최고 실세로 올라섰다. 그러나 그녀는 정국을 주도하지 못했다. 오히려 친정 인물들의 신원(伸冤)에만 매달리다시피 했다. 그것은 혜경궁 홍씨의 권력과 정치력의 한계였다. 그녀는 사도세자가 정신병으로 어쩔 수 없이 죽게 되었다는 내용의 『한중록』을 써서 순조에게 주고, 자신과 친정 인물들이 정조를 왕위에 올리기 위해 노력한 것을 누누이 강조했다. 혜경궁 홍씨는 1805년 정순왕후가 죽은 이후, 1816년 12월에 81세로 사망할 때까지 11년간 왕실의 최고 어른으로서 순조의 효도를 받으며 살았다.

혜경궁 홍씨가 죽자, 순조의 생모 가순궁 박씨의 친정 집안이 득세한다. 그러나 그녀는 예의 바르고 검소하여 현빈(賢嬪)으로 칭송받았고, 성격이 정치 성향이 아닌 데다가 친정 오빠 박종경(朴宗慶)이 1817년에 사망함으로써 위세를 크게 떨치지 못했다. 가순궁 박씨는 1822년(순조22)에 52세의 나이로 세상을 떠났다. 그러자 순원왕후가 왕실의 큰 어른이 되고 안동김씨가 외척의 너울을 쓰고 전면에 등장했다. 안동김씨의 중심은 순원왕후의 아버지 김조순이다. 김조순은 병자호란 때 주전파로 이름난 김상헌(金尙憲)의 후손이고, 그의 가문은 노론의 핵심이었다. 외척 안동김씨는 지금의 경북 안동과는 거리가 멀다. 본관이 안동일 따름이고, 실제는 대대로 한양에서 산 서울 토박이다.

순원왕후는 정조가 아들 순조가 세자일 때 세자비로 간택하지만, 최종 결정을 내리지 못하고 죽었다. 최종 결정은 정순왕후가 내렸다. 정조는 왜 세력이 가장 강한 노론 가문에서 며느리를 찾아 간택했을까? 그것은 자신이 죽은 후 노론을 아들 순조의 보호막으로 삼으려 한 것으로 보인다. 어떻든 정조가 김조순의 딸을 왕비로 간택한 것은 노론의 핵심 안동김씨 가문에 외척의 옷을 입힌 것이 된다. 다시 말하면 정조의 간택이 조선을 외척 안동김씨의 세상으로 만들었으니, 정조의 멀리 보지 못한 큰 실책이라 할 수 있다.

이상을 정리하면, 정조가 죽고 순조가 즉위한 이후 외척의 주도권은 정순왕후(경주김씨)→ 혜경궁(풍산홍씨)→ 가순궁(반남박씨)→ 순원왕후(안동김씨)의 순으로 이어졌다. 정순왕후의 경주김씨는 혜경궁 홍씨의 보복으로 완전히 몰락하고, 이후 풍산홍씨와 반남박씨도 세력이 약화되었다. 이제 남은 것은 안동김씨뿐이다. 바야흐로 안동김씨의 외척 시대가 활짝 열렸다.

순원왕후 1차 섭정, 안동김씨의 철옹성을 쌓다

순원왕후는 헌종을 7년간 섭정하고, 철종을 3년간 섭정했다. 두 차례에 걸쳐 10년이나 조선을 통치했으니, 그야말로 여군(女君, 여자 국왕)이라 부를 만하다. 그러나 손쉽게 대권을 차지한 탓인가? 혹은 궁궐 생활로 인해 세상 물정에 어두운 탓인가? 10년간의 국정운영은 탐탁한 구석이 별로 없다. 오로지 친정 안동김씨 일족을 위한 철옹성을 쌓기 위해 온 힘을 쏟았다고 할 수 있다. 특히 철종을 섭정할 때는 안동김씨 정권을 노골적으로 완성해 나갔다. 따라서 순원왕후의 섭정을 옳게 이해하기 위해서는 헌종의 1차 섭정과 철종의 2차 섭정을 구분하여 파악하는 것이 좋다.

1834년 11월 순조가 죽자, 뒤를 이어 순조의 손자 헌종이 즉위한다. 그러나 헌종이 나이가 어려서 헌종의 친할머니 순원왕후가 현종이 15세가 되는 때까지 7년간 수렴청정하기로 결정되었다.

순원왕후에게 수렴청정은 꿈에도 바라지 않은 애달픈 일이기도 하다. 왜냐하면 하나뿐인 아들 효명세자(孝明世子)가 21세의 젊은 나이에 사망함으로써, 어린 손자를 보위에 앉히고 섭정을 한 때문이다. 효명세자는 '효명(孝明)'이라는 호칭에서 보듯이 효성이 깊고 명민했다. 성장하면서 문학과 예술에 천부적인 재능을 보였다. 8세에 성균관에 입학하고, 10세에 결혼을 하고, 18세에 아버지 순조가 건강이 나쁘다는 이유로 대리청정을 수행했다. 정통성을 완벽히 갖추며 왕위 계승의 절차를 밟은 것이다. 그러나 조선의 불운인가? 효명세자는 대리청정한 지 3년이 되는 1830년 윤4월 갑자기 각혈을 쏟고는 며칠 만에 죽었다. 어릴 적에 천연두와 홍역을 심하게 앓은 병력이 있을 뿐, 결혼하여 아들(헌종)도 낳고, 평소 건강에 별 이상이 없었는데 돌연히 급서했다. 아마 순원왕후는 한낮에 날벼락을 맞은 기분이었을 것이다.

효명세자가 대리청정한 시기에 풍양조씨(豊壤趙氏)가 세력을 떨쳤다. 그 까닭은 풍양조씨 조만영(趙萬永)의 딸이 효명세자의 세자빈이[37] 되었기 때문

---

37) 효명세자의 세자빈은 아들 헌종이 즉위한 후 신정왕후로 책봉되고 왕대비가 된다. 이후 통상 조대비(趙大妃)로 불렸다. 조대비는 1857년에 순원왕후가 죽은 후 대왕대비(大王大妃)가

이다. 조만영은 효명세자가 대리청정하는 동안 이조판서와 어영대장을 겸임하여 인사권과 군권을 쥔 막강한 권력자가 되었다. 조만영으로 인해 풍양조씨 일족들이 정계에 대거 등장했다. 오늘날 이를 두고 풍양조씨 세도 정권이라 일컫는다.

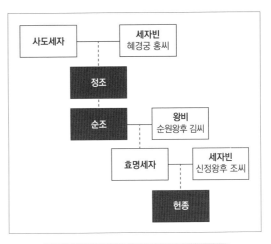

사도세자, 정조, 순조, 헌종 가계도

순원왕후는 섭정을 시작하며, 전례가 없는 인사 파행을 저질렀다. 조선의 기본 법전인 『경국대전』은 조정의 주요 관직에 왕실의 종친과 외척을 임용하지 않아야 한다고 규정하고 있다. 그녀는 이를 무시했다. 인사권을 가진 이조판서에 안동김씨 일족 김학순(金學淳)을 임명했다. 의정부와 육조 그리고 삼사(三司)의 요직에 자신의 오빠를 위시한 6촌 인척들을 앉히고, 회전문 인사를 하여 돌아가며 요직을 차지하도록 했다. 한편 모양새를 갖추려고 풍양조씨, 풍남홍씨, 반남박씨 등도 일부 등용했다.

순원왕후의 파행은 이에 그치지 않았다. 자신과 대신들이 모여 국정을 논의하는 공식 회의에 관직이 없는 친오빠 김유근, 효명세자의 장인 조만영, 헌종의 장인 김조근 등 외척을 참석시켰다. 이것은 태조 이성계 이래로 전례가 없는 일이고, 국법을 위배하는 행위였다. 왜 국법을 어기면서까지 그랬을까? 결국 순원왕후의 행위는 안동김씨를 주축으로 조정을 구성하고, 다른 외척들로 구색을 갖추려 했다고 할 것이다. 뿐만 아니라 순원왕후는 지방의 수령과 관리도 안동김씨와 다른 외척들을 다수 임용했다. 그로 인해 조선은 왕실과

___

된다. 이후 철종이 후사가 없이 사망하자, 흥선대원군의 둘째 아들(이명복)을 고종으로 즉위시키고, 3년간 수렴청정을 했다. 결국 조선은 서세동점(西勢東漸)의 험난한 시기에 시어머니 순원왕후와 며느리 신정왕후가 대를 이어 수렴청정하는 회귀한 일이 벌어졌다.

외척에 연결되지 않는 자는 관직 진출의 길이 거의 막혀버렸고, 중앙이나 지방 모두 안동김씨가 판을 치는 세상이 되었다.

기막힌 파행은 또 있다. 순원왕후는 헌종의 왕비를 자신과 8촌인 김조근(金祖根)의 딸을 간택했다. 그로 인해 안동김씨는 순원왕후에 이어 왕비를 배출함으로써 '왕후족'으로 위세를 떨치고, 안동김씨 세도 정권의 철옹성을 단단히 다져갔다. 그녀는 인척을 왕비로 간택한 것이 비난받을 조치인데도 불구하고, 거리낌 없이 강행했다. 그녀의 독선과 안동김씨의 전횡을 견제할 세력이 사라지고, 안동김씨가 판을 치는 조선이 되었다.

순원왕후의 섭정은 1840년 12월 말에 끝나고, 1841년 새해부터 헌종이 친정했다. 헌종은 조정을 친정체제로 개편하면서도 영의정, 좌의정, 우의정을 순원왕후의 측근으로 채웠다. 친정의 첫 작품을 할머니 순원왕후가 좋아하도록 배려한 것이다. 그러나 이듬해부터 헌종과 순원왕후는 사이가 틀어지고 대립하기 시작한다. 헌종은 해를 거듭할수록 자기 색깔을 드러냈다. 안동김씨 인물을 점차 요직에서 배제하는 것으로 순원왕후의 입김을 제거해 나갔다. 순원왕후와 달리 상업과 무역을 장려하는 정책을 추진해 나갔다. 정조가 친위군대로 장용영(壯勇營)을 창설했듯이, 헌종은 북한산성을 수호하는 총융청을 친위군대 총위영(總衛營)으로 개편하고 왕궁을 호위하게 했다. 순원왕후는 모른 체 하며 가만히 있지 않았다. 헌종의 상업정책에 불만을 터뜨리고, 총위영의 군비 지출이 막대하다며 시비를 걸었다. 자신의 측근과 추종자들에게 헌종의 정책을 강력히 비판하고 반대하도록 채근했다. 이처럼 순원왕후는 섭정이 끝난 뒤에도 권력의 끈을 놓지 않았다. 친손자 헌종이 성군으로 성공하기보다, 자신의 권력욕을 채우고, 친정과 안동김씨 일족의 번창을 더 소망했다. 그러나 헌종은 자신의 정책을 관철해 나가기에는 경륜이 부족하고, 순원왕후의 간섭을 탈피하기는 힘이 모자랐다. 결국 헌종은 순원왕후와의 대립과 갈등을 극복하지 못하고, 22세의 꽃다운 젊은 나이에 급사하고 만다.

헌종의 사망을 두고 순원왕후가 죽였다는 의심이 있다. 왜냐하면 헌종이 평소 큰 병을 앓지 않았고, 당시 위독한 병세를 보이지 않았으며, 사망 당일

오전에 순원왕후가 보낸 의원이 진찰한 직후에 죽었기 때문이다. 헌종이 죽은 후 순원왕후가 보낸 의원에 대해서 그녀와 대간들이 일언반구도 질책하지 않은 것이 의심을 보탠다. 또 다른 의심 거리가 있다. 순원왕후가 헌종의 친위군인 총위영(總衛營)의 예산을 몰수하고, 헌종의 측근들을 처벌한 것이다. 순원왕후는 헌종이 죽은 다음 날, 아직 상복도 갈아입지 않은 황망한 때에 총위영의 예산을 몰수하라는 지시를 내렸다. 헌종이 창설한 총위영이 얼마나 거슬리면, 상복도 입지 않은 채 없애도록 했을까? 총위영은 1개월여 뒤에 해체된다. 한편 국왕이 서거하면 통상의 관례는 새 왕이 즉위할 때까지 당시의 조정이 국정을 수행하고, 새 왕이 즉위하면 조정을 개편하는 것이다. 순원왕후는 이런 관례를 깼다. 헌종의 시신이 왕궁에 안치되어 있는데도 불구하고(헌종은 10월 14일에 장례식을 거행한다), 헌종이 총애한 신하들을 죽이거나 유배 보내는 등으로 완전히 제거해 버렸다.

어쨌든 할머니가 친손자를 죽이기까지야 했을까마는, 영조가 친아들 사도세자를 죽인 조선의 왕실이어서 의심을 지우기 어렵다. 순원왕후를 의심하지 않는다 해도 권력욕과 친정을 향한 애착에 사로잡혀 헌종을 도와주기는커녕 사사건건 방해함으로써, 극심한 스트레스를 입힌 것은 부인할 수 없다. 순원왕후로 인한 스트레스가 죽음을 초래한 가장 큰 요인일 수 있다.

순원왕후 2차 섭정, 안동김씨 정권을 완성하다

1849년 6월 6일 헌종이 죽자, 조선은 혼란에 휩싸였다. 헌종이 대를 이을 왕자를 낳지 못하고, 22세의 젊은 나이로 죽은 탓이다. 누구를 왕으로 옹립할 것인가? 이의 결정은 대왕대비 순원왕후의 손에 달렸다.

순원왕후는 헌종이 죽은 당일, 강화도에서 귀양살이하는 19세의 이원범(李元範)을 왕위계승자로 지정하고, 사람을 강화도에 보내 데려왔다. 이원범이 궁궐에 도착하자, 순원왕후는 그를 자신의 양아들로 입적시킨다. 그리고 다음 날 6월 8일 덕원군(德源郡)으로 책봉하고, 6월 9일 즉위식을 거행한다. 그야말로 번갯불에 콩 구워 먹듯이 헌종이 죽은 뒤 3일 만에 강화도의 농사꾼 총각이 제25대 철종이 되었다. 순원왕후는 왜 이원범을 양아들로 입적했을까? 본래 이원범은 정조의 이복동생 은언군(恩彦君)의 손자다. 따라서 왕실의 서열은 순원왕후의 아들 효명세자와 동렬이고, 손자 헌종보다는 한 항렬이 높다. 촌수로는 헌종의 9촌 아저씨이므로 왕위를 계승할 수 있는 왕통과 거리가 멀다. 그러므로 순원왕후가 이원범을 자신의 양아들로 입적하여 왕통을 세워준 것이다.

당시 순원왕후는 엄청난 거짓말을 했다. 헌종의 계승자로 이원범을 지정하면서, 대신들에게 지금 영조의 후손이 이원범뿐이라고 말했다. 당시 이원범은 이복형 이경응(李景應)과 함께 살고 있었다. 따라서 왕위 계승의 순서는 이경응이 앞선다. 순원왕후는 왜 이원범뿐이라고 거짓말을 했을까? 그것은 수렴청정 때문이었다. 왜냐하면 이경응은 결혼하여 부인이 있었고, 글을 상당한 수준까지 깨쳤으므로, 그를 왕위에 앉히면 자신이 수렴청정할 수 없었다. 순원왕후는 철종을 즉위시킨 후 곧바로 철종과 대신들을 자신의 처소에 불러 모았다. 그리고 3년간 섭정하겠다고 천명했다. 이유는 철종이 비록 나이가 19세지만, 군왕으로서의 소양이 부족하여 3년간의 공부가 필요하기 때문이라고 했다. 반대하는 대신이 아무도 없었다. 본래 조선의 수렴청정 관례는 섭정을 맡아달라는 대신들의 권유를 9번 사양하는 겸양의 미덕을 갖추는 것이었다. 순원왕후가 처음 헌종을 수렴청정할 때는 관례를 따라서 사양하는 겸양의 모양새를 보였다. 그러나 철종 때는 단 한 번의 권유와 사양이 없었다. 오히려 마치 학수고대하고 기다렸다는 듯이 자신이 섭정하겠다고 선언했다. 얼마나 대권에 욕심이 났으면 그리했을까?

혹자는 순원왕후가 안동김씨 세력의 꼭두각시일 뿐이라고 주장한다. 안동김씨 세력이 물밑 작업을 통해 그녀를 조종했다는 것이다. 물론 순원왕후가 쓴 '한글편지' 등의 기록에는 친정 일족으로부터 의견을 듣거나 자문을 받으며, 논의한 흔적이 있어서 그렇게 여길 수 있다. 친정 일족은 순원을 어떻게든 손아귀에 넣고 조종하려 했을 것이다. 그러나 두 차례에 걸친 섭정의 내막을 살펴보면, 순원왕후가 친정 일족의 도움을 받기보다 그들을 감싸고 보호했다고 할 것이다. 특히 헌종이 죽자, 즉시 총위영의 예산을 몰수하고 헌종의 측근 신하들을 처벌한 것, 이원범이 영조의 유일한 혈족이라며 속이고 양아들로 입적하여 즉위시키는 따위는 그녀의 재빠른 상황 판단과 과감한 처리능력의 결과이지,

순원왕후의 한글 편지(한국인물사)

누군가의 물밑 조종에 의한다고 볼 수 없다.

순원왕후의 2차 수렴청정은 노련했다. 그녀는 섭정하는 동안 안동김씨 정권을 확고히 세우려 했고, 그것은 친동생 김좌근을 영의정으로 하는 정권의 수립이었다. 이를 위해서 폭군이라 할 정도로 조정을 독단으로 이끌고, 여타 외척을 배려하는 정치력을 구사하면서 안동김씨 세력을 가일층 키웠다. 왜 순원왕후는 안동김씨 정권에 그토록 매달렸을까? 여러 이유가 있겠지만, 다음의 두 가지를 가장 큰 이유로 꼽을 수 있다.

하나는 정순왕후의 실패다. 대권을 쥐고 천하를 호령한 정순왕후이지만, 막상 섭정을 마치고 죽자, 그녀의 친정은 참혹하게 몰락했다. 이를 생생히 지켜본 순원왕후가 자신의 사후를 염려하여 안동김씨 정권을 단단히 세우려 한 것이다. 또 하나는 순원왕후의 불행한 개인사다. 처음 그녀의 궁궐 생활은 행복했다. 20세에 아들 효명세자를 낳았고, 공주 3명을 순산했다. 그러나 1830년부터 불운이 닥친다. 그해에 외아들 효명세자가 죽고, 2년 뒤에 첫째 공주 명온(明溫)과 둘째 공주 복온(福溫)이 거의 동시에 죽고, 또 2년 뒤에 남편 순조가 승하한다. 불운은 이에 그치지 않았다. 1844년 순원의 나이 54세에 막내 딸 공주 덕온(德溫)이 죽는다. 이렇게 순원왕후는 남편과 자녀가 모두 자신보다 일찍 사망한 불행한 여인이었다. 2차 섭정을 시작한 1849년은 홀로된

지 5년 후다. 믿고 의지할 곳은 오직 친동생 김좌근과 안동김씨 일족뿐이었다. 이에 안동김씨 정권을 세우기 위해 물불을 가리지 않았다고 할 수 있다.

순원왕후의 2차 섭정은 1차 섭정과 달랐다. 2차 섭정은 친동생 김좌근을 영의정으로 하는 안동김씨 정권을 구축하는 것에 초점이 맞춰져 있었다. 그것은 그녀가 역점을 두어 추진한 다음의 세 가지 사항, 즉 철종의 왕비 간택, 철종의 교육, 김좌근 정권의 수립 등을 통해 확인할 수 있다.

첫째, 철종의 왕비 간택이다. 당시 왕비 간택의 결정권자는 순원왕후였다. 그녀는 김문근(金汶根)의 딸을 간택하고, 철인왕후(哲仁王后)로 책봉한다. 김문근이 누구인가? 그는 순원왕후와 8촌이다. 순원왕후는 손자 헌종의 왕비 효현왕후를 8촌 김조근(金祖根)의 딸을 간택한 데 이어, 양아들 철종의 왕비 철인왕후를 또다시 8촌 김문근의 딸을 간택했다. 그로 인해 놀라운 일이 발생한다. 안동김씨가 순조(순원왕후)와 헌종(효현왕후)에 이어 철종(철인왕후)까지 내리 3대째 왕비 자리를 차지한 것이다. 조선에서 3대째 왕비를 차지한 씨족은 안동김씨와 파평윤씨뿐이다. 파평윤씨는 15세기에 세조(정희왕후), 성종(정현왕후), 중종(장경왕후) 등 3대에 걸쳐 왕비를 차지했다. 그로 인해 세간에서는 파평윤씨와 안동김씨를 '왕비족'이라 부르기도 한다. 뿐만 아니라 순원왕후는 자신이 낳은 공주 2명을 안동김씨에게 시집을 보냈다. 왜 그녀는 딸까지 친정 안동김씨와 연을 맺게 했을까? 그것은 정순왕후가 죽은 후 그녀의 친정 경주김씨가 정치보복으로 몰락하는 것을 본 순원왕후가 자신이 죽은 이후를 염려하여 왕실을 안동김씨로 겹겹이 에워싸서 보호하려 했다고 할 수 있다.

둘째, 철종의 교육이다. 철종이 즉위한 후 순원왕후가 철종에게 공부를 얼마나 했느냐고 물었다. 철종은 어릴 적에 『통감(通鑑)』과 『소학(小學)』을 조금 읽었으나, 지금은 까먹고 모른다고 대답했다. 어쨌든 왕위에 오른 이상, 군주의 위엄을 갖추고 공문서를 처리할 수 있는 지식과 소양이 필요하므로, 섭정하는 3년 동안 교육을 받도록 조치했다. 교육하는 강사진을 친동생 김좌근(金左根)과 6촌 김흥근(金興根)을 중심으로 하여 짰다. 철종이 순원의 양아들이니까 이들은 철종에게 삼촌이 된다. 이것은 순원왕후가 철종을 친동생 김좌근과 이중삼중으로 엮어놓고, 철종이 안동김씨의 영향권을 벗어나지 못하도록 세뇌하려 했다. 순원왕후의 섭정이 끝나고 철종이 친정할 때, 김흥근과 김좌근이 차례로 영의정이 되는데, 이들이 신하로서 철종을 옹위하기보다 철종이 이들을 삼촌 또는 스승으로 어려워하며, 또 그에 의지했다. 순원왕후가 그만큼 멀리 내다보며 철종을 훈육한 것이다.

셋째, 김좌근 정권의 수립이다. 순원왕후는 노회(老獪)했다. 문무백관을 어떻게 다스리고 길들이는지를 잘 알았다. 헌종이 죽자, 곧바로 헌종의 측근들을 파직하고 외딴섬으로 귀양보냈다. 특히 풍양조씨의 핵심 인물 조병현(趙秉鉉)을 전라남도 지도(智島)에 위리안치했다가 사약을 내려 죽였다. 대권을 잡자마자, 살벌한 공포 분위기를 조성한 것이다. 순원왕후는 인사에서 법과 관례를 무시하기가 다반사였다. 관리들을 안하무인으로 대하고, 무시로 문책하거나 파직하고 유배보냈다. 대표적인 사례로 한성부 판윤 이기연(李紀淵)을 들 수 있다. 순원왕후는 1850년(철종1) 3월 4일 이기연을 한성부 판윤(정2품), 즉 지금의 서울시장에 임명한다. 그러나 불과 17일 후 3월 21일 이기연이 명령을 즉시 따르지 않는다며 파직하고, 명령 불복종의 죄를 씌어 말단 병사로 강등시키고, 황해도로 귀양보냈다. 이것은 서슬퍼런 본보기일 것이다. 어쨌든 정2품의 한성판윤을 임명한 지 17일 만에 최말단 병사로 강등시키고 귀양까지 보냈으니, 폭군이 따로 있냐? 그야말로 끽소리를 할 수 없는 파리 목숨의 관직이었다.

순원왕후가 섭정을 마칠 때, 그녀의 6촌 김흥근이 좌의정으로 안동김씨 정권을 이끌었다. 그녀는 친동생 김좌근을 앞세우지 않았다. 세간의 이목을 꺼려한 것이다. 이후 철종이 친정하자, 철종은 김흥근을 영의정으로 올렸다가 3개월 만에 사직시키고, 김좌근을 우의정으로 임명하여 단독으로 조정을 이끌게 했다. 김좌근은 그로부터 1년 후 영의정으로 올라서고, 철종이 재위하는 1864년까지 조선의 최고 권력자로 군림했다. 임금 철종과 신하 김좌근의 관계가 묘하다. 김좌근은 철종의 법적 외삼촌이자 스승이다. 철종은 평소 김좌근을 영상(영의정)대감이라고 부르지 않고 '교동 아저씨'라고 불렀다. 김좌근이 교동에 산 탓이다.

안동김씨 세도 정권은 호박이 덩굴째 굴러왔다고 해도 과언이 아니다. 세도 정권은 어린 왕 순조의 즉위로 인한 순원왕후의 수렴청정으로 탄생했다. 정권을 쟁취하려는 누군가의 치밀한 기획과 추진의 결과가 아니다. 순원왕후는 1834년 헌종의 섭정을 맡은 이후 1857년(철종8) 68세의 나이로 죽기까지 23년간 권력의 중심이었다. 그녀는 조선과 왕실을 위해 애쓰기보다 자신이 죽은 후 친정이 몰락하지 않기를 바라고, 오로지 친정과 안동김씨 일족의 번영을 위해 진력했다.

조선의 세도 정권은 외척들 간의 피의 보복을 거쳐 결국 안동김씨 세도 정권으로 완성되고 막을 내린다. 세도 정권의 탄생과 몰락은 앞에서 살펴본 고려 무신정권과 달리 집권자의 목숨과는 상관없었다. 다만 어린 왕의 즉위에 따른 수렴청정의 시작과 끝이 있을 뿐이었다. 탄생과 종말이 집권자의 목숨에 의하는 고려 최충헌 정권과 차원이 다르다고 할 것이다.

최충헌 정권과 세도 정권의 인재 양성

동서고금을 막론하고 나라의 동량은 관리다. 나라는 우수한 관리를 확보하기 위해 인재의 양성에 힘을 쏟는다. 과거 왕조시대는 더욱 그러했다. 산업화한 오늘날과 달리 관리가 나라의 지배층을 이루고 발전을 이끌어가기 때문이다. 최충헌 정권과 세도 정권의 인재 양성을 막상 비교하려면 어렵다. 관련 기록과 정보가 부족한 탓이다. 그러나 과거시험의 비교를 통해 인재 양성의 실태를 어느 정도 파악할 수 있다. 이에 관한 결론을 먼저 밝히면, 두 정권은 '성공과 실패'라 할 정도로 큰 차이가 있다.

인재 양성에 성공한 최충헌 정권

최충헌 정권은 과거를 장려하고 활성화했다. 1170년 무신정권이 들어서자, 문신의 위세가 추락하고 과거시험의 응시자 수가 격감했다. 그러나 최충헌이 집권한 뒤부터 과거 응시자의 수가 다시 증가하고 합격자도 늘어났다. 최충헌이 문관의 채용을 점차 늘리고 과거를 많이 시행한 탓이다.

최충헌 정권은 통치하는 60여 년 동안 과거시험을 48회 실시하고 합격자를 175명 배출했다. 그것을 정리한 것이 <표 14.1>이다. 표를 살펴보면 최충헌이 집권한 1196년부터 1219년까지 23년간은 과거가 22회 실시되고 72명이 합격한다. 과거시험이 거의 매년 실시되고, 회당 평균 3.3명이 합격했다. 최우, 최항, 최의 등이 집권한 33년간은 과거가 26회 실시되고 103명이 합격한다. 과거시험이 3년에 2회꼴로 실시되고, 회당 평균 4.7명이 합격한 셈이다. 과거시험의 횟수가 최충헌 때보다 감소한 것은 몽골의 침공으로 인해 정국이 혼란해진 탓이 크다. 그러나 회당 합격자의 수가 증가한 것은 과거가 위축되지 않고, 꾸준히 활성화되었다고 할 수 있다.

오늘날 혹자는 최충헌 정권이 시행한 과거를 신랄하게 비난한다. 비난하

표 14.1 최충헌 정권의 과거(문과) 실시 내역(1196~1258년)

집권자	실시 시기	과거 횟수	합격자 수(명)
최충헌 (1196-1219년)	명종	2	2
	신종	6	24
	희종	7	24
	강종	3	18
	고종	4	4
	소계	22	72
최우·최항·최의 (1220-1258년)	고종	26	103
합계		48	175

는 요지는 과거 합격자를 뽑아 놓고 등용하지 않았으며, 충성심 따위를 강요하며 애먹였다는 것이다. 대표적인 예로 이규보를 든다. 이규보는 『동국이상국집』을 지은 고려 최고의 문장가다. 그들은 이규보가 사마시(司馬試)에 1등으로 합격하지만, 등용되지 않아 고생을 많이 하고, 최충헌 정권에 아부하고서야 비로소 관직을 얻었다고 주장한다. 이에는 두 가지 잘못이 있다.

하나는 사마시의 성격이다. 사마시는 과거의 초시(1차 시험)로 사마시에 합격해야 복시(2차 시험)를 볼 수 있다. 따라서 사마시에 1등 한 이규보를 최충헌 정권이 등용하지 않았다고 비난하는 것은 1차, 2차 과거시험을 모르는 무지의 탓이라 할 것이다. 이규보는 사마시에 합격한 이듬해 1190년(명종20) 2차 시험 예부시(禮部試)에 응시하지만, 성적이 좋지 않아서 하위권인 동진사로 합격했다. 이규보가 실망하고 합격증을 받으려고 하지 않자, 아버지가 엄히 꾸짖고, 그러한 선례가 없어서 합격증을 수령했다. 그는 비록 1차는 수석으로 합격했지만, 2차는 상위권에 들지 못했다. 또 하나는 고려와 조선의 과거제도에 대한 착오다. 고려의 과거는 관직 등용의 자격시험이다. 자격시험이므로 1등으로 합격하더라도 관직을 얻기 위해서는 때를 기다려야 하고, 다방면의 노력이 필요하다. 반면 조선의 과거는 오늘날처럼 관직 임용시험이다. 대과(大科)에 합격하면 본인이 고사하지 않는 한 자동으로 관직에 임용된다. 이처럼 두 나라의 과거는 자격시험과 임용시험의 차이가 있다. 더군다나 이규보는 상위권은커녕 중위권도 아닌 하위권 합격자다. 이규보가 과거에 합격하고도 조속히 임용되지 않은 것은 본인의 탓이 크다. 최충헌 정권이 사마시를 수석 합격한 이규보를 등용하지 않았다는 비난은 진실을 호도하는 것이다. 오히려 이규보가 하위권 동진사에 합격하고서도 포기하지 않고 끈질기게 노력하여 늦게나마 관직에 진출한 것을 높이 평가해야 한다.

최충헌은 왜 과거를 활성화했을까? 그것은 관료 구조를 혁신하기 위해서였다. 최충헌이 집권할 당시 관리는 무관 일색이었다. 무신정권의 첫 집권자 이의방이 모든 지방 관아의 수령과 책임자를 무관으로 임용하는 따위로 문관의 자리에 무관을 임명한 탓이다. 최충헌은 집권하자, 문관의 비중을 높이는 쪽으로 관료 구조를 개편하기 시작했다. 그리하여 문관의 비율을 과반이 넘는 54%로 끌어올렸다. 무관 일색에서 문관을 과반이 넘게 한 것은 대단한 혁신이다. 이에 대해 혹자는 날 선 비판을 가한다. 최충헌이 문인들의 환심을 사서 정권을 안정시키려는 얄팍한 유화책이라는 것이다. 그러나 이러한 비판은 최충헌을 잘 모르기 때문이라는 지적을 피할 수 없다.

최충헌은 문무를 겸비한 인물이다. 최충헌의 아버지 최원호는 상장군(上將軍)이었다. 정통 무관 가문에서 태어나 어릴 적부터 무예와 학문을 고루 학습했다. 그는 성장하면서 생각이 달라졌다. 상장군의 아들이므로 무관으로 진출하여 무난히 입신할 수 있었지만, 문관으로 출세하기를 희망했다. 그래서 음서(蔭敍)에 의한 추천으로 양온서(良醞署)의 말단 문관으로 임용되고, 그곳에서 행정 실무를 익혔다. 양온서는 왕실에서 사용할 술을 만드는 관아다. 최충헌은 1170년 무신정권이 들어서자, 재빨리 무관으로 전직했다. 무관이 신변의 안전을 도모하고 아울러 출셋길이 열릴 수 있다고 여긴 것이고, 재빠른 전직 역시 아버지의 영향력 덕분이었을 것이다.

최충헌은 무관으로 전직한 후 문관의 경륜을 쌓았다. 예컨대 안동부사로 재직할 때 지방관의 업무평가에서 전국 최우수를 받아 이름을 날렸고, 문관 직책인 경상·상주·진주 지역의 안찰사를 역임하기도 했다. 따라서 최충헌이 문관의 비중을 50% 이상 늘린 것은 문관의 기능과 역할을 이해하고, 무관 일색의 폐단을 인식하고, 문무관의 균형을 이루려는 것으로 여겨야 할 것이다. 돌이켜 생각해 보자. 문관의 환심을 얻기 위해 무관이 차지한 자리를 빼앗아 문관에게 주면 어찌 될까? 무관들이 손 놓고 가만히 있을까? 이처럼 무관의 불만과 저항을 잠재우고 문관의 비중을 과반 넘게 증가시킨 것은 결코 누구나 할 수 있는 일이 아니다.

관료 구조의 혁신은 대를 이어 진행되었다. 최충헌의 아들 최우는 문관의 비율을 71%로 늘리고, 최우를 이은 최항은 이를 74%까지 높였다. 왕조시대에 문무관의 이상적인 비율이 얼마일까? 이에 관해 학계의 연구와 설명은 아직 나오지 않고 있다. 어쩌면 최우와 최항이 집권한 시기처럼 문관이 70%를 약간 웃도는 비율이 최선일 수 있다. 여하튼 최충헌에 이어 최우가 문관의 비율을 70% 이상 높인 것은 역사의 획을 긋는 혁신이라 할 것이다.

이런 사실을 직시하면 최충헌 정권에 대해 의문이 생긴다. 도대체 문관이 70%가 넘는 정권을 무신정권이라 할 수 있는가다. 최충헌 정권하의 문관은 이전의 무신정권과 확실히 다르다. 3대 집권자 최항(崔沆)은 일찍 출가하여 무인과 거리가 먼 승려로 생활했다. 따라서 최충헌 정권을 일방적으로 무신정권이라고 매도하기보다 이전의 무신정권과 구별하고 이를 뛰어넘는 특별한 정치형태로 평가하고 자리매김할 필요가 있다.

최우는 어떻게 문관을 70% 이상 늘렸을까? 최우는 아버지 최충헌보다 통치 체제를 더 견고하고 세련되게 구축했다. 대표적인 예는 자기 저택에 설치한 정방(政房)과 서방(書房)이다. 먼저 정방은 앞에서 살펴보았듯이 교정도감의 인사권을 분리하여 소속시킨 기관으로, 문무백관의 임용·전보·처벌 등의 권한을 행사한다. 이곳에는 인사안을 짜고 국왕의 서명을 받아내는 3-4품의 고위 관리가 배속되었다. 그리고 필도치(必闍赤)라 부르는 실무 임시직원을 두었다. 필도치는 글에 뛰어난 문사(文士)를 임용하고, 필도치가 일정한 업무성과를 내면 정규직 문관으로 뽑았다. 다음 서방은 최우의 저택에 건립된 특별 기관이다. 최우는 문객 중에서 학문과 문필이 뛰어난 문사를 선발하여 서방에 소속시키고, 자신을 숙위(宿衛)하게 했다. 서방의 문사들은 매일 3교대로 숙직을 서고, 정책을 자문하고, 외교문서를 작성하는 따위의 업무를 보았다. 이들 중에 업무성과가 양호한 자는 문관으로 등용되거나 정방의 필도치로 임용되었다.

오늘날 학계의 통설은 정방과 서방을 최충헌 정권의 사적 지배기구로 본다. 무신정권의 약점을 보완할 목적으로 문인을 회유하고 포섭하기 위해 설치한 기구로 보는 것이다. 물론 그러한 목적이 다분히 있지만, 그보다 차원이 높은 정치적 함의를 직시해야 한다. 정방과 서방은 그 구성원이 문관과 문사이고, 또 문관을 배출하는 문고리 기구의 역할을 했다. 최충헌 정권은 정방과 서방을 통해 문무관의 기능과 역할을 구분 짓고, 이를 통해 문관을 등용하여 문관의 비중을 높였다. 결국 정방과 서방은 최충헌 정권이 통치 기반을 강화함과 동시에 우수한 인재를 양성할 목적으로 설치한 특별 기구라 할 것이다.

인재 양성에 실패한 세도 정권

세도 정권의 인재 양성을 평가하면 한 마디로 실패했다고 할 것이다. 세도 정권은 서구 열강이 동북아로 본격 진출하는 서세동점(西勢東漸)의 시기에 등장한다. 서세동점에 대처할 수 있는 우수 인재의 육성이 시급하나, 세도 정권은 이를 도외시했다. 오히려 외척과 권문세족을 관리로 등용하는 음서(蔭敍)가 만연해지고, 정실 인사가 판을 쳤다. 과거시험은 부정과 부패가 극심함으로써, 과거를 통해 등용된 관리도 수준이 많이 떨어졌다.

세도 정권 때의 과거(문과)를 정리한 것이 <표 14.2>이다. 세도 정권 60년 동안 과거(문과)가 100회 실시되고, 합격자는 1,997명이 배출되었다. 과거시험이 연평균 1.7회 실시되고, 1회에 33.3명이 합격한 꼴이다. 과거는 문과와 무과가 있는데, 왜 문과만 정리하느냐면 고려시대는 무과를 실시하지 않았기 때문에 이와 비교하는 견지에서 그렇게 한 것이다. 표를 살펴보면 과거시험의 횟수와 합격자의 수가 다른 시기에 비해 흠 잡힐 정도는 아니다. 문제는 과거시험의 심각한 부조리와 부패다.

표 14.2 세도정권 기간의 과거(문과) 내역

구분	합계	순조(1800-1834)	헌종(1834-1849)	철종(1849-1860)
횟수(회)	100	51	23	26
합격자 수(명)	1,997	1,058	463	476

과거시험의 부조리와 부패를 만천하에 힐난한 자가 있다. 바로 실학자 박제가(朴齊家)다. 박제가는 그가 쓴『북학의(北學議)』에서 과거시험을 응시한 자가 수만 명인데도 불구하고 한나절이 안 되어서 합격자가 발표된다며, 시

험이 아니라 제비뽑기와 같다고 비꼬았다. 이것은 미리 합격자를 내정해 놓고 대충 채점한다는 말이기도 하다. 사실상 과거시험은 18세기 들어서 부정·부패로 엉망이 되었다. 대리시험과 시험답안지 바꿔치기가 예사였고, 심지어 시험답안지를 사고팔았다. 과거시험을 보는 곳에서 시비가 일어나 난투극이 벌어지고 답안지가 찢어지는 따위의 사건이 비일비재했다.

순원왕후는 섭정하면서 과거보다 음서를 좋아했다. 외척과 권문세족의 대신(大臣)을 우대한다는 명분으로 그 자손에게 관직을 약속하고 임용했다. 이것은 인사권을 쥔 이조판서에 안동김씨를 비롯한 외척을 보임함으로써 가능했다. 날이 갈수록 외척과 훈구세력에 줄을 대지 않는 자는 관리 진출이 불가능해졌다. 이에 대해 박제가는 조정이 관리를 선발할 때 실력을 안 보고, 문벌을 보고 뽑는다고 비난했다.

규장각

인재 양성에 실패한 대표적 사례로 규장각(奎章閣)을 들 수 있다. 규장각은 1776년 3월 정조가 즉위하면서 설치한 왕립도서관이자 정책연구기관이다. 오늘날 학자들은 규장각이 정조의 개혁 정치를 받쳐줄 관리를 양성하기 위한 기관이었음을 강조한다. 그러나 정조가 서얼 출신의 박제가, 유득공, 이덕무 등을 규장각 학사로 뽑아 문벌과 신분을 무시한 점, 젊은 과거급제자를 선발하여 3년간 재교육을 받게 하는 초계문신(抄啓文臣)[38] 제도를 시행한 점 등을 참작하면, 규장각은 단순히 개혁 정치를 위한 기관에 머물지 않는다. 그야말로 조선의 앞날을 열어갈 인재를 양성하는 기관이라 할 것이다. 순원왕후는 수렴청정을 시작한 후 규장각을 완전히 망가뜨렸다. 정조가 임용한 관리를 내쫓고, 실무 인원을 대폭 줄이고, 단지 왕실의 서책과 자료 따위를 보관하는 도서관으로 축소했다. 그녀는 규장각의 무엇이 못마땅했을까?

정리하면, 순원왕후는 수렴청정으로 안동김씨 세도 정권을 탄생시켰다. 서세동점의 중차대한 시기에 인재 양성은커녕 오히려 세도 정권의 영속을 위해 인사에 부정·부패를 일삼았다. 그리하여 세도 정권은 조선의 근대화를 가로막는 걸림돌이 되어 망국을 초래했다.

최충헌 정권과 세도 정권의 상업정책

최충헌, 시전을 재건하고 대저택을 짓다

최충헌은 경제에 대한 안목이 남달랐다. 경제의 기능과 역할을 깊이 이해하고, 통치와 정권을 위해 경제를 어떻게 육성하고 발전시켜야 하는지를 알았다. 그러므로 최충헌은 상업의 나라 고려에 걸맞은 지도자였다고 할 수 있다. 최충헌의 남다른 안목은 십자거리시전 재건축과 대저택 건립을 통해서 확인할 수 있다.

최충헌은 집권한 후 대형 건축물을 2개 건립한다. 1208년에 재건축한 십

---

38) 초계문신(抄啓文臣)은 과거에 합격한 37살 이하의 당하관(堂下官)을 선발하여 3년 정도 특별교육을 받도록 하는 것이다. 초계문신으로 선발된 관리는 직무를 면제하고 연구에 전념한다. 교육평가는 1개월에 구술고사인 강경(講經)시험을 2회, 필답고사인 제술(製述)시험을 1회 보았다. 정조가 직접 강경에 참석하거나, 직접 시험문제를 출제하고 채점하기도 했다.

자거리시전과 1210년에 건립한 자신의 대저택이다. 십자거리시전은 큰 기둥 1,008개로 장랑(長廊)을 건립했다. 독립된 개별 상점 건물을 짓지 않고 도로 좌우에 가로 벽을 이루는 장랑의 상점 건물을 지었다. 대저택은 십자거리시전 인근의 활동 지역에 민가 100여 채를 헐어내고 건립했다. 대저택에는 십자거리시전이 바라다보이는 곳에 화려한 십자각(十字閣)의 별당을 지었다. 십자각과 십자거리시전은 서로 마주 쳐다보였다. 따라서 두 건축물은 얼핏 보기에도 상관성이 매우 높다. 우선 시기적으로 십자거리시전을 완공한 후에 연이어서 대저택을 건립한 것이 그렇다. 두 건축물이 서로 마주 쳐다보이므로 각각 별도로 아무렇게 설계하고 건축한 것이 아니라고 할 것이다.

그렇지만 오늘날 학자들은 두 건축물의 상관성을 무시하고, 별개의 건축물로 본다. 지어놓고 보니 그렇다는 식이다. 그리고 두 건축물을 따로 분리하여 평가한다. 십자거리시전은 임금 희종(熙宗)이 재건한 것으로 하여 긍정적으로 평가하고, 최충헌의 대저택은 일신의 호사를 위해 지은 집으로 부정적으로 평가한다. 과연 시전의 재건축은 희종의 작품이고, 대저택은 최충헌이 사리사욕을 채우기 위해 지은 것인가? 그렇지 않다. 두 건축물을 연계하여 살펴보면, 새 시대를 열어가는 최충헌의 원대한 식견과 안목을 발견하고 깜짝 놀라게 된다.

먼저 십자거리시전의 재건이다. 시전은 1208년(희종 4) 7월 재건축에 들어간다. 당시는 최충헌이 정권을 잡은 후 12년째가 되는 시기로 정권의 기반이 단단해져 있었다. 희종은 최충헌의 신분을 격상시켜 제후 격인 진강후(晉康侯)로 책봉하고, '은문상국(恩門相國)'이란 호칭으로 부르며 신하로 대하지 않았다. '은문상국'은 희종 자신을 왕위에 옹립해 준 은혜로운 재상이라는 뜻이다. 최충헌은 궁궐을 출입할 때 평상복을 입었고, 호종하는 시종들이 일산(日傘)을 받들어 햇볕을 가리었고, 수백 명의 사병들이 호위했다. 제후(왕)처럼 위엄을 과시하며 궁궐을 드나든 것이다. 최충헌의 위세가 이러할진대, 시전의 재건축이 희종의 작품이라고 함은 이치상 타당하지 않다. 당연히 집권자 최충헌의 작품이라 할 것이다. 다시 말하면 최충헌은 정권이 안정되고 진강후(제후)로 신분이 격상되자, 보란 듯이 시전을 재건축했다고 할 것이다. 다음은 재건축에 관한 『고려사』의 기록이다.

"가을 7월 정미일, 대시장(大市場)을 재건축하기 시작했다. 광화문에서 십자거리까지 좌우에 1,008개의 기둥을 세워 장랑(長廊)을 만들었다. 서울 안 5부(部) 방리의 양반들이 쌀과 겉곡을 내거나 품삯을 받고 역사에 나갔다. 양반의 방리에 부역을 부과하는 것이 이때부터 시작되었다."(『고려사』)

위의 기록은 짧으나 두 가지 역사적인 의의가 담겨있다. 하나는 대시장(십자거리시전)의 재건이고, 또 하나는 양반에게 부역을 물린 것이다. 십자거리시전의 재건은 본래 시전 구역이 십자교차로에서 흥국사까지인데 광화문까지 구역을 확장했다. 그리고 1,008개의 기둥으로 도로 양측에 상점 건물로 장랑을 지었다. 일반적으로 건물의 규모는 간(間)으로 표시한다. 따라서 장랑을 몇 간(間) 지었다고 하면 될 터인데, 왜 굳이 1,008개의 기둥으로 지었다고 했을까? 이에는 전보다 훨씬 큰 기둥으로 만든 웅장한 장랑이라는 점을 강조하는 뜻이 함축되어 있다.

양반에게 부역을 물린 것은 그야말로 혁명적인 조치였다. 양반의 방리는 양반이 사는 구역을 말하므로 이곳에 부역을 물린 것은 양반의 면세특권을 혁파한 것이 된다. 십자거리시전은 태조 왕건이 919년 개경에 천도하면서 지었다. 최충헌의 재건축은 그로부터 290여 년이 지난 때다. 따라서 고려의 양반은 개경으로 천도한 이래 자자손손 면세특권을 누려왔는데, 최충헌이 재건축을 명분으로 하여 특권을 없앤 것이다. 한편 이 기록은 당시 최충헌 정권이 양반의 특권을 혁파하고 세금을 부과할 정도로 강력했다는 사실을 보여주고, 또 양반의 특권을 혁파함에 따른 일반 백성들의 전폭적인 지지를 반영하고 있다고 할 것이다.

최충헌은 왜 시전을 재건했을까? 이에 대한 해답의 실마리는 재건축 그 자체에 있다. 즉 기존 상가를 헐고, 시전 구역을 확장하여 재건축하는 데에 실마리가 있다. 또한 해답은 연이어서 지은 대저택과 맞물려 있다. 십자거리시전은 건립된 지 290여 년이 지나 낡고 퇴락하여 대대적인 정비가 시급하지만, 국력을 쏟아야 하는 대규모 사업이어서 역대 어느 왕들도 감히 나서지 못했다. 그러나 최충헌은 진강후로 신분이 격상되자, 재건축을 과감히 추진했다. 진강후가 된 기념 사업인가, 아니면 다른 무엇을 노린 것인가? 기념 사업은 재건축의 규모가 너무 커서 격이 맞지 않으므로, 다음의 세 가지를 노린 것으로 추측된다.

하나는, 최충헌 정권의 정체성 확립이다. 십자거리시전은 태조 왕건이 철원에서 개경으로 천도하면서 궁궐, 관청 등과 함께 지었다. 왕건이 만든 작품으로 그의 건국 이념과 애민 정신이 고스란히 담겨있다. 따라서 최충헌이 시전을 부분적으로 정비하지 않고 완전히 재건축한 것은 왕건의 이념과 정신을 이어받는 의미를 담고 있다고 할 수 있다. 왕건의 이미지로 자신의 이미지를 포장하는 것이다. 상가를 웅장하고 화려하게 그리고 구역을 확장하여 지은 것은 왕건을 발전적으로 계승해 나간다는 자신의 정체성을 확실히 보여준다고 할 수 있다.

둘은, 이전 무신정권과의 차별화다. 당시는 무신정권이 들어선 지 40여 년이 지난 때다. 그러나 이전의 이의방·정중부·경대승·이의민 등이 집권한 정권은 백성에게 감동을 주고 심금을 울려주는 치적을 세우지 못했다. 최충헌은 이 사실을 깊이 직시했다. 자기 정권의 지속을 위해서는 백성이 지지하고 환영하는 가시적인 사업이 필요하다고 보았다. 그래서 해묵은 국가적 숙원사업인 시전을 재건축한 것이다.

셋은, 최충헌 정권의 상징 조성이다. 십자거리시전은 상업의 중심지이고, 이를 건립한 왕건의 상징이자 '상업의 나라 고려'의 상징이었다. 시전의 재건은 이들 상징성을 최충헌 정권의 이미지에 덧씌우는 셈이 된다. 다시 말하면 최충헌 정권의 이미지가 태조 왕건을 계승하고, 상업 친화적인 상징성을 갖게 되고, 재건된 시전은 정권의 상징물로 각인된다는 것이다. 이것은 대저택의 건립과 연계하면 더욱 명확하게 이해할 수 있다.

대저택을 지은 활동 지역은 십자거리시전에 인접한 개경의 중심지다. 최충헌은 그곳의 민가 100여 채를 헐어내고 저택을 지었다. 당시 민가 1채의 면적을 평균 약 300평으로 가정하면, 민가 100여 채는 약 3만 평이 된다. 궁궐에 버금가는 대저택이라 할 만하다. 이때는 시전을 재건축하기 시작한 지 2년 후여서 시전을 완공하고 연이어서 공사를 착수했다고 할 것이다.

대저택은 일반 살림하는 집이 아니다. 집권자 최충헌이 집무하는 흥녕부(興寧府)다. 집무실과 접견실, 흥녕부 직원의 사무실, 경호부대의 막사 등이 들어선 저택이다. 물론 최충헌 일가의 숙소, 주방, 창고 등의 부속 건물이 다수 있다. 저택의 전반적인 상황은 일본 막부의 우두머리 쇼군의 대저택을 연상하면 금방 이해할 수 있을 것이다. 대저택에서 가장 돋보이는 건물은 십자거리시전을 향해 세운, 즉 시전에서 마주 쳐다보이는 화려한 십자각(十字閣) 별당이다. 십자각은 대저택의 랜드마크(landmark)이면서 개경의 새로운 볼거리 경관이 된다. 우뚝 솟은 화려한 십자각은 도시경관의 새로운 중심축을 이루고, 면모를 일신하는 의의가 있다. 다시 말하면 개경의 기존 '십자거리시전 ⇄ 광화문 ⇄ 궁궐'로 이어진 경관의 중심축에다가 '십자거리시전 ⇄ 십자각 ⇄ 대저택'으로 이어진 새로운 경관 중심축이 만들어진 것이다. 이처럼 두 개의 중심축은 도시경관의 쇄신에 그치지 않고, 특별한 정치적 함의를 갖는다. 그것은 국왕은 궁궐에 살고 집권자 최충헌은 궁궐에 버금가는 대저택에 산다는 함의이다. 결국 국왕과 최충헌이 십자거리시전을 사이에 두고 대등하게 양립된 모양새를 이루었다. 그러나 최충헌이 시전을 확장하여 재건축했으므로 세간의 이목이 최충헌 쪽으로 쏠리는 형국이라 할 것이다.

그렇다. 재건된 십자거리시전, 대저택, 호화 십자각은 도시경관의 새로운 중심축이 되었다. 이것은 그냥 지나고 보니 그리된 것처럼 가볍게 여길 일이 아니다. 최충헌의 원대한 구상과 치밀한 기획 아래 이루어진 결실로 봐야 할 것이다. 특히 시전을 재건하면서 양반에게 부역을 부과하여 양반의 기득권을 혁파한 사실을 유념해야 한다. 그것은 이전과 확실히 차별되는 새 시대의 서막이었다. 이것들은 새 시대를 여는 선언이자, 새 시대의 도래를 만천하에 선포하는 것이라고 할 수 있다. 다시 말하면 최충헌은 탁월한 식견과 의지로 시전, 대저택, 십자각 등을 건립하고, 이를 정권의 상징으로 삼아서 일본 막부와 유사한 새로운 정치형태를 구현했다고 할 것이다. 물론 시전의 재건과 대저택의 건립을 통한 경제활성화를 간과하지 않아야 한다.

한편 최충헌 정권의 상업과 무역은 어떠한가? 이에 관한 기록과 정보는 많지 않다. 여기서는 단지 최충헌과 아들 최우의 무역 사례를 든다. 먼저 최충헌에 관한 것으로 송나라 무역선에 대한 통관검사다. 다음은 『고려사』의 기록이다.

> "1205년(희종 원년) 8월, 송나라 무역선이 예성항을 출발하려 할 때다. 감검어사 안완(安琬)이 실어내는 물품을 검사하다가 금지령을 위반한 송상을 발견하고, 매를 혹독하게 쳤다. 최충헌이 이 말을 듣고 안완을 파면시키는 동시에 감검어사를 올바르게 뽑지 못한 사실을 논죄하여, 시어(侍御) 박득문(朴得文)을 파면했다."(『고려사』)

감검어사(監檢御使)는 통관 물품을 검사하는 관리다. 안완이 출항을 앞둔 송나라 무역선의 물품을 검사한 것은 무역 허가품과 금지품이 법령으로 규정되어 있음을 말해준다. 만약 검사에서 허가받지 않은 물품이나 금지품이 적발되면 압수하는 따위로 처벌하는 것이다.

최충헌은 안완과 박득문을 파면했다. 관리에게 파면은 최고 중벌이다. 왜 파면까지 하는가? 오늘날 혹자는 최충헌이 밀무역을 했기 때문이라고 주장한다. 최충헌이 무역상과 결탁하여 무역 금지품인 사치품 따위를 밀무역하거나, 무역상을 보호해 주고 반대급부를 받았는데, 안완이 이를 봐주지 않고 적발하고 매질까지 했기 때문에 파면했다는 것이다. 이 주장은 그야말로 진실을 호도한다. 최충헌의 지위와 권력을 간과하고, 그의 이미지를 고의로 깎아내리려는 저의가 있다고 할 수 있다.

최충헌은 국정을 책임진 집권자다. 최충헌은 왕을 능가하는 권력자로서 무역선의 운항을 허가하고, 무역 금지품을 지정하는 결정권자다. 최충헌이 무역상과 결탁하여 밀무역하거나 무역상의 뒷배를 봐주고 뇌물을 받는다는 것은 사실일 수 없다. 예성항에 내항하여 통관검사를 받는 송상을 밀무역하는 무역상으로 의심할 이유가 없다.

한편 안완은 감검어사다. 무역선의 통관 물품을 검사하는 것은 그의 당연한 직무수행이다. 안완을 파면한 사유는 비록 송상이 금지령을 위반했지만, 처벌 규정을 따르지 않고 심하게 매질한 탓이라 할 것이다. 다시 말하면 안완의 가혹한 매질에 송상들이 민원을 제기하고, 급기야 외교 문제로까지 비화될 우려가 있자, 최충헌이 물의를 일으킨 안완뿐 아니라 감독자 박득문까지 파면하여 사건을 서둘러 무마했다고 할 것이다.

이상의 통관검사 사례는 당시 송나라와의 무역이 활발히 이루어지고, 최충헌이 무역을 적극 장려한 사실을 말해준다. 만약 수년에 걸쳐 어쩌다가 내항한 무역선이라면 통관 물품의 검사가 까다롭지 않을 것이고, 무역선의 내항을 환영하는 분위기에서 무역상에게 매질을 자행하는 사건은 일어나지 않았을 것이다. 최충헌이 안완과 박득문을 즉각 파면한 것은 고려가 송나라와의 무역을 중시하고, 무역에 관한 법령을 준수하며, 무역상을 보호한다는 사실을 대내외에 천명하는 본보기였다고 할 수 있다.

다음 최우의 물소 뿔 무역이다. 이 사례는 1229년(고종 16)에 일어났다. 당시는 몽골의 침략에 대비해 전쟁 준비에 힘을 쏟는 때다. 고려의 전쟁 무기 중에서 가장 중요한 것이 활이고, 활은 물소 뿔로 만든 각궁(角弓)이다. 따라서 전쟁에 대비하여 활을 많이 만들려면 물소 뿔이 그만큼 필요했다. 최우는 활을 만드는 필수 재료인 물소 뿔을 구하기 위해 송상들에게 선금으로 포목을 주고 물소 뿔을 구해오게 했다. 그러나 이듬해에 돌아온 송상들은 물소 뿔 대신 비단을 바치며, 물소 뿔은 송나라의 금수품이어서 가져오지 못했다고 변명했다. 화가 난 최우는 우두머리 송상의 처를 감금하고, 물소 뿔 대신 바친 비단을 갈기갈기 잘라서 도로 주었다. 이에 깜짝 놀란 송상들이 다음에 물소 뿔을 꼭 구해오겠다고 약속했다. 이듬해 내항한 때에 물소 뿔이 아니라, 살아있는 물소 네 마리를 바쳤다. 최우는 물소 값으로 인삼과 포목을 주었다.

이상의 물소 뿔 사례는 송상들이 고려에서 가정을 꾸릴 정도로 고려와 송나라 간에 무역이 성행한 사실을 보여준다. 최충헌 정권은 물소 뿔처럼 국가가 필요로 하는 물품이라면, 무역상을 강압해서라도 수입하여 확보했다.

세도 정권, 상업과 무역을 억압하다

세도 정권은 상업과 무역을 억압했다. 조선의 억상정책은 실로 불가사의하다. 개국 초의 억상정책을 망할 때까지 풀지 않았다. 개국한 초기야 억상정책이 국정 기조인 농본주의를 살리고, 상업을 중시한 고려의 유풍을 씻어내기 위한 방책으로 수긍할 만하다. 그러나 조선 왕조 500여 년의 장구한 세월 동안 상업을 억압하고 천시한 것은 이해하기조차 어렵다. 이에는 조선 말기를 장식한 세도 정권의 책임도 크다. 세도 정권은 서구 열강이 동북아로 쇄도하는 서세동점의 시대를 맞아 억상정책을 폐기하지 못하고, 오히려 이를 고수했다. 왜 세도 정권은 억상정책을 버리지 못했을까?

조선의 상업정책은 영조 때까지 억상정책이 지속되다가 정조 때 다소 완화된다. 그러나 뒤를 이은 순조가 억상정책을 강화했다. 이후 헌종이 억상정책을 완화하지만, 철종이 억상정책을 다시 강화했다. 영조 이래 억상정책이 '강화 → 완화 → 강화 → 완화 → 강화'로 되풀이되었다. 정조가 억상정책을 완화한 까닭은 영조 때부터 급증하는 상업수요를 해소하려 한 것이다. 당시 상업수요를 증가시킨 주요인은 다음의 세 가지다.

첫째, 인구 증가다. 통계청이 발간한 『인구대사전』은 조선이 개국한 1392년의 인구를 5,549천 명, 세도 정권이 개막한 1800년의 인구를 18,443천 명으로 추정한다. 개국한 이후 약 400년 동안 인구가 3.3배 증가하여 1천8백만을 넘어섰다. 그러나 그때까지도 농업에 의존한 경제구조는 변함이 없었다. 개간과 간척 따위로 농지 면적이 다소 늘어났지만, 인구가 증가함으로써 가구당 경작지는 오히려 줄어들었다. 농민이 갈수록 가난해진 것이다. 이에 농민들은 조금의 이문이라도 더 얻기 위해 생산한 농산물을 직접 장마당에 팔러 나왔고, 그로 인해 지역에 5일장이 자연발생으로 생겨나고 확산되었다. 영조 치세에 발간된 『동국문헌비고』에 의하면 1770년대에 전국의 장시가

1,064개소에 달한다. 인구 증가로 인해 밑바닥 상업이 살아나고 있었다.

둘째, 세계적인 소빙기(小氷期)의 도래다. 지구는 16세기부터 19세기에 이르기까지 빙하기에 휩싸인다. 산악 빙하가 커진 탓이다. 조선도 마찬가지로 17세기 이래 기온이 낮아져서 기근, 홍수, 한파 따위의 천재지변이 자주 일어나고 농업 생산성이 급감했다. 살길이 막막한 농민들이 농토를 떠나 유랑민으로 전락하고, 다수 유랑민이 수도 한양으로 몰려들었다.

영조 때에 이르러 한양은 인구가 폭발적으로 늘어난다. 정조 즉위 당시 한양 인구는 약 20만을 헤아렸다. 혹자는 한양의 인구 증가가 상업의 발달로 인해 사람들이 한양으로 많이 유입한 탓이라고 피력한다. 그렇지 않다. 당시 한양의 유랑민은 대다수가 청계천 변에 움막을 짓고 살며, 막노동 품팔이와 거지 동냥으로 연명했다. 상업으로 살아가는 유랑민은 극소수였다. 다시 말하면 한양의 인구 증가는 상업의 발달로 인한 게 아니라, 농업경제의 성장 둔화와 침체로 인해 유랑민이 증가한 탓이었다.

인구의 증가는 상업수요를 증폭시켰다. 그리하여 한양 근교에 송파장과 칠패장 따위의 난전(亂廛)이 들어서고, 장사로 먹고사는 영세상인이 많이 생겨났다. 여기서 유의할 점은 난전의 성행은 상업의 무질서한 현실이지, 발전된 상업의 모습이 아니라는 사실이다. 한편 난전이 성행하자, 독점이익을 누리던 종로의 육의전을 비롯한 기득권 시전은 비상이 걸렸다. 독점권을 지키려고 금난전권(禁亂廛權)을 앞세워 난전을 가혹하게 단속했다. 생계가 걸린 영세상인은 결사적으로 대항했다. 자칫하면 금난전권의 시전상인과 난전의 무허가 상인의 극한 대결로 인해 시장의 질서가 깨지고, 통제가 불가한 혼란으로 치달을 수 있었다. 해결책이 무엇인가?

영조는 수수방관했다. 오히려 기득권 상인을 일방적으로 옹호하여 사태가 점차 꼬여갔다. 해결책의 묘수는 정조가 창안한다. 그것이 1791년에 시행한 신해통공(辛亥通共)이다. 신해통공은 조선이 개국한 이래 약 400년 동안 지속해 온 영업 규제를 풀고, 모든 상인에게 영업의 자유를 부여한 혁명적인 조치였다. 당시 정조는 독점권을 종로의 육의전만 인정하고, 그 이외는 모두 폐지했다. 비로소 조선에 장사할 자유가 허용된 것이다. 그렇다면 정조는 중농주의에서 중상주의로 정책 노선을 바꾸었는가? 그건 아니다. 중농주의는 여전하고, 다만 억상정책을 다소 완화하여 상업에 숨통을 터주고, 신해통공으로 규제를 혁파함으로써 상업에 활기를 불어넣었다. 그러나 그뿐이었다. 정조가 죽은 후 들어선 세도 정권은 다시금 억상정책으로 회귀하고, 상업은 활력을 잃어갔다.

셋째, 서세동점이다. 조선은 건국한 이래 쇄국을 일관한다. 무역은 중국과 일본과의 공무역(公貿易)만 허용하고, 민간 사무역(私貿易)은 일절 금지했다. 그로 인해 조선은 대외통상에 어두운 깜깜한 나라가 되었다. 일본과 청나라의 침략을 받아 연이어 패배하고, 그들이 상업과 무역으로 부국강병을 이룩한 사실을 인지하고서도 상업과 무역을 천시하고 홀대했다.

오늘날 영조와 정조는 조선을 중흥시킨 군주로 칭송받는다. 탕평책으로 붕당의 싸움을 완화하여 정치 안정을 기하고, 경제와 문화의 발전을 이루어 조선의 황금기를 열었다고 한다. 과연 그럴까? 영조와 정조가 조선의 중흥을 이루었다는 견해는 정치적 측면에서 내린 후한 평가일 뿐이다. 상업과 무역은 서세동점하는 시대 조류에 역행하고, 중국과 일본보다 크게 뒤처지고 있었다. 특히 영조가 더욱 그러했다. 영조는 서세동점이 본격 시작하는 18세기에 무려 52년간이나 재위했다. 조선의 역대 왕 중에서 재위 기간이 가장 길다. 영조가 즉위할 즈음에 민간 사무역이 성장하고 있었다. 그것은 영조의 칙서를 통해 확인할 수 있다. 영조는 즉위하면서 밀무역을 하다가 적발되면 중죄로 다스려 사형시키겠다고 선언했다. 영조가 특별히 칙서를 내릴 정도로 밀무역이 성행한 것이다. 당시 밀무역은 청나라와 일본 사이의 중계무역이었다. 결국 영조가 중계무역을 통해 성장하고 있는 민간 사무역을 제도권으로 끌어들이지 않고, 금지하는 철퇴를 내렸다.

영조는 왜 상업을 싫어했을까? 학자들은 이에 관해 아직 논증하지 않고 있다. 아마 가장 큰 이유는 영조가 성리학에 경도된 탓일 것이다. 영조는 조선의 역대 왕 중에서 신하와 학문을 토론하고 연마하는 경연(經筵)에 가장 많이 참석한 왕이다. 아니 참석하기보다 스스로 성리학의 군사(君師, 군주이면서 신하의 스승)를 자처하며 경연을 주도했다. 그만큼 성리학에 심취하고 조예가 깊었다. 뿐만 아니라 근면과 검소로 일관하는 성리학의 삶을 손수 실천하며 살았다.

영조가 성리학에 천착한 까닭이 있다. 영조는 출생의 열등의식을 안고 자랐다. 생모가 왕비도 후궁도 아닌, 궁중에서 밥 짓고 청소하는 여자 종 무수리인 탓이다. 그로 인해 어릴 때부터 공부에 열중하여 주변의 관심을 얻고 열등감을 덮으려 했다. 제20대 경종이 후사가 없이 죽자, 노론의 지원으로 천신만고 끝에 왕위에 올랐으나, 출생의 약점으로 인해 쟁쟁한 신하들을 제압하기가 어려웠다. 이에 영조는 학문의 깊이를 더 하고 성리학적 삶을 실천함으로써, 신하들을 승복시키고 지지를 얻으려 했다. 한편 영조는 상업의 발전은 농업의 피폐를 가져온다는 성리학 사대부들의 주장에 호응하고, 상업은 농업을 보완하는 범위에서 최소한으로 허용해야 한다고 믿었다. 그리하여 서세동점의 중차대한 시기에 서양 선박의 내항을 막고, 통상 요구를 단호히 거절했다.

정조는 할아버지 영조와 달랐다. 정조 역시 성리학의 대가로서 군사(君師)를 자임하지만, 성리학의 교조주의에 얽매이지 않았다. 담배와 술을 애호하는 등 성리학의 삶을 살지 않았다. 그러나 실물경제를 보는 눈이 밝았다. 누적되는 재정 악화를 해소하고 경제발전을 도모하기 위해서는 억상정책의 완화가 불가피하다고 보았다. 정조의 상업정책은 세 가지로 집약하여 설명할 수 있다. 상업자금의 대부와 통화 공급, 상업 규제의 철폐, 무역 촉진 등이다.

정조는 1784년에 25만 량의 돈을 푼다. 동년 3월 종로시전에 15만 량을 무이자로 대여하고, 4월에 평안도 상인에게 10만 량을 13년 상환 조건으로 대여했다. 그리고 이듬해에 동전 67만 량을 주조하여 통용시켰다. 이것은 오늘날로 치면 내수 증진을 위해 금융통화정책을 편 것이다. 이즈음에 상업의 성공 사례가 생겨난다. 바로 개성상인이 전국의 상업 요충지에 설치한 송방(松房)이다. 송방은 상업자금의 대여와 통화량 공급으로 활성화된 상업의 결실이었다. 정조는 1791년 2월 신해통공을 단행하여 상업 규제를 철폐했다. 그로서 한양 근교에 우후죽순처럼 생겨난 난전들이 제도권으로 편입되고, 전국의 5일 장이 더욱 번창해 나갔다.

정조는 무역을 장려했다. 그러나 사실은 기존의 사행무역과 국경무역에 부수되는 민간 사무역을 다소 넓게 인정하는 수준에 그쳤다. 정조가 총애한 실학자 박제가가 해양 진출을 통한 통상을 강력히 주창했으나, 수용하지 않았다. 왜 해양 진출을 도모하지 않았을까? 그것은 성리학 사대부들이 결사코 반대한 탓이다. 그들은 상인의 성장과 외국 문물의 쇄도로 인해 성리학에 의한 지배체제가 훼손될 것을 우려했다. 정조 역시 군사(君師)를 자임하는 사대부의 왕이고, 농업을 중시하는 중농주의자여서 통상정책을 과감히 추진하지 않았다. 따라서 정조의 상업정책은 대외통상이 제한된 절름발이 내수용 정책이라 할 것이다. 어쩌면 그것은 정조의 한계이며 조선의 한계였다. 결국 조선은 서세동점을 맞아 쇄국을 풀고 해양으로 나갈 기회를 놓쳤다. 3개 면이 바다에 둘러싸인 나라이면서 빛나는 해양 역사가 없는 이상한 나라가 되었다.

앞에서 살펴본 바처럼 정조가 죽은 후 억상정책이 '강화 → 완화 → 강화'로 되풀이되었다. 그러나 내막을 들여다보면 놀라운 사실을 발견하게 된다. 억상정책을 주도한 인물이 국왕과 신하들이 아니라, 수렴청정으로 대권을 쥔 정순왕후와 순원왕후였기 때문이다.

먼저 정순왕후다. 정순왕후는 섭정을 맡자마자, 정조가 완화한 억상정책을 다시 강화하고, 무역을 규제하고 축소했다. 무역을 규제하는 이유인즉슨 무역 경로를 통해 천주교가 유입되고, 무역 대금으로 은이 대량 유출된다는 것이다. 천주교 탓은 정치 보복을 위한 핑계에 불과하고, 무역의 축소는 결과적으로 정부의 통제를 벗어난 밀무역의 성행을 초래했다. 정순왕후의 수렴청정이 끝나고 순조가 친정하지만, 순조는 약 31년의 치세 동안 아버지 정조를 따르지 않고, 억상정책을 강화한 정순왕후의 노선을 따랐다.

다음 순원왕후다. 순원왕후는 섭정하면서 순조 때보다 억상정책을 더욱 강화했다. 그녀는 상공업이 발달하면 농사짓는 농민이 상공업에 뛰어들어 농업을 망치고, 상공업의 이익 다툼으로 인해 사회 불안이 야기된다고 했다. 왜 그랬을까? 어쩌면 어려서부터 고이 자라고 구중궁궐에 오래 살다 보니, 현실

경제에 무지하고, 하층민의 곤궁을 피부로 느끼지 못한 탓일 수 있다. 어쩌면 자기 생각이 옳다고 우기는 편협한 성격이 굳어진 탓일지도 모른다. 순원왕후의 편협함을 적나라하게 보여주는 사례가 있다. 1836년(헌종2) 5월 전국의 금은 광산을 폐쇄한 사례다. 이유는 단지 백성들이 농사를 짓지 않고 광산에 몰려들어 아귀다툼을 벌인다는 것이다.

조선은 금은 광산이 상당히 발달한 나라였다. 특히 함경도 단천(端川)에 소재한 단천 은광이 유명하다. 1503년(연산군9) 5월 장예원 소속의 노비 김감불과 김검동이 단천 은광에서 새로운 제련법을 개발했다. 이 제련법은 은광석을 가열하여 은을 추출하는 방법으로 세계 최초의 혁신적인 기술이었다. 그리하여 조선은 은이 부족한 나라에서 풍족한 나라로 바뀌었다. 그러나 연산군을 축출하고 즉위한 중종은 은광의 중요성을 이해하지 못했다. 고려처럼 은병이나 은화를 주조하여 화폐경제를 일으킬 법도 한데 그러지 않았다. 은이 대량 생산됨으로써, 사치풍조가 만연한다며 단천 은광의 문을 닫았다. 그로 인해 제련 기술이 일본으로 빼돌려지고, 일본이 세계적인 은 생산국으로 부상했다. 그렇지만 광산업은 워낙 이문이 많이 남는 사업이어서 추세적으로는 꾸준히 성장해 나갔다.

순원왕후가 금은 광산을 폐쇄할 즈음에 금은을 채굴하는 광산이 약 3,000개소에 달했다. 금은 광산의 폐쇄는 심각한 경제문제를 일으켰다. 광산에 생업을 걸고 있는 노동자와 식솔들의 생계가 심각해졌다. 만약 1개 광산에 채굴, 운송, 판매 따위의 작업에 100명의 식솔이 딸려있다고 가정하면, 광산 3,000개소는 약 30만 명을 먹여 살리는 일자리다. 따라서 순원왕후의 광산 폐쇄는 단순히 상공업의 규제로 여겨서는 안 된다. 백성의 삶을 아랑곳하지 않는 수많은 일자리를 없앤 무도한 짓이고, 경제에 치명상을 입힌 조치였다.

순원왕후의 수렴청정이 끝나자, 상업과 무역이 다시 살아났다. 헌종이 친정하면서 억상정책을 완화하고 무역을 장려한 덕분이다. 그러나 무역이 활기를 찾은 것은 헌종이 친정한 7년간뿐이다. 헌종이 죽은 후 철종을 수렴청정한 순원왕후가 헌종의 정책을 뒤엎고 또다시 억상정책을 강화했다. 결국 세도 정권 약 60년간 무역을 장려한 기간은 7년간뿐이고, 53년간 무역을 억압했다. 그야말로 무역이 된서리를 맞은 암흑기였다.

순원왕후가 철종을 수렴청정하면서 억상정책으로 돌아간 것은 심각한 문제다. 왜냐하면 당시는 억상정책을 펼 시기가 아니었기 때문이다. 조선은 1840년에 발발한 아편전쟁에서 청나라가 영국에 여지없이 패배하고 불평등 조약을 체결한 사실을 인지하고 있었다. 헌종 때에 이르러 근해에 수없이 출몰하는 서양 열국의 선박을 또렷이 지켜보았다. 뿐만 아니라 중국과 일본이 문호를 열고 서양 문물을 급속히 받아들이는 상황을 알고 있었다. 그러함에도 불구하고 순원왕후는 헌종의 무역정책을 폐기하고 억상정책으로 돌아섰다.

순원왕후는 서세동점이 본격화되는 중차대한 시기에 두 차례 10년간 대권을 행사했다. 억상정책을 완화하기는커녕 도리어 강화하고, 광산을 폐쇄함으로써 경제를 파탄으로 몰았다. 결국 순원왕후가 조선을 경제 후진국으로 전락시킨 결정적인 인물이라 해도 과언이 아닐 것이다.

외척의 시작과 끝, 여흥민씨

조선은 개국 초부터 외척의 발호를 무척 경계했다. 그 전범을 보인 왕이 태종이다. 태종은 아들 세종에게 왕위를 물려주면서, 외척을 무자비하게 박살냈다. 자신의 외척 '여흥민씨(驪興閔氏)'는 물론이고, 아들 세종의 외척 '청송심씨(靑松沈氏)'까지 깡그리 숙청했다. 태종의 외척 여흥민씨는 아들 양녕대군과 세종을 낳은 원경왕후(元敬王后)의 친정이다. 원경왕후가 누구인가? 원경왕후는 민제(閔霽)의 딸로서 1382년에 태종 이방원과 결혼했다. 당시 민제의 가문이 이성계의 가문보다 명성이 훨씬 높았다. 원경왕후는 결혼한 후 조선 건국과 이방원이 왕위를 차지하는 데 크게 내조했다. 특히 동생 민무구와 민무질은 왕자의 난에서 이방원을 도와 혁혁한 무공을 세웠다. 그러나 태종은 냉혹했다. 즉위한 후 처남 민무구와 민무질을 제주도로 유배 보내고 사약을 내려 죽였다. 죄목은 어린 세자(양녕대군)를 이용해 권세를 탐닉하려 한다는 것이다. 태종은 세종에게 양위한 뒤 상왕(上王)으로 있으면서, 세종의 왕비 소헌왕후(昭憲王后)의 친정을 가혹하게 처단했다. 친정아버지 심온(沈溫)을 자신의 군권을 무시했다는 죄를 씌어 귀양 보내고(심온은 귀양 가는 도중에 자결한다), 심온의 부인과 자식을 관노비로 만들어 변방에 보내버렸다. 세종은 명색이 왕이면서도 장인이 체포되어 죽고, 장모와 처가 식구들이 관노비가 되어 변방으로 끌려가는 것을 막지 못했다. 세종은 태종이 죽은 뒤에 비로소 이들을 복권시키고 풀어준다.

조선에서 최초로 숙청당한 외척은 여흥민씨다. 그런데 참으로 공교롭게도 조선의 마지막을 초래한 외척이 바로 명성황후의 친정 여흥민씨다. 명성황후는 흥선대원군을 몰아내고 고종이 친정하도록 했다. 그러나 말이 고종의 친정이지, 실제는 명성황후의 독주였다. 그로 인해 황후의 오빠 민승호와 일족 민규호를 위시한 여흥민씨 세력이 득세했다. 그러나 국제정세의 변화에 적응하지 못하고 대원군과의 권력다툼과 극심한 부정부패로 조선의 멸망을 앞당겼다. 결국 조선은 외척의 숙청을 통해 기반을 다지고, 외척의 득세로 인해 망했다고 할 수 있다. 여하튼 조선의 처음과 끝을 외척 여흥민씨가 장식한 것이 이채롭다.

제15장

고려의 요동정벌,
조선의 요동정벌

고려와 조선, 누가 진짜 요동을 차지하려 했을까?

요동은 우리에게 친근한 땅이다. 고조선 이래 부여, 고구려, 발해 등 우리 민족의 터전이었고 희비애환(喜悲哀歡)의 역사가 녹아있는 땅이었다.

고려도 본래부터 그곳이 우리 땅이었다는 인식을 놓지 않았다. 고려 말에 요동을 품에 안으려는 몸부림으로 요동정벌이 시도되었지만, 실패했다. 요동정벌은 조선 초에 다시 시도하였으나 소리만 요란하고 말았다. 두 요동정벌은 마치 역사의 연장선 위에 있는 것처럼 보인다. 그러나 실상은 '고려는 진짜', '조선은 가짜'라 할 만큼 다르다. 결국 고려에서 조선으로 바뀌면서 요동은 우리에게서 멀어졌다.

제15장

고려의 요동정벌,
조선의 요동정벌

요동(遼東)은 먼 동쪽이란 뜻이다. 이 말이 생겨난 시기는 중국 한족이 중원 지역에 정착할 즈음으로 추측된다. 한족이 발해만 동쪽에 대해 가기엔 너무 먼 땅이라며, 통째로 요동이라 부른 것이다. 그러다가 한족이 점차 동으로 진출하면서 요하(遼河)라는 강을 기준으로 하여 강의 서쪽을 요서, 강의 동쪽을 요동으로 구분하여 불렀다. 오늘날 요동은 좁게는 요령성(遼寧省) 동남부의 요동반도 일대를 말하고, 넓게는 만주까지 포괄한 요하 동쪽의 전체 지역을 지칭한다.

요동은 고조선의 발상지며 본거지다. 중국 한족이 가기엔 너무 먼 요동이라 불렸을 때, 이미 고조선이 그곳에서 번영을 누리고 있었다. 기원전 108년 한나라가 고조선을 멸망시키고 한사군(漢四郡)을 설치하여 통치했으나, 고구려가 이를 쳐부수고 고조선의 옛 땅을 되찾았다. 그 후 고구려가 668년에 망하고 요동은 고구려를 이은 발해의 영토가 되었지만, 926년 요나라가 발해를 멸망시킴으로써 우리와 멀어졌다. 918년 건국된 고려는 요동을 차지하려고 북진정책을 추진했다. 그러나 요나라가 세 차례나 고려를 침략하는 따위로 인해 요동을 차지하지 못했다. 요나라를 이은 금나라도 고려의 요동 진출을 가로막았다. 그리하여 고려는 끝내 압록강을 건너 요동을 차지하는 꿈을 이루지 못했다.

요동은 우리 선조의 요람이었지만, 이제는 우리 품에 있지 않다. 고려가 망하고 조선이 들어서는 격변의 시기에 우리에게서 멀어졌다. 엄밀히 따져

보면, 어쩔 수 없이 헤어져 떠나보냈다기보다 우리가 모질게 외면하고 내쳤다는 표현이 적절할지 모른다. 누가 요동을 내쳤는가? 요동을 결정적으로 포기한 자는 이성계다. 1388년 5월, 약 5만의 요동정벌군을 이끌고 요동이 코앞인 압록강의 위화도에 도착한 이성계는 강을 건너 요동을 쳐들어가기는커녕 군대를 돌려 쿠데타를 일으켰다. 결국 위화도회군 쿠데타가 이별의 서막이 되었다. 이성계의 아이러니는 이에 그치지 않는다. 조선을 개국한 이성계와 정도전이 다시 요동을 정벌하겠다고 나섰다. 그러나 정도전이 이방원에게 참살당하고, 왕자의 난이 일어나고, 이성계가 왕위에서 쫓겨남으로써 병력을 동원조차 해보지 못하고 무산되었다.

오늘날 사람들은 위화도회군 쿠데타는 정도전이 기획하고 이성계가 실행한 것으로 본다. 특히 2010년대에 SBS 드라마 '육룡이 나르샤'와 KBS 드라마 '정도전'이 연달아 방영된 이후, 위화도회군 쿠데타에 대해 호의적이다. 쿠데타가 잘된 일이라며 이성계의 성공을 치켜세우는 분위기가 파다하다. 시중의 수많은 도서와 인터넷 따위도 위화도회군 쿠데타를 찬양하는 논조로 점철되어 있다. 반면 우왕의 요동정벌은 달걀로 바위 치는 무모한 도전으로 폄하되고, 우왕의 비참한 죽음이 당연시되고 있다. 그러나 앞으로도 이성계는 걸출한 영웅으로 칭송받고, 우왕은 우매한 왕으로 손가락질받아야 하는가? 이 질문은 관점을 달리하면 깜짝 놀랄만한 대답이 나온다.

14세기 말, 고려와 조선은 요동을 정벌하려 했었다. 둘은 똑같이 요동정벌이라 하지만, 계획과 목적 그리고 준비와 실행에는 천양지차가 있다. 요동정벌의 진실을 알려면 우선 '고려와 명나라', '조선과 명나라'의 관계를 파악하고, 두 나라의 대립과 갈등을 비교하는 게 지름길이다. 이것은 명나라가 고려와 조선을 얼마만큼 겁박하고, 짓밟고, 수탈했는지를 밝히는 것이기도 하다. 또한 이것은 고려와 조선이 명나라에 어떻게 대응했는지의 차이를 극명하게 보여주고 있다.

고려의 요동정벌, 천재일우의 기회를 놓치다

공민왕이 시작한 요동정벌

공민왕은 충혜왕의 친동생이다. 그는 어렵사리 왕위에 올랐다. 본래 왕위에 오를 처지가 아니어서 그렇다. 1344년 원나라 황제가 충혜왕을 폐위시키고 게양현(揭陽縣, 지금의 광둥성 게양)에 유배 보냈다. 그리고 불과 나이 8세인 충혜왕의 아들을 고려 왕으로 임명했다. 그가 바로 제29대 충목왕이다. 공민왕의 친조카가 왕위에 오른 것이다.

충혜왕은 귀양 가는 도중에 악양현(岳陽縣, 지금의 후난성 악양)에서 독살당해 죽었다. 당시 공민왕은 14살이었고 북경에서 황제를 숙위(宿衛)하며 살았다. 충혜왕이 폐위된 가장 큰 탓은 고려의 자주성을 추구하다가 황제에게 밉보인 것이다. 충혜왕이 죽은 후 공민왕은 친형 충혜왕과 다르다는 점을 명확히 하고, 황제에게 충성을 다했다. 살아남기 위해서였고, 살아남아서 혹시나 있을 수 있는 고려 왕이 되는 기회를 엿보기 위해서였다. 그리하여 마침내 쿠빌라이의 증손자 위왕(魏王)의 딸 노국공주(魯國公主)와 결혼하여 고려 왕이 될 수 있는 자격을 얻었다. 때마침이랄까? 1351년 충목왕이 12살에 병들어 사망함으로써, 황제의 임명을 받아 즉위했다.

공민왕은 귀국한 뒤 태도를 바꾸었다. 자신의 본색과 포부를 과감히 드러냈다. 즉위한 첫해에 고려의 자주성을 찾기 위해 반원정책(反元政策)을 폈다. 중요한 정책은 세 가지다. 하나는 몽골의 변발(辮髮)을 중지했다. 변발은 남자의 앞머리와 옆머리를 깎고 뒷머리만 남겨서 길게 땋아 늘이는 것인데, 이의 중지는 뜻이 매우 깊다. 공민왕 자신이 비록 고려와 몽골의 피가 섞인 혼혈이지만, 앞으로 고려인으로 살겠다는 본심을 내보인 것이라고 할 것이다. 여하튼 그로부터 고려 남자들은 머리를 예전처럼 기를 수 있게 되었다. 둘은 최충헌 정권 때 설치한 특별관청 정방(政房)을 없애고 인사권을 왕의 권한으로 돌렸다. 셋은 전민변정도감(田民辨正都監)을 설치하여 귀족, 사원, 왕실 등이 불법 부당하게 탈점(奪占)한 토지와 노비를 조사해서 본 주인에게 돌려주도록 조치했다. 이 역시 귀족을 위시한 기득권층의 힘을 빼고 왕권을 강화하는 중차대한 일이었다. 물론 이들 정책은 모두 원나라 황제의 허락 없이 추진했으므로, 문책당할 수 있었다.

공민왕의 반원정책은 기철(奇轍) 등 친원파의 방해를 받았다. 친원파가 황제에게 고자질하고 사사건건 훼방을 놓아 제대로 시행조차 하지 못하고 흐지부지되고 말았다. 아직·친원파 세력을 극복하기에 힘이 달리는 공민왕은 반원정책을 어쩔 수 없이 접을 수밖에 없었다.

공민왕에게 1355년에 좋은 기회가 왔다. 그것은 멀리 남중국으로부터 불어온 변화의 바람이었다. 장사성(張士誠)이 남중국 강소성(江蘇省)에서 반란을 일으킨 것이다. 장사성은 본래 소금 중개인으로 살았는데, 관리의 폭정과 부호들의 횡포가 심해 소금 생산자와 상인들을 규합하여 반란을 일으켰다. 그는 군사요충지 고우성(高郵城)을 점령하고 스스로 성왕(誠王)이라 칭하며 대주(大周)라는 나라를 세웠다. 이에 원나라가 100만 대군을 동원하여 토벌에 나섰고, 고려군도 참전했다. 당시 원나라가 고려에 원병을 요구하고, 공민왕은 정예군 2,000명을 뽑아서 파병했다. 아마 이것이 문헌 기록상 최초의 대규모 해외 파병일 것이다.

고려군의 파병은 공민왕에게 기회가 되었다. 공민왕은 원나라가 남중국의 반란을 단숨에 진압하지 못하고 고려에 원병을 요구할 만큼 힘이 빠지고 있음을 간파했다. 그러나 남중국의 전황과 정세의 정확한 파악이 무엇보다 중요했다. 그에 관한 정보를 공민왕에게 최초로 보고한 자가 인안(印安)이다. 인안은 1354년 11월 귀국하여 공민왕에게 고우성의 전투 상황과 원나라가 반란군을 토벌하지 못하고 있는 정세를 보고했다. 다음은 인안이 보고한 요지다.

"태사 탈탈(脫脫)이 고우성을 공격했다. 우리 고려 군사와 북경에 있는 우리나라 사람을 합친 23,000명의 군대가 선봉이 되었다. 성이 곧 함락되려 할 즈음 달단지원로장((韃靼知院老長)이 우리 군대가 공훈을 독차지하는 것을 꺼리어 '오늘은 날이 저물었으니, 내일 이를 빼앗자'라고 말하고 군대를 퇴각시켰다. 그날 밤에 적이 성벽을 수축하고 단단히 준비함으로써 이튿날 공격하여 함락 시키지 못했다. 때마침 어떤 사람이 황제에게 탈탈을 참소하여 그는 회안(淮安) 으로 귀양 갔다"(『고려사』)

인안의 보고는 두 가지 중요한 정보를 담고 있다. 하나는 태사 탈탈이 참 소당해 귀양 간 것처럼 원나라가 권력투쟁과 내분으로 반란을 효과적으로 토벌하지 못한다는 것이다. 둘은 북경지역에서 동원된 고려인 군사가 많다는 사실이다. 고우성을 공격한 고려 군대는 총 23,000명이다. 그러므로 고려의 파병 군사 2,000명을 빼면 북경에서 동원된 군사는 21,000명이 된다. 당시 북경지역에는 고려촌(高麗村), 고려장(高麗莊) 따위로 불리는 촌락이 많았는데, 이곳에서 징집되었을 가능성이 높다. 또한 이들은 1254년 몽골에 포로로 잡 혀간 206,600명의 후예일 터이다. 오늘날도 북경 인근의 통주(通州)에 고려 촌, 고려장이라 불리는 지명과 촌락이 산재해 있다.

공민왕은 원나라가 장사성의 반란으로 혼란에 빠졌다는 보고에 고무되었 다. 즉위 후 추진하다가 좌절된 바 있는 반원정책을 다시 추진하기로 했다. 개혁은 두 방향으로 진행되었다. 하나는 기철(奇轍)을 위시한 친원파 세력을 제거하는 것이다. 기철은 원나라 기황후의 오빠로 기황후를 등에 업고 사사 건건 딴지를 걸며 개혁을 방해해 왔다. 한편 그것은 친형 충혜왕의 원한을 갚 는 복수이기도 했다. 둘은 영토 수복이다. 고려가 원나라에 항복함으로써 영 토를 많이 빼앗겼다. 원은 평양에 동녕부(東寧府), 함경도에 쌍성총관부, 제주 도에 탐라총관부를 설치하고 직접 통치했다. 고려가 빼앗긴 땅을 돌려달라고 줄기차게 요구했으나 들어주지 않았다. 다만 1290년 평양에 설치한 동녕부 를 요동으로 옮기고 평양을 돌려주었을 뿐이다. 공민왕은 먼저 함경도를 수 복하기로 하고 쌍성총관부를 탈환하는 작전을 추진했다. 친원 세력의 제거와 영토 수복, 두 마리 토끼를 한꺼번에 잡으려 했다.

공민왕의 1차 요동 공략, 인당(印瑭)의 값진 희생

공민왕은 재위하면서 요동을 세 차례 공략한다. 1차는 명나라가 건국되기 전 1356년 6월에 서북면병마사 인당(印塘)이 압록강을 건너 원나라 병참기지를 공략했다. 2-3차는 1차로부터 14년 뒤인 1370년 명나라가 건국된 이후다. 그해 정월에 이성계와 지용수가 동녕부를 공략하고, 또 11월에 역시 이성계와 지용수가 요동성을 공격하여 함락시켰다. 한해에 요동을 두 차례 공략했다.

공민왕의 1차 요동 공략은 기철 일당의 처단으로부터 시작한다. 공민왕은 1355년 5월 장사성 토벌에 참전하고 귀국한 인당으로부터 남중국의 정세와 원나라 군대의 실정을 보고 받았다. 그 후 기철 일당을 처단할 작전계획을 비밀리에 세우고 치밀하게 준비했다. 그리하여 1년 뒤 1356년 5월 18일 공민왕은 궁궐에 연회를 열고 기철, 권겸, 노책(盧頙) 등을 초대했다. 이들이 멋모르고 참석하자, 순식간에 철퇴로 쳐서 죽인 다음, 개경에 비상계엄을 선포하고 기철 일당의 체포에 나섰다. 그러나 낌새를 알아차린 일당들이 재빨리 포위망을 뚫고 요동 쪽으로 도망가서 잡지 못했다.

공민왕은 도망간 기철 일당을 꼭 잡아야 했다. 그들이 기황후에게 하소연하고 기황후가 보복하려 나설까 하여 우려되기 때문이다. 공민왕은 인당과 강중경(姜仲卿)을 서북면병마사로 임명하고, 일당을 잡아서 처형하도록 명령했다. 인당은 즉시 추격에 나서 압록강으로 달려갔다. 강중경은 술에 취해서 꾸물거렸다. 뒤늦게 도착하고서도 병사들을 괴롭히며 위세를 떨었다. 인당이 그러지 말라며 제지하고 추격하기를 독촉했으나 거드름을 피우며 듣지 않았다. 그러자 인당이 강중경의 목을 쳐버렸다. 직급이 같은 병마사를 즉결 처형한 것이다. 인당은 6월 5일 군사를 이끌고 압록강을 건너가서 파사부(婆娑府) 등 원나라 병참기지 3곳을 깨뜨리고, 숨어있는 일당을 처형했다. 기철을 처단한 지 불과 15일 만이다. 이것을 공민왕의 제1차 요동 공략이라 한다. 이들 병참기지는 함경도의 쌍성총관부에 식량과 물자를 공급하는 요새였다. 따라서 제1차 요동 공략은 기철 일당을 잡아 처형함과 동시에 쌍성총관부의 보급로를 끊는 것이었다. 보급이 끊긴 쌍성총관부는 고려군의 총공격을 받고 1개

공민왕 릉

월여 뒤 7월 19일 함락된다. 결국 공민왕의 작전은 기철의 처단에서부터 쌍성총관부의 함락까지 약 2개월에 걸쳐 일사천리로 추진되어 성공했다.

그러나 문제가 생겼다. 원나라가 기철 일당을 죽이고 병참기지를 격파한 것에 대해 격분했다. 기철의 여동생 기황후가 울분을 삭이지 못하고 펄펄 뛰었다. 원나라 황제가 80만 대군으로 고려를 침공하겠다고 노골적으로 위협하며, 7월 19일 살적한(撒迪罕)을 보내 서한을 전했다. 서한에서 황제는 사건의 전말을 짐짓 모르는 듯이 하고, 병참기지를 부순 자는 분명히 도적 무리일 것이라고 했다. 그리고 원나라가 출병하여 도적 무리를 토벌하기 전에 고려가 나서서 토벌하든지, 아니면 합동작전을 펴서 일망타진하자고 제의했다. 고려를 지목하지 않고 에둘러 도적떼의 소행이라 하면서, 확실한 회답을 요구한 것이다.

공민왕은 고민에 빠졌다. 비록 원나라가 쇠락하고 있지만, 아직은 무시할 수 없는 강국이었다. 고려의 군사 행동을 도적떼의 짓이라며 거짓말로 둘러댈 일이 아니었다. 정면으로 대결할 것인가? 아니면 양해를 구하며 화해할 것인가? 정면 대결은 여의치 않아 화해하는 쪽으로 가닥을 잡았다. 그러나 화해를 위해서는 고려군이 압록강을 넘어 병참기지를 격파한 전말을 밝히고, 기철 일당을 죽인 것에 대한 해명이 필요했다.

어떻게 할 것인가? 결국 서북면병마사 인당이 희생양이 되었다. 공민왕은 7월 30일 인당의 목을 베고, '변방에 군사를 두어 수비하게 하였는바, 병사들이 압록강을 건너 병참기지를 파괴했다. 이것은 나의 본의가 아니다'라는 내용의 표문을 황제에게 보냈다. 병참기지 파괴를 인당의 실책으로 돌리고, 황제에게 양해를 구한 것이다. 이에 대해 황제는 인당의 처형을 인정하고, 더 이상 허물을 추궁하지 않겠다는 조서를 보내왔다. 인당은 요동을 공략한 지 55일 만에 죄 아닌 죄를 혼자 뒤집어쓰고 죽었다. 인당의 죽음은 당시 원나라와 맞서 싸울 수 있을 만큼 국력이 강성하지 못한 고려의 처지이자 한계였다.

인당의 죽음은 의미 있다. 그러나 오늘날 학자들은 인당의 죽음에 별반 의미를 두지 않는다. 단순히 『고려사』의 처형 기록을 소개하는 정도에 그친다. 혹자는 공민왕의 불가피한 선택이었다고 한다. 또는 공민왕이 의심이 많아 신하들을 함부로 죽이거나 자주 숙청했다며, 인당의 처형도 다름없다고 한다. 그렇지 않다. 설혹 공민왕 재위 중에 신하를 숙청한 사례가 다수 있었다손 치더라도 인당의 경우는 다르다. 인당의 죽음은 특별하다. 당시 기철 일당의 제거는 성공했지만, 자칫 원나라를 거슬러서 쌍성총관부의 탈환에 차질이 생길 수 있었다. 따라서 인당이 진퇴양난의 국면을 해소하고, 쌍성총관부의 탈환을 위해 책임을 스스로 뒤집어썼다고 할 수 있다. 다시 말하면 인당이 공민왕에게 꼬인 국면을 타개하기 위해 목숨을 내놓겠다고 말하고, 공민왕이 마지못해 처형 명령을 내렸다고 할 수 있다. 이것은 근거없는 허황된 추정이 아니다. 인당이 누구인가와 그간에 일어난 사건의 전말과 인과를 연계지어 살펴보면 이러한 추정이 자연스레 도출된다.

먼저 인당이 누구인가다. 인당은 실전 경험이 풍부한 무장이다. 특히 외국 군대와 전투를 많이 했다. 예를 들면 1351년 자연도(紫燕島, 지금의 영종도)에 침입한 왜구와 싸워 물리쳤고, 1354년 전라도를 침략한 왜구를 격파했다. 장사성(張士誠) 토벌군으로 파병되어 고우성 등지에서 반란군과 격전을 치렀다. 당시 압록강을 건너 원나라 병참기지를 쳐부수고 기철 일당을 처단하는 데는 인당이 최고로 적합한 무장이었다.

다음 그간에 일어난 사건의 인과다. 사건은 다섯 가지다. 인안이 최초로 고우성의 전투 상황을 공민왕에게 보고한 것, 인당이 귀국하여 공민왕에게 원나라의 정세를 종합하여 보고한 것, 공민왕이 인당을 서북면병마사로 임명하고 기철 일당을 추격하여 처형하게 한 것, 인당이 같은 병마사인 강중경을 즉결 처형한 것, 공민왕이 공을 세운 인당을 죽인 것 등이다. 이상의 사건은 아무렇게 우발적으로 일어난 것으로 단정할 수 없다. 원인과 결과가 뒤엉켜서 발생했다고 할 것이다. 한편 이들 사건에서 인과를 푸는 핵심은 두 가지다. 왜 인안이 전황을 보고하는가? 왜 인당이 강중경을 즉결 처형하는가? 등이다.

인안이 누구인가? 인안은 인당의 큰아들이다. 그러므로 인당과 인안, 즉 아버지와 아들이 함께 장사성 토벌군으로 파병되었다. 그렇다면 왜 인안이 전투 중에 귀국하여 공민왕에게 전황을 보고했을까? 이것은 사전에 계획된 보고로 봐야 할 것이다. 왜냐하면 공민왕의 허락 없이 아무나 귀국할 수 없고, 아무나 전황을 탐지하여 공민왕에게 보고할 수 없기 때문이다. 한창 전투 중에 전황을 탐지하는 책임자가 귀국할 수 없으므로, 인안은 보고하는 실무자에 불과하다 할 것이다. 따라서 인안을 귀국시켜 보고하게 하고, 현지에서 계속 전황을 탐지하는 책임자가 있어야 한다. 그가 누구일까? 인당과 인안이 부자지간이란 사실을 주목하면, 인당이라 할 것이다. 다시 말하면 인당이 정보 책임자의 임무를 맡아 파병되고, 중간보고를 기밀 유지를 위해 아들 인안을 귀국시켜 보고하게 한 것이다.

인당이 강중경을 처형한 것은 가볍지 않다. 인당은 기철 일당의 추격이 시급한데 강중협이 늑장을 부리자, 가차 없이 목을 쳐죽였다. 그리고 압록강을 건너 원나라 병참기지를 쳐부수었다. 역모나 반란이 아니고서야 같은 직급의 병마사를 즉결 처형하는 것은 있을 수 없는 일이다. 일개 병마사가 국경을 넘어 상국(上國) 원나라의 기지를 공격하는 것은 반역과 같은 짓이다. 이런 극단 행위는 아무나 할 수 없다. 국왕의 명령이나 지시가 있어야만 가능한 일이고, 국왕으로부터 비밀리에 전권을 위임받은 자만이 할 수 있는 일이다. 따라서 공민왕이 인당을 서북면병마사로 임명할 때, 기철 일당의 처형을 위해서는 어떠한 방법과 수단도 용인하는 전권을 부여했다고 할 것이다. 한편 이러한 인과로 추정하면, 공민왕과 인당이 기철 일당의 처단과 영토 수복을 위한 대책을 함께 짠 것으로도 볼 수 있다.

결국 인당은 기철 일당을 추격하여 처단한 군사작전의 기획자이면서 실행자였다. 그러나 원나라의 거센 반발로 인해 누군가 책임져야 할 상황이 벌어지자, 자신을 스스럼없이 희생했다. 목숨을 던져 나라의 위난을 구하고 부하들을 살렸다. 참된 무장의 면모와 올곧은 상무정신이 구현되는 장면이다. 이처럼 인당의 죽음에는 고려 무인의 기개와 상무정신의 정수(精髓)가 고스란히 담겨있다. 그러므로 공민왕의 개혁과 영토 수복은 자신을 희생한 인당의 값진 승리라고 할 수 있다. 인당은 나라를 위해 목숨을 바친 순국의 표상으로 선양해야 할 위대한 인물이었다.

공민왕의 2-3차 요동 공략, 요동성을 함락하다

공민왕의 2차 요동 공략은 1370년 정월에 감행되었다. 이때는 인당이 압록강을 건너 원나라 병참기지를 격파한 후 14년이 지나서이다. 지휘관은 이성계와 지용수(池龍壽)이고, 병력은 1만 5천(기병 5천, 보병 1만)이었다. 고려군이 압록강을 건너 동녕부를 공격하자, 그곳의 군사들이 우라산성(亏羅山城)에 들어가서 저항했지만, 산성은 곧 함락되었다. 그리하여 동쪽은 황성(皇城), 북쪽은 동녕부, 서쪽은 바닷가, 남쪽은 압록강까지의 요동 지역에서 원나라 세력은 종적을 감추었다. 고려군의 승리로 인해 고려에 투항한 민호가 1만을 넘었고, 귀순하여 오는 자가 시장에 가는 사람처럼 많았다고 한다.

3차 요동 공략은 동년 11월 2일에 있었다. 2차와 마찬가지로 이성계와 지용수가 병력을 지휘했다. 목표는 요동성(遼東城) 함락이다. 고려군은 의주 인근에 부교를 가설하여 압록강을 건너고, 압록강을 건넌 지 불과 이틀 만에 요동성까지 진격하여 함락시켰다. 이것은 당시 요동은 어떠한 군대도 주둔하지 않는 무인지경이었고, 압록강과 요동성 사이의 지역이 고려의 영향 아래 있었던 사실을 말해준다. 고려는 동녕부에 '요양과 심양 지방은 본래 고려의 옛 강토다'라는 내용의 자문(咨文)을 보내고, 또 요양과 심양 사람들에게 귀순을 권유하는 포고문을 내걸었다. 다음은 포고문의 요지다.

> "요양은 본래 우리나라 지경이다. 대군이 또 나가면 선량한 백성들에게 피해를 끼칠 우려가 있다. 백성 중에 압록강을 건너와서 우리 백성이 되려는 자에게는 양식과 곡식 종자를 주어 생업을 안착하게 하겠다."(『고려사』)

당시 요동은 비어 있었다. 원나라가 초원으로 밀려나고 명나라는 아직 요동에 진출하지 않았다. 그러나 고려군은 돌아오고 말았다. 요동 지역이 고려 땅임을 거듭 밝히고, 요동성을 점령하고서도 서둘러 회군했다.

이듬해 1371년 4월 명나라가 요동 지역을 차지해 버렸다. 요양성을 관장하던 유익(劉益)이 명에 귀순한 것이다. 유익은 명에 귀순하기 한 달 전에 요양 지역이 본래 고려 땅이라며, 고려에 사신을 보내 귀순을 타진했다. 유익은 만약 명나라에 귀순하면 명나라가 요양 지역의 주민을 변방으로 이주시키지 않을까 근심하고, 고려에 기대어서 이를 모면하려 했다. 그러나 고려는 우물쭈물 시일을 보내고 유익의 제의를 받아들이지 않았다.

요동성을 함락한 때, 그리고 유익이 귀순을 요청할 때가 요동을 차지할 절호의 기회였다. 요동은 고려인이 약 30%를 점유할 정도로 많이 살고 있었

요동성 복원 모형(중국 요화박물관)

고, 유익이 귀순을 청할 만큼 연고 기반이 탄탄했다. 이성계가 요동성을 점령한 뒤 돌아오지 않고, 유익의 요청을 받아들이고, 전력을 다해 사수했다면 요동을 영구히 차지할 개연성이 있었다. 그렇지 않더라도 추후 명나라와의 영토 획정에 있어서 유리한 입장에서 협상하고, 요동의 일부라도 차지할 가능성이 높았다고 할 것이다. 왜 서둘러 돌아왔을까? 이에 관한 까닭은 아직 명료하게 밝혀지지 않고 있다. 어떻든 고려는 요동성을 함락한 후 이를 사수하지 않음으로써, 또 유익의 귀순을 받아들이지 않음으로써, 요동을 차지할 기회를 놓쳤다. 결국 공민왕의 요동 공략은 '대어를 잡았다가 놓친 꼴'이라 해도 과언이 아닐 것이다.

우왕의 요동정벌, 이성계의 쿠데타로 실패했다

1388년 음력 4월 18일, 고려의 요동정벌군이 서경을 출발했다. 최영이 총사령관, 이성계가 우군사령관, 조민수가 좌군사령관이었다. 병력은 총 50,464명(공격군 38,830명, 보급병 11,634명)이고, 말이 21,682필이다. 총사령관 최영은 진군하지 않고 서경에 남아 우왕(禑王)을 보필했다.

이성계는 5월 7일 압록강 하류의 위화도(威化島)에 도착한다. 그러나 강물이 불어나 강을 건너기 어렵다며 진군을 중단하고, 이른바 4불가론(四不可論)을 주장했다. 그리고 좌군사령관 조민수를 만나 회군하자고 꼬드겼다. 조민수가 회군에 동의하자, 5월 22일 말머리를 개경으로 돌렸다. 쿠데타를 일으킨 것이다. 역사에서는 이를 위화도회군(威化島回軍)이라 일컫는다. 서경에 머물던 우왕과 최영은 급히 개경으로 돌아가서 잔여 병력을 모아 쿠데타를 막으려 했으나 실패하고 만다. 최영은 체포되어 그해 12월에 참형되고, 우왕은 강릉에 유폐되어 1년 후 죽임을 당했다. 쿠데타에 성공한 이성계는 함께 쿠데타를 일으킨 조민수를 창령에 유배 보내고 정권을 고스란히 차지했다. 그리고 4년 뒤 고려를 멸망시키고 조선을 건국했다.

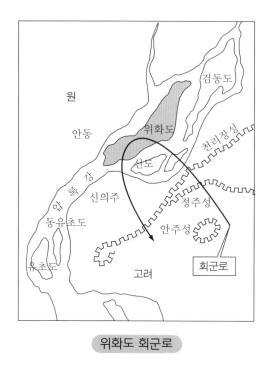

위화도 회군로

역사에 만약의 가정은 금물이다. 그러나 요동정벌은 만약의 가정이 불가피하고 성립된다. 요동정벌에 실패한 애환이 너무 큰 탓이다. 당시 이성계가 계획대로 요동으로 진군했다면, 다음 셋 중 하나로 결말이 날 수 있었을 것이다. 첫째, 당당히 요동을 차지한다. 둘째, 참패를 당하고 퇴각한다. 셋째, 명나라와 협상하여 요동을 얼마쯤 차지한다. 말하자면 이성계가 공민왕 때 요동을 공략한 것처럼 압록강을 건너 진군했다면, 실패든 성공이든 역사에 길이 남을 장엄한 서사극(敍事劇)이 펼쳐졌을 것이다. 여하튼 우왕의 요동정벌은 한국사의 일대 사건이 분명하다. 요동을 차지할 절호의 기회를 팽개친 이성계의 위화도회군은 수없이 반추(反芻)해도 과함이 없는 역사의 뒤틀림이라 할 것이다.

우왕의 요동정벌과 이성계의 위화도회군은 보는 관점에 따라서 호불호와 평가가 달라지게 마련이다. 오늘날 학자들의 통설은 정치적인 관점에 있다. 이를테면 친원파와 친명파, 권문세족과 신진사대부, 수구파와 개혁파 따위로 편을 나누고, 양측의 정치투쟁으로 본다. 고려를 혁신하고 유지하려는 보수 세력(친원파, 권문세족, 불교 등)과 새로운 나라를 모색하는 이성계 세력(친명파, 신진사대부, 유교 등)이 대립하여 벌인 결전이라고 한다. 물론 평가는 후자에 무게 중심을 두고 이성계 세력이 불가피하여 쿠데타를 일으키고 성공했다고 한다. 이것은 사후 합리화로 승자에게 면죄부를 주었다 할 것이다.

한편 최근에 경제적 관점의 접근이 제기되어 주목받고 있다. 당시 요동은 고려의 경제권이고 상권이었는데, 개경 상인을 비롯한 상업 우호 세력이 이를 빼앗기지 않으려고 정벌을 도모했다고 본다.[39] 그러나 농업을 중시하는 신진사대부 등 상업 비우호 세력이 이를 가로막아 실패했다는 것이다. 요동 정벌이 무산되고 최영이 참형당하자, 개경 상인들은 철시함으로써 반발했다. 정권을 잡은 이성계 세력은 개경 상인들을 철저히 탄압하고, 요동 지역을 왕래하는 무역상들을 체포하여 압록강 변에서 즉결 처형했다. 위화도회군 쿠데타를 비난하는 상업 세력을 와해시킨 것이다.

이 책에서는 새로운 관점으로 접근한다. 정벌의 목적, 즉 요동을 차지하느냐에 초점을 두고 고찰한다. 그러면 이야기가 지금까지와는 확연히 달라진다. 새로운 관점에서는 다음 네 가지 질문에 대한 해답이 필요하다. 즉 ① 누가 정벌을 주창하고 계획했는가? ② 정벌 목적지 철령(鐵嶺)은 어느 곳인가? ③ 이성계의 '4불가론'은 타당한가? ④ 요동정벌은 성공할 수 있었는가? 등의 질문이다.

첫째, 누가 요동정벌을 주창하고 계획했느냐. 이에 관한 직접적인 기록은 없다. 다만 해답을 얻을 수 있는 실마리가 『고려사』에 기록되어 있다. 그것은 다름 아닌 우왕의 울음이다. 1388년 3월 어느 날, 우왕이 말을 타고 궁궐로 돌아오는 도중에 긴급 보고를 받았다. 명나라가 철령위(鐵嶺衛)를 설치하고, 아울러 병참기지를 70개소나 조성한다는 보고다. 이에 우왕은 "신하들이 나의 요동공략 계획을 듣지 않더니 이렇게 만들고 말았다"라고 말하며 울었다. 우왕의 울음, 그것도 백주의 대낮에 슬피 운 것을 왜 굳이 기록했을까? 아마 『고려사』 편찬자는 요동정벌이 우왕의 독단적인 발상임을 은근히 꼬집고, 임금이 체통 없이 운 것을 비아냥거리려고 기록했을 수 있다. 시종들 앞에서 감정조차 추스르지 못하는 나약한 우왕으로 자리매김하는 것이다. 그러나 조금만 달리 생각하면 우왕의 울음은 의미가 깊다. 편찬자는 못난 망나니 울음으로 방점을 찍었지만, 울음에서 우왕의 참모습이 생생히 드러나기 때문이다.

당시 우왕은 24세의 젊은이다. 그는 10세의 어린 나이에 왕위에 올라 14

39) 공창석, 『위대한 한국상인』, 박영사, 2015, PP.627-631.

년째 재위하고 있었다. 세상물정을 알 만큼 알고, 철이 들었고, 왕 노릇에 연륜이 쌓였다고 할 것이다. 따라서 우왕의 울음은 감정의 나약함에서 주책없이 솟구치는 울음이라기보다, 젊음의 순수한 격정과 진솔한 고뇌에서 북받쳐 나온 울음으로 이해하는 것이 합리적이다. 우왕은 울면서 신하들이 요동 공략에 대한 자신의 계획을 듣지 않았다고 말했다. 언제인지는 알 수 없으나, 우왕이 직접 정벌계획을 세우고 신하들에게 공개적으로 설명한 것이다. 혹자는 요동정벌은 우왕과 최영이 이성계와 친명파를 궁지로 내몰아 제거하기 위해 비밀리에 기획하여 추진했다고 주장한다. 그렇지 않다. 『고려사』에는 신하들이 우왕의 계획을 듣지 않았다고 분명히 기록되어 있다. 뿐만 아니라 요동정벌은 5만여 명의 군사와 2만 1천여 필의 말을 동원한, 그야말로 국력을 총동원한 국가의 명운을 건 중대사다. 한갓 이성계와 친명파를 궁지로 내몰기 위해서라는 정쟁의 산물로 평가절하해서는 안 된다. 동서고금을 막론하고 국왕이 앞장서서 정벌을 기획하고 나서는 사례는 찾기 어렵다. 일반적으로 대외정벌을 추진하자는 쪽과 하지 말자는 쪽이 갈리고, 이들 간에 노선투쟁이 치열해지면 결정권자인 왕이 저울질하여 최종 단안을 내리는 법이다. 우왕이 스스로 요동정벌 계획을 짜고, 우물쭈물하는 신하들을 설득하고, 정벌을 감행한 것은 높이 평가받아 마땅하다. 한국 역사에서 보기 드문 명장면이라 할 것이다.

철령위(鐵嶺衛) 설치가 무엇인가? 명나라의 위(衛)는 사방 100리의 땅을 다스리는 지방 관서의 명칭이다. 철령위는 철령 지역을 관할하는 지방 관서를 지칭한다. 철령이 어느 곳인가? 『고려사』에는 기록이 전혀 없다. 명나라 사서 『명사(明史)』는 요령성의 철령(鐵嶺, Tieling)으로 기록하고 있다. 한국 기록이 없으므로, 일단 중국 기록인 요령성의 철령으로 보는 것이 타당하다 할 것이다. 그러나 철령의 위치에 대해 한국 학자들의 학설이 따로국밥이어서 문제다. 학계 다수설은 함경도와 강원도 경계에 있는 철령 고개(높이 685m) 아래의 안변 지역으로 추정한다. 이것은 일본 학자가 처음 주장한 학설이다. 최근들어 『명사』에 기록된 요령성의 철령이라는 견해가 주목받지만, 아직은 소수설이다. 철령의 위치는 매우 중요하다. 철령을 함경도의 철령으로 보느냐 또는 요동의 철령으로 보느냐에 따라서 고려의 영토를 압록강 내로 한정하느냐, 압록강을 넘어 요동 일부를 포함하느냐의 영토 문제가 되기 때문이다.

　학자들이야 나름의 논거를 가지고 말하겠지만, 일반상식으로는 『명사』에 기록된 요령성의 철령이 옳다고 할 것이다. 왜냐하면 철령위 설치를 추진한 명나라가 『명사(明史)』에 철령의 위치를 요령성의 철령으로 기록했는데, 한국

철령 한반도설

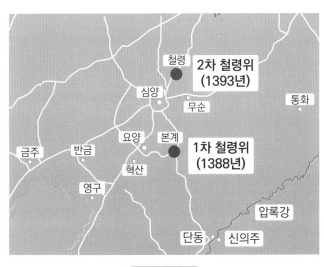

철령 요양설

이 이를 믿지 않고 부인할 아무런 이유가 없는 것이다.

한편 함경도의 철령이라면, 함경도는 본래 고려 영토로 공민왕이 쌍성총 관부를 탈환하면서 이미 수복했으므로, 명나라가 원나라의 연고권을 주장하며 이곳에 철령위를 설치할 까닭도 명분도 없다. 또한 함경도의 철령은 험준한 산맥의 고개여서 관서를 설치할 곳이 못 되고, 그 아래의 안변 지역이라 한다면 '철령위'가 아니라 '안변위'라고 해야 할 것이다. 설령 함경도의 철령이라 한다면, 고려는 명나라가 압록강을 넘어오지 못하도록 압록강에서 막으면 그만이다. 함경도의 철령이라면 국력을 쏟아서 병력을 동원하고, 압록강을 건너 요동에서 명나라와 전쟁을 벌일 실익이 없다. 그러므로 요령성의 철령은 고려의 연고권이 예전부터 인정되었고, 공민왕의 요동 공략 이후 사실상 고려가 관할 아래 있었다고 볼 것이다. 여기서 예전부터라 함은 충선왕이 1313년 심양왕으로 책봉되었을 때부터일 수 있다. 여하튼 우왕은 명나라가 요동의 철령 지역을 차지하기 위해 철령위를 설치하려고 하자, 요동정벌을 결행했다고 할 것이다.

고려는 태조 왕건 이래 북진정책을 펴며 영토를 확장해 나갔다. 그것은 고구려를 계승한다는 자부심과 결부되었다. 요동을 차지해야 할 땅으로 여겼고, 기회만 되면 한 뼘의 땅이라도 더 차지하려고 노력했다. 우왕이 요동정벌을 감행한 것은 아버지 공민왕을 이어 북진정책을 완수하려는 소명 의식의 발로라고 할 수 있다. 요동을 영구히 차지하려는 그의 기상과 꿈을 하찮게 폄훼해서는 안 된다. 우왕은 그의 모든 것을 걸고 요동으로의 출병을 단행한 담대한 왕이었다.

둘째, 이성계의 '4불가론(四不可論)'이다. 이것은 이성계가 요동을 정벌할수 없다고 주장하면서 내세운 네 가지 이유다. 즉 ① 작은 나라가 큰 나라를 거스를 수 없다. ② 여름철에 군사를 동원할 수 없다. ③ 군사가 원정하는 틈을 타서 왜구가 침범할 수 있다. ④ 무덥고 비가 오는 시기여서 활의 아교가 풀어지고, 병사들이 전염병에 시달릴 수 있다 등이다. '4불가론'은 의문투성이다. 왜냐하면 기록이 명확하지 않아 진위를 판가름하기 어렵기 때문이다.

우선 원천 기록인 『고려사』의 관련 기록들이 서로 어긋난다.

『고려사』에는 서로 상충 되는 기록이 두 개 있다. 하나는 '4불가론'에 관한 기록이다. 이성계가 정벌에 나서기 전에 우왕에게 '4불가론'을 강력히 주장하고, 위화도에 도착하여 다시 정벌의 중단을 요구했지만, 우왕이 이를 용납하지 않고 속히 진군하라는 명령을 내리자, 이성계가 조민수를 회유하여 쿠데타를 일으켰다는 것이다.

또 하나는 『고려사』 열전의 최영전에 실려 있는 요동정벌의 추진 과정에 관한 기록이다. 그 요지는 요동정벌은 우왕의 명령 한마디로 추진되지 않았고, 조정의 백관회의(百官會議)에서 결정되었다. 백관회의는 조정의 모든 문관과 무관이 참석하는 회의다. 고려는 명나라가 철령위 설치를 통보하자 백관회의를 열고, 논의를 거쳐 두 가지 방안을 결정했다. ① 철령 지역을 명나라에 떼어 줄 수 없다. ② 요동을 공격하기 전에 화의를 요청한다는 것이다. 그에 따라 박의중(朴宜中)을 명나라에 파견하여 철령위 설치의 철회를 요청했다. 그러나 명나라가 거부함으로 요동정벌군을 출병시켰다. 이처럼 '4불가론' 기록과 백관회의 기록이 상충된다. 어느 기록이 맞는가? 아무래도 모든 문무관이 참석한 백관회의에서 논의를 거쳐 요동정벌이 결정되었다는 기록이 사리(事理)에 부합할 것이다.

이성계는 정벌군의 우군사령관으로 임명되었다. 이성계는 임명을 사양하거나 거부하지 않았다. 이것은 이성계가 명나라와의 외교 교섭이 무산되면 출병키로 한 백관회의의 결정을 존중하고 따른 것을 뜻한다. 어쩌면 회의에서 이성계를 우군사령관으로 하는 출병의 군진(軍陣)이 결정되었을 수도 있다. 어떻든 우군사령관으로 임명된 후에 출병을 반대하고, 더군다나 위화도까지 진군하여 '4불가론'을 주장했다는 기록은 모순된 언행이 된다. 오히려 이성계를 한입에 두말하는 사람으로 폄훼한다고 할 수 있다. 차라리 이성계는 반대 의견이 채택되지 않자, 정변을 일으킬 다른 마음을 먹었다. 그리고 군권을 잡기 위해 우군사령관이 되고, 위화도에 도착하기까지 쿠데타 준비를 하고, 마지막 좌군사령관 조민수를 포섭하자 회군을 단행했다고 하는 것이 그나마 무장다운 이미지가 될 것이다. 한편 이성계가 출병에 앞서 쿠데타 야심을 품었다고 치자, 쿠데타를 도모하려는 이성계가 우왕의 면전에서 또는 병사들 앞에서 공공연히 '4불가론'을 주장할 수 없는 것이다.

이야기가 꼬이는 기록이 또 있다. 하나는 이성계 측의 상소와 우왕의 교지다. 이성계 측은 쿠데타 이후 우왕에게 위화도회군을 변명하고 정당화하는 상소를 올렸다. 이에 우왕은 '애초에 정벌을 논의할 적에 모두가 찬성해 놓고 왜 이제 와서 명령을 어기느냐?'라고 질책하는 교지를 내렸다. 그러나 이 기록에 대해서 당시는 물론이고 조선시대에 와서도 아무런 해명이나 반박이 없다. 물론 오늘날도 별로 중시하지 않는다. 또 하나는 이성계의 무덤에 세운 비석과 무덤 안에 넣는 묘지문에 '4불가론'이 기록되어 있지 않다는 사실이다. 죽은 자의 내력과 공적을 적은 비석과 묘지문은 살아생전의 기록과 마찬가지로 중요하다. 왜 '4불가론'이 전혀 기록되지 않았을까? 그것은 '4불가론'이 살아생전의 말이 아니라 이성계가 사망한 이후에 꾸며진 말이기 때문으로 여겨진다.

인류 역사에서 나라의 흥망은 소국이 대국을 쳐서 무너뜨리고, 소국이 대국으로 도약하는 순환의 역사로 점철되어 있다. 세계의 전쟁사를 돌아봐도 전투를 반대하는 장수를 선봉에 내세우거나, 공격군의 사령관을 시킨 사례는 찾기 어렵다. 고려는 건국 이래 중국의 큰 나라를 경쟁국으로 여겼지 지레 겁먹지 않았다. 993년 거란이 침공할 때 서희(徐熙)를 위시한 주전파는 '한번 싸워보고 화의해도 늦지 않다'고 주장하고 싸워 이겼다. 세계를 제패한 몽골과도 싸워 고려의 이름을 지켜냈다. 원나라가 힘이 빠지자, 공민왕은 즉각 그동안 상국으로 섬기던 원나라를 공격하여 빼앗긴 영토를 되찾았다. 그러므로 이성계의 '소국이 대국을 칠 수 없다'는 불가론은 극히 자의적이다. 만약 당시 이성계가 이 말을 실제로 입에 담았다면 시중의 웃음거리가 되었을 것이 뻔하다. 따라서 '4불가론'은 명나라를 사대하는 조선의 『고려사』편찬자들이 위화도회군 쿠데타를 정당화하기 위해 윤색한 기록이라 할 것이다.

셋째, 요동정벌이 성공할 수 있었는가다. 결론을 미리 밝히면 성공할 확률이 높았다. 그것은 최영의 군사전략과 백관회의를 통해서 확인된다. 먼저 최영의 전략이다. 『고려사』 <최영전>의 기록은 요동정벌을 냉담하게 비판하고 있다. 최영이 명나라의 공격을 받아 북쪽 사막지대로 밀려난 북원(北元)과 손잡고 명나라에 대적하려 했다는 것이다. 비판은 오늘날도 마찬가지다. 대다수 학자가 『고려사』의 기록을 그대로 인용하고 최영의 전략을 혹평한다. 과연 최영의 전략은 비판받아야 하는가? 당시 북원은 명나라와 전쟁 중이었다. 요동을 정벌하려고 출병하는 마당에 비록 북원이 명에 밀리고 있다 할지라도, 적의 적은 친구라 하듯이 북원과의 군사협력은 당연한 전략이다. 물론 군사협력이 원활히 이루어질지는 장담할 수 없지만, 북원과의 군사동맹은 배후의 안전을 도모할 뿐 아니라, 명나라의 전력을 분산시키는 효과가 있다.

다음 백관회의를 주목해야 한다. 요동정벌은 백관회의에서 결정되었다. 이 사실을 조금만 더 깊이 들여다보면, 최영의 전략은 북원과의 군사협력에 그치지 않는다는 것을 알 수 있다. 왜냐하면 백관회의에서 출병을 결정할 때 승전할 수 있는 전략과 전술 등이 논의되고, 특히 요동 상황에 대한 정보 따위가 검토되었을 것이기 때문이다. 물론 이에 관한 기록은 없지만, 기록이 없다고 하여 불을 보듯이 뻔한 정황을 도외시해서는 안 될 것이다.

당시 요동 상황은 고려에 유리했다. 유리한 점은 크게 두 가지다. 하나는 명나라 군대가 아직 요동에 진출하지 않은 사실이다. 명의 주력군은 요서 지역에서 북원과 결전을 벌이고 있었다. 철령위를 설치한다는 통보는 장차 요동으로 본격 진출한다는 의사를 밝힌 것이나, 그 시기는 북원과의 전황에 따라 앞당겨질 수도 있고 늦어질 수도 있었다. 그러므로 고려는 철령을 위시한 요동 지역을 아무런 저항과 군사 충돌 없이 점령할 수 있었다. 둘은 요동 지역의 성향이 친고려라는 사실이다. 당시 요동에 거주하는 사람은 고려인과 고려에 우호적인 여진, 거란, 말갈인 등이 주류였다. 무역하는 고려 상인도 수없이 많았다. 현지 상황은 고려가 명나라보다 훨씬 유리했다.

최영의 전략과 전술을 구체적으로 따져보자. 여름철의 군사행동이 어렵고 힘들지만, 그것은 명나라도 마찬가지다. 여름이 오기 전 5월에 명나라보

고려-명-북원 형세도(1368년)

다 먼저 요동을 점령한 다음, 여름을 지내면서 고려인과 여진·거란·말갈인 등을 모병하여 군사를 확충하고, 군수품을 장만하고, 요새를 구축하면 이후 명의 공격에 대적할 수 있는 것이다. 만약 명나라 군대가 쳐들어오면 요동에서 협상할 수도 있다. 최영은 993년 거란이 80만 대군으로 쳐들어왔을 때, '한 번 싸워보고 협상해도 늦지 않다'라고 주장한 서희(徐熙)의 전략과 유사한 전략을 구상했다고 할 것이다.

그렇지만 승패의 관건은 현지 모병에 달렸다고 할 수 있다. 당시 요동에서 모병한다면 어느 정도일까? 관련 정보가 부족하여 확실한 추정은 불가하고, 다음의 두 가지 사례가 참고된다. 첫째는 장사성을 토벌하는 고우성 전투에 참전한 고려인 군대 23,000명이다. 이에 관해서는 앞에서 서술한 바 있다. 고려인 군대는 고우성 전투가 끝나자, 육합성(六合城)을 함락시킨 다음 회안로(淮安路)로 이동하여 방어 전선을 폈다.[40] 이후 고려의 파병 군사 2,000

---

40) 육합성은 지금의 남경 육합구(六合區), 회안로는 지금의 강소성(江蘇省) 혜안시(惠安市)이다.

명은 귀국하고, 나머지 고려인 군대 21,000명의 행방은 기록이 없어 모른다. 아마 원나라 군에 흡수되거나 해산되었을 것이다. 어떻든 우왕의 요동정벌이 있기 약 30년 전에 2만 이상의 고려인 군대가 고려의 정체성을 유지한 채 활약한 사실은 모병의 성공 확률을 높여준다고 할 수 있다.

둘째는 『요동지(遼東志)』와 『세조실록』의 기록이다. 『요동지』는 명나라가 1443년에 편찬한 요동의 지리와 풍물 등을 기록한 책이다. 『요동지』에는 고려 말에 명나라의 요동 관청에 소속된 고려인이 약 3만 명이고, 조선시대 15세기 중엽까지 요동의 군사 중에 고려인이 많았다고 기록되어 있다. 그리고 『세조실록』에는 1560년대 요동 인구의 10분의 3이 고려인이고, 서쪽 요양으로부터 동쪽의 개주와 남쪽의 해주 그리고 개평 등지에 고려인 마을이 서로 잇닿아 있는 것으로 기록되어 있다. 이런 기록은 고려가 요동에서 병력을 모집하고 전투를 전개하기에 매우 유리한 상황임을 말해 준다. 이들 기록에 근거하면 고려인과 여진·거란·말갈 사람들을 규합하면 5만 이상의 모병이 거뜬할 것으로 추정 가능하다. 따라서 이성계가 '4불가론'을 주장하며 여름철의 군사 행동이 불가하다고 말했지만, 실제로는 고려에 더 유리한 상황이었다. 이처럼 최영은 요동의 상황을 정확히 꿰뚫고 있었고, 그의 군사전략은 성공할 확률이 매우 높았다고 할 것이다.

종합하여 정리하면, 우왕의 요동정벌은 재평가되어야 한다. 그 이유는 요동을 영구히 차지하려는 의지와 도전이 시사하는 바가 클 뿐만 아니라, 지금까지의 정치경제 관점이 아닌 영토 확보의 관점에서 평가할 필요가 있기 때문이다. 여기서는 다음 세 가지의 재평가를 제시한다.

하나는 요동정벌의 주인공 문제다. 요동정벌의 주인공은 정벌을 추진한 우왕과 이를 막은 이성계다. 그러나 오늘날까지 항상 이성계가 승리자로서 앞이고, 우왕은 패배자로서 뒤로 밀린다. 정말 우왕은 형편없이 실패한 왕인가? 그렇지 않다. 우왕은 요동정벌의 주창자이고 기획자로서 지금까지 알려진 바와는 달리 최고의 주인공이다. 이제는 우왕을 요동정벌을 주도한 국왕으로 재평가하고, 그에 합당한 예우를 해야 한다.

둘은 요동정벌의 역사적 의의이다. 요동정벌은 고려 영역인 요동의 철령 지역을 명나라가 차지하려고 하자, 이 땅을 잃지 않으려 한 것이다. 나아가 고구려처럼 요동을 통째로 차지한다는 원대한 목적이 있었다. 그러나 이성계가 요동이 눈앞인 위화도까지 갔다가 회군함으로써 요동정벌은 물거품이 되고 말았다. 쿠데타 이후 이성계가 정권을 잡고 조선을 건국하지만, 그것은 별개의 역사다. 위화도회군은 요동을 정벌하라고 보낸 군대가 도리어 쿠데타를 일으킨 민족사의 기막힌 사건으로 냉엄하게 재평가되어야 한다.

셋은 용어의 문제다. 요동정벌에서 정벌이란 말이 적절하지 않다. 정벌(征伐)의 사전적 의미는 '적 또는 죄 있는 무리를 무력으로써 치는 것'이다. 그러나 우왕의 요동정벌은 영토를 지키며 조상의 땅을 되찾자는 것이다. 적과 죄지은 무리를 치는 것이 아니므로 정벌은 알맞은 용어가 못 된다. 물론 조선의 요동정벌도 마찬가지다. 오히려 적합한 용어는 요동 공략 또는 요동 수복이라 할 수 있다. 앞으로 적절한 용어가 나오고 일반화되기를 기대한다.

조선의 요동정벌, 우물 안 소용돌이로 끝났다

조선의 요동정벌은 아리송하다. 우선 명칭을 '이성계의 요동정벌'이라 하지 않고, '정도전의 요동정벌'이라 하는 것부터가 그렇다. 이성계는 요동정벌의 전면에 나서지 않았다. 실제로 무슨 역할을 했는지조차 불분명하다. 정도전은 신하로서 정책을 왕에게 건의할 수 있을 뿐이지 결정권자가 아니다. 따라서 결정권이 없는 신하의 이름을 앞세워 '정도전의 요동정벌'이라 명명하는 것은 그 자체가 어불성설이 된다.

그렇다면 왜 조선은 개국 초기에 요동정벌을 획책했을까? 이성계는 '작은 나라가 큰 나라를 칠 수 없다'며 요동을 눈앞에 둔 위화도에서 말머리를 돌렸다. 그런 이성계가 조선의 왕이 되어서는 큰 나라를 정벌하자며 나선 것은 어이없는 모순이다. 낯짝 간지러운 줄 알면서 그리 한 것은 무슨 까닭인가? 이를 옳게 이해하기 위해서는 먼저 고려와 조선이 명나라로부터 어떻게 얼마만큼 시달렸는지를 살펴 볼 필요가 있다.

고려 말 조선 초, 명나라의 무지막지한 횡포

조선은 명나라에 많이 시달렸다. 시달림을 당한 것은 스스로 제후국으로 내려앉은 탓이 절대적이다. 그렇다고 조선의 시달림이 '황제국 명나라와 제후국 조선'의 관계에서 시작된 것은 아니다. 그 뿌리는 명나라가 고려를 괴롭힌 것으로 올라간다. 고려도 괴롭힘을 많이 당했다. 그러나 고려의 괴롭힘과 조선의 괴롭힘은 내용에서 큰 차이가 있다.

먼저 고려다. 1368년 정월 초, 중국에 새로운 나라가 생겨났다. 주원장(朱元璋)이 남경에 세운 명나라다. 고려와 명나라의 외교는 주원장이 먼저 고려에 사신 설사(偰斯)를 파견함으로써 시작한다. 1368(공민왕 17)년 11월에 남경을 출발한 사신 설사는 풍랑을 만나 6개월이 지난 이듬해 4월에야 고려에 도착했다. 그는 주원장의 친서와 비단 40필을 공민왕에게 바쳤다. 주원장은 친서에서 자신이 원나라를 쫓아내고 중국의 새 황제로 등극했음을 알리고, "옛날에 중국은 고려와 땅을 맞대고 있었고, 고려 왕은 혹은 신하이고 혹은 손님이었다"라며 은근히 귀부할 것을 희망했다. 설사는 개경에서 1개월 동안 체류하고 돌아갔다. 공민왕은 설사가 떠난 지 7일 후 홍상재(洪尙載)를 파견하여 주원장의 즉위를 축하해 주었다. 이렇듯 고려와 명나라의 외교는 주원장이 먼저 사신을 보냈고, 서로가 탐색하듯이 조심스럽게 상대방을 존중하면서 이루어졌다.

주원장이 공민왕에게 먼저 손을 내민 것은 아직 원나라와 전쟁을 치르는 중이므로, 고려를 자기편으로 끌어들이려는 얄팍한 술수였다. 그로부터 3년 후 주원장은 태도가 돌변한다. 1371년 4월 요동을 관할하는 유익(劉益)이 명에 귀순함으로써 요동을 손아귀에 넣었고, 원나라와의 전쟁에서 이기고 있었기 때문이다. 주원장은 공민왕에게 굴복을 강압하는 선유문(宣諭文)을 보냈다. 그 요지는 '3년에 한 번씩 공물을 보내라', '장사꾼을 보내 정탐하지 말라', '지금은 몽골 때문에 너희를 정벌하지 못하나, 10년 후에는 정벌할 수 있다'라는 따위의 협박과 엄포였다. 공민왕은 신속히 대응하여 육로와 해로로 사신을 보냈지만, 육로는 입국을 거절당하고 해로는 배가 침몰하여 실패했다. 공민왕은 명나라와의 외교 현안을 해결하지 못하고, 1374년 9월에 시해당해 죽는다. 그 후 뒤를 이은 아들 우왕(禑王)이 숙제를 떠안았다.

우왕은 10세의 어린 나이로 왕위에 올랐다. 우왕이 즉위한 지 불과 2개월이 지난 11월에 불미스러운 사건이 생겼다. 고려의 큰 불운이었다. 고려에 온 명나라 사신 임밀(林密)과 채빈(蔡斌)이 귀국길에 살해되었다. 범인은 놀랍게도 호위를 맡은 김의(金義)였다. 김의는 압록강을 건너간 후 명나라 사신 채빈과 그 아들을 죽이고, 임밀을 인질로 삼아 북원으로 도망을 갔다. 주원장은 고려가 죄 없는 사신을 죽였다며 문제 삼았다. 우왕은 사건을 해명하고 책봉을 받기 위해 연거푸 사신을 파견했으나, 입국을 거절당하거나 붙잡혀 구금되었다.

그러다가 이듬해 1375년 3월 주원장이 친필 조서를 우왕에게 보냈다. 조서는 두 개의 조건을 제시하고, 만약 조건을 수용하지 않으면 수천 척의 함대와 수십만의 군사를 이끌고 가서 정벌한다는 내용이었다. 첫째 조건은 해마다 공물로 금 100근, 은 1만 량, 양마 100필, 세포(細布) 1만 필을 바치라는 것이다. 둘째 조건은 요동에서 고려로 넘어간 사람들을 모두 돌려보내라는 것이다. 우왕은 주원장의 요구를 그대로 수용할 수 없었다. 특히 둘째 조건은 도저히 들어줄 수 없는 일이었다. 그로부터 5년간 우왕은 공물을 줄이고 외교를 재개하기 위해 사신을 18회나 파견했다. 그러나 모두 입국이 거절되거나 잡혀서 유배를 갔다. 주원장이 막무가내로 횡포를 부린 것이다.

어느덧 우왕이 즉위한 지 10여 년이 지났다. 북원은 힘이 빠지고, 명나라는 힘이 더 세졌다. 한편 명나라로부터 책봉을 받지 못한 우왕은 정치적 입지가 흔들렸다. 우왕은 하는 수 없이 주원장에게 5년간에 해당하는 공물을 바쳤다. 금 500근, 은 5만 냥, 포 5만 필, 말 5,000필 등이다. 공물을 다 받아먹은 주원장은 1385년 7월 사신을 보내 우왕을 고려 국왕으로 책봉해 주었다.

결국 주원장은 사신 살해 사건과 우왕의 책봉을 빌미로 하여 굴복을 강요하고, 막대한 공물을 수탈하여 실속을 챙겼다. 반면 우왕은 고려 왕으로 책봉됨으로써 정치적 입지를 다졌지만, 그것은 11년이란 긴 세월의 굴욕을 감수한 결과이고, 한꺼번에 5년 치의 공물을 바친 대가였다. 따라서 우왕이 요동정벌을 도모한 것은 주원장으로부터 받은 굴욕과 수모를 되갚아 주고 싶은 심경이 깊이 배어있었다고 할 것이다.

다음 조선이다. 조선과 명나라의 외교는 고려의 경우와 다르다. 조선은 애초부터 명나라의 제후국으로 몸을 낮추고, 명을 섬기는 사대를 표방했다. 심지어 주원장에게 나라 이름을 '조선과 화령' 중에서 선택해 달라고까지 했다. 주원장은 조선으로 낙점하면서, 앞으로 '영토를 잘 지키고 간사한 짓을 하지 말라'고 했다. 납작 엎드려 복종하라는 것이다.

주원장은 스스로 제후국이 되어 섬기겠다는 조선을 잘 봐주기는커녕, 더 깔보고 굴신을 강요했다. 한편 고려와 다른 점이 있었다. 고려에는 막대한 공물을 요구했지만, 조선에는 공물의 많고 적음에 대해 시비를 걸지 않았다. 오히려 소소한 의례와 격식을 문제 삼아서 조선을 다그치며 길들이려 했다. 아마 공물을 시비하지 않은 것은 이성계가 미리 공물을 많이 보냈기 때문일 수도 있다. 그렇다면 주원장은 조선을 어떻게 얼마나 괴롭혔을까? 대표적인 사례를 꼽으면 다음의 다섯 가지를 들 수 있다.

첫째, 여진족의 송환이다. 주원장은 조선이 개국한 이듬해부터 시비를 걸었다. 조선이 요동 지역의 여진족을 데려가고 있다고 하며, 여진족을 돌려주지 않으면 정벌하겠다고 했다. 다분히 의도적인 협박이었다. 이성계는 티격태격하지 않으려고 신하들에게 여진족을 돌려보내라는 지시를 내렸다. 그러나 실제로는 돌려보내지 않았다. 정치적 제스처를 취한 것이다.

둘째, 조선 사신 이념(李恬)의 태도를 문제 삼았다. 이념이 주원장을 알현할 때 공손하지 않았다는 것이다. 똑바로 꿇어앉아서 머리를 숙여야 하는데, 그러지 않고 자세가 흐트러졌다고 했다. 이념은 그 자리에서 몽둥이로 얻어맞아 초죽음이 되었다.

셋째, 조선 사신의 입국 거부다. 주원장의 생일을 축하하러 간 사신의 입국을 막았다. 왜 입국을 거절하는지의 이유를 밝히지 않았다. 조선은 전전긍긍할 수밖에 없었다.

넷째, 1396년 새해 인사로 올리는 표전문(表箋文)의 글귀를 문제 삼았다. 새해 축하 사절로 간 사신이 억류되고, 수행원만 명나라의 공문을 가지고 돌아왔다. 공문 내용은 황제 주원장에게 올리는 표전문의 문구가 무례하다며 작성자를 명나라로 압송하라는 것이다. 이성계는 어쩔 수 없이 작성자라며 김약항(金若恒)을 보냈다. 주원장은 김약항을 처형하고는 표전문을 감수한 자도 압송하라고 했다. 이때 정도전을 감수자로 콕 찍었다. 이성계는 3명(정총, 노인도, 권근)을 추가로 압송하고, 주원장이 지목한 정도전을 보내지 않았다. 정도전이 각기병과 배가 붓는 병을 앓고 있어 도중에 사망할 수 있다는 핑계를 댔다.

다섯째, 1398년 또다시 표전문의 문구를 트집 잡고, 정도전의 압송을 요구했다. 정도전이 김약항의 처형에 불만을 품고 표전문에 황제를 조롱하는 글귀를 교묘하게 넣었다는 것이다. 주원장은 사신과 통역관을 명나라 내정을 탐지하는 첩자라며 억류시켰다. 이들을 고문하여 첩자임을 시인하는 자술서를 쓰게 하고, 자술서를 조선에 보냈다. 이성계는 또 굴복하고 표전문을 작성한 3명을 명나라로 압송했다. 그러나 이 사건은 주원장이 1398년 윤5월에 사망함으로써 결말을 보지 못하고 흐지부지되었다.

이상의 사례는 명나라가 고려와 조선을 어떻게 꼬드기고, 괴롭히고, 수탈했는지를 여실히 보여준다. 결과적으로 주원장은 고려보다 조선을 얕잡아보고 더 괴롭혔다. 조선은 스스로 제후국으로 납작 엎드렸으나, 오히려 더욱 심한 굴욕을 당했다.

정도전의 요동정벌, 물거품의 단막극이다

정도전의 요동정벌은 복잡하지 않다. 이 사건은 이성계가 즉위한 지 6년째인 1397년 6월에 시작되고 1년 2개월 후 1398년 8월에 끝난다. 불과 14개월뿐인 시일은 거대한 정벌과는 어울리지 않는다. 그러기에 정도전의 요동정벌은 개막하자마자 끝나버린 단막극이라고 할 수 있다.

당시는 아직 조선의 기틀이 공고해지기 전이다. 이성계가 나라를 세운 태조이지만, 군주로서 강력한 권력을 행사하지 못했다. 왕자들과 권세가들이 마치 신라 말의 호족들처럼 사병(私兵)을 거느리고 있었다. 그만큼 왕권은 취약했고 여차하면 언제든지 무력 충돌이 일어날 수 있는 시기였다. 그러한 때, 즉 아직 사병조차 혁파되지 않은 어수선한 때에 정도전이 요동을 정벌하자고 기치를 내건 것이다. 자칫하면 평지풍파를 야기할 수 있는 일인데, 왜 그랬을까? 정도전의 요동정벌에 관한 기록은 간단하다.『태조실록』에 총 세 건이 기록되어 있다. 내용도 단순하고 어렵지 않다. 기록을 차례대로 파악해 가면 정도전이 왜 그리했는지와 사건의 전말을 쉽게 알 수 있다.

첫째, 1397년(태조 6년) 6월 14일의 기록이다. 이날 정도전과 남은(南誾)이 이성계를 찾아가 군사를 일으켜 요동을 정벌하자고 건의했다. 당시 자리를 함께하고 있던 좌정승 조준(趙浚)이 극구 반대했다. 조준은 '본국은 옛날부터 큰 나라를 섬겼고, 개국한 지 얼마 되지 않아 군사 출동이 불가하다', '현재 명나라는 강성하여 거사해 봐야 성공하지 못한다'라고 말했다. 이성계는 조준의 말에 공감을 표하며 기뻐했다.

이것이 첫 기록인데, 이에는 숨은 함의가 있다. 우선 이성계와 정도전의 사이로 보아 정도전이 느닷없이 요동정벌을 건의하지 않았을 것이다. 적어도 다른 신하들이 있는 공개된 자리에서 건의한다면, 사전에 이성계와의 물밑 논의가 있었고 이성계가 정벌을 동의했다고 할 수 있다. 그러나 이성계는 조준의 반대 의견에 기뻐했다. 내심 요동정벌을 달가워하지 않은 것이다. 이처럼 정도전의 요동정벌은 처음부터 실타래가 꼬였다.

둘째, 1398년(태조 7년) 7월 11일의 기록이다. 정도전과 남은이 요동을 공격하자는 의논을 한 뒤, 남은이 몰래 이성계에게 갔다. 그리고 "조준과 김사형이 줄곧 딴소리를 말한다"라고 했다. 당시 요동정벌을 두고 '정도전과 남은' 일파와 '조준과 김사형' 일파 간에 의견 대립이 있고 알력이 생겼던 것이

정도전 영정

다. 그리고 요동정벌은 처음 논의를 한 후 1년이 지나도록 조정의 의견조차 모아지지 않았다.

셋째, 1398년 8월 9일의 기록이다. 이날에 요동정벌은 물거품이 된다. 『태조실록』의 기록은 두 줄기로 이어진다. 하나는 '진도(陣圖)'에 대해서다. '진도'는 정도전이 찬술한 병법이다. 즉 군대가 적과 싸워 이기기 위해 전투 대형을 짜고, 풀고, 변형하는 병법이다. 예를 들면 오군진도(五軍陣圖)인데, 군대를 전·후·좌·우·중의 다섯 부대로 편성하고 서로 협력하여 공격과 방어진을 펼치는 것이다. 그러나 진도에 관한 『태조실록』의 기록이 모호하여 헷갈린다. 기록에서 진도를 만든 것은 "정도전이 주원장의 압송 명령을 피하는 계책으로 진도를 만들어 이성계에게 올렸다."라고 한다. 그리고 진도를 연습하게 한 것은 "정도전과 남은이 임금을 날마다 뵙고 요동 공격을 건의한 까닭으로 진도를 익히게 했다."라고 한다. 이처럼 기록에 의하면 애초에 진도는 요동정벌을 위해 만들지 않았다고 할 수 있다.

어떻든 이성계가 진도를 훈련하라고 명령하고, 연습을 게을리하는 자를 처벌한 것은 사실이다. 하지만 처벌의 수위에 이중성이 있어, 그 진위를 의심하게 한다. 이성계가 전체적으로 처벌 수위를 낮추었을 뿐 아니라, 고위직은 처벌하지 않고 하위직만 처벌했기 때문이다. 이렇게 처벌을 가볍게 하고 하위직만 처벌한 것은 요동정벌을 회피하고 싶은 이성계의 속마음이 반영되었다고 할 수 있다.

또 하나는 조준을 설득하는 것이다. 진도 훈련에 불참한 자를 처벌하는 중요한 날이었다. 그날 조준은 휴가를 청하여 일찍 집에 돌아갔다. 처벌 논의에 참여하지 않으려 한 것이다. 이에 정도전과 남은이 조준의 집에 가서 "요동 공격이 결정되었으니, 공(公)은 재론하지 마십시오"라고 말했다. 그러자 조준은 반대 의견을 분명히 말했다. 이유는 궁궐을 짓느라고 백성들의 원성이 높다. 군량이 넉넉하지 않다. 임금의 병세가 극심하다는 따위였다. 그리고 이성계의 병이 나으면 직접 말씀드리겠다고 했다. 조준은 그날 이후 이성계에게 요동정벌이 불가하다는 의견을 적극 피력하고, 이성계는 그의 말을 존중했다. 어떻든 왜 조준이 끝까지 반대했는지는 알 수 없지만, 요동정벌이 무산된 것은 정도전이 조준을 설득하지 못한 탓이 크다고 할 것이다.

그로부터 불과 16일이 지난 8월 26일 이성계의 아들 이방원이 정변을 일으켰다. 정도전과 남은 등이 참살되고, 세자 방석이 살해되고, 이성계는 왕위에서 쫓겨났다. 이것을 '제1차 왕자의 난'이라 한다. 결국 이방원의 쿠데타로 인해 정도전이 도모한 요동정벌은 물거품마냥 사라졌다.

정도전의 요동정벌은 실록의 기록으로만 풀면 한계가 있다. 두 가지 방향의 추가 접근이 필요하다. 하나는 주원장이 정도전을 압송하라고 한 협박을 따져보는 것이다. 정도전을 압송하라는 요구가 1396년에 있었고, 조선은 1397년에 요동정벌을 논의했다. 선후의 관계가 분명하다. 그러나 요동정벌은 처음부터 반대에 봉착했다. 그것도 정도전과 더불어 조선 건국의 쌍벽이라 일컫는 조준이 반대했다. 이것은 요동정벌이 오랜 준비와 논의를 거쳐 도출된 것이 아님을 말해 준다. 그야말로 쌓다가 허물어진 모래 탑으로 시늉만하다가 제풀에 꺾여 망가진 꼴이다. 둘은 조선 초의 정치 상황을 살펴보는 것이다. 이것이 매우 중요하다. 당시의 정치 현안은 이성계의 뒤를 잇는 왕위 계승이었다. 이성계는 왕자가 8명인데, 적장자를 제치고 나이 11세인 막내아들 이방석을 세자로 책봉했다. 다른 왕자들이 반발하고, 특히 이방원이 노골적으로 불만을 드러냈다. 이성계가 막내를 총애하여 세자로 지명했다지만, 이방원은 그리 생각하지 않았다. 정도전과 남은 등이 어린 세자를 왕위에 올려 왕권을 약화시키고 사대부 중심의 신권정치를 펼치기 위해 이성계를 꼬시고 부추겼다고 보았다. 그런 판에 요동정벌이 정쟁의 무대에 오른 것이다.

세자 방석의 왕위 계승은 커다란 암초가 도사리고 있었다. 암초는 왕자들과 권세가들이 거느린 막강한 사병이었다. 당시 조선은 고려 말부터 이어온 사병이 존속되고, 사병 혁파는 왕위 승계의 관건이었다. 이방원을 위시한 반대파는 정도전의 요동정벌에 대해 정벌군 징집을 빌미로 하여 사병을 없애려는 술책으로 여기고 반대했다. 물론 이성계는 사병 혁파가 나라의 기반을 다지는 한편, 세자 방석을 위하는 것이므로 은근슬쩍 두둔하고 지지를 보냈다. 그러던 차에 정도전과 반대파가 본격 충돌했다. 그것은 진도(陣圖) 훈련으로 촉발되었다. 정도전은 주원장이 윤5월에 죽자, 요동정벌을 표면화하고 진도 훈련을 세게 몰아쳤다. 8월 9일에는 훈련에 소홀한 지휘관을 처벌하기까지 했다. 이에 불만 여론이 증폭되자, 이방원이 8월 25일 정도전을 급습하여 죽이고, 왕자의 난을 일으켰다. 결국 정도전의 죽음으로 요동정벌은 모래 탑처럼 허물어졌다.

요동정벌에 있어 새삼 살펴야 할 인물이 있다. 바로 남은(南誾)이다. 그는 조선 개국의 1등 공신이다. 위화도회군 쿠데타를 주장한 공로로 밀직부사(密直副使)의 높은 벼슬을 받고 이름이 났다. 이후 정도전, 조인옥(趙仁沃) 등 52명과 새 나라 건국을 모의하고 이성계를 왕으로 추대하여 공신의 자리에 올랐다. 남은은 요동정벌이 표면화되자, 이성계의 마음을 사로잡고 조준을 설득하기 위해 가장 적극적으로 나섰다. 왜 그랬을까? 그것은 남은이 위화도에서 쿠데타를 주장한 인물이었기 때문일 수 있다. 어쩌면 그는 위화도회군을 선동하면서 병사들에게 요동은 후일에 도모하자고 말했고, 그 말빚을 갚으려한 자격지심으로 정벌을 획책했을 수 있다. 이성계 역시 남은과 함께 후일을 기약하자고 언약한 탓으로 남은을 싸고돌며 요동정벌의 논의를 막지 않았다고 할 수 있다.

정리하면, 조선의 요동정벌은 시작부터 문제가 있었다. 이성계는 '작은 나라가 큰 나라를 칠 수 없다'라며 쿠데타를 일으켰다. 따라서 조선의 요동정벌은 이성계의 과거 언행과 정반대였다. 『태조실록』이나 이성계의 비석 따위에서도 이 말은 찾을 수 없다. 그러므로 당시에 '큰 나라를 칠 수 없다'라는 말은 시중에 회자하지 않았고, 후대에 첨삭된 것이 분명하다고 할 수 있다. 결국 조선의 요동정벌은 위화도회군 쿠데타에 대한 비난을 의식한 낯간지러운 면피용 술책이었다고 할 수 있다.

오늘날 많은 사람이 한갓 말뿐이었던 조선의 요동정벌을 마치 실현 가능한 정벌인 것처럼 아쉬워한다. 이것은 하늘이 준 천재일우의 기회를 놓친 우왕의 요동정벌에 대한 회한의 반작용일 수 있다.

고려의 열린 종교 사상,
조선의 닫힌 종교 사상

우리가 누리는 종교와 사상의 자유, 어떤 변천이 있었을까?

고려는 종교와 사상이 열린 나라였다. 고려의 열린 개방성은 신분제뿐 아니라 정치, 사회, 경제, 문화에 고루 퍼져 나타났다. 그것은 국교로 삼은 불교의 영향이 컸다.

반면 조선은 종교와 사상이 닫히고 유연하지 못했다. 조선은 500여 년 내내 성리학의 나라로 살았다. 성리학의 이름으로 종교와 사상이 탄압받았고, 성리학이 모든 종교와 사상의 윗자리에 군림했다.

그 결과 조선은 개방성을 잃고 돌이킬 수 없는 극단적인 모습에 이르게 되었다.

제16장
고려의 열린 종교 사상,
조선의 닫힌 종교 사상

들어가는 말

　종교와 사상은 인류문명의 결정체다. 그것은 역사를 움직이는 원동력이다. 동서고금을 막론하고 세계의 어떠한 민족과 국가든지 제각각 나름의 종교와 사상을 형성하고 이를 바탕으로 하여 살아왔다. 또한 그것은 민족과 국가를 결속시켜 번영을 이루기도 하고, 갈등과 대립을 조장하여 궁핍을 초래하기도 한다. 종교와 사상이 역사적으로 어떤 모습을 가지고 민족과 국가에 어떠한 영향을 끼쳤는지를 아는 것은 오늘을 사는 지혜가 된다.

　오늘날 한국의 종교와 사상은 독특하다. 특히 다원화한 종교가 그렇다. 불교, 유교 등의 동양 종교와 기독교, 천주교 등의 서양 종교가 함께 어울려 있다. 100만 이상의 신도를 가진 종교가 7개나 되고, 신도 10만 이상으로 치면 종교는 14개[41]를 헤아린다. 이들 수많은 종교가 어울려 중층을 이루며 이중삼중으로 혼재되어 있다. 예컨대 한 집안에 아버지는 유교, 어머니는 불교, 자식은 기독교 따위를 신앙하는 경우가 허다하다. 그러고도 가족 간에 종교로 인한 싸움질이 없으니, 세계에서 흔히 볼 수 없는 한국 종교의 특성이라 할 것이다.

　사상도 마찬가지다. 자본주의, 사회주의, 공산주의 등 여러 사상이 뒤엉켜 있다. 그러나 어떠한 종교와 사상도 기독교 국가와 이슬람 국가 등에서처럼 주류와 중추를 이루지 못하고 있는 것이 또한 독특하다. 다만 북한은 공산주

---

41) 신도 수 100만 이상은 기독교, 불교, 천주교, 대순진리회, 창가학회, 일관도, 원불교 등이고, 10만 이상은 증산도, 유교, 하나님의 교회, 신천지, 통일교, 이슬람교, 유대교 등이다.

의 아래 이른바 주체사상으로 획일화되어 있어 다르다. 따라서 오늘날 남한은 종교와 사상이 열린 나라이고, 북한은 종교와 사상이 닫힌 나라라고 할 수 있다. 이러한 종교와 사상의 다원성과 획일성은 언제 어떻게 형성되었을까? 한국의 전통인가? 전통이라면 그 연원은 언제부터인가?

한국의 종교와 사상은 까마득한 고대로부터 민족 역사와 함께 형성되고 변화해 왔다. 이의 형성과 변화는 크게 다섯 시기로 구분할 수 있다. 첫째는 불교, 유교, 도교 등이 중국으로부터 들어오기 전이다. 이 시기는 고조선으로부터 삼국시대 중기까지 수천 년에 이르는데 샤머니즘의 무속, 즉 무교의 시기였다. 둘째는 삼국시대 중기 이후 전통 무속과 중국에서 들어온 불교, 유교, 도교 등으로 종교가 다원화한 시기다. 셋째는 불교가 국교가 된 고려시대다. 고려는 비록 불교를 국교로 삼았지만, 여타 종교를 핍박하지 않았다. 불교가 국교인 가운데 여러 종교와 사상이 공존하는 열린 나라였다. 넷째는 조선이 건국된 후 유교(성리학)로 획일화된 시기다. 조선은 유교(성리학)를 모든 종교와 사상의 윗자리에 올려 세웠다. 이를 위해 불교를 위시하여 여타 종교와 사상을 탄압하고, 근본주의 성리학을 구현했다. 다섯째는 조선 말 다종교의 시기다. 서양에서 천주교가 들어오고, 대순진리회와 원불교 등의 자생 종교가 태동함으로써 동서양의 종교와 사상이 본격적으로 공존하기 시작했다.

이상을 살펴보면, 한국은 종교와 사상이 칼날처럼 바뀌는 변곡점이 있음을 알 수 있다. 즉 고려의 불교가 조선의 유교로 바뀐 것이다. 오늘날 '고려는 불교의 나라', '조선은 유교의 나라'라고 한다. 혹은 고려는 불교가 국교이고, 조선은 유교가 국교라고 한다. 그러나 이것은 변화의 겉모습이다. 변화의 속모습은 종교와 사상이 다원화에서 획일화로, 열림에서 닫힘으로 바뀌었다고 할 것이다.

국교가 불교에서 유교로 바뀐 것은 의미가 가볍지 않다. 그것은 신앙하는 민중의 선호에 의해서가 아니고 국가의 절대 권력에 의해서였다. 민중이 국가권력에 의해 하루아침에 종교 선택권을 박탈당한 것이다. 특히 조선은 성리학을 숭상하고 종교화하면서 타 종교를 탄압하고 민중을 의식화했다. 이것은 고려가 비단 불교를 국교로 삼으면서도 유교와 도교 등 타 종교를 억압하지 않고 민중의 신앙을 간섭하지 않은 것과 다르다. 그러므로 종교와 사상의 변화를 올바르게 이해하려면 종교가 다원화한 고려와 유교로 획일화한 조선을 비교하는 것이 바른길이다.

고려 불교와 조선 유교의 비교는 쉽지 않다. 우선은 초기, 중기, 말기 등으로 시기를 구분하여 여러 내용을 비교하는 것이 바람직하지만, 이것은 전문 종교학의 영역이 되고 내용 또한 방대하여 한 권의 책으로도 감당하기 어렵다. 이해하기 쉬운 방안이 무엇일까? 일반의 눈높이에서 둘의 차이를 단박에 알아차릴 수 있는 비교 방안이 있다. 도시의 종교시설, 문화유산, 인권 등을 비교하는 것이다.

첫째, 종교시설이다. 고려의 수도 개경은 종교의 도시였다. 그 모습은『고려도경(高麗圖經)』에 자세히 기술되어 있다.『고려도경』은 1123년 고려에 온 송나라 사신 서긍이 지은 책이다. 서긍은 개경의 도시 안팎에는 태조 왕건이 창건한 26개의 대규모 사찰을 비롯하여 크고 작은 사찰이 즐비하고, 또 왕궁의 북쪽에는 복원관(福源觀)이란 웅장한 도교 사원이 있다고 했다. 한편 고려가 멸망할 당시 개경에는 사찰이 300여 개나 있었지만, 조선의 수도 한성은 종교시설이 거의 없었다. 왜냐하면 새 수도 한성을 건설하면서 도시 내에 대규모 종교시설을 짓지 않았기 때문이다. 다만 1465년에 세조가 원각사(圓覺寺)를 건립했을 뿐인데, 그마저도 16세기 초 연산군이 폐지하고 몇 안 되는 소규모 사찰마저 도시 밖으로 내쫓았다. 지방 도시도 기존 사찰 등을 철폐함으로써 종교시설이 없는 도시가 되었다. 그리하여 조선 말기에 포교하려 온 서양 선교사들은 조선의 도시에서는 종교의 자취를 찾을 수 없다고 술회했다.

둘째, 문화유산이다. 고려 불교는 팔만대장경을 비롯하여 세계 최고급의 문화유산을 남겼다. 조선 유교는 성균관과 향교(鄕校) 등의 문화유산을 남겼지만, 그에 비할 바가 못 된다.

셋째, 인권이다. 고려는 불교의 이름으로 종교와 사상을 탄압하거나 사람을 죽이지 않았다. 그러나 조선은 유교(성리학)의 이름으로 종교와 사상을 탄압하고 무고한 사람을 많이 죽였다. 예를 들면 조선 초에 고려 왕씨를 학살한 것, 조선 말에 천주교도를 박해한 것 등이 있다. 이것은 모두 종교와 사상이 닫히고 유연하지 못한 탓에 일어난 사건이라 할 것이다.

이상을 종합하면, 종교와 사상에서 고려와 조선의 차이가 가장 뚜렷이 나타나는 시기가 있다. 고려는 불교가 부흥하고 불교와 유교가 다르지 않다는 유불일치설(儒佛一致設)이 풍미한 최충헌 정권의 시기이며, 조선은 성리학이 교조주의화 되고 천주교 신자를 8,000여 명이 넘게 죽인 세도 정권의 시기라고 할 수 있다. 여기서는 먼저 최충헌 정권 때에 불교가 어떠한 모습으로 구현되었는지를 살펴본다. 그리고 조선이 불교와 도교 등을 얼마나 탄압했는지, 성리학은 어떻게 종교의 윗자리에 군림하고 신앙이 되었는지를 살펴본다. 이것은 고려 불교와 조선 유교의 참모습을 대표적으로 비교한다고 할 수 있다.

최충헌 정권, 불교 유교의 공존 시대를 열다

고려는 불교의 나라로 출범했다. 그것은 태조 왕건이 불교의 기반을 단단히 다져 놓음으로써 시작되었다. 왕건은 수도를 철원에서 개경으로 옮기면서 대규모 사찰 10개를 창건했다. 이를 개경십사(開京十寺)라 부른다. 왕건은 재위하는 26년 동안 개경에 총 26개의 큰 사찰을 세웠다. 1년에 1개씩 세운 셈이다. 뿐만 아니라 고려시대에 건립된 지방 사찰의 3분의 2가량을 세웠다. 왕건은 죽음을 앞두고도 불교에 진심을 보였다. 후손에게 내린 '훈요 10조'의 첫째 유훈이 '불교를 보호하라'였다. '부처를 모시는 연등회를 해마다 개최하라'는 유훈도 했다. 왕건의 유훈은 고려가 망할 때까지 지켜졌다.

고려는 종교와 사상이 다양했다. 비록 불교를 국교로 삼았지만, 그에 못지않게 도교와 천지신명을 기리는 토속신이 숭상되었다. 예컨대 부처를 섬기는 연등회(燃燈會)와 토속신을 섬기는 팔관회(八關會)가 쌍벽을 이루며 거의 매년 국가축제로 열린 것이 이를 말해 준다. 도교를 신앙하는 도관(道觀)이 곳

팔관회 추정도(나무위키)

곳에 세워지고, 유교가 정치사상으로 정착되었다. 또한 인간의 신격화가 성행했다. 왕건을 신격화하여 초상을 만들어 모시고 섬겼다. 고구려의 시조 주몽과 어머니 유화부인도 신격화하여 제사를 지냈다. 이처럼 고려는 다양한 종교와 사상이 공존한 나라였다.

불교가 국교로 확립된 시기는 제4대 임금 광종 때다. 광종이 968년에 처음으로 승려 혜거(惠居)를 나라의 스승인 국사(國師)로, 승려 탄문(坦文)을 국왕의 스승인 왕사(王師)로 책봉했다. 그리고 승려의 과거제도 승과(僧科)를 시행했다. 이렇게 국사와 왕사를 두고 승과를 시행함으로써, 불교는 국교로서의 위상을 갖추었다.

최충헌 정권, 불교를 쇄신하고 부흥하다

최충헌은 종교를 보호하는 정책을 폈다. 종교와 사상을 규제하거나 통제하지 않았다. 혹자는 최충헌 정권이 무신정권이어서 종교를 탄압하고 사상을 억누른 것처럼 말하지만, 그렇지 않다. 최충헌은 이전의 무신정권 집권자와 달랐다. 예컨대 이의방, 정중부, 경대승 등은 종교에 별다른 관심을 두지 않았고, 이의민은 무속에 빠져 자기 집에 '두두을(豆豆乙)'이라는 귀신 사당을 짓고 날마다 제사를 올렸다. 그러나 최충헌은 불교를 부흥시킴과 더불어 유교를 진흥시켰다. 두 마리 토끼를 한꺼번에 잡은 셈이다. 이것이 중요하다. 최충헌은 이전의 무신집권자에 비해 한층 승화된 종교관을 가졌고, 이는 백성들에게 좋은 모습으로 비추어져서 정권의 기반을 다지는 데 도움이 되었다고 할 수 있다.

최충헌이 쿠데타에 성공하고 정권을 잡았을 때, 불교는 교종이 판을 치고 있었다. 심지어 개경의 교종 승려들이 최충헌을 타도하자며 쿠데타를 모의하고 암살을 획책하기도 했다. 최충헌은 교종을 쇄신하려 나섰다. 부패의 온상으로 지탄받는 개경의 교종 사찰에 철퇴를 내려쳤다. 각종 이권에 개입하고 거드름을 피우는 왕족 출신의 승려들을 모두 지방으로 내쫓아버렸다. 그리고 각 사찰의 승려 수를 제한했다. 이전의 그 누구도 엄두조차 내지 못한 과감한 혁신이었다. 최충헌은 교종을 억누르는 한편, 선종에 힘을 실어주었다. 그로 인해 선종은 다시금 활기를 되찾았다. 선승 지눌(知訥)이 나타나 타락한 불교를 정화하는 결사 운동을 전개하며 선풍을 일으켰다. 지눌은 돈오점수(頓悟漸修)와 정혜쌍수(定慧雙修)라는 새로운 수행법을 설파했다. 최충헌이 지눌을 적극 지원하고, 지눌은 이에 힘입어 선종의 여러 종파를 결집하고 선종과 교종을 융합해 나갔다. 이것이 오늘날 한국 조계종의 초석이 되었다.

혹자는 지눌을 지원한 사람은 최충헌이 아니라, 제21대 희종이라고 주장한다. 이 주장은 근거가 약하다. 단지 『고려사』의 기록을 곧이곧대로 믿는 것일 뿐이다. 물론 『고려사』에는 희종이 지눌을 정혜사(定慧寺, 지금의 송광사)의 주지로 임명하고, 정혜사를 수선사(修禪寺)로 이름을 바꾸고, 세금을 면제해주고, 지눌이 입적하자 보조국사로 추증했다고 기록되어 있다. 그러나 당시 희종은 최충헌이 옹립한 허수아비 왕으로 힘이 없었다. 최충헌을 진강후(晉康侯)로 책봉하고 은문상국(恩門相國)이라 부르며 말을 높이고 신하로 대하지 않았다. 『고려사』에 희종이 지눌을 지원한 것으로 기록되어 있다고 하더라도 실제는 집권자 최충헌이 그리했다고 할 것이다.

최충헌의 아들 최우는 불교와 더욱 두텁게 밀착했다. 그는 불교와 관련하여 역사상 가장 특별한 집권자라고 해도 과언이 아닐 것이다. 그것은 두 아들의 출가, 13층 금탑의 흥왕사 헌납, 팔만대장경 조성 등의 사례를 통해 확인할 수 있다.

첫째, 두 아들의 출가다. 최우는 두 아들 만종(萬宗)과 만전(萬全)을 혜심의 제자로 출가시켜 승려로 살아가도록 했다. 이것은 고려 왕실의 전통 관례인 왕자의 출가와 유사하다. 정권을 쥔 집권자로서 불교계의 지지와 협력을 얻기 위한 정치적 방편에서 출가시킨 것으로 여길 수 있지만, 두 아들을 모두 출가시킨 것은 예사로운 일이 아니다. 여하튼 아들 둘을 모두 출가시킴으로써 불교계의 신뢰를 얻음과 동시에 돈독한 연계를 이루었다고 할 것이다. 최우는 1247년 죽음이 목전에 이르러서 만전을 환속시키고 최항(崔沆)으로 이름을 지어주었다. 최항은 이듬해 최우가 죽자, 정권을 이어받았다. 최항은 어릴 때부터 장년의 나이까지 승려 생활을 한, 불교의 습속이 몸에 완전히 밴, 불교와 특별한 인연을 가진 집권자였다.

둘째, 13층 금탑의 흥왕사(興王寺) 헌납이다. 흥왕사는 제11대 문종이 1070년에 창건한 교종의 본산이다. 흥왕사는 고려 최대의 사찰로 상주하는 승려가 1,000여 명이고, 초대 주지는 문종의 넷째 아들 대각국사 의천이었다. 흥왕사는 얼마나 클까? 지금의 경복궁과 비교하면 쉽게 가늠할 수 있다. 흥왕사의 면적은 둘러싼 성벽의 길이가 약 4km로 경복궁과 엇비슷하다. 그러나 건물은 흥왕사가 2,800여 간이고 임진왜란 때 불타기 전의 경복궁이 약 700간이어서, 흥왕사가 경복궁보다 4배나 컸다. 물론 지금의 경복궁은 7,000간이 넘으므로 흥왕사보다 2배 이상 크다.

본래 흥왕사에는 보물이 하나 있었다. 문종이 창건하면서 헌납한 금탑이다. 금탑은 총 342.6kg에 달하고, 은 427근(256.2kg)으로 만든 은탑에 황금 144근(86.4kg)을 입혔다. 금탑의 생김새는 기록이 없어 알 수 없다. 도난과 훼손을 방지하기 위해 석탑을 쌓고 그 속에 안치해 두었다.

최우가 집권한 후 흥왕사에 보물이 하나 더 생겼다. 그가 황금 200근(120kg)으로 만든 13층 순수 금탑을 흥왕사에 헌납한 것이다. 실물 값어치는

13층 금탑이 문종이 헌납한 금탑보다 비싸다. 왜 최우가 금탑을 바쳤을까? 그의 불심이 헌납의 바탕이겠지만, 선종에 비해 상대적으로 소외되고 있는 교종을 달래고 환심을 얻으려는 의도가 있었다고 할 것이다. 그 후 흥왕사는 쌍벽을 이루는 두 개의 금탑이 자랑거리 보물이 되었다. 불교계뿐 아니라 백성들도 최우의 금탑 헌납을 높이 칭송했다고 한다.

최우가 헌납한 13층 금탑은 하마터면 녹아 없어질 뻔했다. 원나라 간섭기에 충렬왕의 왕비 제국대장공주가 1276년 5월 흥왕사에 행차했다가 이를 보고는 가까이 두고 감상하겠다며 궁궐로 가져갔다. 시일이 지나도 돌려주지 않고, 탑을 녹여서 돈으로 쓰려고 했다. 충렬왕이 돌려주자고 눈물을 흘리며 애원해도 반환하지 않았다. 그러다가 충렬왕이 이름 모를 괴질에 걸려 백약을 먹어도 효험이 없고, 금탑 때문이라고 수군거리는 소문이 돌았다. 이에 재상들이 공주에게 왕의 쾌유를 기도하기 위해 탑을 흥왕사에 돌려주기를 간청하니, 그제야 돌려주었다.

공주는 왜 금탑을 돌려주지 않았을까? 두 가지 이유일 것으로 추측된다. 하나는 공주의 탐심이다. 금탑은 욕심이 날만한가? 물론이다. 오늘날 금 시세로도 1,000억 원을 훨씬 상회하는 눈이 번쩍 뜨이는 거액의 탑이다. 공주는 정복자 쿠빌라이의 딸이어서 몽골이 정복지로부터 보물과 재물 따위를 탈취하는 것을 다반사로 봐왔다. 탑을 뺏는 데 대해 죄책감 따위는 없고, 흥왕사의 금탑 두 개 중에서 하나쯤은 몰수해도 문제없다고 생각했을 수 있다. 둘은 공주가 고려 불교계에 던지는 강력한 경고다. 공주는 금탑을 파괴하려 하고, 충렬왕이 돌려주자고 울면서 통 사정을 해도 꿈쩍도 하지 않았다. 그로써 공주는 불교계에 왕도 어찌지 못하는 자신의 위력을 과시했다. 그러나 공주는 충렬왕의 병 치료 명분으로 금탑을 돌려줌으로써 왕의 체면을 살려주었다. 아마 애초 가져갈 때는 탐심이 컸으나, 시일이 지나면서 후자로 바뀌었을 수 있다. 결국 재물 욕심보다는 불교계를 굴복시키고 충성을 끌어내는 방편으로 금탑을 이용한 것이 된다.

흥왕사와 금탑은 어찌 되었을까? 흥왕사는 조선 건국 초기까지 건재했다.

조선이 불교를 탄압하는 와중에 허물어지고 폐허가 되었다. 어쩌면 당시 조선의 한성 궁궐은 390여 간에 불과했으므로, 궁궐이 고려의 일개 사찰보다 형편 없이 작다는 소리를 듣고 싶지 않아서 없애버렸을 수 있다. 금탑의 행방은 오리무중이다. 조선 건국을 주도한 누군가가 몰래 녹여 정치 자금으로 썼을 수도 있다. 어떤 야사(野史)는 태종 이방원이 명나라 황제에게 13층 금탑을 선물로 바쳤다고 한다.

셋째, 팔만대장경 조성이다. 팔만대장경은 유네스코 세계문화유산으로 등재된 귀중한 문화재다. 고려는 대장경을 두 차례 만든다. 처음은 1010년 거란의 침략을 받고 이를 물리치기 위한 염원으로 조성했다. 처음 만들었다고 하여 초조대장경(初雕大藏經)이라 한다. 두 번째는 몽골의 침략으로 초조대장경이 불타 소실되자, 몽골을 물리치기 위한 염원으로 조성했다. 다시 만들었다고 하여 재조대장경(再雕大藏經)이라 하고, 고려대장경 또는 팔만대장경이라고 부른다. 고려대장경이 정식 명칭인데, 팔만대장경은 일반인이 쉽게 알도록 한 별칭이다. 8만 4천 개의 법문이 8만여 개의 경판에 새겨져 있어 그런 별칭이 생겨났다.

고려는 왜 팔만대장경을 만들었을까? 이에 관해서는 이규보가 지은 『동국이상국집』의 '대장각판 군신기고문(大藏刻板 君臣祈告文)'에 몽골의 침략을 불력에 힘입어 격퇴하고자 하는 염원으로 만들었다고 기술되어 있다. 물론 기고문에는 나라와 국왕의 안녕을 기원하고 불국토를 구현하여 부처의 은혜를 갚는다는 서원이 담겨 있다. 그러나 이런 목적뿐일까? 대장경은 집을 짓듯이 아무렇게 만들 수 있는 쉬운 일이 아니다. 국가가 총력을 쏟아야 하는 장대한 과업이다. 경전의 수집과 분류, 경판에 쓸 나무의 벌목과 가공, 경판의 판각과 마무리, 보관소의 건립 따위에 막대한 비용이 들고, 또 수많은 세월이 걸린다. 예를 들면 팔만대장경은 경판에 글자를 새기는 각수(刻手)만 해도 약 1,800명이 10여 년 넘게 동원되었다. 뿐만 아니라 막상 외침을 당하면 나라가 위난에 휩싸이고, 국가 재정은 전쟁 비용을 대기도 어려워진다. 그런 판국이니, 전쟁에 패배하면 대장경이 무슨 소용이냐며 대장경 만드는 돈을 전쟁에 쏟아야 한다는 반대가 제기되기 마련이다. 따라서 한창 전쟁 중에 대장경을 만든 것은 불력에 의한 몽골의 격퇴라는 목적 외에 다른 진짜배기 목적이 있다고 볼 것이다. 그것이 무엇인가?

그것은 초조대장경을 통해 알 수 있다. 초조대장경은 1010년 거란이 침공해 오자, 불력으로 거란을 물리치자며 제8대 현종이 1011년에 조성을 시작했다. 그러나 완성하지 못하고 제13대 선종이 1087년에 완성했다. 현종 이래 선종까지 여섯 임금이 조성을 이어갔고, 완성에 총 77년의 세월이 걸렸다. 고려는 1018년 제3차 거란 침략을 귀주대첩(龜州大捷)에서 깨부수고 승리했다. 그 후 거란의 위협은 사라지고 두 나라는 사신이 오가는 가까운 사이가 되었다. 따라서 초조대장경은 조성하는 동기는 거란의 침략이지만, 완성은 거란과 직접적인 관계가 없다.

그렇다면 왜 대장경을 만드는가? 그 까닭은 초조대장경이 동시대의 최고 대장경이라는 가치평가로부터 파악하면 이해하기 쉽다. 당시 동아시아는 고려, 송나라, 요나라 등 세 나라가 각축하고 있었다. 특히 세 나라는 모두 불교를 신봉하면서 대장경 조성을 경쟁했다. 결과는 송나라가 제일 먼저 만들고 고려가 다음이었다. 그러나 세 나라의 대장경 중에서 고려의 초조대장경이 최고였다. 대장경의 분량이 가장 많고, 목판의 글씨가 가장 정교하고, 예술적 가치가 높은 판화가 새겨져 있어서 그렇다고 한다. 결국 고려는 대장경 조성을 고려의 자존심이 걸린 문화 과업으로 인식하고, 송나라와 요나라의 대장경을 압도하는 대장경을 만들기 위해 오랜 세월을 쏟았던 것이다. 다시 말하면 초조대장경은 불교에 관한 고려의 자긍심과 자존심이 응결된 결정체였다.

초조대장경은 1232년 불타 소실되었다. 조성된 지 145년이 지난 때다. 당시 대구 팔공산에 있는 부인사(符仁寺)에 보관되어 있었는데, 몽골군이 쳐들어와서 불태웠다. 몽골은 왜 초조대장경을 불태웠을까? 그것은 고도의 심리전술이었다. 몽골은 초조대장경을 불태움으로써 부처도 아랑곳하지 않는 몽골군의 위력을 과시하고, 초조대장경이 불탄 것처럼 고려도 필연코 패망한다는 심리효과를 노렸다. 물론 항복하지 않으면 고려의 문화유산을 깡그리 파괴하겠다는 협박이기도 했다. 몽골은 같은 맥락에서 1238년 경주에 있는 황룡사구층목탑을 불태웠다.

팔만대장경과 초조대장경은 다르다. 같은 대장경이니까 비슷한 것으로 여겨지지만, 그렇지 않다. 우선 만든 동기와 주도자에 차이가 있다. 초조대장경의 조성 동기는 거란의 침략이지만, 팔만대장경의 조성 동기는 초조대장경의 소실이다. 아무리 몽골이 침략해도 초조대장경이 불타지 않았다면, 팔만대장경은 만들어지지 않았을 것이다. 초조대장경의 조성은 현종이 주도했으나, 팔만대장경은 누가 주도한 것인지가 불명확하다. 오늘날 백과사전과 시중의 관련 서적 등에서는 주도자를 명확히 밝히지 않고 있다. 단순히 국왕 고종이 만들었다, 집권자 최우가 힘을 썼다는 등의 설명에 그치고 있다. 당시는 몽골과 전란 중이었다. 전쟁 비용조차 조달하기 어려운 형편에 국력을 쏟아야 하는 대장경 조성은 실로 중차대한 일이므로, 주도자를 대충 얼버무려 둘 일이 아니다. 누가 어떻게 조성했는지를 분명히 규명하는 게 올바르다.

팔만대장경의 조성은 최우가 주도했다. 그것은 집권자로서 책임감 때문에 비롯되었다고 할 수 있다. 초조대장경은 비록 몽골군의 행패로 소실된 변고이지만, 불길한 징조라며 민심을 혼란에 빠뜨리고, 고려군의 사기를 떨어뜨릴 수 있었다. 집권자 최우가 부덕하여 대장경이 불탔다는 유언비어가 돌고 정적으

해인사 장경각과 팔만대장경판

로부터 공격당할 수 있었다. 그래서 최우가 서둘러 대장경의 복원에 나선 것이다. 하지만 복원은 쉽지 않았다. 가장 큰 걸림돌은 비용이다. 당시 고려 재정은 악화일로였다. 강화도 천도로 인해 세금 징수가 원활하지 않은 데다가, 궁궐과 관아를 짓고, 방어하기 위한 성과 요새를 쌓고, 백성들을 이주시키는 따위에 드는 비용이 엄청났다. 어떻게 할 것인가? 만약 대장경 복원을 조정의 공론에 붙이면, 전쟁 준비가 급하고 재정이 궁핍하다는 등의 노골적인 반대에 봉착하기가 십상이다. 초조대장경은 이왕지사 소실되었는바, 몽골을 격퇴한 이후에 복원하자는 주장이 대세일 수 있다. 다른 뾰족한 방안이 있는가?

최우는 특별한 대책을 마련했다. 국고를 들이지 않고 자기의 개인 돈으로 만드는 대책이다. 최우는 1236년 대장경을 복원하기 위해 자신의 사재(私財)를 바쳐 도감(都監)을 설치하고 조성에 착수했다. 그 후 대장경 조성은 고려의 구심 사업이 되었다. 아울러 초조대장경의 소실에 따른 유언비어가 사라지고, 호국의 의지가 결집되고, 백성들의 십시일반 동참이 이루어졌다. 특히 유교 지식인들의 동참이 많았다. 이것은 팔만대장경 조성이 불교와 유교가 공존한 당시의 사회 분위기를 반영한다고 할 것이다. 그러나 최우는 1249년에 죽음으로서 대장경의 완성을 보지 못한다. 대장경은 아들 최항이 2년 후 1251년에 완성했다.

이상을 정리하면, 팔만대장경은 집권자 최우가 주도하여 만들었다. 조성 비용은 최우와 최항의 사재와 십시일반의 보시로 충당되었다. 국고는 거의 사용되지 않았다. 결국 팔만대장경은 고려 임금의 이름으로, 집권자 최우의 주도 아래, 최우의 사재와 일반의 보시로 조성되었다고 할 것이다. 이것이 초조대장경과 팔만대장경의 특별한 차이다.

혜심의 유불일치설, 유학 진흥의 디딤돌이 되다

최충헌이 정권을 잡았을 때 유교는 별 볼일이 없었다. 당시 조정의 관료는 무관 일색이었다. 무신정권의 첫 집권자 이의방이 지방 관아의 수령과 책임자 따위의 문관 자리에 무관을 임명함으로써 그렇게 되었다. 최충헌도 무관으로 전직한 뒤 문관 자리인 안동부사와 경상, 상주, 진주 지역의 안찰사를 역임한 바 있다.

최충헌은 무관이 득세하고 문관이 찬밥 신세인 관료 구조를 개혁했다. 안동부사와 안찰사를 역임하면서 문관의 중요성과 무관 일색의 폐단을 인지하고 문무관의 균형이 필요하다고 여겼기 때문일 것이다. 관료 구조의 개혁은 먼저 실력 있는 문관을 등용하기 위해 과거시험을 활성화했다. 1170년 무신정권이 들어서자, 과거 응시자의 수가 격감했다. 문신의 위세가 추락한 탓이다. 최충헌이 과거를 활성화하자, 응시자 수가 증가하고 합격자가 늘어났다. 과거시험을 보기 위해 유학을 공부하는 분위기가 널리 조성되고, 유학이 활력을 되찾게 되었다. 최충헌이 문관을 지속 등용하여 문관의 비중이 54%에 달하게 되었다. 무관 일색에서 문관을 과반이 넘도록 개혁한 것이다. 개혁은 대를 이어 이행되었다. 최충헌의 아들 최우가 문관의 비율을 71%로 늘리고, 최우를 이은 손자 최항이 74%까지 높였다.

최우는 문관의 비중을 높이기 위해 특별 대책을 추진했다. 자신의 저택에 정책 자문기관인 서방(書房)을 설치하여 학문과 문필이 우수한 문사를 뽑아 이에 소속시키고, 근무 성적이 뛰어난 자를 선발하여 문관으로 임용했다. 과거시험을 거치지 않고 문관으로 출세할 수 있는 길을 터준 것이다. 이에 대해 혹자는 최우가 정권을 위해 권력을 농단하는 짓이라며 혹평한다. 물론 서방은 정권의 기반을 강화하려는 것이지만, 문관을 우대함으로써 침체한 유학에 활기를 불어넣은 것은 부인할 수 없다. 결국 최충헌 정권의 개혁이 유교를 진흥시키는 원동력이 되었다.

문관의 비중을 70% 이상 높이기는 실로 어려운 일이다. 왜냐하면 무관의 저항과 반발이 불 보듯이 뻔하기 때문이다. 최우는 어떻게 반발을 무마시켰을까? 명령을 내리고 힘으로 억눌렀을까? 명령과 힘은 그에 비례하여 반작용이 거센 법이고, 불만에 싸인 무관들이 쿠데타를 일으킬 수도 있다. 그렇다면 무엇이 개혁을 도왔을까? 그것은 혜심(慧諶)이 주창한 불교와 유교가 다르지 않다는 유불일치설(儒佛一致說)이었다. 따라서 유교의 진흥을 알기 위해서는 유불일치설을 깊이 살펴볼 필요가 있다.

혜심은 보조국사 지눌의 수제자다. 1210년 지눌이 입적하자, 수선사의 2대 주지가 되어 불교계를 이끌었다. 혜심은 지눌의 법을 이어 간화선(看話禪)을 펼치는 한편, 유교뿐 아니라 도교까지 불교에 융합하려고 애를 썼다. 그는 "유교와 도교의 뿌리는 본래 부처의 불법에서 뻗어 나왔다", "불교의 마음 수양과 유교의 마음 수양은 방편이 다를지라도 진리의 본질은 차이가 없고 같다"라고 설법했다. 이것을 혜심의 유불일치설이라 한다. 당시 혜심은 고려 불교를 대표하는 승려다. 그런 혜심이 불교와 유교가 같다고 주장하다니, 무슨 까닭인가? 오늘날 한국 학계는 혜심의 유불일치설을 별로 주목하지 않는다. 외면하고 냉대한다는 느낌이 들 정도다. 예컨대 시중의 여러 사전에서 오직 『두산백과』만이 이를 수록하고 있다. 그러나 『두산백과』도 "불교를 국교로 하는 고려에서 유교를 인정한다는 것은 곧 불교가 그만큼 쇠퇴하고, 이미 유교가 새로운 질서로 뿌리내리기 시작했다는 것을 의미한다"라고 설명한다. 이 설명은 진실을 호도한다고 할 것이다. 힘이 빠진 불교가 살아남기 위해 새로운 질서로 부상하는 유교에 빌붙는다는 것인데, 사실이 그렇지 않기 때문이다. 당시 불교는 최충헌 정권의 적극적인 지원과 지눌과 혜심의 영향 아래, 선교 양종이 융화를 이루며 번성하고 있었다. 결코 쇠퇴하고 있지 않았다. 반면 유교는 새로운 질서로 뿌리내리지 않았다. 유교의 부상은 최충헌 정권이 유학자를 우대하고 관료로 대거 등용함으로써 이루어졌다. 다시 말하면 유교는 자체의 동력이 아니라, 최충헌 정권이 관료 구조를 개혁함으로써 수동적으로 겨우 제자리를 찾았을 뿐이다.

혜심의 유불일치설은 한국 사상사(思想史)의 일대 학설이다. 조금만 유심히 살펴보면 최초로 나온 독창적인 학설임을 알고 놀라게 된다. 독창성은 사상의 독자성, 사상의 현실성, 사상의 생명력 등 세 가지다.

첫째, 유불일치설의 독자성이다. 본래 유교와 도교는 중국에서 나왔고, 불교는 인도에서 나왔다. 중국의 토착 종교는 유교와 도교이고, 불교는 외래 종교다. 불교가 기원전 1세기 무렵 중국에 전파되자, 유교와 도교보다 종교성

진각국사 혜심 영정

이 농후하고 철학 사상의 수준이 높아 선풍적인 인기를 끌었다. 유교와 도교는 인기를 잃고 교세가 점차 기울어져 갔다. 이후 종교 사상계에 배불론(排佛論), 호법론(護法論), 삼교일치론(三敎一致論) 등 세 가지 주장(학설)이 등장했다. 배불론은 외래 종교인 불교를 배척하자는 것이고, 호법론은 불교를 지키자는 것이다. 삼교일치론은 유교, 도교, 불교의 삼교가 궁극적으로 다르지 않으므로 서로 융합하자는 것이다. 이를 유불선 통합론이라고도 한다.

한국은 유교, 도교, 불교가 모두 외래 종교다. 유교와 도교는 중국에서 유입되고, 불교는 중국을 거쳐서 중국화한 불교가 삼국시대에 들어왔다. 유의할 점은 불교가 유입된 이래 고려시대까지 유교와 도교보다 우위였다는 사실이다. 한국은 중국처럼 종교 간의 갈등과 대립이 없었고, 대립을 해소하자는 유불선 삼교일치론도 존재하지 않았다. 다만 삼교일치론은 신라 말 최치원에 의한 흔적이 남아있다. 최치원은 "나라에 현묘(玄妙)한 도가 있어 이를 풍류도(風流道)[42]라 한다"라고 하고, 풍류도에 유불선 삼교(三敎)의 근본 사상이 융합되어 있다고 했다. 결국 최치원은 한국 고유의 풍류도가 유불선 삼교보다 훨씬 뛰어나다고 한 것이다. 여하튼 한국에서 삼교일치론은 최치원이 최초로 거론한 바 있고, 수백 년의 세월이 흐른 후 혜심이 유불일치설을 만천하에 설파했다고 할 수 있다.

혜심이 언제 유불일치설을 주창했을까? 전해지는 기록이 없어 알 수 없지만 1210년에 수선사의 주지를 맡았으니, 그 이후 얼마 지나지 않은 시기였을 것으로 추측된다. 유불일치설은 겉보기에 수백 년 전 중국에서 나온 삼교

---

[42] 풍류도는 화랑도(花郎徒), 낭가(郎家), 국선도(國仙徒), 풍월도(風月道) 등으로 불렸다.

일치론과 매우 유사하다. 그렇다면 혜심이 왜 다시금 주장했을까? 해답의 실마리는 유교 자체에 기인한다. 혜심이 지칭한 유교는 이전의 전통 유교가 아니고, 중국 송나라에서 새로이 등장한 신유학(新儒學)이었다.

신유학이 무엇인가? 본래 중국의 토착 종교인 유교는 공자의 철학과 사상에 의하여 도덕(윤리)의 구현을 목표로 하는 종교이다. 도교는 고대의 신선 사상에다가 노자와 장자의 사상을 아울러서 형성된 종교다. 하지만 불교가 중국에 전해지자, 그동안 종교와 사상의 터줏대감이었던 도교와 유학에 빨간불이 켜졌다. 둘 다 불교에 비해 사상과 종교성이 낮고, 우주 만물의 생성과 인성(人性)에 관한 철학의 깊이가 부족한 사실이 드러난 탓이다. 이에 대해 도교는 재빨리 변신한다. 불교의 형이상학적인 사유체계를 원용하여 도교의 종교성과 철학의 깊이를 보충했다. 그러나 유학은 속수무책이었다. 불교뿐 아니라 도교에 비해도 철학과 사상의 기반이 뒤떨어지게 되었다. 어떻게 할 것인가? 유학자들의 고민이 깊어 갔지만, 뾰족한 수를 찾지 못한 채 수백 년이 흘렀다.

유학은 송나라 때에 와서 놀라운 일이 일어난다. 주돈이(周敦頤) 등 일단의 유학자들이 불교의 형이상학 논리를 원용하여, 『주역(周易)』과 『중용(中庸)』을 중심으로 하는 철학의 이론체계를 새롭게 세웠다. 다시 말하면 유교의 부족한 철학과 사상을 극복할 목적으로, 또 유교의 면모를 불교와 도교에 비추어 일신하기 위해 새로운 이론체계를 세웠다. 그것은 우주의 생성과 인성의 원리를 이(理)와 기(氣)의 논리로 설명하는 것으로, 이를 새로운 유학이라 하여 신유학이라 불렸다. 한편 신유학은 명칭이 다양하다. 송나라에서 생겨났다고 하여 송학(宋學), 주희(朱熹)가 집대성했다 하여 주자학(朱子學), 또는 성리학(性理學) 등으로 일컫는다. 성리학은 인간의 본래 성품은 이(理)라고 하는 '성즉리(性卽理)'를 줄인 말이다.

신유학이 하필 송나라에서 나왔을까? 송나라는 1126년 여진족이 세운 금나라에 패배한다. 황제 흠종(欽宗)이 포로로 잡혀가고, 중원을 빼앗기고, 장강 밑으로 밀려났다. 흠종의 동생 고종이 임안(臨安, 지금의 항주)에 남송(南宋)을 재건했으나, 황제를 비롯한 지배층의 위상과 권위는 땅에 떨어지고, 군사와 백성은 패배 의식에 휩싸여 자긍심을 잃어갔다. 허물어진 자긍심을 어떻게 세울 것인가? 송나라 유학자들은 중화사상을 통해 자긍심을 높이려 했다. 비록 군사력이 약해서 중화사상의 발원지 중원을 잃었지만, 중화의 정통은 남송이 잇고 있다는 명분을 내세우고 강조했다. 그러나 중화사상의 요체인 유교가 문제였다. 중화사상의 정통을 강조하려면 외래 종교인 불교보다 철학과 사상에서 한 수 뒤지는 유교의 면모를 세워야 했다. 그리하여 유학자들이 앞에서 언급한 것처럼 불교의 철학과 사상을 원용하여 유교의 이론체계를 새롭게 만들었다. 달리 말하면 신유학(성리학)은 추락한 송나라의 위상과 자긍심을 세우기 위한 목적으로 출현했다.

고려의 지식인들이 신유학을 인지했을까? 고려와 송나라는 교류와 교역이 그 어느 시기보다 활발했으므로, 거의 동시대적으로 신유학이 유입된 것으로 볼 수 있다. 이와 관련하여 당시 양국의 대표 지식인을 비교하면 흥미롭다. 고려의 대표 지눌(1158~1210)과 송나라의 대표 주희(1130~1200)는 비록 지눌이 나이가 많이 어리지만, 이름을 떨친 시기가 거의 비슷했다. 아마 둘은 서로의 명성과 학문을 인지했을 개연성이 높다. 지눌의 수제자 혜심도 신유학의 동향과 학설을 꿰뚫어 알고 있었다고 할 수 있다. 다시 말하면 혜심의 유불일치설은 불교와 본래의 유교가 같다는 것이 아니고, 새로 나온 신유학(성리학)이 불교와 같다는 것이다. 유불일치설은 불교와 신유학(성리학)이 다름이 없다는 것으로 학설의 독자성을 가진다고 할 것이다.

둘째, 유불일치설의 현실성이다. 무릇 세상을 풍미한 사상과 학설이라 해도 모두가 현실성을 갖지는 못한다. 선풍적인 인기를 끈 사상과 학설도 현실에 부응하지 못하고, 공허한 지식의 유산이 되어 사라지는 경우가 다반사다. 예컨대 조선의 실학(實學)이 그렇다. 수많은 실학자가 실사구시를 외치며 개혁을 주장하지만, 현실은 이를 외면했다. 사상이나 학설이 현실의 지표로 기능하고 작동하는 것은 대단한 의의와 가치를 가진다.

혜심은 평범한 승려가 아니었다. 그는 전라남도 나주 출신으로 속가의 성은 최씨다. 어려서 아버지를 여의고 홀어머니의 뒷바라지로 공부하여 1201

년 23세에 사마시(司馬試)에 합격하고 태학(太學)에 입학했다. 그 후 어머니가 별세하자, 출가하여 지눌의 제자가 되었다. 혜심은 사마시에 합격한 유학자 출신의 승려다. 유불일치설은 혜심이 아무렇게 내뱉은 돌출 발언이 아니라, 유학과 불학에 달통한 식견에서 나온 것이었다. 한편 혜심이 유불일치설을 주창한 것은 최충헌 정권과 무관하지 않다. 우선 혜심과 집권자 최우는 각별한 사이였다. 최우는 혜심이 수선사의 주지가 되자, 두 아들을 그의 제자로 출가시켰다. 혜심이 최우의 아들을 제자로 받아들인 것은 최충헌 정권에 대한 그의 신뢰를 반영한다. 최우는 수선사를 증축하도록 지원하고, 혜심은 최우의 지원으로 교세를 대폭 확장하고, 불교계를 대표하는 승려로 우뚝 섰다. 따라서 혜심과 최우의 관계를 보면, 유불일치설은 최충헌 정권을 도와줄 의도가 담겨 있었다고 할 수 있다.

유불일치설이 정권에 무슨 도움을 주나? 최충헌 정권은 앞에서 서술한 바처럼 관료 구조를 혁신하여 문관의 비중을 70% 이상 높였다. 이것은 불교 성향의 무관을 줄이고, 유교 성향의 문관을 늘려서 문무관이 조화를 이루게 한 개혁이다. 이렇게 볼 때, '유교와 불교가 동일하다'라는 유불일치설과 '문관과 무관이 대등하며 조화를 이룬다'라는 관료 구조의 개혁은 일맥상통한다. 유불일치설은 문무관의 조화를 선제적으로 유도함으로써, 최우가 무관들의 불만과 저항을 잠재우고 문관의 비중을 70% 이상으로 높이는데, 결정적인 역할을 했다고 할 수 있다. 결국 유불일치설은 최충헌 정권의 사상적 토대로서 현실성을 가진다고 할 것이다.

셋째, 유불일치설의 생명력이다. 유불일치설은 최충헌 정권의 개혁에 정당성을 부여하고, 사상적 토대로 기능했다. 하지만 최충헌 정권이 몰락한 이후에도 흐지부지 사라지지 않았다. 원나라 지배를 받던 원 간섭기는 물론이고, 고려가 멸망할 때까지 고려 사회를 지탱하는 중심 사상이었다. 유불일치설은 성리학을 통치 이념으로 삼고 불교를 탄압한 조선 건국 이후에 사라졌다. 그러므로 유불일치설은 무려 약 180년 동안 현실에서 영향력을 발휘했다. 180년은 고려 왕조 480여 년에서 1/3이 넘는 긴 세월이다. 유불일치설을 가볍게 여기면 안 된다. 독자 생명력을 가진 열린 사상으로 높이 평가해야 한다. 따라서 한국 사상은 고려시대 이래 '불교 사상 우위(고려) → 유불 사상 공존(고려말) → 유교 사상 우위(조선)'의 흐름으로 이어지고, 유불일치설은 중간의 징검다리가 된다. 유불일치설은 유불 사상의 공존이라는 한국 사상의 독자성을 일깨운 특별한 의의가 있다고 할 것이다.

끝으로 덧붙여 살펴볼 점이 있다. 왜 명칭이 유불일치설이냐는 것이다. 혜심은 승려다. 혜심은 당연히 불교를 앞세워 불교와 유교가 다르지 않다고 설파했을 것이다. 당시는 불교가 국교인 상황이므로 세간에서도 '유불일치설'이 아니라 '불유일치설'로 불렸을 개연성이 높다. 그렇다면 왜 유불일치설인가? 그것은 조선의 성리학자들이 유교를 앞세워 유불일치설로 부른 때문으로 여겨진다. 그들은 혜심의 학설을 신유학(성리학)과의 연관성을 지우기 위해 대수롭지 않게 치부하고, 유교를 앞세웠다. 물론 오늘날 학자들도 그대로 따르고 있다. 유불일치설은 당시 불교가 유교보다 우위였고 주창자인 혜심이 승려인 사실을 주목하여 불교가 앞인 '불유일치설'로 고쳐 부르는 게 올바르다. 그것이 학문의 진솔한 길이다.

조선의 성리학, 근본주의 종교가 되다

불교 탄압과 이성계의 단식 투쟁

조선은 유교의 나라를 표방하며 개국했다. 그러나 유교는 백성에게 미치는 영향력이 약했다. 당시까지 유교는 종교의 기능이 없어 신앙으로 믿지 않았기 때문이다. 개국 초기의 종교 상황은 고려와 다를 바 없었다. 불교가 폐단이 심하다며 유교의 나라를 세웠지만, 불교를 어찌하지 못했다.

이것은 태조 이성계의 사례를 통해 확실히 이해할 수 있다. 대개 조선의 개국과 동시에 종교가 불교에서 유교로 바뀌고 불교를 탄압한 것으로 여기지만, 그렇지 않다. 개국 초기에는 외관상 조선이 어떤 종교를 지향하는지조차 모호하다. 정도전을 위시한 사대부들이 척불을 주장하고 승려의 환속과 사찰의 혁파를 요구했으나, 이성계는 개국 초부터 그럴 수 없다 하고 오히려 불교를 옹호했다. 이성계는 본래 독실한 불교 신도였다. 고려 말에 명승으로 이름난 나옹(懶翁)선사로부터 가르침을 받은 바 있다. 왕위에 오른 후에는 나옹선사의 제자 무학대사를 왕사(王師)로 삼고 중요한 국가정책을 자문받았다. 고려의 왕사 제도를 그대로 따른 것이다. 1394년 승려 100여 명을 궁궐에 초대하여 음식을 대접하고, 1397년 흥천사(興天寺)를 창건하는 등 불사를 많이 열었다.

그러나 제3대 태종이 즉위한 1400년 이후부터 사정이 달라진다. 혹자는 태종 이방원은 무인 이성계의 아들이고, 정도전 등을 죽이고 왕자의 난을 일으켜 용맹한 무인으로 여기나 전혀 그렇지 않다. 그는 과거에 합격한 신진사대부이고, 골수 성리학 신봉자였다. 이방원은 1383년(우왕 9) 17세의 나이로 과거(문과)에 합격했다. 합격자 33명 중 10등이었다. 한국의 수많은 왕 중에서 과거에 합격한 왕은 태종이 유일하다. 그는 25세 때 어머니가 죽자, 어머니 무덤 곁에 초막을 짓고 시묘살이를 하기도 했다. 당시 시묘살이는 과거 합격자 중에서도 정몽주 등 극히 일부만 실천할 뿐이었다. 따라서 태종이 불교를 극도로 탄압한 것은 국왕으로서 사대부들의 요구에 부응했다기보다, 성리학 신봉자로서 불교 혁파를 솔선하여 단행했다고 할 수 있다.

태종의 불교 탄압은 1402년 4월 서운관(書雲觀)의 상소로 시작된다. 서운관은 천문 지리를 관장하는 기관이다. 상소의 요지는 국가가 관할하는 비보사찰 3,000여 개 중에서 고려 태조 왕건이 창건한 70개 사찰만 남기고 모두 없애자는 것이다. 또한 동년 6월 예조에서 젊은 승려들을 모두 환속시키고 부녀자의 사찰 출입을 금지하자는 등의 상소를 올렸다. 이들 상소는 의정부의 논의를 거쳐 비보사찰 70개와 승려 100인 이상 거주하는 사찰만 남기고 모두 철폐하기로 결론이 났다. 당시 결정된 탄압은 다음의 일곱 가지로 정리할 수 있다. ① 국사와 왕사 제도를 폐지한다. ② 사찰을 혁파하고 승려를 환속시킨다. ③ 혁파된 사찰의 토지와 노비를 몰수하여 국유로 한다. ④ 도첩

회암사지

제(度牒制)를 강화하여 승려 출가를 막는다. ⑤ 왕릉에 딸린 사찰을 폐지한다.
⑥ 불교 종파를 통폐합한다. ⑦ 부녀자의 사찰 출입을 금지한다는 등이다.

불교계는 아닌 밤중에 벼락을 맞은 꼴이 되었다. 태조 이성계가 재위한
때에는 아무 일이 없었는데, 태종이 즉위하면서 상황이 급변했다. 하지만 속
수무책이었다. 어쩔 수 없어 태상왕으로 물러난 이성계와 무학대사에게 매달
렸다. 당시 이성계는 경기도 양주에 소재한 회암사(檜巖寺)에 무학대사와 함
께 머무르고 있었다.

1402년 7월 웃지 못할 희한한 일이 벌어졌다. 이성계가 그날부터 고기를
먹지 않는 단식을 시작한 것이다. 단식 소식을 들은 태종은 단식을 불교 탄압
을 무마하기 위해 무학대사가 사주한 탓으로 여겼다. 그래서 환관을 보내 무
학대사에게 만약 탈이 나면 책임져야 한다며 압력을 넣었다. 무학대사가 생
명의 위협을 느끼고 단식 중단을 간곡히 권했지만, 이성계는 듣지 않았다. 그
리하여 보름이 지나자, 얼굴이 수척해지고 건강이 몹시 나빠졌다.

태종은 회암사로 달려갔다. 아버지를 굶어 죽게 한 불효자 소리를 들을
수 없었던 것이다. 태종은 이성계를 만나 '70세는 고기를 드셔야 하는데, 부
왕께서 고기를 끊으시어 안색이 평일과 같지 않습니다. 신이 어찌 슬프지 않
겠습니까?'라는 말씀을 드렸다. 이에 이성계는 '도선밀기(道詵密記)에 수록되

지 않은 사찰이라고 해도 토지를 몰수하지 말고, 승려의 도첩을 조사하지 말고, 부녀자의 사찰 출입을 금하지 말고, 불상과 탑을 세워 내 뜻을 잇기를 바란다'라고 말했다. 그리고 사찰은 고려 때도 폐지하지 않고 오늘에 이르렀으니, 헐지 말라고 요구했다. 그러면 단식을 중단하겠다는 것이다. 태종은 고기와 음식을 드시면 요구를 수용하겠다고 약속했다. 다시 말하면 이성계는 태종이 탄압을 멈추면 단식을 중단하겠다고 하고, 태종은 음식을 드시면 탄압을 하지 않겠다고 약속한 것이다.

태종은 3년 후 1405년 한성으로 천도한 이후 태도가 달라진다. 이성계의 눈치를 보지 않고 1406년 3월 미루었던 탄압 대책을 발표하고 추진해 나갔다. 한성은 탄압을 밀어붙이기에 분위기가 좋았다. 왜냐하면 개경에는 300여 개의 사찰에다가 신앙이 열렬한 불교 신도가 많았지만, 한성은 변변한 사찰이 하나도 없고, 신앙심 깊은 신도도 적었기 때문이다.

이성계가 단식 투쟁을 하면서 불교를 보호하려 한 것은 역사적으로 의의가 있다. 만약 이성계가 태종에 의해 쫓겨나지 않고 천수를 누리며 재위하고, 또 왕위가 태종으로 이어지지 않았다면, 조선은 개국 이후 상당한 기간 또는 중후기까지도 불교와 유교가 공존했을 수 있다.

불교는 얼마만큼 탄압받았나?

조선은 불교를 탄압했다. 그러나 사람들에게 불교를 얼마나 탄압했는지를 물으면 잘 모른다. 대충 수많은 사찰을 부수고 못살게 굴었다고 에둘러 대답하는 정도다. 이것은 대답하는 사람의 탓이 아니다. 여태껏 학자들이 그 정도 수준으로 설명한 탓이고, 딱 뿌려지는 알기 쉬운 설명이 세상에 나오지 않았기 때문이라 할 것이다. 이를 명확히 알기 위해서는 고려 불교와 조선 불교의 비교가 필요하지만, 비교는 간단하지 않다. 둘은 약 500년의 시차가 있고 각각 초기, 중기, 말기에 따라 불교의 양상이 다르므로 세세히 비교하기가 실로 어렵다. 따라서 먼저 무엇을 어떻게 비교할지를 정해야 한다.

여기서는 국정 기조, 사찰 수, 사원경제 등 14개 항목을 선정하여 비교한다. 비교 항목은 탄압의 실상을 여실히 나타낼 수 있는가에 착안하여 정했다. 이들 비교를 정리한 것이 <표 16.1>이다. 비록 개괄적이고 다소 거친 비교이지만, 한눈에 보이는 일목요연한 비교여서 의의가 있다. 여하튼 표를 살펴보면, 고려 불교의 융성한 모습과 조선 불교의 피폐한 모습을 대비하여 명확히 알 수 있다.

표에서 보듯이 불교의 위상이 최상위에서 하위로 떨어졌다. 조선이 불교를 국가의 공식 의례에서 완전히 배제한 결과다. 불교 종파는 11개의 다양한 종파가 선종과 교종 2개로 통폐합되었다. 탄압이 얼마나 극심했는지는 사찰 수를 통해 실감할 수 있다. 고려는 수도 개경에 300여 개의 사찰이 있었는데, 조선은 수도 한성에 연산군 이후로는 단 1개의 사찰도 없었다. 전국의 사찰 수는 13,000여 개에서 1,650여 개로 약 8배나 줄고, 승려 수도 15만여 명에서 2만여 명으로 약 7.5배 줄었다. 한편 사찰의 규모가 대규모의 다층 건물에서 소규모 단층 건물로 축소되었다. 조선시대에 창건된 사찰이 이전 삼국시대나 고려시대보다 왜소해 보이는 것은 이런 연유 때문이다.

고려시대에 사찰의 사원경제는 범위가 제한되지 않았다. 농업과 수공업 외에 축산업, 무역업, 금융업 따위도 경영했다. 조선은 농업과 수공업만 영위할 수 있었다. 그것은 규제와 억압 때문이지만, 토지와 노비가 대폭 줄어들어 농업과 수공업 외는 경영하기 어려운 탓이 컸다. <표 16.1>에서 보듯이 사찰의 노비는 10만여 명에서 5,000여 명으로 약 20분의 1로 축소되고, 토지는 20만여 결에서 1만여 결로 역시 20분의 1로 축소되었다. 고려는 사찰에 부역을 부과하지 않았으나 조선은 100여 종의 부역을 부과했다. 이것은 사찰이 농업과 수공업에 의존하여 근근이 먹고 살 수 있을 정도라 할 것이다. 사찰과 승려에 대한 직접적인 탄압보다 노비와 토지 등 경제적 탄압이 더 심했다고 할 수 있다.

승려의 출가도 눈여겨 볼 항목이다. 고려는 승려의 출가가 개인의 자유였고, 왕자와 양반 자제도 출가했다. 출가할 때 내는 도첩 비용이 포 50필로 양반이든 천민이든 일률로 적용되었다. 조선은 승려가 되려면 허가를 받아

표 16.1 고려 불교와 조선 불교 비교

항목		고려 불교	조선 불교
① 국정 기조		불교 숭상	불교 억압
② 불교 위상		최상위 종교(국교)	하위 종교
③ 국가 의례		국가 의례의 중심	국가 의례에서 제외
④ 불교 종파		종파 다양(11개 종)	종파 통합(선교 2개 종)
⑤ 사찰 수	수도	개경 300여 개	한성 3개(연산군 이후 없음)
	전국	13,000여 개 (비보 사찰 3,000개)	1,650여 개(1570년 기준) (국가지원 사찰 242개)
⑥ 승려 수		약 15만 명	약 2만 명
⑦ 사찰 규모		대규모, 다층 건물	소규모, 단층 건물
⑧ 사원경제	영역	농축산업, 수공업, 상업, 무역, 금융업 등	농업, 수공업
	재산	노비 약 10만 명 토지 약 20만 결	노비 약 5,000명 토지 약 1만 결
	부역	부역 면제	부역 부과(100여 종)
⑨ 승려 출가	허가 여부	자유 (왕자 출가)	허가 (왕자 출가 불가)
	도첩비 (포)	50필(일률 적용)	양반 100필, 양민 150필, 천민 200필(차등 적용)
⑩ 승려 신분		양민 이상	천민 취급
⑪ 승려 한성 출입		자유	금지
⑫ 민간 사찰 출입		자유	부녀자 출입 금지
⑬ 불교 축제		연등회(국가 주최)	없음(4월 초파일 민속 관등)
⑭ 대표 문화유산		팔만대장경	향교

야 하고, 왕자의 출가는 없었고, 도첩 비용이 신분에 따라 달랐다. 특히 천민과 양민의 도첩 비용이 양반보다 50%-100% 많았다. 이것은 양민과 천민의 출가를 막기 위해서였다. 그런데 왜 천민의 도첩 비용이 오승포 200필로 가

장 많았을까? 그것은 노비 값 때문으로 보인다. 조선 초에 노비 값이 오승포 150필 내외였으므로 이보다 많게 한 것이다.

조선은 승려의 한성 출입을 금지했다. 하기야 한성에 사찰이 없었으니 출입할 일이 거의 없었을 터이지만, 그러한 것은 신도들의 시주(施主)를 막으려한 의도가 컸다. 부녀자의 사찰 출입을 금지한 것도 마찬가지다. 수입이 줄어든 사찰은 삼성당, 칠성당, 산신각 등 도교와 무교 사당을 사찰 경내로 끌어들여 부녀자의 출입을 유도했다. 한편 승려의 신분은 양인 이상에서 천민으로 떨어졌다. 승려를 낮잡아 부르는 땡추중이란 말은 그로부터 생겨났다. 국가 주최로 개최하는 연등회가 폐지되고, 4월 초파일 민속 관등만 남았다. 불교의 사회적 위상이 땅바닥으로 떨어진 것이다.

사원경제는 짚어볼 문제점이 있다. 이것은 닭이 먼저인가 달걀이 먼저인가의 문제와 유사하다. 학자들의 통설은 조선이 사찰과 승려를 혁파함으로써 결과적으로 사찰의 토지와 노비가 줄어들었다고 설명한다. 이것은 통설과 달리 거꾸로 설명할 수 있다. 당시 혁파된 토지는 국유지가 되고 노비는 공노비가 되었다. 불교 재산을 몰수하여 국유재산으로 한 것이다. 그런데 노비와 토지는 약 20분의 1로 축소되고, 사찰과 승려는 약 8분의 1로 축소되어 노비와 토지가 훨씬 많이 축소되었다. 국유재산의 확충에 초점을 두면 사찰과 승려보다 토지와 노비의 혁파를 더 중요시한 것으로 보인다. 결국 조선은 불교 탄압에 있어 토지와 노비를 최대한 많이 몰수하는 대책을 추진했고, 사찰과 승려의 축소는 그 결과라고 할 수 있다.

도교와 무교도 가혹하게 탄압받았다

먼저 도교의 탄압이다. 도교는 자연과 벗하며 도를 닦아 신선(神仙)이 되어 죽지 않고 영원히 살고자 하는 종교다. 도교의 교주는 중국 노자(老子)다. 하늘, 땅(산천), 별 등에 제사 지내는 것을 중시한다. 이를 초제(醮祭)라 하는데, 예를 들면 비를 오게 해달라는 기우제가 초제의 하나다. 오늘날 곳곳에 도교의 유적과 유물이 있다. 강화도 마니산에 기우제를 지내는 초제 유적이 있고, 사찰에 있는 산신각, 삼성각, 칠성각 따위는 도교와 무교의 영향을 가진 전각이다. 본래 사찰 밖에 따로 있었는데, 조선이 부녀자의 사찰 출입을 금지하자, 슬그머니 사찰 안으로 옮겨 앉았다. 이들 전각은 출입이 금지되지 않았으므로, 부녀자들이 전각에 들리는 척하면서 사찰을 출입했다. 무당이 섬기는 옥황상제, 용왕, 성황 등은 도교의 신이고, 선녀와 나무꾼 이야기는 도교 사상을 담은 설화다.

도교는 삼국시대에 중국에서 유입되었다. 고구려에서는 연개소문이 집권한 시기에 불교와 유교보다 윗자리를 차지했다. 백제와 신라도 도교가 성행하고 백성들의 생활에 깊숙이 스며들었다. 예컨대 신라 화랑도의 심신 수련이 도교의 영향을 많이 받았다. 고려는 불교를 국교로 삼았지만, 도교도 중시하고 장려했다. 하늘과 별 등에 제사 지내는 재초도감(齋醮都監)이란 관아를 두고, 복원궁(福源宮)과 신격전(神格殿) 등 도교 사당을 곳곳에 세웠다. 복원궁은 1123년 고려에 온 송나라 사신 서긍이 찬탄할 정도로 웅장했다. 국가 차원으로 거의 매년 개최한 팔관회는 불교와 도교가 융합된 축제였다.

조선은 수도 한성에 도교 사당인 소격전(昭格殿)을 건립하고 이를 관리하는 소격서(昭格署)를 설치했다. 소격서에는 도류(道流)라고 부르는 관리를 두어 도학(道學)을 가르치고, 도교 행사를 집행하게 했다. 그러나 고려가 건립한 복원궁, 신격전 등의 도관을 모두 철폐했다. 도교도 불교처럼 홀대하고 탄압하여 극히 일부만 남겨 두었는데, 이마저도 중종 때에 폐지된다. 당시 실권을 잡은 조광조(趙光祖)를 비롯한 사림파가 소격서의 혁파를 집요하게 주장하여 그리되었다. 사림파의 주요 논리는 두 가지였다. 하나는 도교가 세상을 미혹하게 하는 미신이라는 것이다. 둘은 하늘에 올리는 제사는 황제(천자)만이 할 수 있는데, 제후인 조선 왕이 제사를 지내는 것은 예에 어긋난다는 것이다. 결국 성리학을 빙자한 사대주의에 푹 빠진 주장이었다.

도교에 가장 큰 타격을 준 것은 고서(古書) 폐기라고 할 수 있다. 인류 역사에서 가장 유명한 서적 폐기는 기원전 213년에 일어난 분서갱유(焚書坑儒)일 것이다. 분서갱유는 중국을 최초로 통일한 진시황이 의학, 점술, 농업에 관한 서적 외의 역사서, 종교서, 사상서 등을 금서(禁書)로 지정하고 수거하여 불태우는 한편, 관련 학자들을 구덩이에 파묻어 죽인 것을 말한다. 한국은 삼국시대에 중국으로부터 앞날의 길흉을 예견하는 도참서(圖讖書)가 유입되어 금서로 지정되었고, 통일신라시대는 대표적으로 도선국사(道詵國師)의 『도선비기(道詵秘記)』가 왕조의 교체를 부추긴다며 불온서적으로 지정되고 탄압받았다. 고려시대도 세상을 어지럽히고 백성을 미혹하게 한다며 도참서, 비기서, 지리서, 음양서, 노장학서, 불서 등을 금서로 지정하고 불태운 적이 있다. 그러나 역사서를 불태우거나 사람을 죽이지는 않았다.

조선은 왜 고서를 없앴을까? 그 까닭은 폐기한 고서를 통해 유추할 수 있다. 고서 폐기는 세조부터 성종까지 3대에 걸쳐 이어졌다. 세조는 1457년 5월, 서적 16종을 금서로 지정하고 전국의 관찰사에게 수거하라는 명령을 내렸다.[43]

당시 대표적인 서적은 『고조선비사(古朝鮮秘詞)』, 『대변설(大辯說)』, 『조대기(朝代記)』, 등이 있다. 그러나 만족할 만큼 수거가 되지 않아, 뒤를 이은 예종과 성종이 연이어 수거 명령을 내렸다. 수거에 순순히 응하면 다른 책을 주는 따위로 보상하고, 숨기다가 들키면 처벌했다.

이들 고서의 내용이 놀랍다. 『고조선비사』는 글자 그대로 고조선의 역사서다. 『대변설』은 우주의 진실을 변증하는 학설이라는 뜻인데, 고조선을 세운 단군께서 천리를 밝히는 낙서(洛書)를 만들어 중국 하나라의 우(禹) 임금에게 주었다는 이야기가 실려 있다. 『조대기』는 발해의 역사서로 환인과 단군에 관한 역사가 기록되어 있다. 모두 한민족의 시원인 환인, 환웅, 단군에 관한 역사서다. 달리 말하면 유교, 불교, 도교가 들어오기 전의 한민족에 관한 역사, 천문, 지리 등을 기록한 서적이다. 이들 고서의 대부분이 도교 쪽 사람들이 저술하고 필사하여 전해졌다고 한다. 결국 고서의 폐기로 인해 도교가 극심한 피해를 보았다.

고서를 폐기한 이유는 크게 두 가지였다. 하나는 유교 때문이다. 조선이 유교를 국교로 삼았으므로 유교와 배치되는 역사, 유교보다 역사가 깊은 한

---

43) 『세조실록』 1457년 5월, 무자(戊子).

민족의 고유한 역사를 묵과할 수 없었다. 둘은 조선이 명나라의 제후국이기 때문이다. 중국 명나라를 상국으로 섬기는 제후국이므로 고조선을 비롯하여 부여, 고구려, 선비 등이 중국보다 우월한 문화를 영위하고, 또 중국 땅을 정벌하고 경략한 역사를 인정할 수 없는 것이다. 예를 들면 기자조선(箕子朝鮮)이다. 기자조선은 기원전 1,100년경 은나라를 멸망시킨 주나라의 무왕이 기자를 조선 왕으로 책봉하여 기자조선이 생겨났다고 한다. 기자가 예의범절과 농업기술 등을 가르쳐서, 한민족은 비로소 문명을 이루었다고 한다. 따라서 이에 의하면 기자 이전의 고조선은 미개한 야만의 나라가 되고, 고조선에 관한 역사서는 불태워 없애야 하는 이단의 역사서가 된다. 조선의 성리학 사대부들은 이를 철석같이 믿고 기자를 섬겼다. 오늘날 학계의 다수설은 기자조선을 인정하지 않고 있다. 어쨌든 고서 폐기는 조선이 민족의 고유성과 주체성을 깎아 내리고, 유교(성리학)를 종교와 사상의 윗자리에 올리려 한 조치였다고 할 것이다.

조선의 도교는 임진왜란을 겪으며 새롭게 정립한다. 시조를 중국의 노자에서 환인(桓因)과 단군(檀君)으로 바꾸었다. 생육신의 한 사람이고 금오신화를 지은 김시습(金時習)을 중시조로 하여 도교의 독자적인 계보를 만들었다. 도교가 망해 사라지지 않고 한국의 도교로 탄생한 것이다. 도교는 고조선으로부터 이어온 민족 자주성을 앞세우고 사대주의와 문약에 빠진 성리학을 비판했다. 그리하여 도교는 일반 민중에게 널리 퍼지고 외양보다 내면으로 새롭게 뿌리를 내렸다. 오늘날 예언서로 유명한 정감록(鄭鑑錄)과 토정비결(土亭秘訣)은 조선의 시대 상황에서 나온 도교와 깊이 관련된 책이다.

다음 무교 탄압이다. 무교는 무속 또는 무격신앙(巫覡信仰)이라 한다. 고대로부터 전승되어 온 민간신앙이고 민족종교의 바탕이다. 무교는 환인, 환웅, 단군을 신으로 섬긴다. 이들 삼신(三神)이 천지를 창조한 조물주이며 인간 세상의 길흉화복을 주재한다고 한다. 조선은 초기에 고려처럼 단군을 국조(國祖)로 섬기면서 구월산에 있는 삼성사(三聖祠)에 삼신을 모시고 국가가 주관하여 제사를 지냈다. 태조 이성계는 수도 한성에 나라를 수호하는 국사당(國

師堂)을 건립하고, 각종 재난과 질병 치료를 위해 굿하는 국무당(國巫堂, 나라무당)을 두었다. 무속을 미신으로 내몰지 않았던 것이다. 그러나 앞에서 살펴본 도교 탄압처럼 조광조를 위시한 사림파가 미신으로 몰고 국사당과 국무당을 폐지해 버렸다.

무교는 끈질기게 살아난다. 워낙 뿌리가 단단한 탓이지만, 현실에서 무속의 필요성이 컸다. 의료 수준이 낮은 전근대 시기에 무당(무속인)은 의술의 한몫을 담당했다. 그것은 심신을 치유하는 초자연적인 의술이었고, 조선은 무당에게 의료를 일부 맡겼다. 특히 전염병이 돌면 무의(巫醫)를 앞장세웠다. 예를 들면 세종 재위 때 예조에서 세종에게 "지방 백성들을 인근 무당에게 맡기고, 환자가 발생하면 무당과 일반 의원이 치료하게 합시다"라고 건의했다. 『경국대전』에는 "서울의 무녀는 활인서(活人署)에 소속시킨다"라고 규정되어 있다. 요즈음으로 치면 무녀를 공립의료원에 소속시킨 것이다. 조선은 무교가 성리학 질서에 배치된다며 국사당과 국무당을 폐지하는 따위로 탄압했는데, 겉보기만 그렇지 실제로는 무교를 국가 경영에 많이 활용했다.

조선은 무당에게 세금을 거두었다. 무당을 천민으로 홀대하고, 무당을 의료에 부려 먹으면서, 무당으로부터 세금을 징수했다. 무당의 세금, 즉 무세(巫稅)는 고려 충렬왕(1274-1308) 때 공포(貢布)를 바치게 한 것이 처음이다. 1387년 우왕은 말을 징수하기도 했다. 이것은 일시적이고 임시적인 세금이었다. 그러나 조선은 무세를 정규 세금으로 제도화하고, 다음의 세 종류로 나누어서 징수했다.

하나는 무업세(巫業稅)다. 무당 일에 대해 징수하는 일종의 영업세다. 3년마다 무당 명부를 작성하고 1423년(세종 5)부터 연 1회에 마포(麻布) 1필을 징수했다. 1744년 제정된 『속대전(續大典)』에는 무업세가 국가 수입의 공식 세목으로 규정되어 있다. 둘은 신당퇴미세(神堂退米稅)다. 무당이 차린 신당에 바친 곡식(쌀) 따위의 물품 일부를 징수하는 것이다. 징수율이 정해지지 않아 자의적인 수탈이 심했다. 셋은 신포세(神布稅)다. 무속이 성행한 함경도와 강원도 등지에서 세포(稅布)를 징수했다. 신포세는 무당에게 직접 거두지 않고 지역의 백성들로부터 거두었다.

무세는 무당과 신도들에게 경제적 부담을 주는 탄압 수단이다. 그러나 무세를 징수함은 무당을 정당한 직업으로 인정하는 것이므로, 무속이 미신이므로 탄압해야 한다는 성리학과는 모순된다. 그야말로 무세는 이율배반(二律背反) 행위라 할 것이다. 무세는 1895년 갑오개혁 때에 폐지되었다. 일찍 폐지되지 않은 것은 수준 낮은 조세행정과 현장 징수권자의 쏠쏠한 수익이 폐지되지 않도록 작용한 탓이 컸던 것으로 보인다.

성리학은 어떻게 종교가 되었는가?

종교가 무엇인가? 일반적으로 종교는 초인간적인 신을 숭배하고, 영혼과 내세를 믿고, 신앙에 의한 교단을 형성하고, 교의(教義)와 교리를 포교하는 공동체라고 정의한다. 그러면 유교는 종교인가? 유교는 숭배하는 신이 없고, 영혼과 내세를 믿지 않으므로 종교라 할 수 없다. 다만 공자를 정점으로 하는 교단을 형성하고, 공자와 성현들에게 제사를 지내고, 사서오경을 경전으로 하여 포교하는 것이 종교와 유사하다. 그리하여 유교는 비록 종교는 아니지만, 공자의 유학을 불교와 도교 등과 견주어 종교로 일컬어져 왔다.

조선의 성리학은 달랐다. 조선은 성리학을 모든 종교와 사상 위에 올려놓았다. 이것이 한국 성리학이 중국 성리학과 다른 점이다. 중국에서 성리학은 유학의 유파로 명나라의 양명학, 청나라의 고증학과 동등한 하나의 학설이고 사상일 뿐이다. 그러나 조선에서는 성리학이 어엿한 종교의 자리, 그것도 불교와 도교보다 윗자리를 차지했다. 이것은 종교 아닌 것이 종교가 된 세계에 유례가 없는 종교개혁이라 할 수 있다.

성리학은 고려 말에 도입된 이후 약 600년 이상 이 땅에 군림하여 세상을 쥐락펴락한 학문이고 사상이고 종교였다. 그냥 막연히 조선은 성리학의 나라, 조선은 성리학의 폐단으로 망했다는 따위로 운운할 게 아니다. 이제 성리학이 무엇이고, 왜 성리학이 조선에서 종교가 되었는지의 질문과 대답은 통상의 상식이 되어야 한다.

그렇지만 성리학은 어렵다. 상당한 소양을 갖춘 사람도 성리학을 조리 정연하게 설명하기가 쉽지 않다. 성리학이 어려우므로, 조선의 일반 백성들은 그저 시키는 대로 따르거나 '공자왈 맹자왈' 하며 삼강오륜과 인의예지신(仁義禮智信) 따위의 성리학 용어 몇 마디를 달달 외어서 아는 체를 했을 수 있다. 이것이 매우 중요하다. 조선이 비록 성리학의 나라지만, 성리학은 유교 경전을 읽을 줄 아는 소수 지식인의 전유물일 뿐이고, 일반 백성들에게 체화되지 않고 따로 놀았다는 사실을 시사한다. 이렇게 성리학은 백성을 한마음으로 묶는 구심 종교로의 기능과 역할이 실제로는 미흡하고 한계가 있었다. 사람들의 이성과 양심을 함양하고 사회성을 높이는 종교의 순기능이 크게 발휘되지 못했다.

조선 성리학의 유감(遺憾)

성리학(性理學)은 '인간의 본성'이 곧 '천리'라고 하는 학설, 또는 인간을 포함한 우주 만물이 하늘의 이치를 가지고 있다는 학설이다. 이것은 세상의 모든 존재는 불성(佛性)이 있다는 불교의 논리와 비슷한데, 이 점에서 성리학(신유학)이 불교의 논리를 원용했다고 한다.

성리학은 만물의 변화는 이(理, 하늘의 이치)와 기(氣, 물질의 기초)의 변화라고 설명한다. 기(氣)는 만물의 형상을 이루는 물질의 기초로서, 이를테면 기가 모이면 살고, 기가 흩어지면 죽는다 할 때의 기다. 그래서 성리학은 '귀하다 천하다', '잘났다 못났다' 따위를 기의 맑고 탁함의 결과로 본다. 즉 잘난 양반은 기가 맑고, 못난 천민은 기가 탁해서 그렇다는 것이다.

한편 성리학은 인간을 착하고 선한 존재로 인식하고, 인간을 존중하고 인간애(人間愛)를 고양하며, 성인을 지향하는 사상이다. 그러나 조선의 성리학은 바른길을 벗어나서 유감이다. 성인을 지향하는 선한 도덕심으로 생명을 존중하고, 차별을 없애고, 기가 탁한 사람은 기가 맑도록 도와주어야 할 터인데, 그리하지 않았다. 오히려 성리학을 구현한다며 남녀를 차별하는 따위의 가부장제를 견고히 구축했다. 양반, 평민, 천민 등으로 신분을 나누어 차별하고, 사농공상의 신분 질서를 세워 상공인을 천시했다. 노비의 생명권을 박탈하고, 성리학의 이름으로 천주교도를 학살하는 등 무고한 사람을 많이 죽였다. 왜 그랬을까? 그것은 성리학 사대부의 지배체제를 확립하기 위해서였고, 성리학을 근본주의 종교로 하여 신봉한 탓이라고 할 것이다.

성리학의 종교화는 하루아침에 이루어지지 않았다. 학자들은 대략 150년 내지 200년이 걸렸다고 본다. 이토록 오랜 세월 동안 종교화를 위해 무슨 일이 있었을까? 중요한 것으로는 ① 성리학에 반하는 서적 폐기 ②『경국대전(經國大典)』제정, ③ 유교 윤리(도덕)의 보급, ④ 공자상 파괴와 신주(神主) 신앙의 확립 등 네 가지를 들 수 있다.

첫째, 서적 폐기다. 성리학에 반하는 서적 폐기는 두 차례 있었다. 처음은 앞에서 서술한 바처럼『고조선비사』,『대변설』등 고대의 역사서와 도교와 관련된 서적이 많이 폐기되었다. 두 번째는 개혁 군주로 일컫는 정조가 단행했다. 정조는 1791년 천주교를 탄압하는 신해박해(辛亥迫害)를 일으키고, 천주교가 만연해진 것은 서양 문물의 유입 때문이라며 서양 서적의 수입을 금지했다. 청나라와의 학문 교류를 단절하고, 궁궐 도서관(규장각)에 보관하던 천주교 서적을 비롯하여 서양 서적을 모두 불태워 없애버렸다. 이유는 단 하나 천주교와 서양 문물이 성리학을 훼손한다는 것이다. 당시는 서양 열국이 쇄도하는 서세동점(西勢東漸)의 시기로 중국과 일본은 서양 문물을 적극 수용하고 있었다. 그러나 조선은 정조가 앞장서서 성리학만이 진리이고 살길이라며 이를 거부했다. 서세동점하는 중차대한 시기에 종교와 사상을 열지 않고 더욱 견고히 닫아버렸다. 결국 정조는 개혁 군주라기보다 성리학의 수호자였다.

둘째,『경국대전』제정이다.『경국대전』은 '나라를 통치하는 큰 법전'이라는 뜻이다. 1455년 세조가 즉위한 직후 편찬에 착수하고, 29년 후 1484년 성종이 완성했다. 오늘날 학자들은『경국대전』의 편찬을 우리나라 최초로 종합적인 성문 법전을 제정한 것이라며 높게 평가한다. 그러나『경국대전』은 꼭 좋게만 볼 수 없는 구석이 있다. 마치 '양날의 검'처럼 긍정과 부정의 측면이 함께 있다.

우리나라는 본래 불문법의 나라였다. 고조선 이래 고려 이전까지, 정확히는『경국대전(經國大典)』이 제정되기 이전까지 그랬다. 최소한의 법령을 갖추고 오늘날의 영국과 미국처럼 관습법에 따랐다. 조선이『경국대전(經國大典)』을 제정함으로써 성문법의 나라가 되었다. 불문법과 성문법, 둘 다 장단점이 있어 어느 것이 좋다고 단정할 수 없다. 다만 불문법은 성문법에 비해 환경 여건에 따라 법령을 쉽게 바꿀 수 있는 유연성이 있고, 법 집행에서 재량의 폭이 넓다. 불문법을 성문법으로 전환하는 것이 바람직한 발전이고 개혁일 수 없다. 특히 왕조시대에 성문 법규는 도리어 부작용이 클 수도 있다. 법규가 현실과 괴리되면 조속히 바꾸어야 하는데, 바꾸기가 어렵기 때문이다. 예컨대 성군으로 받드는 세종이 정한 법규는 후대 왕이 여간해서는 바꿀 수 없는 것이다.

이와 관련해서는 '고려공사삼일(高麗公事三日)'이라는 속담이 안성맞춤이다. 이 속담은 작심삼일(作心三日), 조령모개(朝令暮改)와 같은 뜻으로 고려의 법령이 3일 만에 바뀐다며 비아냥거리는 말이다. 혹자는 이 속담은 무신정권 시기에 생겨났는데, 무식한 무신들이 법령을 마음대로 쥐락펴락하며 자주 바꾼 탓이라 한다. 그렇지 않다. 속담은 고려의 법령을 비판하는 데서 생겨났다. 다시 말하면 불문법의 고려는 법령이 허술하여 권력자와 관리의 농단과 재량권 남용으로 인해 백성의 신체와 재산이 쉽게 침해될 여지가 많았는데, 『경국대전』을 제정함으로써 이를 방지하게 되었다는 것이다. 결국 이 속담에는 고려의 불문법 체제를 조선이 성문법 체제로 바꾼 것은 바람직한 개혁이라는 의미가 함축되어 있다.

『경국대전』의 제정은 성리학 체제를 구축하려는 의도가 컸다. 『경국대전』은 '나라를 예(禮)로 다스린다'라는 성리학 이념을 바탕으로 한다. 성리학 이념을 구현하는 삼강오륜, 관혼상제, 신분 차별 등을 법령으로 규정하고 있다. 다시 말하면 『경국대전』은 불교의 고려를 성리학의 조선으로 조속히 바꾸기 위해 제정되었다고 할 수 있다. 예컨대 관혼상제의 바꿈이다. 고려의 관혼상제는 관습화된 불교 방식인데, 성리학 방식의 관혼상제로 바꾸기가 쉽지 않다. 고려처럼 관습법에서는 성리학 방식의 관혼상제 관습이 생겨야 하고 그것은 하세월이 걸린다. 그러나 성리학 방식의 관혼상제를 성문법으로 규정하고 강제로 시행하면 조속히 바꿀 수 있다.

셋째, 유교 윤리(도덕)의 보급이다. 윤리(倫理)는 사람이 마땅히 해야 할 도리 또는 도덕을 말한다. 윤리도 종류와 색깔이 있다. 유교 윤리, 불교 윤리,

기독교 윤리 등으로 말이다. 고려는 불교 윤리가 구심이었다. 유교의 나라를 지향하는 조선은 무엇보다도 시급한 일이 불교 윤리를 하루빨리 청산하고 유교 윤리를 확고히 정착시키는 것이었다.

유교 윤리가 무엇인가? 유교는 인간을 세상에서 가장 존엄한 존재로 본다. 유교에서는 불교, 도교, 기독교 등처럼 인간을 뛰어넘는 신이나 초월자는 존재하지 않는다. 유교에는 인간과 신, 인간과 초월자의 관계에서 지켜야 할 윤리가 없다. 인간관계에서 지켜야 할 윤리만 있다. 이것이 타 종교와 구별되는 유교의 특별함이다. 유교 윤리의 보급은 다방면으로 이행되었다. 국가가 앞장서 보급을 주도해 나갔고, 사림의 향촌 사대부들이 이를 뒷받침하여 정착시켜 나갔다. 또한 성리학 학자들도 이를 위해 각고의 노력을 다했다.

조선 성리학은 16세기에 이르러 크게 발전한다. 성리학의 쌍벽이라 일컫는 퇴계(退溪)와 율곡(栗谷)이 성리학 이론을 한 차원 높이고, 조식(曺植)과 기대승(奇大升)을 위시한 거유(巨儒)들이 발전을 이끌었다. 거유들은 바른 몸가짐과 덕행으로 존경받고, 성리학적 삶을 실천함으로써 마치 성직자와 같은 사표가 되었다. 그리하여 조선 성리학은 중국 성리학을 능가한다는 평가를 받는 수준에 이르렀다. 이것은 분명 성리학자들이 노력한 결실이다. 그러나 성리학의 발전은 성리학 사대부들의 자긍심을 높이는 한편, 반작용의 폐단을 가져왔다. 성리학을 유일사상으로 신봉함으로써 근본주의 종교로 자리매김하게 했다. 여타 사상을 배격하고 같은 유교에서 나온 양명학과 고증학도 사문난적으로 이단시했다. 다시 말하면 성리학의 발전이 도리어 조선을 성리학 울타리에 가두고 헤어나지 못하게 했다.

넷째, 공자상 파괴와 신주(神主) 신앙의 확립이다. 신주는 제사를 지낼 때 제사상에 모셔놓는 나무패다. 패에는 죽은 사람의 이름을 적는데, 위패(位牌), 영위(靈位), 목주(木主) 등으로 부른다. 신주는 장례를 치른 후 단단한 밤나무로 만든다. 크기는 높이 25㎝, 너비 6㎝, 두께 2.5㎝ 정도다. 밤나무 신주는 고대 중국의 주(周)나라에서부터 사용했다. 따라서 밤나무 신주의 역사는 무려 약 3,000년 이상에 이른다.

신주를 모시는 곳은 신분과 재력에 따라 다르다. 왕실은 종묘(宗廟)에, 양반은 사당(祠堂)에 봉안한다. 살림살이가 넉넉하지 못해 사당을 짓지 못하는 경우는 방 한 칸을 가묘(家廟)로 삼거나, 신줏단지를 만들어서 신주를 봉안한다. 신줏단지조차 만들지 못하는 사람들은 종이로 만든 지방(紙榜)으로 대신한다. 지방은 제사를 지낸 후 불사른다. 신주는 망자의 4대손이 모두 죽을 때까지 모시다가 5대손이 망자의 무덤에 묻는다.

왜 신주를 모시고 제사를 지낼까? 성리학은 사람은 말로 설명할 수 없는 초자연적인 혼백(魂魄)을 가진다고 한다. 혼백은 사람이 살아 있을 때는 몸과 정신을 이루나, 죽으면 혼(魂)은 하늘로 돌아가고 백(魄)은 땅으로 돌아간다고 한다. 후손이 정성을 다하여 제사를 올리면, 하늘과 땅으로 흩어진 혼백이 모여 죽은 사람의 이름을 적은 신주에 깃들고, 제사에 차린 음식을 흠향(歆饗)한다고 한다.

성리학의 『주자가례』는 신주를 산 사람처럼 모실 것을 규범으로 하고 있다. 신주를 살아있는 아버지와 어머니처럼 모시는 것이다. 집안의 길흉사는 물론이고, 먼 길 떠나는 따위의 대소사를 신주에 일일이 고한다. 만약 집에 화재가 발생하면 사당에 있는 신주부터 구해야 한다. 돈과 고가의 물품이 불타도 신주를 구한 다음에 이를 챙겨야 한다. 만약 신주가 불타면 마치 산 사람이 죽었듯이 3일 동안 곡을 하고, 새로 만든 신주를 모시고 제사를 지낸 후 봉안한다. 한편 신주를 규범에 어긋나게 모시거나 소홀하면, 불충불효한 자로 엄한 처벌을 받고 향교 출입이 금지되는 따위로 따돌림을 당했다. 항간의 '신주 모시듯 한다'는 속담은 온갖 정성을 다하여 신주를 모시는 데서 유래되었다.

신주는 언제부터 유일한 신물(神物)이 되었을까? 그것은 공자의 소상(塑像)이 파괴된

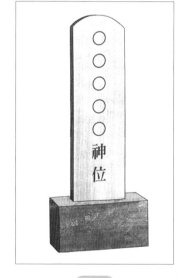

신주

공자 석상(오산궐리사)

이후부터라고 할 수 있다. 소상은 흙으로 만든 불상과 비슷한 인물 형상이다. 인물 형상은 소상 외에 돌로 만든 석상과 청동으로 만든 동상 등이 있다. 공자의 신주와 초상(肖像, 영정)은 삼국시대에 들어오고, 소상은 1302년 충렬왕이 건립한 대성전(大成殿)에 처음 안치되었다. 공자 문묘에 신주와 흙으로 빚은 소상이 함께 모셔진 것이다. 조선 개국 후에도 공자 소상과 신주는 함께 모셔졌다. 한성의 성균관 문묘(대성전)에는 신주만 모셨으나 지방 향교의 문묘는 신주와 소상을 함께 모신 곳이 많았다. 당시 공자의 석상과 동상은 없었고 소상이 안치된 문묘는 불상이 있는 사찰과 분위기가 흡사했다. 그러던 것이 1480년 성종 때 약간의 문제가 야기된다. 성종이 대신들에게 개성과 평양의 문묘에 고려 때 모신 공자 소상이 있고, 신주보다 소상이 존엄해 보인다며 성균관 대성전에 소상을 모시면 좋겠다고 말하고, 영의정과 예조판서 등에게 소상의 안치를 검토하라고 지시한 것이다. 그러나 대신들은 소상은 불교 제도이고 공자 소상이 불상과 닮게 되므로 모실 수 없다며 반대했다. 결국 성종의 지시는 흐지부지되었다.

그로부터 약 100년 후 1574년, 제14대 선조 때 일대 사건이 벌어진다. 개성의 문묘(고려 대성전)에 안치된 공자 소상을 철거하여 땅에 묻은 것이다. 사건을 주도한 자는 좌의정 박순(朴淳)과 우의정 노수신(盧守愼)이었다. 개성의 선비와 백성들이 선조에게 소상을 없애지 말라는 상소를 올리고 반발했지만, 소용이 없었다. 당시 소상을 파괴한 주요 이유는 두 가지였다. 하나는 흙이나 나무로 만든 소상에 신성한 공자의 혼이 깃들기가 적합하지 않다는 것이다.

즉 인간을 초월한 성인 공자의 혼을 인간 형상을 한 소상으로 표현할 수 없다는 것이다. 둘은 공자가 주나라의 후예이므로 그의 혼이 깃들기는 소상보다 주나라가 사용한 밤나무 신주가 좋다는 것이다. 어떻든 이 사건 이후 공자 소상은 모두 파괴되고 신주만 남게 되었다. 결국 공자 소상의 파괴가 신주가 유일한 신물이 되는 결정적인 계기가 되었다.

공자 소상의 파괴가 잘한 것인가? 신주와 공자 소상은 십자가와 예수상, 십자가와 마리아상과 유사하므로 소상을 파괴하고 신주만 모시는 것은 예수상과 마리아상을 없애고 십자가만 모시는 것과 다름이 없다. 종교에서 인간의 형상을 빚은 신물보다 신주와 십자가 같은 관념의 존재를 신물로 삼는 것이 훨씬 차원 높은 신앙 의식이라 할 수 있다. 그러나 공자상, 예수상, 마리아상에 성령(혼)이 깃들어 있다는 생각과 인식이 나쁘다고 할 수 없다. 오히려 소상과 신주 등 다양한 신물의 공존이 영적 생활을 더 풍요롭게 한다고 할 것이다.

신주(神主) 신앙의 두 가지 사례

조선은 공자 소상이 파괴됨으로써, 소상과 신주의 공존이 끝났다. 신주가 조상 숭배의 절대적인 신물이 되었다. 신주 신앙이 어느 정도로 강렬 했는지는 다음의 두 가지 사례를 통해 확인할 수 있다. 강해수(姜海壽)가 노예시장에서 친아들 대신 계모의 신주를 산 사례, 윤지충(尹持忠)이 신주를 불태운 죄로 처형된 사례다.

첫째, 강해수 사례다. 때는 병자호란이 끝난 후 청나라에 포로로 잡혀간 사람들이 속환되던 시기다. 청나라는 약 20만 명의 조선인을 포로로 잡아가서 노비로 삼거나 노예시장에 내다 팔았다. 노예시장은 심양에 있었다. 가족이 포로로 잡혀간 수많은 조선인이 돈을 싸 들고 노예시장에 가서 가족이나 친지를 사서 돌아왔다. 포로의 몸값은 조선이 청나라와 교섭하여 1인에 은(銀) 25~30냥으로 정해졌다. 그러나 일부 양반들이 자기 가족을 몰래 비공식적으로 데려오려고, 뇌물을 주거나 뒷돈을 줌으로써 몸값이 폭등하여 1인에

100~250냥으로 치솟기도 했다.

강해수는 계모, 이복동생, 친아들이 포로로 잡혀갔다. 늙은 아버지가 계모와 아들(이복동생)을 그리워하여 날마다 울며 찾았다. 강혜수가 이를 보다 못하고, 이들을 돈으로 사서 데려오기로 작정했다. 그러나 워낙 가난한 살림이라 가산을 다 팔아도 한 사람 몫의 돈밖에 되지 않았다. 강해수는 노예시장에 다녀온 사람을 찾아 자문받는데, 가산을 처분한 돈으로 담배를 사 가지고 심양에 가서 팔면 세 사람을 속환해 올 수 있다는 말을 들었다. 이에 가산을 팔고 그 돈으로 담배를 사서 심양에 갔다. 그러나 막상 심양에 도착하니, 너도나도 담배를 가져옴으로써 담뱃값이 폭락하여, 그 돈으로는 겨우 두 사람만 살 수 있었다.

강해수는 수소문하여 가족을 찾았다. 이복동생과 친아들은 살아있고, 계모는 죽고 없었다. 다만 이복동생이 죽은 계모의 신주를 모시고 있었다. 그러나 문제가 생겼다. 신주를 가져가려면 값을 따로 주어야 하기 때문이다. 당시 청나라 노예 상인들은 조선인이 신주를 산 사람처럼 소중히 여긴다는 것을 알고, 신주를 사람 몸값으로 팔았다. 그래서 계모의 신주, 이복동생, 친아들 중에 둘만 사서 돌아올 수 있었다. 어떻게 하나? 결국 강해수는 계모의 신주와 이복동생을 샀다. 친아들이 노예로 팔려 가는 것을 뜬눈으로 보고 돌아왔다.

강해수가 귀국하자, 효자로 소문났다. 아버지를 기쁘게 하려고 계모의 신주와 이복동생을 속환해 왔다는 것이다. 조정은 효자로 선정하여 종4품의 첨정(僉正) 벼슬을 내리고, 집 앞에 효자를 기리는 붉은색의 정려문(旌閭門)을 세워 주었다. 까짓것 신주는 다시 만들면 되지 않나? 도대체 노예로 팔려 가는 친아들을 두고 나무 막대기 신주를 사 가지고 왔는데, 효자로 칭송하고 벼슬을 주며 정려문까지 세워 준단 말인가? 그렇다. 성리학이 종교화되고 신주가 절대적인 신물이 된 성리학 조선의 민낯이었다.

둘째, 윤지충(尹持忠) 사례다. 윤지충은 '한국 최초의 천주교 순교자'로 일컫는다. 그러나 성리학 입장에서는 '신주 모독죄로 처형된 최초의 사람'이 된다. 윤지충은 1759년 진산(珍山, 지금의 금산군)에서 사대부의 아들로 태어났다.

실학자 정약전(丁若銓), 정약용(丁若鏞) 형제와 외사촌 간으로 어릴 적부터 가까이 지냈다. 정약전이 한 살 많은 형이고, 정약용이 두 살 적은 동생이다. 윤지충은 1783년 나이 24세 때 천주교 신자로 이승훈으로부터 세례를 받았다. 세례명은 바오로(Paulus)다. 윤지충은 성리학 공부도 게을리하지 않아, 세례를 받은 이듬해 진사시에 합격한다. 당시는 성리학과 천주교를 병행할 수 있었다.

1789년에 조선 천주교는 청천벽력 같은 일이 일어난다. 교황청에서 조상에게 올리는 제사를 우상숭배로 규정하고 금지하기로 했다는 소식이 전해졌다. 본래 교황청은 외국 선교를 위해 당해 국가의 전통 제례와 종교 관행에 대해 우상숭배라며 금지하지 않고, 일상적인 의례로 여기고 용인했다. 그래서 중국과 조선의 천주교 신자들이 조상의 제사를 지낼 수 있었다. 어떻든 제사 금지로 인해 천주교는 큰 충격을 받고 혼란에 휩싸였다. 특히 양반 출신 천주교 신자들이 천주교를 많이 떠났다.

제사 금지가 조선에 전해진 지 3년 후 윤지충의 어머니 권(權)씨가 사망했다. 윤지충은 장례를 유교 방식으로 치르지 않고 천주교 방식으로 치렀다. 친인척 외에는 조문을 일절 받지 않았다. 신주를 만들지 않고 종래에 모시던 조상의 신주를 모두 불태워 없애버렸다. 또한 윤지충의 권유로 천주교에 입교한 고종사촌 권상연(權尙然)도 고모 권씨(윤지충의 어머니)의 장례를 지낸 다음, 윤지충을 본받아서 조상의 신주를 불사르고 제사를 끊었다.

윤지충 사건으로 조정은 격론이 벌어지고 정파 싸움이 일어났다. 윤지충이 속한 남인(南人)은 정치적 수세에 몰리고, 반대 측 노론은 천주교도를 색출하여 처단해야 한다고 주장했다. 정쟁이 격화되자, 결정을 내려야 할 임금 정조가 난처해졌다. 왜냐하면 정조는 평소 서양 학문과 천주교에 대해 온건한 입장이었고, 또 정약용을 위시하여 총애하는 측근들이 상당수 천주교와 관련되어 있었기 때문이다. 정조는 천주교를 금한다는 금교령(禁敎令)을 내리고, 윤지충과 권상연을 처형했다. 다만 관련자를 더 이상 색출하지 말라고 하여 인명 피해를 최소한으로 줄였다. 이것이 이른바 1791년의 신해박해(辛亥迫害)다.

성리학의 조선, 무고한 사람을 많이 죽이다

조선은 개국 이래 성리학의 굴레를 벗어난 적이 없다. 임진왜란과 병자호란에 연이어 참패하고서도, 패배를 통해 성리학 체제의 허점과 폐해가 뚜렷이 밝혀졌음에도 불구하고, 성리학은 변화하기는커녕 교조주의 사상으로 굳어졌다. 오히려 스스로 성리학의 족쇄를 차고 울타리를 더 높이 쌓았다.

그리하여 18세기에 이르러서는 성리학의 울타리는 철벽이 되어, 그 누구도 벗어날 수 없었다. 성리학의 철벽 울타리는 실학자 박제가를 통해 확인할 수 있다. 박제가는 1778년에 지은 『북학의(北學議)』에서 성리학 외는 이단으로 배척되는 현실을 한탄하고, 이의 시정을 역설했다.

> "중국은 주자학(성리학)의 전통이 있는 한편, 육상산과 왕양명의 학설이 살아있다. 우리나라는 사람마다 정주학설(성리학)만을 말할 뿐이고 나라 안에 이단이 없으므로, 사대부는 감히 육상산과 왕양명의 학설(양명학)을 논하지 못한다. 또한 이(성리학)를 따르지 않으면 몸을 용납할 곳이 없고, 자손마저 보존하지 못한다."(『북학의』)

박제가는 정조가 총애한 서얼 출신 실학자다. '성리학을 따르지 않으면 자손마저 보존하지 못한다'라는 박제가의 토로는 성리학이 교조주의 사상으로 굳어진 것을 뜻한다. 왜 성리학이 마치 원리주의 이슬람처럼 되었을까? 여러 요인이 있겠지만, 가장 핵심은 사대부의 선명성 경쟁이라고 할 수 있다. 조선에서 성리학은 권세와 부 그리고 명예의 원천이다. 조선의 사대부는 정치권력, 학문 권력, 문화 권력 심지어 종교 권력까지 누렸다. 그러기에 사대부는 성리학을 두고 죽고 살기의 선명성 경쟁을 했다. 예컨대 '누가 더 도덕적인가?', '누가 주자가례를 더 잘 지키나?', '누가 성리학을 더 심화 발전시키나?' 따위의 경쟁이다. 경쟁에 이기면 권력과 재력을 얻고, 가문의 총아가 되고, 정권을 잡기까지 한다. 경쟁에 패배하면 권력을 잃고, 가문이 박살나고, 가난에 빠진다.

사대부 간의 경쟁은 제9대 성종에 이르러 정권 쟁탈전으로 전개되었다. 성종이 훈구세력을 견제하기 위해 사림세력을 등용한 것이 계기가 되었다. 이로부터 훈구파와 사림파가 대립하고, 사림이 여러 갈래로 나뉘어서 붕당(朋黨)이 생기고, 4대 사화(士禍)가 일어나고, 수많은 사대부가 목숨을 잃고 귀양살이를 했다. 정권 쟁탈전은 끊임이 없고, 성리학의 선명성 경쟁은 갈수록 악순환을 거듭했다. 이런 판국이니, 누가 고양이 목에 방울을 달듯이 성리학의 울타리를 깨자고 할 수 있나? 성리학이 끝내 고수된 것은 특정 세력이 성리학을 지키자고 나섰다기보다, 선명성 경쟁으로 인해 그 누구도 깨뜨릴 수 없는 성리학의 철옹성이 구축된 탓이라 할 것이다.

한편 조선은 한국 역사상 무고한 사람을 가장 많이 죽인 왕조라고 할 수 있다. 그것은 정변이나 반란에 따른 불가피한 인명의 살상이 아니었다. 단지 성리학에 위협이 되고 위배한다고, 또 성리학을 거부한다고 죽였다. 대표적인 사례는 고려 왕씨의 몰살, 정쟁에 의한 처형, 천주교도의 탄압 등이다.

첫째, 고려 왕씨의 몰살이다. 이성계는 즉위한 지 불과 3일째 되는 1392년 7월 20일에 고려 왕씨의 살육을 결정했다. 이유는 단지 왕씨가 조선에 위협이 된다는 것이다. 전국에서 왕씨를 체포하여 강화도, 거제도, 삼척의 세 곳에 안치했다. 이듬해 명나라가 개국을 승인하자, 곧바로 집단 살육을 감행했다. 고려 왕씨의 죽음은 끔찍하다. 강화도와 거제도에 안치된 왕씨는 강제로 배에 태워 먼 바다로 나가 빠뜨려 익사시켰다. 삼척에 안치된 왕씨는 모두 목을 베어 죽였다. 당시 떼죽음을 당한 왕씨는 10여만을 넘었다 한다. 성리학의 조선은 이렇게 수많은 무고한 사람의 죽음으로부터 시작했다.

둘째, 정쟁에 의한 처형이다. 조선은 정쟁으로 사람이 많이 죽었다. 인명 피해가 가장 큰 것은 1504년의 갑자사화(甲子士禍)다. 무려 239명이 처형되었다. 무오사화, 기묘사화, 을묘사화 때도 수십 명씩 죽어 나갔다. 중종은 40여 년을 재위하면서 집권 세력을 남인에서 서인으로, 또 서인에서 노론으로 바꾸는 4대 환국(換局)의 정변을 일으키고, 매번 100여 명을 처형 또는 처벌했다. 정쟁의 쟁점은 거의 모두 성리학 규범이었다. 이해하기 쉬운 예를 들면 예송논쟁(禮訟論爭)이다. 1659년 효종이 죽자, 효종의 어머니 조대비가 상복을 얼마간 입어야 하느냐를 두고 서인(西人)과 남인(南人) 간에 논쟁이 붙었다. 논쟁은 주자가례를 어떻게 적용하느냐가 쟁점이었다. 주자가례는 큰아들이 죽으면 부모는 3년 상을 하고, 차남 이하가 죽으면 1년 상을 하도록 규정하고 있다. 당시 서인(西人)은 효종이 조대비의 둘째 아들이므로 1년간 상복을 입어야 한다고 주장하고, 남인(南人)은 효종이 비록 둘째 아들이지만 왕위에 올랐으므로 장남처럼 3년간 상복을 입어야 한다고 주장했다. 결과는 1년간 상복을 입는 것으로 결정되고, 논쟁에서 승리한 서인이 정권을 잡고 패배한 남인들은 귀양을 갔다.

예송논쟁을 고려와 비교하면 다른 세상을 보는 듯하다. 불교국가인 고려는 장례를 불교 의례로 치르므로 탈상 기간이 짧다. 또 고려는 황제국의 의례를 따름으로써 국왕은 장례식이 끝나면 바로 직무를 수행한다. 상복을 얼마 동안 입는가의 문제가 아예 없다. 그러나 조선은 국왕도 사대부와 마찬가지로 1년 또는 3년 동안 상복을 입어야 한다. 황제는 천명을 받는 하늘의 아들이므로 주자가례의 예외가 인정되지만, 조선 왕은 제후이므로 사대부 신하와 똑같이 주자가례를 준수해야 하기 때문이다. 결국 예송논쟁은 황제국 고려에 비해 제후국 조선의 일그러진 모습이라 할 것이다.

셋째, 천주교도의 탄압이다. 천주교 탄압은 네 차례에 걸쳐서 일어났다. 이를 정리한 것이 <표 16.2>이다. 최초는 앞에서 서술한 윤지충 사건으로 일어난 1791년의 신해박해. 두 번째는 1801년의 신유박해(辛酉迫害)다. 이때 남인(南人)의 유력 정치인을 비롯하여 100여 명이 처형되고 400여 명이 유배되었다. 세 번째는 1839년에 일어난 기해박해(己亥迫害)이고, 120여 명이 처형되었다. 네 번째는 1866년부터 1871년까지 6년에 걸쳐 일어난 병인박해(丙寅迫害)다. 이때 처형된 천주교 신자는 8,000여 명이 넘는다. 처형하는 사연과 까닭이 어떠하던 이처럼 천주교 신자라는 이유로 수많은 사람이 목숨을 잃었다. 그것은 원리주의나 근본주의 종교와 사상이 저지르는 집단 살육의 반인륜 행위와 다를 바 없다. 성리학의 이름으로 무고한 사람을 마구 죽인 학살(虐殺)이라 할 수 있다.

표 16.2 천주교 탄압 내역

구분	시기(년)	탄압 결정자	탄압 내용
신해박해	1791	정조	윤지충, 권상연 처형
신유박해	1801	정순왕후 (순조 섭정)	중국 신부 1명, 신자 100여 명 처형 (400 여명 유배)
기해박해	1839	순원왕후 (헌종 섭정)	프랑스 신부 3명, 신자 120여 명 처형
병인박해	1866	흥선대원군 (고종 섭정)	프랑스 신부 9명, 신자 8,000여 명 처형

끝으로 종합하여 정리하면, 불교의 나라 고려는 종교와 사상이 유연하고 열렸다. 어떤 종교와 사상도 허용되고 핍박을 받지 않았다. 비록 불교가 국교였지만, 도교와 무교가 성행하고 사람들의 종교 생활은 다양하고 풍요로웠다. 특히 최충헌 정권 때에는 불교와 유교가 다르지 않다는 수준 높은 학설이 등장하고, 둘의 공존이 시대의 화두였다. 반면 유교의 나라 조선은 종교와 사상이 개방성을 잃고 닫혔다. 성리학만이 존중되고 모든 종교와 사상이 탄압을 받았다. 종교의 윗자리에 올라선 성리학은 신주 신앙을 확립하고, 교조주의와 근본주의로 굳어졌다. 조선은 세상을 성리학의 눈으로만 보는 나라가 되고, 사람들의 종교 생활은 다양성과 풍요로움을 잃었다. 결국 우리 한국은 고려와 조선을 거치며 종교와 사상이 닫히고 열리는 생생한 역사를 경험했다.

제17장

고려의 소중화,
조선의 소중화

위기의 시대, 선조에게서 배우는 친중과 반중의 생존 전략

우리가 알다시피 조선의 사대부들은 스스로 조선을 '작은 중국', 즉 '소중화(小中華)'라고 불렀다. 놀라운 사실은 고려도 '소중화'라고 불렸다는 것이다.

그러나 고려의 소중화는 스스로가 아니고, 중국 송나라가 그렇게 불러주었다. 스스로 외친 조선의 '소중화'와 남이 불러준 고려의 '소중화', 얼핏 보면 조선이 더 자주적인 모습이다.

과연 그럴까? 두 나라의 소중화는 무엇을 얘기하고, 무슨 차이가 있을까?

제17장

고려의 소중화,
조선의 소중화

친중과 반중, 두 가지 소중화

친중(親中)과 반중(反中), 우리 한국이 고조선 이래 수천 년 동안 시달려 온 명제다. 때로는 반중이 주류를 이루어 중국과 견원지간으로 싸웠고, 때로는 친중이 득세하여 중국을 큰 나라로 섬겼다. 그리하여 고려 때까지는 자주성을 견지하는 바탕에서 친중과 반중의 줄타기를 하며 균형을 이루었다고 할 수 있다. 그러나 근세의 조선에 와서 한쪽으로 완전히 기울어진다. 오로지 친중으로 빠져버렸다. 조선은 1392년 건국하면서 스스로 명나라의 제후국을 자처함으로써, 친중을 넘어 사대주의의 틀에 갇혔다. 이것이 고려와 조선의 근원적인 차이의 하나다.

조선은 친중 사대주의의 틀을 깨는 기회를 놓쳤다. 여진족이 세운 청나라에 1627년과 1636년 연거푸 패배하고 삼전도에서 항복했을 때다. 힘이 모자라 싸움에 졌으면 힘을 기르고, 자주정신을 일깨워 홀로서기를 도모해야 할 터인데, 그러지 못했다. 도리어 망해가는 명나라의 눈치를 보고 매달렸다. 1644년 청나라가 명나라를 멸망시키자, 조선의 친중 사대주의는 극단으로 치닫는다. 승리한 청나라를 오랑캐라며 증오하고, 패배하여 멸망한 명나라를 추모하고 숭상했다. 겉으로는 청나라에 빌빌거리면서, 속으로는 죽은 명나라를 가슴에 품었다. 그리고 조선이 망한 명나라를 대신한다고 나섰다. 명의 멸망으로 중화문화의 맥이 끊겼다며 조선이 중화문화의 맥을 계승한다고 천명했다. 조선이 '작은 중국이다'라고 하며, 소중화(小中華)를 외쳤다.

소중화가 무엇인가? 이를 정확히 알려면 먼저 중화사상(中華思想)에 대한 이해가 필요하다. 중화에서 중(中)은 중국을 지칭하고 화(華)는 문화를 의미한다. 즉 중국이 인류 문화의 원천이고 중심이라는 뜻이다. 한편 중화사상은 화이사상(華夷思想)이라고도 일컫는데, 중국 한족을 존중하고 주변 족속들을 이(夷, 오랑캐)라고 하며 멸시하는 사상이다.

중화사상은 한족이 최초로 중국을 통일한 한(漢)나라 시대에 형성되었다. 그래서 한족 우월주의의 산물이라 일컫는다. 중화사상에는 세 가지 의미가 내포되어 있다. 하나는, 유교 이념에 의한 왕도정치(王道政治)를 선진문화라고 한다. 둘은, 왕도정치를 하지 않는 중국 주변의 이민족을 야만이라고 한다. 셋은, 이민족을 중화사상으로 교화시켜 중국 중심으로 천하 질서를 세우고, 교화를 거부하고 따르지 않는 이민족은 차별하고 핍박한다는 것이다. 그러므로 중화사상은 세상 끝까지 중국문화를 퍼뜨리고, 중화의 깃발 아래 이민족을 줄 세우고, 중국이 이들 위에 군림한다는 사상이다.

한국은 두 차례의 소중화를 겪었다. 첫 번째는 고려시대로 중국 송나라가 고려를 중국과 빼닮은 나라라고 치켜세우며 '작은 중국', 즉 소중화라고 했다. 송나라가 고려에 비위 맞추며 아양을 떤 셈이다. 두 번째는 앞에서 언급한 바처럼 명나라가 멸망한 후 조선이 중화문화의 정통을 계승하는 '작은 중국'임을 자처하고 스스로 소중화를 표방한 것이다. 따라서 조선의 소중화는 조선이 중화에 완전히 동화되었음을 뜻하는 그야말로 한계를 뛰어넘은 친중이고 사대주의라 할 것이다.

오늘날 한국은 소중화를 매우 긍정적으로 이해하는 경향이 있다. 소중화라는 용어의 뜻을 설명하는 사전부터 그러하다. 국어사전은 소중화를 '조선시대에 중국이 세계의 중심이라는 중화사상에 빗대어서, 조선이 세계의 중심이라고 하며 우리 민족의 우월성을 자랑한 것을 비유적으로 이르는 말'이라고 설명한다. 또 어떤 백과사전은 '중국의 주변 국가가 자국을 중화문화의 정통을 계승한 나라로 인식하는 관념'이라고 설명한다. 우선 국어사전의 설명은 두 가지 큰 문제가 있다. 하나는, 소중화를 조선시대의 소중화로 한정함으로써 고려시대의 소중화를 망각하는 것이다. 둘은 '우리 민족의 우월성을 자랑한 것'이라는 설명이다. 이는 중국을 최고로 치고, 중화문화에 동화되어야 우월하다고 하는 그릇된 인식을 깔고 있다. 이에 의하면 한국문화는 중국문화보다 항상 아래가 된다. 또한 어떤 백과사전의 '중국문화의 정통을 계승한 나라'라는 설명은 고유의 문화와 전통을 하찮게 여기게끔 한다. 그러므로 이들 사전의 설명은 중국에 대응하는 자주성을 심하게 훼손할 수 있다.

조선의 소중화는 자주성과 상무정신을 해칠 수 있다. 중화사상의 왕도정치에 자주성과 상무정신을 훼손시키는 동인(動因)이 있기 때문이다. 그것은 중국을 사대하며 소중화를 지향하는 나라에 심하게 작동한다. 왜 그런가 하면, 왕도정치는 무력이 아닌 덕(德)으로 나라를 다스리고, 국가를 충효 사상과 가부장제 질서에 의하여 통치하는 것이다. 따라서 왕도정치는 필연적으로 문(文)이 무(武)보다 위고, 문신이 무신보다 위고, 사대부가 백성보다 위인 지배구조를 가진다. 더군다나 소중화를 한답시고 중국을 섬기며 사대관계를 맺으면 필요 이상의 자주성과 무력은 중국으로부터 견제와 질책을 받게 된다. 중국의 자주성과 강력한 무력은 중화사상의 확산과 천하의 질서를 확립하기 위해 용인되지만, 작은 나라의 자주성과 무력은 중화사상을 일탈할 수 있으므로 용납되지 않는 것이다.

고려의 소중화, 중국의 외교 수사(修辭)였다

고려는 스스로 소중화라는 말을 한 적이 없다. 중국의 송나라가 먼저 말했다. 이 말이 등장한 시기는 1069년 고려가 송나라와 다시 외교를 열 때다. 왜 송나라는 고려를 소중화, 즉 '작은 중국'이라 일컬었을까? 이에는 국제외교에 얽힌 복잡 미묘한 까닭이 있다.

송나라는 960년 조광윤(趙匡胤)이 건국한다. 고려는 송나라와 신속히 국교를 맺는다. 고려가 북방의 거란을 견제할 목적으로 서둘러 외교를 튼 것이다. 그러나 양국의 외교는 순탄하지 않고, 불과 30여 년 뒤 994년(성종 13)에 국교가 단절된다. 당시 고려가 송나라에 거란의 위협을 공동으로 대응하자며 군사협력을 요청했는데, 송이 핑계를 대며 거절하므로 고려가 괘씸하게 여기고 국교를 단절했다. 이처럼 고려와 송나라의 외교는 고려가 열고 고려가 닫았다.

고려는 송나라와 국교를 끊은 이후 거란과 1대 1로 맞서 싸웠다. 3차례의 거란 침공을 자력으로 물리치고, 강동 6주의 땅을 차지하는 성과를 얻고, 거란과 평화 협정을 맺었다. 한편 거란은 국호를 요나라로 바꾸고, 양국은 외교와 교역을 이어갔다. 반면 고려와 송나라는 외교를 재개하지 않았다. 문물 교류와 교역을 위해 국교를 다시 열 필요가 있었으나, 요나라가 이를 용납하지 않고 외교를 트지 못하도록 방해한 탓이 컸다.

고려와 송의 국교는 제11대 임금 문종의 결단으로 1069년에 재개된다. 국교를 끊은 지 무려 50여 년이 지나서이다. 당시 국교 재개에 대해 요나라와의 외교 마찰이 우려된다며 반대하는 신하들이 많았다. 그러나 문종은 자신감을 가지고, 요나라의 눈치를 보지 않고, 국교를 다시 열었다. 이후 문종은 송나라 문물을 도입하여 제도를 정비하고, 국력을 키우면서 문화를 발전시켜 고려의 황금기를 구가했다.

송나라는 국교 재개를 쌍수로 환영하고, 고려를 황제국으로 예우했다. 그때 송나라가 소중화라는 말을 처음 꺼냈다. 고려의 문화가 송나라와 진배없다며 찬사를 보내고, 마치 고려가 '작은 중국'과 같다며 고려를 소중화라 불렀다. 심지어 송나라는 고려 사신이 머무는 숙소를 소중화관(小中華館)으로 이름 짓고, 사신들의 시문(詩文)을 묶은 문집을 '소중화집'이라 일컬었다. 당시 소중화는 송나라가 고려를 치켜세우며 잘 보이려는 외교적 수사였다. 국교 재개를 고마워하고, 국교 단절을 또다시 하지 않기를 바라며, 고려를 자기편으로 끌어당기는 외교 술수였다. 송나라는 왜 그랬을까?

고려 소중화관(행아)

송나라는 국토가 넓고 경제력이 최고였지만, 국방력은 형편없었다. 앞에서 언급한 바처럼 거란에 대비하여 군사동맹을 맺자는 고려의 요청을 거절했다. 그러나 송나라는 1004년 요(거란)의 침략을 받고 패배하여 굴욕적인 화평조약을 맺었다. 이 조약을 '전연의 맹약(澶淵之盟)'이라 한다. 내용은 양국이 '송나라가 형이고 요나라가 아우'인 형제의 관계를 맺되, 형인 송이 매년 은(銀) 10만 냥, 비단(絹) 20만 필을 요에 바치고, 서로 교역한다는 것이다. 뿐만 아니라 군사력이 약한 송나라는 1044년 서쪽의 서하(西夏)와도 '경력화약(慶曆和約)'이란 화평조약을 체결했다. 내용은 송나라가 상국이고 서하를 신하 나라인 제후국으로 하되, 송은 서하에 매년 비단(絹) 13만 필, 은 5만 냥, 차(茶) 2만 근을 주고, 국경무역을 한다는 것이다. 이와 같이 송나라는 요나라에 매년 공물을 바쳤다. 심지어 신하의 나라인 서하에게도 조공을 받는 것이 아니라, 오히려 막대한 공물을 바쳤다. 요와 서하의 침략을 막고 평화를 얻기 위해 매년 어마어마한 재화를 두 나라에 바친 것이다. 그로 인해 송나라는 비록 경제력이 탄탄하지만, 항상 재정적자에 허덕일 수밖에 없었고, 재정적자는 대부분 대외무역에서 얻는 수익으로 메웠다.

당시 송나라는 고려와의 국교 재개가 절실했다. 국교가 다시 열리면 교역을 통해 무역수익을 크게 올릴 수 있고, 요나라에 관한 정보를 얻을 수 있어서였다. 이런 판국에 고려가 국교를 다시 열자, 송나라는 감지덕지하고 고려가 요나라보다 송나라와 닮았다며 소중화라는 찬사를 보냈다. 따라서 송나라가 말한 소중화는 중국문화가 최고라는 우월감의 과시나 고려의 문화 수준이 뒤떨어진다는 업신여김이 없다. 단지 고려가 송나라에 비해 땅덩어리가 작다는 것뿐이다. 송나라가 고려를 소중화라고 추켜세운 것은 고려의 문물이 요를 닮지 않고 송을 닮았다는 점을 강조하고, 고려가 요나라보다 송나라와 가까워지기를 바라는 소망이 담겨있다. 달리 말하면 송나라는 고려를 자기편으로 삼으려는 외교 방편으로 소중화를 천명했고, 이 말에는 당시 고려의 국제적 위상이 반영되어 있다 할 것이다.

고려의 태도는 달랐다. 송나라의 소중화 찬사를 대수롭지 않은 공치사로 여겼다. 송나라와 대등한 황제국으로서 당당히 처신했다. 송나라를 닮으려 하기보다 주체성과 자긍심을 세우는 방향으로 문화와 문물을 발전시켜 나갔다. 대표적인 예로 청자, 인쇄, 종이, 공예 따위의 독창적인 문화와 문물을 들 수 있다. 또 다른 예로서 이규보(李奎報)의 문학이 있다. 이규보는 생전에『동국이상국집(東國李相國集)』을 편찬했다.『동국이상국집』은 '동국(고려)의 재상 이규보의 문집'이라는 뜻이다. 제목을 고려라 하지 않고 동국이라 한 것은 동국이 서국(송나라), 북국(요나라)과 대등한 동쪽 황제국이라는 의미를 담고 있어서였다. 그는 1209년(고종 5) 연등회를 축하하는 시에서 고려 국왕을 천자(天子)로 일컬었다. 고구려를 건국한 주몽을 서사시로 읊은 동명왕편(東明王篇)을 지어 민족 자아를 일깨웠다. 고려 황제국의 주체성과 고려 문명과 문화에 대한 자긍심이 강렬히 뿜어 나오는 시를 많이 지었다. 특히 이규보는 문학에 중국의 소재와 언어 따위를 인용하는 것은 바람직하지 않다고 하며 고려의 자주적인 시어(詩語)를 많이 계발했다. 이처럼 이규보는 소중화라는 말을 달갑지 않게 여겼다. 오히려 그의 문화 의식과 문학은 중국(송나라)을 뛰어넘는 자부심으로 가득 차 있었다.

고려의 소중화에 대한 인식과 태도는 몽골전쟁에 패배한 이후 변화한다. 원나라로부터 성리학이 도입되고, 이에 푹 빠진 지식인들이 변화에 앞장섰다. 그들은 성리학을 탐닉하며 중화문화를 숭상했다. 비록 문종 재위 시에 고려 문화가 찬란했다고 하나, 송나라보다 한 수 아래라고 평가했다. 송나라가 고려를 소중화로 추켜세운 것에 대해 환영하고 고마워했다. 북방의 강국인 요나라와 금나라 그리고 중국을 통째로 집어삼킨 원나라의 문화와 무력은 안중에도 없었다. 왜 그랬을까? 그것은 성리학에 매료된 고려 지식인들이 성리학이 송나라에서 발원된 것을 알고 송나라를 흠모하며, 또 송이 고려를 소중화라 부른 것에 고무되었던 탓으로 보인다. 그들의 소중화에 대한 그릇된 인식은 조선의 사대부로 이어졌다.

조선의 소중화, 자주성의 상실이다

조선은 성리학의 나라였다. 고려 말에 성리학을 학습한 지식인 사대부들이 주도하여 세운 나라다. 오늘날 그들을 이른바 신진사대부라 일컫는다. 본래 사대부(士大夫)는 공부하는 사람 '사(士)'와 관직에 있는 사람 '대부(大夫)'를 묶은 말이다. 사대부의 신분은 '황제→제후(왕)→대부→사→평민'의 계층 구조에서 왕과 평민 사이에 있다. 공부는 무슨 공부인가? 당연히 관직을 얻기 위한 공부, 즉 과거에 합격하기 위한 공부가 제일 중요했다. 과거시험은 고려 말에 유교 경전(사서삼경)이 중요 과목이 되었다. 따라서 사대부는 유교 경전을 공부하는 자와 과거에 합격한 관리를 일괄하여 일컫는다. 여기서 착각하지 않아야 할 사실이 있다. 사대부는 문관을 일컫는 호칭이고, 무관은 포함되지 않는다는 것이다. 무관은 장군, 낭장(郞將) 따위로 부른다. 조선은 성리학을 신봉하는 사대부가 지배하는 나라가 됨으로써, 중화문화를 맹종하는 소중화 사상이 주류를 이루었다. 또한 그로 인해 언제나 문관이 무관의 위에 군림했다.

조선은 명나라를 섬기는 제후국을 자처했다. 조선이 명나라의 제후국이 된 이상, 소중화를 추구하는 것은 어쩔 수 없는 일이고 그럴 만한 일이라고 여길 수 있다. 그러나 문제는 조선의 소중화가 너무 심하여 도를 넘는다는 사실이다. 조선은 신흥 강국으로 부상한 청나라를 여진족이 세운 오랑캐 나라라고 깔보고 멸시했다. 청나라의 침략을 두 차례나 받아 패배하고, 임금 인조가 삼전도에서 땅에 머리를 아홉 번 찧으며 항복한 후에도 청나라에 대한 인식은 바뀌지 않았다. 청나라가 명나라를 멸망시켰음에도 불구하고, 명나라의 그늘에서 벗어나려 하지 않았다. 물론 그 기회를 틈타 자주를 되찾고 독립국으로 일어서려고 하지 않았다. 도리어 멸망한 명나라 제후국으로서 청나라에 복수한다며 북벌을 감행하겠다고 외쳤다. 그것이 이른바 효종의 북벌 정책이다.

세상에 '사회의 하부구조가 상부구조를 결정한다'라는 말이 있다. 하부구조(경제, 군사력 등)가 상부구조(정치, 문화, 사상 등)의 발달을 좌우한다는 말이다. 어떤 국가가 국력(경제력과 군사력 등)이 강력해지면 자국의 문화와 사상 등에 대한 자긍심과 자신감이 커지고 믿음이 강해진다. 반면 국력이 약해지면 자긍심과 자신감이 떨어지고 믿음을 잃는다. 만약 전쟁에서 패배한다든지 하여 국력의 약함이 드러나면 국력을 키우고 문화와 사상 등을 보다 나은 방향으로 바꾸려고 힘을 쏟는다. 그것이 국가라는 공동체의 당연한 행위이다. 그러나 조선은 그렇지 않았다. 임진왜란과 병자호란에서 성리학 체제의 한계가 드러났음에도 성리학 중심의 문화와 소중화 인식은 변화를 모색하지 않

만동묘(한국민족문화대백과)

았다. 명나라가 망하고 중국의 주인이 청나라로 바뀌었는데도 이를 인정하지 않고 오히려 성리학을 더 세게 담금질했다. 외곬으로 소중화에 빠져 작은 중국이라는 착각과 자기 위안으로 변화를 거부했다.

조선의 소중화는 만성질환의 고질병과 같았다. 기막히고 황당한 소중화 사례가 있다. 1704년 충북 괴산군(화양리)에 세워진 만동묘(萬東廟) 사당이다. 송시열의 '임진왜란 때 원병을 파병해 준 명나라 황제 신종의 제사를 지내라'라는 유언에 따라 제자 권상하가 전국의 유림을 동원하여 지었고, 정부로부터 토지와 노비를 지원받았다. 또한 같은 해 12월 21일 조선 정부가 창덕궁 안에 신종을 제사 지내는 황단(皇壇, 대보단이라고도 함)을 건립했다. 만동묘와 황단, 멸망한 명 황제에게 제사 지내는 시설이 국립과 사립으로 2개가 세워졌다. 이것은 소중화에 중독되어 자아를 깡그리 상실한 행위라 해도 과언이 아닐 것이다. 이처럼 조선 사대부의 소중화 의식은 일본에 무참히 당하고, 청나라에 처참하게 패배하고, 명나라가 멸망한 현실을 빤히 보고서도 꿈적도 하지 않았다. 목숨 걸고 나라를 지킨다는 자주정신과 상무정신은 일깨워지지 않았다. 일본에 유린당하고 청나라에 패배한 역사는 성리학과 소중화에 매몰된 사대부가 지배하는 조선의 일그러진 민낯이라 할 것이다.

조선 사대부의 소중화 의식은 중화문화에 동화됨을 뜻한다. 달리 말하면 조선의 소중화는 조선이 중국의 깃발 아래 줄을 섰고, 중국문화에 교화되어 고유의 한국문화를 뒷전으로 밀어내고, 중국을 상국으로 섬긴다는 뜻을 가진다. 그러나 이를 뒤집으면 조선 사대부가 스스로 한국문화를 낮추어 보고, 고유의 정체성을 몰각시킨다는 의미가 된다. 오늘날 학자들은 소중화의 뒷면에 망가지고 상실된 한국문화의 정체성이 묻혀 있음을 밝히지 않고 있다. 어쩌면 조선의 소중화를 지지하고 동조하거나, 소중화로 인한 폐해를 인지하지 못하거나, 또는 이를 간과하고 있기 때문일 것이다.

조선의 소중화는 허상이었다. 왜냐하면 조선을 작은 중국이라 하면서 정작 중국을 잘 아는 조선 사람이 거의 없었기 때문이다. 조선은 중국을 상국으로 섬기면서도 백성들의 중국 출입을 일체 막았다. 중국의 유교 경전과 수많은 문집 따위를 학습한 선비와 과거에 합격한 관리라 할지라도 실제로 중국에 가 본 사람은 없었다. 단지 사신과 사신을 따라간 일행뿐이었다. 특히 장강(長江) 이남 성리학의 본거지인 남중국은 더 그랬다. 명나라가 세워진 초기는 수도가 남경(南京)이어서 배를 타고 간 사신들이 남중국을 구경할 수 있었다. 그러나 명나라가 북경으로 천도한 이후부터 사신들은 육로로만 다니도록 하고, 북경 이남은 출입을 금지했다. 사신들이 남긴 글도 그 나물에 그 밥인 셈으로 비슷비슷하고, 사신이 다니는 행로를 벗어나지 않았다. 유명한 박지원의『열하일기』도 자유로운 여행이 아니고, 정해진 길로만 다니면서 보고들은 기록이었다. 하물며 사신이 그럴진대, 일반 사대부와 백성들은 단지 책으로만, 사신 일행이 들려주는 이야기로만, 중국을 알았다. 그야말로 간접 체험뿐이었다.

한편 남중국을 직접 가서 본 예외가 있다. 『조선왕조실록』에 기록된 이섬(李暹) 일행 33명과 최부(崔溥) 일행 43명 등 77명이다. 이들은 제주 바다에서 표류하여 남중국 해안가에 표착되고, 온갖 고초를 겪으며 구사일생으로 돌아왔다. 물론 이들 외에 남중국으로 표류하여 살아 돌아온 어부들과 선원들이 상당수 있었겠지만, 기록이 없어 알 수 없다.

먼저 이섬의 표류다. 이섬은 무관이었다. 1483년(성종14) 2월 봄, 제주 정의현감(旌義縣監)의 임기를 마치고 육지로 돌아오는 도중 추자도 인근에서 풍랑을 만나 표류하고, 밤낮 열흘을 떠다니다가 남중국의 양주(楊洲) 장사진(長沙鎭)에 정박했다. 일행 43명 중에서 33명이 살아 북경을 거쳐 귀국했다. 당시 홍문관 직제학(直提學) 김종직(金宗直)이 그의 행록을 기록하여 성종에게 보고하고 실록에 실었으나, 너무 간략하여 남중국의 정황을 알기는 부족하다. 이섬이 문장력이 딸려서 직접 행록을 기록하지 못한 탓이라고 한다.

다음 최부의 표류다. 최부는 전남 나주 출신이다. 1482년(성종 13) 과거(문과)에 급제하여 관직에 등용되고, 문장력이 뛰어나서 『동국통감(東國通鑑)』과 『동국여지승람(東國輿地勝覽)』 등의 편찬에 참여했다. 1487년 종5품으로 승진하고 도망친 노비를 체포하는 추쇄경차관(推刷敬差官)에 임명되어, 그해 11월 1일 제주도로 파견된다. 이듬해 정월 30일 부친이 사망했다는 소식을 듣고,

배를 타고 고향 나주로 갔다. 당시 최부는 35세였고, 배에는 그를 비롯해 43명이 타고 있었다. 그러나 항해 도중에 풍랑을 만나 14일간 표류하다가 중국 저장성 임해현(臨海縣)의 해안가에 표착했다. 처음 일본 왜구로 오인되어 고초를 겪었으나, 신원이 밝혀지고 보호를 받았다. 북경으로 가서 명나라 황제를 먼발치로 알현하고, 136일 만에 압록강을 건너 귀국했다. 귀국 후 '일기를 기록하여 바치라'라는 성종의 명령을 받고, 남대문 밖 청파역(青波驛)에서 8일간 머무르며 표류에서 귀국하기까지를 일기 형식으로 기록하여 바쳤다. 이것이 『표해록(漂海錄)』이다. 『표해록』은 명나라의 사회 상황을 비롯하여 관부(官府)의 사정, 도로와 운하, 기후와 물산, 풍속과 민요 따위를 상세하게 기록하고 있다. 그래서 중국 역사상 3대 기행문으로 손꼽힌다. 3대 기행문은 마르코폴로의 『동방견문록』, 일본 승려 엔닌(圓仁)의 『입당구법순례행기(入唐求法巡禮行記)』, 최부의 『표해록』이다.

『표해록』에서 소중화와 관련하여 눈길을 끄는 대목이 세 가지 있다. 하나는 최부가 '명나라가 조선만큼 유교를 숭상하지 않는다'라는 사실을 알고 놀란 것이다. 최부는 부친의 3년 상중이라며 상복을 입고 상립(喪笠)을 쓰고 다녔다. 고기, 젓갈, 파 따위를 먹지 않았다. 만나는 중국인들에게 『주자가례』를 준수한다는 것을 누누이 강조했다. 그러나 당시 중국인들은 『주자가례』를 별로 중시하지 않고, 불교와 도교를 숭상하고, 성리학보다 양명학을 중시하고 있었다. 최부가 그 사실을 목도하고 놀랐다. 둘은 상업을 중시하는 풍토다. 최부는 '사람들이 모두 상업을 생업으로 삼는다. 벼슬이 높은 거족(巨族)일지라도 소매에 저울을 넣고 다니며 작은 눈금으로 이익을 따진다'라고 했다. 소중화

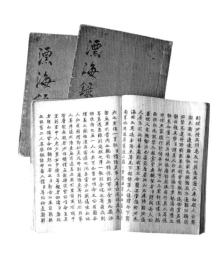
『표해록』(『한국의 고전을 읽는다』)

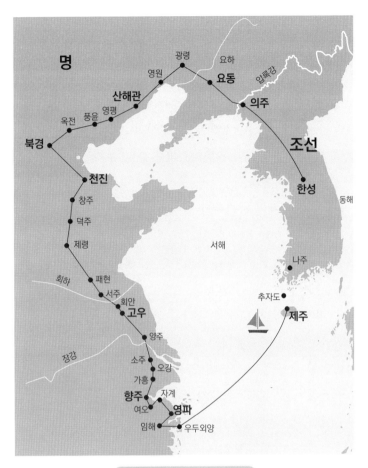

최부의 표류와 귀국 경로

를 외치며 상업을 천시한 조선의 사대부와는 딴판이다. 셋은 최부 자신의 관직 임용이다. 그는 부친의 시묘살이하는 중에 모친상을 당하여 시묘살이하고 더 하고 복직한다. 이에 성종이 최부를 사헌부의 정5품 지평(持平)에 임명했다. 한 직급 승진시키고 요직에 임명한 것이다. 그러나 사헌부에서 임명이 옳지 않다며 서경(署經)을 거부하여 1년 후 홍문관 교리에 임명되고 경연관(經筵官)이 되었다. 그마저도 비판과 논란이 있어 결국 한 직급이 낮은 종5품 승문원 교리로 발령이 났다.

　서경은 관직 임명에서 사헌부와 사간원의 관원들이 모두 서명하여 동의

하는 것을 말한다. 서경을 거부한 이유가 놀랍다. 최부는 부친 상중이므로 중국에서 귀국하는 길로 곧장 시묘살이하러 가야 하는데, 아무리 군주(성종)의 명령이라 할지라도 한가로이 8일간 기행문을 쓴 것은 도리에 어긋나므로, 관직을 맡길 수 없다는 것이었다. 성종이 내가 명령한 탓이라며 두둔하고 보호하려 했지만 소용없었다. 3년 상의 기간에 불과 8일을 지체시킨 임금의 명령이 비난받고 용납되지 않았다. 임금에 대한 충(忠)보다 효(孝)가 앞인 성리학의 나라 조선의 실상이었다.

다시 말하면 조선에서 성리학의 발상지 남중국을 자유로이 여행한 사람은 지식인뿐 아니라, 일반 백성도 없었다. 단지 우연한 사고로 남중국 해안에 표류한 이섬과 최부 일행 76명이 유일했다. 그것도 귀국하는 길에 주마간산으로 남중국을 구경했을 뿐이었다.

고려는 그렇지 않았다. 고려와 송나라 간에는 무역선이 무시로 왕래했다. 관리, 승려, 일반 백성들도 송나라에 많이 다녀왔다. 예를 들면 대각국사 의천은 왕자이면서 남몰래 송나라에 밀항하여 불법을 공부하고 돌아왔다. 고려시대부터 전해지는 '친구 따라 강남 간다'라는 속담이 있다. 속담에서 강남(江南)은 서울의 강남이 아니고, 장강(長江) 이남의 남중국을 일컫는다. 고려 사람들은 이런 속담이 생길 만큼 남중국 송나라를 수시로 여행했다. 만약 조선 사람들이 고려 사람처럼 중국을 많이 여행하고 중국에 관해 많이 알았다면, 소중화의 함정에 빠지지 않을 수 있다. 설혹 소중화에 빠졌더라도 곧장 헤쳐 나왔을 것이다.

이상을 종합하여 정리하면, 소중화는 조선에만 있은 것이 아니고, 고려에도 있었다. 그러나 둘은 뉘앙스가 완전히 다르다. 고려의 소중화는 조선과 달리 중국에 굴종하며 사대하지 않는 소중화이다. 중국문화를 높이 받들고 계승한다는 의식이 없다. 오히려 중국문화를 뛰어넘는 자주성이 있다. 둘을 비교하면 조선은 소중화로 인해 자주성이 크게 망가졌다고 할 것이다. 앞으로 소중화에 대한 그릇된 의식은 고려의 소중화를 본받아 바로잡아야 한다.

오늘날 한국과 중국은 옛 왕조시대와 다르다. 현대의 다원화한 세계는 중심이 따로 없고 형세가 시시각각으로 변한다. 그러기에 중국을 중심으로 하고 중국에 사대하는 조선의 소중화 의식은 말끔히 씻어내야 한다. 소중화로 인해 훼손된 자주성과 문화를 생생히 되살려야 한다. 더불어 고려의 소중화를 새롭게 일깨워야 한다. 그 바탕에서 자주성을 발휘하며 세계를 선도하는 새로운 한국문화를 창달해 가야 한다.

참 고 문 헌

가. 사 료

『거란국지(契丹國志)』

『경국대전(經國大典)』

『고려사(高麗史)』

『고려사절요(高麗史節要)』

『규원사화(揆園史話)』

『당서(唐書)』

『대전회통(大典會通)』

『동국여지승람(東國輿地勝覽)』

『동사강목』

『동사보유(東史補遺)』

『무경절요(武經節要)』

『사기(史記)』

『삼국사기(三國史記)』

『삼국유사(三國遺事)』

『선화봉사고려도경(宣和奉使高麗圖經)』

『속일본기(續日本記)』

『송도지(松都誌)』

『송사(宋史)』

『신증동국여지승람(新增東國輿地勝覽)』

『요사(遼史)』

『일본서기(日本書紀)』

『자치통감(資治通鑑)』

『제왕운기(帝王韻紀)』

『조선금석총람(朝鮮金石總覽)』

『조선왕조실록(朝鮮王朝實錄)』

『주례(周禮)』

『증보문헌비고(增補文獻備考)』

『한서(漢書)』

나. 문집류

권근(權近, 1352~1409), 『양촌집(陽村集)』

김육(金堉, 1648), 『송도지(松都志)』

박제가(朴齊家, 1750~?), 『북학의(北學議)』

서거정(徐居正, 1422~92), 『동문선(東文選)』

성현(成俔, 1439~1504), 『용제총화(慵齊叢話)』

손목(孫穆), 『계림유사(鷄林類事)』

양성지(梁誠之, 1415~1482), 『눌재집(訥齋集)』

엔닌(円仁), 『입당구법순례행기(入唐求法巡禮行記)』

유수원(柳壽垣, 1694~1755), 『우서(迂書)』

유형원(柳馨遠, 1622~1673), 『반계수록(磻溪隨錄)』

의천(義天, 1055~1101), 『대각국사문집(大覺國師文集)』

이곡(李穀, 1298~1351), 『가정집(稼亭集)』, 『고려명현집(高麗名賢集)』

이규보(李奎報, 1168~1241), 『동국이상국집(東國李相國集)』

이상은(李商隱, 813~853), 『번남문집(樊南文集)』

이익(李瀷, 1681~1763), 『성호사설(星湖僿說)』

이제현(李齊賢, 1287~1367), 『역옹패설(櫟翁稗說)』, 『익재난고(益齋亂藁)』

정도전(鄭道傳, 1337~1398), 『삼봉집(三峯集)』

정약용(丁若鏞), 1762-1836), 『여유당전서(與猶堂全書)』, 『흠흠신서(欽欽新書)』

한치윤(韓致奫, 1765~1814), 『해동역사(海東繹史)』

다. 단행본

<국내>

강만길, 『한국 상업의 역사』, 세종대왕 기념사업회, 2000.

강명관, 『조선의 뒷골목 풍경』, 푸른역사, 2003.

강재언, 『서양과 조선』, 학고재, 1998.

강제훈, 『조선 초기 전세제도 연구』, 고려대학교 민족문화연구원, 2002.

강진철, 『고려 토지제도사 연구』, 일조각, 1980.

고순호, 『불교학 개관』, 국제신문출판국, 1980.

고유섭, 『송도의 고적』, 열화당, 2007.

고준환, 『하나되는 한국사』, 범우사, 1994.

공창석, 『한국상인』, 박영사, 2006.

--------, 『대상인의 시대』, 박영사, 2010.

--------, 『위대한 한국상인』, 박영사, 2015.

곽유석, 『고려선의 구조와 조선 기술』, 민속원, 2012.

국립경주박물관, 『경주와 실크로드』, 1991.

국방부 군사편찬연구소, 『조선시대 군사전략』, 2006.

국사편찬위원회, 『신앙과 사상으로 본 불교 전통의 흐름』, 두산동아, 2007.

권오영, 『조선 후기 유림의 사상과 활동』, 돌베개, 2003.

규장각한국학연구원,『조선 양반의 일생』, 글항아리, 2009.

김건태,『조선시대 양반가의 농업경영』, 여사비평사, 2001.

김경집,『한국불교 통사』, 운주사, 2022.

김기섭 외,『역주 고려사 식화지』, 한국정신문화연구원, 1996.

김문경·김성훈·김호경 편,『장보고』, 이진출판사, 1996.

김산호,『대조선제국사』, 동아출판사, 1995.

김성우,『조선 중기 국가와 사족』, 역사비평사, 2001.

김안국 외,『동아시아 연표』, 청년사, 1992.

김영국,『한국의 붕괴』, 산업교육센터, 1990.

김영태,『한국 불교사』, 경서원, 1986.

김옥근,『한국 경제사의 이해』, 신지서원, 2001.

김용범,『조선시대 사노비 연구』, 집문당, 1997.

김재근,『우리 배의 역사』, 서울대학교 출판부, 1989.

-----,『한국의 배』, 서울대학교 출판부, 1994.

김재진,『한국의 호구와 경제발전』, 박영사, 1967.

김정배,『고조선에 대한 새로운 해석』, 고려대학교 민족문화연구원, 2010.

김종성,『당쟁의 한국사』, 을유문화사, 2017.

김창현·김철웅·이정란,『고려 500년, 의문과 진실』, 김영사, 2001.

김한오,『한국인의 상술』, 두리, 2003.

김호동,『몽골제국과 고려』, 서울대학교 출판부, 2007.

남도영,『한국마정사 연구』, 아세아문화사, 1976.

도현철,『고려말 사대부의 정치사상 연구』, 일조각, 1999.

동양사학회편,『역사와 도시』, 서울대학교 출판부, 2000.

문경호,『1123년 코리아 리포트, 서긍의 고려도경』, 푸른역사, 2023.

박남수,『한국 고대의 동아시아 교역사』, 주류성, 2011.

박병석,『중국 상인 문화』, 교문사, 2001.

박선미,『고조선과 동북아의 고대 화폐』, 학연문화사, 2009.

박선식,『위풍당당 한국사』, 베이직북스, 2008.

박용운, 『고려시대사』하, 일지사, 1989.

--------, 『고려시대 개경 연구』, 일지사, 1996.

박종기, 『고려사의 재발견』, 휴머니스트, 2015.

--------, 『고려 열전』, 휴머니스트, 2021.

박종진, 『고려시기 재정 운용과 조세제도』, 서울대학교 출판부, 2000.

박종천 편, 『조선시대 예교 담론과 예제 질서』, 소명출판, 2016.

박정재, 『한국인의 기원』, 바다출판사, 2024.

박평식, 『조선전기 상업사 연구』, 지식산업사, 1999.

배상현, 『고려후기 사원전 연구』, 국학자료원, 1998.

백남운 저, 하일식 역, 『조선 봉건사회 경제사』, 이론과 실천, 1993.

변원림, 『순원왕후의 독재와 19세기 조선사회의 동요』, 일지사, 2012.

변태섭, 『고려사의 연구』, 삼영사, 1987.

송강호, 『고조선의 화폐와 명도전의 비밀』, 지식과 교양, 2012.

신규호, 『한국 역사 인물 사전』, 석필, 2007.

신동준, 『역사는 반복된다』, 푸른길, 2017년.

신형식 외, 『신라인의 실크로드』, 백산자료원, 2002.

안계현, 『한국불교 사상사 연구』, 동국대학교 출판부, 2009.

안병직, 이영훈 편저, 『맛질의 농민들-한국근세촌락생활사』, 일조각, 2011.

역사비평 편집위원회, 『논쟁으로 읽는 한국사』, 역사비평사, 2009.

연세대학교 국학연구원 편, 『중세사회의 변화와 조선 건국』, 혜안, 2005.

영남대학교 민족문화연구소 편, 『고려시대 율령의 복원과 정리』, 경인문화사, 2010.

우실하, 『요하 문명론』, 소나무, 2007.

유동식, 『한국 무교의 역사와 구조』, 연세대학교 출판부, 1989.

윤명철, 『바닷길은 문화의 고속도로였다』, 사계절, 2000.

-------, 『한민족의 해양 활동과 동아지중해』, 학연문화사, 2002.

윤재운, 『한국 고대 무역사 연구』, 경인문화사, 2006.

이광희, 『전쟁으로 보는 한국사』, 스마트주니어, 2014.

이기백,『한국사 신론』, 일조각, 1999.

이기봉,『고대 도시 경주의 탄생』, 푸른역사, 2007.

이능화,『조선 무속고- 역사로 본 한국 무속』, 창비, 2008.

이만열,『한국 근현대 역사학의 흐름』, 푸른 역사, 2007.

이덕일,『사도세자가 꿈꾼 나라』, 위즈덤하우스, 2011.

--------,『정도전과 그의 시대』, 옥당, 2014.

이병욱,『고려시대의 불교사상』, 혜안, 2002.

이봉춘,『조선시대 불교사 연구』, 민족사, 2015.

이삼성,『동아시아의 전쟁과 평화』1·2, 한길사, 2009.

이상각,『조선 노비 열전』, 유리창, 2014.

이상혁,『나는 노비로소이다』, 역사비평사, 2020.

이성무,『조선시대 당쟁사』, 아름다운날, 2007.

이승한,『고려 무인 이야기』, 푸른역사, 2019.

이용범,『한만 교류사 연구』, 동화출판사, 1989.

이원식,『한국의 배』, 대원사, 2003.

이은직,『조선 명인전』, 일빛, 1990.

이이화,『역사 속의 한국불교』, 역사비평사, 2002.

이재창,『한국불교 사원경제 연구』, 불교시대사, 1991.

이정식,『한국 중세 토지제도사 - 조선 전기』, 서울대학교 출판부, 2005.

이정희,『고려시대 세제의 연구』, 국학자료원, 2000.

이춘식,『중국사 서설』, 교보문고, 2005.

이태진,『조선유교 사회사론』, 지식산업사, 1990.

--------,『의술과 인구 그리고 농업기술』, 태학사, 2002.

이한우,『왜 조선은 정도전을 버렸는가』, 21세기북스, 2009.

이호철,『조선 전기 농업경제사』, 한길사, 1986.

임용한,『한국 고대 전쟁사 1-전쟁의 파도-』, 혜안, 2011.

장학근,『고려의 북진 정책사』, 국방부 군사편찬연구소, 2004.

전덕재,『신라 왕경의 역사』, 새문사, 2009.

전해종, 『한중 관계사 연구』, 일조각, 1990.

정병설, 『시장으로 보는 우리 문화 이야기』, 웅진출판주식회사, 2000.

정승모, 『권력과 인간』, 문학동네, 2012.

정요근 외, 『고려에서 조선으로』, 역사비평사, 2019.

정재훈, 『조선 개국공신의 졸기(卒記) 분석』, 동아대학교 박물관, 1990.

정진술, 『한국해양사』, 경인문화사, 2009.

조병찬, 『한국시장 경제사』, 동국대학교출판부, 2009.

조선일보사, 『조선 명인전』, 조선일보사, 1988.

조선총독부, 『조선인의 상업』, 민속원, 1992.

조영록 외, 『중국과 동아시아 세계』, 국학자료원, 1997.

조유식, 『정도전을 위한 변명』, 휴머니스트, 1997.

조윤민, 『두 얼굴의 조선사』, 글항아리, 2016.

최광식·박경철·이진한·이철성·송규진·윤재운, 『한국 무역의 역사』, 청아출판
　　사, 2010.

최부 저, 허경진 역, 『표해록』, 서해문집, 2019.

최준식, 『한국인에게 문화는 있는가』, 사계절, 1997.

한국역사연구회, 『고려의 황도 개경』, 창비, 2002.

--------, 『고려시대 사람들은 어떻게 살았을까』, 청년사, 2005.

--------, 『개경의 생활사』, 휴머니스트, 2007.

한기문, 『고려사원의 구조와 기능』, 민족사, 1998.

한영달, 『한국의 고전』, 선, 2002.

한영우, 『다시 찾는 우리 역사』, 경세원, 2017.

한우근, 『유교정치와 불교, 여말선초 대불교 시책』, 일조각, 1993.

홍승기, 『고려 귀족사회와 노비』, 일조각, 1983.

-------, 『고려 무인정권 연구』, 서강대학교 출판부, 1995.

홍희유, 『조선 상업사』, 백산자료원, 1999.

황인규, 『고려 후기 조선 초 불교사 연구』, 혜안, 2003.

황원갑, 『한국사를 바꾼 여인들』, 책이있는마을, 2002.

황준연,『한국 사상의 새 길라잡이』, 박영사, 2006.

<국외>

B.홀(Hall) 저, 신복룡, 정성자 역,『조선 서해 탐사기』, 집문당, 2019.

E.O. 라이샤워 저, 조성을 역,『중국 중세사회로의 여행』, 한울, 2012.

고무로 나오키 저, 김영국 역,『한국의 붕괴』, 산업교육센터, 1990.

고쓰카 다케시 저, 신현호 역,『상혼』, 국일미디어, 2003.

동위엔 저, 정세경 역,『중국 거부들의 상도』, 북코프, 2007.

마르코 폴로 저, 김호동 역주,『동방견문록』, 사계절, 2015.

마리우스 B. 잰슨 저, 지명관 역,『일본과 동아시아의 이웃 나라들』, 소화,
    2003.

미야사까 유소(宮坂有膳) 저, 편집부 역,『불교에서 본 경제사상』, 도서출판 여
    래, 2013.

미야자키 마사히로(宮崎正弘) 저, 최은미 역,『유태인상술 화교상술』, 시간과공
    간사, 2002.

미야지마 히로시 저, 노영구 역,『양반』, 너머북스, 2014.

백양(栢楊) 저, 김영수 역,『맨얼굴의 중국사』, 창해, 2005.

베르너 좀바르트(Werner Sombart) 저, 이상률 역,『사치와 자본주의』, 문예출
    판사, 2017.

손광기(孫光圻)),『中國古代航海史』, 北京 海洋出版社, 1989.

아사오 나오히로 저, 이계황·서각수 등 역,『새로 쓰는 일본사』, 창작과 비평
    사, 2003.

에드워드 슐츠 저, 김범 역,『무신과 문신』, 글항아리, 2014.

왕효통(王孝通),『中國商業史』, 北京 團結出版社, 2006.

이사벨라 버드 비숍 저, 이인화 역,『한국과 그 이웃 나라들』, 살림, 1996.

이성시 저, 김창석 역,『동아시아의 왕권과 교역』, 청년사, 2001.

전중건부(田中健夫),「왜구와 동아시아 통상권」,『일본의 사회사』1, 암파서점,
    1987.

페르낭 브로델(Fernand Braudel) 저, 주경철 역,『물질문명과 자본주의』Ⅰ-1,

까치, 1995.

필립D.커틴, 김병순 옮김, 『세계 무역의 역사』, 도서출판 모티브북, 2007.

하자노프 저, 김호동 역, 『유목사회의 구조』, 지식산업사, 2002.

한스외르크 바우어·베른트 할리어(Hans-Jörg Bauer·Bernd Hallier) 저, 이영희 역, 『상거래의 역사』, 삼진기획, 2003.

같은 땅 다른 나라, -고려와 조선-

초판 발행   2025년 1월 20일

지은이   공창석
펴낸이   안종만

편 집   배근하
기획/마케팅   조성호
표지디자인   이은지
제 작   고철민·김원표

펴낸곳   도서출판 박영사
           경기도 파주시 회동길 37-9(문발동)
           등록 1952. 11. 18. 제406-3000002510019520000002호(倫)
전 화   02)733-6771
f a x   02)736-4818
e-mail   pys@pybook.co.kr
homepage   www.pybook.co.kr
ISBN   978-89-10-98042-1   03320

정 가   23,000원